종합편

섹션 SECTION
벼개기

종합편

LEVEL 2

책임 집필 · 검토진

유동훈, 양다원, 고하은, 이선민, 김완주, 심수연

섹션별개기 _종합편_

LEVEL 2

지 은 이	IAP BOOKS
기 획	유동훈 양다원
개 발	고하은 김정진 이선민 김완주
디 자 인	정은아 정수진 최미나 오예인
조 판	정수진 최미나
영 업	한기영 이경구 박인규 정철교 김남준 이우현
마 케 팅	박혜선 남경진 이지원 김여진

섹션 SECTION

벼개기

종합편

LEVEL 2

상쾌한 **향상**을 경험하다

국어 문제의 해결사 SLS

학습자 맞춤형 문제은행 출제 마법사
Smart **L**earning **S**olution

학생들에게 1:1 과외의 효과를!

초등 4학년부터 고등 3학년까지!

개별 학생에게 맞춘 유연한 문제은행 출제 마법사

시스템이기에 더욱 빠르고 학습진단 및 분석,

그리고, 이에 맞춘 처방까지!

학생들의 성적이 달라집니다!!

온라인 교재 학습

‣ 온라인 제공 문제 서비스
‣ 출판사, 난이도별 문제

차별화된 인강시스템

‣ 모든 문항별 강의 동영상
‣ 강좌별 영상 강의

SMART LEARNING SOLUTION
SLS

유사 문제 자동 추천

‣ 오답 문제와 유사한 문제 제공
‣ 오답 문제 완전 정복

130만 국어 문항 DB

‣ 국내 최대 DB
‣ 수능, 내신 모든 문항의 DB

한번에 수능까지 완성하는 중학 국어

화법 / 작문 / 언어 / 매체, 독서, 문학 1(현대시 / 고전운문), 문학 2(현대소설 / 고전산문)까지 예비 고등국어 전 갈래를 학습할 수 있도록 구성되어 있습니다. 각 갈래별로 지문과 대표 문항, 고난도 문항을 단계별로 제공하여 스스로 문제를 풀고 해결해 나갈 수 있도록 편집되었습니다.

섹션뽀개기

현대시, 현대소설, 고전운문, 고전산문, 극수필, 독서, 화법과 작문, 문법 총 8권으로 구성되어 있습니다. 실전에 들어가기 전 꼭 알아야 할 기본 개념을 체크하고, 각 갈래별로 유형과 개념이 잘 나타난 대표 유제를 통해 문제 접근법과 풀이 방법을 익힐 수 있습니다. 또한 수능 및 전국연합 기출 문제를 선별하여 앞에서 학습한 개념과 관련된 문제를 통해 실제 문제에 대한 해결력을 기르고 수능 감각을 익힐 수 있도록 하였습니다. 자기 주도학습을 할 수 있도록 인강을 제공하고, SLS 시스템을 통해 취약 영역도 보완하도록 지원하고 있습니다.

섹션뽀개기 실전편

문학, 독서, 화법과 작문, 언어와 매체 총 4권으로 구성되어 있습니다. 각 항목별로 개념과 대표 유제, 실전 문제를 단계별로 제공하여 스스로 문제를 풀고 해결해 나갈 수 있도록 편집되었습니다. 자기 주도학습을 할 수 있도록 인강을 제공하고, SLS 시스템을 통해 취약 영역도 보완하도록 지원하고 있습니다.

기승전결 모의고사

LEVEL 1(I·II·III·IV), LEVEL 2(I·II·III·IV), LEVEL 3(I·II·III·IV), LEVEL 4(I·II·III·IV)등 총 16권으로 구성되어 있습니다. 권당 실전 모의고사 9회가 수록되어 있고, 주차별로 1회씩 학습하도록 구성했습니다. 수능, 평가원, 교육청에서 출제되었던 실전 모의고사와 자체적으로 만들고 리믹스한 모의고사로 편성되어 있습니다. 자기 주도 학습을 할 수 있도록 인강을 제공하고, SLS 시스템을 통해 취약 영역도 보완하도록 지원하고 있습니다.

리딩플러스 국어

총 8단계로 구성되어 아이들이 다양한 갈래의 책을 읽고, 책에 관련된 문제를 풀어보며 글쓰기 실력을 향상시킬 수 있는 독서논술 교재입니다. 책을 읽으면서 궁금해할 만한 것이나 중요한 개념을 안내하는 배경 지식, 책에 등장한 어휘 관련 문제, 책에서 발췌한 제시문에 대한 독해력·사고력 문제를 통해 아이들이 흥미롭게 독서 활동을 할 수 있도록 하고, 책을 읽은 후 느낀 점 등을 독후활동지로 정리할 수 있도록 구성되어 있으며, SLS 시스템을 통해 온라인으로도 학습할 수 있도록 지원하고 있습니다.

어휘어법

LEVEL 1(I·II), LEVEL 2(I·II), LEVEL 3(I·II), LEVEL 4(I·II) 등 총 8권으로 구성되어 있습니다. 학기별로 학습할 수 있도록 권당 18~26강으로 편성되어 있고, 모듈 프로세스를 통해서 영역별 학습이 가능하게 만들어져 있습니다. 사자성어·속담·한자어·관용어·혼동어휘 등을 교재별로 모듈화하여 단계별로 학습하고 주차별로 테스트를 하도록 구성되어 있습니다.

구성과 특징

실전문제

1. 수능, 모평, 학평 및 전국연합 기출 문제를 선별하여 다양한 영역 및 주제의 문제들을 통해 실전 감각을 익힐 수 있도록 구성하였습니다.
2. 지문별 핵심 정리, 문제풀이 맥을 제시하여 지문에 대한 이해도를 높이고 학습 효과를 올릴 수 있습니다.

| 핵심정리

지문과 연관된 필수 개념과 중심 내용을 정리하여
그 내용을 쉽게 이해할 수 있도록 구성하였습니다.

| QR코드

QR코드를 활용하여 최적화된 온라인 학습을
구현할 예정입니다.

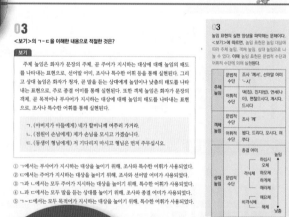

| 문제풀이 맥

문제별 문제풀이 맥을 제시하여 문제의 접근 방법을
확인하고, 쉽게 문제를 풀 수 있도록 구성하였습니다.

스스로 점검하기 |

유형별 체점표를 통해 스스로 부족한 유형을 점검할 수 있도록
구성하였습니다.

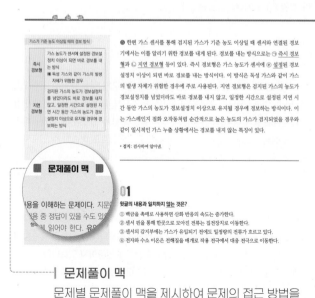

🐣 정답 및 해설

1. 지문별로 해설과 문제 유형을 제시하여 문제에 대한 이해의 폭을 넓히고, 전략적으로 공부할 수 있도록 하였습니다.
2. 차별화된 IAP BOOKS만의 꼼꼼한 선지 분석을 통해 정답이 정답인 이유, 오답이 오답인 이유를 명확하게 구분할 수 있습니다.

┃ 지문 분석

본문에 나온 지문별 상세한 해설에 주석을 첨부하여 혼자서도 깊이있는 이해를 할 수 있도록 구성하였습니다.

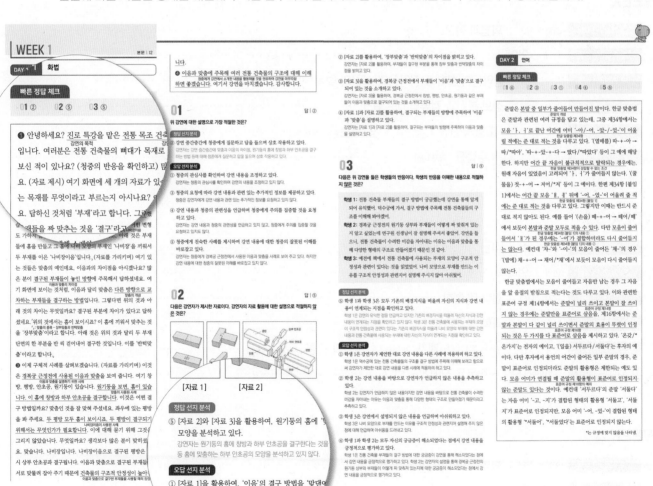

┃ 정·오답 선지 분석

수록된 모든 문제의 정답 및 오답을 꼼꼼히 분석하여 **정답**이 정답인 이유, **오답**이 오답인 이유를 명확히 구분할 수 있도록 하였습니다.

목차

WEEK 5

WEEK 6

WEEK 7

WEEK 8

핵심정리

갈래

발표

제재

먹

화제

먹의 재료와 종류별 특성 및 먹의 주요 제조 과정

문단 중심 내용

❶ 발표 주제 및 발표 순서 소개
❷ 먹의 핵심 재료와 종류별 특성
❸ 먹의 제조 과정
❹ 발표 자료를 확인할 수 있는 방법 소개 및 마무리

먹의 종류

송연 먹	• 소나무 송진을 태울 때 생기는 그을음으로 만듦. • 먹색이 진하지만 번짐의 정도가 적음. • 주로 글씨를 쓸 때 사용됨.
유연 먹	• 기름을 태울 때 생기는 그을음으로 만듦. • 주로 그림을 그릴 때 사용됨.

먹의 주요 제조 과정

① 그을음 채취 단계
• 송연 먹: 송진을 가마에서 태워 만듦.
• 유연 먹: 기름을 등잔에 태워 만듦.

② 채취한 그을음과 아교를 섞은 반죽을 건조하는 단계
• 반죽할 때는 기포를 빼기 위해 수만 번 이상 손으로 치댐.
• 반죽 후에 수분이 잘 빠져나가기 위해 온도와 습도를 일정하게 유지하며 먹을 자연 건조시킴.

※ 다음은 학생의 발표이다. 물음에 답하시오.

❶ 안녕하세요. 저는 동양의 전통 문방구인 '먹'에 대해 발표하고자 합니다. 먹은 색의 농담, 번짐 등 다양한 표현이 가능하고 보존성도 뛰어나 오랫동안 우리의 문화를 기록하는 데에 사용되었습니다. (사진 1 제시) 이렇게 멋진 작품들이 먹으로 그려져 오늘날까지 보존되고 있다는 것이 흥미롭지요? 이제부터 먹의 재료와 종류별 특성을 소개한 뒤, 먹의 제조 과정에 대해 설명하겠습니다.

❷ 먹의 주재료는 무엇일까요? (화면의 QR코드를 가리키며) 각자의 스마트 기기로 설문 페이지에 접속하여 답변을 제출해 주십시오. (잠시 기다린 후 화면 전환) 제출된 답변을 살펴보니, 정답이 있네요. 여기 그을음이라는 단어가 보이시죠? 이것이 바로 먹의 핵심 재료입니다. 그을음이 무엇으로 만들어지느냐에 따라 먹의 종류는 송연 먹과 유연 먹으로 나뉩니다. 송연 먹은 소나무의 송진을, 유연 먹은 기름을 태울 때 생기는 그을음으로 만듭니다. 송연 먹은 유연 먹에 비해 먹색이 진하지만 번짐의 정도는 적다는 특성이 있습니다. (청중의 반응을 살핀 후) 두 먹의 차이를 이해하는 게 어려우신 것 같네요. 그럼 이를 잘 드러내는 자료를 보여 드리겠습니다. (사진 2 제시) 여기 두 개의 선 중 색이 진하고 가장자리가 덜 번진 선이 송연 먹으로 그은 것입니다. 이러한 차이로 인해 송연 먹은 글씨를 쓸 때, 유연 먹은 그림을 그릴 때 주로 사용되었다고 합니다.

❸ 먹의 제조 과정은 여러 단계로 이루어져 있는데, 주요 단계 두 가지만 소개하겠습니다. (두 장의 그림을 한 화면에 제시) 왼쪽은 그을음 채취 단계를 보여 주는 그림입니다. 송연 먹의 그을음은 송진을 가마에서 태워 만드는 반면 유연 먹의 그을음은 기름을 등잔에서 태워 만듭니다. 오른쪽 그림은 채취한 그을음과 아교를 섞은 반죽을 건조하는 단계를 보여 줍니다. 양질의 먹을 생산하기 위해서는 반죽 후에 수분이 잘 빠져나가야 합니다. 이를 위해 온도와 습도를 일정하게 유지하며 먹을 자연 건조시킵니다. (청중의 반응을 살핀 후) 먹의 제조 과정에 흥미를 느끼시는 것 같네요. 그렇다면 반죽하는 모습도 잠깐 보여 드리겠습니다. (다른 그림 제시) 이 그림은 그을음과 아교를 섞어 반죽하는 모습을 보여 주는데요. 기포를 빼기 위해 무려 수만 번 이상 손으로 치대야 한다고 합니다.

❹ 발표 내용이 유익했나요? (화면 제시) 여기 온라인 자료실의 게시판에 발표 자료를 올려두었으니, 동료 평가를 할 때 참고해 주십시오. 이상으로 발표를 마칩니다. 감사합니다.

01

위 발표에 대한 설명으로 가장 적절한 것은?

① 앞서 설명한 내용을 요약하며 발표를 마무리하고 있다.

② 발표 주제를 선정한 이유를 밝히며 발표를 시작하고 있다.

③ 비언어적 표현을 통해 발표 대상의 특징을 강조하고 있다.

④ 발표의 진행 순서를 제시하여 이어질 내용을 안내하고 있다.

⑤ 정보의 출처를 언급하여 발표 내용의 신뢰성을 높이고 있다.

02

다음을 바탕으로 위 발표가 진행되었다고 할 때, 발표자가 사용한 발표 전략으로 적절하지 <u>않</u>은 것은?

발표 전 청중 특성 분석	발표 중 청중 반응 분석
㉠ 먹에 대해 관심이 적은 편임. ㉡ 스마트 기기를 활용한 수업 방식을 선호함. ㉢ 동료 평가를 작성할 때 참고할 발표 자료가 필요하다고 생각함.	㉣ 먹의 종류에 따른 특성을 잘 이해하지 못하고 있음. ㉤ 먹의 제조 과정에 대해 호기심을 보이고 있음.

① ㉠을 고려하여, 청중의 흥미를 유발하기 위해 '사진 1'을 활용하고 있다.

② ㉡을 고려하여, 청중의 참여를 유도하기 위해 화면을 보여 주며 스마트 기기로 답변을 제출할 것을 요청하고 있다.

③ ㉢을 고려하여, 청중의 동료 평가를 돕기 위해 자료를 게시한 곳을 화면으로 보여 주고 있다.

④ ㉣을 고려하여, 청중에게 설명했던 내용을 시각적으로 보여 주기 위해 '사진 2'를 활용하고 있다.

⑤ ㉤을 고려하여, 청중의 반응에 즉각적으로 대응하기 위해 앞서 제시했던 그림 중 일부를 다시 보여 주고 있다.

03

청중의 반응을 파악하는 문제이다. 발표가 끝난 뒤 발표 내용에 대한 청중의 반응을 확인하는 문제는 발표의 내용을 전체적으로 이해하고 있어야 한다. 또한 청중이 어떠한 반응을 보였는지를 파악하며 선택지에 대입해야 한다.

청중의 반응

학생 1	자신의 경험을 떠올리며 먹의 제조 과정에 향기를 내기 위한 단계가 있을 거라고 추측하고 있다.
학생 2	발표 내용과 관련하여 긍정적 생각을 드러내며 정보를 추가적으로 찾아볼 것을 언급하고 있다.
학생 3	발표 내용과 관련하여 배경지식을 점검하고 발표 내용에 대해 긍정적 평가를 내리고 있다.

03

다음은 위 발표를 들은 학생들의 반응이다. 학생의 반응을 이해한 내용으로 가장 적절하지 않은 것은?

- 학생 1: 예전에 할아버지의 서예 작업을 옆에서 도울 때 먹의 은은한 향기에 놀랐던 기억이 나. 먹의 제조 과정에서 향기를 내기 위한 단계가 있을 것 같아.
- 학생 2: 먹의 종류에 대해 알 수 있어 유익했어. 특히 송연 먹은 소나무가 많은 지역의 특산품이었을 것 같아. 송연 먹으로 유명한 지역이 어디인지 찾아봐야겠어.
- 학생 3: 농담이나 선의 표현이 물의 양으로만 조절되는 것이라고 생각했는데, 먹의 종류에 따라서도 달라질 수 있다는 것을 알게 되어 좋았어.

① '학생 1'은 발표 대상과 연관된 경험을 떠올리고 있다.
② '학생 2'는 발표 내용과 관련하여 추가 활동을 계획하고 있다.
③ '학생 3'은 발표 내용이 자신의 배경지식과 일치하지 않는 이유를 확인하고 있다.
④ '학생 1'과 '학생 2' 모두 발표에서 다루지 않은 내용을 추측하고 있다.
⑤ '학생 2'와 '학생 3' 모두 발표를 통해 새로운 정보를 알게 된 것을 긍정적으로 인식하고 있다.

※ [01~02] 다음 글을 읽고 물음에 답하시오.

'품사'는 공통된 성질이 있는 단어끼리 묶어서 분류해 놓은 갈래를 뜻하고, '문장 성분'은 문장 안에서 일정한 문법적 기능을 하는 구성 요소를 뜻한다. 관형사는 체언인 명사, 대명사, 수사 앞에서 해당 체언을 꾸며 주는 품사이고, 관형어는 체언을 꾸며 주는 문장 성분이므로, 서로 문법 단위가 다르다. 그런데 관형사나 관형어는 이름과 그 기능이 서로 유사하여, 둘을 구별하기가 쉽지 않다.

관형사는 단어의 성질 자체가 체언의 수식에 있고, 문장 성분으로는 관형어의 기능을 한다. 하지만 관형어는 관형사로만 실현되는 것은 아니다. 관형사 이외에도 체언과 관형격 조사의 결합, 용언의 어간과 관형사형 어미의 결합, 체언 자체로도 관형어로 쓰일 수 있다.

(가) 헌 집이지만 나는 고향 집이 정겹다.
(나) 할아버지의 집을 고쳐서 예쁜 집으로 만들었다.

(가)의 '헌'은 '집'을 꾸며 주는 관형사이다. 이때 '헌'은 조사와 결합하지 않으며, '헌'이라는 고정된 형태로만 쓰인다. 즉 '헌 책, 헌 구두'와 같이 관형사는 언제나 체언을 꾸며 주는 관형어로만 쓰인다. 또한 '고향'은 명사이지만, 뒤에 오는 체언 '집'을 꾸며 주는 기능을 한다. 이처럼 체언이 나란히 올 경우 앞의 체언은 뒤의 체언을 꾸며 주는 관형어로 쓰일 수 있다.

(나)의 '할아버지'는 관형격 조사 '의'와 결합하여 '집'을 수식하는 관형어로 쓰인다. 또한 '예쁜'은 형용사인데, 어간 '예쁘-'에 관형사형 어미 '-(으)ㄴ'이 결합하여 '집'을 꾸미는 관형어로 쓰인다. 마찬가지로 '살던 집', '구경하는 집'처럼 동사의 어간에 관형사형 어미가 결합하여 관형어로 쓰일 수 있다.

핵심정리

품사와 문장 성분

품사	공통된 성질이 있는 단어끼리 묶어서 분류해 놓은 갈래 → 체언(명사, 대명사, 수사), 관계언(조사), 수식언(관형사, 부사), 용언(동사, 형용사), 독립언(감탄사)
문장 성분	문장 안에서 일정한 문법적 기능을 하는 구성 요소 → 주어, 서술어, 목적어, 보어, 관형어, 부사어, 독립어

관형사와 관형어

관형사	• 체언 앞에 놓여서 체언을 수식하는 품사 • 조사와 결합하지 않음. • 형태가 변하지 않는 불변어에 해당함. • 언제나 체언을 꾸며주는 관형어로 사용됨.
관형어	• 체언 앞에 놓여서 체언을 수식하는 문장 성분 • 형태 ① 관형사 예 새 옷, 그 사람 ② 체언+체언 예 시골 풍경, 대학 생활 ③ 체언+관형격 조사 '의' 예 우리의 소원, 어머니의 고향 ④ 용언 어간+관형사형 전성 어미 예 건강한 몸, 뛰어가는 아빠

01

01

관형사와 관형어를 이해하는 문제이다. 관형사는 '품사'이고 관형어는 '문장 성분'에 해당한다는 점을 주의해야 한다.

윗글을 읽고 보인 반응으로 적절하지 <u>않은</u> 것은?

① 관형사는 그 형태가 변하지 않는군.

② 관형사와 관형어는 모두 체언을 꾸며 주는군.

③ 관형어가 항상 관형사를 통해 실현되는 것은 아니군.

④ 두 명사가 나란히 올 때 앞 명사는 관형사가 될 수 있군.

⑤ 형용사는 관형사형 어미가 결합하더라도 관형사가 될 수 없군.

02

02

관형어를 파악하는 문제이다. 관형어는 체언 앞에서 체언을 꾸며 주는 역할을 한다. 관형어는 문장에서 다양한 형태로 등장하는데, 관형사나 체언이 단독으로 쓰이거나, 체언에 관형격 조사가 결합한 형태로 나타난다. 또한 용언의 어간에 관형사형 전성 어미가 결합한 형태로 나타나기도 한다.

윗글을 바탕으로 <보기>의 문장을 탐구하여 정리한 내용으로 적절한 것은?

보기

ㄱ. 새 가구는 어머니의 자랑거리이다.

ㄴ. 모든 아이들이 달리는 사자를 구경했다.

ㄷ. 그들은 오랫동안 친한 친구로 지내고 있다.

ㄹ. 우리 가족은 가던 걸음을 멈추고 뒤돌아보았다.

ㅁ. 대부분의 학생이 여름 바다를 간절하게 그리워했다.

	문장	탐구 정리 내용		
		관형어 개수	관형어	품사
①	ㄱ	1	어머니의	명사+조사
②	ㄴ	2	모든	관형사
			달리는	동사
③	ㄷ	1	친한	관형사
④	ㄹ	1	가던	동사
⑤	ㅁ	2	여름	명사
			간절하게	형용사

03

<보기>는 음운 변동에 대한 수업의 한 장면이다. 학생들의 활동 결과로 적절한 것은?

보기

> 선생님: 음운 변동은 한 음운이 다른 음운으로 바뀌는 '교체', 원래 있던 음운이 없어지는 '탈락', 새로운 음운이 생기는 '첨가', 두 음운이 하나의 음운으로 합쳐지는 '축약'이 있습니다. 음운의 변동이 일어날 때 음운 개수가 변하기도 하는데요. 제시된 단어들에서 일어나는 음운 변동을 있는 대로 모두 찾고 음운 개수의 변화를 정리해 볼까요?

	단어	음운 변동 종류	음운 개수의 변화
①	국밥[국빱]	첨가	하나가 늘어남.
②	뚫는[뚤른]	교체, 탈락	하나가 줄어듦.
③	막내[망내]	교체, 축약	하나가 줄어듦.
④	물약[물략]	첨가	하나가 늘어남.
⑤	밟힌[발핀]	축약	변화 없음.

04

<보기>는 '사전 활용하기' 학습 활동을 위한 자료이다. 이에 대해 탐구한 내용으로 적절하지 <u>않은</u> 것은?

보기

> **가늘다** 형 ① 물체의 지름이 보통의 경우에 미치지 못하고 짧다.
> ② 소리의 울림이 보통에 미치지 못하고 약하다.
> **굵다** 형 ① 물체의 지름이 보통의 경우를 넘어 길다.
> ¶ 나뭇가지가 굵다.
> ② 밤, 대추, 알 따위가 보통의 것보다 부피가 크다.
> **두껍다** 형 ① 두께가 보통의 정도보다 크다.
> ¶ 두꺼운 종이
> ② 층을 이루는 사물의 높이나 집단의 규모가 보통의 정도보다 크다..

① '가늘다', '굵다', '두껍다'는 모두 다의어이다.
② '가늘다②'의 용례로 '열차의 기적 소리가 가늘게 들려왔다.'를 추가할 수 있다.
③ '두껍다②'의 용례로 '그 책은 수요층이 두껍다.'를 들 수 있다.
④ '굵다①'의 용례에서 '굵다'를 '가늘다'로 바꾸면 '가늘다①'의 용례가 될 수 있다.
⑤ '굵다①'과 '두껍다①'의 의미에 의하면 '굵은 손가락'은 '두꺼운 손가락'으로 쓰는 것이 적절하다.

03

음운의 변동을 이해하는 문제이다. 음운의 변동이란 발음할 때, 음운이 환경에 따라 다른 음운으로 바뀌는 현상을 말한다. 음운 변동은 총 네 가지 유형이 있다.

교체	한 음운이 다른 음운으로 바뀌는 현상
탈락	원래 있던 음운이 없어지는 현상
첨가	새로운 음운이 추가되는 현상
축약	두 음운이 하나의 음운으로 합쳐지는 현상

이때 음운의 변동 결과 음운의 개수가 달라지기도 한다.

교체	음운의 개수 변동 ×
탈락	음운의 개수 변동 ○ → 줄어듦.
첨가	음운의 개수 변동 ○ → 늘어남.
축약	음운의 개수 변동 ○ → 줄어듦.

04

단어의 의미를 이해하는 문제이다. 문맥을 살펴 해당 단어가 어떠한 의미로 사용되었는지 파악하는 것이 중요하다. 또한 다의어란 하나의 단어가 여러 가지 의미를 가지고 있을 때 그 단어를 지칭하는 용어이다.

05

중세 국어의 특징을 이해하는 문제이다. 현대 국어와 구별되는 중세 국어의 특징을 알고, 해당 특징이 <보기>의 어느 부분에 나타났는지 파악해야 한다.

<보기>의 ㉠~㉤에 나타나는 중세 국어의 특징을 탐구한 내용으로 적절하지 않은 것은?

보기

[중세 국어]

　자내 날 ㉠ 향히 ᄆᆞᄋᆞᆯ 엇디 가지며 나는 자내 향히 ᄆᆞᄋᆞᆯ 엇디 가지던고 ᄆᆡ양 자내ᄃᆞ려 ㉡ 내 닐오디 ᄒᆞᆫ ᄃᆡ 누어셔 이 보소 ᄂᆞᆷ도 우리ᄀᆞ티 서르 에엿쎄 녀겨 ᄉᆞ랑ᄒᆞ리 ᄂᆞᆷ도 우리 ㉢ ᄀᆞᄐᆞᆫ가 ᄒᆞ야 자내ᄃᆞ려 ㉣ 니르더니 엇디 그런 이롤 ㉤ 싱각디 아녀 나롤 ᄇᆞ리고 몬져 가시ᄂᆞᆫ고

- 이응태 부인이 쓴 언간에서 -

[현대어 풀이]

　당신이 나를 향하여 마음을 어찌 가지며, 나는 당신을 향하여 마음을 어찌 가지던가? 늘 당신에게 내가 이르되, 함께 누워서, "이 보소, 남도 우리같이 서로 예쁘게 여겨서 사랑하리? 남도 우리 같은가?" 하여 당신에게 이르더니, 어찌 그런 일을 생각지 아니하여 나를 버리고 먼저 가시는가?

① ㉠에서 현대 국어에 쓰이지 않는 모음이 사용되었음을 알 수 있군.
② ㉡에서 주격조사가 생략되었음을 알 수 있군.
③ ㉢에서 이어적기가 사용되었음을 알 수 있군.
④ ㉣에서 두음법칙이 적용되지 않았음을 알 수 있군.
⑤ ㉤에서 구개음화가 일어나지 않았음을 알 수 있군.

3 Day

독서(인문) 고1 2023년 3월

인간 이해를 위한 성격 심리학 / 분석심리학 이야기

WEEK 1

※ 다음 글을 읽고 물음에 답하시오.

가

❶ 19세기에 분트는 인간의 정신세계가 의식으로 이루어져 있다고 보고, 실험을 통해 인간의 정신 현상과 행동을 설명하는 실험심리학을 주창하였다. 이때 의식이란 깨어 있는 상태에서 자신이나 세계를 인식하는 모든 정신 작용을 의미한다. 그러나 프로이트는 정신 질환을 겪는 환자들을 치료하면서 인간에게 의식과는 다른 무의식 세계가 있다는 것을 발견하였다. 이에 그는 인간을 무의식의 지배를 받는 비합리적 존재로 간주하고, <u>정신분석이론</u>을 통해 인간의 정신세계를 ⓐ 규명하려 하였다.

❷ 프로이트에 의하면 인간의 정신세계 중 의식이 차지하는 영역은 빙산의 일각일 뿐, 무의식이 정신세계의 대부분을 차지한다. 그는 무의식의 심연에는 '원초아'가, 무의식에서 의식에 걸쳐 '자아'와 '초자아'가 존재한다고 보았다. 원초아는 성적 에너지를 바탕으로

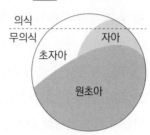

본능적인 욕구를 충족하려는 선천적 정신 요소이다. 반면 자아는 외적 상황으로 인해 충족되지 못하고 지연되거나 좌절된 원초아의 욕구를 사회적으로 용인될 수 있는 방법으로 충족하려는 정신 요소이다. 마지막으로 초자아는 도덕률에 따라 원초아의 욕구를 억제하고 양심에 따라 행동하도록 하는 정신 요소로, 어린 시절 부모의 종교나 가치관 등을 내재화하는 과정에서 후천적으로 발달한다.

❸ 이러한 원초아, 자아, 초자아는 역동적으로 상호작용하면서 개인의 성격을 형성한다. 가령, 원초아가 강할 때는 본능적인 욕구에 집착하는 충동적인 성격이, 초자아가 강할 때는 엄격하게 도덕을 지키려는 원칙주의적 성격이 나타난다. 자아는 원초아와 초자아의 요구 사이에서 이를 조정하는 역할을 하기 때문에, 정신적 균형을 이루기 위해서는 자아의 발달이 중요하다. 만일 자아가 제 역할을 하지 못하면 정신 요소의 균형이 깨져 불안감이 생기는데, 자아는 이를 해소하기 위해 무의식적으로 방어기제를 사용하게 된다. 대표적인 방어기제로는 억압이나 승화 등이 있다. 억압은 자아가 수용하기 힘든 욕구를 무의식 속으로 억누르는 것을, 승화는 그러한 욕구를 예술과 같이 가치 있는 활동으로 ⓑ 전환하는 것을 의미한다. 개인마다 습관적으로 사용하는 방어기제가 다르기 때문에 어떤 방어기제를 사용하느냐 또한 개인의 성격 형성에 영향을 미친다.

❹ 프로이트는 어린 시절에 해소되지 않은 원초아의 욕구나 정신 요소 간의 갈등은 성인이 된 후에도 지속적으로 영향을 주기 때문에, 이 시기에 부모와의 상호작용 경험이 성격 형성에 큰 영향을 준다고 설명하였다. 특히 그는 성인의 정신 질환을 어린 시절의 심리적 갈등이 재현된 것으로 보고, 이를 치유하기 위해서는 무의식에 내

핵심정리

가

문단 중심 내용

❶ 무의식 세계를 발견한 프로이트의 정신분석이론

❷ 프로이트의 정신분석

❸ 원초아, 자아, 초자아의 상호작용

❹ 정신분석이론에 따른 무의식의 치유

프로이트의 정신분석

무의식	원초아	성적 에너지를 바탕으로 본능적인 욕구를 충족하려는 선천적 정신 요소
무의식 ≀ 의식	자아	지연되거나 좌절된 원초아의 욕구를 사회적으로 용인될 수 있는 방법으로 충족하려는 정신 요소
	초자아	도덕률에 따라 원초아의 욕구를 억제하고 양심에 따라 행동하도록 하는 정신 요소

원초아, 자아, 초자아의 상호작용

원초아가 강할 경우	↔	초자아가 강할 경우
충동적인 성격		원칙주의적 성격

↓

자아의 발달
정신적 균형

자아의 방어기제

억압	자아가 수용하기 힘든 욕구를 무의식 속으로 억누르는 것
승화	자아가 수용하기 힘든 욕구를 가치 있는 활동으로 전환하는 것

재되어 있는 과거의 상처를 의식의 세계로 끌어내는 과정이 필요하다고 주장하였다. 이러한 프로이트의 이론은 기존의 이론에서 ⓒ 간과한 무의식에 대한 탐구를 통해 인간 이해에 대한 지평을 넓혔다는 평을 받고 있다.

나

❶ 융은 프로이트의 정신분석이론에 반기를 들고, <u>분석심리학</u>을 주창하였다. 무의식을 단지 의식에서 수용할 수 없는 원초적 욕구나 해결되지 못한 갈등의 창고로만 본 프로이트와 달리, 융은 무의식을 인간이 잠재적 가능성을 실현할 때 필요한 창조적인 에너지의 샘으로 보았다는 점에서, 그의 분석심리학은 프로이트의 이론과 구별된다.

❷ 융은 정신세계의 가장 바깥쪽에는 의식이, 그 안쪽에는 개인 무의식이, 그리고 맨 안쪽에는 집단 무의식이 순서대로 자리 잡고 있다고 보았다. 의식은 생각이나 감정, 기억과 같이 인간이 직접 인식할 수 있는 영역으로, 여기에는 '자아'가 존재한다. 자아는 의식을 지배하

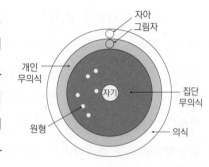

는 동시에 무의식과 교류하며 이를 조정하는 역할을 한다. 개인 무의식은 의식에 의해 ⓓ 배제된 생각이나 감정, 기억 등이 존재하는 영역이다. 이곳에 존재하는 '그림자'는 자아에 의해 억압된 '또 하나의 나'라고 할 수 있다. 마지막으로 집단 무의식은 태어날 때부터 누구나 가지고 있는 원초적이며 보편적인 무의식이다. 거기에는 진화를 통해 축적되어 온 인류의 경험이 '원형'의 형태로 존재한다. 가령 어두운 상황에서 누구나 공포심을 느끼는 것이 원형에 해당한다.

❸ 융에 따르면 집단 무의식의 가장 안쪽에는 '자기'가 존재한다. 이는 정신세계에 내재하는 개인의 근원적인 모습이라고 할 수 있다. 융은 자아가 성찰을 통해 무의식의 심연에 존재하는 자기를 발견하면, 인간은 비로소 타인과 구별되는 고유한 존재가 된다고 보고 이를 개별화라고 불렀다. 이는 의식에 존재하는 자아가 무의식과 끊임없이 상호작용하며 무의식의 영역을 의식으로 통합하는 과정, 즉 ㉠ <u>무의식을 의식화하는 과정</u>을 통해 이루어진다. 이 과정에서 자아는 자신의 또 다른 모습인 그림자와 ⓔ 대면하게 되고, 집단 무의식에 존재하는 여러 원형들을 발견하게 된다. 결국 자아가 무의식의 심연에 존재하는 자기를 찾아가는 과정은 정신세계를 구성하는 자아와 그림자, 그리고 여러 원형들이 대립에서 벗어나 하나의 정신으로 통합되면서 정신적 균형을 이루는 과정이라 할 수 있다. 이러한 과정에서 개인은 내면의 성숙을 이루며 자신의 정체성을 찾게 된다.

나

문단 중심 내용

❶ 프로이트의 이론과 구별되는 융의 분석심리학
❷ 융의 정신분석
❸ 개별화를 통한 내면의 성숙

융과 프로이트의 이론 비교

무의식	
융 (분석심리학)	프로이트 (정신분석이론)
인간이 잠재적 가능성을 실현할 때 필요한 창조적인 에너지의 샘	의식에서 수용할 수 없는 원초적 욕구나 해결되지 못한 갈등의 창고

융의 정신분석

의식	인간이 직접 인식할 수 있는 영역	
	자아	의식을 지배하는 동시에 무의식과 교류하며 이를 조정
개인 무의식	의식에 의해 배제된 생각이나 감정, 기억 등이 존재하는 영역	
	그림자	자아에 의해 억압된 '또 하나의 나'
집단 무의식	태어날 때부터 누구나 가지고 있는 원초적이며 보편적인 무의식	
	원형	진화를 통해 축적되어 온 인류의 경험

자기와 개별화

자기	정신세계에 내재하는 개인의 근원적인 모습
개별화	자아가 성찰을 통해 무의식의 심연에 존재하는 자기를 발견하여 인간이 타인과 구별되는 고유한 존재가 되는 것

01

(가), (나)의 공통점으로 가장 적절한 것은?

① 인간의 무의식을 주장한 이론에 대한 상반된 평가를 제시하고 있다.
② 기존과 다른 관점에서 인간의 정신세계를 설명한 이론을 소개하고 있다.
③ 인간의 무의식을 설명한 이론이 등장하게 된 역사적 사건을 소개하고 있다.
④ 인간의 정신 질환을 분류하고 각각의 특징을 설명한 이론을 제시하고 있다.
⑤ 인간의 정신세계를 설명한 이론이 다른 학문 영역에 미친 영향을 분석하고 있다.

02

(가)의 내용과 일치하지 않는 것은?

① 분트는 인간의 정신세계가 의식으로만 구성되어 있다고 보았다.
② 프로이트는 인간을 무의식의 지배를 받는 비합리적 존재로 여겼다.
③ 프로이트는 원초아가 강할 때 본능적인 욕구에 집착하는 성격이 나타난다고 생각했다.
④ 프로이트는 세 가지 정신 요소들이 상호작용하면서 개인의 성격이 형성된다고 보았다.
⑤ 프로이트는 의식적으로 사용하는 방어기제와 무의식적으로 사용하는 방어기제를 구분하였다.

03

(가)의 '프로이트'와 (나)의 '융'의 관점에서 <보기>를 이해한 내용으로 적절하지 않은 것은?

> **보기**
>
> **[헤르만 헤세의 연보]**
>
> • 1877: 기독교인다운 엄격한 생활을 중시하는 경건주의 집안에서 태어남. ····· ㉮
> • 1881~1886: 자유분방한 기질로 인해 엄한 아버지의 교육 방식에 반항하며 불안감을 느낌. ················· ㉯
> • 1904~1913: 잠재된 문학적 재능을 발휘하여 왕성하게 작품 창작을 하며 불안에서 벗어남. ················· ㉰
> • 1916~1919: 아버지의 죽음을 접하고 심한 우울증을 경험함. ················· ㉱
> • 1945~1962: 성찰적 글쓰기 활동 속에서 심리적 안정감을 느끼며 여생을 보냄. ················· ㉲
> • 1962: 몬타뇰라에서 죽음.

① ㉮: 프로이트는 엄격한 집안 분위기가 헤세의 초자아가 발달하는 데 영향을 주었다고 보겠군.
② ㉯: 프로이트는 헤세의 불안감을 원초아와 초자아의 요구를 자아가 제대로 조정하지 못한 결과라고 보겠군.
③ ㉰: 프로이트는 헤세의 왕성한 창작 활동을 승화로, 융은 이를 무의식의 창조적 에너지가 발현된 것으로 보겠군.
④ ㉱: 프로이트는 헤세의 우울증을 유년기의 불안이 재현된 것으로, 융은 이를 자아와 그림자가 통합된 것으로 보겠군.
⑤ ㉲: 융은 헤세가 성찰하는 글쓰기 활동을 통해 자기를 발견하는 과정에서 심리적 안정감을 느낀 것으로 보겠군.

■ 문제풀이 맥 ■

01
글의 서술상 공통점을 파악하는 문제이다. (가)는 프로이트의 정신분석이론을, (나)는 융의 분석심리학을 설명하고 있다. (가), (나)에서 각각 중심 내용을 설명하기 위해 취한 방식을 파악하고, 공통점을 찾아내야 한다.

02
글의 세부 내용을 이해하는 문제이다. (가)의 중심 내용인 프로이트의 정신분석이론분만 아니라, 짧게 언급한 분트의 이론도 이해해야 한다. 선택지의 내용이 지문과 일치하는지를 하나하나 살펴보되, 각 선택지의 핵심어를 먼저 파악하면 빠르게 풀 수 있다.

03
글의 내용을 자료에 적용하여 이해하는 문제이다. <보기>의 자료는 헤르만 헤세의 연보이다. (가)에서 설명한 프로이트의 정신분석이론과 (나)에서 설명한 융의 분석심리학을 헤르만 헤세의 삶에 적용해야 한다. 즉, <보기>의 헤르만 헤세의 가정환경, 어린 시절의 불안감과 해소, 성인기의 우울증과 해소 등을 정신분석이론과 분석심리학의 관점에서 바라보아야 한다.

글에 드러난 주장의 공통점을 파악하는 문제
이다. (가)의 정신분석이론과 (나)의 분석심리
학에 공통적으로 등장하는 개념과 이에 대한
각 이론의 관점을 파악해야 한다.

04

(가)의 정신분석이론과 (나)의 분석심리학에서 모두 동의하는 진술로 가장 적절한 것은?

① 자아는 의식과 무의식의 세계에 걸쳐서 존재한다.

② 무의식은 성적 에너지로만 이루어진 정신 요소이다.

③ 무의식은 개인의 경험을 초월해 원형의 형태로 유전된다.

④ 무의식에는 자아에 의해 억압된 열등한 자아가 존재한다.

⑤ 정신적 균형을 이루기 위해서는 자아의 역할이 중요하다.

05

글에 나타난 구절의 의미를 이해하는 문제이다.
㉠은 '무의식을 의식화하는 과정'으로, (나)의
3문단에서 융이 ㉠에 대해 설명한 내용을 이
해해야 한다.

05

㉠을 이해한 내용으로 가장 적절한 것은?

① 의식의 확장을 통해 타인과의 경계를 허무는 과정이다.

② 자신의 근원적인 모습을 찾아 나가는 개별화의 과정이다.

③ 의식에 의해 발견된 무의식의 욕구가 억눌리는 과정이다.

④ 무의식이 의식에서 분화되어 정체성이 실현되는 과정이다.

⑤ 과거의 경험들을 반복함으로써 성격이 형성되는 과정이다.

06

단어의 사전적 의미를 파악하는 문제이다. 문
맥을 살펴 해당 단어가 어떠한 의미로 사용되
었는지 파악한 뒤, 선택지에 제시된 단어의 의
미를 지문에 넣어 읽어 보고 어색해지지 않는
지 확인하면 된다.

06

ⓐ~ⓔ의 사전적 의미로 적절하지 않은 것은?

① ⓐ: 어떤 사실을 자세히 따져서 바로 밝힘.

② ⓑ: 주기적으로 자꾸 되풀이하여 돎.

③ ⓒ: 큰 관심 없이 대강 보아 넘김.

④ ⓓ: 받아들이지 아니하고 물리쳐 제외함.

⑤ ⓔ: 서로 얼굴을 마주 보고 대함.

4 Day 독서(사회) 고2 2023년 9월

액세스권의 기본권적 의의 / 사례와 쟁점으로 본 언론법의 이해

시작시간 시 분 초 / 종료시간 시 분 초

온라인 문제풀이

정답 및 해설 | 8

WEEK 1

※ 다음 글을 읽고 물음에 답하시오.

가

❶ 미국의 헌법학자 제롬 배런은 1967년 언론 매체 접근·이용권을 최초로 주장하였다. 언론 매체 접근·이용권이란 국민이 자신의 사상이나 의견을 표명하기 위하여 언론 매체에 자유로이 접근하여 이를 이용할 수 있는 권리를 말한다.

❷ 배런은 당시 미국과 영국 내 언론의 독과점으로 인해 국민의 다양한 의견을 표출할 수 있는 통로가 점점 사라지고 있음을 지적했다. 또한 그는 상업적 이익만을 추구하는 언론사가 보다 많은 시청자나 독자 등을 확보하기 위하여 사람들이 불편하게 여기는 주장이나 의견보다는 대중적인 주장이나 의견만을 전달하고 있다고 비판하였다. 언론 매체가 공론장의 역할을 하지 못해 국민의 다양하고 공정한 여론을 형성하는 기능을 수행하지 못함을 지적한 것이다. 이러한 상황에서 국민들이 언론 매체가 아닌 다른 수단을 통해 자신의 의견을 표명하려고 해도 매스미디어에 ⓐ 견주면 그 전달 범위가 극히 제한적이라고 보았다. 매스미디어의 거대화, 독점화에 따라 언론의 자유가 매체를 소유하거나 지배하는 소수의 계층이나 집단의 것으로 전락하였기 때문에 시민들의 언론의 자유를 보장하기 위해 언론 매체 접근·이용권을 인정해야 함을 주장한 것이다.

❸ 법적으로 보장받는 언론 매체 접근·이용권의 대표적인 형태는 반론권이다. 이는 언론 매체에 의하여 명예 훼손·비판·공격 등으로 피해를 입은 국민이 자기와 관련이 있는 보도에 대해 반론이나 정정 또는 해명의 기회를 요구할 수 있는 권리이다. 반론권은 언론 매체에 정정 및 반론 보도, 추후 보도 등을 청구할 수 있는 권리로 구체화되어 있다. 반론권 이외에도 방송법에 언론 매체가 사회의 다양성을 해치거나 임의로 특정 의견을 차별하지 못하게 하는 조항을 마련하고 있으며, 시청자 참여 프로그램을 편성하도록 하는 조항 등을 통해 국민이 언론 매체를 이용하여 자신의 의사를 표명할 수 있도록 하고 있다.

❹ 언론 매체 접근·이용권은 국민의 언론의 자유를 보장하고 민주주의 실현에 ⓑ 이바지하는 중요한 권리이다. 그러나 언론 매체 접근·이용권은 언론 매체가 신문 등의 표현 내용을 결정하는 권리인 편집권과 ⓒ 맞부딪칠 수도 있다. 이에 언론 매체에 일정한 기준의 재량권을 부여하고, 만약 언론 매체가 일정한 재량권을 일탈하거나 남용할 때는 구제 수단을 활용하여 국민의 언론 매체 접근·이용권을 보호하고 있다.

나

❶ 언론 보도에 의해 명예나 권리를 침해받은 때에는 어떻게 해야 할까? 명예 훼손죄로 고소할 수도 있지만, 판결이 나오기까지 시간이 오래 걸린다. 따라서 언론중재

핵심정리

가

문단 중심 내용

❶ 언론 매체 접근·이용권의 개념
❷ 언론 매체 접근·이용권의 등장 배경
❸ 언론 매체 접근·이용권의 대표적인 형태인 반론권
❹ 언론 매체 접근·이용권과 맞부딪칠 수 있는 편집권

언론 매체 접근·이용권

개념	국민이 자신의 사상이나 의견을 표명하기 위하여 언론 매체에 자유로이 접근하여 이를 이용할 수 있는 권리
배경	• 언론의 독과점으로 인해 국민의 다양한 의견을 표출할 수 있는 통로가 점점 사라짐. • 언론사가 대중적인 주장이나 의견만을 전달함. • 언론의 자유가 매체를 소유하거나 지배하는 소수의 계층이나 집단의 것으로 전락함.
반론권	• 법적으로 보장받는 언론 매체 접근·이용권의 대표적인 형태 • 언론 매체에 의하여 명예 훼손·비판·공격 등으로 피해를 입은 국민이 자기와 관련이 있는 보도에 대해 반론이나 정정 또는 해명의 기회를 요구할 수 있는 권리
의의	국민의 언론의 자유를 보장하고 민주주의 실현에 이바지함.

나

문단 중심 내용

❶ 정정 보도 청구권과 반론 보도 청구권의 기능
❷ 정정 보도 청구권과 반론 보도 청구권의 개념
❸ 피해자가 정정 또는 반론 보도를 청구할 수 있는 기준과 언론사가 청구를 수용한 뒤 해야 할 일
❹ 민법상 정정 보도 청구권의 성립 요건
❺ 정정 보도 청구권과 반론 보도 청구권의 의의

정정 보도 청구권	진실하지 않은 언론 보도 등으로 인해 피해를 입었을 경우 보도 내용의 잘못을 바로잡는 정정 보도를 요구할 수 있는 권리
반론 보도 청구권	언론 보도 등으로 인해 피해를 입었을 경우 그 보도 내용에 관한 반론을 보도해 줄 것을 요구할 수 있는 권리
주체	보도 내용과 개별적 연관성이 있으며 그 보도로 인해 피해를 입은 자
대상	증거에 의해서 그 존재 여부를 판단할 수 있는 사실 관계에 관한 주장
의의	• 피해를 입은 개인의 입장을 제공하게 하여 개인의 피해 회복을 도움. • 우리 사회가 진실을 발견하고 올바른 여론을 형성하는 데 일조함.

정정 또는 반론 보도 과정

해당 언론 보도가 있음을 안 날로부터 3개월 이내, 보도에서 6개월이 지나기 전 청구
↓
언론사의 청구 수용
↓
청구를 받은 날부터 7일 이내에 정정 또는 반론 보도문을 방송하거나 실음.

민법상 정정 보도 청구권

기한	언론 보도가 있음을 안 날로부터 3년 이내, 해당 언론 보도가 있은 후 10년이 지나기 전
성립 조건	언론사의 고의 또는 과실이 있다는 것과, 해당 보도에 위법성이 있음이 입증되어야 함.

법에는 언론 매체에 의해 피해를 받은 개인에게 신속하고 대등한 방어 수단을 제공하기 위해 정정 보도 청구권과 반론 보도 청구권이 규정되어 있다.

❷ 정정 보도 청구권은 진실하지 않은 언론 보도 등으로 인해 피해를 입었을 경우 보도 내용의 잘못을 바로잡는 정정 보도를 요구할 수 있는 권리이며, 반론 보도 청구권은 언론 보도 등으로 인해 피해를 입었을 경우 그 보도 내용에 관한 반론을 보도해 줄 것을 요구할 수 있는 권리이다. 정정 보도를 청구하는 피해자는 원 보도가 허위임을 입증해야 한다. 반면 반론 보도는 원 보도의 진위 여부와 상관없이 청구할 수 있다.

❸ 정정 보도 청구권과 반론 보도 청구권의 주체는 보도 내용과 개별적 연관성이 있으며 그 보도로 인해 피해를 입은 자이다. 청구권의 주체는 언론 보도의 '사실적 주장'에 대해 정정 보도와 반론 보도를 청구할 수 있는데, '사실적 주장'이라는 것은 증거에 의해서 그 존재 여부를 판단할 수 있는 사실 관계에 관한 주장을 의미한다. 따라서 단순한 의견이나 논평, 광고 등은 청구의 대상이 아니다. 피해자는 해당 언론 보도 등이 있음을 안 날로부터 3개월 이내에 정정 또는 반론 보도를 청구할 수 있는데, 해당 언론 보도 등이 있은 후 6개월이 지났을 때에는 이를 청구할 수 없다. 정정 또는 반론 보도 청구는 언론사 등의 대표자에게 서면으로 하여야 하며, 언론사가 청구를 수용한다면 청구를 받은 날부터 7일 이내에 정정 또는 반론 보도문을 방송하거나 ⓓ 싣게 된다. ㉠이때의 보도는 원 보도와 동일한 채널, 지면에서 이루어져야 하며, 방송 진행자는 보도문을 읽을 때 통상적인 속도로 읽어야 한다.

❹ 만약 언론중재법상 정정 보도를 청구할 수 있는 기간이 지났다면 민법 제764조에 의거하여 정정 보도를 청구할 수도 있다. 민법상 정정 보도 청구권에 따르면 언론 보도 등으로 명예를 훼손당한 사람은 언론 보도가 있음을 안 날로부터 3년 이내에 법원에 소를 제기할 수 있는데, 해당 언론 보도가 있은 후 10년이 지났을 때에는 불가하다. 민법상 정정 보도를 청구할 때는 언론사 등의 대표자뿐만이 아니라, 잘못된 언론 보도로 손해를 가한 기자, 편집자 등에 대해서도 공동으로 청구할 수 있다. 그런데 민법상 정정 보도 청구권이 성립하려면 언론중재법과 달리 언론사의 고의 또는 과실이 있다는 것과, 해당 보도에 위법성이 있음이 입증되어야 한다. 만약 언론 보도가 타인의 명예를 훼손했다 하더라도 해당 보도가 공공의 이익을 위한 것일 때는 위법이 아니라고 인정된다. 이처럼 민법상 정정 보도 청구권은 언론중재법상 정정 보도 청구권을 행사하는 것보다 엄격한 성립 요건을 필요로 한다.

❺ 정정 보도 청구권 및 반론 보도 청구권은 피해를 입은 개인의 입장을 제공하게 하여 개인의 피해 회복을 ⓔ 돕고 우리 사회가 진실을 발견하고 올바른 여론을 형성하는 데 일조한다.

01

(가)와 (나)에 대한 설명으로 가장 적절한 것은?

① (가)는 권리의 유형을 구분하였고, (나)는 권리의 주체를 법률의 내용에 따라 분류하였다.

② (가)는 권리의 발전 과정을 소개하였고, (나)는 권리의 실행 과정에 나타나는 한계를 지적하였다.

③ (가)는 권리의 등장 배경과 실현 양상을 설명하였고, (나)는 근거한 법에 따른 권리의 성립 요건 차이를 비교하였다.

④ (가)는 시대에 따라 변화하는 권리의 의의를 평가하였고, (나)는 다른 권리와 대비하며 권리의 특성을 분석하였다.

⑤ (가)는 권리가 올바르게 실행되기 위한 조건을 제시하였고, (나)는 권리의 실행으로 인해 변화된 양상을 서술하였다.

01
글의 전개 방식을 파악하는 문제이다. (가)와 (나)의 중심 내용을 찾고, 이에 대해 어떠한 설명 방식을 사용하였는지 파악해야 한다.

02

(가), (나)의 내용과 일치하지 않는 것은?

① 언론 매체가 재량권을 남용한 경우에 국민의 언론 매체 접근·이용권은 보호받을 수 있다.

② 공공의 이익을 위한 보도가 타인의 명예를 훼손한 경우 민법상 정정 보도 청구권은 성립하지 않는다.

③ 민법상 정정 보도 청구권은 언론중재법상 정정 보도 청구권보다 보도를 청구할 수 있는 기한이 길다.

④ 언론중재법상 정정 보도 또는 반론 보도를 청구하려면 언론 보도로 인해 피해를 입은 사실이 있어야 한다.

⑤ 배런은 시민에게 매체를 소유할 수 있는 권리가 주어지지 않아 언론의 자유가 소수의 것으로 전락했다고 보았다.

02
글의 세부 내용을 파악하는 문제이다. 선택지의 내용이 (가), (나) 지문에 제시되어 있는지 파악해야 한다. 이때, 선택지의 핵심어를 먼저 찾고 지문에서 해당 부분을 찾으면 보다 편하게 오답을 걸러낼 수 있다.

03

글의 세부 내용을 추론하는 문제이다. ㉠은 정정 또는 반론 보도가 원 보도와 동일한 채널, 지면에서 이루어져야 하며, 방송 진행자는 보도문을 읽을 때 통상적인 속도로 읽어야 한다는 내용이다. 즉, 원 보도와 동일한 환경에서 정정 또는 반론 보도가 제공되어야 한다는 것이다. 정정 보도 청구권과 반론 보도 청구권의 기능을 고려하여 ㉠의 이유를 추론해야 한다.

03

㉠의 이유를 추론한 내용으로 가장 적절한 것은?

① 원 보도와 동일한 효과를 낼 수 있는 대등한 방어 수단을 제공하기 위해서이다.

② 원 보도를 한 언론사의 대표자에게 원 보도를 진실에 맞게 수정해 달라고 요구하기 위해서이다.

③ 원 보도에 비해 신속한 전달 수단을 제공하여 언론 매체에 의한 피해를 최소화하기 위해서이다.

④ 언론 매체가 대중적인 주장과 사람들이 불편하게 여기는 주장을 차별적으로 보도하지 않도록 하기 위해서이다.

⑤ 양측의 주장을 같은 방식으로 제공하여 옳고 그름에 대한 판단을 시청자 또는 독자가 내리도록 하기 위해서이다.

04

구체적 사례에 적용하는 문제이다. <보기>에서 제시된 방송법과 언론중재법 조항은 다양하고 공정한 여론 형성과 관련되어 있다. ㄱ~ㄷ의 목적을 파악하고 선택지의 내용과 일치하는지 따져 보아야 한다.

04

(가)를 바탕으로 <보기>를 이해한 내용으로 적절하지 않은 것은?

보기

ㄱ. 방송법 제6조 제9항

 방송은 정부 또는 특정 집단의 정책 등을 공표하는 경우 의견이 다른 집단에 균등한 기회가 제공되도록 노력하여야 하고, 또한 각 정치적 이해 당사자에 관한 방송 프로그램을 편성하는 경우에도 균형성이 유지되도록 하여야 한다.

ㄴ. 방송법 제6조 제2항

 방송은 성별·연령·직업·종교·신념·계층·지역·인종 등을 이유로 방송편성에 차별을 두어서는 아니 된다.

ㄷ. 언론중재법 제17조 제1항

 언론 등에 의하여 범죄 혐의가 있거나 형사상의 조치를 받았다고 보도 또는 공표된 자는 그에 대한 형사 절차가 무죄 판결 또는 이와 동등한 형태로 종결되었을 때에는 그 사실을 안 날부터 3개월 이내에 언론사 등에 이 사실에 관한 추후 보도의 게재를 청구할 수 있다.

① ㄱ은 언론 매체가 공정한 여론을 형성하는 공론장의 역할을 해야 한다는 인식을 반영하고 있다.

② ㄱ은 언론 매체에 의하여 비판을 당한 국민이 반론의 기회를 요구할 수 있는 권리를 보장하고 있다.

③ ㄴ은 언론 매체가 사회의 다양성을 해치지 못하도록 하고 있다.

④ ㄷ은 매스미디어를 소유하지 않아도 언론의 자유를 보장받을 수 있도록 하고 있다.

⑤ ㄷ은 언론 보도로 피해를 입은 사람이 자신의 의사를 표명할 수 있도록 하고 있다.

05

(나)를 바탕으로 <보기>를 탐구한 내용으로 적절하지 <u>않은</u> 것은?

○○ 동물 병원을 운영하는 A는 △△ 신문의 기자 B가 제보 내용에 대한 별도의 취재 없이 보도한 기사로 인해 매출이 줄어드는 피해를 입었다. A는 다음의 내용으로 △△ 신문의 대표자 C 또는 기자 B에게 정정 및 반론 보도를 요청하고자 한다.

> 본 신문은 2022년 9월 1일자 10면에 '○○시 소재 동물 병원, 입원한 반려견 방치하고 처방전 미발급'이라는 제목으로 ○○시에 소재한 모 동물 병원이 입원한 반려견에게 먹이를 주지 않았으며 처방전을 발급하지 않고 의약품을 투약했다고 보도하였습니다.
> 그러나 해당 동물 병원의 CCTV 영상을 확인한 결과 동물 병원의 직원들이 입원한 반려견에게 적정량의 먹이를 제공한 것으로 밝혀져 이를 바로잡습니다. 또한 해당 동물 병원에서는 처방전을 발급하지 않은 것은 사실이지만, 관련 법에 근거하여 수의사가 직접 처방 대상 동물용 의약품을 투약하는 경우에는 처방전을 발급하지 않을 수 있다고 밝혀왔습니다.

① A가 별도의 취재를 하지 않은 B에게 정정 보도를 청구하려면 법원에 소를 제기해야겠군.

② A는 먹이 제공과 관련된 내용은 정정 보도를, 처방전 미발급과 관련된 내용은 반론 보도를 청구하려는 것이겠군.

③ A가 △△ 신문의 보도가 있음을 안 날이 2023년 9월 1일이라면 민법 제764조에 의거하여 권리를 행사해야겠군.

④ B의 기사 중 입원한 반려견에게 먹이를 주지 않았다는 내용은 사실적 주장에 해당하지 않겠군.

⑤ C가 언론중재법에 의거한 A의 청구를 수용한다면, 청구를 받은 날부터 일주일 이내에 A가 요청한 보도문을 △△ 신문에 싣겠군.

06

문맥상 ⓐ~ⓔ와 바꾸어 쓰기에 적절하지 <u>않은</u> 것은?

① ⓐ: 비하면
② ⓑ: 기여하는
③ ⓒ: 충돌할
④ ⓓ: 게재하게
⑤ ⓔ: 증진하고

5 Day

문학 (고전시가+고전수필)   고2 2022년 11월

죽창곡 _ 이긍익 / 노마설 _ 홍우원

핵심정리

가 이긍익, 〈죽창곡〉

갈래

양반가사, 유배가사

성격

연정적, 호소적

제재

임에 대한 사랑

주제

임에 대한 그리움과 변치 않는 절개

특징

① 의문형 어미를 통해 화자의 안타까움을 드러냄.
② 자연물과 화자를 동일시하여 화자의 처지를 나타냄.
③ 화자를 여성으로 설정하여 연군지정을 임에 대한 사랑으로 전환하여 표현함.

해제

이 작품은 이긍익이 아버지 이광사의 유배를 뒷바라지하던 1763년 무렵을 그 배경으로 하고 있다. 작품에서 화자는 여성의 목소리로 발화하며 임과의 인연을 운명으로 서술하고 있는데, 서사에서는 임과의 인연이 이루어지지 않았음을 지적하고 본사에서는 임의 은혜에 대한 열망이 지속된다. 서술의 과정에서 이러한 구조를 만들어 내는 주요한 의미적인 틀은 화자의 시련과 그것을 극복하게 하는 임의 은혜이다. 이긍익은 아버지의 유배를 통해 냉혹하고 스스로 입신양명의 사회적 출세가 불가능한 사회를 마주하였으나, 아버지의 처지를 옹호하거나 그것을 통해서 세상을 향한 비판의 목소리를 드러내지 않는다. 그보다 자신의 소박한 유배 생활이 성군의 은혜 덕분임을 강조하면서 임금의 덕이 자신과 아버지에게 차별 없이 베풀어지는 세상을 소망하고 있다.

화자의 상황과 태도

상황	임과 멀리 떨어져 있으면서 소박한 생활을 영위함.
태도	임과 만난 적 없지만 임과의 인연을 운명으로 생각하며, 임을 향한 그리움을 드러냄. 자신의 부정적 상황을 세상의 탓으로 돌림.

※ 다음 글을 읽고 물음에 답하시오.

가

죽창(竹窓)의 **병(病)이 깁고 포금(布衾)이 냉낙(冷落)ᄒ대***

돌미나리 ᄒ줌으로 석찬(夕饌)을 ᄒ쟈터니

상 위에 그저 노코 님 싱각 ᄒ눈 ᄠᅳᆺ은

아리짜온 **님의 거동(擧動) 친(親) ᄒ적 업건마ᄂᆞᆫ**

불관(不關)ᄒ** 이 내 몸이 님을 조차 삼기오니

월노(月老)의 노(繩)*ᄅᆞᆯ 민가 연분(緣分)도 하 중(重)ᄒ고

조믈(造物)이 새오던가 박명(薄命)*ᄒ도 그지업다

　　　　　　　　(중략)

이팔(二八) 방년(芳年)이 손꼽아 다ᄃᆞ르니

십니(十里) 벽도화(碧桃花)의 구름이 머흔 속의

내 소식 님 모르고 ㉠ 님의 집 나 모를 제

세ᄉᆞ(世事)의 마(魔)히 고하** 홍안(紅顔)이 복(福)이 업셔

하ᄅᆞ밤 놀난 우레 풍우(風雨)조차 셕거치니

뜰알픠 심근 규화(葵花) 못피여 시들거다

ᄒᆞᆫ 고기 흐린 물이 왼 못을 더러인다

형극(荊棘)의 쩌딘 불이 난혜총(蘭蕙叢)의 븟터오니*

내 얼골 고은 줄을 님이 엇디 알으시고

화공(畫工)의 붓긋흐로 그려 내여 울닐 손가

연년(延年)의 가곡(歌曲)으로 씌여다가 도도올가

대가티 고든 졀(節)은 님이 더욱 모르려든

　　　　　　　　　　　　　　- 이긍익, 〈죽창곡(竹牕曲)〉 -

* 포금이 냉낙ᄒ대: 이부자리가 차가운데.

* 불관ᄒ: 관계없는.

* 월노의 노: 남녀의 인연을 맺어 주는 끈.

* 박명: 복이 없고 팔자가 사나움.

* 세ᄉᆞ의 마히 고하: 세상일을 방해하는 장애물이 생겨.

* 형극의 쩌딘 불이 난혜총의 븟터오니: 가시덤불에 떨어진 불이 난초와 혜초 무더기에 붙으니.

나

숭정(崇禎) 9년 4월에, 주인이 노비 운(雲)을 시켜 마구간 바닥에 매어 엎드려 있는 말을 끌어 내오게 하고, 말에게 이르기를,

"안타깝구나, 말아. 너의 나이도 이제 많아졌고 힘도 쇠하여졌구나. 장차 너를 빨

리 달리게 한즉 네가 달릴 수 없음을 알며, 장차 너를 뛰게 한즉 네가 그럴 수 없음을 안다. 내가 너에게 수레를 매어 매우 멀고 험한 길을 넘게 한즉 너는 넘어질 것이며, 내가 너에게 무거운 짐을 싣고 풀이 우거진 먼 길을 건너게 하면 너는 곧 죽을 것이다. 말이여, 장차 너를 어디에 쓰겠느냐? 너를 백정에게 주어 뼈와 살을 바르게 할까? 나는 너에게 차마 그럴 수는 없다. 장차 너를 성 안의 저자거리에 가서 팔더라도 사람들이 너에게서 무엇을 얻겠느냐? 안타깝다 말아. 나는 이제 너의 재갈을 벗기고 굴레를 풀어 놓아 네가 가고자 하는 곳을 너에게 맡길 것이니, 가거라. 나는 너에게서 취하여 쓸 것이 없구나."

라고 하니, 말은 이에 귀를 쫑그리고 듣는 것처럼 하고, 머리를 쳐들고 하소연하는 듯하며 몸을 웅크리고 오랫동안 있으나 입으로 말을 할 수는 없는 것이었다. 그러나 그의 대답을 추측컨대,

"슬프구나, 주인의 말씀이 이처럼 정성스러울까. 그러나 주인 역시 어진 사람은 아니다. 옛날 나의 나이가 아직 어려 힘이 왕성할 때, 하루에 백 리를 달렸으나 가는 것에 힘이 없지 아니하였고, 한 번 짐을 실음에 몇 석을 실었으나 나의 힘이 강하지 않은 것이 아니었다. 그리고 주인은 가난하였는데, 생각하건대 내가 아는 바로는, 쑥으로 사방의 벽을 쳤고, 쓸쓸하게 텅 빈집에는 동이에 한 말의 조를 쌓아둠이 없었고, 광주리에는 한 자의 피륙도 저장함이 없었다.

마누라는 야위어 굶주림에 울고 여러 아이들은 밥을 찾으나, 아침에는 된 죽 저녁에는 묽은 죽을 구걸하듯 빌어서 끼니를 이어갔다. 그 당시에 나는 진실로 힘을 다하여 동서로 오가고, 오직 주인의 목숨만을 생각하며 남북으로 오갔으니, 오직 주인의 목숨을 위해 멀리는 몇 천리 가까이는 몇 십 몇 백리를 짐을 싣고 달리며 짐을 싣고 뛰며 옮기기에 일찍이 감히 하루라도 편히 살지 못했으니, 나의 수고로움은 컸다고 말할 수 있을 것이다. ⓛ 주인집의 여러 식구의 목숨이 나로 인해 완전할 수 있었으며, 나로 말미암아 길 위에서 굶어 죽은 시체로 도랑에 빠지지 않게 되지 않았는가.

(중략)

슬프다. 내가 비록 늙었으나 오히려 좋은 밥을 먹을 수 있고, 주인이 나를 길러 줄 뜻을 더해 길러줌에 마음을 쓴다면, 경치 좋은 곳에서 나이나 세면서 한가로이 세월을 보내는 것은 기대하지 않더라도, 동쪽 교외의 무성한 풀이 내 배고픔을 달래기에 충분하며, 단 샘물은 기대하지 않더라도 남쪽 산골짜기의 맑은 물이면 나의 목마름을 풀기에 충분합니다. 쌓인 피로를 쉬고 고달픔에서 깨어나게 할 수 있으며, 흔들거리거나 넘어지지 않게 하고 피곤함에서 소생할 수 있게 하며, 힘을 헤아려 짐을 맡기고, 재주를 헤아려 일을 시키면 비록 늙더라도 오히려 능히 빠르게 떨치면서 길게 울어 주인을 위해 채찍질을 당하면서 쓰임에 대비하고 남은 목숨을 마치는 것이 나의 큰 행복입니다. 버림받는 것으로 마칠 뿐이라면 나는 곧 발굽으

나 홍우원, 〈노마설〉

갈래
고전 산문

성격
사실적, 비판적

제재
늙은 말과 주인의 대화

주제
필요할 때는 취하다가 쓸모가 없어지면 버려버리는 세태 비판

특징
① 주인과 늙은 말의 대화 형식으로 진행됨.
② 현재 상황을 인식하는 상반된 태도를 드러냄.
③ 친근한 소재를 통해 작품의 주제를 효과적으로 강조함.

해제
이 작품은 늙어서 더 이상 쓸모없게 된 말을 내치려는 주인과 과거에 자신이 행했던 공을 중심으로 억울하고 분한 마음을 호소하는 늙은 말의 대화 형식으로 이루어져 있다. 작가는 주인과 늙은 말의 대화를 통해 자신에게 돌아올 이득만을 따져 늙은 말을 버리려 하는 주인의 이기적인 태도를 비판하고 있다. 분량 면에서 비교적 장편에 해당하며, 전문이 대화체로 되어 있다는 점과 다른 동물·식물·사물을 제재로 하는 작품에서도 거의 나타나지 않는 의인화 수법을 보이는 점 등은 '설'과 구분되는 특성이라 할 수 있다.

구성

처음	주인은 늙어서 쓸모가 없어진 말을 버릴 뜻을 밝힘.
중간	늙은 말은 그동안 자신의 노고와 그에 대한 적절한 보상을 따르지 않은 주인의 대우에 대해 따짐.
끝	주인이 원래의 생각을 접고 늙은 말을 끝까지 길러줄 마음을 먹게 됨.

관자의 고사

'옛날에 제나라 환공이 가다가 길을 잃었는데~'

• 젊고 건장한 말뿐만 아니라 늙고 힘없는 말 역시 그 자체로 가치가 있음을 역설함.
• 주된 발화자인 늙은 말의 발언에 권위를 실어줌으로써 글 전체를 안정감 있게 끝맺음.

로 눈서리를 밟고 털로는 찬바람을 막으며 풀을 먹고 물을 마시며 애오라지 스스로 기르며 나의 천명을 완전히 한다면 도리어 나의 참된 천성에 거슬리는 것이니, 나에게 어찌 아픔이겠습니까? 감히 말씀드립니다."

주인이 이에 실의(失意)하여 탄식하며 이르기를,

"이것은 나의 잘못이로다. 말에게 무슨 죄가 있는가? 옛날에 제(齊)나라 환공(桓公)이 가다가 길을 잃었는데, 관자(管子)가 늙은 말을 풀어놓고 따라가기를 청했으니, 관자만이 오직 늙은 말을 버리지 않고 사용한 것이다. 이러한 까닭으로 능히 그 임금을 도와 천하를 제패한 것이다. 이로 말미암아 보건대 늙은 말을 어찌 소홀히 할 수 있겠는가?"

하면서, 이어 노비 운(雲)에게 명하여 이르기를,

"잘 먹이고 다만 너의 손에 욕 당함이 없도록 하라."

라고 했다.

- 홍우원, <노마설(老馬說)> -

주인과 노마의 태도

주인
• 현재 가치 중시
• 필요할 때는 취하다 필요가 없으면 곧바로 버림.
• 늙은 신하를 더 이상 필요로 하지 않는 군주에 해당함.

↕

노마
• 과거 가치 중시
• 공로가 있다면 마땅히 그에 맞는 적절한 대우가 있어야 함을 주장함.
• 국가와 군주를 위해 노력한 늙은 신하에 해당함.

■ **문제풀이 맥** ■

01

작품 간 공통점을 파악하는 문제이다. 이러한 유형의 문제는 내용적 측면보다는 표현상의 특징에 초점을 맞추며 작품을 비교하여 푸는 것이 좋다. 따라서 선택지에 제시된 '역설적 표현', '명암의 대비', '음성 상징어' 등의 개념을 이해하고, 해당 표현 방식이 두 작품에 모두 나타나는지 확인해야 한다.

02

소재의 의미를 파악하는 문제이다. 이러한 문제는 작품 속에서 소재가 어떤 의미를 담고 있는지, 화자에게 어떤 영향을 끼치는지 분석해야 한다. ㉠은 '님의 집', ㉡은 '주인집'으로, 모두 두 대상의 관계 속에서 그 의미가 정립되고 있다.

01

(가)와 (나)의 공통점으로 가장 적절한 것은?

① 역설적 표현을 통해 주제의 의미를 부각하고 있다.
② 명암의 대비를 통해 대상의 특성을 나타내고 있다.
③ 공간의 이동에 따라 심리 변화의 양상을 드러내고 있다.
④ 음성 상징어를 사용하여 생동감 있게 상황을 제시하고 있다.
⑤ 의문형 어미를 사용하여 전달하고자 하는 내용을 강조하고 있다.

02

㉠과 ㉡에 대한 설명으로 가장 적절한 것은?

① ㉠은 '나'와 '님'의 관계가 소원함을 드러내는 소재이고, ㉡은 '말'과 '주인'의 관계가 밀접했음을 드러내는 소재이다.
② ㉠은 '나'와 '님'의 역할이 바뀌었음을 드러내는 소재이고, ㉡은 '말'과 '주인'의 역할이 확정되었음을 드러내는 소재이다.
③ ㉠은 '나'와 '님'의 갈등이 해소되었음을 드러내는 소재이고, ㉡은 '말'과 '주인'의 갈등이 심화되었음을 드러내는 소재이다.
④ ㉠은 '나'와 '님'의 상황이 변화되었음을 드러내는 소재이고, ㉡은 '말'과 '주인'의 상황이 유지되고 있음을 드러내는 소재이다.
⑤ ㉠은 '나'와 '님'의 현실 인식이 긍정적임을 드러내는 소재이고, ㉡은 '말'과 '주인'의 현실 인식이 부정적임을 드러내는 소재이다.

03

\<보기\>를 바탕으로 (가)를 이해한 내용으로 적절하지 <u>않은</u> 것은?

> **보기**
>
> 이 작품에는 타인의 잘못으로 인해 유배 생활을 하는 작가의 상황이 임을 그리워하는 여성 화자의 모습으로 형상화되어 있다. 화자는 자신이 처한 부정적 상황의 원인을 임이나 자기 자신에게서 찾지 않고 외부의 탓으로 돌리고 있으며, 임과 함께하지 못하는 안타까움과 임에 대한 변치 않는 마음을 노래하고 있다.

① '병이 깁고'와 '돌미나리 흔줌으로 석찬을 ㅎ쟈터니'를 통해 부정적 상황에 놓인 화자의 처지를 알 수 있겠군.
② '님의 거동 친 흔적 업건마ᄂ'과 '이 내 몸이 님을 조차 삼기오니'를 통해 화자가 타인의 잘못으로 현재 상황에 처하게 됐음을 알 수 있겠군.
③ '조믈이 새오던가'와 '세스의 마히 고하'를 통해 화자가 처한 상황의 원인을 외부의 탓으로 돌리고 있음을 알 수 있겠군.
④ '뜰알픠 심근 규화 못피여 시들거다'를 통해 임과 함께하지 못하는 화자의 안타까운 마음을 형상화했음을 알 수 있겠군.
⑤ '대가티 고든 졀은 님이 더욱 모르려든'을 통해 임에 대한 화자의 변치 않는 마음을 알 수 있겠군.

03
외적 준거를 바탕으로 작품을 감상하는 문제이다. \<보기\>의 내용을 바탕으로 진하게 표시된 구절의 의미를 파악해야 한다. \<보기\>에 따르면 (가)는 여성 화자로 설정하여 임에 대한 그리움을 그리고 있으며, 상황의 원인을 외부에게서 찾고 있다.

04

\<보기\>는 (나)에 나타난 대화를 구조화한 것이다. 이에 대한 이해로 적절하지 <u>않은</u> 것은?

> **보기**

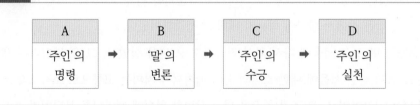

① A에서 '주인'은 '말'의 현재 상태를 근거로 '말'이 더 이상 쓸모가 없다고 판단하고 있다.
② B에서 '말'은 과거 행적을 나열하여 자신의 능력이 변하지 않았음을 근거로 A에서 '주인'이 내린 처분이 부당함을 주장하고 있다.
③ B에서 '말'은 자신을 기르고 쓸 수 있는 구체적인 방안을 제시하며 '주인'을 설득하고 있다.
④ C에서 '주인'은 늙은 말도 쓰임이 있다는 내용의 고사를 인용하여 '말'에 대한 자신의 생각이 잘못되었음을 밝히고 있다.
⑤ D에서 '주인'은 A에서 '말'에게 내린 자신의 처분을 번복하여 노비에게 '말'을 잘 보살필 것을 당부하고 있다.

04
구조도를 바탕으로 작품을 감상하는 문제이다. 이러한 문제는 \<보기\>의 내용을 이해하고 이를 바탕으로 작품을 파악해야 한다. \<보기\>는 (나)의 내용을 구조화한 것으로, 이때 인물들의 행동을 확실하게 인지하고 있어야 한다.

b **Day** 문학(현대소설) 고1 2022년 11월
몽기미 풍경_송기숙

※ 다음 글을 읽고 물음에 답하시오.

멀리서 안타깝게 손만 흔들던 그 연락선이 드디어 몽기미에 닿았다. 몽기미 생기고 처음이었다. ⓐ 연락선에 올라간 아이들은 모두 이층으로 우르르 올라가 난간을 붙잡고 먼 데 바다를 건너다보고 있었다. 멀리 까맣게만 보이던 섬들이 차츰 가까워지며 동네가 나타나고, 더 멀리 회색으로만 보이던 섬들도 차츰 가까워지며 포구 모습이 드러났다.

"와, 기와집이다."

연락선을 대는 포구에 말로만 듣던 까만 기와집도 있었고, 크고 작은 배들이 스무남은 척이나 몰려 있었다.

[A] ┌ 목포에 닿자 아이들은 멍청하게 입만 벌렸다. 크고 작은 배들이 수백 척 부두를 가득 메우고 있었고, 크고 작은 건물들이 빼곡히 차 있었으며, 큰길에는 사람들이 엄청나게 북적거리고 자동차가 빵빵 경적을 울리며 내달았다. 색색으로 예쁘게 꾸며놓은 간판 아래 수많은 상점과, 거기 빼곡히 쌓여 있는 갖가지 상품들이며, 모두가 꿈에도 보지 못했던 광경이었다. 몽기미 아이들은 밤에 꾸는 꿈도 기껏 연락선을 탄다거나 벼랑에서 바다로 곤두박이는 따위였지, 이런 엄청난 세상은 꿈속에도 나타난 적이 없었다.

"야, 저 비단 좀 봐."

순자의 손을 잡고 가던 두 학년 아래 남분이가 걸음을 멈추며 손가락질을 했다. 길가 포목전에서 주인이 손님 앞에다 비단을 활짝 펼친 것이다. 가게 벽에는 그런 비단이 천장이 닿게 차곡차곡 쌓여 있었다. 남분이는 그 비단에서 눈을 떼지 못했다.

도시의 모든 것이 꿈만 같았고, 더구나 서울의 며칠 동안은 무슨 동화 속의 세상을 헤매는 것만 같았다. 돌아오는 ⓑ 기차에서 남분이는 어째서 우리는 이런 세상을 놔두고 그 작은 섬에서 살아야 하는지 내내 그 생각뿐이었다.

순자는 바로 그 서울에 다시 와서 지금까지 오 년을 살았다. 그 오 년이라는 세월은 그 동화 같던 서울에 대한 소녀의 꿈이 **뼈마디가 저미는 고통**으로 조각조각 조각이 나는 기간이었고, 그 조각난 꿈을 딛고 **살벌한 현실**에 뼈마디를 부딪치며 자신을 추슬러온 기간이었다. 어려서 왔을 때는 따뜻하게만 웃어주는 것 같던 그 서울이 제 발로 들어오자 너무도 싸늘하고 매정스럽게 돌아앉아 있었다.

그때마다 순자는 자기 집에서 기르던 돼지 새끼 무녀리가 떠올랐다. 다른 새끼들은 어미 젖꼭지를 두 개 세 개씩 차지하고 걸퍼지게 빨아대지만, 그 무녀리는 힘센 녀석들이 거세게 내두르는 주둥이에 깩깩 베돌기만 할 뿐 젖은 한 모금도 빨지 못했다. 그렇지만 그런 새끼들은 거들떠보지도 않고 널퍼덕 퍼질러 누워 젖꼭지만 내맡기고 있는 어미가 얼마나 미웠던지 모른다. 저러니까 잡아먹는 짐승이겠지 싶었다.

서울에 온 자기는 바로 그 **무녀리**가 되어 있었고, 그 어미 돼지처럼 **누구 하나 돌봐 주는 사람**이 없었다.

순자는 그 무녀리처럼 이 공장 저 공장 떠돌다가 지금 다니는 장난감 공장에 자리를 잡았고, 이제는 숙련공으로 월급도 사만 원이나 받고 있다. 그사이 그럭저럭 오 년이 흘러갔다. 그동안 순자는 하루도 고향을 떠올리지 않는 날이 없었다. 모두가 가난하게는 살지만 깔보는 사람도 없고 쳐다볼 사람도 없으며, 무엇에 쫓기는 절박감도 없었다. 무엇보다 몽기미의 그 포근한 인정이 그리웠다.

[중간 부분의 줄거리] 순자는 상경한 이후 처음으로 고향으로 가는 중에, 기차 안에서 우연히 남분이를 만나 몽기미 소식을 듣는다.

섬을 산다는 것은 근처 무인도의 일 년간 해초 채취권을 사는 것을 말한다. 그 해에 갯것이 잘 자라면 상당히 재미를 보는 수도 있지만, 흉작일 때는 **본전도 못 건지**기 일쑤였다. 듣보기 장사 애 말라 죽는다고, 그런 투기를 한 사람들은 이른 봄부터 미역은 포자가 제대로 붙나 톳은 제대로 자라나, 부둥가리 안 옆 조이듯 **가슴을 조이며 날이면 날마다 그 섬을 들락거렸다.** 순자는 **몽기미 집집마다** 굴쩍처럼 너덜너덜 **달라붙은 그 가난**이 새삼스레 **가슴을 후볐다.**

"나는 작년에 우리 집에 삼십만 원 송금했어. 그러고도 또 그만치 저축은 저축대로 따로 했거든. ㉠ 언니, 우리 동네 한 집 일 년 수입이 통틀어 얼만 줄 알아? 어촌계에서 갯것을 똑같이 나누니까 뻔한데, 미역ㆍ톳ㆍ우뭇가사리ㆍ돌김, 이런 것들을 상회에 넘긴 값을 촘촘히 계산해 보니까, 일 년 수입이 꼭 십이만 원이야. 내 한 달 벌이도 못 되더라고. 깔깔."

남분이는 은근히 자기 자랑을 하며 큰소리로 깔깔거렸다. 시골뜨기 계집아이가 한 달 수입이 십이만 원이 넘는다면 이것은 자랑할 정도가 아니었다.

"지금 뭘 하고 있는데 벌이가 그렇게 좋아?"

㉡ "히히. 언니 실망하지 않을래?"

남분이는 야살스럽게* 히들거렸다.

"실망하긴?"

"운전하고 있어. 히히."

"운전? 아니, 계집애가 어떻게 운전을 다 배웠어?"

"히히. 기술이 별로 필요 없는 운전이야?"

"기술이 필요 없는 운전?"

"주전자 운전 있잖아?"

"주전자 운전이라니?"

순자는 눈을 더 크게 뜨고 도무지 어리둥절하기만 한 표정이었다.

"어이구, 칵 막혔구먼. 서울 헛살았어. 깔깔."

전체 줄거리

5년 동안 서울에서 살던 순자는 설을 맞아 고향으로 향한다. 고향에 가는 기차 안에서 어린 시절 처음으로 도시를 방문했던 기억과 힘겨웠던 서울살이, 그리고 할아버지에 대해 생각한다. 동학농민운동에 참여했던 순자의 할아버지는 피신 중 파도에 떠밀려 몽기미로 왔고, 그곳에 정착하게 되었다. 할아버지는 성격이 괄괄하며 바르지 않은 것에 역정을 내시던 분이었는데, 순자에게는 그런 할아버지가 하나의 도덕적 기준이 되었다. 서울살이가 괴로울 때마다 고향을 생각하던 순자는 고향 사람들을 그리워하던 중 우연히 기차 안에서 고향 친구 남분이를 만난다. 그리고 남분이로부터 섬에서 자신을 좋아했던 영식이가 해초 채취권을 샀다가 빚만 잔뜩 지게 되어 결국 자살을 하였다는 말을 듣고 가슴 아파한다. 순자는 남분이가 술집 작부 일을 하는 데 도움을 주었다는 언니의 이야기를 듣다가 자신을 많이 도와주었던 혜선을 생각한다. 혜선은 순자가 일하던 공장에서 노조를 조직하기 위해 활동하다 쫓겨났던 인물이다. 순자는 처음에는 혜선에게 동조하였으나, 두려움에 점점 방관자가 되었는데, 이러한 행동으로 인해 자신이 배신자가 된 것만 같아 죄스러워한다. 순자는 이에 대해 할아버지가 무덤에서 뛰어나와 호통을 칠 만한 일이라고 생각한다. 목포에 도착한 순자는 배를 타고 몽기미로 가려다 배가 뜨지 않는다는 말에 여인숙에서 하루를 묵는다. 그리고 다음 날 몽기미로 가지 않고 혜선을 만나러 정읍으로 향한다.

구성

순자가 과거 고향에서 서울로 나들이를 갔던 날을 떠올림.

| 지난한 서울살이에 지쳐 고향을 떠올림. |

| 고향으로 가는 기차에서 남분을 만나 고향 소식을 듣게 됨. |

| 자신의 직업에 자부심을 갖는 남분의 말을 듣게 됨. |

순자와 돼지 새끼 무녀리

순자	돼지 새끼 무녀리
• 주변 사람들에 끼지 못함.	
• 누구 하나 돌봐줄 존재가 없음.	

상경한 순자와 돼지 새끼 무녀리를 동일시하여 서울살이의 고난과 외로움을 드러냄.

ⓒ "아니, 무슨 소리를 하고 있는 거야?"

"손에다 쥐어 모셔야 알겠구먼. 술 주전자 운전이란 말이야. 술 주전자! 깔깔."

ⓡ "그러니까……."

순자는 그제야 웃물이 도는 듯* 눈을 거슴츠레하게 떴다.

"어때? 서울서야 돈만 벌면 그만이잖아. 지금 서울에 주전자 운전사가 몇 만 명인 줄 알아? ⑩ 그것도 당당한 직업이야. 그사이에 **식순이 공순이** 다 해봤지만, 그건 남의 **종살이**밖에 안되더라고. 몸뚱이 도사리고 더런 새끼들한테 구박받으며 붙박여 하루 종일 뼛골 빼봐야 하루 벌이가 그게 얼마야? 서울서 사람값은 하나도 돈이고 둘도 돈이야. 국장이 과장보다 월급이 많고 서기가 급사보다 월급이 많은 건, 그만치 층하 가려 사람대접을 달리 하는 게 아니고 뭐야?"

남분이는 조금도 스스럼이 없었다. 그러니까 십만 원 넘게 번다는 자기가 과장이라면 공순이들은 급사 턱이나 된다는 본새였다.

- 송기숙, 〈몽기미 풍경〉 -

* 야살스럽게: 얄밉고 되바라지게.
* 웃물이 도는 듯: 알 것 같은 실마리가 잡히는 듯.

01

[A]의 서술상 특징으로 가장 적절한 것은?

① 이야기 내부의 서술자가 인물의 내력을 제시하고 있다.
② 인물의 행위를 제시하여 긴박한 분위기를 조성하고 있다.
③ 요약적 서술을 통해 갈등이 해소되는 과정을 제시하고 있다.
④ 추측하는 표현을 통해 일어날 사건에 대한 예상을 드러내고 있다.
⑤ 감각적인 묘사를 사용하여 관찰 대상을 실감 나게 드러내고 있다.

02

⑦~⑩에 대한 설명으로 적절하지 않은 것은?

① ⑦: 고향의 상황과 비교하여 자신의 상황을 자랑하고 싶어 하는 남분이의 심정이 드러나 있다.
② ⓛ: 순자의 마음이 상할 것을 걱정하여 조심스러워하는 남분이의 태도가 드러나 있다.
③ ⓒ: 남분이가 하는 말의 의미를 제대로 이해하지 못해 어리둥절해하는 순자의 모습이 드러나 있다.
④ ⓡ: 남분이가 하고 있는 일이 무엇인지 어렴풋이 짐작하고 있는 순자의 모습이 드러나 있다.
⑤ ⑩: 자신의 직업에 대해 부끄럼 없이 떳떳하게 여기는 남분이의 태도가 드러나 있다.

03

ⓐ와 ⓑ에 대한 이해로 가장 적절한 것은?

① ⓐ는 인물이 기대했던 바를 실제로 확인하게 하는 소재이고, ⓑ는 인물의 욕망이 충족되는 공간이다.

② ⓐ는 인물이 사회의 문제를 해결하게 하는 소재이고, ⓑ는 인물이 자신을 타인과 비교하는 공간이다.

③ ⓐ는 인물이 타인과의 단절을 유발하는 소재이고, ⓑ는 인물이 타인과 소통하는 원인이 되는 공간이다.

④ ⓐ는 인물이 거부해 오던 운명을 적극적으로 수용하게 하는 소재이고, ⓑ는 인물이 자신의 운명을 개척하는 공간이다.

⑤ ⓐ는 인물이 경험해 보지 못한 세상을 체험하게 하는 소재이고, ⓑ는 인물이 경험을 바탕으로 자신의 현실을 인식하는 공간이다.

03

소재의 의미를 파악하는 문제이다. 작품에 대한 전반적인 이해를 바탕으로 소재의 의미를 파악해야 한다. ⓐ는 연락선으로, 과거 순자를 포함한 몽기미 아이들이 목포로 향하기 위해 탑승한 배로, 연락선을 통해 몽기미와는 다른 도시의 광경을 목격하게 된다. ⓑ는 기차로, 서울 여행을 끝낸 아이들이 다시 몽기미로 돌아가기 위해 탑승한 수단이다. ⓐ, ⓑ를 통해 인물의 행동과 생각을 파악해야 한다.

04

<보기>를 바탕으로 윗글을 감상한 내용으로 적절하지 <u>않은</u> 것은?

> **보기**
>
> 이 작품은 급속한 산업 발전이 이루어지던 1970년대를 배경으로 하고 있다. 어촌 마을에서 도시로 상경한 인물들을 중심으로, 물질적 가치를 중시하는 모습과 고된 노동의 현실을 통해 당시의 세태를 사실적으로 드러낸다. 이러한 상황 속에서 어촌 마을은 경제적 발전에서 낙후된 공간이자, 도시의 삶에서 소외감을 느끼는 이들에게 그리움의 공간으로 나타나 있다.

① '뼈마디가 저미는 고통'을 느끼며 '살벌한 현실'을 살고 있는 순자의 모습에서, 고된 삶을 살고 있는 노동자의 현실을 짐작할 수 있군.

② '누구 하나 돌봐주는 사람' 없이 생활하는 자신을 '무녀리'와 동일시하는 순자의 모습에서, 도시 생활에서 느끼는 소외감을 짐작할 수 있군.

③ '본전도 못 건지'며 '가슴을 조이'는 사람들이 '날이면 날마다 그 섬을 들락거렸다'는 것에서, 도시로 상경한 인물들에게 어촌 마을은 그리움의 공간임을 짐작할 수 있군.

④ '몽기미 집집마다' '달라붙은 그 가난'이 '가슴을 후볐다'는 것에서, 경제적 발전에서 낙후된 어촌 마을의 현실을 짐작할 수 있군.

⑤ '식순이 공순이'는 '종살이' 취급밖에 받지 못한다며 돈을 쉽게 버는 일을 선택한 남분이의 모습에서, 물질적 가치를 우선시하는 세태를 짐작할 수 있군.

04

외적 준거에 따라 작품을 감상하는 문제이다. <보기>에서는 급속한 산업화가 이루어지던 시대적 배경을 중심으로 작품의 공간적 배경을 설명하고 있으며, 작품 속에서 서술자가 어떠한 기능을 하는지 제시하고 있다. 따라서 작품의 사건과 인물의 행동, 의도 등을 <보기>의 내용과 연결지어 분석해야 한다.

6일간 학습

Day	공부 시작 시간	공부 종료 시간	틀린 문항 수	틀린 유형
Day 1	시 분 초	시 분 초		
Day 2	시 분 초	시 분 초		
Day 3	시 분 초	시 분 초		
Day 4	시 분 초	시 분 초		
Day 5	시 분 초	시 분 초		
Day 6	시 분 초	시 분 초		

1 일별로 계획에 맞춰 공부하기
하루에 기출 하나씩 매일 꾸준히 공부하는 것이 최선의 방법이다.

2 시작 시간과 종료 시간 체크하기
스스로 시간 제한을 두고 문제를 푸는 것이 실전 대비에 효과적이다.

3 틀린 문항과 유형 분석하기
틀린 문제는 또 틀릴 수 있다. 특정 문항과 유형에서 많이 틀렸다면, 그 이유를 분석해야 한다.

4 보충 학습하기
스스로 점검하기를 통해 자신의 취약한 유형을 확인하고, SLS를 통해 부족한 부분을 보충 학습한다.

	Day 1						Day 2						Day 3					
번호	1	2	3	4	5	6	1	2	3	4	5	6	1	2	3	4	5	6
정답률	84%	92%	80%				45%	61%	39%	75%	52%		66%	76%	65%	70%	72%	86%
채점																		

	Day 4						Day 5						Day 6					
번호	1	2	3	4	5	6	1	2	3	4	5	6	1	2	3	4	5	6
정답률	83%	42%	57%	59%	43%	85%	89%	88%	85%	80%			89%	85%	88%	80%		
채점																		

결과	틀린 문항에는 ✕ 표시, 찍어서 막혔거나 헷갈렸던 문항에는 △표시, 맞춘 문항에는 ○표시 채점 결과 : 맞은 문항 수 28개중 ☐ 개

나의 예상 등급은?

등급

1등급
25~28개

2등급
23~24개

3등급
20~22개

2

WEEK

핵심정리

가

갈래
기사문

제재
학생자치실

주제
학생자치실 활용 방안에 대한 설문 조사 실시 및 학생 회의 안내

문단 중심 내용

❶ 학생자치실 구축 사업의 목적과 학생 회의 안내
❷ 기존 학생회실의 문제점
❸ 학생 회의의 주제 안내
❹ 학생 회의의 날짜와 장소 및 참여 방법과 설문 조사 실시 계획 안내

기사문의 특징

• 표제와 부제를 통해 기사문의 중심 내용을 소개함.
• 학생 회의의 날짜와 장소를 구체적으로 안내함.
• 학생들의 적극적 참여를 유도함.

나

갈래
회의

제재
학생자치실

안건
학생자치실의 활용 방안

※ (가)는 교내 신문의 학생 기사문이고, (나)는 (가)의 보도 이후에 열린 회의이다. 물음에 답하시오.

가

학생 자치의 꽃, 학생자치실이 달라진다
– 학생 회의를 통해 학생자치실 활용 방안 논의 예정 –

❶ 우리 학교는 학생 자치활동 활성화를 위해 지난 3월부터 교육청 지원으로 학생 참여형 학생자치실 구축 사업을 진행 중이며 학생 회의를 열어 학생자치실 활용 방안에 대해 논의할 예정이다.

❷ 그동안 우리 학교는 학생회실이라는 공간이 있었지만, 학생회에서 회의를 할 때만 사용하여 학생회실에 대해 잘 모르는 학생들이 많았다. 또한 공간이 협소하여 전교생을 대상으로 하는 학생회 행사를 진행하기에 어려움이 있었다.

❸ 따라서 학교는 기존 학생회실과 그 옆에 비어 있는 교실을 합쳐서 학생자치실을 구축하기로 결정했다. 현재는 위치만 정해진 상태로, 학생자치실의 활용 방안에 대해 학생회에서 회의를 개최하여 논의할 예정이다.

❹ 회의는 6월 9일에 학생회실에서 열린다. 6월 2일까지 학교 누리집과 누리소통망(SNS)을 통해 학생들을 대상으로 학생자치실의 활용 방안에 대한 설문 조사를 실시할 계획이다. 회의를 참관하려는 학생은 학생회에서 별도 신청을 받는다. 우리가 만들어 갈 공간, 학생자치실에 대한 학생들의 많은 관심과 적극적인 참여가 필요한 상황이다.

나

학생회장: 지금부터 회의를 시작하겠습니다. 학생자치실의 활용 방안에 대해 의견을 말씀해 주세요.

학생 1: ㉠ 사전 조사 결과를 살펴보면 사용 대상을 확대하면 좋겠다는 의견이 가장 많습니다.

학생 2: 맞습니다. ㉡ 현재 학생회 임원으로 한정된 사용 대상을 학급, 동아리, 소모임 단위로 확대하면 좋겠습니다.

학생 1: 학생회 임원이 아닌 학생들이 회의나 모임을 할 때도 사용하면 좋겠네요.

학생 3: 네, 하지만 학생들이 사용하려는 기간이 겹치면, 학생자치실 관리에 어려움이 생길 수도 있습니다.

학생회장: 네, 학교 행사나 수행평가 시기에 사용하려는 학생들이 몰릴 수 있을 것 같습니다. 어떻게 하면 이 문제를 해결할 수 있을까요?

학생 1: ⓒ 학생자치실 사용을 사전에 예약할 수 있도록 하면 좋겠습니다.

학생 3: 동의합니다. 학생회에서 예약 관리 담당자를 정하여 운영합시다.

학생회장: 네, 좋습니다. 학생자치실을 학생들의 모임 공간으로 활용하되 예약
제로 운영하도록 하겠습니다. 또 다른 활용 방안은 없을까요? ⌐[A]⌐

학생 2: 학생자치실에서 학생회 행사를 실시하면 좋겠다는 의견이 많습니다.

학생 3: 좋은 의견입니다. 학생회 행사 장소가 자주 바뀌다 보니 행사를 준비하는
데도 어려움이 있었고, 학생들이 장소를 잘못 찾아가는 혼란도 있었습니다.

학생 2: 맞습니다. 나눔 마켓, 교복 물려주기, 우산 대여와 같은 학생회 활동을 모두
학생자치실에서 진행하면 좋겠습니다.

학생회장: 네, 학생자치실을 학생회 행사를 준비하고 진행하는 장소로 활용하도록
하겠습니다. 또 다른 의견 있으신가요?

학생 3: ② 그런데 학생자치실에서 회의나 모임, 학생회 행사를 하기 위해서는 공간
구성에 대한 고민이 필요하지 않을까요?

학생회장: 네, 활용 방안을 제안하기 위해서는 그에 적합한 공간 구성도 함께 논의
해야겠네요.

학생 1: 학생들이 참여할 수 있는 방안이 있으면 좋겠습니다.

학생 2: 그렇다면 우리 학교 동아리의 도움을 받으면 어떨까요?

학생회장: 좋은 생각입니다. 구체적으로 어떤 동아리 학생들에게, 어떻게 도움 ⌐[B]⌐
을 받으면 좋을까요? ⌐

학생 2: ⓜ 우리 학교에는 건축 디자인 동아리가 있습니다. 동아리 학생들에게 활용
방안에 맞는 공간 구성 방향을 제안해 달라고 요청하는 겁니다.

학생 1: 해당 동아리 학생들은 공간 디자인 공모전에 참여한 경험이 있으니, 이번
학생자치실 공간 구성에 대해 의견을 받으면 도움이 될 것 같아요.

학생회장: 네, 그럼 동아리 학생들에게 해당 내용을 전달하도록 하겠습니다. 다음
회의 때는 건축 디자인 동아리 학생들의 의견을 참고하여 학생자치실 공간 구성에
대해 논의하도록 하겠습니다. 오늘 회의에 참여해 주셔서 감사합니다.

회의 중심 내용	
학생자치실 활용 방안 ①	• 학생회 임원으로 한정된 사용 대상을 학급, 동아리, 소모임 단위로 확대 • 사전에 예약할 수 있도록 하여 학생자치실 관리 문제를 해결
학생자치실 활용 방안 ②	학생회 행사 실시
학생자치실의 공간 구성	건축 디자인 동아리 학생들에게 활용 방안에 맞는 공간 구성 방향을 제안해 달라고 요청

WEEK 2

01

글쓰기 계획을 파악하는 문제이다. 제시된 글쓰기 계획이 (가)에 나타나 있는지 비교하며 문제를 해결해야 한다. 문단을 나누어 각 문단별 중심 내용을 파악한다면 문제를 쉽게 해결할 수 있다.

01

(가)를 쓰기 위해 세운 글쓰기 계획 중, 글에 반영된 것만을 고른 것은?

> ㄱ. 학생자치실 구축 사업을 실시하는 목적을 제시해야겠군.
>
> ㄴ. 학생자치실 활용과 관련된 회의를 개최하는 주체를 밝혀야겠군.
>
> ㄷ. 학생자치실을 구축하며 발생할 수 있는 문제에 대한 해결 방안을 제시해야겠군.
>
> ㄹ. 학생자치실 활용과 관련된 회의의 결과를 언급하며 후속 회의의 주제를 알려야겠군.

① ㄱ, ㄴ   ② ㄱ, ㄷ   ③ ㄴ, ㄷ   ④ ㄴ, ㄹ   ⑤ ㄷ, ㄹ

02

말하기 방식을 파악하는 문제이다. 이 문제에서는 [A]와 [B]로 한정하고 있기 때문에 해당 부분의 대화 맥락을 더욱 꼼꼼히 파악해야 한다. [A]에서 '학생회장'은 '학생 1'과 '학생 3'의 의견을 수용하고 있고, [B]에서 '학생회장'은 '학생 2'의 의견에 대해 구체적인 설명을 요구하고 있다.

02

(나)의 [A], [B]에 드러난 '학생회장'의 말하기에 대한 이해로 가장 적절한 것은?

① [A]에서는 [B]와 달리 상대의 발언 내용에 긍정적으로 반응하고 있다.

② [A]에서는 [B]와 달리 상대의 발언 내용을 되물으며 발언의 정확한 의도를 확인하고 있다.

③ [B]에서는 [A]와 달리 상대의 발언 내용에 대한 추가 설명을 요구하고 있다.

④ [B]에서는 [A]와 달리 상대의 발언 취지를 확인하며 논점을 명확하게 제시하고 있다.

⑤ [A]와 [B]에서는 모두 상대의 발언 내용을 요약하여 정리하고 있다.

03

(가)와 (나)의 맥락을 고려할 때, (가)를 읽고 (나)를 참관한 학생이 보인 반응으로 적절하지 않은 것은?

① ㉠을 들으니, 회의에서 언급한 조사 결과는 학교 누리집과 누리소통망(SNS)을 통해 취합한 것이겠군.

② ㉡을 들으니, 평소 학생회실을 학생회 임원만 이용해서 학생회실에 대해 학생들이 잘 몰랐겠군.

③ ㉢을 들으니, 학생자치실 사용을 예약제로 운영하자는 것은 학생자치실의 위치를 고려한 의견이겠군.

④ ㉣을 들으니, 학생자치실의 공간 구성 방안은 회의 전에는 계획되지 않은 내용이겠군.

⑤ ㉤을 들으니, 학생자치실 공간 구성에 동아리 학생들의 도움을 받자는 것은 학생 참여를 지향하는 사업 방향에 맞는 제안이겠군.

03

학생의 반응을 분석하는 문제이다. (가)는 학생자치실 활용 방안에 대한 설문 조사 및 학생 회의를 안내하는 기사문이고, (나)는 학생자치실 활용 방안과 관련된 회의이다. 따라서 (가)에서 실시한 사전 조사가 (나)에 반영되어 나타나고 있다. 학생은 (가)를 읽고 (나)에 참관하였으므로 (가)의 지문을 바탕으로 (나)의 발화를 이해해야 한다.

04

다음은 (나) 이후 작성한 기사문의 일부이다. 기사문을 작성할 때 독자를 고려한 내용으로 적절하지 않은 것은?

> 학생회 임원들은 지난 회의에서 학생자치실 활용 방안에 대해 논의하였다. 회의 결과, 학생자치실은 학생들의 회의와 모임, 학생회 주최 행사 등에 활용될 예정이다.
>
> 학생회 측은 활용 방안에 따른 공간 구성에 대해 도움을 얻고자 회의 이후 건축 디자인 동아리 학생들에게 해당 내용을 전달하였고, 동아리 학생들은 공간의 다양한 활용을 위해 접이식 가벽 설치, 이동형 수납장 배치 등을 제안하였다.
>
> 회의를 참관한 ○○○ 학생은 "학생자치실을 만드는 데 학생들의 의견이 반영되어서 좋았어요. 회의에서 열의도 느껴졌어요."라고 말했다.
>
> 6월 20일에 열릴 회의에서는 학생회와 사업 담당 선생님이 함께 공간 구성에 대해 논의할 예정이다.

① 다음 회의에 대한 정보를 인지할 수 있도록 한다.

② 지난 회의에서 논의된 내용을 파악할 수 있도록 한다.

③ 동아리 학생들이 제안한 내용을 확인할 수 있도록 한다.

④ 필자의 의견을 통해 학생 참여가 중요하다는 것을 알 수 있도록 한다.

⑤ 기사문에 인용된 발언을 통해 지난 회의의 분위기를 짐작할 수 있도록 한다.

04

쓰기 맥락을 이해하는 문제이다. (나) 이후 작성한 기사문에서는 회의에서 정해진 학생자치실의 활용 방안에 대해 소개하고 있다. 또한 회의에 참관한 학생의 말을 인용하여 회의의 분위기를 짐작할 수 있게 하며, 다음 회의 날짜를 안내하고 있다.

핵심정리

문법적으로 적절한 문장이 되기 위한 조건

① 필수적인 문장 성분을 온전히 갖추어야 함.
- 필수적인 문장 성분은 서술어가 결정함.
- 서술어가 요구하는 문장 성분에 대한 정보는 국어사전에서 확인할 수 있음.
  → 【 】: 기호 안에 서술어가 요구하는 문장 성분에 대한 정보가 제시되어 있음.
  단, 원칙적으로 서술어는 주어를 항상 요구하므로 주어를 제외하고 제시됨.
- 예 풀다 통
  ① 【…을】: 서술어 '풀다'는 주어와 목적어를 요구함.
- 하나의 단어가 여러 의미를 가진 경우, 서술어가 요구하는 문장 성분이 다를 수 있음.

② 문장 성분 간에 호응이 되어야 함.
- 호응: 어떤 말이 오면 거기에 응하는 말이 오는 것

※ [01~02] 다음 글을 읽고 물음에 답하시오.

　문법적으로 적절한 문장은 필수적인 문장 성분을 온전히 갖추어야 한다. 이때 필수적인 문장 성분은 서술어에 따라 달라진다. 예를 들어 '풀다'가 서술어로 쓰이면 이 서술어는 주어와 목적어를 요구한다. 따라서 다른 맥락이 주어지지 않는다면 '*나는 풀었다.'라는 문장은 서술어가 요구하는 문장 성분이 온전히 갖추어지지 않아서 문법적으로 부적절한 문장이 된다.

　서술어가 요구하는 문장 성분에 대한 정보는 국어사전에서 확인할 수 있다. 다음은 국어사전의 일부이다.

[A]

> **풀다** 통
> ① 【…을】
> 「1」 묶이거나 감기거나 얽히거나 합쳐진 것 따위를 그렇지 아니한 상태로 되게 하다.
> ⋮
> 「5」 모르거나 복잡한 문제 따위를 알아내거나 해결하다.
> ② 【…에 …을】
> 「1」 액체에 다른 액체나 가루 따위를 섞다.

　'【 】' 기호 안에는 표제어 '풀다'가 서술어로 쓰일 때 요구하는 문장 성분에 대한 정보가 제시되어 있다. 이러한 정보를 '문형 정보'라고 한다. 원칙적으로 서술어는 주어를 항상 요구하므로 문형 정보에는 주어를 제외한 필수적 문장 성분에 대한 정보가 제시된다. 하나의 단어가 여러 의미를 가진 경우도 있다. 이러한 단어가 서술어로 쓰일 때 어떤 의미로 쓰이는지에 따라 서술어가 요구하는 문장 성분이 다를 수 있으며, 국어사전에서도 문형 정보가 다르게 제시된다.

　필수적인 문장 성분이 갖추어져 있어도 문장 성분 간에 호응이 되지 않으면 문법적으로 부적절한 문장이 될 수 있다. 호응이란 어떤 말이 오면 거기에 응하는 말이 오는 것을 말한다.

> 　길을 걷다가 흙탕물이 신발에 튀었다. 나는 신발에 얼룩을 남기고 싶지 않았다. *그래서 나는 물에 세제와 신발을 풀었다. 다행히 금세 자국이 없어졌다.

　위 예에서 밑줄 친 문장이 문법적으로 부적절한 이유는 [　　ⓐ　　]와 서술어가 호응하지 않기 때문이다. 여기에 쓰인 '풀다'의 [　ⓐ　]는 [　ⓑ　]이 와야 호응이 이루어진다.

※ '*'는 문법적으로 부적절한 문장임을 나타냄.

01

[A]를 이해한 내용으로 적절하지 않은 것은?

① ②-「1」의 의미로 쓰이는 '풀다'는 부사어를 요구한다.

② 문형 정보에 주어가 표시되지 않았지만 '풀다'는 주어를 요구한다.

③ ①-「1」과 ②-「1」의 의미로 쓰이는 '풀다'는 모두 목적어를 요구한다.

④ '풀다'가 ①-「1」의 의미로 쓰일 때와 ①-「5」의 의미로 쓰일 때는 필수적 문장 성분의 개수가 같다.

⑤ '그는 십 분 만에 선물 상자의 매듭을 풀었다.'에 쓰인 '풀다'의 문형 정보는 사전에 '【…에 …을】'로 표시된다.

02

㉠, ㉡에 들어갈 말로 적절한 것은?

	㉠	㉡
①	목적어	액체나 가루 따위에 해당하는 말
②	목적어	복잡한 문제 따위에 해당하는 말
③	부사어	액체에 해당하는 말
④	주어	복잡한 문제 따위에 해당하는 말
⑤	주어	액체에 해당하는 말

03

<보기 1>의 밑줄 친 부분에 해당하는 단어를 <보기 2>에서 있는 대로 모두 고른 것은?

보기 1

선생님: 하나의 단어가 수사로 쓰이기도 하고 수 관형사로도 쓰이는 경우가 많습니다. 그런데 수 관형사로만 쓰이는 단어도 있습니다.

보기 2

◦ 나는 필통에서 연필 하나를 꺼냈다.

◦ 그 마트는 매월 둘째 주 화요일에 쉰다.

◦ 이번 학기에 책 세 권을 읽는 게 내 목표야.

◦ 여섯 명이나 이 일에 자원해서 정말 기쁘다.

① 하나   ② 세   ③ 하나, 여섯

④ 둘째, 세   ⑤ 둘째, 여섯

문제풀이 맥

01

서술어가 요구하는 문장 성분에 대해 이해하는 문제이다. 서술어가 반드시 필요로 하는 문장 성분의 개수는 다음과 같다.

종류	서술어가 필요로 하는 문장 성분
한 자리 서술어	주어
두 자리 서술어	주어+목적어
	주어+보어
	주어+필수적 부사어
세 자리 서술어	주어+필수적 부사어+목적어

이와 같이 서술어가 요구하는 문장 성분에 대한 정보는 국어사전에서 쉽게 확인할 수 있다.

02

문장 성분의 호응에 대해 이해하는 문제이다. 문장 성분의 호응이 제대로 이뤄지지 않는다면, 문장의 의미가 모호해질 수 있다. 따라서 문장 내의 주어와 서술어, 수식하는 말과 서술어의 호응을 잘 살펴봐야 한다.

03

단어의 품사를 파악하는 문제이다. 해당 문제는 수사와 수 관형사를 구분할 수 있어야 한다. 수사는 사물의 수량이나 순서를 나타내는 품사이다. 그런데 수를 나타내더라도 수사가 아닌 경우가 있는데 바로 수 관형사이다. 수 관형사는 보통 수를 세는 말 뒤에 단위를 나타내는 의존명사가 사용된다. 이때 수사는 체언이므로 조사와 결합할 수 있으나, 수 관형사는 관계언에 해당하는 관형사의 한 종류이므로 조사와 결합할 수 없다.

04

표준 발음법에 따른 발음을 이해하는 문제이다. <보기 1>의 제10항, 제11항, 제14항은 겹받침의 발음에 대해 규정하고 있으며, 제23항은 받침 뒤에 연결되는 특정 자음의 된소리되기에 대해 규정하고 있다. <보기 2>에서 제시된 단어들이 어떠한 규정을 적용하여 발음해야 하는지 파악해야 한다. 이때 '다만'에서 예외적으로 규정하고 있는 사항들을 유의해야 한다.

04

<보기 1>의 '표준 발음법'에 따라 <보기 2>의 ㉠~㉤을 발음한다고 할 때, 적절하지 <u>않은</u> 것은?

보기 1

[표준 발음법]
제10항 겹받침 'ㄳ', 'ㄵ', 'ㄼ, ㄽ, ㄾ', 'ㅄ'은 어말 또는 자음 앞에서 각각 [ㄱ, ㄴ, ㄹ, ㅂ]으로 발음한다.
제11항 겹받침 'ㄺ, ㄻ, ㄿ'은 어말 또는 자음 앞에서 각각 [ㄱ, ㅁ, ㅂ]으로 발음한다. 다만, 용언의 어간 말음 'ㄺ'은 'ㄱ' 앞에서 [ㄹ]로 발음한다.
제14항 겹받침이 모음으로 시작된 조사나 어미, 접미사와 결합되는 경우에는, 뒤엣것만을 뒤 음절 첫소리로 옮겨 발음한다.
제23항 받침 'ㄱ(ㄲ, ㅋ, ㄳ, ㄺ), ㄷ(ㅅ, ㅆ, ㅈ, ㅊ, ㅌ), ㅂ(ㅍ, ㄼ, ㄿ, ㅄ)' 뒤에 연결되는 'ㄱ, ㄷ, ㅂ, ㅅ, ㅈ'은 된소리로 발음한다.

보기 2

책장에서 ㉠ 읽지 않은 시집을 발견했다. 차분히 ㉡ 앉아 마음에 드는 시를 예쁜 글씨로 공책에 ㉢ 옮겨 적었다. 소리 내어 시를 ㉣ 읊고, 시에 대한 감상을 적어 보기도 했다. 마음이 평온해지는 ㉤ 값진 경험이었다.

① ㉠은 제11항, 제23항 규정에 따라 [일찌]로 발음해야겠군.
② ㉡은 제14항 규정에 따라 [안자]로 발음해야겠군.
③ ㉢은 제11항 규정에 따라 [옴겨]로 발음해야겠군.
④ ㉣은 제11항, 제23항 규정에 따라 [읍꼬]로 발음해야겠군.
⑤ ㉤은 제10항, 제23항 규정에 따라 [갑찐]으로 발음해야겠군.

05

담화에 사용된 지시 표현을 이해하는 문제이다. 지시 표현은 담화 장면을 구성하는 화자, 청자, 사물, 시간, 장소 등의 요소를 직접 가리키는 표현이다. 지시 표현을 사용하면 담화 안에 이미 등장한 내용을 대신하여 표현할 수 있으므로 동일한 표현이 반복되는 것을 피할 수 있다. 또한 문장 간의 관계를 명시적으로 드러낼 수 있어 담화의 응집성을 높일 수 있다. 그러나 화자와 청자가 대화를 나누는 맥락, 즉 시공간적 배경이 공유되지 않는다면 의미를 정확하게 이해하기 어렵다. 따라서 대화의 맥락을 파악하고, 해당 지시 표현이 어떤 대상을 가리키고 있는지를 명확히 파악해야 한다.

05

㉠~㉣에 대한 설명으로 적절하지 <u>않은</u> 것은?

지현: 저기 ㉠ 버스 온다. 얼른 타자. 우리가 오늘 영화를 볼 장소로 가는 버스야.
경준: ㉡ 차에 사람이 많아 보여. 차라리 택시를 타자.
지현: 좋아. 그런데 ㉢ 이곳이 원래 사람이 이렇게 많았나?
경준: ㉣ 여기가 혼잡한 데는 아닌데 주말이라 그런 것 같아. 급하게 와서 그런지 목이 마르네. 물병 좀 꺼내 줄래? 배낭을 열면 물병이 두 개 있어.
지현: 잠시만. ㉤ 이 중에서 더 작은 ㉥ 것을 주면 돼?
경준: 응, 고마워. 그런데 ㉦ 우리가 오늘 보기로 한 영화는 누가 추천한 거야?
지현: ㉧ 자기가 봤는데 재미있더라면서 민재가 추천해 줬어.

① ㉡은 '버스'의 상위어로서 ㉠을 가리킨다.
② ㉢과 ㉣은 다른 단어이지만, 같은 곳을 가리킨다.
③ ㉤은 '배낭'을, ㉥은 '물병'을 가리킨다.
④ ㉦은 화자와 청자를 모두 포함한다.
⑤ ㉧은 '민재'를 가리킨다.

WEEK 2

※ 다음 글을 읽고 물음에 답하시오.

❶ 다산 정약용이 생각하기에 당대 사람들이 인정했던 최고의 진리는 유가의 경전이다. 다산은 유가의 경전을 철저하게 연구하고 재해석함으로써 시대가 당면한 어려움을 돌파하고 세상을 바꾸려고 하였다. 새로운 시대를 열기 위해 과거로 달려갔다는 점에서 다산은 전통의 충실한 계승자이지만 단순한 계승에 그치지 않고 유가 경전을 재해석하면서 새로운 사유를 전개하였다. 경전에 대한 새로운 해석을 통해 이루어진 다산 윤리학의 특징을 살펴보자.

❷ 정약용에 따르면 인간은 선천적으로 선을 좋아하고 악을 부끄러워하는 마음이 있다. 하지만 실제 행동에 있어서는 악은 행하기가 쉽고 선은 행하기가 어렵다고 보았다. 이러한 인간에게 자유의지가 선천적으로 주어져 선과 악을 자율적으로 선택할 수 있는데 자유의지에 의한 선한 행위가 공적이 될 수 있고 악한 행동이 죄가 될 수 있다고 하였다. 즉 인간은 자유의지에 의해서 선을 선택할 수도 악을 선택할 수도 있으며 그에 따른 책임을 갖는다고 본 것이다. 다산은 사회를 선하고 정의롭게 하기 위해서 선한 의지와 지혜로운 선택이 필요하며 이러한 의지와 선택을 생활 속에서 실천해야 한다고 했다.

❸ 정약용은 인간은 자유의지로써 행동하여 인(仁)을 성취할 수 있다고 보았다. 그는 인을 사람과 사람 사이에서 각자가 상대에게 마땅한 도리를 다하는 실천을 통해서 얻어지는 덕목이라고 해석하였다. 따라서 인은 다른 사람과 함께하지 않으면 성립하지 않는다. 특히 위정자로서 정약용은 백성들의 삶을 윤택하게 하여 인을 성취하고자 하였다. 다산이 유배지에서 세상에 나갈 수 없게 된 상황을 절망으로 받아들일 수밖에 없었던 이유가 바로 여기에 있다.

❹ 그렇다면 정약용이 인을 완성할 수 있는 실천 원리로 제시한 것이 무엇일까? 서(恕)이다. 정약용이 말하는 서란 사람들 간의 관계에서 자신이 원하지 않는 것을 상대에게 하지 않는 것이다. 나아가 자신이 상대에게 바라는 것을 먼저 상대에게 해 주는 것이다. 이러한 서로써 다른 사람을 대하는 것이 도리를 다하는 것이다. 다산은 《맹자》에 나오는 만물의 이치가 모두 자신에게 있다는 뜻의 '만물개비어아(萬物皆備於我)'에 대한 해석을 다음과 같이 한다. "내가 재물을 좋아하니 백성도 재물을 좋아함을 알 수 있다. 내가 편안함을 좋아하니 백성도 편안함을 좋아함을 안다. 내가 천대하고 업신여김을 당하기 싫어하니 백성도 그러함을 안다. 다른 사람의 감정을 묻고 안색을 살핀 다음에야 그들이 나와 같다는 것을 알 수 있는 것은 아니다." 이러한 해석에서 보듯이 다산은 인간의 감정과 생각에 보편성이 있으므로 자기의 감정과 생각을 미루어서 다른 사람의 마음을 이해할 수 있다고 인식한다. 서는 타자에 대한 상호 평등성의 인정과 인격 존중에 기초하고 있으며 누구나 노력하면 실천

핵심정리

문단 중심 내용

❶ 정약용의 유가 경전 해석의 특징
❷ 사회를 선하고 정의롭게 만들기 위해 필요한 것
❸ 인(仁)에 대한 정약용의 해석과 인의 특징
❹ 서(恕)에 대한 정약용의 해석
❺ 신독(愼獨)에 대한 정약용의 해석
❻ 다산 윤리학의 특징

인간의 본성과 자유의지

본성	선을 좋아하고 악을 부끄러워하는 마음 → 악은 행하기 쉽고 선은 행하기 어려움.
자유의지	선과 악을 자율적으로 선택할 수 있음. → 그에 따른 책임을 가짐.

↓

사회를 선하고 정의롭게 하기 위해서는 선한 의지와 지혜로운 선택이 필요함.

정약용의 인(仁)

해석	사람과 사람 사이에서 각자가 상대에게 마땅한 도리를 다하는 실천을 통해서 얻어지는 덕목
특징	다른 사람과 함께하지 않으면 성립하지 않음.

정약용의 서(恕)

해석	• 사람들 간의 관계에서 자신이 원하지 않는 것을 상대에게 하지 않는 것 • 자신이 상대에게 바라는 것을 먼저 상대에게 해 주는 것 • 타자에 대한 상호 평등성의 인정과 인격 존중에 기초하고 있으며 누구나 노력하면 실천할 수 있는 행위 원리
특징	인간의 감정과 생각에 보편성이 있으므로 자기의 감정과 생각을 미루어서 다른 사람의 마음을 이해할 수 있음.

해석	• 하늘을 두려워하고 공경하는 자세 • 인간관계에서 적극적인 윤리적 실천을 통해 선의 가치를 실현하도록 하는 힘이며 정신적 구심점
신독 공부	• 남들이 모르는 일에도 생각과 행동을 조심하는 것 • 자신이 했던 행동을 되돌아보고 성찰하면서 허물과 과오를 꾸짖는 내면의 목소리에 귀를 기울이는 것 • 평상시에도 신독 공부를 하며 경건한 태도를 몸에 익혀야 함. • 내면의 진실성을 유지하고 선과 악을 선택할 수 있는 상황에서 자기를 통제하는 내면의 공정성을 유지할 수 있음.

정약용 윤리학의 특징

특징	생활 속에서 선의 실천을 지향하는 생활 현장의 윤리
최종 목적	타인에 대한 지극한 사랑

할 수 있는 행위 원리이다.

❺ 다산은 서를 행할 수 있는 기본이 되는 자세를 신독(愼獨)이라고 보고 신독은 '두려워하고 공경하는 자세'라고 하였다. 두려움과 공경의 대상은 바로 하늘이다. 정약용은 인간에게 선과 악을 선택할 수 있는 선천성을 부여한 존재인 하늘을 두려워하고 공경해야 선을 실천하는 마음을 유지할 수 있다고 보았다. 정약용은 당시 사대부들에게 군주와 백성의 눈은 피할 수 있어도 하늘의 눈은 피할 수 없다는 점을 강조한 것이다. 정약용은 신독 공부를 남들이 모르는 일에도 생각과 행동을 조심하는 것이며, 자신이 했던 행동을 되돌아보고 성찰하면서 허물과 과오를 꾸짖는 내면의 목소리에 귀를 기울이는 것이라고 하였다. 또한 신독 공부를 평상시에도 할 것을 강조하며 이를 통해 경건한 태도를 몸에 익혀야 한다고 역설하였다. 신독 공부를 통해서 내면의 진실성을 유지하고 선과 악을 선택할 수 있는 상황에서 자기를 통제하는 내면의 공정성을 유지할 수 있다고 하였다. 다산 윤리학에서 신독은 인간관계에서 적극적인 윤리적 실천을 통해 선의 가치를 실현하도록 하는 힘이며 정신적 구심점이다.

❻ 다산 윤리학은 생활 속에서 선의 실천을 지향하는 생활 현장의 윤리이다. 실천하는 것과 평상시에 마음을 수양하는 것을 통해 타인에 대한 지극한 사랑이라는 최종 목적을 이루고자 한 것이다. 다산에게 중요한 것은 결국 ㉠ 상호 주관적 공동 세계인 것이다.

문제풀이 맥

01

글의 세부 내용을 파악하는 문제이다. 정약용이 주장한 다산 윤리학의 내용을 파악하되, 정약용이 판단한 인간의 본성과 자유의지, 정약용이 해석한 인과 서, 신독의 개념과 연관성을 정확하게 알아야 한다.

01

'다산 윤리학'의 내용으로 적절하지 않은 것은?

① 백성들의 삶을 윤택하게 하는 행동을 통해 인을 얻을 수 있다.
② 인간이 선과 악을 선택할 수 있는 것은 자유의지가 있기 때문이다.
③ 서(恕)로써 다른 사람을 대하는 것이 타인에게 도리를 다하는 것이다.
④ 인을 완성할 수 있는 실천 원리는 상호 평등성의 인정과 인격 존중에 기초한다.
⑤ 만물개비어아는 인간 감정의 보편성을 통해 자기의 감정을 이해할 수 있다는 것이다.

02

윗글을 통해 알 수 있는 ㉠의 의미로 가장 적절한 것은?

① 선천적인 품성을 올바르게 바꿔가며 살아가는 사회를 말하는 것이겠군.

② 자유의지로 사람들 사이에서 선을 실천하며 사는 사회를 말하는 것이겠군.

③ 생활 속에서 누구나 노력 없이 선의 가치를 실현하며 살 수 있는 정의로운 사회를 말하는 것이겠군.

④ 인간이 타자와의 관계를 의식하지 않고 자유의지를 통해 가치를 실현하는 사회를 말하는 것이겠군.

⑤ 실천을 하지 않아도 서로의 인격을 존중하고 타인의 마음을 이해하며 사는 사회를 말하는 것이겠군.

02

글의 세부 내용을 추론하는 문제이다. ㉠은 정약용이 다산 윤리학을 통해 상호 주관적 공동 세계를 강조했다는 내용이다. '선천적인 품성', '실천(노력)', '타자와의 관계' 등에 대해 정약용이 어떠한 입장을 보였는지 파악하고, 이를 통해 '상호 주관적 공동 세계'의 의미를 추론해야 한다.

03

신독에 대한 이해로 적절하지 않은 것은?

① 자신의 행동을 성찰하면서 자신을 통제하게 하는 것이다.

② 선과 악의 선택에서 벗어나 내면의 공정성을 유지하는 것이다.

③ 잘못을 꾸짖는 내면의 목소리이며 선을 실현하게 하는 정신적 구심점이다.

④ 자신이 혼자 아는 일에도 생각과 행동을 조심하며 내면의 진실성을 유지하는 것이다.

⑤ 악을 행할 수 있는 가능성을 지닌 인간에게 하늘의 눈은 피할 수 없음을 강조하는 것이다.

03

글의 중심 내용을 파악하는 문제이다. 정약용은 인을 완성할 수 있는 실천 원리로 서를 제시했고, 서를 행할 수 있는 기본이 되는 자세를 신독이라고 보았다. 신독과 신독 공부를 설명하고 있는 5문단의 내용을 파악해야 한다.

04

윗글을 바탕으로 <보기>를 이해한 내용으로 적절하지 않은 것은?

> **보기**
>
> 요즘 천재지변으로 해마다 흉년이 들어, ⓐ 백성들이 굶주림을 면치 못하고 고통을 받으니 안타까울 따름이다. 재정부에 명령하여 나라의 곳간을 열고, 연달아 감사관을 보내 ⓑ 백성의 쓰라림을 돌보지 않는 수령들을 징계한 바 있다. 슬프다. 부덕한 ⓒ 나로서는 백성들이 굶어 죽는 모습들을 모두 다 알 수 없으니, 수령과 같은 백성과 가까운 관원들은 나의 이 진심 어린 뜻을 새겨, 관할 구역의 백성들이 굶주려 떠돌아다니지 않게끔 유의하라. 나는 장차 다시 ⓓ 조정의 관원을 파견하여, 그에 대한 행정 상황을 조사할 것이며, 만약 한 백성이라도 굶어 죽은 자가 있다면, 수령이 교서를 위반한 것으로써 죄를 논할 것이라.
>
> - 《세종실록》, 세종 1년(1419)

① ⓐ를 서(恕)로써 대하는 마음이 있어야 ⓓ가 인을 성취할 수 있겠군.

② ⓑ는 ⓐ와의 관계에서 인을 성취하지 못하였군.

③ ⓒ는 ⓑ에게 한 행위를 통해 ⓐ와의 관계에서 인을 성취하였군.

④ ⓒ는 ⓓ가 서(恕)로써 ⓐ를 대하기를 바라겠군.

⑤ ⓓ의 자유의지에 따른 행위는 ⓒ에 의한 것이므로 결과에 따른 책임을 지지 않겠군.

04

구체적 사례에 적용하는 문제이다. <보기>의 ⓐ는 고통받는 백성들, ⓑ는 백성들을 돌보지 않는 수령들, ⓒ는 왕, ⓓ는 백성들을 돌보기 위해 왕이 파견할 조정의 관원들이다. ⓐ~ⓓ의 관계에 자유의지와 인, 서를 적용하여 파악해야 한다.

핵심정리

문단 중심 내용

❶ 자동 반복 요청 방식(ARQ)의 개념
❷ 정지-대기 ARQ의 특징과 진행 순서
❸ 고-백-앤 ARQ의 특징과 유형
❹ 선택적 재전송 ARQ의 특징과 유형
❺ 송신 윈도우와 ARQ의 유형별 윈도우 크기
❻ 슬라이딩 윈도우 프로토콜의 과정

ARQ와 관련된 개념

ARQ	자동 반복 요청 방식
ACK	오류가 없는 데이터가 도착할 때 송신 측에 보내는 수신 측의 응답
NAK	전송받은 데이터에서 오류가 검출될 경우에 보내는 수신 측의 응답
타임 아웃	데이터를 전송한 시점부터 타이머를 작동해 지정된 시간 동안 수신 측으로부터 아무런 응답이 없는 경우

정지-대기 ARQ

특징	가장 단순한 자동 반복 요청 방식
진행 순서	수신 측이 데이터를 수신 윈도우에 저장 → 오류 검사 실시 → ACK 또는 NAK 전송 → 해당 데이터를 수신 윈도우에서 삭제 → 송신 측은 ACK를 수신하면 그다음 데이터를, NAK를 수신하거나 타임 아웃이 되면 그에 해당하는 데이터를 재전송

고-백-앤 ARQ

특징	송신 측이 수신 측의 응답을 기다리지 않고 연속해서 순서 번호가 부여된 데이터를 전송하는 방식
명시적 방법	• 오류가 있는 데이터에 대해 NAK를 보내는 방식 • 해당하는 데이터부터 순서대로 모든 데이터를 재전송
묵시적 방법	• 오류가 있는 데이터에 대해 NAK를 보내지 않고 무시하는 방식 • 타임 아웃 시간 동안 ACK를 수신하지 않았을 때만 해당하는 데이터부터 순서대로 모든 데이터를 재전송

※ 다음 글을 읽고 물음에 답하시오.

❶ 데이터를 주고받을 때, 송신 측은 데이터별로 고유하게 부여된 순서 번호에 ⓐ 따라 순차적으로 데이터를 송신하고, 수신 측은 데이터의 순서 번호에 맞추어 송신 측에 응답 데이터를 보내준다. 만약 수신 측에서 데이터 전송 오류가 발생한 것을 파악했다면 오류가 발생한 데이터를 다시 전송해 주도록 송신 측에 요청해야 한다. 이때 자동 반복 요청 방식(ARQ)을 주로 사용한다. ARQ에서 오류가 없는 데이터가 도착할 때 송신 측에 보내는 수신 측의 응답을 ACK, 전송받은 데이터에서 오류가 검출될 경우에 보내는 수신 측의 응답을 NAK라고 한다. 그런데 송신 측에서는 데이터를 전송한 시점부터 타이머를 작동해 지정된 시간 동안 수신 측으로부터 아무런 응답이 없는 경우 '타임 아웃'으로 간주한다. 타임 아웃은 수신 측이 송신 측에 응답을 하지 않거나, 송신 측과 수신 측이 주고받는 데이터가 상대 측에 도달하지 못하고 전송이 중단된 경우에 발생한다. 송신 측은 타임 아웃이 되는 동시에 데이터를 재전송한다.

❷ ARQ는 정지-대기 ARQ, 고-백-앤 ARQ, 선택적 재전송 ARQ 등으로 그 유형을 나눌 수 있다. 정지-대기 ARQ는 가장 단순한 자동 반복 요청 방식으로, 수신 측은 송신 측으로부터 받은 데이터를 먼저 수신 측의 버퍼*인 수신 윈도우에 저장한 후 오류 검사를 실시한다. 그 결과에 따라 수신 측은 ACK 또는 NAK를 전송한 후 해당 데이터를 수신 윈도우에서 삭제한다. 송신 측이 수신 측으로부터 ACK를 수신하면 그다음 데이터를 전송하고, NAK를 수신하거나 타임 아웃이 되면 그에 해당하는 데이터를 재전송한다.

❸ 고-백-앤 ARQ는 송신 측이 수신 측의 응답을 기다리지 않고 연속해서 순서 번호가 부여된 데이터를 전송하는 방식으로, 오류가 발생하면 오류가 발생한 데이터를 포함하여 이후에 전송된 모든 데이터를 재전송한다. 이 방식에서 수신 측은 데이터를 수신 윈도우에 하나씩 저장하는데, 송신 측으로부터 오류가 없는 데이터를 수신한 경우에는 무조건 ACK를 ⓑ 보내지만 오류가 있는 데이터를 수신한 경우에는 NAK를 보내거나 무시할 수 있다. 그리고 오류가 발생한 순번 이후의 데이터에 대해서는 수신을 거부한다. 오류가 있는 데이터에 대해 NAK를 보내는 방식을 명시적 방법, NAK를 보내지 않고 무시하는 방식을 묵시적 방법이라고 한다. 명시적 방법을 사용할 경우 송신 측은 NAK를 수신하거나 타임 아웃이 되면 이에 해당하는 데이터부터 순서대로 모든 데이터를 재전송하지만, 묵시적 방법을 사용할 경우 송신 측은 타임 아웃 시간 동안 ACK를 수신하지 않았을 때만 이에 해당하는 데이터부터 순서대로 모든 데이터를 재전송한다.

❹ 선택적 재전송 ARQ는 데이터 전송의 기본 원리가 고-백-앤 ARQ와 ⓒ 같지만,

오류가 발생할 경우 송신 측에서는 오류가 발생한 데이터만 재전송한다. 수신 측은 먼저 도착한 데이터의 오류 검사가 끝나지 않았더라도 수신한 데이터는 모두 수신 윈도우에 저장한다. 오류가 발생한 이후의 순번 데이터는 ACK를 보내지 않고 수신 윈도우에 저장한 다음, 재전송된 데이터가 도착하면 해당 데이터에 대한 ACK를 보낸 후, 수신 윈도우에 저장된 데이터와 함께 순서 번호를 맞추어 다음 단계로 전달한다. 이 방식 역시 명시적 방법과 묵시적 방법으로 ⓓ <u>나눌</u> 수 있다.

❺ 그런데 NAK를 수신하거나 타임 아웃이 발생하여 송신 측이 데이터를 재전송하기 위해서는 송신 측에게도 전송한 데이터를 저장하기 위한 버퍼가 필요한데, 이 버퍼를 송신 윈도우라고 한다. 송신 윈도우에 보관된 데이터는 수신 측에게 전송되었으나, 아직 ACK를 받지 못한 데이터라 할 수 있다. 송신 측이 수신 측으로부터 ACK를 받지 않고도 전송할 수 있는 데이터의 최대 개수를 송신 윈도우 크기라고 한다. 또한 수신 측이 전송받은 데이터에 대한 응답을 보내지 않고도 저장할 수 있는 데이터의 최대 개수를 수신 윈도우 크기라 하는데, 이러한 윈도우의 크기는 데이터 통신 방식에 따라 차이가 난다. 정지-대기 ARQ는 송신 측과 수신 측 모두 하나의 데이터와 그 데이터에 대한 응답 값을 주고받는다는 점에서 송신 윈도우와 수신 윈도우의 크기는 모두 1이 된다. 이와 달리 고-백-앤 ARQ의 경우 송신 측은 ACK를 받지 않아도 여러 개의 데이터를 전송할 수 있기 때문에 수신 윈도우의 크기만 1이 된다. ㉠ <u>선택적 재전송 ARQ는 수신 윈도우 크기가 여러 개의 데이터를 송신할 수 있는 송신 윈도우의 크기와 같아 데이터를 더욱 빠르게 전송할 수 있다.</u>

❻ 한편 송신 윈도우에 저장된 데이터의 관리는 일반적으로 데이터의 전송이 순서 번호를 기반으로 ⓔ <u>이루어지는</u> '슬라이딩 윈도우 프로토콜*'에 의해 진행되는데, 이 프로토콜에서는 낮은 순서 번호부터 차례로 데이터 전송이 처리되며 ACK의 회신에 따라 윈도우에 새로 추가될 데이터의 순서 번호도 순차적으로 높은 번호로 이동한다. 이 과정에서 순서 번호에 해당하는 데이터들이 수신 측에 전송된다. 예를 들어, 순서 번호의 최댓값이 9, 송신 윈도우의 크기가 3인 데이터를 전송할 경우, 먼저 '0번, 1번, 2번' 3개의 데이터를 전송한다. 0번 데이터에 대한 ACK가 도착하면 0번 데이터는 송신 윈도우에서 삭제되고, 3번 데이터가 송신 윈도우에 저장되어 수신 측으로 전송된다. 만약 동시에 1번과 2번 데이터의 ACK가 도착하면 송신 윈도우에는 3번 데이터만 남게 되기 때문에 4번과 5번 데이터가 송신 윈도우에 저장되어 수신 측으로 전송된다. 이러한 방식으로 데이터를 전송하다 9번 데이터에 대한 ACK가 도착했다면 다음에 전송되는 데이터는 순서 번호가 0이 되며, 송신 측의 데이터가 모두 전송될 때까지 이 과정이 반복된다.

* 버퍼: 동작 속도가 크게 다른 두 장치 사이에 접속되어 속도 차를 조정하기 위하여 이용되는 일시적인 저장 장치.
* 프로토콜: 컴퓨터와 컴퓨터 사이, 또는 한 장치와 다른 장치 사이에서 데이터를 원활히 주고받기 위하여 약속한 여러 가지 규약.

선택적 재전송 ARQ

특징	데이터 전송의 기본 원리가 고-백-앤 ARQ와 동일
진행 순서	송신 측에서 오류가 발생한 데이터만 재전송 → 수신 측은 수신한 데이터를 모두 수신 윈도우에 저장 → 오류 발생 이후의 순번 데이터는 ACK를 보내지 않고 수신 윈도우에 저장 → 재전송한 데이터가 도착하면 해당 데이터에 대한 ACK 송신 → 수신 윈도우에 저장된 데이터와 함께 순서 번호를 맞추어 다음 단계로 전달

송신 윈도우

개념	송신 측이 전송한 데이터를 저장하기 위한 버퍼
크기	• 정지-대기 ARQ: 송신 윈도우, 수신 윈도우 모두 1 • 고-백-앤 ARQ: 수신 윈도우만 1 • 선택적 재전송 ARQ: 수신 윈도우 크기=송신 윈도우 크기

슬라이딩 윈도우 프로토콜의 과정 예시

순서 번호의 최댓값이 9, 송신 윈도우의 크기가 3인 데이터

↓

0번, 1번, 2번 데이터 전송

↓

0번 데이터에 대한 ACK 도착

↓

송신 윈도우에서 0번 데이터 삭제

↓

송신 윈도우에 3번 데이터 저장 → 수신 측 전송

↓

1번, 2번 데이터에 대한 ACK 동시 도착

↓

송신 윈도우에 4번, 5번 데이터 저장 → 수신 측 전송

↓

9번 데이터에 대한 ACK 도착

↓

다음에 전송되는 데이터의 순서 번호 0

↓

송신 측의 데이터가 모두 전송될 때까지 반복

01

01

글의 세부 내용을 파악하는 문제이다. 정지-대기 ARQ, 고-백-앤 ARQ, 선택적 재전송 ARQ의 특징을 파악하여 서로의 공통점, 차이점도 알아야 한다. 또한 ARQ와 관련된 개념을 이해하는 것도 필요하다.

윗글을 통해 알 수 있는 내용으로 가장 적절한 것은?

① 정지-대기 ARQ에서 수신 측은 NAK를 보낸 후에도 해당 데이터를 수신 윈도우에 저장한다.

② 고-백-앤 ARQ에서 수신 윈도우는 정지-대기 ARQ와 마찬가지로 데이터를 하나씩 저장한다.

③ 선택적 재전송 ARQ와 고-백-앤 ARQ 모두 송신 측은 ACK를 수신한 후에 다음 순번의 데이터를 전송한다.

④ 송신 윈도우의 크기는 송신 측이 수신 측으로부터 동시에 받을 수 있는 ACK의 최대 개수에 따라 결정된다.

⑤ 데이터 전송 과정에서 송신 측이 보내는 데이터는 송신 윈도우 크기보다 큰 순서 번호부터 전송된다.

02

02

글의 세부 내용을 추론하는 문제이다. ㉠은 선택적 재전송 ARQ에서는 수신 윈도우 크기가 여러 개의 데이터를 송신할 수 있는 송신 윈도우의 크기와 같아 데이터를 더욱 빠르게 전송할 수 있다는 사실을 가리킨다. 4문단에서 선택적 재전송 ARQ의 특징을 설명하고 있으므로 이를 바탕으로 선택적 재전송 ARQ에서 데이터를 더욱 빠르게 전송할 수 있는 이유를 추론해야 한다.

㉠의 이유를 추론한 것으로 가장 적절한 것은?

① 먼저 도착한 데이터부터 순서대로 데이터 오류 검사를 실시하기 때문에

② 오류 검사가 끝나면 수신 윈도우에 저장된 데이터가 모두 삭제되기 때문에

③ 수신 윈도우에 저장된 데이터의 순번과 상관없이 ACK를 보낼 수 있기 때문에

④ 순번이 빠른 데이터의 오류 검사가 끝나지 않아도 데이터의 수신이 가능하기 때문에

⑤ 데이터에 오류가 발생하면 해당 데이터가 재전송될 때까지 데이터 수신을 거부하기 때문에

03

03

어휘의 문맥적 의미를 파악하는 문제이다. ⓐ~ⓔ의 단어가 지문에서 어떠한 의미로 사용되었는지, 선택지의 밑줄 친 단어가 문장에서 어떠한 의미로 사용되었는지 파악하고 두 단어가 같은 의미인지 따져 보아야 한다.

문맥상 ⓐ~ⓔ의 단어와 가장 가까운 의미로 쓰인 것은?

① ⓐ: 그들은 법에 따라 문제를 해결했다.

② ⓑ: 관중들은 선수들에게 응원을 보내느라 정신이 없었다.

③ ⓒ: 여행을 할 때에는 신분증 같은 것을 가지고 다녀야 한다.

④ ⓓ: 수익은 공정하게 나누어야 불만이 생기지 않는다.

⑤ ⓔ: 열심히 노력했더니 소원이 이루어졌다.

04

윗글을 바탕으로 <보기>의 '슬라이딩 윈도우 프로토콜'을 이해한 것으로 적절하지 <u>않은</u> 것은?

보기

송신 측에서 수신 측에 전송하려는 데이터의 개수는 12개이다. 송신 측은 순서 번호의 최댓값을 5로 설정한 후, 슬라이딩 윈도우 프로토콜을 이용하여 데이터를 전송하였다. 아래는 데이터 전송 과정에서 송신 윈도우의 데이터 저장 상태를 도식화한 것이다.

㉮	0	1	2	3	4	5
㉯	0	1	2	3	4	5
㉰	0	1	2	3	4	5
㉱	0	1	2	3	4	5
㉲	0	1	2	3	4	5

:

* ㉮ : 송신 윈도우의 최초 저장 상태
* ☐ : 윈도우에 저장된 데이터 / * ▨ : 윈도우에 저장되지 않은 데이터

① ㉮를 통해 알 수 있는 송신 윈도우의 크기는 3이다.

② ㉰에서 순서 번호 '3'에 해당하는 데이터가 저장된 것은 ㉮에서 보낸 데이터의 ACK가 모두 도착했기 때문이다.

③ '㉯ → ㉰' 과정에서 송신 윈도우에 추가된 데이터의 수는 '㉱ → ㉲' 과정에서 송신 윈도우에 추가된 데이터의 수보다 적다.

④ ㉲에서 전송한 데이터에 대한 ACK가 모두 도착했다면, 바로 다음에 전송되는 데이터의 순서 번호는 ㉮와 같다.

⑤ '㉮ → ㉲'의 과정이 한 번 더 반복된 후 송신 측이 보낸 데이터의 ACK가 모두 도착했다면, 송신 윈도우에 저장된 데이터의 수는 0개이다.

04

글의 핵심 정보를 파악하는 문제이다. 6문단에서 설명한 슬라이딩 윈도우 프로토콜을 <보기>의 데이터에 적용하여 이해해야 한다. 6문단에서는 순서 번호의 최댓값이 9, 송신 윈도우의 크기가 3인 데이터를 예시로 들었으나 <보기>에는 순서 번호의 최댓값이 5인 데이터가 제시되어 있다. 그림을 통해 송신 윈도우의 크기를 알 수 있으며, 각 과정에서 어떤 데이터가 추가되었는지 파악해야 한다.

05

<보기>는 자동 반복 요청 방식을 이용한 데이터 전송 오류 제어 과정의 일부를 도식화한 것이다. 윗글을 참고하여 <보기>를 이해한 내용으로 적절하지 <u>않은</u> 것은?

보기

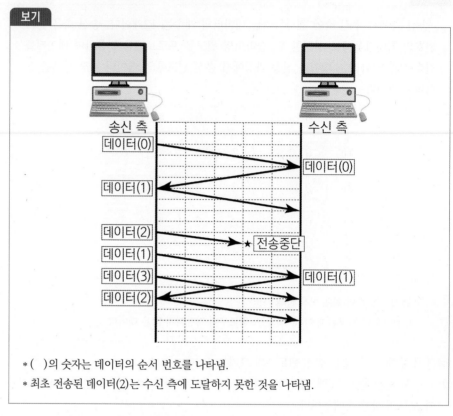

* ( )의 숫자는 데이터의 순서 번호를 나타냄.
* 최초 전송된 데이터(2)는 수신 측에 도달하지 못한 것을 나타냄.

① 데이터(1)을 재전송한 후 데이터(3)을 전송하는 것을 보니 <보기>의 오류 전송은 선택적 재전송 ARQ 방식에 해당하겠군.

② 처음 수신한 데이터(1)에 대한 응답 값을 수신 측이 전송하지 않은 것으로 보아 <보기>는 묵시적 방법에 해당하겠군.

③ 데이터(1)을 전송한 후 데이터(1)을 재전송하는 데 걸린 시간은 '타임 아웃'으로 설정된 시간에 해당되겠군.

④ 송신 측이 데이터(2)를 재전송한 이유는 최초 전송된 데이터 (2)에 대해 수신 측이 NAK를 보내지 않았기 때문이겠군.

⑤ 수신 측이 데이터(3)과 재전송된 데이터(2)에 대해 ACK를 보낸다면 데이터(2)와 데이터(3)은 순서 번호에 맞추어 다음 단계로 전달되겠군.

5 Day

문학(현대시) 고1 2023년 3월

고향의 천정 1 _이성선 / **밥물 눈금** _손택수

※ 다음 글을 읽고 물음에 답하시오.

가

㉠ 밭둑에서 나는 바람과 놀고
할머니는 메밀밭에서
메밀을 꺾고 계셨습니다.

늦여름의 하늘빛이 메밀꽃 위에 빛나고
메밀꽃 사이사이로 할머니는 가끔
나와 바람의 장난을 살피시었습니다.

해마다 밭둑에서 자라고
아주 **커서도 덜 자**란 나는
늘 그러했습니다만

할머니는 저승으로 가버리시고
나도 벌써 몇 년인가
그 일은 까맣게 잊어버린 후

오늘 저녁 멍석을 펴고
마당에 누우니

온 **하늘** 가득
별로 피어 있는 어릴 적 **메밀꽃**

할머니는 나를 두고 메밀밭만 저승까지 가져가시어
날마다 저녁이면 메밀밭을 매시며
메밀꽃 사이사이로 **나를 살피**고 계셨습니다.

　　　　　　　　　　　　　- 이성선, 〈고향의 천정(天井) 1〉 -

핵심정리

가 이성선, 〈고향의 천정 1〉

갈래

자유시, 서정시

성격

회고적, 낭만적

제재

고향의 메밀밭

주제

할머니에 대한 추억과 그리움

특징

① '별'을 매개로 어린 시절 할머니와의 추억을 회상함.
② 경어체 종결 어미를 사용하여 차분한 어조를 형성함.
③ 하늘의 '별'을 통해 '메밀밭'을 떠올리며 사랑과 그리움의 정서를 드러냄.

해제

이 작품은 마당에 누워 고향의 하늘을 올려다보던 화자가 별을 통해 잊고 있었던 할머니와의 기억을 떠올리고, 마침내 할머니의 무한한 사랑을 깨달으며 정서적 충만감을 얻고 있는 작품이다. 하얗게 핀 메밀꽃과 온 하늘에 가득한 별이 지닌 시각적 유사성을 바탕으로, 할머니의 보살핌 아래 바람과 놀던 화자의 어린 시절 기억과 할머니가 돌아가신 후 다시금 깨닫는 할머니의 무한한 사랑이 과거와 현재, 이승과 저승, 지상과 우주의 연결 속에서 아름답게 펼쳐지고 있다.

구성

1연	메밀밭에서의 할머니와 '나'
2연	메밀밭에서 '나'를 보살피는 할머니
3연	할머니의 사랑을 받고 자란 '나'
4연	할머니의 죽음과 그 사랑을 잊고 지낸 '나'
5~6연	마당에 누워 하늘의 별을 보며 할머니와의 추억 회상
7연	저승에서도 나를 보살피는 할머니

갈래

자유시, 서정시

성격

회상적, 긍정적, 체험적

제재

밥물 눈금

주제

손가락 주름에서 떠올린 유년의 기억을 통한 자기 위안

특징

① 일상적인 행위의 반복을 통해 유년의 기억을 떠올리고 있음.

② 음성 상징어와 청각적 이미지를 통해 화자의 정서를 부각함.

③ '현재-과거-현재'의 시간적 흐름에 따라 시상을 전개함.

해제

이 작품은 손가락 주름을 따라 밥물을 맞추는 일상적 행위의 반복 속에서 떠올린 유년의 기억을 통해 현재 자신의 모습을 긍정적으로 인식하고, 자기 위안을 얻고 있는 작품이다. 밥물의 오르내림 속에서 화자가 떠올린 가난한 시절의 기억은 현재 화자의 눈에 보이는 듯, 귓가에 드리는 듯 선명하다. 화자는 유년의 기억을 현재와 연결하며, 비로소 얼굴보다 늙은 자신의 손이 전기밥솥에는 없는 눈금을 지니고 있다는 긍정적 인식에 도달하고 있다.

나

밥물 눈금을 찾지 못해 질거나 된 밥을 먹는 날들이 있더니

이제는 그도 좀 익숙해져서 손마디나 손등,

손가락 주름을 눈금으로 쓸 줄도 알게 되었다

촘촘한 손등 주름 따라 밥맛을 조금씩 달리해본다

손등 중앙까지 올라온 수위를 중지의 마디를 따라 오르내리다보면

물꼬를 트기도 하고 막기도 하면서

논에 물을 보러 가던 할아버지 생각도 나고,

저녁때가 되면 한 끼라도 아껴보자

친구 집에 마실을 가던 소년의 저녁도 떠오른다

한 그릇으로 두 그릇 세 그릇이 되어라 밥국을 끓이던 ⓛ 문현동

가난한 지붕들이 내 손가락 마디에는 있다

일찍 철이 들어서 슬픈 귓속으로

봉지쌀 탈탈 터는 소리라도 들려올 듯,

얼굴보다 먼저 늙은 손이긴 해도

전기밥솥에는 없는 눈금을 내 손은 가졌다

— 손택수, 〈밥물 눈금〉 —

문제풀이 맥

01

시어의 의미를 이해하는 문제이다. 각 작품에서 시어가 어떠한 기능을 하는지 파악하고, 화자가 시어를 어떻게 인식하는지 살펴야 한다. ㉠과 ㉡은 모두 화자의 유년 시절과 관련된 장소이다.

㉠ 밭둑	화자가 어린 시절 할머니와 함께 지내던 공간
㉡ 문현동	가난했던 어린 시절의 화자가 살았던 동네

01

㉠과 ㉡을 비교한 내용으로 가장 적절한 것은?

① ㉠은 화자가 벗어나려는, ㉡은 화자가 지향하는 공간이다.

② ㉠은 화자가 이질감을, ㉡은 화자가 동질감을 느끼는 공간이다.

③ ㉠은 화자의 슬픔이, ㉡은 화자의 그리움이 해소되는 공간이다.

④ ㉠은 화자의 동심이 허용되는, ㉡은 화자의 성숙함이 요구되는 공간이다.

⑤ ㉠은 화자가 경험한 적 없는 가상의, ㉡은 화자의 경험이 축적된 현실의 공간이다.

02

(가)와 (나)에 대한 설명으로 가장 적절한 것은?

① (가)는 (나)와 달리 설의법을 통해 화자의 의지를 표현하고 있다.
② (나)는 (가)와 달리 청각적 심상을 통해 화자의 정서를 부각하고 있다.
③ (가)는 격정적 어조를, (나)는 단정적 어조를 통해 화자의 기대감을 드러내고 있다.
④ (가)는 상승의 이미지를, (나)는 하강의 이미지를 통해 대상의 역동성을 강조하고 있다.
⑤ (가)와 (나)는 모두 계절감을 드러내는 시어를 통해 대상의 변화 양상을 나타내고 있다.

02

표현상의 특징을 파악하는 문제이다. 선택지에 제시된 표현법이 작품에 나타나는지 확인하면 문제를 해결할 수 있다. 이를 위해서는 기본적으로 표현법의 개념이 정립되어 있어야 한다.

설의법	누구나 다 아는 사실을 질문의 형식으로 제시하여 독자가 판단하게 하는 표현법
심상	시를 읽을 때 마음속에 떠오르는 빛깔, 모양, 소리, 냄새, 맛, 촉감 등의 감각적인 느낌
어조	시적 화자의 목소리의 특징

03

<보기>를 바탕으로 (가), (나)를 감상한 내용으로 적절하지 않은 것은?

> **보기**
>
> 과거의 경험에 대한 기억은 어떤 계기를 통해 되살아나 현재의 삶에 영향을 미칠 수 있다. (가)의 화자는 할머니와의 기억을 통해 과거와 현재를 연결하며 깨달음과 정서적 충만감을 얻고 있다. 한편 (나)의 화자는 일상적 행위의 반복 속에서 유년의 기억을 되살리고, 그 기억을 현재와 연결하며 자신의 현재 모습을 긍정하게 된다.

① (가)의 화자는 별이 가득한 '하늘'을 보며, 자신이 여전히 '나를 살피'시는 할머니의 사랑 속에 있음을 깨닫고 있군.
② (나)의 화자는 유년의 기억을 통해 '전기밥솥에는 없는 눈금'을 지닌 '늙은 손'을 긍정하며 자기 위안을 얻고 있군.
③ (가)의 '커서도 덜 자'랐다는 것과 (나)의 '밥맛을 조금씩 달리'하는 것은 현재의 화자에게 정서적 충만감을 주는군.
④ (가)에서 '마당에 누'워 하늘을 보는 행위와 (나)에서 '손가락 주름'으로 '밥물'을 맞추는 행위는 회상의 계기가 되는군.
⑤ (가)의 화자가 '별'에서 '메밀꽃'을 떠올리는 것과 (나)의 화자가 '가난한 지붕들이 내 손가락 마디에는 있다'고 생각하는 것은 기억이 현재의 삶에 영향을 미치고 있음을 보여 주는군.

03

외적 준거를 바탕으로 작품을 감상하는 문제이다. <보기>의 내용을 정확하게 파악하고 선택지의 설명에 적절하게 대입할 수 있어야 한다. <보기>에서는 과거의 경험이 현재의 삶에 영향을 미칠 수 있음을 언급하고 있다. (가)는 과거의 경험이 현재의 화자에게 정서적 충만감을 제공하고, (나)는 과거의 경험이 현재의 화자에게 위안을 제공하고 있다.

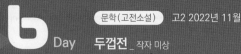

핵심정리

갈래

우화 소설, 풍자 소설

시점

전지적 작가 시점

제재

두꺼비의 변신

주제

득죄로 인한 선관의 적강과 속죄를 통한 승천의 과정

특징

① 천상과 지상의 이원론적 세계관이 반영됨.
② 적강 모티프와 사위 박대담이 결합되어 나타남.
③ 선악의 행위에 따라 결과를 받는 권선징악적 사고관이 반영됨.

해제

이 작품은 작자·연대 미상의 고전소설로 여러 가지 이본이 있는데, 두꺼비가 주인공이 된 고전 소설 따위를 아울러 두껍전류라고 할 수 있다. 두껍전에는 여러 짐승이 모여 윗자리 앉기 다툼을 하는 '쟁좌형 두껍전'과 전강 선관이 두꺼비의 탈을 쓴 '선관형 두껍전', 해와 달의 정을 노래한 '일월형 두껍전'이 있다. 이 소설은 '선관형 두껍전'에 해당하는데 선관형 두껍전 내에도 이본이 많이 존재한다.

등장인물

두꺼비	본래 하늘의 선관으로, 죄를 지어 두꺼비의 모습으로 인간세계에 내려 옴. 외양 때문에 집안 사람들의 멸시를 받음.
두 동서	두꺼비의 동서로, 두꺼비를 무시하나 두꺼비가 잡아온 사냥감을 얻고자 함.

전체 줄거리

본래 하늘의 선관이었던 두꺼비는 인간 세상에 날씨를 잘못 내린 죄로 두꺼비의 모습을 하고 인간 세상으로 내려오고, 한 노부부에게 거두어진다. 하루는 두꺼비가 노부부에게 고개 너머 박 판서 댁의 막내딸과 혼인을 시켜달라 말하고, 할머니는 두꺼비의 신통함을 생각하고는 박 판서 집에 가서 막내딸과의 혼인을 이야기한

※ 다음 글을 읽고 물음에 답하시오.

[앞부분의 줄거리] 천상의 선관이 두꺼비의 모습으로 지상으로 쫓겨나 박 판서의 셋째 딸과 혼인한다. 장인의 회갑이 다가오자 동서들은 두꺼비를 빼고 사냥을 가려고 하지만, 두꺼비도 장인을 졸라서 결국 사냥을 간다.

짐을 지고 돌아오는 ㉠ 길에 두 동서를 만났다. 동서들이 두꺼비는 돌아보지도 아니 하였으나, 하인 셋이 무겁게 지고 오는 장끼, 까투리를 보고 놀랐다. 하인들이

"두꺼비 서방님이 잡은 것이라."

하였다. 두 동서는 장끼는 고사하고 쥐 한 마리도 잡지 못하였다. 두꺼비가

"자네들은 얼마나 잡았는고?"

하면서 조롱하거늘, 두 동서가 그제야 두꺼비에게 비는 듯이,

"자네는 사냥을 못하여도 관계없거니와 우리는 책망이 있을 것이니, 자네 사냥한 것을 우리에게 주면 어떻겠나?"

라고 하였다. 두꺼비가 말하기를

"내 동서에게 무엇을 아끼리요? 그러나 나는 본시 그런 것을 줄 때 그 사람의 등에 도장을 찍으니, 동서들은 언짢게 생각하지 마오."

하였다. 그래도 두 사람이 사냥한 것을 욕심내니, 두꺼비가 쾌히 허락하며, 필낭에서 필묵을 꺼내어 벼루 뚜껑을 벗기고 먹을 묻혀서 등에다 ⓐ 도장을 찍고 종에게 분부하되

"사냥한 짐승들을 다 주어라."

하였다. 하인들이 두꺼비의 명대로 잡은 것을 다 주니, 동서와 여러 하인이 기뻐하였다. 사냥한 짐을 지고 들어가니 집안사람들과 장인과 장모가 칭찬하였다. 뒤늦게 두꺼비가 빈손으로 턱을 덜렁거리며 헐떡헐떡 들어오니, 집안사람들과 노복들이 이르기를

"저런 것이 사냥을 어찌 한단 말인가." 하더라.

그럭저럭 회갑 날이 이르러 마을에 사는 사람이면 상중하 남녀노소 없이 모였는지라. 맏사위와 둘째사위도 참석하여 사수병풍이며 빛나는 장막 천으로 햇볕을 가리고, 맑고 아름다운 색채를 띄우는 듯한, 춤과 노래, 양금, 거문고를 희롱하며 유유히 좌우로 펼치며 놀았다. 이러한 경사에 두꺼비 내외는 못 오게 하였으니, 그네들이 두꺼비를 매우 미워하기 때문이었다.

이에 두꺼비가 분하여 진언을 외워 그 허물을 벗으니, 하늘에서 청모시 한 필과 하인 열 셋이 내려왔다. 살펴보니 층층다리 무지개 안장에 황금 등자를 걸었으며, 하인들이 치장한 것을 보니 슬렁슬렁 벙거지에 열십자 끈을 넓게 달고 흑띠와 복끈을

둘러메고 육모방망이 등을 거꾸로 잡고 두꺼비에게 문안하였다. 두꺼비 또한 어느새 선관의 의복을 제대로 갖추었다. 이리하여 ⓛ 윗문을 나오니 뉘라서 두꺼비인 줄 알리오.

두꺼비가 곧바로 잔치하는 ⓒ 집 사랑에 들어가 대감께 뵈오니, 대감과 좌중이 모두 그 풍채를 보고 놀라 입을 다물지 못하였다. 대감이 말하기를

"어디에 계시며 뉘 댁 사람입니까?" 하니, 두꺼비가 답하기를

"소생은 평안도 송천부에 사는데, 대대로 부린 종 두 놈을 잃고 찾지 못하였더니, 소문을 들으니 이 댁에 왔다 하기로 불원천리하고 찾아왔습니다."

(중략)

두 동서를 가리키며,

"저 놈들이 나의 종이로소이다."

하였다. 대감이 기가 막혀 옷을 벗고 보니 과연 그 표가 완연한지라. 두꺼비가 호령하여 말하기를

"저 두 놈을 잡아 결박하라."

하는 소리가 천지를 진동시켰다. 하인이 달려들어 거행하자 두꺼비가 호령을 더욱 추상같이 하는데, 뉘라서 능히 그것을 말리리오? 두꺼비가 호령하기를

"너희가 옷과 밥이 부족하다고 상전을 배반하고 도망하여, 양반에게 장가를 들어 제법 사랑에 앉았다만 어찌 망녕치 아니하리오?"

또 호령하기를

"종놈을 매달아 항복을 받도록 하라."

하는 소리가 천지를 뒤흔드는 듯하였다.

안에서 부인이 이 말을 듣고 통곡하기를

"팔자도 무상하여 딸 하나는 두꺼비 사위를 보고, 딸 둘은 남의 종놈 사위를 보게 되었나!"

하였다. 잔치는 성대하나 분위기는 초상난 집 같더라.

이때 두 사위가 장인께 아뢰기를

"저 사람에게서 한때 도장이나 표를 받은 일은 따로 없고, 우리들이 지난날 사냥 갔을 때에 두꺼비 동서를 만나서 이리이리 하였습니다."

라고 자백하였다. 놀란 대감이 급히 하인을 시켜 두꺼비 사위를 데려오라 하였다. 그러나 곳곳을 찾아도 없는지라. 대감에게 찾지 못함을 아뢰니 대감이 더욱 놀라서 하인을 모두 풀어 사방으로 찾는데, 두꺼비는 벌써 형체를 변형하고 있었으니 두꺼비를 어디에 가서 찾으리오?

그때서야 두꺼비가 마음을 가라앉히고 대감께 절하며

"대감은 너무 근심 마십시오. 제가 두꺼비 사위로소이다."

하였다. 대감이 깜짝 놀라며 반기기를

다. 두꺼비에게 자기 딸을 시집보내라는 말에 격분한 박 판서는 할머니의 목을 쳤으나, 떨어진 목이 다시 붙는 것을 보고 막내딸과의 혼인을 허락한다. 첫날밤에 두꺼비는 자신의 정체를 밝히고, 막내딸에게 다른 사람에게 자신의 비밀을 함구할 것을 당부한다. 두꺼비는 다시 두꺼비 껍질을 쓰고 지내고, 박 판서는 남이 볼까 무서워 후원에 따로 집을 지어 생활하게 한다. 박 판서의 환갑날이 다가오자, 첫째 사위와 둘째 사위는 장인어른에게 산짐승 고기를 맛보여 드린다며 사냥을 나가고, 이에 두꺼비도 사정을 하여 따라가게 된다. 사냥을 나온 두꺼비는 고개에 사는 처사를 통해 장끼와 꿩을 잡는다. 첫째 사위와 둘째 사위가 사냥에 허탕을 치고 돌아오고, 두꺼비에게 사냥한 짐승을 나눠달라 청한다. 이에 두꺼비는 동서들의 등에 도장을 찍은 뒤 사냥한 짐승을 두 동서에게 나눠준다. 집안 사람들은 두 동서가 가져온 짐승으로 잔치를 하고 아무것도 잡아 오지 못한 두꺼비를 괄시한다. 장인의 환갑잔치에 초대받지 못해 분노한 두꺼비는 허물을 벗은 모습으로 처가로 가서, 첫째 사위와 둘째 사위의 등에 찍힌 도장을 보이며 그들이 자신의 하인이라 말한다. 박 판서의 부인은 딸 하나는 두꺼비 사위를, 딸 둘은 종 사위를 보게 되었다며 눈물을 흘리고, 허물을 벗은 두꺼비는 자신이 두꺼비 사위임을 말하며 그간의 자초지종을 밝힌다. 두꺼비는 자신들을 무시한 동서들에게 이제 동서로 대우하지 않겠다고 하면서 그들의 등에 찍힌 도장을 지워 주고, 박 판서에게 빈 상자를 선물한 뒤 하늘로 올라간다.

서사 구조

집안 사람들의 박대
두꺼비의 외양 때문에 집안 사람들로부터 박대당함.

↓

경쟁자와의 대결
• 장인의 환갑잔치를 준비하면서 동서들과 사냥을 나가 신이한 능력을 발휘하여 산짐승을 사로잡음. • 환갑잔치날 허물을 벗고 나타나 동서들을 자신의 하인으로 공표함.

↓

갈등의 해소 및 행복한 결말
집안 사람들에게 자초지종을 밝힌 뒤 하늘로 올라감.

두꺼비

동서들에게 포획물을 주는 조건으로
동서들의 등에 도장을 찍음.

↓

종의 표식으로, 추후 동서들을
골탕먹이는 데 활용됨.

두꺼비의 능력

• 두 동서와 달리 장끼, 까투리를 잡음.
• 진언을 외우자 청모시 한 필과 하인 열 셋
이 내려옴.
• 허물을 벗고 선관의 의복을 갖춤.

↓

두꺼비의 뛰어난 능력을 통해 두꺼비가
인간세계의 사람이 아님을 짐작할 수 있음.

적강 모티프

천상적 존재가 천상에서 지은 죄로 말미암아 지
상으로 유배오는 것

천상 세계

비를 내려 주는 선관

↓ 적강

인간 세계

두꺼비의 허물을 씌워
노부부의 수양아들이 됨.

↓

천상적 존재에서 동물적 존재로 변모함.

"두꺼비 사위가 그대인가? 무슨 연고로 두꺼비 허물을 쓰고 사람을 그다지 속이느냐?"

두꺼비가 장인에게 말하기를

"소생은 본디 두꺼비의 모양이 아니라 천상에서 비를 내려 주는 선관이었더니, 인간에 비를 잘못 내린 죄로 옥황상제께서 허물을 씌워 인간에 내쳐서 어부 노인에게 수양자가 되도록 하였습니다. 대감의 사위가 된 것은 다름이 아니라, 대감께서 젊은 시절 벼슬할 때에 애매한 사람을 많이 죽인 죄로 두꺼비 사위를 점지하고 자손을 없게 한 것입니다."

하니, 그제야 대감이 즐겁기도 하고 한편 슬프기도 한 마음을 그치지 못하였다. 부인도 이 말을 듣고는 마음을 진정치 못하며 기뻐하고 칭찬하여 말하기를

"저러한 인물로 그 흉한 허물을 쓰고 있었던가! 내 딸 월성은 벌써 알았을 것이건만 그런 말을 추호도 하지 않았으니, 저런 줄 뉘 알았으리요?" 하며 대단히 기뻐하였다.

"저렇게나 좋은 풍채가 이 세상에 어디에 있으리오."

하고 반기며 좋아하니, 뉘 아니 부러워하리요?

선관이 두 동서를 돌아보고 말하기를

"그대들은 나를 너무 업신여긴 죄로 욕을 보였노라."

하였다. 뒤이어 선관이 빈 상자를 장인에게 올리고는 말하기를

"이것을 간수해 두면 부귀할 것이니 잘 간수하소서."

하고는 곧 소저를 불러 자초지종을 알렸다.

얼마 지나지 않아 뇌성벽력이 진동하면서 천상에서 ⓑ 옥으로 된 가마가 내려오거늘 선관이 장인장모에게

"정히 섭섭하오나 천명을 이기지 못하고 ⓒ 천상으로 올라가니 어찌할 도리가 없습니다. 만수무강 하십시오." 하였다.

- 작자 미상, 〈두껍전〉 -

01

서술상의 특징을 파악하는 문제이다. 소설은 인물의 행동과 발화, 사건 등에 대해 서술할 때 시점, 문체, 구성 등의 여러 가지 방법을 활용하여 특정한 효과를 얻으므로 선택지에서 제시한 서술 방법이 지문에 드러나 있는지 확인해야 한다.

01

윗글에 나타난 서술상의 특징으로 적절한 것은?

① 섬세한 배경 묘사를 통해 작중 상황을 희화화하고 있다.
② 시간의 역전을 통해 인물의 심리 변화를 보여 주고 있다.
③ 대화를 통해 이전에 일어난 사건의 정황을 드러내고 있다.
④ 꿈과 현실의 교차를 통해 앞으로 일어날 사건을 암시하고 있다.
⑤ 현실 세태와 자연물의 대비를 통해 당대 사회상을 비판하고 있다.

02

<보기>는 윗글의 내용을 공간을 중심으로 도식화한 것이다. 이에 대한 설명으로 적절하지 <u>않은</u> 것은?

보기

① ㉠에서 두꺼비는 동서들의 부탁을 들어주고 있다.

② ㉡의 안쪽에서 분노한 두꺼비는 하인들을 불러 ㉠에서 있었던 일에 대해 문책을 하고 있다.

③ ㉡에서 ㉢으로 이동한 두꺼비를, 대감은 자신의 사위라고 인식하지 못하고 있다.

④ ㉢에서 부인은 두꺼비에 대한 생각을 바꾸게 된다.

⑤ ㉢에서 ㉣로 가기 전에 두꺼비는 장인에게 간직할 물건을 주고 있다.

03

ⓐ와 ⓑ에 대한 이해로 가장 적절한 것은?

① ⓐ는 인물이 칭찬을 받기 위한 수단이고, ⓑ는 인물이 벌을 내리기 위한 수단이다.

② ⓐ는 계획한 일을 실현하기 위한 수단이고, ⓑ는 명령을 이행하는 데 쓰이는 수단이다.

③ ⓐ는 과거의 부귀했던 처지를 드러내는 수단이고, ⓑ는 현재의 곤궁한 처지를 밝히는 수단이다.

④ ⓐ는 위기 상황을 알리기 위한 수단이고, ⓑ는 위험 상황에서 벗어났음을 알려주기 위한 수단이다.

⑤ ⓐ는 상대방에 대한 경계심을 나타내는 수단이고, ⓑ는 상대방에 대한 거부감을 드러내기 위한 수단이다.

02

작품의 세부 내용을 이해하는 문제이다. <보기>에서는 장소에 따른 인물의 행동 양상에 대해 묻고 있으므로, 인물 간의 대화가 일어나는 장소가 어디인지 파악해야 한다. 특히 두꺼비의 행동을 중심으로 장소가 변화하고 있으므로 이를 바탕으로 지문을 이해해야 한다.

03

소재의 의미를 파악하는 문제이다. 윗글에 등장하는 소재가 내용의 맥락을 고려했을 때 어떤 기능을 하는지 확인해야 한다. 소설에서는 내용을 효과적으로 전달하기 위해 다양한 소재가 사용되므로, 전체적인 맥락 속에서 소재의 기능 및 효과를 파악하는 것이 필요하다.

ⓐ 도장	두꺼비가 두 동서에게 자신이 사냥한 짐승들을 주는 대신 동서의 등에 찍은 것
ⓑ 옥으로 된 가마	두꺼비가 자신의 정체를 밝히고 다시 천상으로 올라가기 위해 활용하는 수단

04

04

외적 준거에 따라 작품을 감상하는 문제이다.
<보기>에 제시된 설명에 따라 작품을 이해
하는 것이 중요하다. <보기>에 따르면, 윗
글은 적강 모티프와 사위 박대담이 결합되어
나타난 작품으로, 주인공이 정체를 밝힘으로
써 갈등이 해결된다. 이러한 <보기>의 내용
을 바탕으로, 선택지에 제시된 설명이 인물의
행동이 적절하게 대응하였는지 파악하는 것이
중요하다.

사위 박대담

사위 박대담	• 처가족이 사위의 용모, 재산, 신분 등이 모자람을 못마땅하게 생각하여 일어나는 갈등을 내포하고 있는 작품 • '못마땅한 사위'형 소설이라고도 불림.
〈소대성전〉	조력자이자 장인이었던 이 승상이 죽자, 소대성의 신분이 미천함을 못마땅하게 여겨 소대성을 죽이려 함.

<보기>를 참고하여 윗글을 감상한 내용으로 적절하지 않은 것은?

보기

이 작품은 천상에서 쫓겨난 인물이 지상의 삶을 살아간다는 내용의 적강 모티프
와 사위가 처가에서 인정받지 못한다는 내용의 사위 박대담이 결합되어 나타난다.
초월적 존재에게 볼품없는 외양을 부여받은 주인공은 지상에서 가족들에게 소외
되는 등의 박대를 당하며 속죄의 과정을 거친다. 이 과정에서, 정체를 숨긴 채 뛰어
난 능력을 발휘하던 주인공은 정체를 밝힌 후 가족들의 인정을 받고 다시 천상으
로 돌아가게 된다.

① 두꺼비가 진언을 외워 하늘에서 하인이 내려오는 장면에서, 숨기고 있었던 주인공의
   정체를 확인할 수 있겠군.
② 부인이 마음을 진정치 못하며 두꺼비의 외양을 언급하는 장면에서 가족들에게 인정
   받는 모습을 확인할 수 있겠군.
③ 회갑 날 두꺼비 내외를 못 오게 한 장면에서 가족 구성원으로부터 박대를 당하는 주
   인공의 모습을 확인할 수 있겠군.
④ 동서들에게 자신이 사냥한 것을 주는 장면에서 속죄를 위해 뛰어난 능력을 발휘하는
   주인공의 모습을 확인할 수 있겠군.
⑤ 두꺼비가 장인에게 자신의 죄에 대해 이야기하는 장면에서 주인공이 천상에서 쫓겨
   나 지상의 삶을 살게 된 이유를 확인할 수 있겠군.

6일간 학습

Day	공부 시작 시간	공부 종료 시간	틀린 문항 수	틀린 유형
Day 1	시　분　초	시　분　초		
Day 2	시　분　초	시　분　초		
Day 3	시　분　초	시　분　초		
Day 4	시　분　초	시　분　초		
Day 5	시　분　초	시　분　초		
Day 6	시　분　초	시　분　초		

1 일별로 계획에 맞춰 공부하기

하루에 기출 하나씩 매일 꾸준히 공부하는 것이 최선의 방법이다.

2 시작 시간과 종료 시간 체크하기

스스로 시간 제한을 두고 문제를 푸는 것이 실전 대비에 효과적이다.

3 틀린 문항과 유형 분석하기

틀린 문제는 또 틀릴 수 있다. 특정 문항과 유형에서 많이 틀렸다면, 그 이유를 분석해야 한다.

4 보충 학습하기

스스로 점검하기를 통해 자신의 취약한 유형을 확인하고, SLS를 통해 부족한 부분을 보충 학습한다.

	Day 1						Day 2						Day 3					
번호	1	2	3	4	5	6	1	2	3	4	5	6	1	2	3	4	5	6
정답률	86%	86%	82%	92%			76%	86%	34%	72%	90%		70%	79%	71%	74%		
채점																		

	Day 4						Day 5						Day 6					
번호	1	2	3	4	5	6	1	2	3	4	5	6	1	2	3	4	5	6
정답률	44%	59%	37%	67%	44%		78%	70%	73%				71%	72%	71%	66%		
채점																		

결과	틀린 문항에는 ✕표시, 찍어서 막혔거나 헷갈렸던 문항에는 △표시, 맞춘 문항에는 ○표시
	채점 결과 : 맞은 문항 수 25개중 ☐개

나의 예상 등급은?

등급

1등급
22~25개

2등급
20~21개

3등급
18~19개

CHECK

핵심정리

갈래

설명문

제재

나무의사

주제

새롭게 주목받는 직업인 나무의사에 대한 정보 전달

문단 중심 내용

❶ 나무의사 직업의 등장 배경
❷ 나무의사의 역할과 나무의사 자격 제도
❸ 나무의사 자격 제도의 도입 이유
❹ 나무의사가 되기 위한 자격 요건
❺ 나무의사 자격증의 전망
❻ 독자들을 향한 권고와 마무리

나무의사

개념	나무의 병해충을 예방하거나 진료하는 전문가
등장 배경	• '생활권 수목 병해충 방제 사업'을 비전문가가 실행하다 보니 여러 부작용이 발생하자 전문성을 강화할 필요성 제기 • 생활권 도시림이 해마다 증가
자격시험 응시 조건	• 수목 진료 관련 석박사 학위 소지 • 산림 및 농업 분야 특성화고 졸업 후 3년 이상의 경력
자격시험 내용	• 1차 시험: 필기시험 • 2차 시험: 수목 및 병해충의 분류와 약제 처리, 외과 수술

※ 다음은 작문 상황과 이를 바탕으로 학생이 작성한 초고이다. 물음에 답하시오.

[작문 상황]

◦ **작문 목적**: 새롭게 주목받는 직업에 대한 정보를 전달하는 글을 씀.
◦ **예상 독자**: 우리 학교 학생들

[학생의 초고]

❶ 최근 도시 경관을 아름답게 해 주고 소음과 미세 먼지를 줄이는 데에 효과가 있는 생활권 도시림이 주목받으면서, 이를 구성하는 가로수와 조경수 등을 체계적으로 관리하는 '나무의사'라는 직업이 관심을 끌고 있습니다.

❷ 나무의사는 나무의 병해충을 예방하거나 진료하는 전문가를 일컫습니다. 몇몇 나라는 우리보다 먼저 나무의사와 유사한 제도를 시행하고 있었고, 우리나라는 2018년부터 '나무의사 자격 제도'를 두어 아파트 단지나 공원, 학교 등에 있는 생활권 수목의 치료를 나무의사가 맡도록 하고 있습니다.

❸ 이전에는 '생활권 수목 병해충 방제 사업' 대부분을 비전문가가 실행하여 여러 가지 부작용이 발생했습니다. 이런 부작용을 해소하고 관리의 전문성을 더욱 강화할 필요성이 제기되면서 이 제도를 도입했다고 합니다. 특히 생활권 도시림이 해마다 증가하고 있는 것도 중요한 이유 중 하나입니다.

❹ 나무의사가 되려면 자격시험에 응시해야 하는데, 응시를 위해서는 일정한 자격 조건을 갖추어야 합니다. 수목 진료 관련 석박사 학위를 소지하고 있거나, 산림 및 농업 분야 특성화고를 졸업한 후 3년 이상의 경력이 필요합니다. 자격시험에서 1차 시험은 필기시험이고, 2차 시험은 수목 및 병해충의 분류와 약제 처리, 외과 수술로 이루어져 있습니다. 여러 단계에 거쳐 정교하게 생명을 다루어야 하기에 실제 합격률은 저조한 편이라고 합니다.

❺ 이 제도가 전면 시행되는 2023년부터는 나무의사가 없이는 나무병원을 운영할 수 없기 때문에 나무의사에 대한 수요는 계속 늘 것으로 보입니다. 자격증의 공신력도 높은 편이라서 자격증을 취득하면 관련 분야에 진출하기가 쉬워집니다.

❻ ㉠나무가 내뿜는 피톤치드가 우리 몸을 건강하게 하기에 나무를 잘 가꾸고 지켜야 우리의 삶이 윤택해집니다. 새로운 시대 상황에서 나무의사가 주목받는 것처럼 여러분도 사회의 변화에 관심을 갖고 다양하게 직업을 탐색했으면 좋겠습니다.

01

학생이 글을 쓰기 전에 떠올린 생각 중 글에 반영된 것은?

> ㄱ. 나무의사 제도 도입의 이유를 언급해야겠어.
> ㄴ. 나무의사 총인원의 연간 증가율을 객관적 수치로 제시해야겠어.
> ㄷ. 나무의사 자격증의 공신력이 과거에 비해 높아진 이유를 제시해야겠어.
> ㄹ. 나무의사 자격 제도에 응시할 수 있는 요건을 구체적으로 언급해야겠어.

① ㄱ, ㄴ   ② ㄱ, ㄹ   ③ ㄴ, ㄷ   ④ ㄴ, ㄹ   ⑤ ㄷ, ㄹ

01

글쓰기 계획을 파악하는 문제이다. 이러한 문제 유형은 내용 일치 문제를 풀 때와 같은 접근법으로 문제를 해결할 수 있다. 각 문단의 중심 내용을 파악하고 있다면, 정답을 더 빨리 찾을 수 있다.

02

<보기>는 선생님의 조언에 따라 ㉠을 수정한 것이다. 선생님이 조언했음 직한 내용으로 가장 적절한 것은?

보기

> 자연환경 보호와 삶의 질 향상이 중시되는 시대이므로, 생활권 수목에 대한 관리 대책도 과거와는 달라져야 합니다. 거대한 산소 공장인 나무와 숲을 살리는 나무 의사라는 전문인력이 그 무엇보다 필요한 때입니다.

① 오늘날 나무의사의 역할이 과거와는 어떻게 달라졌는지를 알려 주면 좋겠구나.
② 국가적 차원에서 나무의사를 관리해야 전문성이 향상된다는 것을 강조하면 좋겠구나.
③ 나무의사가 등장하게 된 사회적 배경을 바탕으로 하여 나무의사의 역할을 강조하면 좋겠구나.
④ 나무의사라는 직업에 대한 소개이니, 나무의사가 되어서 하는 구체적인 업무들을 소개하면 좋겠구나.
⑤ 나무의사가 가로수와 조경수를 잘 관리해서 인간이 자연으로부터 얻을 수 있는 혜택을 구체화하면 좋겠구나.

02

고쳐 쓰기의 의도를 파악하는 문제이다. <보기>와 ㉠을 비교하여 선생님의 조언을 추론해야 한다. 먼저 ㉠의 내용이 <보기>에서 어떤 내용으로 수정되었는지를 파악해야 한다. ㉠은 나무를 잘 가꾸고 지켜야 함을 강조하고 있다. 반면 <보기>는 나무를 잘 가꾸고 지키기 위한 나무의사의 역할을 강조하고 있다.

03

<보기>는 초고를 보완하기 위해 수집한 자료들이다. 자료의 활용 방안으로 적절하지 않은 것은?

보기

(가) 통계 자료

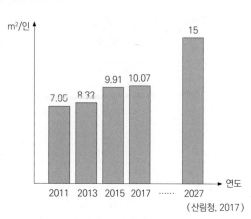

< 생활권 도시림 증감 추이 >

(나) 나무의사 김○○ 씨 인터뷰

예전부터 '나무의사'와 유사한 제도를 운영하고 있는 나라들이 있습니다. 중국의 '수예사(樹藝師)', 일본의 '수목의(樹木醫)'라는 제도가 대표적입니다. 나무는 여러 오염 물질의 정화, 온실가스 저감, 홍수나 산사태 방비 등의 기능을 합니다. 그래서 이를 관리할 나무의사의 역할이 중요해졌습니다. 나무의사의 필요성이 커지는 만큼 자격시험 응시생도 꾸준히 늘고 있으나 4회의 시험 동안 최종 합격률 평균은 응시생 대비 8% 수준에 불과합니다.

(다) 신문 기사

> 산림청이 실시한 '생활권 수목 병해충 관리 실태 조사' 결과에 따르면 비전문가에 의한 수목 방제 사례가 90% 이상이었다. 그로 인해 살포된 농약 중 69%는 부적절하게 사용됐고, 독한 농약과 해당 수목에 알맞지 않은 약제를 살포한 것은 78%에 달하는 것으로 나타나 시민들의 건강과 산림 자원에 위협이 되고 있다. 특히 가로수 방제용 약제 중 발암 물질을 함유하고 있는 것도 있어 전문가의 손길이 필요하다.

① (가)를 3문단에서 활용하여, 생활권 수목이 증가하고 있음을 뒷받침하는 근거로 제시한다.

② (나)를 2문단에서 활용하여, 나무의사와 유사한 제도를 이미 운영하고 있는 나라들이 있다는 내용을 뒷받침하는 근거로 제시한다.

③ (나)를 4문단에서 활용하여, 나무의사 자격시험 합격률이 저조하다는 내용을 뒷받침하기 위해 구체적인 수치를 제시한다.

④ (다)를 3문단에서 활용하여, 비전문가가 수목을 치료하는 현황과 그 부작용의 사례를 제시한다.

⑤ (다)를 5문단에서 활용하여, 나무의사가 없이는 나무병원을 운영할 수 없기 때문에 나무의사에 대한 수요가 증가한다는 근거로 제시한다.

※ [01~02] 다음 글을 읽고 물음에 답하시오.

선어말 어미는 어말 어미 앞에 오는 어미이다. 단어의 끝에 오는 어말 어미는 용언의 어간과 더불어 단어를 이루므로 활용할 때 반드시 있어야 하지만, 용언의 어간과 어말 어미 사이에 오는 선어말 어미는 ㉠ 쓰이지 않는 경우도 있고 ㉡ 하나가 오는 경우도 있으며 ㉢ 두 개 이상 연달아 나타나는 경우도 있다.

선어말 어미는 시제와 높임 등의 문법적 의미를 드러낸다. '선생님은 벌써 댁으로 떠나셨겠다.'의 '떠나셨겠다'에는 '-시-', '-었-', '-겠-'과 같은 선어말 어미가 쓰였다. '-시-'는 주체인 '선생님'을 높이고, '-었-'은 과거 시제를 나타내며, '-겠-'은 추측의 의미를 드러낸다. '떠나겠셨다'와 같은 표현이 어색한 데에서 알 수 있듯, 선어말 어미가 연속해서 나타날 때에는 일정한 결합 순서가 있다. 선어말 어미가 연속해서 쓰일 때는 일반적으로 주체 높임, 시제, 추측이나 회상의 순으로 배열된다.

한편, 어말 어미 앞에 위치한다고 해서 모두 선어말 어미인 것은 아니다. 가령 '문이 바람에 닫혔다.'에서 '-히-'와 '-었-'은 모두 어말 어미 '-다' 앞에 오지만, '-었-'은 선어말 어미인 반면 '-히-'는 접사이다. 접사는 새로운 단어의 형성에 참여한다는 점에서 선어말 어미와 다르다. 선어말 어미가 결합한 '닫았다'는 '닫다'의 과거형이지만, 접사가 결합한 '닫히다'는 '닫다'의 피동사로서 새로운 의미를 가진다. '닫다'가 '닫히다'가 되면 필요로 하는 문장 성분이 달라진다는 점을 보아도 새로운 단어가 형성되었다는 것을 알 수 있다. 국어사전에도 '닫다'와 '닫히다'는 표제어로 올라 있으나 '닫았다'는 그렇지 않다. 또한 선어말 어미에 비하여 접사는 결합할 때 제약이 심하다. 가령 '(구멍을) 뚫다', '(종이를) 찢다'와 같은 용언에 '-었-'은 자유롭게 결합할 수 있는 반면 '-히-'는 결합할 수 없다.

핵심정리

어미의 종류

어말 어미	• 단어의 끝에 오는 어미 • 활용할 때 반드시 필요
선어말 어미	• 어말 어미 앞에 오는 어미 • 활용할 때 반드시 필요한 것은 아니며, 두 개 이상 연달아 나타나기도 함.

선어말 어미의 종류

높임	주체 높임 선어말 어미 '-시-'
시제	과거, 현재, 미래의 시제를 나타내는 어미
추측	미래의 일이나 추측을 나타내는 어미 '-겠-'

↓

선어말 어미가 연속해서 사용될 때는 '주체 높임 → 시제 → 추측이나 회상'의 순으로 배열

예 떠나셨겠다

: 떠나- + -시- + -었- + -겠- + -다

주체 높임 선어말 어미 ┘ 과거 시제 선어말 어미 ┘ 추측의 선어말 어미 ┘

선어말 어미와 접사의 비교

선어말 어미	• 새로운 단어 형성 ✕ • 상대적으로 결합에 제약이 없음.
접사	• 새로운 단어 형성 ○ • 결합에 제약이 있어, 일부 어근하고만 결합

WEEK 3

69

01

선어말 어미를 이해하는 문제이다. 선어말 어미는 용언의 어간과 어말 어미 사이에 위치하는 어미로, 용언의 활용 시 반드시 있어야 하는 어말 어미와 달리 쓰이지 않는 경우도 있고, 하나만 나타나는 경우도 있으며, 두 개 이상 연달아 나타나는 경우도 있다. 선택지에서 제시된 단어의 형태소를 분석한 후 해당 단어에서 사용된 선어말 어미를 파악하면 문제를 쉽게 해결할 수 있다. 다만 종결 어미와 연결 어미, 전성 어미는 어말 어미에 해당한다는 점을 유의해야 한다.

01

윗글을 읽고 이해한 내용으로 적절하지 않은 것은?

① '그 사건은 아직 끝난 것이 아니다.'에서 '끝난', '아니다'를 모두 ㉠의 예로 들 수 있군.

② '시골에 계시는 할머니께 편지를 드렸다.'에서 '계시는', '드렸다'를 모두 ㉡의 예로 들 수 있군.

③ '그녀는 학교 가는 길을 잘 알았다.'에서 '가는'을 ㉠의 예로, '알았다'를 ㉡의 예로 들 수 있군.

④ '여름이 지나고 이제 가을이 왔겠군.'에서 '지나고'를 ㉠의 예로, '왔겠군'을 ㉢의 예로 들 수 있군.

⑤ '그분께서 이 글을 쓰셨을 수도 있겠다.'에서 '있겠다'를 ㉡의 예로, '쓰셨을'을 ㉢의 예로 들 수 있군.

02

접사와 선어말 어미의 차이점을 이해하는 문제이다. 접사는 선어말 어미와 달리 새로운 단어를 형성할 수 있으므로, 접사가 결합하여 형성된 단어는 사전에 별도의 표제어로 등재된다. 또한 접사는 선어말 어미와 달리 결합에 제약이 있어 일부 어근하고만 결합할 수 있다.

02

윗글을 바탕으로 <보기>의 ⓐ~ⓒ를 탐구한 내용으로 적절한 것은?

> **보기**
>
> ◦ 그는 쪽지를 ⓐ 구겼지만 버리지는 못했다.
> ◦ 그 물건은 어제부터 책상에 ⓑ 놓여 있었다.
> ◦ 우리 가족은 할머니 댁에서 김치를 ⓒ 담갔다.

① ⓐ: 접사가 결합하여 피동의 의미를 나타낸다.

② ⓐ: 선어말 어미가 결합하여 추측의 의미를 드러낸다.

③ ⓑ: 선어말 어미가 결합하여 과거 시제를 나타낸다.

④ ⓑ: 접사가 결합하여 필요로 하는 문장 성분이 달라졌다.

⑤ ⓒ: 접사가 결합하여 사전에 오를 수 있는 단어가 형성되었다.

03

<보기>의 ㉠~㉢에 대한 설명으로 적절하지 않은 것은?

> **보기**
>
> ㉠ 예쁜 아이가 활짝 웃는다.
> ㉡ 나는 어제 새 가방을 샀다.
> ㉢ 지금 이곳은 동화 속 세상처럼 아름답다.
> ㉣ 작년에는 날씨가 추웠으나 올해에는 따뜻하다.
> ㉤ 설령 눈이 올지라도 우리는 어김없이 밖에 나간다.

① ㉠에는 주어가 생략된 안긴문장이 있다.
② ㉡은 주어와 서술어의 관계가 한 번 나타나는 문장이다.
③ ㉢에는 하나의 문장 성분처럼 쓰이는 안긴문장이 있다.
④ ㉣은 두 개의 홑문장이 대등하게 연결된 이어진문장이다.
⑤ ㉤은 주어와 서술어의 관계가 두 번 이상 나타나는 문장이다.

04

<보기>를 참고하여 중세 국어를 이해한다고 할 때, ㉠과 ㉡의 사례로 바르게 짝지어진 것은?

> **보기**
>
> 모음 조화는 ㉠ 양성 모음은 양성 모음끼리 어울리고 ㉡ 음성 모음은 음성 모음끼리 어울리는 현상으로, 중세 국어에서는 현대 국어보다 규칙적으로 적용되었다.

	㉠	㉡
①	ᄇᆞ른매[바람에]	·ᄡᅮ·메[씀에]
②	·ᄡᅮ·메[씀에]	ᄠᅳ·들[뜻을]
③	ᄠᅳ·들[뜻을]	거부븨[거북의]
④	ᄆᆞ숨믈[마음을]	바ᄂᆞᆯ롤[바늘을]
⑤	나롤[나를]	도ᄌᆞ기[도적의]

05

한글 맞춤법에 맞는 표현을 파악하는 문제이다. 한글 맞춤법 제40항에서는 어간의 끝음절 '하'의 쓰임에 관해 규정하고 있다. 무성음 뒤에 '하'가 위치할 때는 '하'가 아주 줄어 탈락하게 된다. 반면 유성음(울림소리, 모음) 뒤에 '하'가 위치할 때는 'ㅏ'만 줄어든다. 이때 'ㅏ'가 줄고 남은 'ㅎ'이 다음 음절의 첫소리와 어울려 거센소리가 될 경우는 거센소리로 표기한다.

다음은 수업 상황의 일부이다. ㉠에 들어갈 말로 적절하지 _않은_ 것은?

> 학생: 선생님, '회상하건대'를 줄이면 '회상컨대'와 '회상건대' 중 어떻게 적는 게 맞나요?
>
> 선생님: 그럴 때는 한글 맞춤법 규정을 살펴봐야 해요.
>
> > 제40항 어간의 끝음절 '하'의 'ㅏ'가 줄고 'ㅎ'이 다음 음절의 첫소리와 어울려 거센소리로 될 적에는 거센소리로 적는다.
> > [붙임] 어간의 끝음절 '하'가 아주 줄 적에는 준 대로 적는다.
>
> '하'가 줄어드는 기준은 '하' 앞에 오는 받침의 소리인데 '하' 앞의 받침의 소리가 [ㄱ, ㄷ, ㅂ]이면 '하'가 통째로 줄고, 그 외의 경우에는 'ㅎ'이 남아요. 그래서 '회상하건대'는 '하'의 'ㅏ'가 줄고 'ㅎ'이 'ㄱ'과 어울려 거센소리가 되어 '회상컨대'로 적어야 해요.
>
> 학생: 네, 감사해요. 한글 맞춤법에도 준말 규정이 있었네요.
>
> 선생님: 그럼 다음 자료를 규정에 맞게 준말로 바꿔 볼까요?
>
> | | | |
> |---|---|---|
> | 깨끗하지 않다 | 연구하도록 | 간편하게 |
> | 생각하다 못해 | 답답하지 않다 | |
>
> 학생: [㉠   ]
>
> 선생님: 네, 잘했어요.

① '깨끗하지 않다'는 어간의 끝음절 '하'의 'ㅏ'가 줄기 때문에 '깨끗치 않다'로 써야 합니다.

② '연구하도록'은 어간의 끝음절 '하'의 'ㅏ'가 줄기 때문에 '연구토록'으로 써야 합니다.

③ '간편하게'는 어간의 끝음절 '하'의 'ㅏ'가 줄기 때문에 '간편케'로 써야 합니다.

④ '생각하다 못해'는 '하'가 통째로 줄기 때문에 '생각다 못해'로 써야 합니다.

⑤ '답답하지 않다'는 '하'가 통째로 줄기 때문에 '답답지 않다'로 써야 합니다.

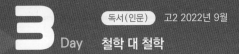

3 Day   독서(인문) 고2 2022년 9월   철학 대 철학

※ 다음 글을 읽고 물음에 답하시오.

가

❶ 우리는 친구들과 같은 사진을 보고도 서로 다르게 인식하는 경우가 있다. 또한 배고플 때와 달리 배부를 때는 빵 가게를 인식하지 못할 때도 있다. 이처럼 동일한 대상에 대해서도 사람이나 상황에 따라 인식이 다를 수 있는데, '후설'은 우리가 대상의 의미를 파악하는 과정을 통해 이러한 현상을 설명하고 있다. 후설은 우리의 의식은 대상과 독립적으로 존재하는 것이 아니라, 어떤 대상을 구체적으로 지향하며, 이를 통해 대상과의 관계에서 어떤 의미를 형성하는 성질을 지니고 있다고 말한다. 이 성질을 의식의 '지향성'이라고 하는데, 의식이 대상을 향하지 않으면 우리는 그 대상을 인식하지 못한다는 것이다.

❷ 한편 우리의 의식이 대상을 만나 의미를 형성할 때는 시간과 공간의 영향을 받게 된다. 왜냐하면 의식이 의미를 형성하는 과정은 한 번으로 끝나는 것이 아니라 시간의 흐름에 따라 반복되고, 공간도 대상과 함께 인식되어 의미 형성에 영향을 주기 때문이다. 후설에 따르면 이렇게 의식이 대상을 만나서 의미를 형성하는 과정이 반복되고 그것이 누적되면 자기만의 '지평'을 갖게 된다. ㉠ '지평'이란 우리가 인식하는 대상과 그 대상을 둘러싼 배경을 말한다. 우리가 친구의 뒷모습을 보고 단번에 알아볼 수 있는 것은 이전부터 알았던 친구에 대한 다양한 정보를 고려했기 때문이다. 사람은 개인마다 경험이 다르기 때문에 대상에서 형성하는 의미도 달라져 그 결과 서로 다른 지평을 갖게 되고, 지평이 넓어질수록 개인의 인식 범위는 확장된다. 그리고 인식의 주체는 지평을 바탕으로 다양한 상황에서 의미를 파악할 수 있다고 본 것이다.

❸ 전통 철학에서는 의식과 독립적으로 대상이 존재하고, 주체성을 가진 인간, 즉 주체가 대상을 객관적으로 파악함으로써 의미가 얻어진다고 보았다. 하지만 후설은 주체가 지평에 따라 대상에서 형성하는 의미가 달라지므로 대상을 객관적으로 파악하는 것은 불가능하다고 보았다. 이처럼 후설은 의미가 대상으로부터 객관적으로 얻어지는 것이 아니라 의식과 지평을 지닌 주체에서 비롯된다고 본 것이다.

 핵심정리

가

문단 중심 내용

❶ 후설이 주장한 동일한 대상에 대해 인식이 달라지는 이유
❷ 후설이 주장한 지평
❸ 전통 철학과 다른 후설의 관점

지향성

개념	대상과의 관계에서 어떤 의미를 형성하는 성질
전제	사람의 의식은 어떤 대상을 구체적으로 지향함.

지평

개념	우리가 인식하는 대상과 그 대상을 둘러싼 배경
특징	• 사람은 개인마다 경험이 다름. → 대상에서 형성하는 의미가 다름. → 서로 다른 지평을 갖게 됨. • 지평이 넓어질수록 개인의 인식 범위는 확장됨.

전통 철학의 관점과 후설의 관점

전통 철학
• 대상은 의식과 독립적으로 존재함. • 주체가 대상을 객관적으로 파악함으로써 의미가 얻어짐.

↕

후설
• 주체가 지평에 따라 대상에서 형성하는 의미가 달라짐. → 대상을 객관적으로 파악하는 것은 불가능함. • 의미는 의식과 지평을 지닌 주체에서 비롯됨.

WEEK 3

나

문단 중심 내용

❶ 메를로퐁티가 주장한 신체화된 의식
❷ 메를로퐁티가 주장한 몸틀
❸ 애매성으로 인해 지각의 주체와 대상이 될 수 있는 몸

전통 철학의 관점과 메를로퐁티의 관점

전통 철학
의식과 신체는 독립되어 있고 의식이 객관적 세계를 인식함.

메를로퐁티
신체를 통해 세계를 지각할 수 있음.

몸틀

몸이 새로운 세상을 지각함(현실적 몸의 층).

경험이 몸에 뱀.

습관적 몸의 층이 형성됨.

습관적 몸의 층이 몸에 내재됨.

세상과 반응할 때 영향을 미침.

다양한 상황에 적응할 수 있음.

애매성

개념	구체적 삶에서 몸의 지각의 주체와 대상이 서로 얽혀 있고 명확하게 구분되지 않는 성질
예시	오른손과 왼손이 맞잡고 있을 때 → 잡고 잡히는 이중적이며 모호한 상황

나

❶ ⓐ 자전거를 한번 배우고 나면 오랫동안 쉬었다 하더라도 쉽게 다시 탈 수 있다. 마치 몸 자체가 자전거 타기에 관한 지식을 내재한 듯 느껴진다. 이때 자전거 타기를 배운 것은 나의 의식일까? 몸일까? 전통 철학은 의식과 신체는 독립되어 있고 의식이 객관적 세계를 인식한다고 보았는데, '메를로퐁티'는 이를 비판하며 신체를 통해 세계를 지각할 수 있다고 말한다. 그에 의하면 신체, 즉 몸은 의식과 결합하여 있는 '신체화된 의식'이라고 규정한다.

❷ 메를로퐁티는 몸이 세상과 반응하는 것을 '지각'이라고 했는데, 그는 후설의 지향성 개념을 수용하여 몸이 지향성을 지니고 있어 세상을 지각할 수 있다고 보았다. 늘 집에 방치되어 있던 자전거도 우리 몸이 지향함으로써 지각되고 의미가 생긴다는 것이다. 그렇다면 몸에 의한 지각은 어떻게 이루어질까? 그는 몸이 '현실적 몸의 층'과 '습관적 몸의 층'으로 이루어져 있다고 규정하였다. 여기서 현실적 몸의 층이란 몸이 새로운 세상을 지각하는 경험이며, 이런 경험이 우리 몸에 배면 습관적 몸의 층을 형성하게 된다고 보았다. 이렇게 형성된 습관적 몸의 층은 몸에 내재되어 세상과 반응할 때 다시 영향을 미치며, 우리를 다양한 상황에 적응할 수 있게 한다. 이러한 몸의 대응 능력을 ⓛ '몸틀'이라 하며, 몸틀은 지각 경험들이 시간이 흐르면서 누적됨으로써 형성된다. 예를 들어 자전거 타기를 배우는 경우, 처음에는 자전거와 반응하며 현실적 몸의 층을 형성하게 되고, 자전거를 타는 연습이 반복되면 새로운 운동 습관을 익히며 몸틀을 재편하게 된다. 이와 같이 메를로퐁티는 몸틀을 통해 몸의 지각 원리를 설명한다.

❸ 한편 메를로퐁티는 몸이 '애매성'을 지니고 있다고 말한다. 예를 들어 나의 오른손과 왼손이 맞잡고 있을 때, 내 몸은 잡고 잡히는 이중적이며 모호한 상황을 경험한다. 이 경우 어떤 것이 지각의 주체인지 혹은 지각의 대상인지 분명하게 말하기 어렵다. 또 내가 언짢은 표정을 한 상태에서 밝은 미소를 띤 상대방의 얼굴을 봤을 때, 나는 상대방의 밝은 모습에 동화되면서 동시에 상대방은 나의 언짢은 모습에 얼굴이 경직되는 듯한 변화를 보이게 된다. 이처럼 구체적 삶에서 우리가 경험하는 몸의 지각은 대부분 주체와 대상이 서로 얽혀 있고 명확하게 구분되지 않는다는 것이다. 즉 메를로퐁티는 몸을 지각의 주체로만 보지 않고 지각의 대상이 될 수도 있다고 보았다.

01

다음은 (가)와 (나)를 읽은 학생이 작성한 학습 활동지의 일부이다. ㄱ~ㅁ에 들어갈 내용으로 적절하지 <u>않은</u> 것은?

학습 항목	학습 내용	
	(가)	(나)
도입 문단의 내용 제시 방식 파악하기	ㄱ	ㄴ
⋮	⋮	⋮
글의 내용 전개 방식 이해하기	ㄷ	ㄹ
두 글을 통합적으로 비교하기	ㅁ	

① ㄱ: '인식'과 연관된 상황을 언급하며 이에 대한 특정 철학자의 주장을 제시하였음.

② ㄴ: 일상의 경험을 바탕으로 의문을 제기하며 특정 철학자가 사용한 개념을 제시하였음.

③ ㄷ: '인식'과 관련하여 특정 철학자가 사용한 개념을 정의한 뒤 그 개념을 바탕으로 대상의 의미를 파악하는 과정을 제시하였음.

④ ㄹ: '지각'의 주체를 상반된 시각으로 바라보는 특정 이론들을 제시하고 각각의 이론이 지닌 한계와 의의를 제시하였음.

⑤ ㅁ: 특정 철학자들의 주장에 나타나는 공통점과 그 주장이 전통 철학과 어떤 차이를 지니고 있는지를 파악할 수 있었음.

01
글의 구조와 내용 전개 방식을 파악하는 문제이다. (가), (나)의 내용 전개 방식을 파악하여 ㄱ~ㅁ에 들어갈 내용을 찾아야 한다. ㄱ, ㄴ에는 (가), (나) 각각의 1문단에서 내용을 제시하는 방식이, ㄷ, ㄹ에는 (가), (나) 각각의 전체적인 내용 전개 방식이, ㅁ에는 (가), (나)에서 공통적으로 찾아볼 수 있는 내용 전개 방식이 들어가야 한다.

02

메를로퐁티의 관점에서 몸을 이해한 내용으로 적절하지 <u>않은</u> 것은?

① 의식과 결합하여 존재한다.

② 세상과 반응하여 의미를 형성한다.

③ 지향성이 없더라도 세계를 지각할 수 있다.

④ 현실적 몸의 층과 습관적 몸의 층으로 이루어져 있다.

⑤ 지각의 주체가 되는 동시에 지각의 대상이 되기도 한다.

02
글의 세부 내용을 파악하는 문제이다. 메를로퐁티가 주장한 몸에 대해서는 (나)에서 확인할 수 있다. (나)에서 설명한 메를로퐁티의 몸 개념과 유형, 특징 등을 파악해야 한다.

03

㉠, ㉡에 대한 이해로 가장 적절한 것은?

① ㉠은 대상으로부터 의미를 객관적으로 파악할 수 있게 한다.

② ㉡은 시간이 흐르더라도 변하지 않는다.

③ ㉠은 ㉡과 달리 의미를 형성하는 과정에서 의식의 쓰임이 나타나지 않는다.

④ ㉡은 ㉠과 달리 다양한 상황에 대해서도 그 의미를 파악할 수 있게 한다.

⑤ ㉠과 ㉡은 모두 이전의 경험이 쌓이면서 형성된다.

03
글의 세부 내용을 파악하는 문제이다. ㉠은 후설의 지평, ㉡은 메를로퐁티의 몸틀이다. 지평과 몸틀은 대상에 대한 주체의 인식 혹은 지각을 설명하기 위해 사용된 개념이다. ㉠과 ㉡의 특징을 파악하고, 서로 비교하여 공통점과 차이점을 확인해야 한다.

04

글의 세부 내용을 파악하는 문제이다. ⓐ는 자전거를 한번 배우고 나면 오랫동안 쉬었다 하더라도 쉽게 다시 탈 수 있다는 상황을 가리킨다. 이는 메를로퐁티가 주장한 신체화된 의식(몸)을 설명하기 위해 제시된 예시이므로, 몸 개념과 연관 지어 이해해야 한다.

04

ⓐ의 이유에 대한 메를로퐁티의 견해로 가장 적절한 것은?

① 몸의 경험은 연습의 양과 상관없이 누적되기 때문이다.

② 몸이 자전거 타기를 통해 습관적 몸의 층을 형성했기 때문이다.

③ 자전거를 배우기 전과 후의 몸틀에 변화가 없었기 때문이다.

④ 몸의 지각은 현실적 몸이 의식과 독립적으로 작용한 결과이기 때문이다.

⑤ 새로운 운동 습관이 내재될 경우 몸틀이 재편되어 자전거를 다시 배워야 하기 때문이다.

05

다른 견해와 비교하는 문제이다. <보기>에서 '제자'는 사물이 마음과 상관없이 존재한다고 말하고, '스승'은 사물을 인식함으로써 그 사물이 마음에서 분명해진 것이라고 말하고 있다. 이에 대한 후설과 메를로퐁티의 견해는 어떠할지, 지문을 통해 파악해야 한다. 후설과 메를로퐁티가 주장한 의식/지각과 대상의 관계, 대상의 의미가 형성되는 방법 등을 알고 있어야 한다.

05

윗글을 바탕으로 <보기>를 이해한 내용으로 적절하지 않은 것은?

> **보기**
>
> 어느 날 산속에 피어 있는 꽃을 가리키며 제자가 스승에게 물었다. "이 진달래꽃은 깊은 산속에서 저절로 피었다 지곤 하니 그것이 제 마음과 무슨 상관이 있습니까? 사물은 제 마음과 상관없이 존재한다고 생각합니다." 그러자 스승은 "그대가 이 꽃을 보기 전에 이 꽃은 그대의 마음에 없었지만, 그대가 와서 이 꽃을 보는 순간 이 꽃의 모습은 그대의 마음에서 일시에 분명해진 것이네."라고 말하였다.

① 후설은 '제자'가 꽃의 이름이 진달래꽃임을 알고 있는 것에 대해 그의 지평이 작용했다고 생각하겠군.

② 후설은 사물이 마음과 상관없이 존재한다고 말하는 '제자'와 달리 의식과 대상이 서로 독립적으로 존재하는 것은 아니라고 생각하겠군.

③ 메를로퐁티는 '제자'가 꽃을 지각하는 동시에 꽃으로 인해 그에게 변화가 생겼다는 '스승'의 말에 동의하겠군.

④ 메를로퐁티는 꽃을 봄으로써 꽃의 모습이 마음에서 분명해진 것이라고 생각하는 '스승'과 달리 몸의 지각과 상관없이 의식이 독립적으로 세계를 인식한다고 생각하겠군.

⑤ 후설과 메를로퐁티는 모두 꽃을 보기 전까지 꽃은 마음에 없었다고 말한 '스승'과 마찬가지로 주체가 대상을 지향하지 않으면 대상의 의미가 형성되지 않는다고 생각하겠군.

※ 다음 글을 읽고 물음에 답하시오.

❶ 조상들은 더운 여름에 얼음을 이용하기 위해 석빙고를 활용하였다. 석빙고는 겨울철에 입구를 개방하여 내부를 냉각시킨 후 얼음을 저장한 냉동 창고로, 내부의 낮아진 온도가 장기간 지속되는 구조를 통해 다음 해 가을까지 얼음을 보관하였다. 석빙고에서 얼음을 어떻게 보관할 수 있었는지 알아보자.

❷ 우선 석빙고를 낮은 온도로 유지하는 데에는 얼음이 중요한 역할을 한다. 에너지는 항상 높은 쪽에서 낮은 쪽으로 이동하여 평형을 이루려고 하고 에너지의 이동은 물질의 온도를 변화시킨다. 하지만 물질이 고체, 액체, 기체로 변화하는 상태변화가 일어나는 동안 온도는 변하지 않고 물질이 주변에서 에너지를 흡수하거나 주변으로 방출하는데 이때의 에너지를 숨은열이라고 한다. 예를 들면 얼음이 녹아 물이 될 때는 주변에서 융해열을 흡수하고, 거꾸로 같은 양의 물이 얼어 얼음이 될 때는 같은 양의 응고열을 방출한다. 그러므로 같은 양의 0℃ 얼음보다 0℃ 물이 더 큰 에너지를 갖게 되는 것이다. 석빙고 안에서 얼음이 상태변화가 일어날 때, 더 큰 에너지를 가진 물질로부터 에너지를 전달받을 수밖에 없다. 따라서 주변 공기로부터 에너지를 흡수하여 일부의 얼음이 물이 되면서 주변 공기는 차가워지고, 이는 다른 얼음이 녹지 않을 수 있게 한다. ㉠ 이 과정에서 생긴 물은 빨리 제거되어야 하므로 조상들은 석빙고 바닥을 경사면으로 만들어 물이 원활하게 배수되도록 하였다.

❸ 내부를 차갑게 만들고 최대한 밀폐된 구조를 만들더라도 석빙고는 외부와 에너지 및 공기를 주고받아 내부의 온도는 올라갈 수밖에 없다. 이를 해결하기 위해 조상들은 석빙고 천장의 상단에 통풍구를 설치하였다. 공기와 같은 유체는 온도가 올라가면 분자 사이의 거리가 멀어지면서 밀도가 낮아져 에너지를 동반하여 위로 이동한다. 밀도가 낮은 공기가 상승하면 밀도가 높은 공기, 즉 온도가 낮은 공기가 아래로 이동하게 된다. 석빙고 내부에서는 이와 같은 공기의 흐름에 따라 에너지의 이동이 나타나며, 상승한 공기는 아치형 천장의 움푹 들어간 공간을 통해 그 위의 통풍구로 빠져나가 내부의 차가움을 유지하게 된다. 더불어 통풍구에는 얼음에 영향을 줄 수 있는 직사광선이나 빗물을 차단하기 위해 덮개돌을 설치하였다.

❹ 또한 얼음이 최대한 녹지 않을 수 있도록 얼음과 얼음 사이에 일종의 단열재 역할을 하는 짚을 채워 넣어 보관하였다. 접촉하고 있는 두 물질의 분자들 사이에서는 에너지 교환이 일어나는데, 물질의 한쪽 끝에 에너지가 가해지면 해당 부분의 분자들이 에너지를 얻어 진동하게 되고 그 진동은 옆 분자를 다시 진동시키며 순차적

핵심정리

문단 중심 내용

❶ 얼음을 이용하기 위해 사용한 석빙고
❷ 낮은 온도를 유지하기 위한 방법 ① – 얼음
❸ 낮은 온도를 유지하기 위한 방법 ② – 통풍구
❹ 낮은 온도를 유지하기 위한 방법 ③ – 짚
❺ 낮은 온도를 유지하기 위한 방법 ④
❻ 석빙고의 의의

석빙고

개념	겨울철에 입구를 개방하여 내부를 냉각시킨 후 얼음을 저장한 냉동 창고
구조	내부의 낮아진 온도가 장기간 지속

얼음을 이용하여 낮은 온도를 유지한 석빙고

석빙고 안에서 얼음의 상태변화가 일어남.
↓
주변 공기로부터 에너지를 흡수함.
↓
일부의 얼음이 물이 됨.
↓
주변 공기가 차가워짐.
↓
다른 얼음이 녹지 않음.
↓
이 과정에서 생긴 물은 원활히 배수되도록 함.

통풍구를 이용하여 낮은 온도를 유지한 석빙고

온도가 높은 공기가 위로 이동함.
↓
온도가 낮은 공기가 아래로 이동함.
↓
공기의 흐름에 따라 에너지의 이동이 나타남.
↓
상승한 공기가 통풍구로 빠져나감.
↓
내부의 차가움이 유지됨.

짚을 이용하여 낮은 온도를 유지한 석빙고

에너지 전달	짚은 얼음에 비해 에너지가 잘 전달되지 않음.
얼음 보관	• 얼음과 얼음 사이에 짚을 채워 넣어 단열재 역할을 하도록 함. • 짚은 미세한 공기구멍을 포함하고 있어 단열 효과를 높임.

기타 방법

흙	내부로 유입되는 에너지가 차단되도록 함.
풀	태양의 복사 에너지로 인해 내부의 온도가 상승하는 것을 막음.
낮은 지반	온도 유지를 위해 빙실을 주변 지반에 비해 낮게 만듦.

문제풀이 맥

01

글의 세부 내용을 파악하는 문제이다. 지문에서 제시한, 석빙고의 낮은 온도를 유지하기 위한 방법을 파악해야 한다. 낮은 온도를 유지하기 위한 방법으로는 얼음, 통풍구, 짚, 흙, 풀, 낮은 지반이 제시되었으며 각각의 이유 또한 알고 있어야 한다.

02

글의 내용을 추론하는 문제이다. ㉠은 석빙고의 낮은 온도를 유지하기 위해 얼음을 사용하는데, 이 과정에서 생긴 물이 빨리 제거되어야 한다는 것이다. 얼음에서 물이 될 때와 물에서 얼음이 될 때의 에너지의 이동을 이해하고, 이를 통해 ㉠의 이유를 추론해야 한다.

으로 에너지가 이동한다. 이러한 에너지 전달의 정도는 물질마다 서로 다르다. 짚은 얼음에 비해 에너지가 잘 전달되지 않는데, 이 때문에 얼음끼리 쌓아 놓는 것보다 짚을 활용하여 쌓는 것이 얼음 보관에 훨씬 효율적인 방법이라고 할 수 있다. 또 짚은 스티로폼처럼 미세한 공기구멍을 많이 포함하고 있어 단열 효과를 높일 수 있었다.

❺ 이 밖에도 석빙고 외부에 흙을 덮어 내부로 유입되는 에너지가 잘 차단되도록 하였고 풀을 심어 태양의 복사 에너지로 인해 내부의 온도가 상승하는 것을 최대한 막고자 하였다. 또한 얼음을 저장하는 빙실은 온도 유지를 위해 주변 지반에 비해 낮게 만들었다.

❻ 석빙고는 조상들의 지혜가 집약된 천연 냉장고로, 당시 다른 나라의 장치에 비해서도 기술이 ⓐ 떨어지지 않는 건축물이다.

01

윗글의 내용과 일치하지 않는 것은?

① 석빙고 외부의 풀은 내부의 온도 상승을 막는 데 도움을 준다.

② 석빙고에 얼음을 저장하기 전에 우선 내부를 차갑게 하는 과정이 필요하다.

③ 석빙고의 아치형 천장은 외부 공기를 이용하여 내부의 차가움을 유지하게 한다.

④ 빙실을 지반보다 낮게 만든 것은 석빙고 내부의 낮아진 온도를 지속하기 위해서이다.

⑤ 석빙고의 통풍구에 덮개돌이 없으면 햇빛이 석빙고 내부로 들어와 온도를 높일 수 있다.

02

㉠의 이유로 가장 적절한 것은?

① 물이 얼음으로부터 에너지를 전달받아 얼음을 녹이기 때문이다.

② 에너지가 높은 쪽에서 낮은 쪽으로 이동하는 것을 물이 방해하기 때문이다.

③ 물이 상태변화가 시작되어 석빙고 내부의 온도를 상승시킬 수 있기 때문이다.

④ 상태변화가 일어나 생긴 물이 얼음보다 더 큰 에너지를 가지고 있기 때문이다.

⑤ 물이 내부 공기와 에너지 평형을 이루어 석빙고 내부의 온도를 변화시킬 수 없기 때문이다.

03

윗글의 숨은열에 대해 <보기>와 같이 정리했다고 할 때, ㉮~㉰에 들어갈 말로 가장 적절한 것은?

보기

> 물질의 상태변화가 일어날 때는 숨은열이 개입한다. 여름에 석빙고 안에서 물질이 (㉮)될 때 숨은열로 인해 에너지 교환이 일어난 주변 물질은 에너지가 (㉯)한다. 상태가 바뀌는 동안 물질의 온도는 (㉰).

	㉮	㉯	㉰			㉮	㉯	㉰
①	융해	감소	유지된다		②	융해	감소	하강한다
③	융해	증가	유지된다		④	응고	감소	하강한다
⑤	응고	증가	유지된다					

04

윗글의 '석빙고(A)'와 <보기>의 '이글루(B)'를 이해한 내용으로 적절하지 않은 것은?

보기

> 추운 지방에서 이누이트족이 전통적으로 거주했던 얼음집인 이글루는 우선 눈 벽돌을 쌓아 올린 후에, 이글루 안에서 불을 피워 내부 공기의 온도를 높인다. 시간이 지나 공기가 순환하여 눈 벽돌이 녹으면서 물이 생기면 출입구를 열어 물이 얼도록 한다. 이 과정에서 눈 사이에 들어 있던 공기는 빠져나가지 못하고 얼음 속에 갇히게 된다. 이렇게 만들어진 얼음은 에너지의 전달을 방해한다. 또한 물이 눈 벽돌 사이를 메우면서 얼어 만들어진 얼음 벽은 내부의 에너지 유출을 막는다.

① B의 얼음 벽은 A의 외부 흙과 달리 외부로의 에너지 유출을 막기 위한 것이겠군.
② A의 짚에 포함된 공기구멍과 B의 얼음 속 공기층은 모두 단열 효과를 높일 수 있겠군.
③ A의 얼음 사이의 짚과 B의 눈 벽돌 사이를 메운 물은 모두 외부와의 공기 출입을 막는 역할을 하겠군.
④ A와 B는 모두 공기의 밀도 변화에 따른 에너지의 이동이 나타나겠군.
⑤ A와 B는 모두 내부의 온도를 낮추기 위한 방법으로 출입구를 활용했겠군.

05

문맥상 ⓐ의 의미와 가장 가까운 것은?

① 그의 실력은 평균보다 떨어지는 편이다.
② 곧 너에게 중요한 임무가 떨어질 것이다.
③ 이미 그 일에 정이 떨어진 지 꽤 되었다.
④ 아이는 잠시도 엄마에게서 떨어지지 않으려고 한다.
⑤ 배가 고프다는 말이 떨어지기가 무섭게 밥상이 나왔다.

---

03 글의 세부 내용을 파악하는 문제이다. 2문단에서 물질이 고체, 액체, 기체로 변화하는 상태변화가 일어나는 동안 온도는 변하지 않고 물질이 주변에서 에너지를 흡수하거나 주변으로 방출하는데 이때의 에너지를 숨은열이라고 한다고 하였다. 석빙고의 낮은 온도를 유지하는 방법과 숨은열도 밀접한 관계가 있으며, 이를 바탕으로 <보기>의 ㉮~㉰에 들어갈 말을 찾아야 한다.

04 구체적 사례에 적용하는 문제이다. 지문은 석빙고의 낮은 온도를 유지하는 방법을, <보기>는 이글루의 낮은 온도를 유지하는 방법을 제시하고 있다. 석빙고와 이글루 각각의 낮은 온도를 유지하기 위해 사용되는 방법과 그 원리를 이해해야 한다. 둘 모두 공기의 흐름, 에너지의 이동, 단열 효과 등을 활용하여 낮은 온도를 유지한다.

05 어휘의 문맥적 의미를 파악하는 문제이다. 지문에서 ⓐ가 사용된 의미를 파악하고, 선택지 중 이와 동일한 의미로 사용된 '떨어지다'를 찾아야 한다.

5 Day

문학(고전시가+현대수필)　고2 2023년 3월

노계가 _ 박인로 / 자연과 문헌 _ 이태준

핵심정리

가 박인로, 〈노계가〉

갈래
가사

성격
풍류적, 한정적, 자연 친화적

제재
노계의 경치

주제
자연에서 즐기는 삶의 흥취와 우국 일념

특징
① 중국 고사를 활용하여 임금의 만세를 기원함.
② 화자 자신의 풍류와 임금을 걱정하는 연군지정이 드러남.
③ 색채 이미지를 활용하여 자연의 모습을 감각적으로 드러냄.

해제
이 글은 두 차례의 전란을 겪은 작가 박인로가 말년에 비로소 은거지를 개척하여, 은거지인 노계의 경치를 찬미하고 자연에 묻혀 사는 흥취를 노래한 작품이다. 아름다운 자연의 모습을 묘사하면서 태평성대에 강호에서 풍류를 누리는 삶에 대한 만족감을 노래하고, 마지막 대목에서는 유교적 충심을 바탕으로 태평성대가 영속되기를 바라는 작자의 소망을 하늘에 기원하고 있다.

구성

서사	늙은 몸이 되어 평생소원이던 산수를 찾아드는 감회
본사	노계의 아름다운 경치 찬미, 자연을 즐기는 삶의 흥취와 의미
결사	강호 자연에서의 태평스러운 삶과 우국일념

※ 다음 글을 읽고 물음에 답하시오.

가

지팡이 짚고 바람 쐬며 좌우를 돌아보니
누대의 맑은 경치 아마도 깨끗하구나.
㉠ 물도 하늘 같고 하늘도 물 같으니
푸른 물과 긴 하늘이 한빛이 되었거든
물가에 갈매기는 오는 듯 가는 듯 그칠 줄을 모르네.
㉡ 바위 위 산꽃은 수놓은 병풍 되었고
시냇가 버들은 초록 장막 되었는데,
좋은 날 좋은 경치 나 혼자 거느리고
㉢ 꽃피는 시절 허송하지 말리라 하고
아이 불러 하는 말, 이 깊은 산속에서 해산물을 볼쏘냐.
㉣ 살진 고사리, 향기로운 당귀를 돼지고기, 사슴고기 섞어서
크나큰 바구니에 흡족히 담아두고
붕어회에다 눌어, 꿩 섞어 먹음직하게 구워지거든
술동이의 맑은 술을 술잔에 가득 부어
한잔, 또 한잔 취토록 먹은 후에,
㉤ 복숭아꽃 붉은 비 되어 취한 낮에 뿌리는데
낚시터 넓은 돌을 높이 베고 누우니
무회씨 때 사람인가, **갈천씨 때 백성***인가.
태평성대를 다시 보는가 생각노라.
이 힘이 누구 힘인가, 성은이 아니신가.
강호에 물러난들 임금 걱정이야 어느 때에 잊을까.
때때로 머리 들어 북극성 바라보고
남모르는 눈물을 하늘 끝에서 흘리도다.
평생에 품은 뜻을 빕니다, 하느님이시여.
마르고 닳도록 우리 임금 만세를 누리소서.
태평한 세상에 삼대일월* 비추소서.
영원무궁토록 전란을 없애소서.
밭 갈고 샘 파서 격양가*를 부르게 하소서.
이 몸은 이 강산풍월에 늙을 줄을 모르도다.

- 박인로, 〈노계가〉 -

* 무회씨 때 사람, 갈천씨 때 백성: 중국 상고시대 전설상의 제왕인 무회씨와 갈천씨 때의 태평성대의 사람.

* 삼대일월: 중국에서 왕도 정치가 행해졌던 하·은·주 시대.
* 격양가: 중국 요 임금 때 늙은 농부가 배를 두드리고 땅을 치면서 천하가 태평하다며 불렀다는 노래.

나

자연은 왜 존재해 있나? 모른다. 그것은 영원한 신비다.

자연은 왜 아름다운가? 모른다. 그것도 영원한 불가사의다.

자연은 왜 말이 없는가? 그것도 모른다. 그것도 영원한 그의 침묵, 그의 성격이다.

우리는 자연의 모든 것을 모른다. 우리는 영원히 그의 신원도, 이력도 캐어낼 수 없을 것이다. 오직 그의 신성한 존재 앞에 백지와 같은 마음으로 경건한 직감이 있을 뿐이다. 직감 이상으로 자연의 정체를 볼 수 없고 들을 수 없을 것이다. 자연에 대한 우리 인류의 최고 능력은 직감일 것이다.

한 사람이라도 좋다. 자연에 대한 솔직한 감각을 표현하라. 금강산에 어떠한 **문헌**이 있든지 말든지, 백두산에서 어떠한 인간의 때 묻은 내력이 있든지 없든지, 조금도 그따위에 관심할 것이 없어 산이면 산대로, 물이면 물대로 보고 느끼고 노래하는 시인은 없는가? 경승지에 가려면 문헌부터 뒤지는, 극히 독자(獨自)의 감각력엔 자신이 없는 사람은 예술가는 아니다. 조그만 학문과 고고의 사무가일 뿐, <u>빛나는 생명의 예술가</u>는 아니다.

금강산은 금강산이라 이름 붙여지기 훨씬 전부터, 태고 때부터 엄연히 존재해 있은 것이다. **옥녀봉**이니 **명경대**니 하는 이름과 전설은 가장 최근의 일이다. 본래의 금강산과는 아무런 관계도 없는 그야말로 무근지설이다. **소문거리의 '모델'**로서의 금강산, 일만 이천 봉이니 열두 폭이니 하고 **계산된 삽화**로서의 금강산을 보지 못해 애쓸 필요야 무엇인가. 금강산이나 백두산이나 무슨 산이나 간에 그들은 태고 때부터 항구히 살아가지고 있는 것이다. 물은 지금도 흐르고 꽃과 단풍은 지금도 그들의 품에서 피고 지거늘 문헌과 전설이 무슨 상관인가. 고완품이나 고적이라면 모르거니와 죽을 줄 모르는 생명의 덩어리인 자연에게 있어 문헌이란 별무가치인 것이다.

흔히 시인들은 자연을 대상으로 한 시편에서나 기행문에서는 너무들 문헌에 수족이 묶인다. 고완품을 보는 것 같고 자연을 보는 것 같지 않은 것이 흔히 독자에게 주는 불유쾌다.

문헌은 학자들에게 던져두라. 예술가에게는 언제, 어디든지가 신대륙, 신세계여야 할 것이다.

– 이태준, 〈자연과 문헌〉 –

나 이태준, 〈자연과 문헌〉

갈래
현대 수필

성격
비판적, 단정적, 성찰적

제재
예술가들의 태도

주제
자연의 영속적인 본질에 대한 직관의 중요성

특징
① 유사한 문장 구조를 반복하여 의미를 강조함.
② '-라'와 같은 명령형 어미와 단정적인 어조를 사용해 주제 의식을 드러냄.
③ 대조와 문답의 형식을 활용하여 자연에 대해 아는 것이 없는 사람의 모습을 드러냄.

해제
이 글은 이태준이 1941년 발표한 수필집 《무서록》에 수록된 수필이다. 당시의 예술가들이 문헌이나 기록 등 부차적인 것에 얽매여 자연이 지닌 생명을 제대로 포착하지 못하고 있음을 비판하며, 고유한 직관을 통해 자연의 생명을 드러내는 것이 예술가의 본분임을 역설하고 있다.

구성

기	자연에 대한 인간의 무지함.
서	예술가가 갖추어야 할 직감의 중요성
결	예술가들의 직감에 대한 태도 변화 촉구

글쓴이의 인식

예술가		자연
조그만 학문과 고고의 사무가		빛나는 생명의 예술가
금강산을 소문거리의 '모델', 계산된 삽화로 인식	⟷	태고 때부터 존재
무가치한 것		죽을 줄 모르는 생명의 덩어리

01

표현상의 특징을 파악하는 문제이다. 선택지에 제시된 표현법을 파악하고 이러한 표현법이 (가)와 (나)에 나타났는지 확인해야 한다.

명령형 어미	동사나 보조 동사의 어간에 붙어 명령이나 요구의 뜻을 나타내는 활용 어미 예 '– 아라(어라)', '–게', '– 오', '– ㅂ시오'
문답의 방식	어떤 사실을 나타내기 위해 묻고 답하는 기법
대조의 방식	서로 상반되는 의미를 가진 사물이나 사실을 동시에 표현하는 것
시선의 이동	화자가 바라보는 대상의 변화

02

시어와 구절의 의미를 파악하는 문제이다. 이러한 유형의 문제는 해당 시어나 구절이 사용된 행뿐만 아니라 작품의 전체적인 내용 속에서 유기적으로 파악해야 한다. 특히 선택지에서 인물의 반응, 생각, 감정을 중심적으로 연결시켜 물어보고 있으므로, 구절의 의미를 파악할 때 인물의 상황 및 태도를 고려해야 한다.

01

(가)와 (나)에 대한 설명으로 가장 적절한 것은?

① (가)와 (나)는 모두 명령형 어미를 통해 주제 의식을 드러내고 있다.

② (가)와 (나)는 모두 문답의 방식을 통해 현실에 대한 비판을 드러내고 있다.

③ (가)와 (나)는 모두 대조의 방식을 활용하여 태도의 변화를 드러내고 있다.

④ (가)와 달리 (나)는 시선의 이동을 통해 계절적 배경을 다채롭게 드러내고 있다.

⑤ (나)와 달리 (가)는 초월적 공간을 설정하여 고조된 감정을 드러내고 있다.

02

㉠~㉤에 대한 이해로 적절하지 않은 것은?

① ㉠: 유사한 문장 구조를 반복하여 자연물 간의 경계가 사라진 풍광을 묘사하고 있다.

② ㉡: 일상의 사물에 빗대어 화자를 둘러싼 자연의 모습을 표현하고 있다.

③ ㉢: 의지적인 어조를 활용하여 학문 수양을 게을리하지 않으려는 자세를 드러내고 있다.

④ ㉣: 자연에서 얻을 수 있는 재료를 나열하여 상황에 대한 만족감을 표현하고 있다.

⑤ ㉤: 자연물의 색채 이미지를 활용하여 화자의 취흥을 강조하고 있다.

03

<보기>를 읽고 (가), (나)를 감상한 내용으로 적절하지 않은 것은?

> **보기**
>
> (가)의 작가는 전란을 체험한 후 강호에 은거하며 태평성대를 추구하고, (나)의 작가는 자연의 본질에 대한 통찰을 촉구한다. 이들은 일관되고 영속적인 가치를 지향한다. 비록 작가의 지향을 방해하는 일시적인 요소가 있더라도, 이 지향은 과거에서 현재로, 다시 미래로 지속성을 갖고 이어진다.

① (가)의 '물가에 갈매기'가 '오는 듯 가는 듯 그칠 줄을 모르네'라는 구절에서 어울림에 영속성을 부여하고 이를 지향하는 작가의 태도를 확인할 수 있군.

② (가)에서 작가가 자신을 '무회씨 때 사람', '갈천씨 때 백성'과 동일시하여 과거와 현재를 잇는 것은 시간이 흘러도 영속되는 가치에 대한 작가의 인식을 드러낸 것으로 볼 수 있군.

③ (가)의 '영원무궁토록 전란을 없애소서'라는 구절에서 전란이라는 일시적인 요소가 '태평한 세상'이라는 영속적인 가치를 방해하지 않기를 바라는 작가의 인식을 확인할 수 있군.

④ (나)에서 '옥녀봉', '명경대'와 같은 이름으로 자연을 규정하는 것은 자연의 일관성과 지속성에 대한 통찰의 결과라는 작가의 인식을 확인할 수 있군.

⑤ (나)에서 '문헌'은 '소문거리의 '모델'', '계산된 삽화'를 양산함으로써 자연의 영속적인 본질에 대한 접근을 방해하는 요소가 된다는 작가의 인식을 확인할 수 있군.

04

(나)의 빛나는 생명의 예술가가 갖추어야 할 태도로 가장 적절한 것은?

① 자연의 모든 것을 알아낼 수 있다는 확신으로 탐구에 임해야 한다.

② 직관을 통해 자연에 대한 솔직한 감각을 드러낼 수 있어야 한다.

③ 여러 기록을 참고하며 자연의 새로운 경지를 소개할 수 있어야 한다.

④ 경승지를 보고 이를 대상으로 한 시편을 인용하여 작품을 창작할 수 있어야 한다.

⑤ 자연과 관련된 인간의 내력을 소재로 삼아 자신의 예술성을 표현할 수 있어야 한다.

03

외적 준거를 바탕으로 작품을 이해하는 문제이다. <보기>에 제시된 내용을 작품에 대입해보고, 선택지의 내용이 적절한지 비교해야 한다. <보기>에서는 (가)와 (나)의 작가가 지향하는 가치와, 이것이 의미하는 바에 대해 설명하고 있다.

04

작품의 표현에 담긴 작가의 의도를 파악하는 문제이다. 이러한 유형의 문제는 작품의 전체 내용을 파악하고, 그 속에서 작가가 말하고자 하는 바를 포착해야 한다. (나)의 작가는 '조그만 학문과 고고의 사무가'와 '빛나는 생명의 예술가'를 대조하여 자연이 가진 본질에 대한 직감의 중요성을 드러내고 있다.

핵심정리

갈래
연작소설

배경
• 시간적 배경: 1970년대
• 공간적 배경: 은강 공장

시점
1인칭 주인공 시점

제재
열악한 노동자들의 삶

주제
억압받는 노동자의 비참한 삶과 이에 대한 저항

특징
① 개인적인 경험과 사회적인 문제가 복합적으로 제시됨.
② 서로 다른 공간에서 벌어지는 사건들이 유사한 장면으로 연결됨.
③ 시간적으로 거리가 먼 사건들이 하나의 단락 안에서 명확히 구분되지 않고 시제가 구별되지 않은 채 서술됨.

해제
이 작품은 모두 12편으로 이루어진 연작소설 《난장이가 쏘아 올린 작은 공》(1979) 중 하나이다. 소외 계층을 대표하는 난쟁이 일가의 삶을 통해 가난한 소외 계층과 공장 노동자들의 삶의 조건과 모습을 파헤치고 있다. 또한 작가는 화려한 도시의 재개발 뒤에 숨겨진 빈민의 아픔 등을 폭로함으로써 1970년대 사회의 가장 핵심적인 문제였던 노동 현실과 자본주의 사회의 구조적 모순을 적나라하게 폭로하고 있다.

등장인물

'나'	은강 방직 공장 기사 조수로 일하며, 방직 공장에서 불우한 노동자들의 현실을 목격하고 아버지의 생각이 옳았음을 깨달음.
아버지	벽돌 공장에서 일하며 누구나 보상을 받는 사랑의 세계를 꿈꾸지만, 결국 공장 굴뚝에서 떨어져 죽음을 맞이함.

※ 다음 글을 읽고 물음에 답하시오.

　나는 아주 단순한 세상을 그렸다. 아버지가 꿈꾼 세상보다도 단순했다. **달에 가서 천문대 일을 보겠다**는 것이 아버지의 꿈이었다. 그 꿈을 이루었다면 아버지는 오십 억 광년 저쪽에 있다는 머리카락좌의 성운을 볼 수 있을 것이다. 그러나 불쌍한 아버지는 아무것도 이루지 못하고 돌아갔다. 몸은 화장터에서 반 줌의 재로 분해되고, 영호와 나는 물가에 서서 어머니가 뿌려 넣는 재를 보며 울었다. 난장이 아버지가 무기물로 없어져 버리는 순간이었다. ⓐ 아버지는 생명을 갖는 순간부터 고생을 했다. 아버지의 몸이 작았다고 생명의 양까지 작았을 리는 없다. 아버지는 몸보다 컸던 고통을 죽어서 벗었다. 아버지는 자식들을 잘 먹일 수 없었다. 학교에도 제대로 보낼 수 없었다. ⓑ 우리 집에 새것이라고는 아무것도 없었다. 충분한 영양을 섭취해 본 적도 없었다. 영양 부족으로 일어나는 이상 증세를 우리는 경험했다. 아버지는 열심히 일했다. 열심히 일하고도 인간다운 생활을 할 권리를 잃었다. 그래서 말년의 아버지는 자기 시대에 대해 앙심을 품고 있었다. 아버지 시대의 여러 특성 중의 하나가 권리는 인정하지 않고 의무만 강요하는 것이었다. 아버지는 경제·사회적 생존권을 찾아 상처를 아물리지 못하고 벽돌 공장 굴뚝에서 떨어졌다.

　그러나, 아버지는 따뜻한 사람이었다. 아버지는 사랑에 기대를 걸었다. **아버지가 꿈꾼 세상**은 모두에게 할 일을 주고, 일한 대가로 먹고 입고, 누구나 다 자식을 공부시키며 이웃을 사랑하는 세계였다. 그 세계의 지배 계층은 호화로운 생활을 하지 않을 것이라고 아버지는 말했었다. 인간이 갖는 고통에 대해 그들도 알 권리가 있기 때문이라는 것이었다. 그곳에서는 아무도 호화로운 생활을 하려고 하지 않을 것이다. 지나친 부의 축적을 사랑의 상실로 공인하고, 사랑을 갖지 않은 사람네 집에 내리는 햇빛을 가려 버리고, 바람도 막아 버리고, 전깃줄도 잘라 버리고, 수도선도 끊어 버린다. ⓒ 그런 집 뜰에서는 꽃나무가 자라지 못한다. 날아들어 갈 벌도 없다. 나비도 없다. 아버지가 꿈꾼 세상에서 강요되는 것은 사랑이다. 사랑으로 일하고 사랑으로 자식을 키운다. 사랑으로 비를 내리게 하고, 사랑으로 평형을 이루고, 사랑으로 바람을 불러 작은 미나리아재비 꽃줄기에까지 머물게 한다. 그러나 아버지가 그린 세상도 이상 사회는 아니었다. 사랑을 갖지 않은 사람을 벌하기 위해 법을 제정해야 한다는 것이 문제였다. 법을 가져야 한다면 이 세계와 다를 것이 없다. 내가 그린 세상에서는 누구나 자유로운 이성에 의해 살아갈 수 있다. ㉠ 나는 아버지가 꿈꾼 세상에서 법률 제정이라는 공식을 빼 버렸다. 교육의 수단을 이용해 **누구나 고귀한 사랑을 갖도록 한다**는 것이 나의 생각이었다.

(중략)

근로자 1: "아녜요. 궁금해서 모여 서 있는 거예요. 설혹 무슨 일이 일어난다고 해도 저희들은 하나를 잘못하게 되는 겁니다. 그러나 사용자는 달라요. ⓓ <u>저희가 어쩌다 하나인데 비해 사용자는 날마다 열 조항의 법을 어기고 있습니다.</u>"

사용자 1: "문을 닫으세요."

사용자 2: "양쪽 문을 다 닫으십시오. **얘들을 내보내면 안 돼요.**"

아버지: "**영수를 당분간 내보내지 말아요.**"

어머니: "네."

영　희: "큰오빠가 뭘 잘못했어? 잘못한 건 그 집 아이야."

아버지: "그 아이가 뭘 잘못했니?"

영　희: "아버지를 난장이라고 놀려댔어."

아버지: "그 아이는 돌멩이를 던져 우리 집 창문을 깨뜨리지 않았다. 그 아이에겐 잘못이 없어. 아버지는 난장이다."

　그래서, 나는 사흘 동안이나 밖에 나가 놀 수 없었다. 나는 어머니의 실패에서 바느질 바늘을 빼어 낚싯바늘을 만들었다. 불에 달구어 끝을 정확히 꼬부려 만들었다. 실을 두 겹으로 꼬아 초를 먹이고 그 끝에 바늘을 달았다. 어머니가 나가 놀아도 좋다고 한 날 나는 뒷산으로 달려 올라갔다. 긴 싸리나무를 꺾어다 낚싯대를 만들었다. 그해에도 가뭄이 들었다. 아버지는 날마다 펌프일을 나갔다. 방죽물도 바짝 줄었다. 나는 방죽 중간쯤에 들어가 낚시질을 했다. 내가 낚아 올린 붕어는 벽돌 공장 굴뚝 그림자 속에서 팔딱팔딱 뛰었다. 아버지가 당신의 입으로 난장이라고 한 말을 나는 그래서 꼭 한 번 들었다. 어머니는 **펌프가에 앉아 보리쌀을 씻다 말고 부엌으로 들어**갔다. 나에게 무슨 일이 있었다면 어머니까지 돌아갔을 것이다. 나는 그날 밤 늦게 집으로 돌아갔다. ⓔ <u>은강 전체가 저기압권에 들어 숨을 쉬기가 아주 어려운 밤이었다.</u> 어머니는 꼼짝도 않고 앉아 있었다. 먼저 영이에 대해 묻고 영희를 물었다. 어머니는 영희에게 했던 것처럼 영이에게 여자가 가져야 할 가족과 가정에 대한 전통적 의무가 어떤 것인지 이야기하고 싶어 했다. 영이가 얼마 동안 고생을 하게 될지 나는 알 수 없었다. 영이의 흰 원피스는 그날로 더러워졌다. 영희는 하룻밤 두 낮의 단식과 구호, 그리고 근로자의 노래만 부르면 되었다. 나는 혼자 돌아왔다. 나는 그날 밤 아버지가 그린 세상을 다시 생각했다. **아버지가 그린 세상**에서는 지나친 부의 축적을 사랑의 상실로 공인하고, 사랑을 갖지 않은 사람 집에 내리는 햇빛을 가려 버리고, 전깃줄도 잘라 버리고, 수도선도 끊어 버린다. 그 세상 사람들은 사랑으로 일하고, 사랑으로 자식을 키운다. 비도 사랑으로 내리게 하고, 사랑으로 평형을 이루고, 사랑으로 바람을 불러 작은 미나리아재비 꽃줄기에까지 머물게 한다. 아버지는 사랑을 갖지 않은 사람을 벌하기 위해 법을 제정해야 한다고 믿었다. 나는 그것이 못마땅했다. 그러나 그날 밤 ⓒ <u>나는 나의 생각을 수정하기로 했다.</u> 아버지

전체 줄거리

아버지는 모두에게 할 일을 주고 일한 대가로 먹고 입고, 누구나 다 자식을 공부시키며 이웃을 사랑하는 세계를 꿈꾸었다. 또한 지나친 부의 축적을 사랑의 상실로 공인하고 사랑을 갖지 않은 사람을 벌하기 위해서 법을 제정해야 한다고 말했다. 그러나 아버지는 평생을 열심히 일하고도 권리를 인정받지 못하고 공장 굴뚝에서 떨어져 죽는다. 은강 방직 공장에서 기사 조수로 일하던 '나'는 법을 가져야 하는 세상이라면 이 세계와 다를 것이 없으므로 교육을 통해 누구나 사랑을 가져야 한다고 생각하며, 아버지의 말을 못마땅하게 생각한다. '나'의 동생 영희는 섭씨 30도 이상 되는 방직 공장에서 졸면서 일하고, 작업반장에게 빨간 피가 배어나게 옷핀으로 찔려가며 가혹한 환경에서 일한다. 어느 날, 공장에서 공원들의 사망 사고가 일어나자, 노동조합 지부장이 끌려가고 공원들이 무더기로 해고당한다. 근로자 측은 임금 인상과 정당한 이윤 분배를 요구하지만 사용자 측은 근로자 측을 모든 것을 부정적으로만 보는 사람들로 규정짓고 들어줄 것이 없다고 답한다. 이 광경을 목격한 '나'는 사랑을 갖지 않은 사람을 벌하기 위해 법을 제정해야 한다고 말했던 아버지의 말이 옳았으며, 누구나 잘못을 저지르고 있고 은강에서는 신도 예외가 아니라는 생각을 한다.

'나'와 아버지의 관점

'나'	아버지
• 누구나 자유로운 이성에 의해 살아갈 수 있음. → 처벌 없는 사회를 꿈꿈. • 교육의 수단을 사용하려 함.	• 사랑의 세계를 꿈꿈. • 사랑을 갖지 않은 사람을 벌하기 위해 법을 제정해야 한다고 믿음.

↓ 부당한 노동 현실 대면

'나'는 아버지가 꿈꾸던 세상을 인정함.

유사한 장면의 연결

사용자와 근로자의 대화	'나'의 가족의 대화
"양쪽 문을 다 닫으십시오."	"영수를 당분간 내보내지 말아요."
"저희가 어쩌다 하나인데 비해 사용자는 날마다 열 조항의 법을 어기고 있습니다." → 근로자는 자신들이 아닌 사용자에게 더 큰 잘못이 있다고 생각함.	"큰오빠가 뭘 잘못했어? 잘못한 건 그 집 아이야." → 영희는 아버지를 놀린 '그 집 아이'에게 더 큰 잘못이 있다고 생각함.

근로자와 사용자의 대화와 가족의 대화를
극의 형식으로 서술하여 주제 의식을 전달함.

가 옳았다.

모두 잘못을 저지르고 있었다. 예외란 있을 수 없었다. 은강에서는 신도 예외가 아니었다.

– 조세희, 〈잘못은 신에게도 있다〉 –

문제풀이 맥

01

작품의 세부 내용을 이해하는 문제이다. 윗글에 등장하는 아버지, '나', 영희를 중심으로 작품의 내용을 파악하는 것이 중요하다. 이를 위해서는 인물의 행동과 대사에 내재된 심리를 파악해야 한다.

01

윗글에 대한 이해로 적절하지 않은 것은?

① 아버지는 의무만을 강요하는 시대에 불만을 품은 채 말년을 보냈다.
② 아버지는 자신이 난장이임을 나에게 자주 말하며 현실이 준 상처를 드러내곤 했다.
③ 어머니는 영이에게 가족에 대한 전통적 의무에 대해 말하고 싶어 했다.
④ 나는 아버지를 놀린 아이와 관련된 일로 사흘 동안 밖에 나가 놀지 못했다.
⑤ 영희는 나에게는 잘못이 없고 아버지를 놀린 아이에게 잘못이 있다고 생각했다.

02

작품의 세부 내용을 이해하는 문제이다. ⓐ~ⓔ는 모두 '나'의 서술이므로, '나'의 관점에서 작품의 주제인 억압받는 노동자의 삶을 어떻게 드러내고 있는지 확인해야 한다.

02

ⓐ~ⓔ에 대한 이해로 적절하지 않은 것은?

① ⓐ는 아버지가 난장이로 태어나 고통을 겪었음을 드러내고 있다.
② ⓑ는 아버지가 성실히 살았음에도 인간다운 생활을 할 수 없었던 난장이 가족의 삶을 보여 주고 있다.
③ ⓒ는 아버지가 꿈꾸는 세상에서 지나치게 부를 축적해 벌을 받게 될 사람들이 사는 집의 모습을 보여 주고 있다.
④ ⓓ는 근로자와 사용자의 잘못을 비교하여 잘못의 원인이 근로자에게 있음을 드러내고 있다.
⑤ ⓔ는 은강의 기상 상태를 통해 인물이 느끼는 심리적 압박감을 드러내고 있다.

03

㉠과 ㉡에 대한 이해로 가장 적절한 것은?

① ㉠과 ㉡은 모두 사랑을 기반으로 한 세상을 바라고 있다.
② ㉠과 ㉡은 모두 교육을 통해 자신이 꿈꾼 세상을 이루려 한다.
③ ㉠과 ㉡은 모두 법률을 제정하여 사람들이 사랑을 지키도록 하려 한다.
④ ㉠은 ㉡과 달리 자신의 생각을 바꾸고 아버지의 생각을 따르려 한다.
⑤ ㉡은 ㉠과 달리 사람들의 자유로운 이성에 대한 믿음을 지니고 있다.

03
인물의 심리 및 태도를 파악하는 문제이다. ㉠, ㉡ 모두 '나'라는 한 명의 인물을 가리키고 있는데, 이는 사건이 전개되면서 '나'의 행동 혹은 심리가 변화했음을 의미한다. 따라서 '나'가 변화하게 된 계기와, 변화 전후의 생각을 파악해야 한다.

04

<보기>를 바탕으로 윗글을 감상한 내용으로 적절하지 <u>않은</u> 것은?

> **보기**
>
> 　이 작품에서는 시간적으로 거리가 먼 사건들이 하나의 단락 안에서 명확히 구분되지 않고 시제가 구별되지 않은 채 서술된다. 또한 서로 다른 공간에서 벌어지는 사건들이 유사한 장면으로 연결되기도 한다. 이러한 서술 방식들은 작품에 대한 독자의 이해를 지연시켜 독자로 하여금 사건의 이면에 숨겨진 의미를 파악하도록 노력하게 한다. 한편 이 작품은 주제 의식을 효과적으로 전달하기 위해 단어나 구절 등을 반복하거나 다른 갈래의 형식을 삽입하기도 하고, 비현실적 세계와 현실적 세계를 연결하기도 한다.

① '아버지가 꿈꾼 세상'의 모습이 '아버지가 그린 세상'의 모습에서 반복되어 서술되는데, 이는 인물이 바라는 이상적인 사회의 모습을 강조하는 것으로 볼 수 있겠군.
② 근로자와 사용자의 대화 장면과 우리 가족의 대화 장면은 극의 형식으로 서술되고 있는데, 이는 다른 갈래의 형식을 삽입하여 작품의 주제 의식을 전달하는 것으로 볼 수 있겠군.
③ '달에 가서 천문대 일을 보겠다'는 비현실적인 꿈을 '누구나 고귀한 사랑을 갖도록 한다'는 실현 가능한 꿈과 관련지은 것은, 현실에서 실현된 이상 세계를 보여 주어 주제 의식을 드러낸 것으로 볼 수 있겠군.
④ '얘들을 내보내면 안 돼요.'라는 사용자의 말과 '영수를 당분간 내보내지 말아요.'라는 아버지의 말을 연결한 것은, 서로 다른 공간에서 벌어지는 두 사건이 유사한 장면으로 연결되는 것으로 볼 수 있겠군.
⑤ 어머니가 '펌프가에 앉아 보리쌀을 씻다 말고 부엌으로 들어'가는 장면은 시간적으로 거리가 먼 두 사건 사이에 명확한 시간 구분 없이 삽입되어 해당 부분에 대한 독자의 이해를 지연시킬 수 있다고 볼 수 있겠군.

04
외적 준거에 따라 작품을 감상하는 문제이다. <보기>는 서로 다른 사건들이 유사한 장면으로 연결됨으로써 독자로 하여금 숨겨진 의미를 파악하거나, 주제 의식을 깨닫도록 한다는 것을 설명하고 있다. 이를 바탕으로 인물의 대사가 어떠한 기능을 하는지 이해해야 한다.

6일간 학습

Day	공부 시작 시간	공부 종료 시간	틀린 문항 수	틀린 유형
Day 1	시 분 초	시 분 초		
Day 2	시 분 초	시 분 초		
Day 3	시 분 초	시 분 초		
Day 4	시 분 초	시 분 초		
Day 5	시 분 초	시 분 초		
Day 6	시 분 초	시 분 초		

WEEK 3

1 일별로 계획에 맞춰 공부하기
하루에 기출 하나씩 매일 꾸준히 공부하는 것이 최선의 방법이다.

2 시작 시간과 종료 시간 체크하기
스스로 시간 제한을 두고 문제를 푸는 것이 실전 대비에 효과적이다.

3 틀린 문항과 유형 분석하기
틀린 문제는 또 틀릴 수 있다. 특정 문항과 유형에서 많이 틀렸다면, 그 이유를 분석해야 한다.

4 보충 학습하기
스스로 점검하기를 통해 자신의 취약한 유형을 확인하고, SLS를 통해 부족한 부분을 보충 학습한다.

	Day 1						Day 2						Day 3					
번호	1	2	3	4	5	6	1	2	3	4	5	6	1	2	3	4	5	6
정답률	91%	71%	72%				53%	58%	42%	57%	45%		67%	84%	79%	82%	71%	
채점																		

	Day 4						Day 5						Day 6					
번호	1	2	3	4	5	6	1	2	3	4	5	6	1	2	3	4	5	6
정답률	62%	54%	55%	40%	92%		23%	82%	70%	81%			77%	81%	81%	61%		
채점																		

결과	틀린 문항에는 ×표시, 찍어서 막혔거나 헷갈렸던 문항에는 △표시, 맞춘 문항에는 ○표시
	채점 결과 : 맞은 문항 수 26개중 ☐개

나의 예상 등급은?

등급

1등급	22~26개
2등급	20~21개
3등급	18~19개

CHECK

4
WEEK

핵심정리

갈래

강연

제재

식물의 이름

화제

식물에 학명을 붙이는 방법

문단 중심 내용

❶ 강연 주제 제시
❷ 식물에 학명을 사용하게 된 이유
❸ 학명에 담긴 의미
❹ 학명의 작성 원칙
❺ 청중에게 당부하며 강연을 마무리

식물에 학명을 붙이는 방법

학명을 붙이는 이유	표준 이름이 없다면 학술적으로 식물 분류 체계가 엉망이 되기 때문
학명을 짓는 방법	이명법 사용 → 속명과 종소명을 나열
학명의 작성 원칙	• 속명과 종소명은 라틴어로 기울여 쓰는 것이 원칙 • 속명의 첫 글자는 대문자로, 종소명의 첫 글자는 소문자로 작성 • 학명의 끝에 있는 명명자는 생략 가능하지만 표기할 경우 기울여 쓰지 않는 것이 원칙

강연의 특징

• 질문을 통해 청중의 관심을 유도하고 있음.
• 시각 자료를 활용하여 청중의 이해를 돕고 있음.
• 청중에게 익숙한 소재를 예로 들어 청중의 이해를 돕고 있음.

Hibiscus syriacus L.

• 무궁화의 학명
• *Hibiscus*(속명) – 아욱과 식물, 이집트의 여신 히비스를 닮은 꽃
• *syriacus*(종소명) – 시리아
• L. – 식물학지 린네(Linné)

※ 다음은 식물원을 방문한 학생들을 대상으로 한 강연이다. 물음에 답하시오.

❶ 안녕하세요. 저는 식물학자 ○○○입니다. 오늘 우리 식물원을 방문해 주셔서 감사합니다. 화면을 먼저 보실까요? ('*Hibiscus syriacus* L.[히비스커스 시리아커스 엘]'이라 적힌 자료를 보여 주며) 이 식물은 무엇일까요? (청중의 반응을 확인한 후) 대답하기 쉽지 않죠? 정답은 여러분이 잘 알고 있는 무궁화입니다. 그런데 어떻게 무궁화가 이 이름으로 불리게 된 것일까요? 오늘은 그 해답을 찾는 과정을 통해, 식물에 학명(學名)을 붙이는 방법을 알아볼까 합니다.

❷ 여러분, 만약 특정 식물을 지칭하는 표준 이름이 없다면 어떻게 될까요? 학술적으로 식물 분류 체계가 엉망이 될 수밖에 없습니다. 그래서 국제식물학회에서는 식물명명규약을 만들어, 세계적으로 공인된 단 하나의 이름인 학명을 쓰기로 약속했습니다. 여러분이 지금 보고 있는 '*Hibiscus syriacus* L.'은 바로 무궁화의 학명인 것이죠.

❸ 학명은 흔히 '이명법(二名法)'으로 짓는데, 이는 두 이름을 나열하는 방법입니다. 여기서 두 이름은 '속명'과 '종소명'인데, '*Hibiscus*'는 속명에, '*syriacus*'는 종소명에 해당합니다. 속명과 종소명에는 특정 의미가 담겨 있는 경우가 많은데, 일반적으로 속명에는 식물의 생태적·형태적 특성 등이, 종소명에는 식물의 자생지나 처음 발견된 곳 등이 반영되어 있습니다. '*Hibiscus*'는 '아욱과 식물'을 뜻하는데, '이집트의 여신 히비스를 닮은 꽃'이라는 의미가 담겨 있습니다. 그리고 '*syriacus*'는 '시리아'라는 나라 이름을 뜻하죠. 그러니까 무궁화의 학명은, '이집트의 여신 히비스를 닮은, 시리아에서 발견한 꽃' 정도로 풀이할 수 있습니다.

❹ 한편 속명과 종소명은 라틴어로 기울여 쓰는 것이 원칙인데, 속명의 첫 글자는 대문자로, 종소명의 첫 글자는 소문자로 써야 합니다. 그리고 학명의 끝에 있는 'L.'은 명명자로, 해당 식물에 이름을 부여한 사람에게서 따옵니다. 예를 들어, 무궁화의 학명에서 'L.'은 린네(Linné)라는 식물학자의 이름을 약자로 표기한 것이죠. 이때 명명자는 생략할 수도 있습니다. 다만 표기를 한다면, 기울여 쓰지 않는 것이 원칙입니다.

❺ 지금까지 무궁화를 예로 들어 식물에 학명을 붙이는 방법을 살펴보았는데요. 오늘 이곳에서 학명이 궁금한 식물이 있다면, 인터넷 검색으로 그 의미를 찾아보면서 관람하면 좋겠습니다. 아마 식물을 감상하는 재미가 더해질 겁니다. 이상 강연을 마치겠습니다.

01

위 강연자의 말하기 방식으로 가장 적절한 것은?

① 강연을 하게 된 소감을 밝히며 강연을 시작하고 있다.
② 전문가의 견해를 인용하여 강연 내용을 설명하고 있다.
③ 청중의 요청에 따라 강연 내용의 수준을 조정하고 있다.
④ 청중의 질문에 답을 하며 청중의 궁금증을 해소하고 있다.
⑤ 청중에게 바라는 바를 언급하며 강연을 마무리하고 있다.

02

다음은 강연을 준비하기 위한 청중 분석과 강연 계획이다. 강연 내용에 반영되지 <u>않은</u> 것은?

	청중 분석		강연 계획
①	식물에 관심이 적을 것임.	➡	청중에게 익숙한 소재를 예로 들어야지.
②	강연의 목적을 궁금해 할 것임.	➡	식물에 학명을 붙이는 방법을 알려 주는 것이 강연의 목적임을 밝혀야지.
③	이명법에 대한 배경지식이 부족할 것임.	➡	이명법의 개념을 제시하고 그와 관련된 정보를 제공해야지.
④	학명과 명명자 사이의 관계를 모를 것임.	➡	학명에 명명자 이름을 표기하는 기준을 언급해야지.
⑤	라틴어 발음에 익숙하지 않을 것임.	➡	라틴어로 표기된 학명에 우리말 발음을 덧붙여 시각 자료로 제시해야지.

03

듣기 과정을 점검하는 문제이다. 학생이 작성한 메모는 강연을 바탕으로 하였기 때문에 지문의 내용과 메모 작성 방식 등을 파악해야 한다. 학생은 강연 내용을 학명의 필요성, 속명과 종소명, 무궁화로 나누었으며 그에 따른 세부 내용을 항목화하여 작성하였다.

03

다음은 학생이 강연을 들으면서 작성한 메모이다. 이를 바탕으로 학생의 듣기 과정을 이해한 내용으로 적절하지 않은 것은?

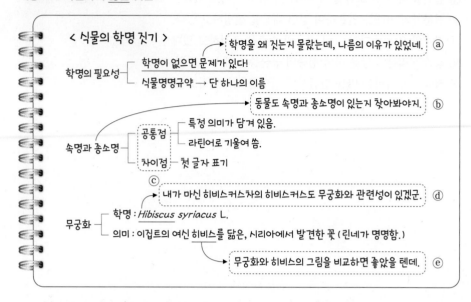

① ⓐ: 학명의 필요성을 인지한 것으로 보아, 강연 내용을 바탕으로 새로운 지식을 수용하며 들었겠군.

② ⓑ: 강연 이후 조사할 내용을 작성한 것으로 보아, 강연 내용과 관련하여 더 알고 싶은 점을 떠올리며 들었겠군.

③ ⓒ: 강연 내용의 일부를 공통점과 차이점으로 나누어 정리한 것으로 보아, 세부 정보들의 관계를 확인하며 들었겠군.

④ ⓓ: 히비스커스차와 무궁화의 연관성을 추측한 것으로 보아, 강연 내용을 자기 경험과 관련지으며 들었겠군.

⑤ ⓔ: 강연 자료의 준비 부족을 언급한 것으로 보아, 강연 내용의 신뢰성 여부를 따지며 들었겠군.

2 Day 언어

언어 고2 2023년 3월

※ [01~02] 다음 글을 읽고 물음에 답하시오.

'ㅎ'을 포함하고 있는 음운 변동의 양상은 음운 환경에 따라 상이하다. 거센소리되기는 예사소리 'ㄱ, ㄷ, ㅂ, ㅈ'과 'ㅎ'이 만나서 각각 거센소리 'ㅋ, ㅌ, ㅍ, ㅊ'으로 바뀌는 현상으로, 음운 변동의 유형 중 두 개의 음운이 합쳐져 하나의 음운으로 바뀌는 축약에 해당한다. 거센소리되기는 'ㅎ'과 예사소리의 배열 순서에 따라 두 가지로 구분할 수 있다.

첫째, 'ㅎ'이 예사소리보다 앞에 놓인 거센소리되기이다. 표준 발음법 제12항에서는 'ㅎ(ㄶ, ㅀ)' 뒤에 'ㄱ, ㄷ, ㅈ'이 결합되는 경우에는, 'ㅎ'과 뒤 음절 첫소리가 합쳐져 'ㅋ, ㅌ, ㅊ'으로 발음한다고 규정하고 있다. 실제의 예를 보면 '놓고[노코]', '않던[안턴]', '닳지[달치]' 등과 같이 주로 용언 어간 뒤에 어미가 결합할 때 일어난다. 둘째, 'ㅎ'이 예사소리보다 뒤에 놓인 거센소리되기이다. 'ㅎ'이 예사소리보다 앞에 놓인 경우에는 항상 거센소리되기가 우선적으로 적용되는 것과 달리, 'ㅎ'이 예사소리보다 뒤에 놓일 때는 교체나 탈락과 같은 다른 음운 변동보다 거센소리되기가 먼저 적용되기도 하고 나중에 적용되기도 한다. '꽂히다[꼬치다]', '밟히다[발피다]'처럼 어근에 'ㅎ'으로 시작하는 접미사가 결합하는 경우에는 ㉠ 예사소리와 'ㅎ'이 곧바로 합쳐져 거센소리로 바뀐다. 이에 대하여 표준 발음법 제12항에서는 받침 'ㄱ(ㄹ), ㄷ, ㅂ(ㄼ), ㅈ(ㄵ)'이 뒤 음절 첫소리 'ㅎ'과 결합되는 경우에는 두 음을 합쳐서 각각 'ㅋ, ㅌ, ㅍ, ㅊ'으로 발음한다고 규정하고 있다. 그러나 '빚하고[비타고]'처럼 체언에 조사가 결합하거나, '닭 한 마리[다칸마리]'처럼 둘 이상의 단어를 이어서 한 마디로 발음하는 경우에는 ㉡ 다른 음운 변동이 먼저 일어난 후에 거센소리되기가 적용된다. '빚하고[비타고]'는 받침 'ㅈ'이 'ㄷ'으로 교체되고 'ㄷ'과 'ㅎ'이 합쳐져 거센소리로 바뀐 것이고, '닭 한 마리[다칸마리]'는 겹받침 'ㄹㄱ'에서 'ㄹ'이 탈락하고 'ㄱ'과 'ㅎ'이 합쳐져 거센소리로 바뀐 것이라고 할 수 있다.

'ㅎ'을 포함하고 있는 말이라도 모두 거센소리되기가 적용되는 것은 아니다. '낳은[나은]', '않아[아나]', '쌓이다[싸이다]' 등과 같이 용언 어간 말의 'ㅎ' 뒤에 모음으로 시작하는 어미나 접미사가 결합하는 경우에는 'ㅎ'이 탈락한다. 원래 이런 환경에서는 어간 말의 자음이 뒤 음절의 첫소리로 연음되어야 하지만 'ㅎ'은 연음되지 않고 탈락하는 것이다. 이러한 'ㅎ' 탈락은 예외 없이 일어난다.

핵심정리

거센소리되기

개념	예사소리 'ㄱ, ㄷ, ㅂ, ㅈ'이 만나서 각각 거센소리 'ㅋ, ㅌ, ㅍ, ㅊ'으로 바뀌는 현상
특징	• 음운 변동 유형 중 축약에 해당 • 'ㅎ'과 예사소리의 배열 순서에 따라 구분

거센소리되기의 실현 방법

'ㅎ'+ 예사소리	• 항상 거센소리되기가 우선적으로 적용 → 주로 용언 어간 뒤에 어미가 결합할 때 일어남. • 표준 발음법 제12항 'ㅎ(ㄶ, ㅀ)' 뒤에 'ㄱ, ㄷ, ㅈ'가 결합되는 경우에는, 'ㅎ'과 뒤 음절 첫소리가 합쳐져 'ㅋ, ㅌ, ㅊ'으로 발음한다.
예사소리 +'ㅎ'	① 거센소리되기가 우선적으로 적용 → 어근에 'ㅎ'으로 시작하는 접미사가 결합하는 경우 • 표준 발음법 제12항 받침 'ㄱ(ㄹ), ㄷ, ㅂ(ㄼ), ㅈ(ㄵ)'이 뒤 음절 첫소리 'ㅎ'과 결합되는 경우에는 두 음을 합쳐서 각각 'ㅋ, ㅌ, ㅍ, ㅊ'으로 발음한다.
	② 거센소리되기가 나중에 적용 → 체언에 조사가 결합하거나 둘 이상의 단어를 이어서 한 마디로 발음하는 경우

'ㅎ' 탈락

• 용언 어간 말음 'ㅎ' 뒤에 모음으로 시작하는 어미나 접미사가 결합하는 경우
• 예외 없이 적용되는 음운 현상

WEEK 4

01

'ㅎ'을 포함하고 있는 음운 변동에 대해 이해하는 문제이다. 'ㅎ'을 포함하고 있는 음운 변동의 양상은 음운 환경에 따라 상이하게 나타난다. 거센소리되기는 예사소리 'ㄱ, ㄷ, ㅂ, ㅈ'과 'ㅎ'이 만나서 각각 거센소리 'ㅋ, ㅌ, ㅍ, ㅊ'로 바뀌는 현상이다. 이때 예사소리와 'ㅎ'의 배열에 따라 음운 변동 순서가 결정된다. 그러나 용언 어간 말의 'ㅎ' 뒤에 모음으로 시작하는 어미나 접미사가 결합할 때는 'ㅎ'이 탈락한다는 점을 유의해야 한다.

02

'ㅎ'을 포함하고 있는 말의 발음에 대해 이해하는 문제이다. 'ㅎ'이 예사소리보다 뒤에 놓인 거센소리되기의 경우 다른 음운 변동이 거센소리되기보다 먼저 적용되기도 하고 나중에 적용되기도 한다. 보통 어근에 'ㅎ'으로 시작하는 접미사가 결합하는 경우에는 거센소리되기가 다른 음운 변동보다 먼저 적용되지만, 체언에 조사가 결합하거나 둘 이상의 단어를 이어서 한 마디로 발음하는 경우에는 거센소리되기가 나중에 적용된다.

03

안긴문장의 특성을 이해하는 문제이다. 한 절이 다른 절을 문장 성분의 일부로서 안고 있는 문장을 안은문장이라 하고, 이때 안겨 있는 문장을 안긴문장이라 한다. 안긴문장은 기능에 따라 다섯 가지로 구분할 수 있다.

명사절	• 문장에서 명사의 기능을 하는 절 • 명사형 어미 '-(으)ㅁ/기' 혹은 의존 명사 '것'이 붙어서 형성
관형절	• 문장에서 관형어의 기능을 하는 절 • 관형사형 어미 '-(으)ㄴ/-는/-(으)ㄹ/-던' 등이 붙어서 형성
부사절	• 문장에서 부사어의 기능을 하는 절 • 부사형 어미 '-게/-도록', 부사 파생 접미사 '-이'가 붙어서 형성
서술절	문장에서 서술어의 기능을 하는 절
인용절	• 문장 속에 다른 사람의 말을 직접 또는 간접으로 따온 절 • '고', '라고'가 붙어서 형성

01

윗글을 읽고 이해한 내용으로 적절하지 않은 것은?

① '쌓던[싸턴]'은 교체가 축약보다 먼저 일어난 것이다.

② '잃고[일코]'는 어간 말 'ㅎ'이 어미의 첫소리 'ㄱ'과 합쳐져 발음된 것이다.

③ '끓이다[끄리다]'는 'ㅎ'이 탈락하고 'ㄹ'이 뒤 음절 첫소리로 옮겨져 발음된 것이다.

④ '앓하고[치카고]'와 '하찮은[하차는]'에서 공통적으로 일어난 음운 변동은 탈락이다.

⑤ '먹히다[머키다]'와 '끊고서[끈코서]'는 모두 음운 변동이 한 번씩만 일어난 것이다.

02

윗글의 ㉠, ㉡을 중심으로 <보기>의 ⓐ~ⓔ를 이해한 내용으로 적절하지 않은 것은?

> **보기**
>
> ◦ ⓐ 낮 한때[나탄때] 내린 비로 이슬이 잔뜩 ⓑ 맺힌[매친] 풀밭을 가로질러 ⓒ 닭한테[다칸테] 모이를 주고 왔다.
> ◦ ⓓ 곶하고[고타고] 바다로 이어진 산책로를 ⓔ 넓히는[널피는] 작업이 진행 중이다.

① ⓐ: '낮'과 '한때'를 이어서 한 마디로 발음한 경우이므로, ㉠에 해당하겠군.

② ⓑ: 어근 '맺-' 뒤에 접미사 '-히-'가 결합한 경우이므로, ㉠에 해당하겠군.

③ ⓒ: 체언 '닭'에 조사 '한테'가 결합한 경우이므로, ㉡에 해당하겠군.

④ ⓓ: 체언 '곶'에 조사 '하고'가 결합한 경우이므로, ㉡에 해당하겠군.

⑤ ⓔ: 어근 '넓-' 뒤에 접미사 '-히-'가 결합한 경우이므로, ㉠에 해당하겠군.

03

<보기>에서 ㄱ~ㄹ에 대한 설명으로 적절하지 않은 것은?

> **보기**
>
> 안은문장은 한 절이 다른 절을 문장 성분의 일부로 안고 있는 문장으로, 이때 안겨 있는 절을 안긴문장이라고 한다. 안긴문장의 종류에는 명사절, 관형사절, 부사절, 서술절, 인용절이 있다. 안긴문장은 문장의 필수 성분을 일부 갖추지 않기도 하는데, 안은문장이 만들어지는 과정에서 안긴문장과 안은문장에 공통되는 요소는 생략되기 때문이다.
>
> ㄱ. 여행을 가기 전에 나는 짐을 챙겼다.
> ㄴ. 우리는 그녀가 착함을 아주 잘 안다.
> ㄷ. 학생들은 수업이 끝나기를 기다렸다.
> ㄹ. 조종사가 된 소년이 고향을 방문했다.

① ㄱ의 안긴문장에는 주어가 생략되어 있다.

② ㄴ의 안긴문장의 주어는 안은문장의 주어와 다르다.

③ ㄴ과 ㄷ의 안긴문장은 조사와 결합하여 목적어로 쓰이고 있다.

④ ㄷ과 ㄹ의 안긴문장에는 필수 성분이 생략되어 있다.

⑤ ㄱ과 ㄹ의 안긴문장은 종류는 다르지만 안은문장에서의 문장 성분은 같다.

04

<보기>의 ㉠에 해당하는 예로 적절한 것은?

> **보기**
>
> 셋 이상의 형태소로 이루어진 단어의 구조를 파악하기 위해서는 먼저 그 단어를 직접 이루고 있는 두 요소를 파악해야 한다. 예컨대 '볶음밥'은 의미상 '볶음'과 '밥'으로 먼저 나뉜다. '볶음'은 다시 '볶-'과 '-음'으로 나뉜다. 따라서 '볶음밥'은 ㉠ '(어근+접미사)+어근'의 구조로 된 합성어이다.

① 집안일   ② 내리막   ③ 놀이터   ④ 코웃음   ⑤ 울음보

05

<보기 1>을 참고하여 <보기 2>의 ㉠~㉤을 이해한 내용으로 적절하지 않은 것은?

> **보기 1**
>
> 높임 표현은 높임 대상에 따라 주어의 지시 대상을 높이는 주체 높임, 목적어나 부사어의 지시 대상을 높이는 객체 높임, 청자를 높이거나 낮추는 상대 높임으로 나뉜다. 높임 표현은 크게 문법적 수단과 어휘적 수단에 의해 실현된다. 문법적 수단은 조사나 어미를, 어휘적 수단은 특수 어휘를 사용하는 것이다.

> **보기 2**
>
> [대화 상황]
> 손님: ㉠ 어머니께 선물로 드릴 신발을 찾는데, ㉡ 편하게 신으실 수 있는 제품이 있을까요?
> 점원: ㉢ 부모님을 모시고 오시는 손님들께서 이 제품을 많이 사 가셔요. ㉣ 할인 중이라 가격도 저렴합니다.
> 손님: 좋네요. ㉤ 저도 어머니를 뵙고, 함께 와야겠어요.

① ㉠: 문법적 수단과 어휘적 수단을 통해 부사어가 지시하는 대상을 높이고 있다.
② ㉡: 선어말 어미 '-으시-'와 조사 '요'는 같은 대상을 높이기 위해 쓰이고 있다.
③ ㉢: 동사 '모시다'와 조사 '께서'는 서로 다른 대상을 높이기 위해 쓰이고 있다.
④ ㉣: 문법적 수단을 통해 대화의 상대방을 높이고 있다.
⑤ ㉤: 어휘적 수단을 통해 목적어가 지시하는 대상을 높이고 있다.

04

단어의 구조를 파악하는 문제이다. 단어가 하나의 형태소로 이루어져 있다면 단일어, 둘 이상의 형태소로 이루어져 있다면 복합어이다. 이때, 복합어는 '어근+어근' 구조의 합성어와 '어근+접사', '접사+어근' 구조의 파생어로 나눌 수 있다.

05

높임 표현을 이해하는 문제이다. <보기>에 따르면, 높임 표현은 높임 대상에 따라 주체 높임, 객체 높임, 상대 높임으로 나눌 수 있다. 이때 높임 표현은 문법적 수단과 어휘적 수단에 의해 실현된다.

주체 높임	문법적 수단	조사 '께서', 선어말 어미 '-시'
	어휘적 수단	댁(집), 진지(밥), 연세(나이), 편찮으시다(아프다), 계시다(있다), 드시다(먹다)
객체 높임	문법적 수단	조사 '께'
	어휘적 수단	뵙다, 드리다, 모시다, 여쭈다
상대 높임	문법적 수단	종결 어미 — 격식체: 하십시오체, 하오체, 하게체, 해라체 / 비격식체: 해요체, 해체 (높임↕낮춤)

3 Day   독서(과학) 고1 2022년 6월   청각의 원리

핵심정리

문단 중심 내용

❶ 녹음된 자신의 목소리가 어색하게 느껴지는 현상

❷ 소리가 내이에 도달하는 두 가지 방식

❸ 소리가 내이에 도달하는 방식 ①
  – 공기 전도

❹ 소리가 내이에 도달하는 방식 ②
  – 골전도

❺ 골전도 이어폰의 원리

❻ 골전도 이어폰의 장점과 사용 시 유의점

소리

개념	물체의 진동에 의해 발생하고 매질의 진동으로 전달되는 파동
소리를 듣는 과정	매질의 진동이 내이에 도달 → 달팽이관 속 림프액이 진동 → 섬모의 흔들림 → 전기 신호가 청각 신경을 따라 뇌에 전달

공기 전도와 골전도

공기 전도	공기를 매질로 소리가 내이에 전달되는 것
골전도	귀 주변 뼈를 매질로 소리가 내이에 바로 전달되는 것

공기 전도의 과정

물체의 진동이 주변 공기를 진동시킴.

↓

귓바퀴가 진동을 모아 귓속으로 보냄.

↓

진동이 외이도를 지남.

↓

진동이 지나가는 각 지점에서 소리의 공명이 발생함.

↓

공명에 의해 진폭된 진동이 고막을 진동시킴.

↓

고막의 진동이 청소골에서 더욱 증폭되어 내이에 전달됨.

※ 다음 글을 읽고 물음에 답하시오.

❶ 전자 녹음 장치에 녹음된 자신의 목소리를 스피커를 통해 들으면 어색하게 느껴진다. 그 이유를 이해하기 위해서는 소리가 무엇이며 어떤 과정을 통해 들리게 되는지 살펴볼 필요가 있다.

❷ 소리는 물체의 진동에 의해 발생하고 매질의 진동으로 전달되는 파동이다. 소리가 들린다는 것은 매질의 진동이 내이에 도달하여 달팽이관 속 림프액을 진동시켜 섬모가 흔들리고, 이로 인해 발생한 전기 신호가 청각 신경을 따라 뇌에 전달됨을 의미한다. 이때 소리가 내이에 도달하는 방식으로는 외이와 중이를 거치는 공기 전도와 이를 거치지 않는 골전도가 있다.

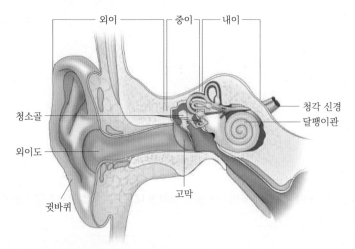

❸ 공기 전도는 공기를 매질로 소리가 내이에 전달되는 것을 의미한다. 물체의 진동이 주변 공기를 진동시키면 귓바퀴가 이 진동을 모아 귓속으로 보내고, 그 결과 진동은 외이도를 지나게 된다. 귓바퀴와 외이도 등 진동이 지나가는 각 지점에서는 소리의 공명이 발생한다. 공명이란 공명 주파수*에서 진폭이 커지는 현상을 말하는데 외이도의 경우 공명 주파수는 성인 기준으로 2,500~2,700Hz이다. 공명 주파수는 외이도의 길이에 반비례하기 때문에, 외이도의 길이가 성인보다 짧은 유아는 공명 주파수가 더 높다. 이러한 공명에 의해 증폭된 진동은 고막을 진동시키고 고막의 진동은 청소골에서 더욱 증폭되어 내이에 전달된다.

❹ 이에 반해 골전도는 귀 주변 뼈를 매질로 소리가 내이에 바로 전달되는 것이다. 대화할 때 들리는 자신의 목소리에는 성대에서 발생한 진동이 공기 전도를 통해 전달된 소리와 골전도를 통해 전달된 소리가 함께 있다. 자신의 목소리 중에서 20~1,000Hz의 소리는 골전도로는 잘 전달이 되지만, 외이와 중이에서 공명이 잘 일어나지 않아 공기 전도로는 잘 전달되지 않는다. 녹음된 자신의 목소리를 스피커를 통해 들으면 골전도를 통해 듣던 소리는 잘 들리지 않으므로 어색함을 느끼게 되는 것이다.

❺ 한편 외이와 중이에 이상이 있는 사람도 골전도를 통해서는 소리를 들을 수 있는데, 이를 이용한 보청기도 사용되고 있다. 최근에는 이어폰에도 골전도의 원리가 이용되고 있다. 이어폰 내부에는 일반적으로 내부 자기장을 형성하는 자석과 보이스코일이 있다. 보이스코일에 교류 전류를 가하면 내부 자기장에 의해 보이스코일에 인력과 척력이 교대로 작용하여 보이스코일에 진동이 발생한다. 이때 전류의 방향이 바뀌는 주기를 짧게 할수록 주파수가 높아져 높은 음의 소리가 난다. 또 전류를 세게 할수록 진폭이 커져 음량이 높아진다. ㉠ 일반적인 이어폰은 이러한 진동을 공기를 통해 전달하는데, ㉡ 골전도 이어폰은 귀 주변 뼈에 진동판을 밀착하여 진동을 내이로 직접 전달한다.

❻ 골전도 이어폰은 일반적인 이어폰과 달리 귀를 막지 않고 사용하기 때문에 다양한 장점이 있다. 우선 귀 내부가 습해지는 것을 방지할 수 있고 고막을 직접 자극하지 않는다. 또 야외 활동 시 착용해도 주변 소리를 들을 수 있어 위험 상황에 잘 대처할 수 있다. 그러나 골전도 이어폰을 사용해도 내이는 자극이 되므로 장시간 사용하면 청각 신경이 손상될 수 있어 주의해야 한다.

* 공명 주파수: 공명 현상이 일어나거나 공명에 의해 강해지는 주파수.

골전도 이어폰의 원리

보이스코일에 교류 전류를 가함.
↓
내부 자기장에 의해 보이스코일에 인력과 척력이 교대로 작용함.
↓
보이스코일에 진동이 발생함.
↓
귀 주변 뼈에 진동판을 밀착하여 진동을 내이로 직접 전달함.

골전도 이어폰의 장점과 유의점

장점	• 귀 내부가 습해지는 것을 방지함. • 고막을 직접 자극하지 않음. • 주변 소리를 들을 수 있어 위험 상황에 잘 대처할 수 있음.
유의점	장시간 사용하면 청각 신경이 손상될 수 있음.

01

윗글에 대한 설명으로 가장 적절한 것은?

① 소리가 전달되는 두 가지 방식을 제시하고 이와 관련한 기술을 소개하고 있다.
② 이어폰 기술의 과학적 원리를 살펴보고 앞으로 전개될 발전 방향을 예측하고 있다.
③ 청각에 대한 두 가지 관점을 언급하고 이를 절충한 새로운 관점을 제시하고 있다.
④ 골전도 현상이 일어나는 과정을 제시하고 이에 대한 서로 다른 견해를 분석하고 있다.
⑤ 청각에 이상이 생기는 사례를 소개하고 이를 예방하기 위한 구체적 방안을 제시하고 있다.

문제풀이 맥

01

내용 전개 방식을 파악하는 문제이다. 지문에서는 전자 녹음 장치에 녹음된 자신의 목소리를 스피커를 통해 들으면 어색하게 느껴지는 현상을 제시하고, 이러한 현상이 일어나는 이유를 설명하며 내용을 전개하고 있다. 선택지가 'A를 ~하고 B를 ~하고 있다.'의 형식으로 구성되어 있으므로 A와 B 모두 지문에서 찾아볼 수 있는 내용인지 확인해야 한다.

02

세부 내용을 파악하는 문제이다. 대부분의 선택지가 'A하면 B한다.'의 형식으로 구성되어 있으므로 A와 B의 연관관계를 파악해야 한다. 선택지의 핵심어를 확인하고, 지문에서 해당 부분을 찾아 읽으면 틀린 선지를 찾을 수 있다.

02

윗글을 읽고 알 수 있는 내용으로 적절하지 않은 것은?

① 주파수가 낮아지면 낮은 음의 소리가 난다.
② 고막의 진동은 청소골을 통과할 때 증폭된다.
③ 외이도의 길이가 짧을수록 공명 주파수는 높아진다.
④ 이어폰의 보이스코일에 흐르는 전류가 세지면 음량이 높아진다.
⑤ 20~1,000Hz의 소리는 물체의 진동에 의해서는 발생할 수 없다.

03

세부 내용을 추론하는 문제이다. '그 이유'는 전자 녹음 장치에 녹음된 자신의 목소리를 스피커를 통해 들으면 어색하게 느껴지는 현상의 원인을 가리킨다. 4문단에서 해당 현상을 다시 언급하며 원인을 설명하고 있으므로 이를 통해 추론할 수 있다.

03

윗글의 내용을 고려할 때, 그 이유로 가장 적절한 것은?

① 평소에 골전도로 전달되는 소리를 들을 기회가 적었으므로
② 스피커에서 나온 녹음된 목소리는 내이를 거치지 않고 뇌에 전달되므로
③ 전자 장치의 전기적 에너지로 인해 청각 신경이 받는 자극의 크기가 커졌으므로
④ 녹음된 소리를 들을 때에는 골전도로 전달되는 주파수의 소리가 잘 들리지 않으므로
⑤ 자신이 말할 때 듣는 목소리에는 녹음된 목소리와 달리 외이에서 공명이 일어나는 소리가 빠져 있으므로

04

윗글을 바탕으로 <보기>에 대해 보인 반응으로 가장 적절한 것은?

보기

　난청이란 소리가 잘 들리지 않거나 전혀 들리지 않는 증상으로 외이도에서 뇌에 이르기까지 소리가 전달되는 과정 중 특정 부분에 문제가 생기면 발생한다. 그 중 전음성 난청은 외이와 중이에 문제가 있어 발생하는 증상으로, 이 경우 소리가 커지면 알아듣는 정도가 좋아질 수 있다.

　이와 달리 감각 신경성 난청은 달팽이관까지 소리가 잘 전달되었음에도 소리가 잘 들리지 않는 것으로 달팽이관의 청각 세포나, 청각 자극을 뇌로 전달하는 청각 신경 또는 중추 신경계 이상 등으로 발생한다. 이 경우 소리가 커져도 그것을 알아듣는 정도가 좋아지지 않는다.

① 골전도 이어폰은 장시간 사용해도 감각 신경성 난청을 유발하지는 않겠군.

② 청각 신경의 이상으로 인한 난청이 있는 사람의 경우 이어폰의 음량을 높이면 잘 들을 수 있겠군.

③ 자신이 말하는 목소리가 전혀 들리지 않는 사람은 감각 신경성 난청 증상이 있다고 볼 수 있겠군.

④ 고막의 이상으로 난청이 있는 경우 골전도의 원리를 이용한 보청기는 사용해도 효과가 없겠군.

⑤ 전음성 난청이 있는 사람은 골전도 이어폰의 소리는 들을 수 없지만 일반적인 이어폰의 소리는 들을 수 있겠군.

구체적 상황에 적용하는 문제이다. <보기>는 외이와 중이에 문제가 있어 발생하는 전음성 난청과 청각 신경 또는 중추 신경계 이상 등으로 발생하는 감각 신경성 난청을 설명하고 있다. 소리가 전달되는 방식에는 공기 전도와 골전도가 있는데, 이 두 방식의 특징을 파악하여 <보기>에 적용해야 한다. 골전도를 이용한 기술은 효과와 동시에 유의점도 존재하므로 이를 파악해야 한다.

05

㉠, ㉡에 대한 설명으로 적절하지 않은 것은?

① ㉠은 교류 전류를 진동으로 바꾸고 공기를 통해 그 진동을 내이에 전달한다.

② ㉡은 진동판을 통해 뼈에 진동을 발생시켜 소리를 내이로 전달한다.

③ ㉠은 ㉡과 달리 섬모의 흔들림을 유발하여 전기 신호를 발생시킨다.

④ ㉡은 ㉠과 달리 야외 활동 시 사용해도 주변 소리를 들을 수 있어 위험 상황에 잘 대처할 수 있다.

⑤ ㉠과 ㉡은 모두 내부 자기장과 교류 전류로 인해 인력과 척력이 발생한다.

핵심 정보를 파악하는 문제이다. ㉠은 일반적인 이어폰, ㉡은 골전도 이어폰이다. 5문단에서 일반적인 이어폰과 골전도 이어폰의 공통점과 차이점을, 6문단에서 골전도 이어폰의 장점과 사용 시 유의점을 설명하고 있으므로 해당 부분의 내용을 이해해야 한다. ㉠은 공기 전도의 원리를, ㉡은 골전도의 원리를 이용한다는 점을 알고 있으면 문제를 풀기 편하다.

4 Day

독서(사회) 고2 2023년 6월

독점기업의 이윤 추구 과정 / 공정거래법의 이해

시작시간 시 분 초 / 종료시간 시 분 초

온라인 문제풀이

정답 및 해설 | 49

핵심정리

완전경쟁시장과 독점시장

완전 경쟁 시장	• 많은 수의 수요자와 공급자 사이에 동질적인 상품이 거래되는 시장 • 다른 기업의 시장 진입을 막는 진입장벽이 없어 누구나 들어와 경쟁할 수 있는 시장구조
독점 시장	• 비슷한 대체재가 없는 재화를 한 기업이 독점적으로 공급하는 극단적인 시장 • 자원의 희소성이나 기술적 우월성 등으로 인해 진입장벽이 존재하는 시장구조

완전경쟁시장과 독점시장에서의 기업

완전경쟁시장
가격수용자 → 시장가격 수용

독점시장
가격결정자 → 시장가격 조정 가능

독점기업이 이윤을 극대화하는 과정

한계수입과 더불어 한계비용 고려

한계수입과 한계비용이 일치하는 지점에서 최적 생산량 결정

수요자들의 최대 지불 용의를 고려하여 최종 시장가격 결정

시장가격의 상승 유발

※ 다음 글을 읽고 물음에 답하시오.

가

❶ ㉠'완전경쟁시장'은 많은 수의 수요자와 공급자 사이에 동질적인 상품이 거래되는 시장으로, 다른 기업의 시장 진입을 막는 진입장벽이 없어 누구나 들어와 경쟁할 수 있는 시장구조를 말한다. 이에 반해 ㉡'독점시장'은 비슷한 대체재가 없는 재화를 한 기업이 독점적으로 공급하는 극단적인 시장으로, 자원의 희소성이나 기술적 우월성 등으로 인해 진입장벽이 존재하는 시장구조를 말한다.

❷ 완전경쟁시장에서는 경쟁자가 다수이기 때문에 개별 공급자와 수요자가 가격에 영향을 미치기 어렵다. 이때 기업은 '가격수용자'로서 시장에서 결정된 가격을 그대로 받아들일 수밖에 없고, 시장가격으로 원하는 물량을 얼마든지 판매할 수 있다. 또한 제품을 한 단위 더 판매함으로써 추가로 얻게 되는 한계수입은 일정하며, 가격과 거래량도 수요와 공급이 일치하는 지점에서 결정된다. 반면에 독점시장에서 기업은 '가격결정자'로서 시장가격을 조정할 힘을 가지며, 이를 통해 이윤을 극대화할 수 있다. 따라서 독점기업은 더 높은 가격을 받으면서 더 적은 제품을 생산할 수 있는 시장지배력을 가진다. 그렇다면, 독점기업은 이윤 극대화를 위한 가격과 생산량을 어떻게 결정할까?

[A]

❸ 시장의 유일한 공급자인 독점기업이 생산량을 줄이면 시장가격이 상승하고, 반대의 경우 시장가격이 하락한다. 가령 독점기업이 생산한 제품 한 단위를 100만 원에 판매할 경우, 생산량을 한 단위 더 늘려 두 단위를 판매한다면 가격을 이전보다 낮춰야 다 팔 수 있다. 이때의 가격을 90만 원이라 한다면 총수입은 180만 원이 되고, 제품을 한 단위 더 판매했을 때 추가로 얻는 한계수입은 80만 원이 된다. 즉, 독점기업이 생산량을 늘리면 종전 판매 가격도 함께 낮춰야 하기 때문에, 독점기업의 한계수입은 가격보다 항상 낮다. 이때 독점기업은 이윤 극대화를 위해 한계수입과 더불어 한계비용을 고려한다. 한계비용은 제품을 한 단위 더 생산할 때 추가로 드는 비용을 말한다. 만일 한계수입이 한계비용보다 높으면 생산량을 증가시키고, 반대의 경우 생산량을 감소시킴으로써 한계수입과 한계비용이 일치하는 지점에서 최적 생산량을 결정한다. 이후 독점기업은 이윤 극대화를 위해 수요자들의 최대 지불 용의를 고려하여 최적 생산량을 판매할 수 있는 최고 가격을 찾아낸다. 즉, 해당 생산량에서 수요자가 최대로 지불할 수 있는 금액이 최종 시장가격으로 결정되는 것이다. 이처럼 독점시장에서 기업은 시장가격의 상승을 유발하여 수요자에게 부정적 영향을 끼치고, 시장의 비효율성을 유발할 수 있다.

나

❶ 공정거래법이라고도 불리는 '독점규제 및 공정거래에 관한 법률'에서는 사업자의 독과점 자체를 금지하지는 않으나, 시장 지배적 지위 남용과 부당한 공동행위 등 경쟁 제한 행위로 인하여 일정한 폐해가 초래되는 경우에는 이를 규제하는 '폐해규제주의'를 ⓐ 취하고 있다.

❷ 시장 지배적 지위 남용은 거래 상대방으로부터 독점적 이익을 과도하게 얻어내는 '착취 남용'과 현실적·잠재적 경쟁사업자의 사업 활동을 방해하거나 배제하는 '방해 남용'으로 ⓑ 나눌 수 있다. 먼저, 착취 남용은 정당한 이유 없이 상품 가격이나 용역 대가를 변경하거나, 출고량 조절로 시장가격의 상승이나 하락에 중대한 영향을 끼친 경우를 ⓒ 말한다. 다음으로 방해 남용은 시장 지배적 사업자와 경쟁 관계에 있는 다른 사업자의 사업 활동을 부당하게 방해하거나, 신규 경쟁사업자의 시장 진입을 배제하여 경쟁 제한의 폐해를 초래하는 것이다. 대표적으로는 '약탈적 가격 설정'과 '배타조건부 거래'가 있다. 약탈적 가격 설정은 상품 또는 용역을 통상적인 가격에 비하여 부당하게 낮은 대가로 공급하거나 높은 대가로 구매하여 경쟁사업자를 배제하는 것이다. 그리고 배타조건부 거래는 다른 경쟁사업자와 거래하지 않는 조건으로 거래 상대방과 거래하는 행위를 말한다. 이 경우 시장 지배적 사업자의 일방적, 강제적 요구뿐만 아니라 거래 상대방과 합의하여 결정한 경우도 모두 포함된다.

❸ 공정거래법에서는 사업자의 부당한 공동행위 또한 제한하고 있다. 흔히 '카르텔'이라고 ⓓ 불리는 부당한 공동행위는 동일 업종의 복수 사업자가 경쟁의 제한을 목적으로 가격, 생산량, 거래조건, 입찰 내용 등을 합의하여 형성하는 독과점 형태를 말한다. 이때 합의는 명시적 합의뿐만 아니라 묵시적 합의 모두를 포함한다. 이러한 담합*은 사업자 간에 은밀하게 ⓔ 이루어지는 경향이 많아 위법성을 입증하기가 어렵다. 따라서 입증 부담을 경감하고 규제의 실효성을 높이기 위해 둘 이상의 사업자 간에 경쟁 제한적인 합의만 있다면, 비록 그것이 실행되지 않았다 하더라도 부당한 공동행위가 성립한 것으로 본다.

❹ 공정거래법을 위반하면 공정거래위원회는 해당 사업자에게 시정 조치를 명하거나, 금전적 제재 수단으로 과징금을 부과할 수 있다. 이를 통해 과도한 경제력의 집중을 방지하고, 국민 경제의 균형 있는 발전을 도모하고 있다.

* 담합: 서로 의논해서 합의함.

나

문단 중심 내용

❶ 공정거래법의 특징
❷ 공정거래법의 규제 대상 ① – 시장 지배적 지위 남용 행위
❸ 공정거래법의 규제 대상 ② – 사업자들의 부당한 공동행위
❹ 공정거래위원회의 규제 수단과 공정거래법의 목적

시장 지배적 지위 남용 행위

착취 남용	거래 상대방으로부터 독점적 이익을 과도하게 얻어내는 것 - 정당한 이유 없는 상품 가격 / 용역 대가 변경 - 출고량 조절로 시장가격의 상승이나 하락에 영향
방해 남용	현실적·잠재적 경쟁사업자의 사업 활동을 방해하거나 배제하는 것 - 시장 지배적 사업자와 경쟁 관계에 있는 다른 사업자의 사업 활동을 부당하게 방해 - 신규 경쟁사업자의 시장 진입을 배제하여 경쟁 제한의 폐해 초래

사업자의 부당한 공동행위(카르텔)

개념	동일 업종의 복수 사업자가 경쟁의 제한을 목적으로 가격, 생산량, 거래조건, 입찰 내용 등을 합의하여 형성하는 독과점 형태
특징	위법성을 입증하기 어려움. → 실행되지 않더라도 성립한 것으로 봄.

공정거래위원회의 규제 수단과 공정거래법의 목적

규제 수단	• 해당 사업자에게 시정 조치 • 과징금 부과
목적	• 과도한 경제력의 집중 방지 • 국민 경제의 균형 있는 발전 도모

WEEK 4

세부 정보를 파악하는 문제이다. '(가)는 A를 설명하고 있고, (나)는 B를 설명하고 있다.'와 같은 형식의 선택지이므로 A, B 각각을 지문에서 설명하고 있는지 파악해야 한다. A, B가 지문에 언급되지 않은 경우가 있을 수도 있고, 비슷한 내용이 언급되기는 했으나 세부 정보가 다른 경우가 있을 수도 있다.

01

(가)와 (나)에 대한 설명으로 가장 적절한 것은?

① (가)는 시장구조를 바라보는 다양한 관점을 제시하고 있고, (나)는 공정거래법에 대한 상반된 관점을 제시하고 있다.

② (가)는 시장에서 독점이 필요한 이유를 밝히고 있고, (나)는 부당한 독점 행위를 해결하기 위한 사례를 서술하고 있다.

③ (가)는 균등한 소득 분배를 위한 경제학적 대책을 제안하고 있고, (나)는 경쟁을 제한하기 위한 대책을 제시하고 있다.

④ (가)는 독점기업의 이윤 추구 방법을 설명하고 있고, (나)는 공정한 거래를 저해하는 행위들을 유형별로 제시하고 있다.

⑤ (가)는 독점이 시장에 끼치는 부정적 영향을 언급하고 있고, (나)는 독점 행위를 규제하는 제도의 문제점을 서술하고 있다.

세부 정보를 파악하는 문제이다. ㉠은 완전경쟁시장, ㉡은 독점시장이다. ㉠과 ㉡의 특징을 파악하고, 둘의 차이점을 이해하고 있어야 한다. ㉠은 개별 공급자와 수요자가 가격에 영향을 미치기 어렵지만, ㉡은 그렇지 않다.

02

㉠, ㉡에 대한 이해로 적절하지 않은 것은?

① ㉠에서 개별 기업은 가격수용자로서 시장에서 결정된 가격에 따라 제품을 판매한다.

② ㉡에서 기업이 제품의 생산량을 늘려 나가는 과정에서 얻게 되는 한계수입은 가격보다 낮아진다.

③ ㉡에서 독점기업은 시장의 유일한 공급자로서 독점기업이 판매량을 늘리려면 가격을 낮춰야 한다.

④ ㉠에는 진입장벽이 존재하지 않으므로, ㉡에 비해 개별 기업들의 시장 진입이 자유롭다.

⑤ ㉠에는 많은 수의 공급자와 수요자가 존재하므로, ㉡보다 기업이 시장을 지배하는 힘이 크다.

03

[A]를 바탕으로 <보기>를 이해한 내용으로 적절하지 않은 것은?

보기

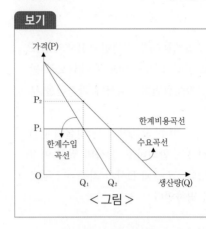

<그림>

<그림>은 가상의 독점기업 '갑'이 생산하는 제품의 가격과 생산량을 그래프로 나타낸 것이다. 한계수입곡선과 한계비용곡선은 수량 한 단위의 변화에 따른 총수입과 총비용의 변화를 보여 주고, 수요곡선은 제품에 대한 수요자의 최대 지불 용의를 나타낸다.

① '갑'은 이윤을 최대로 높이기 위한 최적 생산량 수준을, 한계수입곡선과 한계비용곡선이 교차하는 Q_1 지점으로 결정할 것이다.

② '갑'이 생산량을 Q_1에서 Q_2로 늘리면서 제품의 가격을 P_2에서 P_1으로 낮춰 공급하더라도, 독점으로 얻고 있던 이윤은 유지될 것이다.

③ '갑'의 생산량이 Q_1보다 적으면 한계수입이 한계비용보다 높으므로, 이윤을 높이려면 생산량을 Q_1 수준까지 증가시켜야 할 것이다.

④ '갑'의 생산량이 Q_1이고 공급할 제품의 가격이 P_2라면, 해당 기업이 제품을 판매할 때 얻게 되는 단위당 이윤은 $P_2 - P_1$이 될 것이다.

⑤ '갑'은 이윤 극대화를 위해 수요자의 최대 지불 용의 수준을 고려하여 공급할 제품의 최종 시장가격을 P_1이 아닌 P_2로 결정할 것이다.

04

(가)와 (나)를 참고할 때, Ⓐ~Ⓒ에 들어갈 말을 바르게 짝지은 것은?

독점기업이 제품의 가격을 한계비용보다 (Ⓐ) 설정하면, 한계비용보다 지불 용의가 낮은 수요자들의 (Ⓑ)가 일어나 결과적으로 상호 이득이 될 수 있었던 거래의 기회가 줄어들게 된다. 이에 공정거래법에서는 시장 진입 제한을 막고, 기업 간 경쟁을 (Ⓒ)하여 독점으로 인한 경제적 손실을 해소하고자 한다.

	Ⓐ	Ⓑ	Ⓒ			㉮	㉯	㉰
①	높게	소비 감소	촉진		②	높게	소비 감소	억제
③	높게	소비 증가	억제		④	낮게	소비 감소	억제
⑤	낮게	소비 증가	촉진					

구체적 사례에 적용하는 문제이다. [사례 1]에서 A사는 국내 PC 제조업체들이 B사의 반도체를 구매하지 않는 대가로 돈을 주었고, [사례 2]에서 C사는 D사가 낙찰받을 수 있도록 입찰 가격을 묵시적으로 합의하였다. 두 사례가 시장 지배적 지위 남용과 부당한 공동행위 중 어느 쪽에 해당하는지 먼저 파악해야 한다. 시장 지배적 지위 남용에 해당할 경우 세부적으로는 착취 남용/방해 남용, 약탈적 가격 설정/배타조건부 거래 중 어느 쪽에 해당하는지 파악하고, 각각의 특징을 알아야 한다.

05

(나)를 바탕으로 <보기>를 이해한 내용으로 적절하지 않은 것은?

> **보기**
>
> [사례 1] 반도체 판매 1위인 A사는 국내 PC 제조업체들에게 경쟁업체 B사의 반도체를 구매하지 않겠다는 약속의 대가로, 상호 합의를 거쳐 반도체 대금으로 받은 금액 일부를 되돌려주었다. 이에 대해 공정거래위원회는 A사에 과징금을 부과하였다.
>
> [사례 2] 국내 건설업체 C사는 신축 공사 입찰에서 평소 친분이 있는 건설업체 D사가 낙찰받을 수 있도록 입찰 가격을 묵시적으로 합의하고, D사의 입찰 예정 금액보다 높은 금액을 입찰 가격으로 제시하였다. 그 결과 D사가 최종 사업체로 선정되었지만, 공정거래위원회는 시정 조치를 명하였다.

① [사례 1]에서 공정거래위원회는 A사가 시장 지배적 지위 남용을 통해 경쟁사업자인 B사의 사업 활동을 부당하게 배제하였다고 보았겠군.

② [사례 1]에서 공정거래위원회는 A사와 국내 PC 제조업체들의 상호 합의에 의해 방해 남용인 배타조건부 거래가 발생했다고 판단했겠군.

③ [사례 2]에서 C사와 D사의 합의가 명시적인 형태가 아니라 묵시적인 형태로 이루어졌다고 할지라도, 경쟁 제한 행위의 위법성은 인정될 수 있겠군.

④ [사례 2]에서 C사가 만약 D사와의 입찰 담합을 약속하고도 실제 입찰 과정에서 이를 실행하지 않았다면, 부당한 공동행위는 없었던 것이 되겠군.

⑤ 사업자의 독과점 추구 자체는 금지되어 있지 않지만, [사례 1]과 [사례 2]에서 확인되는 A사와 C사의 행위는 경쟁 제한의 폐해를 초래했기 때문에 규제 대상이 되었겠군.

단어의 문맥적 의미를 이해하는 문제이다. 앞뒤 문맥을 따져 지문의 ⓐ~ⓔ가 어떤 의미로 사용되었는지 먼저 파악하고, 선택지의 밑줄 친 단어가 같은 의미로 사용되었는지 확인해야 한다. 어떤 조사가 사용되었는지 등을 통해 알 수 있다.

06

문맥상 ⓐ~ⓔ의 단어와 가장 가까운 의미로 쓰인 것은?

① ⓐ: 그 문제에 대해 강경한 태도를 취했다.

② ⓑ: 나는 그녀와 슬픔을 나누는 친근한 사이이다.

③ ⓒ: 그를 나쁘게 말하는 사람은 별로 없다.

④ ⓓ: 반 아이들의 이름이 하나하나 불렸다.

⑤ ⓔ: 교향악단은 최정상급의 연주자들로 이루어졌다.

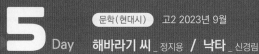

5 Day 문학(현대시) 고2 2023년 9월
해바라기 씨 _정지용 / 낙타 _신경림

※ 다음 글을 읽고 물음에 답하시오.

가

해바라기 씨를 ㉠ 심자.
담모퉁이 참새 눈 숨기고
해바라기 씨를 심자.

누나가 손으로 ㉡ 다지고 나면
바둑이가 앞발로 다지고
괭이가 꼬리로 다진다.

우리가 눈 감고 한밤 자고 나면
이슬이 내려와 같이 자고 가고,

우리가 이웃에 간 동안에
햇빛이 입 맞추고 가고,

해바라기는 첫 시악시인데
㉢ 사흘이 지나도 부끄러워
고개를 아니 든다.

가만히 엿보러 왔다가
소리를 깩! 지르고 간 놈이
오오, 사철나무 잎에 숨은
청개구리 고놈이다.

― 정지용, 〈해바라기 씨〉 ―

나

낙타를 타고 가리라, 저승길은
㉣ 별과 달과 해와
모래밖에 본 일이 없는 **낙타**를 타고.
세상사 물으면 짐짓, 아무것도 못 본 체
손 저어 대답하면서,
슬픔도 아픔도 까맣게 잊었다는 듯.
누군가 있어 **다시 세상에 나**가란다면

핵심정리

가 정지용, 〈해바라기 씨〉

갈래
자유시, 서정시

성격
서정적, 향토적

제재
해바라기 씨

주제
해바라기가 피기를 바라는 마음

특징
① 시어와 시행의 반복을 통해 운율이 형성됨.
② 화자를 어린아이로 설정하여 순수함을 표현함.

해제
이 작품은 어린아이인 화자가 '누나'와 함께 땅을 파서 해바라기 씨를 심고 흙을 다지고 꽃이 피기를 기다리는 내용을 담고 있다. 바둑이와 고양이도 해바라기 씨 심는 것을 돕고, 밤이면 '이슬'이 내리고 낮이면 '햇빛'이 비치며 싹이 틀 수 있는 환경까지 만들어 주고 있다. 하지만 화자는 사흘이 지나도 싹을 틔우지 않는 해바라기 씨에 답답한 심정을 내비친다. 기다림을 참을 수 없어 몰래 엿보러 온 '청개구리'는 그런 화자의 마음을 가장 잘 드러낸 소재라고 할 수 있다.

나 신경림, 〈낙타〉

갈래
자유시, 서정시

성격
성찰적, 독백적, 초월적

제재
낙타

주제
세속적 삶을 초월하고자 하는 달관적 태도

특징
① 반어적 표현을 통해 낙타를 가장 이상적인 존재로 형상화함.
② 낙타와 화자를 동일시함으로써 세상사에 초연하려는 달관적 태도를 드러냄.

WEEK 4

낙타가 되어 가겠다 대답하리라.

별과 달과 해와

모래만 보고 살다가,

돌아올 때는 세상에서 ⓜ 가장

어리석은 사람 하나 **등에 업고 오겠**노라고.

무슨 재미로 세상을 살았는지도 모르는

가장 가엾은 사람 하나 골라

길동무 되어서.

- 신경림, 〈낙타〉 -

01

01

(가)와 (나)의 공통점으로 가장 적절한 것은?

① 도치의 방식을 사용하여 시적 상황을 부각하고 있다.

② 공감각적 심상을 활용하여 대상에 입체감을 부여하고 있다.

③ 자연물에 상징적 의미를 부여하여 주제 의식을 드러내고 있다.

④ 영탄적 표현을 활용하여 시간의 급박한 흐름을 보여 주고 있다.

⑤ 대조적인 소재를 사용하여 화자의 달라진 처지를 강조하고 있다.

02

㉠~㉤의 시적 기능에 대한 설명으로 적절하지 않은 것은?

① ㉠의 청유형을 반복하여 '해바라기 씨'를 심는 행위를 의미 있게 생각하는 인식을 드러내고 있다.

② ㉡의 행위를 반복하여 '해바라기' 꽃을 피우기 위해 여럿의 노력이 필요하다는 인식을 드러내고 있다.

③ ㉢에서 시간의 경과를 제시하여 '해바라기'가 '고개를' 들기까지 기다리지 못해 단념하는 '우리'의 상황을 드러내고 있다.

④ ㉣에서 유사한 속성의 시어를 나열하여 '저승길'을 '낙타'와 동행하고 싶은 이유를 부각하고 있다.

⑤ ㉤을 수식어로 반복하여 '길동무'로 삼고 싶은 사람의 특징을 강조하려는 의도를 드러내고 있다.

시어의 시적 기능을 이해하는 문제이다. 이러한 유형의 문제를 해결하기 위해서는 먼저 작품의 전반적인 이해가 선행되어야 한다. 그 다음 구절에 드러난 표현법을 확인하고 그 표현법과 선택지에서 제시한 효과가 적절하게 연결되었는지 파악해야 한다.

03

<보기>를 바탕으로 (나)를 감상한 내용으로 적절하지 않은 것은?

보기

〈낙타〉의 화자는 자연 현상인 죽음을 부정하지 않고 담담하게 받아들이면서, 죽음과 삶 사이의 경계를 초월하여 회귀의 구조로 삶과 죽음을 바라본다. 이 과정에서 화자는 이승에서의 자기 삶을 돌아보고, 자기 삶의 모습이 자신이 추구하는 모습과 다름을 인식한다. 또한 화자 자신이 닮고자 하는 대상처럼 살아온 사람에 대한 긍정적 인식을 바탕으로 그 사람과 함께하고 싶은 마음을 드러내기도 한다.

① '손 저어 대답'하는 것에는 자연 현상인 죽음을 담담하게 수용하라는 '누군가'의 말을 외면하려는 마음이 담겨 있군.

② '다시 세상에 나'간다는 것에는 죽음과 삶 사이의 경계를 초월하여 죽음과 삶을 보는 시각이 전제되어 있군.

③ '낙타가 되어 가겠'다는 것은 삶의 세계로의, '돌아'온다는 것은 죽음의 세계로의 회귀를 나타내는군.

④ '별과 달과 해와/모래만 보고 살'겠다는 것에는 '슬픔도 아픔도' 있었던 이승에서의 삶과 다르게 살고 싶은 바람이 드러나 있군.

⑤ '등에 업고 오겠'다는 것에는 '낙타'처럼 살아온 사람에 대한 긍정적 인식이 반영되어 있군.

외적 준거에 따라 작품을 감상하는 문제이다. 외적 준거로 제시된 <보기>에서는 삶을 돌아보고 죽음을 받아들이는 화자의 자세와, 화자가 긍정적으로 인식하는 대상을 설명하고 있다. 이를 바탕으로 선택지에 제시된 작품의 내용이 이를 잘 드러내는지 분석하고, 인용된 구절이 가리키는 의미가 적절한지 파악해야 한다.

b Day

문학(고전소설) 고1 2023년 6월

장국진전_작자 미상

시작시간   시   분   초 / 종료시간   시   분   초

온라인 문제풀이

정답 및 해설 | 54

핵심정리

갈래
군담 소설, 영웅소설

배경
명나라

시점
전지적 작가 시점

제재
장국진의 영웅적 활약

주제
장국진의 영웅적 면모와 충성심

특징
① 비현실적(전기적) 요소가 빈번히 드러남.
② 기존의 영웅 소설과 달리 작품 결말에서 주인공의 죽음과 자식들의 번성이 다루어지지 않음.

해제
이 작품은 명나라를 배경으로 하여 장국진이라는 영웅의 일생을 다룬 영웅소설이다. 조선 시대에 쓰인 작품으로 군주에 대한 충의를 주제로 한 군담소설이기도 하다. 명나라의 적국인 달마국이 여러 차례 쳐들어 와 전쟁을 하게 되고 장국진은 영웅적 활약을 하게 된다. 그 과정에서 여러 위기를 겪으나 여성 영웅인 이 부인과 더불어 주변 인물이나 초월적 존재의 도움으로 이를 극복해 나가고, 결국 장국진이 직접 달마국을 정벌한다. 남성 영웅과 더불어 여성 영웅의 활약상이 부각되는 특징이 있다.

등장인물

국진	천상의 벽락성이었다가 유배를 당해 인간 세계에 내려옴. 명나라가 위기에 처하자, 영웅적 활약을 통해 달마국의 침입을 막고 명나라를 위기에서 구함.
이 부인	국진의 아내로, 달마국과의 대적 상황에서 국진이 병에 걸려 위기에 처하자, 영웅적 활약을 통해 명나라를 구해냄.

전체 줄거리
명나라 때, 전 승상 장경구는 늦도록 자식이 없다가 부처께 발원하여 국진을 얻는다. 7세 때

※ 다음 글을 읽고 물음에 답하시오.

㉠ 황성에 병란(兵亂)이 일어났고, 살기(殺氣)가 등등하며, 천자는 피신한 모양이라. 국진은 재빨리 방으로 들어와 무장을 갖추고, 머리에 황금 투구를 쓰고, 몸에 풍운갑을 입고, 좌수에 절륜도와 우수에 청학선, 이런 식으로 무장을 갖추자 잠시도 지체없이 말에 뛰어오르리라.

그리하여 국진은 필마단기(匹馬單騎)*로 나는 듯이 달렸고, 달리면서도 자기의 중대한 임무를 잊지 않은 터라. 그의 빛나는 준마는 순식간에 그를 황성으로 옮겨 주니, 그의 마음과 몸과 말은 실로 혼연일체가 된 듯하더라.

아니나 다르랴, 그가 읽은 천기는 정확하였으니, 달마국의 수십만 대군은 명나라 군을 무찔러 없애고, 이 때 황성으로 쳐들어와 황성의 운명은 경각에 달하였으니, 국진은 즉시 궐내로 들어가 어전에 꿇어 엎드려 가로되,

[A]   "소신이 중임을 맡아 원방(遠方)에 갔사와 폐하께 근심을 끼쳤사오니 이것은 모두가 신의 죄인 줄로 아뢰오. 적병을 파한 후에 죄를 당하여지이다."
하고 아뢰더라.

절망한 천자는 그것이 누군가 처음에는 잘 모르시는 듯하다가 장국진이라는 것을 아시자 놀라시며, 계하로 뛰어내려가 그의 손을 잡고 반가워서 어쩔 줄을 몰라 하시며,

[B]   "경이 있었으면 무슨 근심을 하리오. 경은 힘을 다하여 사직(社稷)을 안보(安保)하고 짐의 근심을 덜라."
하고는 눈물을 뿌리며 애걸하듯이 하교하시더라.

적은 어느새 도성에 다다르고 도성의 백성들은 아우성치니, 이는 지옥을 상상하게 하더라. 그것은 도무지 구할 도리가 없는 완전한 파멸을 보는 듯하더라. 이것을 어느 누구의 힘으로 구원하여 밝은 빛을 뿌려 터인가.

국진은 다시 말에 오르자, **한 손에 절륜도, 또 한 손에 청학선을 흔들며** 성문을 빠져나가 물밀 듯 밀려드는 수십만 ㉡ 적군의 진영으로 비호처럼 달리더라. 그의 절륜도가 닿는 곳마다 번갯불이 번쩍 일더니 적장과 적 군사는 **추풍낙엽같이 쓰러**지니, 적군에게는 전혀 예상하지 못한 일대 혼란이 일더라. 그들의 시체는 산을 이루고 피가 바다를 이루면서 물러가니라.

[중간 부분의 줄거리] 국진은 달마국을 정벌하기로 결심하고 이를 위해 전장으로 떠난다. 달마국은 천원국과 합력하여 국진을 대적한다.

결국 국진이 병을 얻어 누운 것도 당연한 이치일 터라. 이것은 전투 중에 치명적인 일로, 국진은 군중에 엄명을 내려 진문을 굳게 닫게 하고 이 어려운 지경을 어찌 구할 것인지 궁리에 궁리를 더하더라. 적은 몇 번이고 도전하니, 이쪽의 진 앞에서 호

통을 지르곤 하더라. 그러나 국진의 진에서 아무런 답이 없자 백운도사와 오금도사는 장국진에게 중대한 곡절이 있음을 의심하기 시작하더라.

며칠이 지나도 국진의 **신병은 조금도 차도가 없**으니, 이 위급함을 무엇으로 해결하여야 한단 말인가.

이 때 어려서부터 닦아 온 천문지리가 누구보다 능통한 이 부인이 천기를 보고 있던 터라, 남편의 이런 사실을 깨닫고는 놀라움을 금치 못하더라. 더욱이 옆에 있던 유 부인 역시 남편의 위험에 애통해 하니, 장 승상이나 왕씨도 이 소식을 듣고 달려와 울 따름이더라. 육도삼략과 손오병법에도 능통한 이 부인은 생각 끝에 결연히 일어서더니, ⓒ 달마국 전장으로 달려가 병을 앓는 남편을 구하고 이 싸움을 결단 지으리라 결심하더라.

이 부인은 즉시 남장을 하고 머리에 용인 투구를 쓰고, 몸에 청사 전포를 입고, 왼손에 비린도, 오른손에 홀기를 들고는, 시부모와 유 부인과 주위 사람들에게 이별을 고하고 필마단기로 달마국을 향하여 ⓓ 집을 떠나리라. 유 부인은 멀리 전송을 나와 이 부인의 전도를 근심하며, 봉서 한 통과 바늘 한 쌍을 유 부인의 품속에서 내어 주더라.

그리고 이 부인에게 말하되,

"이것을 가지고 동정호 물 건널 제 물에 던지면 용왕 부인이 청할 것이니, 들어가 보옵소서. 동정호 용왕은 첩의 전생 부모이니 부모가 보오면 반가워할 터요, 이제 **가장 좋은 선약(仙藥)을 얻어** 가야 승상의 목숨을 구할 것이오. 다음은 선녀 한 쌍을 얻어 가야 천원 왕과 달마 왕을 잡으리다."

하니, 이 부인은 그것을 받아 가지고 질풍처럼 달리더라.

동정호에 왔을 때 이 부인은 유 부인이 시킨 대로 하여 ⓔ 용궁에 인도되어 들어가자, 용왕 내외가 반가워하며 만년주(萬年酒)를 권하더라. 그리고는 유 부인의 말대로 선약과 선녀 한 쌍을 이 부인에게 내리시며,

"천원 왕과 달마 왕은 욕이나 뵈옵되 죽이지는 마옵소서. 두 사람은 천상 선관으로 인간에 적거(謫居)*하였으니, 만일 죽이면 일후에 원(怨)이 되리라."

하고 교시하더라.

또한 용왕 부인은 선녀들에게 분부하여 **이 부인을 잘 모시고 가서 공을 이루라고 특별히 당부하**더라.

이렇게 하여 이 부인은 용궁에서 나와 전장으로 질풍같이 달려가니, 마음이 든든하기만 하더라.

이때 명나라 진영은 **적병들에 의해 완전히 포위**되고 있었으며, 진문은 열지 않고 굳게 닫혀 있었으니, 적병은 이것을 깨칠 속셈으로 그 준비에 분주하더라. 명나라 군의 운명은 경각에 있음이더라.

국진은 달마국의 침입으로 부모를 잃고 술집에서 말을 먹이는 등의 고생을 한다. 이때 달마국의 백원도사가 국진의 영웅성을 보고는 잡다가 강물에 던져 죽이려고 한다. 국진은 청의동자에게 구해지고 여학도사의 제자가 되어 경서와 도술을 익힌다. 7년 후 국진은 속세로 돌아와 수소문 끝에 부모와 상봉하고 천상배필인 이창옥의 딸 계양에게 구혼하나 거절당한다. 그 후 국진은 장원급제하여 천자의 주선으로 계양과 혼인하고 병부상서 유봉의 딸과도 혼인한다. 국진이 서주어사가 되어 백성들을 진휼하던 중 다시 달마국이 쳐들어오고, 별을 보고 나라의 위급함을 알게 된 국진은 천자에게 나아가 자원 출전하여 승리한다. 이후 천자가 승하하여 태자가 즉위하자 국진은 이참의 참소로 유배를 가다가 달마국에 잡혀 갇힌다. 달마왕이 재차 침입하나, 국진이 탈출하여 막는다. 이때 국진이 병이 들어 위험에 처하자 계양이 남장을 하고 나아가 남편의 병을 고치고 적군과 싸워 승리를 거둔다. 개선하여 국진은 호왕에 봉해지고, 두 부인은 왕비로 봉해져 행복한 삶을 산다.

국진의 영웅적 면모

'그가 읽은 천기는 정확하였으니~'
천기를 읽음으로써 나라의 위기를 알아차림.

'한 손에 절륜도, 또 한 손에 청학선을 흔들며 ~적장과 적 군사는 추풍낙엽같이 쓰러지니'
절륜도와 청학선으로 수많은 적군을 손쉽게 물리침.

↓

신이한 능력을 통해 국진의 영웅적 면모가 드러남.

이 부인의 여로

출발	천문 지리를 통해 국진의 위급함을 알고 국진을 구하고자 함.
과정 ①	유 부인에게서 봉서 한 통과 바늘 한 쌍을 받음.
과정 ②	용왕 내외로부터 선약과 선녀 한 쌍을 받음.
과정 ③	국진을 구하고 전쟁에서 승리하고자 적장으로 향함.

소재의 기능

소재	봉서 한 통과 바늘 한 쌍	선약과 선녀 한 쌍
기능	용왕 내외로 하여금 선약과 선녀 한 쌍을 받게 함.	천원 왕과 달마 왕을 물리침.

여성 인물이 주역으로 등장하여 남성보다 우월한 능력을 발휘하는 내용의 군담 소설

• 〈장국진전〉의 여성 군담 소설 요소

이 부인	• 천문지리와 육도삼략, 손오병법에 능통하며, 남편인 장국진과 동일한 능력을 지님. • 국진이 적국과 대치한 상황에서 병을 얻어 위기에 처하자 남장하여 적군을 물리침.

↓

의의	• 사회 비판 및 남녀 평등 의식 반영 • 여성의 능력과 행위가 반영되기를 바라는 여성 독자의 소망 반영

이를 본 이 부인은 잠시도 지체할 여유가 없으니, 투구를 고쳐 쓰고, 비린도를 높이 들어 만리청총의 고삐를 바싹 쥐어 잡고, 좌우에 따라온 선녀들은 앞에 서서 길을 인도하라고 분부하고 즉시 급하게 채찍질을 하니, 만리 청총마는 화살처럼 적의 포위를 일직선으로 밟아 넘어서며 명나라 진문으로 향하여 달리더라.

적병들은 이 돌발적인 사태를 만나 몹시 어리둥절할 뿐이더라. 난데없이 천지에 소나기가 퍼붓고 **번갯불과 천둥이 무섭게 진동**하니 어느 누구든 **공포 속에서 정신을 잃는** 것은 당연한 일이라. 적병들이라고 해서 무섭지 않으랴. 그들은 이 사태를 운명에 맡길 뿐이더라.

- 작자 미상, 〈장국진전(張國振傳)〉 -

* **필마단기**: 혼자 한 필의 말을 탐. 또는 그렇게 하는 사람.
* **적거**: 귀양살이를 하고 있음.

문제풀이 맥

01

서술상 특징을 파악하는 문제이다. 윗글의 갈래는 고전소설로, 고전소설이 지닌 서술상 특징을 먼저 숙지한다면 답을 쉽게 찾을 것이다.

고전 소설의 특징

• 일대기적 구성   • 편집자적 논평
• 권선징악의 주제   • 전지적 작가 시점
• 평면적이고 전형적인 인간형
• 비현실적이고 우연한 사건 전개

02

세부 내용을 이해하는 문제이다. ㉠~㉤이 가리키는 장소에서 알 수 있는 인물의 행동과, 선택지에 제시된 내용이 적절하게 대응하는지 파악하는 것이 중요하다.

황성	국진이 달마국의 침입을 알게 되는 곳
적군의 진영	국진이 달마국에 맞서 싸우는 곳
달마국 전장	달마국과 대적한 상황에서 국진이 병을 얻게 된 곳
집	이 부인이 국진이 위급한 상황임을 깨닫는 곳
용궁	이 부인이 적군을 물리치기 위한 물건을 얻게 되는 곳

01

윗글의 서술상 특징으로 적절한 것은?

① 연속되는 대화를 활용해 인물 간의 갈등을 고조시키고 있다.
② 과거와 현재의 빈번한 교체로 인물의 내력을 소개하고 있다.
③ 한 인물의 동일한 행위를 반복함으로써 사건의 전환을 예고하고 있다.
④ 서술자의 개입을 통해 작중 상황에 대한 주관적 판단을 제시하고 있다.
⑤ 특정 인물의 외양이나 행동을 과장되게 표현하여 인물을 희화화하고 있다.

02

㉠~㉤을 중심으로 윗글을 이해한 내용으로 적절하지 않은 것은?

① ㉠에서의 병란은 국진이 자신의 중대한 임무를 수행하기 위해 이동하는 계기가 된다.
② ㉡에서 국진은 고통에 시달리는 도성의 백성들을 구원하기 위해 적병과 맞서 싸운다.
③ ㉢에서 국진에게 일어나는 일은 이 부인이 남장을 결심하는 원인이 된다.
④ ㉣에서 이 부인은 미래를 예측하여 위기에 대비할 수 있는 방법을 국진에게 알려 주고 있다.
⑤ ㉤에서 용왕 내외는 적장의 전생 신분을 밝힘으로써 앞날을 경계하고 있다.

03

[A], [B]에 대한 설명으로 가장 적절한 것은?

① [A]는 자신의 실망감을 우회적으로 표현하고 있고, [B]는 상대에 대한 원망을 직설적으로 표현하고 있다.

② [A]는 자신의 목적을 달성하기 위해 거짓으로 말하고 있고, [B]는 상대의 질문에 답하기 위해 사건 내용을 밝히고 있다.

③ [A]는 자신의 손해를 줄이기 위해 상대의 요청을 거절하고 있고, [B]는 상대의 손해를 줄이기 위해 상대를 설득하고 있다.

④ [A]는 상대에 대한 호감을 바탕으로 상대를 격려하고 있고, [B]는 사건 해결을 위해 상대에게 용기를 북돋워 주고 있다.

⑤ [A]는 상대의 근심을 덜기 위해 그 원인을 자신의 탓으로 돌리고 있고, [B]는 상대에 대한 믿음을 바탕으로 명령하고 있다.

04

<보기>를 바탕으로 윗글을 감상한 내용으로 적절하지 <u>않은</u> 것은?

> **보기**
>
> 이 작품은 장국진이라는 영웅의 일생을 다룬 영웅소설이다. 주인공의 영웅적 활약과 더불어 여성 영웅의 활약도 중요하게 나타나고, 이들은 위기 상황에서 주변 인물이나 초월적 존재의 도움으로 위기를 극복해 간다. 이 과정에서 초월적 세계와 현실 세계의 상호 작용, 남성과 여성의 상호 작용을 통해 영웅성이 강화되고 있다.

① 국진이 말에 올라 '한 손에 절륜도, 또 한 손에 청학선을 흔들며' 수십만 적군을 '추풍 낙엽같이 쓰러'뜨리는 데에서, 주인공의 영웅적 활약상을 확인할 수 있다.

② 전투 중 '신병은 조금도 차도가 없'는 국진이 '적병들에 의해 완전히 포위'된 장면에서, 영웅이 처한 위기 상황을 확인할 수 있다.

③ '가장 좋은 선약(仙藥)을 얻어' 국진의 병을 구하려는 데에서, 초월적 존재의 도움으로 위기를 극복해 나간다는 점을 확인할 수 있다.

④ 용왕 부인이 선녀들에게 '이 부인을 잘 모시고 가서 공을 이루라고 특별히 당부하'는 장면에서, 초월적 세계와 현실 세계의 상호 작용을 확인할 수 있다.

⑤ 이 부인이 국진을 구하기 위해 '번갯불과 천둥이 무섭게 진동'하여 '공포 속에서 정신을 잃는' 상황을 이겨 내는 데에서, 남성과 여성의 상호 작용을 확인할 수 있다.

03

인물의 말하기 방식을 이해하는 문제이다. 먼저 화자와 청자를 파악한 뒤, 인물이 발화하는 상황을 이해해야 한다. 발화가 사건 전개에 어떠한 영향을 미치는지 알고 있는 것 또한 중요하다.

[A]	국진이 천자에게 달마국에 맞서 전장에 나가는 것을 아룀.
[B]	천자가 국진의 자원을 기쁘게 수락함.

04

외적 준거에 따라 감상하는 문제이다. <보기>에서 윗글은 영웅소설로, 남성 영웅뿐만 아니라 여성 영웅의 활약을 드러냄으로써 상호 작용을 통해 영웅성이 강화되고 있음을 설명한다. 이를 참고하여 작품에 제시된 '국진'과 '이 부인'의 영웅적 면모를 파악해야 한다.

6일간 학습

Day	공부 시작 시간	공부 종료 시간	틀린 문항 수	틀린 유형
Day 1	시 분 초	시 분 초		
Day 2	시 분 초	시 분 초		
Day 3	시 분 초	시 분 초		
Day 4	시 분 초	시 분 초		
Day 5	시 분 초	시 분 초		
Day 6	시 분 초	시 분 초		

WEEK 4

1 일별로 계획에 맞춰 공부하기

하루에 기출 하나씩 매일 꾸준히 공부하는 것이 최선의 방법이다.

2 시작 시간과 종료 시간 체크하기

스스로 시간 제한을 두고 문제를 푸는 것이 실전 대비에 효과적이다.

3 틀린 문항과 유형 분석하기

틀린 문제는 또 틀릴 수 있다. 특정 문항과 유형에서 많이 틀렸다면, 그 이유를 분석해야 한다.

4 보충 학습하기

스스로 점검하기를 통해 자신의 취약한 유형을 확인하고, SLS를 통해 부족한 부분을 보충 학습한다.

	Day 1						Day 2						Day 3					
번호	1	2	3	4	5	6	1	2	3	4	5	6	1	2	3	4	5	6
정답률	90%	43%	88%				63%	44%	53%	66%	71%		87%	77%	68%	66%	62%	
채점																		

	Day 4						Day 5						Day 6					
번호	1	2	3	4	5	6	1	2	3	4	5	6	1	2	3	4	5	6
정답률	75%	72%	39%	62%	71%	68%	84%	78%	66%				59%	65%	80%	60%		
채점																		

결과	틀린 문항에는 ✕표시, 찍어서 막혔거나 헷갈렸던 문항에는 △표시, 맞춘 문항에는 ○표시 채점 결과 : 맞은 문항 수 26개중 ☐개

나의 예상 등급은?

등급

1등급
22~26개

2등급
20~21개

3등급
18~19개

CHECK

5

WEEK

핵심정리

가

갈래

대화

제재

배속 재생과 건너뛰기 기능

화제

〈영화도 2배속으로 보는 시대〉에 대한 감상

대화 중심 내용

배속 재생과 건너뛰기의 사용에 대한 견해	
학생 2	배속 재생과 건너뛰기 기능으로 최대한 많은 영화를 보는 것을 선호
학생 3	많이 보는 것에만 집착하면 놓치는 것이 많으므로 한 편의 영화를 보더라도 깊이 있게 보는 것을 선호

영화를 보는 목적	
학생 2	줄거리 파악 → 현대 사회에서 영화가 사회적 교류의 수단으로 기능한다는 책의 내용을 인용
학생 3	영화에 담긴 풍부한 의미를 감상 → 배속 재생이나 건너뛰기로는 영화에 담긴 풍부한 의미를 온전히 감상할 수 없다는 책의 내용을 인용

발화의 특징

학생 1	• 두 번째 발화: '학생 2'의 발화 내용을 보충하며 재진술 • 세 번째 발화: '학생 3'의 의견을 수용하며 새로운 화제 제시 • 다섯 번째 발화: 대화를 통해 느낀 점과 다음 활동에 대한 기대
학생 2	• 두 번째 발화: 경험을 바탕으로 자신의 견해 제시 • 다섯 번째 발화: '학생 3'의 의견을 수용하며 관점을 확장

※ (가)는 수업 중 학생 대화이고, (나)는 (가)의 활동 이후 학생 2가 작성한 독서감상문이다. 물음에 답하시오.

가

학생 1: ㉠ 지난 수업 시간까지 〈영화도 2배속으로 보는 시대〉를 같이 읽었잖아. 오늘은 느낀 점을 먼저 이야기해 볼까?

학생 2: 배속 재생이나 건너뛰기 기능을 사용해서 영화를 보는 걸 새로운 현상으로 소개한 부분이 흥미로웠어.

학생 1: ㉡ 청소년들 모두가 이미 당연하게 사용하는 방법을 새로운 현상이라고 한 것이 흥미로웠다는 말이구나.

학생 3: 우리 또래가 모두 그런 방식으로 영화를 본다는 것은 지나친 일반화 아닐까?

학생 1: ㉢ 그럴 수도 있겠다. 너희는 어때? 영화를 볼 때 배속 재생이나 건너뛰기 기능을 사용하는 편이야?

학생 2: 응. 저번 주말에도 그렇게 해서 두 시간 만에 영화 세 편을 몰아 봤는걸. 그 덕에 어제 친구들과 이야기할 거리가 많았어. 이런 이유 때문에 요즘은 배속 재생이나 건너뛰기 기능을 계속 사용하게 돼.

학생 3: 나는 지금은 그렇게 안 봐. 배속 재생으로 봤던 영화를 우연히 원래 속도로 보게 된 적이 있었는데 전혀 다른 영화라는 느낌이 들었어. 그 뒤로는 배속 재생 기능을 사용하지 않아. 많이 보는 것에만 집착하면 그만큼 놓치게 되는 것도 많더라고. [A]

학생 2: 하지만 영상 구독 서비스가 도입되면서 영화를 볼 수 있는 환경이 달라졌잖아. 너도 구독 서비스를 이용하고 있으니 무제한으로 영화를 볼 수 있을 텐데, 배속 재생과 건너뛰기 기능으로 최대한 많은 영화를 보는 것이 낫지 않겠어?

학생 3: 그건 사람에 따라 다르지 않을까? 나는 한 편의 영화를 보더라도 깊이 있게 보는 것이 더 좋다고 생각해.

학생 1: ㉣ 너희 이야기를 들으니 배속 재생과 건너뛰기에 대한 태도는 목적에 따라 달라진다고 했던 책의 내용이 떠오르네. 너희들은 영화를 보는 목적이 뭐야?

학생 2: 줄거리 파악이지. 줄거리만 알면 영화 이야기에 참여할 수 있으니까. 친구들과의 어제 대화를 생각하니 현대 사회에서 영화가 사회적 교류의 수단으로 기능한다고 했던 책의 내용을 더 잘 이해할 수 있었어.

학생 3: 줄거리를 아는 것만으로는 부족해. 책에서도 배속 재생이나 건너뛰기로는 영화에 담긴 풍부한 의미를 온전히 감상할 수 없다고 했어. 아까 배속 재생으로 봤던 영화를 원래 속도로 다시 봤다는 얘기를 했잖아? 배속 재생으로 볼 때는 놓쳤던 장면에서 느꼈던 감동이야말로 영화에 담긴 풍부한 의미를 감상한 결과라고 생각해. [B]

학생 2: 너의 말을 들어보니 내가 지금까지 본 영화에서 놓친 의미가 많을 수 있겠다는 생각이 들어.

학생 1: ⓜ 이렇게 이야기하다 보니 같은 책을 읽고도 생각이 다르다는 것을 알 수 있구나. 다음에 읽을 책은 소설이지? 책을 다 읽고 나서 오늘처럼 유익한 이야기를 나눌 수 있으면 좋겠어.

나

❶ 영상의 수가 적어 한두 편만 시청하는 것만으로도 사람들과 시청 경험을 공유하며 교류할 수 있었던 과거와는 달리, 현대 사회에서는 수십 개의 채널과 다양한 영상 구독 서비스를 통해 수많은 영상을 시청할 수 있다. 이런 상황에서 화제가 되는 모든 영상을 시청하는 것은 거의 불가능하다. 이를 배경으로 한 책 〈영화도 2배속으로 보는 시대〉는 영화 한 편을 이삼십 분 만에 보는 사람들에 주목하여 '배속 재생'과 '건너뛰기' 기능을 활용한 영화 감상 문화를 소개하고 있다.

❷ 배속 재생과 건너뛰기 기능을 활용하면 짧은 시간 동안 많은 영화를 볼 수 있다. 책에 의하면 이런 기능은 젊은 세대가 특히 많이 활용하는데, 대화에 참여하고 인정받는 것을 중시하는 이들 세대는 많은 영화를 빨리 보고 그 내용을 사회적 교류의 수단으로 사용하고 싶어 한다는 것이다. 또한 원하는 부분만 선택하여 볼 수 있으므로 소비자가 영화를 주도적으로 수용할 수 있게 된다고도 언급한다.

❸ 하지만 책에서는 배속 재생과 건너뛰기 기능이 영화를 감상하는 즐거움을 반감할 수 있다는 점도 지적하고 있다. 영화의 장면들은 상호작용하며 의미를 구성하기에, 원하는 부분만 선택해서 보면 영화에 담긴 의미가 훼손될 수 있다는 것이다. 예를 들어 등장인물이 아무 말 없이 창밖을 바라보는 장면을 대사가 없다는 이유로 배속 재생으로 보거나 건너뛴다면, 헤어진 연인과의 추억을 회상하는 다음 장면의 의미를 제대로 파악할 수 없을 것이다. 책에서는 위의 사례를 통해 줄거리 파악에 지장이 없다고 해서 전개가 느리거나 대사가 없는 장면을 건너뛰고 본다면 창작자의 의도를 간과하게 된다는 것을 강조하였다. [C]

❹ 나는 평소 배속 재생과 건너뛰기를 많이 활용하는 편이고 주말에 시간이 나면 드라마를 한꺼번에 몰아서 보는 일상에도 익숙해진 지 오래다. 그래서 책에서 이런 감상 방식을 새로운 현상으로 지칭하는 것이 흥미롭기도 했다. 하지만 책을 읽고 대화를 나누면서 나오는 다른 감상 방식을 선호하는 친구의 말을 듣고, 그동안 내가 놓친 것이 있을 수 있음을 인정하게 되었다. 또한 영화의 줄거리뿐 아니라 영화가 주는 풍부한 의미를 읽어내고 느끼게 되는 감동도 친구들과의 대화에서 좋은 화젯거리가 될 것이라는 생각도 들었다. 그리고 이제는 줄거리 파악 말고도 영화가 주는 다양한 의미까지 읽어내기 위한 감상 방법도 활용해야겠다고 생각했다.

WEEK 5

| 학생 3 | • 첫 번째 발화: '학생 1'의 발언에 대한 비판적 입장을 제시
• 세 번째 발화: '학생 2'의 의견에 동의하지 않음을 간접적으로 제시
• 네 번째 발화: 앞선 자신의 발언 내용을 환기함 |

나

갈래

독서감상문

제재

배속 재생과 건너뛰기 기능

화제

배속 재생과 건너뛰기 기능을 활용한 영화 감상 문화

문단 중심 내용

❶ 배속 재생과 건너뛰기 기능을 활용한 영화 감상 문화의 등장 배경
❷ 배속 재생과 건너뛰기 기능을 활용한 영화 감상 문화의 긍정적 측면
❸ 배속 재생과 건너뛰기 기능을 활용한 영화 감상 문화의 부정적 측면
❹ 책을 읽은 후 친구와 나눈 대화를 통해 느낀 점

배속 재생과 건너뛰기 기능의 장·단점

장점	• 짧은 시간 동안 많은 영화를 볼 수 있음. • 원하는 부분만 선택하여 볼 수 있으므로 소비자가 영화를 주도적으로 수용할 수 있음.
단점	원하는 부분만 선택해서 보면 영화에 담긴 의미가 훼손될 수 있음. → 창작자의 의도를 간과하게 됨.

01

발화의 기능을 이해하는 문제이다. 해당 발화가 대화에서 어떠한 역할을 하는지 파악해야 한다. 이를 위해서 기호에 해당하는 발화의 내용을 파악하고, 앞뒤의 발화 상황을 종합적으로 고려하여 발화가 어떤 의미와 기능을 지니는지를 이해해야 한다.

01

(가)의 ㉠~㉤에 대한 설명으로 적절하지 않은 것은?

① ㉠: 공유된 상황을 환기하며 대화의 화제를 제시하고 있다.

② ㉡: 직전 발화의 의미를 보충하며 일부를 재진술하고 있다.

③ ㉢: 대화 참여자들의 입장을 재차 확인하고 이를 자신의 입장과 비교하고 있다.

④ ㉣: 함께 읽은 책의 내용을 언급하며 화제를 전환하고 있다.

⑤ ㉤: 대화에서 느낀 점을 밝히며 추후의 활동에 대한 기대를 드러내고 있다.

02

담화의 전개를 고려하여 발화의 양상을 파악하는 문제이다. 이 문제에서는 [A]와 [B]로 한정하고 있기 때문에 해당 부분의 대화 맥락을 더욱 꼼꼼히 파악해야 한다. [A]는 영화를 볼 때 배속 재생과 건너뛰기 기능을 사용하는지에 대한 '학생 2'와 '학생 3'의 견해이고, [B]는 영화를 보는 목적에 관한 '학생 2'와 '학생 3'의 견해이다.

02

[A]와 [B]를 이해한 내용으로 가장 적절한 것은?

① [A]에서 대화 참여자들이 가지고 있던 통념은 [B]에서 일상의 경험을 상기하는 과정에서 부정되고 있다.

② [A]에서 제시된 대화 참여자들의 입장은 [B]에서 상대방의 경험에 부여한 의미를 진술하는 과정에서 변하고 있다.

③ [A]에서 제시된 대화 참여자들의 개인적 경험은 [B]에서 책의 내용과 연결되면서 독서 경험에 기여한 것으로 드러나고 있다.

④ [A]에서 대화 참여자들이 공통으로 가졌던 의문은 [B]에서 책의 내용을 되짚던 중 이를 해결할 단서를 찾음으로써 해소되고 있다.

⑤ [A]에서 언급된 대화 참여자들의 견해는 [B]에서 책에 나타난 정보의 유용성을 판단하는 기준이 되면서 책에 대한 평가로 이어지고 있다.

03

(가)의 내용이 (나)에 반영된 양상으로 적절하지 않은 것은?

① (가)에서 '학생 2'가 미디어 환경의 변화를 언급한 내용이 (나)의 1문단에 배속 재생과 건너뛰기 문화의 발생 배경으로 제시되었다.

② (가)에서 '학생 3'이 영화에 담긴 풍부한 의미에 대해 언급한 내용이 (나)의 4문단에 친구들과의 대화에서 화젯거리가 다양해질 수 있겠다는 생각으로 제시되었다.

③ (가)에서 '학생 2'가 그동안 영화에서 놓친 의미가 많을 수 있겠다고 언급한 내용이 (나)의 4문단에 영화를 감상하는 다른 방법도 활용하겠다는 다짐으로 제시되었다.

④ (가)에서 '학생 2'가 영화가 사회적 교류 수단으로 기능한다고 언급한 내용이 (나)의 2문단에 집단 내에서 인정받고자 하는 젊은 세대의 성향과 관련지어 제시되었다.

⑤ (가)에서 '학생 3'이 감상 방법에 따라 같은 영화라도 감상 결과가 달라질 수 있다고 언급한 내용이 (나)의 2문단에 수용자가 영화를 주도적으로 감상할 때의 효과로 제시되었다.

03
대화 내용이 글에 반영된 양상을 이해하는 문제이다. 이 문제는 (가)의 대화 내용을 (나)에서 어떻게 활용했는지를 파악해야 한다. 따라서 (가)와 (나)에 대한 전반적인 이해를 바탕으로 (가)의 발화 의미와 기능, (나)의 문단 중심 내용, 핵심 내용을 이해하고 있어야 한다.

04

[C]가 <보기>를 고쳐 쓴 것이라고 할 때, 그 과정에서 반영된 친구의 조언으로 가장 적절한 것은?

> **보기**
>
> 하지만 책에서는 배속 재생과 건너뛰기 기능이 영화를 감상하는 즐거움을 반감할 수 있다는 점도 지적하고 있다. 영화를 빠르게 보면 창작자의 의도를 간과하게 된다는 것이다.

① 영화를 원래 속도로 보지 않아 줄거리를 제대로 파악하지 못한 경험을 들어 주면 어떨까?

② 영화 감상의 목적에 따라 감상 방법을 달리 선택해야 한다는 저자의 견해를 직접 인용하면 어떨까?

③ 영화를 원래 속도로 감상하지 않아 창작자의 의도를 놓치게 되는 사례를 책에서 찾아 제시하면 어떨까?

④ 영화를 볼 때 줄거리 파악보다는 창작자의 의도를 파악하는 것이 더 중요하다는 책의 내용을 강조하면 어떨까?

⑤ 영화를 배속 재생으로 볼 때와 건너뛰기로 볼 때 창작자의 의도가 간과되는 양상이 다르다는 책의 내용을 추가하면 어떨까?

04
글을 고쳐 쓰는 과정에서 받은 조언을 추측하는 문제이다. 이러한 유형의 문제는 고쳐 쓰기 이전의 글과 고쳐 쓴 이후의 글을 비교하여 어떤 부분이 달라졌는지를 먼저 확인해야 한다. 그 뒤에 해당 부분이 어떤 이유로 달라졌을지를 유추해야 한다.

핵심정리

언어의 특성

역사성	시간의 흐름에 따라 언어가 변화하기도 한다는 것
자의성	언어의 내용인 '의미'와 그것을 나타내는 형식인 '말소리' 사이의 관계가 필연적이지 않다는 것
사회성	말소리와 의미는 사회의 인정을 통해 관습적으로 결합되어 있어 그 결합은 개인이 함부로 바꿀 수 없는 약속이라는 것
분절성	언어를 통해 연속적인 대상이나 개념을 분절적으로 인식하게 된다는 것

단어의 의미 변화 양상

의미의 확대	단어 본래의 의미보다 그 뜻의 사용 범위가 넓어지는 것
의미의 축소	본래의 의미보다 그 뜻의 사용 범위가 좁아지는 것
의미의 이동	단어의 의미가 조금씩 달라져서 본래의 의미와 거리가 먼 다른 의미로 바뀌는 것

단어의 형태 변화

음운의 변화로 인한 것	• 'ㆍ' → 첫째 음절에서는 'ㅏ', 둘째 음절 이하에서는 'ㅡ' • 'ㅿ' → 대부분 소실 • 'ㅸ' → 주로 반모음 'ㅗ/ㅜ'
유추로 인한 것	어떤 단어가 의미적 혹은 형태적으로 비슷한 단어를 본떠 변화하는 것

※ [01~02] 다음 글을 읽고 물음에 답하시오.

언어학자인 소쉬르는 '시간은 모든 것을 변화시킨다. 언어라고 해서 이 보편 법칙을 벗어날 리가 없다.'라고 했다. 이처럼 시간의 흐름에 따라 언어가 변화하기도 하는데 이를 언어의 특성 중 역사성이라고 한다. 이러한 언어의 역사성을 의미와 형태 측면에서 살펴보자.

단어의 의미 변화 양상에는 의미의 확대, 축소, 이동이 있다. 의미 확대는 단어 본래의 의미보다 그 뜻의 사용 범위가 넓어지는 것이고, 반대로 의미 축소는 본래의 의미보다 그 뜻의 사용 범위가 좁아지는 것이다. 그리고 단어의 의미가 조금씩 달라져서 본래의 의미와 거리가 먼 다른 의미로 바뀌기도 하는데, 이를 ㉠ 의미 이동이라고 한다.

단어의 형태 변화는 ㉡ 음운의 변화로 인한 것과 유추로 인한 것 등이 있다. 중세 국어의 음운 중 'ㆍ', 'ㅿ', 'ㅸ' 등이 시간이 지나면서 다른 음운으로 바뀌거나 소실되었는데, 이에 따라 단어의 형태도 바뀌게 되었다. 'ㆍ'는 첫째 음절에서는 'ㅏ'로, 둘째 음절 이하에서는 'ㅡ'로 주로 바뀌었으며 'ㅿ'은 대부분 소실되었고 'ㅸ'은 주로 반모음 'ㅗ/ㅜ'로 바뀌었다. 한편 유추란 어떤 단어가 의미적 혹은 형태적으로 비슷한 다른 단어를 본떠 변화하는 것을 말한다. 과거에 '오다'의 명령형은 '오다'에만 결합하는 명령형 어미 '-너라'가 결합한 '오너라'였으나, 사람들이 일반적인 명령형 어미인 '-아라'가 쓰일 것이라고 유추하여 사용한 결과 현재에는 '-아라'가 결합한 '와라'도 쓰인다.

[A] 이와 같은 역사성뿐만 아니라 언어의 특성에는 언어의 내용인 '의미'와 그것을 나타내는 형식인 '말소리' 사이의 관계가 필연적이지 않다는 자의성, 말소리와 의미는 사회의 인정을 통해 관습적으로 결합되어 있어 그 결합은 개인이 함부로 바꿀 수 없는 약속이라는 사회성, 언어를 통해 연속적인 대상이나 개념을 분절적으로 인식하게 된다는 분절성 등이 있다.

01

[A]를 바탕으로 추론한 내용으로 적절하지 않은 것은?

① 경계가 뚜렷하지 않은 '무지개'의 색을 일곱 가지 색으로 구분하는 것은 언어를 통해 대상을 분절적으로 인식하는 것이겠군.

② 여러 사람들이 '소리 없이 빙긋이 웃는 웃음'을 '미소'라고 말하는 것은 의미와 말소리가 관습적으로 결합되어 있기 때문이겠군.

③ 동일한 의미의 대상을 한국어로는 '개', 영어로는 'dog'라고 말하는 것은 의미와 말소리의 관계가 필연적이지 않기 때문이겠군.

④ '바다'의 의미를 '나무'라는 말소리로 표현하면 의사소통이 제대로 안 되는 것은 언어가 개인이 함부로 바꿀 수 없는 사회적 약속이기 때문이겠군.

⑤ '차다'라는 말소리가 '(발로) 차다', '(날씨가) 차다', '(명찰을) 차다' 등 다양한 의미에 대응하는 것은 연속적인 개념을 언어로 나누어 인식하고 있는 것이겠군.

02

<보기>는 언어의 역사성과 관련하여 학생이 수집한 자료이다. ⓐ~ⓔ 중 윗글의 ㉠과 ㉡에 모두 해당하는 것은?

보기

> • '어리다'는 '나이가 적다'라는 의미인데 예전에는 '어리석다'라는 의미를 나타냈고, 예전에도 '어리다'의 형태로 쓰였다. ······················· ⓐ
>
> • '서울'은 '나라의 수도'와 '한반도의 중심부에 있는 도시'를 의미하는데 과거에는 '나라의 수도'만을 의미했고, '셔블'의 형태로 쓰였다. ······················· ⓑ
>
> • '싸다'는 '비용이 보통보다 낮다'라는 뜻의 단어인데 예전에는 '그 정도의 값어치가 있다'라는 의미를 나타냈고, '쓰다'의 형태로 쓰였다. ······················· ⓒ
>
> • '마음'은 '사람이 본래부터 지닌 성격이나 품성'을 뜻하는 단어인데 예전에는 이와 함께 '심장'을 의미하기도 했고, '무숨'의 형태로 쓰였다. ······················· ⓓ
>
> • '서로'는 '짝을 이루는 상대'라는 뜻으로, 예전에 '서르'라고 썼는데 사람들이 일반적으로 부사가 '-로'로 끝나는 것에서 추측하여 사용한 결과 '서르'는 '서로'로 변했다. ······················· ⓔ

① ⓐ   ② ⓑ   ③ ⓒ   ④ ⓓ   ⑤ ⓔ

03

음운의 개수 변화 및 음절의 유형을 탐구하는 문제이다. 음운이 놓이는 환경에 따라 바뀌는 현상을 음운 변동이라 하는데 변화 양상을 기준으로 크게 4가지로 구분할 수 있다. 이때 어떤 음운 변동이 적용되었는가에 따라 음운의 개수가 변화한다.

교체	개념	한 음운이 다른 음운으로 바뀌는 현상
	변동 공식	A → B
첨가	개념	없던 음운이 새롭게 추가되는 현상
	변동 공식	A+B → ACB
탈락	개념	두 음운 중 한 음운이 없어지는 현상
	변동 공식	A+B → A or B
축약	개념	두 음운이 합쳐져 하나의 음운으로 줄어드는 현상
	변동 공식	A+B → C

음절은 홀로 발음될 수 있는 최소 단위로 음절의 유형은 '모음', '자음+모음', '모음+자음', '자음+모음+자음'으로 구분할 수 있다. 다만, 음절의 끝소리에 오는 자음은 두 개일 수도 있고, 하나일 수도 있다.

03

<학습 활동>을 수행한 결과로 적절하지 않은 것은?

학습 활동

음운 변동에는 교체, 첨가, 탈락, 축약이 있는데 음운 변동의 결과로 음운의 개수가 변화하기도 한다. 분절 음운인 자음과 모음은 모여서 음절을 이루는데, 음절은 발음할 수 있는 최소의 단위로 음절의 유형은 크게 '모음', '자음+모음', '모음+자음', '자음+모음+자음'으로 나눌 수 있다. [자료]의 밑줄 친 부분을 중심으로 음운의 개수 변화와 음절의 유형을 탐구해 보자.

[자료]
◦ 책상에 놓인 책을 한여름이 지나서야 읽기 시작했다.
◦ 독서를 즐기기 위해서는 자기에게 맞는 책을 골라야 한다.

① '놓인[노인]'은 탈락의 결과로 음운의 개수가 줄었으며, [노]는 음절 유형이 '자음+모음'이다.
② '한여름[한녀름]'은 첨가의 결과로 음운의 개수가 늘었으며, [녀]는 음절 유형이 '자음+모음'이다.
③ '읽기[일끼]'는 탈락의 결과로 음운의 개수가 줄었으며, [일]은 음절 유형이 '모음+자음'이다.
④ '독서[독써]'는 첨가의 결과로 음운의 개수가 늘었으며, [써]는 음절 유형이 '자음+모음'이다.
⑤ '맞는[만는]'은 교체의 결과로 음운의 개수는 변동이 없고, [만]은 음절 유형이 '자음+모음+자음'이다.

04

<보기>의 ㉠~㉢에 들어갈 말로 적절한 것은?

보기

학생: 선생님, '-에요'와 '-예요'는 어떻게 구별하여 쓰면 되나요?

선생님: '-에요'는 설명·의문의 뜻을 나타내는 종결 어미로, '이다'나 '아니다'의 어간 뒤에 붙는 것입니다. '-예요'는 '-이에요'의 준말로, 받침이 없는 체언에 붙어요.

학생: 네. 그런데 '너는 어디에 있니?'에 대한 대답으로 '교실에요.'처럼 쓰는 경우가 있는데 이건 맞춤법에 맞는 표현인가요?

선생님: 네, 그때의 '-에요'는 처소의 부사격 조사 '에'와 보조사 '요'가 결합한 것이므로 맞춤법에 맞는 표현입니다. 그럼, 아래의 괄호 안에 들어갈 말은 무엇일까요?

1. A: 책을 어디에 두고 왔니?
   B: 집(   ).
2. 여기는 제가 갔던 식당이 아니(   ).
3. 그때 그를 도와준 건 이 학생(   ).

학생: 1번은 (㉠), 2번은 (㉡), 3번은 (㉢)입니다.

선생님: 모두 잘 이해했네요.

	㉠	㉡	㉢			㉠	㉡	㉢
①	에요	에요	이에요		②	에요	에요	예요
③	에요	예요	이에요		④	예요	이에요	예요
⑤	예요	에요	이에요					

04

한글 맞춤법에 맞는 표현을 파악하는 문제이다. '-에요'와 '-예요'는 모두 설명이나 의문을 표현할 때 사용하는 종결 어미이다. 그러나 '-에요'는 '이다', '아니다'에 붙거나, 앞 단어에 받침이 있을 때 사용하는 반면, '-예요'는 앞 단어에 받침이 없을 때 사용한다. 이때 부정형인 '아니다'의 경우 무조건 '-에요'가 사용된다는 점을 주의해야 한다. 또한 처소의 부사격 조사 '에'와 보조사 '요'가 결합한 '-에요'와 종결 어미 '-에요'를 구분해야 한다.

품사와 띄어쓰기를 파악하는 문제이다. 품사란 문법 성질이 비슷한 단어끼리 모아 명사, 대명사, 수사, 동사, 형용사, 관형사, 부사, 조사, 감탄사로 분류한 것을 말한다. 한글 맞춤법에 따르면 단어는 띄어 쓰는 것을 원칙으로 하므로 명사, 부사 등은 앞말과 띄어 쓰지만, 조사는 예외적으로 단어에 속함에도 앞말에 붙여 써야 한다.

05

<보기>의 [자료]를 바탕으로 할 때, ㉠~㉮ 중 띄어쓰기가 바르게 된 것만을 [예문]에서 고른 것은?

보기

[자료]

보다¹ 「동사」

「1」 눈으로 대상의 존재나 형태적 특징을 알다.

「2」 눈으로 대상을 즐기거나 감상하다.

「3」 책이나 신문 따위를 읽다.

보다² 「부사」 어떤 수준에 비하여 한층 더.

보다³ 「조사」 서로 차이가 있는 것을 비교하는 경우, 비교의 대상이 되는 말에 붙어 '~에 비해서'의 뜻을 나타내는 격 조사.

[예문]

┌ 그는 그 책을 처음 보다. ·· ㉠
└ 그는 그 책을 처음보다. ·· ㉡
┌ 그는 나 보다 두 살 위이다. ·· ㉢
└ 그는 나보다 두 살 위이다. ·· ㉣
┌ 그는 자기부터 보다 용감해져야 한다고 생각했다. ············· ㉤
└ 그는 자기부터보다 용감해져야 한다고 생각했다. ············· ㉮

① ㉠, ㉢, ㉤   ② ㉠, ㉣, ㉤   ③ ㉠, ㉣, ㉮
④ ㉡, ㉢, ㉮   ⑤ ㉡, ㉣, ㉤

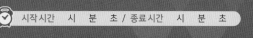

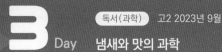

3 Day   독서(과학) 고2 2023년 9월

냄새와 맛의 과학

※ 다음 글을 읽고 물음에 답하시오.

❶ 우리는 냄새를 어떻게 인식할까? 냄새의 원인이 되는 기체 상태의 분자가 코로 들어온 후 몇 가지 과정을 거쳐 뇌에서 냄새를 인식하게 된다. 과학자들은 분자의 구조와 뇌가 인식하는 냄새 사이에 직접적인 관련이 있다고 추측하고 이를 밝히려고 했으나 한계에 부딪혔다. 단일 분자 물질이 농도에 따라 전혀 다른 냄새로 인식되는 경우를 설명할 수 없었기 때문이다. 이후 다른 감각들은 자극이 전기 신호로 바뀌어 인식된 것이라는 점에 착안하여 후각을 이해하려는 접근이 도입되었다. 20세기 후반에 미국의 과학자인 액설과 벅은 냄새 분자를 전기 신호로 전환하는 매개체인 후각 수용체를 발견했다. 후각 수용체를 중심으로 후각 자극의 신호 전달 과정을 살펴보자.

❷ 코안의 가장 윗부분에 후각 수용체가 있는 엄지손톱 크기의 후각 상피가 있다. 냄새 분자는 우리가 호흡할 때 공기에 실려 후각 상피로 가는데, 방향에 따라 정방향 경로와 역방향 경로가 있다. 전자는 숨을 들이쉴 때 신체 외부에 있던 냄새 분자가 콧속으로 유입되는 경로이고, 후자는 신체 내부에 있던 냄새 분자가 목구멍을 통해 코 뒤로 올라가 숨을 내쉴 때 후각 상피에 도달하는 경로이다. 후자를 통해 이동한 냄새 분자는 미각으로 느낀 맛을 더욱 풍부하게 할 수 있다.

❸ 이러한 경로를 통해 냄새 분자가 도달한 ㉠ 후각 상피에는 냄새를 받아들이는 후각 신경 세포 수백만 개가 밀집해 있다. 세포의 말단에는 가느다란 섬모들이 뻗어 나와 얇은 점액질층에 잠겨 있고, 섬모 표면에는 특정한 몇 종류의 분자와 선택적

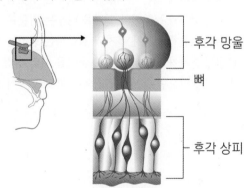

으로 결합하는 막단백질인 후각 수용체가 점점이 박혀 있는데 한 개의 후각 신경 세포에는 한 종류의 후각 수용체만 존재한다. 냄새 분자는 점액질층을 통과하여 후각 수용체와 결합한다. 대부분의 냄새에는 수백 종류의 분자가 포함되는데, 이 냄새 분자와 특이적으로 결합하는 후각 수용체가 동시에 활성화된다. 인간은 약 400종류의 후각 수용체로 1만여 가지의 냄새를 맡을 수 있다.

❹ 후각 수용체가 활성화되면 후각 신경 세포의 세포막 안팎에 전압 차가 만들어지면서 후각 신경 세포에서 전기 신호가 발생한다. 이 신호는 후각 신경 세포에서 뻗어 나온 긴 돌기인 축삭을 타고 뼈의 구멍을 통해 뇌로 올라가 ㉡ 후각 망울에 있는 토리로 전달된다. 하나의 토리에는 동일한 종류의 후각 수용체가 활성화되어 만들어진 모든 전기 신호가 모인다. 이때 수천 개의 토리 중 신호를 전달받은 토리들이

핵심정리

문단 중심 내용

❶ 후각 수용체를 중심으로 후각 자극의 신호 전달 과정을 이해하려는 접근이 도입된 배경
❷ 냄새 분자가 후각 상피로 가는 두 가지 경로
❸ 후각 자극의 신호 전달 과정 ①
  – 후각 상피
❹ 후각 자극의 신호 전달 과정 ②
  – 후각 망울
❺ 후각 자극의 신호 전달 과정 ③ – 대뇌

냄새 분자가 후각 상피로 가는 경로

정방향 경로	숨을 들이쉴 때 신체 외부에 있던 냄새 분자가 콧속으로 유입되는 경로
역방향 경로	신체 내부에 있던 냄새 분자가 목구멍을 통해 코 뒤로 올라가 숨을 내쉴 때 후각 상피에 도달하는 경로

후각 자극의 신호 전달 과정

냄새 분자가 공기에 실려 후각 상피로 감.
↓
냄새 분자가 점액질층을 통과하여 후각 수용체와 결합함.
↓
냄새 분자와 특이적으로 결합하는 후각 수용체가 동시에 활성화됨.
↓
후각 신경 세포의 세포막 안팎에 전압 차가 만들어지면서 전기 신호가 발생함.
↓
전기 신호가 축삭을 타고 뼈의 구멍을 통해 뇌로 올라가 후각 망울에 있는 토리로 전달됨.
↓
신호를 전달받은 토리들이 패턴을 만듦.
↓
패턴이 신경 세포인 승모 세포를 통해 전기 신호가 강화되어 대뇌로 전달됨.

WEEK 5

↓

대뇌의 후각 겉질에서 새로운 냄새의 정보를 기존의 것과 비교함.

↓

냄새 정보를 편도체, 해마, 눈확이마 겉질 등 대뇌의 다른 영역으로 보냄.

냄새 정보가 전달되었을 때의 결과

편도체	무의식중에 즐겁거나 불쾌한 감정을 느낄 수 있음.
해마	순식간에 과거의 기억이 떠오를 수 있음.
눈확이마 겉질	개인의 경험, 기대, 상황 등의 정보를 종합하여 최종적으로 어떤 냄새인지 판단하여 냄새를 인식하게 됨.

■ **문제풀이 맥** ■

01

글의 세부 내용을 파악하는 문제이다. 선택지에서 묻는 것이 무엇인지 정확히 파악하고, 해당 내용을 지문에서 찾을 수 있는지 확인해야 한다.

패턴을 만드는데, 신호의 세기도 패턴에 반영된다. 냄새마다 고유한 일종의 패턴 지도가 있어 다른 냄새와 구별할 수 있는 특징이 된다. 단일 분자로 이루어진 물질이라도 농도에 따라 다른 패턴이 만들어진다면 우리는 이를 전혀 다른 냄새로 인식한다. ❺ 후각 망울의 토리에서 만들어진 패턴은 신경 세포인 승모 세포를 통해 전기 신호가 강화되어 대뇌로 전달되고, 대뇌의 다양한 정보들과 합쳐져 최종적으로 냄새를 인식하게 된다. 승모 세포가 연결된 대뇌의 후각 겉질에는 과거에 맡았던 냄새 정보가 저장되어 있어 새로운 냄새의 정보를 기존의 것과 비교하고, 냄새 정보를 편도체, 해마, 눈확이마 겉질 등 대뇌의 다른 영역으로 보낸다. 이 냄새 정보는 정서 반응에 관여하는 편도체 및 기억을 담당하는 해마로 즉시 전달된다. 이 때문에 어떤 냄새를 맡으면 무의식중에 즐겁거나 불쾌한 감정을 느낄 수도 있고, 순식간에 과거의 기억이 ⓐ <u>떠오를</u> 수도 있다. 그리고 눈확이마 겉질에서는 개인의 경험, 기대, 상황 등의 정보를 종합하여 최종적으로 어떤 냄새인지 판단하여 냄새를 인식하게 된다.

01

윗글을 통해 답을 찾을 수 있는 질문으로 적절한 것은?

① 후각 상피에 있는 점액질층의 성분은 무엇인가?
② 후각 겉질과 눈확이마 겉질을 나누는 기준은 무엇인가?
③ 후각 수용체가 냄새 분자와 결합하는 원리는 무엇인가?
④ 냄새 분자가 정방향 경로로 들어올 때의 장점은 무엇인가?
⑤ 냄새를 맡으면 순식간에 기억이 떠오르는 이유는 무엇인가?

02

윗글을 읽고 추론한 내용으로 적절하지 않은 것은?

① 두 물질의 냄새 분자가 다르다면 토리에서 만들어진 패턴이 다르겠군.

② 액설과 벽은 냄새 분자의 구조에 따라 냄새가 인식되는 방법을 발견했겠군.

③ 자극이 전기 신호로 바뀌어 인식될 것이라는 접근은 후각 이외의 감각에 먼저 도입되었겠군.

④ 어떤 냄새를 귤 냄새로 판단했다면 과거의 냄새 정보와 새로운 정보를 비교하는 과정이 있었겠군.

⑤ 코가 막혔을 때 미각으로 느낀 맛을 더욱 풍부하게 느끼지 못하는 것은 후각 상피로 가는 역방향 경로가 막혔기 때문이겠군.

글의 세부 내용을 추론하는 문제이다. 지문의 내용을 먼저 이해하고, 선택지의 내용이 지문에 근거하여 추론할 수 있는 것인지 판단해야 한다. 선택지의 내용이 지문과 불일치한다면 지문을 읽고 추론한 내용으로 적절하다고 할 수 없다.

03

후각 자극의 신호 전달 과정 을 중심으로 ㉠, ㉡을 이해한 내용으로 적절하지 않은 것은?

① ㉠에서 냄새 분자가 섬모에 닿으려면 먼저 점액질층을 통과해야 한다.

② ㉠에서 냄새 분자와 후각 수용체가 결합하면 후각 신경 세포에서 전기 신호가 발생한다.

③ ㉡에서 만들어진 패턴은 승모 세포를 통해 전기 신호가 강해져 대뇌의 후각 겉질로 전달된다.

④ ㉠에서 서로 다른 종류의 후각 수용체가 활성화되어 발생한 전기 신호는 한 개의 축삭에 모여 ㉡으로 전달된다.

⑤ ㉠으로부터 전달된 전기 신호와 세기를 반영하여 ㉡에서는 패턴이 만들어진다.

글의 핵심 정보를 파악하는 문제이다. ㉠은 후각 상피, ㉡은 후각 망울이다. 후각 자극의 신호 전달 과정을 파악하고 후각 상피와 후각 망울에서 생기는 현상, 그리고 냄새 분자가 후각 상피나 후각 망울에 도달하기까지의 과정을 이해해야 한다.

04

구체적 사례에 적용하는 문제이다. <보기>의 전자 코와 지문에서 설명하는 사람의 코를 비교하여 이해해야 한다. 구체적으로는, 전자 코의 '나노 금 입자', '빛의 분포', '컴퓨터' 등이 사람의 코에서는 무엇에 해당하는지 파악해야 한다. 지문에 따르면 코에서는 냄새 분자와 후각 수용체가 결합하고 활성화되어 전기 신호가 발생하고, 이로 인해 패턴이 만들어진다.

04

윗글과 <보기>를 이해한 내용으로 적절하지 않은 것은?

> **보기**
>
> '전자 코'는 질병 조기 진단, 식품의 신선도 측정 등에 두루 쓰인다. 최근 사람의 후각과 원리가 비슷한 6가지 나노 금 입자로 구성된 전자 코가 개발돼 질병 진단을 위해 단백질을 분석할 때 쓰이고 있다. 6가지 나노 금 입자에 특정한 단백질과 결합하는 물질들이 코팅되어 있다. 나노 금 입자는 형광물질과 결합한 상태인데 단백질이 결합하면 형광물질이 분리되면서 빛을 낸다. 나노 금 입자와 단백질의 결합 여부 및 결합하는 정도에 따라 빛의 세기가 달라지고, 이러한 빛들이 만드는 빛의 분포는 단백질마다 다른 고유한 특징이다. 이러한 빛의 분포를 컴퓨터로 분석하고 기존의 데이터와 비교하여 단백질의 종류를 파악한다.

① '토리에서 만들어진 패턴'과 '빛의 분포'는 대상마다 다르게 나타나는 고유한 특징이라는 점에서 유사하다고 볼 수 있겠군.
② '후각 수용체'와 '단백질과 결합하는 물질들'은 대상과 선택적으로 결합한다는 점에서 유사하다고 볼 수 있겠군.
③ '대뇌의 후각 겉질'과 '컴퓨터'는 새로운 정보를 기존의 정보와 비교한다는 점에서 유사하다고 볼 수 있겠군.
④ '승모 세포'와 '나노 금 입자'는 대상과의 결합 여부와 정도를 알려 준다는 점에서 유사하다고 볼 수 있겠군.
⑤ '전기 신호'와 '빛'은 두 대상의 결합으로 인해 발생한다는 점에서 유사하다고 볼 수 있겠군.

05

어휘의 문맥적 의미를 파악하는 문제이다. ⓐ의 '떠오르다'가 여러 의미 중 어떤 의미로 쓰였는지 파악하고, 선택지에서 같은 의미로 쓰인 '떠오르다'를 찾아야 한다.

05

문맥상 ⓐ의 의미와 가장 가까운 것은?

① 바람에 날린 연이 높이 떠올랐다.
② 붉은 태양이 바다 위로 떠올랐다.
③ 어머니의 얼굴에 미소가 떠올랐다.
④ 그 사람의 이름이 이제야 떠올랐다.
⑤ 그녀는 배구계의 새 강자로 떠올랐다.

4 Day

독서(인문) 고2 2023년 6월

니체의 철학

※ 다음 글을 읽고 물음에 답하시오.

❶ 소크라테스 이후의 전통 형이상학에서는 현실 세계를 불완전하고 거짓된 세계로 간주하고, 보편적 진리로 이루어진 현실 너머의 세계를 참된 세계라고 여겼다. 그들은 삶의 목적이 현실 너머에 있는 초월적 가치의 추구에 있다고 보았으며, 이성적 사유를 통해 이를 발견하고자 하였다. 이것은 삶의 외부에 있는 절대적 가치를 토대로 삶의 의미를 찾고자 하는 사유 방식이었다. 바로 이 점에 반기를 든 철학자가 니체이다.

❷ 니체에 따르면, 삶은 삶을 둘러싼 가치들의 근원이며, 가치 평가의 출발점이다. 그리고 가치는 삶에 유용한가, 즉 그것이 삶을 더 강하게 만들어 주는가에 따라 평가된다. 그런데 전통 형이상학은 ㉠'도덕적 선'이라는 절대적 가치를 삶의 궁극적인 목적으로 여기고, 이에 따라 개별적 삶을 재단하려 하였다. 이에 따르면 삶의 본능적 욕망은 억압되어야 하는 것이며, 현실적인 삶은 개선되어야 하는 부정적인 것이다. 따라서 현실적인 삶을 긍정하고 그 속에서 끊임없이 발전하고자 하는 태도는 '도덕적 선'에 부합하지 않는, 무가치한 현실적 욕구들을 충족하려는 태도에 지나지 않게 된다. 결국 현실적인 삶 자체도 무의미한 것이 되고 만다. 니체는 그 자체로 목적이어야 할 삶을 초월적 가치 실현의 수단으로 간주하는 전도된 사유 방식에 전적으로 반대하였다.

❸ 니체는 전통 형이상학의 도덕 가치를 좇으며 '노예'로 살아가는 대신 각자가 '주인'으로서 스스로의 삶을 살아갈 것을 강조했다. 그러기 위해서는 끊임없이 무언가를 넘어서고 더 높은 것으로 나아가고자 하는 욕망, 즉 Ⓐ'힘에의 의지'가 필요하다고 보았다. 이것은 자신 내면의 힘과 능력을 더 높은 차원으로 발휘하고자 하는 의지이기도 하다. 하나의 '힘에의 의지'가 다른 '힘에의 의지'를 이겨도 또 다른 '힘에의 의지'가 수시로 나타나므로, 이것은 창조와 생산이 무한히 이루어지게 하는 의지이다. 니체는 '힘에의 의지'를 자연스러운 것으로 수용할 때 현재의 자신을 극복하고 새로운 가치를 창조할 수 있다고 보았다.

❹ 니체에 따르면, 삶을 긍정하고 상승시키고자 하는 '강자'들은 삶에 유용한 가치들을 끊임없이 추구한다. 각각의 삶이 자신의 상승을 위해 '힘에의 의지'를 중심으로 경합하기도 하는데, 이때 필요한 것이 '아곤(Agon)', 즉 경쟁이다. 이것은 자신과 동등하거나 자신보다 뛰어난 사람을 넘어서려고 하는 것으로, 자신이 가진 힘의 크기를 확인하고 더 상승시키기 위해 필요한 과정이다. 그렇기에 아곤의 궁극적 목적은 경쟁자의 제압이 아니라 자신의 성장에 있다. 자신이 뛰어넘고자 하는 강자는 자신을 자극하고 발전시키는 선의의 파트너가 된다. 상대를 이기고자 하는 데서 오는 고통이 클수록 상대가 강하다는 뜻이며, 이때 고통은 오히려 성장의 원동력이 된다.

핵심정리

문단 중심 내용

❶ 삶의 목적에 대한 전통 형이상학들의 관점
❷ 니체 철학의 등장 배경
❸ '힘에의 의지'를 옹호한 니체의 철학
❹ '아곤'을 옹호한 니체의 철학
❺ 니체 철학의 의의

전통 형이상학

세계관	현실 세계(불완전하고 거짓된 세계) ↔ 현실 너머의 세계(참된 세계)
삶의 목적	도덕적 선(현실 너머에 있는 초월적 가치) → 개별적 삶 재단
관점	• 삶의 본능적 욕망 → 억압의 대상 • 현실적인 삶 → 개선의 대상

니체의 철학

삶	• 삶을 둘러싼 가치들의 근원 • 가치 평가의 출발점
가치	삶에 유용한지에 따라 평가되는 대상
관점	삶을 초월적 가치 실현의 수단으로 간주하는 전도된 사유 방식에 전적으로 반대
의의	현실을 살아가는 우리 자신의 삶을 그 자체로 긍정할 수 있는 철학적 토대를 마련

'힘에의 의지'

개념	• 끊임없이 무언가를 넘어서고 더 높은 것으로 나아가고자 하는 욕망 • 자신 내면의 힘과 능력을 더 높은 차원으로 발휘하고자 하는 의지
특징	하나의 '힘에의 의지'가 다른 '힘에의 의지'를 이겨도 또 다른 '힘에의 의지'가 수시로 나타남. → 창조와 생산이 무한히 이루어짐.
니체의 관점	'힘에의 의지'를 자연스러운 것으로 수용할 때 현재의 자신을 극복하고 새로운 가치를 창조

WEEK 5

개념	• 자신과 동등하거나 자신보다 뛰어난 사람을 넘어서려고 하는 것 • 자신이 가진 힘의 크기를 확인하고 더 상승시키기 위해 필요한 과정
특징	• 궁극적 목적은 자신의 성장에 있음. • 강자는 선의의 파트너가, 고통은 성장의 원동력이 됨. • 강자와 상대적 약자 간의 힘의 위계는 상호 존중의 형태로 드러남.
니체의 관점	자신의 삶을 긍정하고 자신의 성장을 위해 타자를 존중하는 태도

물론 강자들 사이에서도 힘의 차이에 따르는 위계는 존재한다. 그러나 이때의 위계는 일방적 계급 질서가 아니다. 승패는 존재하지만, 비교를 통해서 자신의 힘을 평가하고 좀 더 성장하고자 노력하였음을 서로 인정하므로, 강자와 상대적 약자 간의 힘의 위계는 지배적 형태가 아니라 상호 존중의 형태로 드러난다. 즉, 니체의 아곤은 자신의 삶을 긍정하고 자신의 성장을 위해 타자를 존중하는 태도라고 할 수 있다.

❺ 니체는 삶을 긍정한다는 것은 삶이 마주하는 어려움을 잘 극복하고 성장하고자 하는 태도를 의미한다고 보았다. '강자를 넘어서려고 하는 의지'를 옹호한 니체의 철학은, 현실을 살아가는 우리 자신의 삶을 그 자체로 긍정할 수 있는 철학적 토대를 마련하였다는 점에서 의미가 있다.

문제풀이 맥

01

내용 전개 방식을 파악하는 문제이다. 지문은 니체의 철학에 대해 설명하고 있는데, 어떤 방식으로 설명하고 있는지를 파악해야 한다. 또한 니체 철학을 설명하기 위해 전통 형이상학에 관한 내용도 언급되고 있으므로 함께 파악해야 한다.

01

다음은 윗글을 읽고 학생이 수행한 활동지의 일부이다. 학생의 응답으로 적절하지 않은 것은?

	질문	학생의 응답	
		예	아니오
①	니체 철학의 등장 배경을 전통 형이상학과 관련지어 제시하였는가?	✔	
②	니체 철학과 전통 형이상학의 공통점과 차이점을 밝혔는가?		✔
③	니체 철학의 변천 과정을 통시적인 관점에서 드러내었는가?		✔
④	니체 철학의 핵심 개념을 사례를 들어 설명하였는가?	✔	
⑤	니체 철학이 지닌 의의를 밝히며 마무리하였는가?	✔	

02

세부 정보를 파악하는 문제이다. 전통 형이상학과 니체 철학의 관점을 비교하며 각 관점이 강조하고자 하는 것을 파악해야 한다. 1~2문단에서 전통 형이상학의 관점을 알 수 있다.

02

윗글의 내용과 일치하지 않는 것은?

① 전통 형이상학에서는 현실 세계와 별개로 참된 세계가 존재한다고 생각하였다.

② 전통 형이상학에서는 절대적 가치를 발견하는 방법으로 이성적 사유를 제시하였다.

③ 니체는 무가치한 현실적 욕구를 충족하려는 태도도 삶을 개선하는 데 기여한다고 보았다.

④ 니체는 사람들이 자신보다 우월한 사람을 넘어서고자 하는 의지를 긍정적으로 평가하였다.

⑤ 니체는 삶에서 오는 어려움을 극복하고 성장하고자 하는 것이 삶을 긍정하는 태도라고 여겼다.

03

니체의 입장을 고려하여 ㉠의 의미를 파악한 내용으로 가장 적절한 것은?

① 개별적 삶을 바탕으로 절대적 가치가 지닌 유용성을 판단하였다.

② 개별적 삶에 절대적 가치를 실현하여 삶이 무의미하다는 점을 밝혀내었다.

③ 절대적 가치에 부합하는 현실적 욕구들을 바탕으로 개별적 삶을 규정하였다.

④ 절대적 가치를 추구하는 것만으로는 삶을 더욱 완전하게 만들 수 없다고 보았다.

⑤ 가치 평가의 기준이어야 할 삶을 삶 외부의 절대적 가치를 기준으로 평가하였다.

03
세부 정보를 추론하는 문제이다. ㉠은 "'도덕적 선'이라는 절대적 가치를 삶의 궁극적인 목적으로 여기고, 이에 따라 개별적 삶을 재단하려 하였다.'라고 하며 전통 형이상학의 입장을 설명하고 있다. '절대적 가치에 따라 개별적 삶을 재단'이라는 내용에 중점을 두고 읽되, 니체의 입장을 참고하여 ㉠의 의미를 파악해야 한다.

04

윗글의 Ⓐ와 <보기>의 Ⓑ를 비교한 내용으로 가장 적절한 것은?

> **보기**
>
> 쇼펜하우어는 살고자 하는 맹목적 욕망, 즉 Ⓑ '삶에의 의지'가 인간의 행위와 인식을 지배한다고 보았다. 욕망이 충족되면 행복을 느끼지만, 이것은 금방 권태로 변하여 또 다른 욕망을 낳는다. 이 의지는 결핍과 권태 사이를 왔다 갔다 하면서 영원히 고통을 발생시키며, 이 의지가 격렬할수록 고통도 커지게 된다. 따라서 고통의 굴레에서 벗어나려면 예술과 명상, 금욕을 통해 이를 다스려야 하며, 참된 행복을 위해서는 이 의지를 완전히 버리는 것이 필요하다고 단언하였다.

① 니체는 Ⓐ를 창조적인 삶을 이끄는 힘으로, 쇼펜하우어는 Ⓑ를 안정적인 삶을 유지하는 힘으로 보았다.

② 니체는 Ⓐ를 더 강해지고자 하는 내적 동기로, 쇼펜하우어는 Ⓑ를 더 행복해지게 만드는 외적 동기로 보았다.

③ 니체는 Ⓐ를 타인의 존재와 무관한 욕망으로, 쇼펜하우어는 Ⓑ를 타인과의 비교를 전제로 한 욕망으로 보았다.

④ 니체는 Ⓐ를 자연스럽게 받아들이는 것이, 쇼펜하우어는 Ⓑ를 포기하는 것이 더 나은 삶을 만들 수 있다고 보았다.

⑤ 니체는 Ⓐ를 최소한으로 가짐으로써, 쇼펜하우어는 Ⓑ를 최대한으로 추구함으로써 삶의 고통에서 벗어날 수 있다고 보았다.

04
핵심 개념을 비교하는 문제이다. Ⓐ는 니체가 말한 '힘에의 의지'이고, Ⓑ는 쇼펜하우어가 말한 '삶에의 의지'이다. '니체는 Ⓐ를 A라고 보았고, 쇼펜하우어는 Ⓑ를 B라고 보았다'라는 형식의 선택지로 구성되어 있으므로 A가 니체의 관점에 부합하는지, B가 쇼펜하우어의 입장에 부합하는지를 각각 따져 보아야 한다.

05

구체적 사례에 적용하는 문제이다. <보기>의 '갑'과 '을'은 라이벌 관계이지만 서로를 배려하는 모습을 보이고 있다. '갑'과 '을'의 관계를 '힘에의 의지'와 '아곤'을 적용하여 이해해야 한다. '힘에의 의지'는 끊임없이 무언가를 넘어서고 더 높은 것으로 나아가고자 하는 욕망이고, '아곤'은 자신과 동등하거나 자신보다 뛰어난 사람을 넘어서려고 하는 것이다.

05

윗글을 읽은 학생이 <보기>에 대해 보인 반응으로 적절하지 <u>않은</u> 것은?

> **보기**
>
> 기록 경기인 △△ 종목에서 늘 1, 2위를 다투는 '갑'과 '을'의 라이벌전이 ○○ 올림픽에서 펼쳐졌다. 먼저 출전한 '을'이 신기록을 달성하자 관중들이 열광하였는데, 이때 '을'은 뒤이어 출전하는 '갑'을 위해 관중에게 자제를 요청하였다. 결국 경기는 '을' 1위, '갑' 2위로 종료되었다. 각각 은메달과 금메달을 목에 건 '갑'과 '을'은 서로에게 박수를 보냈으며, 어깨를 감싸 안은 채 경기장을 돌며 관중들에게 답례하였다.

① '늘 1, 2위를 다투는' '갑'과 '을'은 서로에게 끊임없이 자극을 제공하고 성장을 돕는, 선의의 파트너로 볼 수 있군.

② '○○ 올림픽'은 각자의 삶을 상승시키고자 하는 '갑'과 '을'의 힘에의 의지가 맞서 겨루는 장이 된 것으로 볼 수 있군.

③ '신기록'을 세운 뒤 '갑'의 경기를 배려하는 '을'의 모습은 동등한 조건에서 힘의 크기를 비교하여 상대의 능력을 확인하려는 것으로 볼 수 있군.

④ 경기 종료 후 '갑'에게 '은메달'이, '을'에게 '금메달'이 주어진 것은 힘의 차이에 따른 위계를 반영한 것으로 볼 수 있군.

⑤ '갑'과 '을'이 '서로에게 박수를 보'낸 모습은 강자와 상대적 약자 간에 상호 존중의 형태로 힘의 위계가 드러난 것으로 볼 수 있군.

※ 다음 글을 읽고 물음에 답하시오.

가

옥설이 차갑게 대나무를 누르고   玉屑寒堆壓

얼음같이 둥근 달 휘영청 밝도다   氷輪逈映徹

여기서 알겠노라 굳건한 그 절개를   從知苦節堅

더욱이 깨닫노라 깨끗한 그 빈 마음   轉覺虛心潔

- 이황, 〈설월죽(雪月竹)〉 -

나

㉠ 모첨(茅簷)*의 달이 진 제 첫 잠을 얼핏 깨여

반벽 잔등(半壁殘燈)을 의지 삼아 누었으니

일야(一夜) 매화가 발하니 **님**이신가 하노라

<제1수>

아마도 이 벗님이 풍운(風韻)*이 그지없다

옥골 빙혼(玉骨氷魂)*이 냉담도 하는구나

풍편(風便)*의 그윽한 향기는 세한 불개(歲寒不改)* 하구나

<제2수>

천기(天機)도 묘할시고 네 먼저 춘휘(春暉)*로다

한 가지 꺾어 내어 이 소식 전(傳)차 하니

님께서 너를 보시고 반기실까 하노라

<제3수>

㉡ 님이 너를 보고 반기실까 아니실까

기년(幾年)* 화류(花柳)의 ⓐ 취한 잠 못 깨었는가

두어라 다 각각 정이니 나와 늙자 하노라

<제4수>

- 권섭, 〈매화(梅花)〉 -

* 모첨: 초가지붕의 처마.
* 풍운: 풍류와 운치를 아울러 이르는 말.
* 옥골 빙혼: 매화의 별칭. '옥골'은 고결한 풍채를, '빙혼'은 얼음과 같이 맑고 깨끗한 넋을 의미함.
* 풍편: 바람결.
* 세한 불개: 매우 심한 한겨울의 추위에도 바뀌지 않음.
* 춘휘: 봄의 따뜻한 햇빛.
* 기년: 몇 해.

핵심정리

가 이황, 〈설월죽〉

갈래

고전시가, 평시조

성격

상징적, 감각적, 예찬적

제재

대나무와 달

주제

겨울 달밤의 대나무의 지조와 절개에 대한 예찬

특징

① 상징적인 시어를 사용하여 주제 의식을 드러냄.
② 다양한 감각적 이미지를 활용하여 서정적 이미지를 부각함.

해제

이 작품은 눈 내린 밤 푸른 대나무를 보고 그것을 곧고 속이 깨끗한 선비의 인품에 빗대어 예찬한 한시이다.

나 권섭, 〈매화〉

갈래

고전시가, 평시조, 연시조

성격

사실적, 감각적, 비유적, 상징적

제재

매화

주제

매화에 대한 예찬

특징

① 대상에 인격을 부여해 시적 상황을 표현함.
② 시각적, 후각적 심상을 활용해 대상을 표현함.
③ 시·공간적, 계절적 배경을 통해 시적 분위기를 형성함.

해제

이 작품은 한밤중 문득 매화가 핀 것을 보고 임을 떠올리며 임에 대한 그리움과 매화에 대한 애정을 드러내고 있는 연시조이다.

WEEK 5

구성

제1수	밤 사이에 핀 매화를 보고 떠오른 임
제2수	매화의 맑고 깨끗한 운치에 대한 예찬
제3수	매화를 꺾어서 임에게 보내고자 함.
제4수	매화와 함께 살고자 함.

다 목성균, 〈세한도〉

갈래
현대 수필

성격
회상적, 체험적, 사색적

제재
세한도

주제
어려움 속에서도 꿋꿋하게 지조를 지킨 아버지의 자존심

특징
① 한국 전쟁 무렵 '나'가 겪었던 일을 회상하며 서술함.
② 아버지가 지닌 내면적 가치를 세한도의 이미지에 빗대어 전달함.
③ 감각적, 색채적 이미지를 사용하여 겨울 강가의 풍경을 회화적으로 형상화함.

해제
이 글은 인정이 없는 사공과 대치하며 뜻을 굽히지 않던 유년 시절 아버지의 모습을 회화적으로 그리고 있는 현대 수필이다.

사공과 아버지의 대립

사공		아버지
강 건너 따뜻한 집		추운 강나루
도선 지연	↔	도선 부탁
도선 방침		치사 인식
현실적 이기주의		구시대의 전통 윤리
사공의 존재 가치		양반의 자존심

다

　휴전이 되던 해 음력 정월 초순께, 해가 설핏한 강 나루터에 아버지와 나는 서 있었다. 작은증조부께 세배를 드리러 가는 길이었다. 강만 건너면 바로 작은댁인데, 배가 강 건너편에 있었다. 아버지가 입에 두 손을 나팔처럼 모아 대고 강 건너에다 소리를 지르셨다.

　"사공―, 강 건너 주시오."

　건너편 강 언덕 위에 뱃사공의 오두막집이 납작하게 엎드려 있었다. **노랗게 식은 햇살**에 동그마니 드러난 외딴집, 지붕 위로 하얀 연기가 저녁 강바람에 산란하게 흩어지고 있었다. 그 오두막집 삽짝 앞에 능수버들나무가 맨 몸뚱이로 비스듬히 서 있었다. 둥치에 비해서 가지가 부실한 것으로 보아 고목인 듯싶었다. 나루터의 세월이 느껴졌다.

　강심만 남기고 강은 얼어붙어 있었고, 해가 넘어가는 쪽 컴컴한 산기슭에는 **적설**이 쌓여서 **하얗게 번쩍거렸다.** 나루터의 마른 갈대는 '서걱서걱' 아픈 소리를 내면서 언 몸을 회리바람에 부대끼고 있었다. 마침내 해는 서산으로 떨어지고 **갈대**는 더 **아픈 소리를 신음처럼** 질렀다.

　나룻배는 건너오지 않았다. 나는 ㉢ 뱃사공이 나오나 하고 추워서 발을 동동거리며 사공네 오두막집 삽짝을 바라보고 있었다. 아버지는 팔짱을 끼고 부동의 자세로 사공 집 삽짝 앞의 **버드나무 둥치처럼 꿈쩍도 않**으셨다. '사공―, 강 건너 주시오.' 나는 아버지가 그 소리를 한 번 더 질러 주시기를 바랐다. 그러나 아버지는 **두 번 다시 그 소리를 지르지 않**으셨다. 그걸 아버지는 치사(恥事)*로 여기신 것일까. 사공은 분명히 ⓑ 따뜻한 방 안에서 방문의 쪽유리를 통해서 건너편 나루터에 우리 부자가 하얗게 서 있는 것을 보았을 것이다. 그러나 도선의 효율성과 사공의 존재가치를 높이기 위해서 나루터에 ㉣ 선객이 더 모일 때를 기다렸기 쉽다. 그게 사공의 도선 방침일지는 모르지만 엄동설한에 서 있는 사람에 대한 옳은 처사는 아니다. 이 점이 아버지는 못마땅하셨으리라. 힘겨운 시대를 견뎌 내신 아버지의 완강함과 사공의 존재가치 간의 이념적 대치였다.

　아버지는 주루막을 지고 계셨다. 주루막 안에는 정성 들여 ㉤ 한지에 싼 육적(肉炙)과 술 항아리에 용수를 질러서 뜬, 제주(祭酒)로 쓸 술이 한 병 들어 있었다. 작은증조부께 올릴 세의(歲儀)다. **엄동설한 저문 강변에** 세의를 지고 **꿋꿋하게 서** 계시던 분의 모습이 보인다.

― 목성균, 〈세한도(歲寒圖)〉 ―

* **치사:** 행동이나 말 따위가 쩨쩨하고 남부끄러움.

01

(가)~(다)의 공통점으로 가장 적절한 것은?

① 설의적 표현으로 대상이 지닌 속성을 강조하고 있다.

② 명암의 대비를 통해 작품의 주제를 형상화하고 있다.

③ 구체적 사물이나 상황을 통해 내면적 가치를 발견하고 있다.

④ 직유법을 활용하여 대상의 외양을 구체적으로 묘사하고 있다.

⑤ 풍자적 기법으로 사회 현실에 대한 비판 의식을 보여 주고 있다.

01

표현상의 특징을 파악하는 문제이다. 선택지에 제시된 표현법을 파악하고 이러한 표현법이 (가)~(다)에 나타났는지 확인해야 한다.

설의법	누구나 알 수 있는 사실을 의문문으로 표현함으로써 강조하는 표현법
명암의 대비	밝은 부분과 어두운 부분의 차이
직유법	하나의 사물을 나타내기 위해 다른 사물의 비슷한 속성을 직접 끌어내어 비교하는 표현법
풍자법	직접 말하지 않고 슬며시 돌려서 사회나 인물의 결함이나 죄악 등을 조소적으로 드러내는 표현법

02

<보기>를 참고하여 (가)와 (나)를 감상한 내용으로 적절하지 <u>않은</u> 것은?

> **보기**
>
> (가)와 (나)는 추운 계절을 이겨 내는 강인한 속성이 있어 예로부터 예찬의 대상이었던 대나무와 매화를 각각 시적 대상으로 삼고 있다. (가)의 화자는 사철 푸르고 속이 빈 대나무를 고매한 인품에 빗대고 있고, (나)의 화자는 이른 봄 피어난 매화를 통해 임을 떠올리고 매화에 대한 긍정적 인식과 임에 대한 정서를 함께 드러내고 있다.

① (가)의 화자는 '옥설'에 눌려도 푸름을 유지하는 대나무를 통해 '굳건한' 지조를 떠올리고 있군.

② (가)의 화자는 대나무의 속이 빈 속성을 긍정적으로 인식하여 대나무를 내면이 '깨끗한' 인품에 비유하고 있군.

③ (나)의 화자는 '옥골 빙혼(玉骨氷魂)'의 자태를 가진 매화를 '님'으로 착각한 것을 깨닫고 서러워하고 있군.

④ (나)의 화자는 추운 계절에도 굴하지 않고 '그윽한 향기'를 풍기는 매화의 강인함을 예찬하고 있군.

⑤ (나)의 화자는 '춘휘(春暉)'를 먼저 느끼게 해 준 매화의 소식을 '님'에게 전달하고 싶은 소망을 드러내고 있군.

02

외적 준거에 따라 감상하는 문제이다. 외적 준거로 제시된 <보기>에서는 (가)와 (나) 작품의 시적 대상에 대해 설명하고 있다. (가)와 (나)의 화자가 예로부터 예찬의 대상이었던 대나무와 매화를 각각 시적 대상으로 설정한 이유를 파악하며 문제를 해결해야 한다.

03

세부 내용을 이해하는 문제이다. 각 기호에 제시된 내용을 작품의 전체적인 내용에 따라 파악해야 한다. (나)는 한밤중 문득 매화가 핀 것을 보고 임을 떠올리며, 임에 대한 그리움과 매화에 대한 애정을 드러내고, (다)는 아버지와 사공의 갈등을 통해 어려움 속에서도 꼿꼿하게 지조를 지킨 아버지의 자존심에 대해 이야기하고 있다.

03

㉠~㉤에 대한 설명으로 적절하지 <u>않은</u> 것은?

① ㉠: 매화를 발견할 당시 화자의 상황과 시간적 배경이 드러나 있다.

② ㉡: 매화를 대할 임의 반응이 어떠할지를 궁금해하는 마음이 드러나 있다.

③ ㉢: 아버지와 대비되는 글쓴이의 행동에서 추위에서 벗어나고 싶어 하는 마음이 드러나 있다.

④ ㉣: 선객들의 모습을 비판적으로 바라보는 아버지의 생각이 드러나 있다.

⑤ ㉤: 작은댁에 세배하러 가면서 준비한 음식으로 아버지의 정성이 드러나 있다.

04

외적 준거에 따라 감상하는 문제이다. 외적 준거로 제시된 <보기>에 따르면, (다)는 아버지의 꼿꼿한 삶의 태도라는 내면적 가치를 세한도의 이미지에 빗대어 전달하고 있다.

04

<보기>를 바탕으로 (다)를 감상한 내용으로 적절하지 <u>않은</u> 것은?

> **보기**
>
> (다)의 제목이기도 한 '세한도'는, 한겨울 풍경을 통해 선비의 지조를 드러낸 추사 김정희의 그림이다. (다)의 글쓴이는 혹독하게 추운 겨울에 뜻을 굽히지 않던 아버지의 모습에서 선비적 면모를 발견하고 이날의 경험을 회화적으로 형상화하고 있다. 글쓴이는 아버지가 사공의 처사를 부당하게 여겼고 이에 맞서는 의미로 추위를 견디며 꼿꼿이 서 있었다고 본 것이다.

① '노랗게 식은 햇살'과 '하얗게 번쩍거'리는 '적설'을 통해 매섭게 추운 겨울 강가를 회화적으로 형상화하고 있군.

② '아픈 소리를 신음처럼' 지르는 '갈대'는 사공의 부당한 처사에 맞서려는 글쓴이의 내면을 표상하고 있군.

③ 글쓴이는 '버드나무 둥치처럼 꿈쩍도 않'는 아버지의 모습에서 지조를 지키려는 선비적 면모를 발견하고 있군.

④ '두 번 다시 그 소리를 지르지 않'는 모습을 통해 자신의 뜻을 꺾지 않으려는 아버지의 태도를 드러내고 있군.

⑤ '엄동설한 저문 강변'에서 '꼿꼿하게 서' 있던 아버지의 모습은 추사의 그림 '세한도'의 이미지와 연결되는군.

05

@와 ⓑ를 이해한 내용으로 가장 적절한 것은?

① @에는 임이 처한 상황에 대한 연민이, ⓑ에는 사공이 처한 상황에 대한 추측이 담겨
있다.

② @에는 화자가 지향하는 행동이, ⓑ에는 글쓴이가 지향하는 공간의 속성이 구체화되
고 있다.

③ @에는 돌아오지 않는 임에 대한 원망이, ⓑ에는 곧 돌아올 사공에 대한 기대감이 내
포되어 있다.

④ @에는 자신의 처지에 대해 자조하는 태도가, ⓑ에는 사공의 몰인정함에 대해 비판하
는 태도가 드러나 있다.

⑤ @에는 화자의 처지와 대비되는 임의 모습이, ⓑ에는 글쓴이가 있는 공간과 대비되는
공간이 제시되어 있다.

05

대상의 의미를 비교하는 문제이다. 대상이 지
닌 의미를 파악하기 위해서는 화자의 상황, 태
도 등 작품의 전체적인 내용을 이해하고 있어
야 한다.

WEEK 5

핵심정리

갈래
현대소설

배경
가을 저녁에서 밤

시점
3인칭 관찰자 시점

제재
죽음의 혼재

주제
소시민적 생존 현실의 어려움과 삶에 대한 의지

특징
① 관찰자 시점이 드러남.
② '그'의 전환된 생각을 통해 삶에 대한 의지가 드러남.

해제
이 작품은 죽는 연기를 해야 생계를 유지할 수 있는 단역 전문 배우의 삶을 통해 삶과 죽음이 혼재된 양상을 보여 주고 있다. '그'는 죽는 배역을 맡아 3백 원을 벌지만 이것만으로는 생계를 꾸리기 쉽지 않다. 그래서 일요일에도 촬영장에 나가 죽는 연기를 하며 피곤한 상황에서도 야간 촬영을 나간다. 이렇게 죽음의 연기를 할수록 '그'에게 다가오는 것은 실제 죽음의 그림자이다. 이러한 경험을 통해 '그'는 삶은 죽어가는 과정의 일부라고 생각했으나 아내와 뱃속의 아이를 떠올리며 삶에 대한 의지를 이어나가려고 노력한다.

등장인물

'그'	몇 차례의 취직시험에서 떨어진 뒤 단역 전문 배우로 활동하며, 주인공에게 죽는 연기로 생계를 이어 나감. 그러나 돈벌이가 시원치 않아 일요일에도 촬영장에 나가는 등 피곤한 상황에서도 야간 촬영을 이어감.

전체 줄거리
부모를 잃은 뒤 대학을 중퇴하고 군대에 갔다온 뒤 가정교사를 하던 집으로 찾아간 '그'는 옛 제자와 결혼하고 셋방을 얻어 살림을 시작한다. 취직시험과 노동판에서 쫓겨나고 3개월을 병상에서 보낸 뒤 친구의 추천을 통해 찾게 된 직업

※ 다음 글을 읽고 물음에 답하시오.

[앞부분의 줄거리] 단역 전문 배우인 '그'는 일요일에도 촬영장에 나가 주인공인 신장균에 맞서는 악역 고독성의 졸개 역할을 맡아 촬영의 마지막 장면을 기다린다.

그리하여 마지막 대회전, 오늘의 주인공인 신장균과 고독성의 최후의 결판을 위해 장소가 어느 이름을 알 수 없는 왕릉으로 옮겨졌을 때 가을 햇빛은 이미 서서히 기울기 시작하고 있었다. 그리고 그는 이미 기진맥진해 있었다. 어느 임금의 능인지는 알 수 없으되 그 거대한 규모의 무덤 앞에는 그 임금의 생전의 위용을 말해주는 번듯하고 널따란 잔디밭이 마련되어 있었고, 그 잔디밭은 이제 한여름의 푸름을 잃고 시들어져 누른빛을 띠고 있었다. ㉠ 가을 햇빛은 그리고 그 빛을 서서히 거둬들임으로써 잔디의 누른빛을 회갈색으로 바꿔 가고 있었다. 그는 수십 명의 다른 포졸들과 함께 신장균을 세 겹으로 호위하고 있었다. 고독성은 뒷전에서 독전만 하고 있을 뿐, 아직 앞에 나서지는 않고 있었고, 포졸들은 신장균과 근접한 순서로 한꺼번에 서너 명씩 죽어 나가기 시작했다.

언제 어디서 번쩍할는지 알 수 없는 신장균의 검광은 제 주인의 신변을 보호하기 위해 화려하고도 날카로운 곡선을 그려, ㉡ 의상 아닌 넝마를 걸친, 한 목숨당 3백 원짜리 포졸들을 풀 베듯 베어 나갔다. 그는 맨 뒷열에서 싸움의 중심을 향해 다가들고 있었으므로 아직 차례가 오지 않았으나 거의 죽은 몸이나 다름없었다. 배가 등과 달라붙어서 제 주인의 무능함을 수군거리고 있었고, 언제부터인지 옆구리가 뜨끔뜨끔 결리기 시작했다. ㉢ 늑막염이 재발하려나, 하고 그는 생각했다. 그때 차례가 왔다. 그는 칼을 높이 치켜들고, 온몸을 신장균의 칼에 내맡기기 위하여 드러내 놓은 채 달려들었다. 신장균의 칼이 번쩍! 했다고 생각했다.

다음 순간, 그는 왼쪽 옆구리에 격렬한 동통을 느끼고 쓰러졌다. 베는 시늉만 하도록 되어 있는 것인데 신장균이 실수했음에 틀림없었다. 진검이 아니라 나무를 깎아 만든 칼에다 은분을 바른 것이었으므로 외상은 대수롭지 않을 것이었으나 옆구리로부터 가슴께까지 저려드는 듯한 동통은 참을 수 없는 것이었다. 그러나 그 한 사람으로 말미암아 촬영을 중단할 수는 없다. 그는 참아야 했다. 먼저 **쓰러진 포졸의 시체 위에 덧걸쳐 엎드려서** 그는 이를 악물었다. 그러자 동통은 더욱 무겁게 저려드는 듯했다.

촬영은 아무 일도 없다는 듯 계속되었다. 마침내 신장균과 고독성의 최후의 결전이 벌어진 모양으로, ㉣ 이제 두 사람의 고함 소리와 나무칼 부딪치는 소리만이 단조롭게 들려 오기 시작했다. 촬영기의 저 타르르 하는 가냘프고 둔탁한 음향과 함께……. 그리고 그는 **자기의 목구멍**에서 차츰 **죽은 사람의 냄새**가 나기 시작한다고

생각했다. 무언가 심하게 썩는 듯한 냄새와 썩고 있는 물체가 발산하는 열기가 목구멍 안에 있다고 느꼈다.

어디선가 **3백 년 전의 포졸**이 낯선 듯도 하고 낯익은 듯도 한 목소리로 속삭이고 있는 것 같았다. '그렇지, 자네도 별수 없이 죽어 자빠졌군. 보게, 임금도 죽고 말았거든.' 하고. 그는 하마터면 벌떡 일어날 뻔했으나 그러지 못했다. 우선 그의 의식 속에서 아내의 희뿌연 시선이, 그러지 말라고, 그래선 안 된다고 말하고 있었을 뿐만 아니라 그는 이미 일어날 기운조차 없을 지경으로 탈진해 있었기 때문이다.

최씨가 오늘의 첫 번째 **3백 원**을 쥐여 주면서 그의 창백한 얼굴을 한번 힐끔 쳐다보고는 야간 촬영이 있는데 나갈 수 있겠느냐고 물었을 때, 그는 이미 손가락 하나 움직일 수 없을 지경이었으나 따라나섰다. 라면 한 그릇 사 먹을 겨를도 없이…… 그리하여 최씨가 그의 손에 오늘의 두 번째 3백 원을 쥐여 준 것은 밤 11시가 넘은 시간이었다. 주연 배우가 무슨 까닭에서인지 나오지 않았으므로(빵꾸를 냈다고 일컫는다.) 보통이면 밤을 꼬박 새워야 할 일이 일찍 끝난 셈이다. 그러나 그는 그때, 바로 눈앞의 사물을 판단할 수 없을 정도로 흐리멍덩한 의식 속에 있었다. 지금도 그것은 마찬가지다. ⓒ 단지 자기는 지금 집으로 향하는 버스에 타고 앉아 있다는 사실과 이 버스가 아마 막차라는 사실, 그리고 몇몇 승객의 피곤한 얼굴과 졸고 앉아 있는 차장의 가여운 모습이 먼 풍경처럼 망막에 비쳐들고 있다는 흐릿한 의식뿐……

그리고 참, 자기의 주머니는 지금 차장에게 10원을 지불하고 남은 일금 5백 90원이 들어 있다는 사실, 이 사실은 하늘에서 별을 따왔다는 사람이 있다면 그 사람과 한번 나란히 서보고 싶을 정도의 굉장한 재수라기보다도 행운이라는 점……. 그는 단지 아직 죽지 않은 근육과 뼈의 무게만으로 그렇게 달리는 버스에 앉아 있었다. 몇몇 승객이 자기를 바라보고 있는 것 같다고 느꼈으나 그것도 분명치는 않았다. 의식이 가물가물 꺼져 가는 것 같은 느낌도 들었으나 그것 역시 분명치가 않았다. 그러한 그의 의식이 선명하게 되살아나기 시작한 것은 버스가 종점에 닿아 그가 마악 오른발로 땅을 내려디디려는 순간이었다. 선뜻! 했다. 그의 오른발은 맨발이었던 것이다. 발이 땅에 닿은 순간 냉습한 어떤 줄기 같은 것이 다리를 통해 전신으로 쭉 끼쳐 올라왔다. 그리고 그것은 머리끝에서 차가운 분열을 일으켰다. 머릿속이 물벼락을 맞은 듯 선명해졌으나 구두가 어느 사이에 달아나 버렸는지 생각해 낼 수가 없었다. 다만 오른쪽 다리가 갑자기 뻣뻣해지는 것을 느끼고, 지금 그 다리는 차고 습기 낀, 죽음의 외각을 딛고 있다는 생각만이 선명했다. 그는 걷기 시작했다. 오른쪽 다리가 경직이라도 일으킨 듯 뻣뻣하고 불편했으나 그는 안간힘을 써서 걸었다. 골목의 가게들은 아직도 불을 켜놓은 채 손님을 기다리고 있었다. 그러나 그에게는 그것이 마치 죽은 사람을 전송하기 위한 **장의의 불빛**처럼 보였다. 어느 나라에서는, 맨발은 바로 **입관 직전의 사자(死者)**를 뜻한다던가? 그는 생각했다. 하긴, 어디 나만

이 다방에 앉아 죽음을 기다리는 보조출연자 일이다. 그는 다방에서 그의 패거리들을 만나 죽는 일을 하기 위해 무작정 기다린다. 그가 보조출연자로서 최초로 맡았던 일은 관 속에 들어가 시체가 되어 누워 있는 일이었는데, 관 속에서 촬영기가 돌아가는 동안, 호흡을 멈춘 채 꼼짝도 하지 않아야 했던 연기에서 감독은 그의 창백한 얼굴과 연기가 시체와 흡사했다면서 만족한 표정을 짓는다. 그러나 여름날 저녁, 촬영기만 돌아가는 기묘한 느낌 속에서 그는 허구 속의 죽음이 실제의 죽음으로 뒤바뀌는 착각을 경험한다. 이러한 죽음의 이미지를 체험한 이후 그는 일상의 순간들마다 섬뜩한 죽음의 그림자와 일상적으로 만나는 착각에 빠져든다. 일요일에도 영화 촬영장에 나가 졸개 역할을 맡은 그는 주인공에게 칼을 맞는 순간 실제로 칼을 맞은 것처럼 왼쪽 옆구리에 격렬한 통증을 느끼고 쓰러진다. 그는 자신의 목구멍에서 죽은 사람의 냄새를 맡으며 부패의 냄새와 열기가 자신의 몸 안에 가득함을 체감한다. 밤 11시가 넘어 두 번째 3백 원까지 받은 그는 흐리멍텅한 의식 속에 막차를 타고 집으로 향한다. 버스에서 내리다가 오른쪽 신발을 잃어버렸음을 자각한 그는 경직된 오른쪽 다리에 신경을 쓰면서, 자신이 죽음의 외각을 딛고 있다고 생각한다. 그러자 가게의 불빛이 죽은 자를 전송하는 장의의 불빛으로 여겨지고, 오른 맨발이 입관 직전의 죽은 자를 의미한다고까지 여기게 된다. 그리하여 세상의 모든 존재가 커다란 소멸의 흐름에 갇혀 매일 죽어가고 있으며, 심지어 아내의 뱃속에 있는 태아도 죽음의 싹이라고 인식한다. 그러나 왼발의 구두로 시선을 이동하면서, 생명에 대한 인식을 전환하고, 생명 수호에 대한 단호한 의지를 내보인다. 그리고는 태아와 아내의 영양 부족을 채우고 단백질 섭취를 통한 건강 회복을 위해 고기의 필요성을 절감하면서 소고기 한 근을 사러 식육점으로 향한다.

'그'와 포졸

'그'	포졸
가난한 무명의 존재	
'자네도 별수 없이 죽어 자빠졌군~'	

↓

단역 배우인 '그'와 3백 년 전의 포졸이 시공을 초월하여 연결됨.

↓

- 일상화된 죽음 연기의 내면화를 통해 과거와 현재의 죽음이 시공을 초월하여 만나는 듯한 실재감 부여
- 과거와 현재가 죽음의 이미지로 교차되면서 그가 가난과 무명의 이중 굴레에 속박당한 존재임을 자각

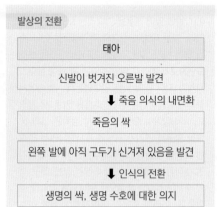

발상의 전환

태아
신발이 벗겨진 오른발 발견

↓ 죽음 의식의 내면화

죽음의 싹
왼쪽 발에 아직 구두가 신겨져 있음을 발견

↓ 인식의 전환

생명의 싹, 생명 수호에 대한 의지

소재의 의미

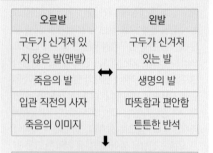

오른발		왼발
구두가 신겨져 있지 않은 발(맨발)	↔	구두가 신겨져 있는 발
죽음의 발		생명의 발
입관 직전의 사자		따뜻함과 편안함
죽음의 이미지		튼튼한 반석

↓

오른발과 왼발의 대립적 이미지를 통해 시대적 죽음 앞에 맞서는 소시민 가장의 대결 의지를 드러냄.

식육점
육식동물로서의 인간의 생명력

이 죽은 것이랴. 세상의 모든 사람이 커다란 소멸의 흐름 속에 던져진 채 있다. 시간까지도……. **누구나 매일매일 조금씩은 죽어 가면서 살고 있다.** 어린아이들조차 그러하다. 아내의 뱃속에서 자라고 있을 **태아**도 이를테면 **죽음의 싹**이다. 아내는 죽음을 배고, 그것을 키우고 있다. 언제부터인가 다시 옆구리가 뜨끔뜨끔 결리기 시작했다. 늑막염이 재발하려나 하고 막연히 생각하며 그는 **구두가 신겨져 있지 않은 발과 신겨져 있는 발**을 부자연스럽게 번갈아 움직여서 계속 걸었다. 마치 **죽음의 발과 생명의 발**을 하나씩 가지고 있는, 어느 나라 전설 속에 있을 법한, 이상한 그림자처럼……. 그러다가 그는 자기의 왼쪽 발에는 아직 구두가 신겨져 있다는 깨달음과 만났다. 그리고 그는 놀랐다.

나는 아직 한쪽은 신고 있구나—하는, 이 아무렇지도 않을 수 있는 깨달음은 그를 놀라게 했을 뿐만 아니라 그의 마음을 어떤 신선한 감명으로 떨게까지 했다. 아, 나의 또 하나의 발은 아직도 살아 있었구나! 이 발은 그리고 따뜻하고 편안하구나! 이것은 튼튼하구나! 마치 반석과도 같군! 아내의 둥근 배가 머리에 떠올랐다. 그녀 뱃속에 태아가 하고 있을 몸짓이 상상돼 왔다. 그래, 그건 죽음의 싹이 아니다. 그렇게 불러선 안돼. 그는 걸음을 빨리했다. 아내에게는 지금 단백질이 필요하리라고 생각했다. 주머니에는 지금 일금 5백 90원이 들어 있다. 그래, 쇠고기를 한 근 사자. 식육점의 문이 닫히기 전에……. 저 앞에, 펄펄한 소를 때려잡아서 피가 뚝뚝 듣는 싱싱한 고기를 팔고 있을 듯한 **식육점의 불그레한 불빛**이 보이기 시작했다.

- 조해일, 〈매일 죽는 사람〉 -

문제풀이 맥

01

작품의 표현상 특징과 서사적 기능을 이해하는 문제이다. ㉠~㉤이 가리키는 문장은 '그'의 관점에서 서술된 문장으로, 인물의 심리를 참고하여 상징적 표현과 서술을 파악해야 한다.

01

㉠~㉤에 대한 이해로 적절하지 않은 것은?

① ㉠: 시간의 변화를 드러내는 표현을 통해 주변 배경의 분위기를 드러내고 있다.

② ㉡: 인물들에 대한 처우를 나타내는 표현을 통해 이들이 맡은 배역이 보잘것없는 것임을 보여 주고 있다.

③ ㉢: 신체 상태를 고려하지 않고 배역을 수행하는 모습을 통해 인물의 절박한 처지를 암시하고 있다.

④ ㉣: 상황을 제한적으로 인지하는 모습을 제시하여 인물이 느끼는 초조함을 드러내고 있다.

⑤ ㉤: 의식한 내용을 나열하여 인물의 피로감을 부각하고 있다.

02

윗글에 대한 설명으로 가장 적절한 것은?

① 내적 독백을 직접 제시하여 내면 의식의 변화를 보여 주고 있다.

② 시간의 순서를 뒤바꾸어 이야기의 인과 관계를 재구성하고 있다.

③ 여러 인물의 회상을 교차하여 서사 전개에 입체성을 부여하고 있다.

④ 전해 들은 이야기를 전달하는 방식으로 인물의 내력을 제시하고 있다.

⑤ 액자식 구성을 통해 상이한 이야기가 갖는 유사한 의미를 강조하고 있다.

02
서술상 특징을 이해하는 문제이다. 윗글은 1인칭 주인공 시점의 작품으로, 주인공 '그'의 관점에서 사건이 전개하고 있다.

03

윗글의 내용에 대한 이해로 적절하지 <u>않은</u> 것은?

① 신장균 역을 맡은 배우는 베는 시늉만 하기로 되어 있었지만 '그'는 실제로 가격 당했다고 느꼈다.

② '그'는 매우 지친 상태였음에도 불구하고 최씨의 야간 촬영 제안을 받아들였다.

③ 두 번째 촬영에서 주연 배우가 나타나지 않아 '그'는 예상보다 일찍 귀가하게 되었다.

④ 촬영을 마치고 집으로 돌아가는 '그'의 수중에는 만족할 만한 수준의 현금이 있었다.

⑤ 버스에 오른 '그'는 몇몇 승객의 시선을 의식하고 불편함을 느꼈다.

03
작품의 내용을 이해하는 문제이다. 윗글의 주요 등장인물은 '그'로, 그의 내면과 행동이 주로 서술되어 있다. 따라서 '그'를 중심으로 작품의 내용을 이해해야 한다.

04

＜보기＞를 바탕으로 윗글을 감상한 내용으로 적절하지 <u>않은</u> 것은?

> [보기]
>
> 　삶과 죽음은 명확한 경계로 구분되지 않으며 항상 우리 곁에 동시에 존재한다. 삶은 죽어가는 과정으로 볼 수 있으며 죽음 또한 삶의 과정이 있어야 존재할 수 있다. 그래서 죽음을 느낀다는 것은 역설적으로 살아 있다는 것이며 생(生)에 대한 감각과 의지는 죽음을 가까이할수록 강해진다. 〈매일 죽는 사람〉은 살기 위해 매일 죽음을 연기해야 하는 인물을 통해 삶과 죽음이 혼재하는 상황을 보여 주고 있다.

① '3백 원'을 받으려 '쓰러진 포졸의 시체 위에 덧걸쳐 엎드려'야 하는 '그'의 모습은 단역 전문 배우로서 죽는 역할을 맡아야 삶을 유지할 수 있는 상황을 역설적으로 보여 주는군.

② 죽은 척하고 쓰러진 '자기의 목구멍'에서 '죽은 사람의 냄새'를 느끼고 '3백 년 전의 포졸'의 속삭임을 듣는 '그'의 모습은 삶의 과정이 끝나야 죽음이 찾아온다는 것을 암시하는군.

③ '입관 직전의 사자'를 떠올리며 '누구나 매일매일 조금씩은 죽어 가면서 살고 있'다는 인식에 이르는 것은 '그'가 삶을 죽어가는 과정으로 바라보게 되었음을 시사하는군.

④ '구두가 신겨져 있지 않은 발과 신겨져 있는 발'로 걸으며 '죽음의 발과 생명의 발'을 모두 가지고 있다고 여기는 '그'의 모습은 삶과 죽음이 동시에 존재한다는 인식을 드러내는군.

⑤ '장의의 불빛' 같던 불 중에서 '식육점의 불그레한 불빛'에 주목하게 된 것은, '태아'를 '죽음의 싹'으로 단정 짓는 인식에서 벗어나 생의 감각을 더 가까이 느끼게 된 것에 대응하는군.

04
외적 준거에 따라 작품을 감상하는 문제이다. ＜보기＞에 따르면 윗글은 죽음을 연기하는 인물을 통해 삶과 죽음이 혼재된 상황을 드러내고 있다. 따라서 윗글에 나타난 죽음과 삶을 은유하는 표현과 서술을 파악하고, 제시된 선택지의 내용이 적절한지 파악해야 한다.

WEEK 5

섹션 SECTION

뽀개기

종합편

스스로 점검하기

6일간 학습

Day	공부 시작 시간	공부 종료 시간	틀린 문항 수	틀린 유형
Day 1	시 분 초	시 분 초		
Day 2	시 분 초	시 분 초	-	
Day 3	시 분 초	시 분 초		
Day 4	시 분 초	시 분 초		
Day 5	시 분 초	시 분 초		
Day 6	시 분 초	시 분 초		

1 일별로 계획에 맞춰 공부하기
하루에 기출 하나씩 매일 꾸준히 공부하는 것이 최선의 방법이다.

2 시작 시간과 종료 시간 체크하기
스스로 시간 제한을 두고 문제를 푸는 것이 실전 대비에 효과적이다.

3 틀린 문항과 유형 분석하기
틀린 문제는 또 틀릴 수 있다. 특정 문항과 유형에서 많이 틀렸다면, 그 이유를 분석해야 한다.

4 보충 학습하기
스스로 점검하기를 통해 자신의 취약한 유형을 확인하고, SLS를 통해 부족한 부분을 보충 학습한다.

번호	Day 1						Day 2						Day 3					
	1	2	3	4	5	6	1	2	3	4	5	6	1	2	3	4	5	6
정답률	85%	64%	70%	71%			56%	60%	74%	76%	80%		77%	59%	70%	66%	91%	
채점																		

번호	Day 4						Day 5						Day 6					
	1	2	3	4	5	6	1	2	3	4	5	6	1	2	3	4	5	6
정답률	62%	76%	46%	80%	68%		73%	77%	79%	68%	52%		76%	78%	77%	68%		
채점																		

결과	틀린 문항에는 ✕표시, 찍어서 막혔거나 헷갈렸던 문항에는 △표시, 맞춘 문항에는 ○표시
	채점 결과 : 맞은 문항 수 28개중 ☐ 개

나의 예상 등급은?

등급

1등급
24~28개

2등급
22~23개

3등급
20~21개

1 Day

화법과 작문   고1 2023년 9월

작문

핵심정리

갈래

설명문

제재

등급 외 농산물

주제

등급 외로 분류된 농산물로 인한 문제 해결을 위해 등급 외 농산물 구매 활성화 방안을 마련해야 한다.

문단 중심 내용

❶ 농산물 등급 규격의 문제점
❷ 등급 외 농산물의 폐기에 대한 문제 제기
❸ 등급 외 농산물이 판매되지 못할 경우 발생하는 문제점
❹ 등급 외 농산물 구매 활성화 방안 마련 촉구

문제 상황

농산물 등급 규격
• 농산물의 상품성 향상과 유통 효율을 위해 도입 • 주로 크기, 모양 등에 따라 등급을 부여함.

↓

등급 규격의 항목이 농산물의 외관과 관련됨.

↓

맛이나 영양에 별다른 문제가 없는 농산물이 등급 외로 분류되어 유통 과정에서 소외되어 버려짐.

등급 외 농산물이 판매되지 못할 경우 발생하는 문제점

① 농산물 생산에 사용된 물, 비료, 노동력 등의 자원 낭비 ② 폐기 과정에서 비용이 들어 농가에 경제적 손해 발생 ③ 환경 문제 야기 – 매립된 폐기 농산물이 썩는 과정에서 메탄 발생

↓

문제 해결을 위해 등급 외 농산물 구매 활성화 방안을 마련하여 적극적인 소비가 이루어질 수 있도록 해야 함.

※ 다음은 교지에 싣기 위해 학생이 작성한 초고이다. 물음에 답하시오.

❶ 우리가 사 먹는 과일과 채소는 품목별로 등급 규격의 항목 기준에 따라 특, 상, 보통으로 분류된다. 이러한 농산물 등급 규격은 농산물의 상품성 향상과 유통 효율을 위하여 도입되었다. 그런데 등급 규격의 항목이 주로 크기, 모양 등 농산물의 외관과 관련되어 있어, 맛이나 영양에는 별다른 문제가 없는 농산물이 등급 외로 분류되는 경우가 생겨난다. 이러한 '등급 외 농산물'은 우리에게 '못난이 농산물'이라는 이름으로 잘 알려져 있다.

❷ 등급 외로 분류된 농산물은 일반적인 유통 과정에 따라 거래되지 못한다. 잼, 주스 등으로 가공이 가능한 품목의 경우에는 헐값에라도 거래되지만, 가공이 어려운 품목들은 끝내 거래되지 못하고 폐기되고 만다. 등급 외 농산물은 맛과 영양, 가격 면에서 볼 때 소비 시장에서 충분히 경쟁력이 있음에도 유통 과정에서 소외되어 버려지고 있는 것이다.

❸ 등급 외 농산물이 판매되지 못할 경우 농산물 생산에 사용된 물, 비료, 노동력 등의 자원은 낭비가 되고, 폐기 과정에서도 비용이 들어 농가에 경제적 손해가 발생한다. 또한 등급 외 농산물은 환경 문제도 야기한다. 매립된 폐기 농산물은 썩는 과정에서 지구 온난화를 일으키는 메탄을 발생시키는데, 소비가 가능한 등급 외 농산물까지 불필요하게 폐기되어 이러한 환경 문제를 더욱 악화시키고 있다.

❹ 등급 외 농산물로 인한 문제를 해결하기 위해서는 등급 외 농산물 구매 활성화 방안을 마련하여 적극적인 소비가 이루어질 수 있도록 해야 한다. 등급 외 농산물을 소비하는 것은 환경에도 긍정적 영향을 끼치고, 농가와 소비자 모두에게 도움을 줄 수 있다. [A]

01

다음은 초고를 작성하기 전에 학생이 떠올린 생각이다. ㉠~㉤ 중, 학생의 초고에 반영되지 않은 것은?

> ◦ 등급 외 농산물의 가공 가능 여부에 따른 처리 방식의 차이를 제시해야겠어. ……………………………………………………………………… ㉠
>
> ◦ 등급 외 농산물의 구매 활성화 방안을 실천하는 데 따르는 문제점을 제시해야겠어. ……………………………………………………………………… ㉡
>
> ◦ 농산물 등급 규격 항목과 관련지어 등급 외 농산물이 발생하는 이유를 제시해야겠어. ……………………………………………………………… ㉢
>
> ◦ 등급 외 농산물 폐기로 인한 문제를 경제적 손해와 환경 문제의 측면에서 제시해야겠어. …………………………………………………………… ㉣
>
> ◦ 예상 독자의 이해를 도울 수 있도록 등급 외 농산물을 일컫는 다른 명칭을 제시해야겠어. …………………………………………………………… ㉤

① ㉠   ② ㉡   ③ ㉢   ④ ㉣   ⑤ ㉤

02

다음은 초고를 읽은 교지 편집부 학생의 조언이다. 이를 반영하여 [A]를 작성한다고 할 때, 가장 적절한 것은?

> "등급 외 농산물 소비가 농가와 소비자에게 도움이 되는 이유를 각각의 측면에서 밝히고, 등급 외 농산물 소비를 권유하는 내용으로 마무리하는 것이 좋겠어."

① 등급 외 농산물은 가격이 저렴하면서도 맛과 영양 면에서 인정받고 있기 때문이다. 이제 등급 외 농산물이 갖는 가치를 인정하고 소비하려는 태도를 갖자.

② 등급 외 농산물 폐기로 인해 발생하는 손해가 농민들에게 돌아가기 때문이다. 이제 농가 소득 증대에 기여할 수 있도록 등급 외 농산물의 가공 활용 방법에 대해 고민해야 할 때이다.

③ 등급 외 농산물 소비를 통해 환경 문제를 해결하는 데 소비자가 기여할 수 있기 때문이다. 이제 등급 외 농산물 소비를 통해 환경 문제를 개선하는 데 동참하는 자세를 가져 보자.

④ 농가는 등급 외 농산물로 인한 경제적 손해를 줄일 수 있고 소비자는 농산물을 저렴하게 구입할 수 있기 때문이다. 이제 농가와 소비자 모두를 위해 등급 외 농산물 소비에 동참해 보자.

⑤ 소비자는 맛과 영양을 갖춘 등급 외 농산물을 쉽게 구할 수 있고, 농가는 등급 외 농산물의 생산을 줄일 수 있기 때문이다. 이제 등급 외 농산물의 판매 경로를 다양화할 필요가 있다.

WEEK 6

자료 활용의 적절성을 파악하는 문제이다. 제시된 자료를 해석하여 지문에서 활용하기에 적절한지를 확인해야 한다.

ㄱ	'등급 외 농산물' 구매와 관련된 소비자의 설문 조사이다. 1. 등급 외 농산물의 구매 경험이 있는 사람 중 재구매 의사가 있다고 답변한 소비자가 95.5%, 구매 경험이 없지만 구매 의사가 있다고 답변한 소비자가 65.3%인 것으로 보아 등급 외 농산물 구매에 대해 소비자들이 긍정적으로 인식하고 있음을 알 수 있다. 2. 등급 외 농산물의 구매 활성화 방안에 대한 조사 결과로, 구매 접근성의 확보가 중요함을 드러내는 자료이다.
ㄴ	특 등급을 받기 위해 농산물의 생산 과정에서 수억 개의 비닐을 사용하고 있으며, 이 과정에서 환경 문제가 발생하고 있음을 보여 주는 신문 기사이다.
ㄷ	등급 외 농산물로 분류되어 유통 과정에서 폐기되는 농산물의 생산액을 언급하며, 등급 외 농산물을 주변에서 쉽게 구매할 수 있는 방안을 마련하여 경제적 손해를 줄여야 함을 주장하고 있는 전문가 인터뷰이다.

03

<보기>는 초고를 보완하기 위해 추가로 수집한 자료이다. 자료 활용 방안으로 적절하지 <u>않은</u> 것은?

ㄱ. '등급 외 농산물' 구매 관련 소비자 설문 조사

ㄱ-1. 구매 의사

구매 경험이 있는 사람		구매 경험이 없는 사람	
재구매 의사 있음	95.5%	구매 의사 있음	65.3%
재구매 의사 없음	0.9%	구매 의사 없음	32.6%
기타	3.6%	기타	2.1%

ㄱ-2. 구매 활성화 방안

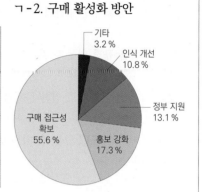

기타 3.2%
인식 개선 10.8%
정부 지원 13.1%
홍보 강화 17.3%
구매 접근성 확보 55.6%

ㄴ. 신문 기사

애호박이 등급 규격의 항목 기준에 따라 특 등급을 받으려면 처음과 끝의 굵기가 비슷하고 구부러진 것이 없어야 한다. 그래서 어린 애호박에 비닐을 씌워 상품성을 높인다. 맛과 무관하게 모양을 위해 매년 수억 개가 사용되는 이 비닐은 대부분 복합 플라스틱으로, 사실상 재활용이 불가능하여 환경 면에서 문제가 되고 있다.

ㄷ. 전문가 인터뷰

"한 해 동안 등급 외로 판정되어 버려지는 농산물의 생산액은 약 3조 2천억 원이나 되는데, 그 과정에서 발생하는 손해를 고스란히 농민들이 부담합니다. 소비자들이 등급 외 농산물을 주변에서 쉽게 구매할 수 있다면 아깝게 버려지는 농산물이 줄어들 것입니다."

① ㄱ-1을 활용하여, 등급 외 농산물 구매에 대해 소비자들이 긍정적으로 인식하고 있다는 내용을 등급 외 농산물이 경쟁력이 있다는 내용의 근거 자료로 2문단에 제시한다.

② ㄴ을 활용하여, 등급 외 농산물과 관련하여 발생하는 환경 문제가 폐기 과정뿐만 아니라 생산 과정에서도 일어날 수 있다는 내용을 3문단에 추가한다.

③ ㄷ을 활용하여, 한 해 동안 버려지는 등급 외 농산물의 생산액을 등급 외 농산물로 인한 농가의 경제적 손해가 크다는 내용을 뒷받침하는 구체적인 수치 자료로 3문단에 제시한다.

④ ㄱ-1과 ㄴ을 활용하여, 등급 외 농산물로 인한 농가의 손해를 줄이기 위한 노력이 등급 외 농산물에 대한 소비자들의 구매 의사로 이어지고 있다는 내용을 4문단에 추가한다.

⑤ ㄱ-2와 ㄷ을 활용하여, 등급 외 농산물 구매 접근성을 확보하는 것이 필요하다는 내용을 등급 외 농산물 구매 활성화 방안의 구체적 내용으로 4문단에 제시한다.

※ [01~02] 다음 글을 읽고 물음에 답하시오.

조사는 일반적으로 체언 뒤에 붙어서 문법적인 관계를 나타내거나 의미를 추가하는 의존 형태소로서, 기능과 의미에 따라 격 조사, 접속 조사, 보조사로 나눌 수 있다.

격 조사는 체언이 문장 안에서 일정한 자격을 가지게 해 주는 조사로서, 주격, 목적격, 관형격, 부사격, 서술격, 보격, 호격 조사로 나눌 수 있다. 주격 조사는 '이/가, 에서' 등으로, 체언이 주어의 자격을 가지게 하며, 목적격 조사는 '을/를'로, 체언이 목적어의 자격을 가지게 한다. 관형격 조사는 '의'로, 체언이 관형어의 자격을 가지게 하며, 부사격 조사는 '에, 에게, 에서, (으)로, 와/과' 등으로, 체언이 부사어의 자격을 가지게 한다. 보격 조사는 '이/가'로, 서술어 '되다, 아니다' 앞에 오는 체언이 보어의 자격을 가지게 한다. 서술격 조사는 '이다'로 체언이 서술어의 자격을 가지게 하고, 호격 조사는 '아/야, (이)시여' 등으로 체언이 호칭어가 되게 하는 조사이다.

접속 조사는 두 단어를 같은 자격으로 이어 주는 조사로 '와/과'가 대표적이며 '하고, (이)며' 등이 여기에 속한다. 보조사는 특별한 의미를 덧붙여 주는 조사로 '도, 만, 까지, 요' 등이 속한다. 보조사는 체언 뒤는 물론이고, 여러 문장 성분 뒤에도 나타날 수 있다.

조사는 서로 겹쳐 쓰기도 하는데, 이를 조사의 중첩이라 한다. 그러나 겹쳐 쓸 때 순서가 있다. 주격 조사, 목적격 조사, 보격 조사, 관형격 조사는 서로 겹쳐 쓸 수 없으나 보조사와는 겹쳐 쓸 수 있는데, 대체로 보조사의 뒤에 쓴다. 부사격 조사는 부사격 조사끼리 겹쳐 쓸 수 있고 다른 격 조사나 보조사와도 겹쳐 쓸 수 있는데, 일반적으로 다른 격 조사나 보조사의 앞에 쓴다. 보조사는 보조사끼리 겹쳐 쓸 수 있고 순서도 자유로운 편이지만, 의미가 모순되는 보조사끼리는 겹쳐 쓰기 어렵다.

01

윗글을 바탕으로 밑줄 친 부분을 분석한 내용으로 적절하지 <u>않은</u> 것은?

① '비가 오는데 바람<u>까지</u> 분다.'의 '까지'는 다시 그 위에 더한다는 의미를 가진 보조사이다.

② '나는 아버지보다 어머니<u>와</u> 닮았다.'의 '와'는 '어머니'와 '닮았다'를 이어 주는 접속 조사이다.

③ '우리 동아리<u>에서</u> 학교 축제에 참가하였다.'의 '에서'는 단체 명사 뒤에 쓰이는 주격 조사이다.

④ '신<u>이시여</u>, 우리를 보살피소서.'의 '이시여'는 어떤 대상을 정중하게 부를 때 쓰는 호격 조사이다.

⑤ '철수는<u>요</u> 밥을<u>요</u> 먹어야 하거든<u>요</u>.'의 '요'는 다양한 문장 성분의 뒤에 쓰여 청자에게 존대의 뜻을 나타내는 보조사이다.

핵심정리

격 조사

역할	체언이 문장 안에서 일정한 자격을 가지게 해 주는 조사	
분류	주격 조사	이/가, 에서 등
	목적격 조사	을/를
	관형격 조사	의
	부사격 조사	에, 에게,에서, (으)로, 와/과 등
	보격 조사	이/가(+되다/아니다)
	서술격 조사	이다
	호격 조사	아/야, (이)시여 등

접속 조사와 보조사

접속 조사	• 두 단어를 같은 자격으로 이어주는 조사 • '와/과, 하고, (이)며' 등
보조사	• 특별한 의미를 덧붙여 주는 조사 • 여러 문장 성분 뒤에 나타날 수 있음. • '도, 만, 까지, 요' 등

문제풀이 맥

01

조사의 종류와 특징을 파악하는 문제이다. 조사의 종류에는 격 조사, 접속 조사, 보조사가 있다. 격 조사는 체언이 문장 안에서 일정한 자격을 가지게 해 주는 조사이다. 접속 조사는 두 단어를 같은 자격으로 이어 주는 조사이며, 보조사는 특별한 의미를 덧붙여 주는 조사이다.

WEEK 6

02

조사의 중첩을 이해하는 문제이다. 주격 조사, 목적격 조사, 보격 조사, 관형격 조사는 서로 겹쳐 쓸 수 없으나 보조사와는 겹쳐 쓸 수 있다. 이때 대체로 보조사의 뒤에 사용된다. 부사격 조사는 부사격 조사끼리 겹쳐 쓸 수 있고, 다른 격 조사 및 보조사와도 함께 사용할 수 있는데, 일반적으로 다른 격 조사나 보조사의 앞에 사용된다. 보조사는 보조사끼리 겹쳐 쓸 수 있고 순서도 자유롭지만, 의미가 모순되는 보조사와는 겹쳐 쓸 수 없다.

02

⊙~⑩을 통해 조사의 중첩을 이해한 내용으로 적절하지 않은 것은?

> ⊙ 길을 걷다가 철수가를* 만났다.
> ⓒ 그 말을 한 것이 당신만이 (당신이만*) 아니다.
> ⓒ 그녀는 전원에서의 (전원의에서*) 여유로운 삶을 꿈꾼다.
> ② 모든 관심이 나에게로 (나로에게*) 쏟아졌다.
> ⑩ 빵만도* 먹었다.
>
> *는 비문 표시임.

① ⊙에서는 주격 조사와 목적격 조사는 겹쳐 쓸 수 없음을 확인할 수 있군.
② ⓒ에서는 보조사와 보격 조사가 결합할 때 보격 조사가 뒤에 쓰였군.
③ ⓒ에서는 부사격 조사와 관형격 조사가 결합할 때 관형격 조사가 뒤에 쓰였군.
④ ②에서는 부사격 조사와 보조사가 결합할 때 부사격 조사가 보조사 앞에 쓰였군.
⑤ ⑩에서는 유일함을 뜻하는 '만'과 더함을 뜻하는 '도'의 의미가 모순되어 겹쳐 쓰기 어렵군.

03

표준 발음법을 이해하는 문제이다. <보기>는 받침 'ㅎ'과 관련된 표준 발음법 규정이다.

> 제12항 받침 'ㅎ'의 발음은 다음과 같다.
> 1. 'ㅎ(ㄶ, ㅀ)' 뒤에 'ㄱ, ㄷ, ㅈ'이 결합되는 경우에는, 뒤 음절 첫소리와 합쳐서 [ㅋ, ㅌ, ㅊ]으로 발음한다.
> 예 놓고[노코], 않던[안턴]
>
> 3. 'ㅎ' 뒤에 'ㄴ'이 결합되는 경우에는, [ㄴ]으로 발음한다.
> 예 쌓네[싼네]
> [붙임] 'ㅎ(ㄶ, ㅀ)' 뒤에 모음으로 시작된 어미나 접미사가 결합되는 경우에는, 'ㅎ'을 발음하지 않는다.
> 예 않는[안는], 뚫네[뚤네 → 뚤레]
>
> 4. 'ㅎ(ㄶ, ㅀ)' 뒤에 모음으로 시작된 어미나 접미사가 결합되는 경우에는, 'ㅎ'을 발음하지 않는다.
> 예 닳아[다라], 쌓이다[싸이다]

03

<보기>는 표준 발음법 중 '받침 'ㅎ'의 발음'의 일부이다. 이를 바탕으로 표준 발음을 이해한 내용으로 적절하지 않은 것은?

보기

> ⊙ 'ㅎ(ㄶ, ㅀ)' 뒤에 'ㄱ, ㄷ, ㅈ'이 결합되는 경우에는, 뒤 음절 첫소리와 합쳐서 [ㅋ, ㅌ, ㅊ]으로 발음한다.
> ⓒ 'ㅎ' 뒤에 'ㄴ'이 결합되는 경우에는, [ㄴ]으로 발음한다.
> ⓒ 'ㅎ(ㄶ, ㅀ)' 뒤에 모음으로 시작된 어미나 접미사가 결합되는 경우에는, 'ㅎ'을 발음하지 않는다.

① '물이 끓고 있다.'의 '끓고'는 ⊙에 따라 [끌코]로 발음한다.
② '벽돌을 쌓지 마라.'의 '쌓지'는 ⊙에 따라 [싸치]로 발음한다.
③ '배가 항구에 닿네.'의 '닿네'는 ⓒ에 따라 [단네]로 발음한다.
④ '마음이 놓여.'의 '놓여'는 ⓒ에 따라 [노여]로 발음한다.
⑤ '이유를 묻지 않다.'의 '않다'는 ⓒ에 따라 [안타]로 발음한다.

04

<보기>의 ⓛ, ⓒ이 모두 ㉠을 실현하고 있는 문장으로 적절한 것은?

보기

> 선생님 : 국어의 시제는 화자가 말하는 시점인 발화시와 동작이나 상태가 나타나는
> 시점인 사건시를 기준으로, ㉠ 발화시보다 사건시가 앞서는 경우, 발화시와 사건
> 시가 일치하는 경우, 발화시보다 사건시가 나중인 경우로 나뉩니다. 이때 시제
> 는 ⓛ 선어말 어미, ⓒ 관형사형 어미, 시간 부사어 등을 통해 실현됩니다.

① 지난번에 먹은 귤이 맛있었다.
② 이것은 내일 내가 읽을 책이다.
③ 이미 한 시간 전에 집에 도착했다.
④ 작년에는 겨울에 함박눈이 왔었다.
⑤ 친구는 지금 독서실에서 공부를 한다.

05

<보기>의 ㉠~㉤에 나타나는 중세 국어의 특징을 탐구한 내용으로 적절하지 않은 것은?

보기

> [중세 국어] 녯 마리 ㉠ 닐오디 어딘 일 ⓛ 조초미 노폰 디올옴 곧고
> [현대 국어] 옛말에 이르되 어진 일 좇음이 높은 데 오름 같고
>
> [중세 국어] 善쎤慧쀙 ㉢ 對됭答답ᄒ샤디 부텻긔 받ᄌᆞ보리라
> [현대 국어] 선혜가 대답하시되 "부처께 바치리라."
>
> [중세 국어] 烽火ㅣ ㉣ 석ᄃᆞ롤 ㉤ 니세시니
> [현대 국어] 봉화가 석 달을 이어지니

① ㉠에서 두음 법칙이 적용되지 않았음을 알 수 있군.
② ⓛ에서 이어 적기가 사용되었음을 알 수 있군.
③ ㉢에서 객체를 높이는 선어말 어미가 사용되었음을 알 수 있군.
④ ㉣에서 체언에 조사가 결합할 때 모음 조화가 지켜지고 있음을 알 수 있군.
⑤ ㉤에서 현대 국어에서 쓰이지 않는 자음이 사용되었음을 알 수 있군.

04

국어의 시제를 파악하는 문제이다. 시제란 어떤 행위, 사건, 상태의 시간적 위치를 언어적으로 나타내주는 문법 범주이다. 시제는 사건이 발생한 시점인 사건시와 그 사건을 언어로 표현하는 시점인 발화시의 선후 관계에 따라 과거, 현재, 미래로 나뉜다. 이때 시제는 선어말 어미, 관형사형 어미, 시간 부사어 등을 통해 실현된다.

과거 시제	• 선어말 어미 '-았-/-었-' • 동사 어간+관형사형 어미 '-(으)ㄴ' • 용언의 어간이나 서술격 조사+ '-던' • 시간 부사어 '어제'
현재 시제	• 동사 : 선어말 어미 '-ㄴ-/-는-', 관형사형 어미 '-는' • 형용사나 서술격 조사: 관형사형 어미 '-(으)ㄴ', 기본형 • 시간 부사어 '지금'
미래 시제	• 선어말 어미 '-겠-' • 관형사형 어미 '-(으)ㄹ' (-(으)ㄹ+의존 명사 '것' → -(으)ㄹ 것) • 시간 부사어 '내일'

05

중세 국어의 특징을 이해하는 문제이다. 현대 국어와 구별되는 중세 국어의 특징을 알고, 해당 특징이 <보기>의 어느 부분에 나타났는지를 파악해야 한다.
중세 국어의 특징

> • 이어 적기를 한다.
> • 모음 조화가 비교적 잘 지켜진다.
> • 현대 국어에서 사라진 자모가 존재한다.
> • 단어 첫소리에 'ㄴ' 또는 'ㄹ'이 올 수 있다.
> • 초성에 'ㅅㄱ', 'ㅂㄱ' 등의 어두자음군이 사용된다.
> • 주체 높임 선어말 어미 '-시-/-샤-'를 사용한다.

3 Day

독서(인문) 고2 2022년 11월

시뮬라르크의 시대 / 보드리야르: 현대예술과 초미학

핵심정리

가

문단 중심 내용

❶ 플라톤의 예술관과 세계관
❷ 에이도스의 성질을 반영한 정도에 따라 나뉘는 에이돌론
❸ 플라톤식 사유를 비판한 들뢰즈
❹ 시뮬라크르에 대한 들뢰즈의 긍정

플라톤의 세계관

가지적 세계	결코 변하지 않는 본질이 있는 세계
가시적 세계	가지적 세계를 모방하여 재현한 환영이자 이미지

플라톤의 에이돌론 구분

에이도스	결코 변하지 않는 본질(실재)
에이돌론	가시적 세계의 사물들
에이콘	에이도스의 성질을 가능한 정확하게 재현한 좋은 이미지
판타스마	에이도스에 대한 지식 없이 눈에 보이는 현상만을 모방하여 재현한 나쁜 이미지 → 시뮬라크르 예 예술

들뢰즈의 플라톤 비판

• 원본의 성질을 재현한 정도에 따라 위계적인 질서 부여
• 주체가 이성을 통해 대상의 가치를 판단하고 재단하는 폭력성 내재
• 시뮬라크르만을 무가치한 것으로 폐기

시뮬라크르에 대한 들뢰즈의 관점

시뮬라크르
주체의 판단과 상관없이 독립된 존재

• 시뮬라크르를 반복해서 생성할 때 드러나는 모든 차이가 바로 시뮬라크르가 실재로서 지닌 의미 그 자체
• 예술의 목표는 가장 일상적인 반복에서도 서로 다른 의미를 지닌 예술 작품을 생성해 내는 것 → 예술이 존재 가치를 보존하는 길

※ 다음 글을 읽고 물음에 답하시오.

가

❶ '예술은 재현의 기술이기 때문에 무가치한 것이다.' 이는 플라톤의 예술관이 드러난 말로, 세계를 '가지적 세계'와 '가시적 세계'로 구분하는 그의 세계관과 밀접한 연관이 있다. 플라톤에게 가지적 세계는 우리의 지성으로만 알 수 있는 세계이며, 결코 변하지 않는 본질, 즉 실재인 '에이도스'가 있는 세계이다. 반면 가시적 세계는 우리 눈으로 지각이 가능한 현실 세계로, 이 세계는 가지적 세계를 모방하여 재현한 환영이자 이미지에 불과하다.

❷ 플라톤은 가시적 세계의 사물들을 '에이돌론'이라 부르며, 에이돌론을 에이도스의 성질을 얼마나 반영했는지에 따라 '에이콘'과 '판타스마'로 구분한다. 에이콘은 사물을 만드는 주체가 건축가나 장인처럼 에이도스에 대한 지식을 가지고 에이도스의 성질을 가능한 정확하게 재현한 좋은 이미지이다. 반면 판타스마는 에이도스에 대한 지식은 없이 눈에 보이는 현상만을 모방하여 재현한 나쁜 이미지이다. 즉 모방한 것을 다시 모방한, 사본의 사본에 불과하다. 플라톤은 판타스마를 에이도스의 성질이 없는 가짜, 사이비라는 의미로 '시뮬라크르'라고 부르며 예술이 시뮬라크르에 해당한다고 말한다. 플라톤은 특히 회화는 화가가 실재에 대해 아무것도 모른 채 사람들이 실재라고 믿도록 기만하는 사이비 기술이며, 이러한 기술로 그려진 작품은 본질에서 멀어진 무가치한 것이라고 주장한다.

❸ 하지만 반플라톤주의 철학자 들뢰즈는 플라톤이 원본의 성질을 재현한 정도에 따라 원본과 사본, 시뮬라크르로 위계적인 질서를 부여한다고 지적하며, 이러한 플라톤식 사유에는 주체가 이성을 통해 대상의 가치를 판단하고 재단하는 폭력성이 내재해 있다고 비판한다. 다시 말해 플라톤은 원본과의 유사성을 근거로 들어 진짜 유사와 가짜 유사를 구분 짓고 시뮬라크르만을 무가치한 것으로 폐기했다는 것이다.

❹ 시뮬라크르가 모방을 거듭하면서 본질에서 멀어진 가짜라고 주장하는 플라톤과 달리 들뢰즈는 사물 그 자체라고 주장한다. 들뢰즈에 의하면 시뮬라크르는 주체의 판단과 상관없이 독립된 존재로서, 원본과 사본의 시뮬라크르에 대한 우위를 부정하는 역동적인 힘이 있다. 그 힘은 반복을 통해 실현되는데, 시뮬라크르를 반복해서 생성할 때 드러나는 모든 차이가 바로 시뮬라크르가 실재로서 지닌 의미 그 자체이다. 이렇듯 시뮬라크르를 긍정하는 들뢰즈에 의하면 예술의 목표는 예술가가 플라톤식 사유에서 벗어나 가장 일상적인 반복에서도 서로 다른 의미를 지닌 예술 작품을 생성해 내는 것이다. 왜냐하면 그것이 예술이 주체의 판단에 의해 가치 없는 것으로 폐기되지 않고 존재 가치를 보존하는 길이기 때문이다. 그래서 들뢰즈는 ㉮ "예술은 모방이 아니라 반복할 뿐이다."라고 선언한다.

나

❶ 철학자 장 보드리야르는 현대 사회는 미디어와 광고가 생산하는 복제 이미지들로 만들어진 세계라고 ⓐ 말한다. 보드리야르에 의하면 플라톤 이래 원본과 이미지의 경계가 분명했던 서구 근대 사회에서는 복제 이미지가 단순한 복사물에 불과했지만, 현대 사회에서는 실재보다 더 실재적이고 우월한 것이 된다. 그런 의미에서 그는 현대 사회의 이미지를 '초과실재'라 부른다. 이 초과실재가 바로 보드리야르가 말하는 시뮬라크르이다. 오늘날 우리가 역사적 사실보다 현실처럼 믿는 영화 속 이미지나, 실재한다고 믿는 상품 광고 속 캐릭터 등을 그 예로 들 수 있다.

❷ 보드리야르는 시뮬라크르가 산출되는 과정을 '시뮬라시옹 현상'이라 부르며, 시뮬라시옹 현상으로 모든 실재가 사라진다고 말한다. 그에 의하면 시뮬라시옹 현상이 끊임없이 일어나는 현대 사회에서 시뮬라크르는 그 자체로서 실재를 대신한다. 우리가 실재보다 시뮬라크르를 더 실재라고 믿고, 그것이 사물의 본질이라고 믿기 때문에 현대 사회의 모든 영역은 '내파'하여 사라진다. 이때 내파란 무한히 증식하여 재생산된 시뮬라크르들이 원래 실재를 지시하던 기능과 가치를 잃어버려 실재와 시뮬라크르 사이의 경계가 붕괴되는 것을 의미한다. 보드리야르는 시뮬라시옹 현상의 예로 쥐를 모델로 하여 만들어진 만화 주인공 미키마우스를 든다. 미키마우스는 다양한 미디어에서 반복되면서 쥐를 지시하던 기능과 가치가 사라졌고 사실상 쥐와 별개의 존재가 되었다. 다시 말해 실제 쥐와 미키마우스 사이의 경계는 붕괴되었고, 미키마우스는 모델이었던 실제 쥐보다 오히려 더 실재적이고 우월한 초과실재가 되었다.

❸ 이러한 시뮬라시옹 현상은 오늘날 우리 문화 현상이 되었고 예술의 영역까지 확장된다. 보드리야르는 오늘날 예술 작품이 시뮬라시옹 현상에 의해 도처에서 증식하면서 예술이 가지고 있던 미적 가치가 사라지고 있다고 비판한다. 예술이 일상적 사물에 가까워지고, 일상적 사물은 예술에 가까워지면서 미적인 것은 비미적인 것과의 변별성을 잃고 내파되어 사라지고 있기 때문이다. 보드리야르에 의하면 예술가가 전시장에 깃발, 청소기, 식탁 등과 같은 일상적 사물을 두고 예술을 논하는 등 모든 것이 미학적인 것이 될 때, 그 어떤 것도 더 이상 아름답거나 추하지 않게 되며, 동시에 예술은 자신의 한계를 넘어서 그 자체를 부정하고 청산한다. 즉, 예술 그 자체가 내파되어 사라진 상태가 된다. 보드리야르는 이러한 현상을 '초미학'이라 부르며, ⓑ "예술은 너무 많기 때문에 극도로 보잘것없는 것이다."라고 역설했다.

01

내용 전개 방식을 파악하는 문제이다. (가)와 (나) 각각의 내용 전개 방식을 파악하고, 공통점과 차이점을 파악하여 비교할 수 있어야 한다. (가)와 (나)는 공통적으로 시뮬라크르에 대해 이야기하고 있다.

01

(가)와 (나)에 대한 설명으로 가장 적절한 것은?

① (가)와 달리 (나)는 시뮬라크르가 지닌 오류를 증명하는 과정을 사고 실험을 통해 설명하고 있다.

② (나)와 달리 (가)는 특정한 철학적 관점에서 파생된 예술관을 바탕으로 시뮬라크르가 사라지는 현상의 이유를 밝히고 있다.

③ (가)와 (나)는 모두 특정 철학자의 세계관을 바탕으로 해당 철학자의 시뮬라크르에 대한 관점을 소개하고 있다.

④ (가)와 (나)는 모두 특정한 철학적 관점을 바탕으로 현대의 시뮬라크르가 지닌 문제점에 대한 극복 방법을 제시하고 있다.

⑤ (가)와 (나)는 모두 시뮬라크르에 대한 다양한 예술관이 지닌 문제점을 지적하고 이에 맞서는 새로운 예술관을 모색하고 있다.

02

내용을 이해하는 문제이다. (가)의 1~2문단에서 가지적 세계와 가시적 세계를 설명하고 있으므로 그 특징을 이해해야 한다. 가지적 세계와 가시적 세계는 서로 대립되는 개념이다.

02

(가)의 가지적 세계와 가시적 세계에 대한 이해로 적절하지 않은 것은?

① 가지적 세계는 지성으로만 알 수 있는 세계이다.

② 가시적 세계는 눈으로 지각 가능한 현실 세계이다.

③ 가시적 세계의 사물들은 에이콘과 판타스마로 구분된다.

④ 가시적 세계는 가지적 세계를 모방한 환영에 불과한 세계이다.

⑤ 가지적 세계에 있는 본질은 에이도스와 에이돌론으로 구분된다.

※ 윗글과 <보기>를 바탕으로 3번과 4번의 물음에 답하시오.

보기

[자료 1]

  음료 회사로부터 캐릭터 제작을 의뢰받은 A는 실제 상품을 베낀 초안을 그린 후 이를 변형한 첫 캐릭터를 그렸지만, 음료 회사는 첫 캐릭터에서 상품의 특징이 드러나지 않는다고 혹평했다. A는 첫 캐릭터를 의인화한 최종 캐릭터를 다시 그렸고, 음료 회사는 최종 캐릭터를 담은 광고를 반복하여 방영했다. 이후 최종 캐릭터는 설문 조사에서, 가장 영향력 있는 인물로 선정되는 등 실제 상품보다 사랑받는 인기 캐릭터가 되었다.

[자료 2]

  가구 장인 B가 자신이 만든 의자를 본떠 직접 그린 '의자 1'은 예술성을 인정받아 미술관에 전시됐다. 화가 C는 '의자 1'을 보고 자신만의 방식으로 '의자 2'를 그린 후, 다시 이를 변형한 '의자 3'을 그려 전시했다. 그러자 B는 '의자 1'의 모델인 실제 의자를 '의자 0'으로 전시했고, 평론가들은 이것이야말로 진정한 원본이라고 극찬했다. 이후 예술가들이 깃발, 책상 등을 그대로 전시하고 예술을 논하는 현상이 각국 미술관에서 일어났다.

03

다음은 윗글을 읽은 학생이 <보기>를 이해한 내용을 정리한 것이다. 적절하지 않은 것은?

[자료 1]	들뢰즈와 달리 플라톤은 A가 그린 '첫 캐릭터'를, 모방을 거듭한 가짜로 여길 것이다. ⋯⋯⋯⋯⋯⋯⋯⋯⋯⋯⋯⋯⋯⋯⋯⋯⋯⋯⋯ ㉠
	플라톤과 달리 들뢰즈는 '초안', '첫 캐릭터', '최종 캐릭터' 사이에 드러나는 차이를 실재로서 지닌 의미로 여길 것이다. ⋯⋯⋯⋯⋯⋯⋯ ㉡
	들뢰즈와 달리 보드리야르는 가장 영향력 있는 인물로 선정된 '최종 캐릭터'가 실재를 대신한다고 여길 것이다. ⋯⋯⋯⋯⋯⋯⋯⋯⋯ ㉢
[자료 2]	보드리야르와 달리 플라톤은 '의자 0'이 실재보다 우월해졌다고 여길 것이다. ⋯⋯⋯⋯⋯⋯⋯⋯⋯⋯⋯⋯⋯⋯⋯⋯⋯⋯⋯⋯⋯⋯⋯⋯⋯ ㉣
	플라톤과 달리 들뢰즈는 '의자 3'이 '의자 1'의 우위를 부정하는 힘이 있다고 여길 것이다. ⋯⋯⋯⋯⋯⋯⋯⋯⋯⋯⋯⋯⋯⋯⋯⋯⋯⋯⋯⋯ ㉤

① ㉠   ② ㉡   ③ ㉢   ④ ㉣   ⑤ ㉤

03

사례에 적용하는 문제이다. <보기>의 [자료 1]에는 '초안', '첫 캐릭터', '최종 캐릭터'가, [자료 2]에는 '의자 0', '의자 1', '의자 2', '의자 3'이 등장한다. 플라톤과 들뢰즈, 보드리야르의 관점에서 이들을 어떻게 평가할지 이해하고 서로의 관점을 비교할 수 있어야 한다.

04

사례에 적용하는 문제이다. <보기>의 [자료 1]과 [자료 2]에 언급된 대상을 비교하며 플라톤, 들뢰즈, 보드리야르의 철학에서 어떤 위치에 있는지 파악해야 한다. 플라톤의 '가지적 세계'와 '가시적 세계', 이에 대한 들뢰즈의 비판, 보드리야르의 '초과실재'와 '내파', '초미학' 개념을 이해해야 한다.

04

윗글을 바탕으로 <보기>에 대해 보인 반응으로 적절하지 않은 것은?

① 플라톤은 [자료 2]의 B가 만든 의자와 달리 [자료 1]의 초안은 눈에 보이는 현상만을 모방한 나쁜 이미지라고 보겠군.

② 플라톤은 [자료 1]의 A가 그린 캐릭터들과 [자료 2]의 C가 그린 그림들은 모두 사이비 기술로 그려진 것들이라고 보겠군.

③ 들뢰즈는 [자료 1]에서 첫 캐릭터에 대해 음료 회사가 한 혹평과 [자료 2]에서 '의자 0'에 대해 평론가들이 한 극찬에는 모두 대상의 가치를 재단하는 폭력성이 내재해 있다고 보겠군.

④ 보드리야르는 [자료 1]의 인기 캐릭터가 된 최종 캐릭터는 초과실재가, [자료 2]의 '의자 1'은 예술성을 인정받은 순간에 초미학 상태가 되었다고 보겠군.

⑤ 보드리야르는 [자료 1]의 설문 조사 결과를 보고 실제 상품과 광고 속 캐릭터 간의 경계가, [자료 2]의 각국 미술관에서는 일상 사물과 예술 작품 간의 경계가 내파된 현상이 일어났다고 보겠군.

05

내용을 추론하는 문제이다. ㉮는 "예술은 모방이 아니라 반복할 뿐이다."라는 들뢰즈의 말이고, ㉯는 "예술은 너무 많기 때문에 극도로 보잘것없는 것이다."라는 보드리야르의 말이다. ㉮에는 들뢰즈의 입장이, ㉯에는 보드리야르의 주장이 반영되어 있으므로 예술 작품에 대한 들뢰즈와 보드리야르의 입장을 이해해야 한다.

05

㉮와 ㉯에 담긴 의미를 추론한 내용으로 가장 적절한 것은?

① ㉮에는 예술 작품이 사물 그 자체로서 존재 가치를 보존하는 방법이, ㉯에는 예술 작품이 예술로서 미적 가치를 선택하는 방법이 담겨 있다.

② ㉮에는 예술 작품을 사본의 사본으로 평가하는 입장에 대한 수용이, ㉯에는 모든 것이 미학적인 것이 되는 현상에 대한 비판이 담겨 있다.

③ ㉮에는 반복이 실현된 예술 작품은 본질에서 멀어진다는 의미가, ㉯에는 미적인 것과 비미적인 것의 변별성이 사라졌다는 의미가 담겨 있다.

④ ㉮에는 예술 작품을 주체의 판단에서 독립된 존재로 만들지 못하는 예술가의 한계가, ㉯에는 예술 자체를 부정하지 못하는 예술가의 한계가 담겨 있다.

⑤ ㉮에는 반복을 통해 위계적 질서에서 벗어난 예술에 대한 긍정적 태도가, ㉯에는 증식을 통해 그 어떤 것도 아름답거나 추하지 않게 된 예술에 대한 부정적 태도가 담겨 있다.

06

어휘의 문맥적 의미를 이해하는 문제이다. 지문에서 ⓐ의 '말하다'가 어떤 의미로 사용되었는지 먼저 파악하고, 선택지에서는 어떤 의미로 사용되었는지 파악해야 한다.

06

문맥상 ⓐ의 의미와 가장 가까운 것은?

① 사람들은 흔히 내 글을 관념적이라고 말한다.

② 청중들에게 자신의 감정을 말하는 일은 매우 어렵다.

③ 힘센 걸로 말하면 우리 아버지를 따라갈 사람이 없다.

④ 경비 아저씨에게 아이가 오면 문을 열어 달라고 말해 두었다.

⑤ 동생에게 끼니를 거르지 말라고 아무리 말해도 듣지를 않는다.

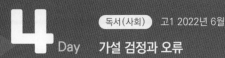

※ 다음 글을 읽고 물음에 답하시오.

❶ 어떤 제약 회사에서 특정한 병에 효과가 있는 새로운 약을 만들고 있다고 가정해 보자. 신약 개발은 엄청난 자본이 들어가는 일이기 때문에 경영자는 신중하게 판단을 해야 한다. 경영자는 신약이 효과가 있다는 것을 확인하기 위해 가설 검정의 방법을 사용할 수 있다. 가설 검정은 ⓐ 모순된 관계에 있는 두 개의 가설을 세우고 실험을 통해 얻은 통계 자료로 가설의 참 또는 거짓을 판단하는 것이다. 가설 검정을 위해 경영자는 '신약이 효과가 있다.'와 '신약이 효과가 없다.'라는 가설을 설정한다. 전자는 판단하는 이가 주장하려는 가설로 '대립(對立)가설'이라 하고 후자는 주장하고 싶은 내용과는 반대되는 가설인 '귀무(歸無)가설'이라 한다.

❷ '신약이 효과가 있다.'라는 대립가설을 입증하기 위해서는 특정 질병을 겪고 있는 모든 환자에게 신약을 투약해 보면 된다. 하지만 전체를 대상으로 실험하는 것은 현실적으로 불가능하기 때문에 대립가설을 기준으로 가설 검정을 하지는 않는다. 대신 가설 검정에서는 귀무가설이 참이라고 가정한 상태에서, 일부 환자에게 투약해서 얻은 자료를 바탕으로 확률에 근거하여 귀무가설의 기각 여부를 결정한다. '신약이 효과가 없다.'라는 귀무가설 아래에서 투약하였는데 관찰한 결과 ⓑ 병이 호전된 경우가 많았다고 하자. 이는 '신약이 효과가 없다.'가 타당하지 않은 것이므로, 경영자는 ⓒ 귀무가설을 버리고 대립가설을 채택하면 된다. 한편 '신약이 효과가 없다.'라는 귀무가설 아래에서 투약하였고, 관찰 결과 병이 낫지 않은 경우가 더 많았다고 하자. 이때는 귀무가설을 버릴 수 없다. 이처럼 가설 검정은 '귀무가설을 기각한다.' 또는 '귀무가설을 기각하지 못한다.'라는 의사 결정을 중심으로 대립가설의 채택 여부가 결정된다.

❸ 경영자가 의사 결정을 하는 과정에서는 두 가지 오류가 발생할 수 있다. 귀무가설이 참인데도 불구하고 귀무가설을 기각하는 결정을 내린 것을 '1종 오류'라고 한다. 앞선 예에서 실제로는 약효가 없는데도 약효가 있다고 판단하는 것이다. 그리고 귀무가설이 참이 아닌데 귀무가설을 기각하지 못한 결정을 내린 것을 '2종 오류'라고 한다. 실제로는 약효가 있지만 약효가 없다고 판단하는 것이다. 이러한 오류는 판결에서도 나타날 수 있다. 증거에 의해 '피고인은 유죄이다.'라는 대립가설이 채택되기 전까지는 '피고인은 무죄이다.'라고 가정한다. 판사는 확보된 증거를 바탕으로 ⓓ 귀무가설의 기각 여부를 판단해야 한다. 이때 판사가 무죄인 사람에게 유죄를 선고하는 것은 1종 오류, 유죄인 사람에게 무죄를 선고하는 것은 2종 오류에 해당한다.

❹ 오류들 중 상대적으로 더 심각한 문제를 초래하는 것은 1종 오류이다. 효과가 있는 약을 출시하지 못해서 기업이 수익을 창출할 기회를 잃어버리는 상황에 비해, 시장에 출시했는데 약의 효능이 없어서 회사가 신뢰를 잃는 위험이 더 크다. 또한 죄

핵심정리

문단 중심 내용

❶ 가설 검정의 대립가설과 귀무가설
❷ 가설 검정의 방법
❸ 의사 결정 과정에서 발생할 수 있는 오류
❹ 상대적으로 더 심각한 문제를 초래하는 1종 오류
❺ 가설 검정 과정에서 사용하는 유의 수준

가설 검정

개념	모순된 관계에 있는 두 개의 가설을 세우고 실험을 통해 얻은 통계 자료로 가설의 참 또는 거짓을 판단하는 것
대립가설	판단하는 이가 주장하려는 가설
귀무가설	주장하고 싶은 내용과는 반대되는 가설

가설 검정 과정

대립가설 - '신약이 효과가 있다.'
귀무가설 - '신약이 효과가 없다.'
↓
귀무가설이 참이라고 가정함.
↓
확률에 근거하여 귀무가설의 기각 여부를 결정함.
↓

병이 호전된 경우가 많을 때	병이 낫지 않은 경우가 많을 때
귀무가설을 기각함.	귀무가설을 기각하지 못함.

1종 오류

개념	귀무가설이 참인데도 불구하고 귀무가설을 기각하는 결정을 내린 것
특징	2종 오류보다 상대적으로 더 심각한 문제를 초래함.
예시	• 실제로는 약효가 없는데도 약효가 있다고 판단함. → 신약을 출시했으나 약의 효능이 없어 회사가 신뢰를 잃음. • 무죄인 사람에게 유죄를 선고함.

WFFK 6

개념	귀무가설이 참이 아닌데 귀무가설을 기각하지 못한 결정을 내린 것
예시	• 실제로는 약효가 있지만 약효가 없다고 판단함. → 효과가 있는 신약을 출시하지 못해 기업이 수익을 창출할 기회를 잃어버림. • 유죄인 사람에게 무죄를 선고함.

유의 수준

개념	1종 오류가 발생할 확률의 최대 허용 범위
특징	• 실험을 하기 전에 미리 정함. • 사람의 생명이나 인권과 결부된 것이라면 더 낮게 잡음.
예시	유의 수준이 5% → 백 번의 시행 중 다섯 번 이내로 1종 오류가 발생하더라도 우연히 일어난 일로 보고 대립가설을 채택

가 있는데 무죄 판결을 내리는 것보다 결백한 사람에게 유죄 판결을 내리는 것이 더 심각한 문제이다. 그런데 ⓔ 두 가지 오류를 동시에 줄일 수는 없다. 한쪽 오류를 줄이면 그만큼 반대쪽 오류는 늘어나기 때문이다. 만약 경영자가 약의 효능과는 무관하게 일단은 약을 출시하기로 결정했다면 2종 오류는 배제할 수 있지만 그만큼 1종 오류는 늘어나게 된다.

❺ 따라서 가설 검정 과정에서는 1종 오류가 발생할 확률의 최대 허용 범위인 ㉠ 유의 수준을 가급적 낮게 정한다. 예를 들어 유의 수준이 5%라면 백 번의 시행 중 다섯 번 이내로 1종 오류가 발생하더라도 우연히 일어난 일로 보고 대립가설을 채택하지만, 이 값을 넘어서면 귀무가설을 기각하지 못한다는 것이다. 또한 유의 수준은 실험을 하기 전에 미리 정하며, 사람의 생명이나 인권과 결부된 것이라면 유의 수준은 더 낮게 잡아야 한다.

문제풀이 맥

01

핵심 정보를 파악하는 문제이다. 지문은 가설 검정을 설명하고 있는데, 선택지에서 '귀무가설', '대립가설', '1종 오류', '2종 오류'가 언급되고 있으므로 해당 개념이 등장하는 부분을 살펴야 한다. '~은/는 무엇인가?' 형식의 선택지이므로 선택지의 주어가 지문에 드러나 있는지 확인하면 된다.

01

가설 검정에 대하여 윗글을 통해 답을 찾을 수 <u>없는</u> 질문은?

① 귀무가설을 기각할 때 새롭게 설정하는 가설은 무엇인가?
② 대립가설을 기준으로 가설을 검정하지 않는 이유는 무엇인가?
③ 대립가설의 채택 여부를 판단하기 위해 사용하는 가설은 무엇인가?
④ 1종 오류와 2종 오류를 함께 줄일 수 없는 이유는 무엇인가?
⑤ 1종 오류와 2종 오류 중 더 심각한 문제를 초래하는 오류는 무엇인가?

02

02

윗글의 내용과 일치하는 것은?

① 귀무가설이 기각되면 대립가설은 채택될 수 없다.

② 판결에서 대립가설의 기각 여부는 피고인이 판단한다.

③ 귀무가설은 대립가설이 채택될 때 받아들여지는 가설이다.

④ 귀무가설은 참과 거짓을 알기 전까지는 거짓으로 간주한다.

⑤ 신약 개발을 하는 경영자가 채택하고 싶은 것은 대립가설이다.

세부 내용을 파악하는 문제이다. 대립가설과 귀무가설에 대해 묻고 있는 선택지이므로 1~3문단을 주의 깊게 읽어야 한다.

03

윗글을 바탕으로 <보기>를 이해할 때, A~D에 대한 설명으로 적절하지 <u>않은</u> 것은?

보기

구분		실제 상황	
		귀무가설 참	귀무가설 거짓
의사 결정	귀무가설 기각 못함	A	B
	귀무가설 기각함	C	D

① 실제로 피고인이 죄를 저지르지 않은 것은 A와 C의 경우에 해당한다.

② 경영자가 신약의 효능이 없다고 판단하는 것은 A와 B의 경우에 해당한다.

③ A와 D는 피고인에 대해 판사가 내린 판결에 오류가 발생하지 않은 경우에 해당한다.

④ 법원이 B를 줄이면, 실제로 죄를 저지른 피고인을 무죄로 판결해서 사회로 돌려보내는 수가 늘어난다.

⑤ 제약 회사가 C를 줄이려는 이유는 약의 효능이 없어 시장에서 신뢰를 잃는 상황을 심각하게 생각하기 때문이다.

03

세부 내용을 추론하는 문제이다. 2문단에서 귀무가설이 참일 때는 귀무가설을 기각하지 못하고, 귀무가설이 거짓일 때는 귀무가설을 기각한다고 하였다. 또한 3문단을 통해 귀무가설이 참인데도 기각했거나, 귀무가설이 거짓인데도 기각하지 못했을 경우 의사 결정에서의 오류가 발생함을 알 수 있다. A~D가 이 중 어느 경우에 해당하는지 확인하고, 지문에 제시된 예시를 적용해야 한다.

04

핵심 개념을 확인하는 문제이다. ㉠은 유의 수준으로, 가설 검정 과정에서 1종 오류가 발생할 확률의 최대 허용 범위이다. 5문단에서 유의 수준을 설명하고 있으므로 지문의 예시를 토대로 이해해야 한다.

04

㉠에 대한 설명으로 적절한 것은?

① 인권과 관련된 판단일수록 값을 크게 설정한다.
② 귀무가설이 참일 확률과 거짓일 확률의 차이를 의미한다.
③ 값을 낮게 정할수록 대립가설을 채택할 확률이 낮아진다.
④ 실험이 이루어진 후에 자료를 분석할 때 결정하는 값이다.
⑤ 가설을 판단할 때 사용할 자료 개수의 최대 허용 범위이다.

05

문맥적 의미를 파악하는 문제이다. 단순히 어휘의 문맥적 의미를 묻는 것이 아니라, 지문에서 사용된 어구가 가리키는 내용을 파악해야 한다. 예시와 연관된 선택지가 있으므로 예시 내에서의 대립가설과 귀무가설을 이해해야 할 필요성이 있다.

05

문맥상 ⓐ~ⓔ와 바꿔 쓰기에 적절하지 <u>않은</u> 것은?

① ⓐ: 동시에 참이 되거나 동시에 거짓이 될 수 없는
② ⓑ: 귀무가설과 어긋난
③ ⓒ: '신약이 효과가 없다.'라는 가설을 기각하고
④ ⓓ: '피고인은 유죄이다.'라는 가설
⑤ ⓔ: 1종 오류와 2종 오류

※ 다음 글을 읽고 물음에 답하시오.

가

　⊙ 어쩌다 **바람**이라도 와 **흔들면**

　울타리는

　슬픈 소리로 울었다.

　맨드라미, 나팔꽃, 봉숭아 같은 것

　철마다 피곤

　소리없이 **져 버**렸다.

　차운 한겨울에도

　ⓒ 외롭게 **햇살**은

　청석(靑石) 섬돌 위에서

　낮잠을 졸다 갔다.

　할일없이 세월은 흘러만 가고

　꿈결같이 사람들은

　살다 죽었다.

－ 김춘수, 〈부재〉 －

나

　다 왔다.

　하늘이 자잔히 잿빛으로 바뀌기 시작한

　아파트 동과 동 사이로

　마지막 잎들이 지고 있다, 허투루루.

　바람이 지나가다 말고 투덜거린다.

　엘리베이터 같이 쓰는 이웃이

　걸음 멈추고 ⓒ 같이 투덜대다 말고

　인사를 한다.

　조그만 인사, 서로가 살갑다.

　얇은 서리 가운 입던 꽃들 사라지고

　땅에 꽂아논 철사 같은 장미 줄기들 사이로

　낙엽은 ⓔ 이리저리 돌아다니고

　밟히면 먼저 떨어진 것일수록 소리가 엷어진다.

핵심정리

가 김춘수, 〈부재〉

갈래
자유시, 서정시

성격
사색적, 감각적

제재
자연물, 삶과 죽음

주제
유한한 존재들의 소멸과 부재

특징
① 자연물에 인격을 부여하여 시적 의미를 드러냄.
② 자연물에 감정을 이입하여 화자의 정서를 드러냄.
③ 자연물의 생성과 소멸을 통해 삶과 죽음의 순환적 공존을 드러냄.

해제
이 작품은 유한한 존재가 지닌 부재의 의미를, 삶과 죽음의 순환적 공존이 일어나는 자연 현상에 대한 정서적 반응을 통해 감각적으로 드러내고 있다. 자연물을 의인화하고 청각적 심상과 감정이입을 통해 화자의 정서를 나타내고 있으며, 시각적 심상을 활용하여 삶과 죽음의 순환을 보여 주고 있다. 자연물에서 인간으로의 확장을 통해 유한한 존재의 소멸과 부재를 강조하고 있다.

나 황동규, 〈삶을 살아낸다는 건〉

갈래
자유시, 서정시

성격
의지적, 희망적

제재
나무의 소멸

주제
자연과의 교감을 통해 깨닫게 된 삶의 의미

WEEK 6

163

해제

이 작품은 소멸하는 자연물이 지닌 생의 감각과 자연과 교감하여 깨달은 일상적인 경험을 표현함으로써 삶의 의미를 드러내고 있다. 의인법과 음성 상징어, 감각적 이미지를 활용하여 자연의 소멸을 그려냄과 동시에 자연과의 교감을 통해 소멸해가는 과정 속에서 피어나는 새로운 생명력을 인식하며 삶의 의미에 대한 깨달음을 드러내고 있다.

구성

1연	늦가을 아파트 이웃들과 나누는 인사
2연	가을이 무르익어 자연물이 생명력을 상실해가는 광경
3연	마른 나무를 통한 삶의 깨달음

ⓜ 아직 햇빛이 닿아 있는 **피라칸사 열매**는 더 붉어지고

하나하나 **눈인사하듯 똑똑해**졌다.

더 똑똑해지면 사라지리라

사라지리라, 사라지리라 이 가을의 모든 것이,

시각을 떠나

청각에서 걸러지며.

두터운 잎을 두르고 있던 **나무** 몇이

가랑가랑 **마른기침 소리**로 니디니

속에 감추었던 **가지와 등치**들을 내놓는다.

근육을 저리 **바싹 말려버린 괜찮은 삶**도 있었다니!

무엇에 맞았는지 깊이 파인 가슴도 하나 있다.

다 나았소이다, 그가 속삭인다.

이런! 삶을, 삶을 살아낸다는 건……

나도 모르게 가슴에 손이 간다.

— 황동규, 〈삶을 살아낸다는 건〉 —

■ 문제풀이 맥 ■

01

표현상의 특징을 파악하는 문제이다. (가)와 (나)에 선택지에서 언급한 표현법이 사용되었는지를 확인하고, 그 표현법이 어떤 효과를 미치는지 파악해야 한다. 표현법에 따른 작품 간의 공통점과 차이점을 찾는 것 또한 중요하므로 (가)와 (나)에 쓰인 표현법을 비교해야 한다.

01

(가), (나)에 대한 설명으로 가장 적절한 것은?

① (가)는 과거와 현재를 대비하며 시상을 전개하고 있다.

② (나)는 상승과 하강의 이미지를 반복하여 주제를 강조하고 있다.

③ (가)와 (나)는 모두 말줄임표로 끝내는 시행을 사용하여 여운을 주고 있다.

④ (가)와 (나)는 모두 자연물에 인격을 부여하여 시적 의미를 나타내고 있다.

⑤ (가)는 명령적 어조를 활용하여, (나)는 영탄적 어조를 활용하여 화자의 정서를 전달하고 있다.

02

㉠~㉤에 대한 이해로 적절하지 <u>않은</u> 것은?

① ㉠은 규칙적이지 않고 우연한 어떤 시간에 현상이 나타났음을 드러낸다.

② ㉡은 대상이 주어진 환경 속에서 홀로인 상태임을 표현한다.

③ ㉢은 대상의 행위가 혼자만의 행동이 아님을 나타낸다.

④ ㉣은 대상이 규칙적으로 떨어지고 있는 모습을 시각적으로 형상화한다.

⑤ ㉤은 대상의 변화를 이끌어 내는 과정이 끝나지 않고 지속되고 있음을 드러낸다.

02
시어의 의미를 이해하는 문제이다. 작품의 분위기를 바탕으로 시어의 의미를 이해하면서 어떠한 기능을 하는지 복합적으로 판단해야 한다.

03

<보기>를 참고하여 (가)와 (나)를 감상한 내용으로 적절하지 <u>않은</u> 것은?

> **보기**
>
> 시인은 관념적 주제를 자연 현상의 속성을 활용하여 형상화한다. (가)에서는 유한한 존재가 지닌 부재의 의미를, 삶과 죽음의 순환적 공존이 일어나는 자연 현상에 대한 정서적 반응을 통해 감각적으로 드러낸다. (나)에서는 삶의 의미를, 소멸하는 자연물이 지닌 생의 감각과 자연과 교감하며 깨달은 일상적인 경험을 세세하게 표현함으로써 드러낸다.

① (가)에서 '사람들'이 '꿈결같이' '살다 죽'는 모습에서 존재의 유한함을 형상화하고 있음을 알 수 있겠군.

② (가)에서 '바람'이 '흔들'면 '울타리'가 '슬픈 소리'로 우는 모습에서 자연 현상에 대한 정서적 반응을 알 수 있겠군.

③ (나)에서 '눈인사하듯 똑똑해'진 '피라칸사 열매'가 '더 똑똑해지면 사라'질 것이라고 하는 모습에서 자연과 교감하며 얻은 깨달음이 드러나 있음을 알 수 있겠군.

④ (가)에서 '햇살'이 '낮잠을 졸다' 사라지는 모습과, (나)에서 '바싹 말'라버린 '나무'의 상태를 '괜찮은 삶'이라고 하는 모습에서 자연 현상의 속성을 활용하여 관념적 주제를 형상화하고 있음을 알 수 있겠군.

⑤ (가)에서 '맨드라미' 같은 꽃들이 '철마다 피'고는 '져 버'리는 모습에서 삶과 죽음의 순환적 공존을, (나)에서 '마른기침 소리'를 내던 나무가 새롭게 '가지와 둥치'를 내놓는 모습에서 생의 감각이 소멸한다는 것을 알 수 있겠군.

03
외적 준거에 따라 작품을 감상하는 문제이다. <보기>의 내용을 정확하게 파악하고 선택지의 설명에 적절하게 대입할 수 있어야 한다. <보기>에서는 (가), (나) 모두 자연 현상의 속성을 활용하여 관념적 주제를 형상화하고 있음을 언급하고 있다. 이때 (가)는 자연 현상에 대한 정서적 반응을 통해, (나)는 일상적 경험을 통해 드러내고 있다. 따라서 이러한 <보기>의 내용을 바탕으로 보기의 시어를 적절하게 이해해야 한다.

핵심정리

갈래
고전소설, 가족소설, 영웅소설

배경
명나라 시기

시점
전지적 작가 시점

제재
가족의 재회

주제
헤어진 가족을 찾아가는 영웅의 일대기

특징
① 꿈을 통해 전개될 사건을 암시함.
② 신이한 자연물을 통해 인물 간의 관계를 드러냄.
③ 가족이 외부의 시련으로 헤어졌다 재회하는 과정으로 구성됨.

해제
이 작품은 소 학사가 해적의 공격으로 가족과 헤어졌다가 다시 만나는 과정을 보여 주고 있다. 적대자에 의해 길러진 주인공의 아들이 적대자를 징계하고 가족 상봉을 성사시키는 과정을 다양한 암시 모티프의 활용이나 조력자의 등장과 같은 흥미 요소를 풍부하게 활용하여 전개하고 있다. 중국 명대의 소설 〈소지현나삼재합〉을 번안한 작품으로, 〈소운전〉, 〈월봉산기〉, 〈봉황금〉 등의 다양한 이본이 전해진다.

등장인물

계도	소 학사의 아들로, 부모와 헤어져 부모의 원수 서준에게서 양육됨. 과거를 보러 가던 중 소 학사의 어머니가 사는 집에 우연히 들르게 되고, 자신이 소 학사의 혈육일지도 모른다는 의심을 품게 됨.
부인	계도의 친할머니로, 죽은 남편의 꿈을 꾼 뒤 계도와 만나게 됨. 신이한 자연물과 악기에 쓰인 글자를 통해 계도가 자신의 손자임을 확신함.

※ 다음 글을 읽고 물음에 답하시오.

[앞부분의 줄거리] 중국 명나라 소 승상의 아들 소 학사는 황주 자사로 부임하던 중 해적인 서준의 공격을 받아, 임신한 아내 이씨와 헤어진다. 가까스로 살아남은 이씨가 낳은 아들은 길에 버려진 후 서준의 부하에게 구조되어 서준의 아들 '계도'로 양육된다. 장성한 계도는 과거를 보러 가던 중, 소 학사의 어머니가 사는 집에 우연히 들른다.

부인이 아들 형제를 생각하고 슬픈 마음을 진정하지 못하여 잠자리에 누 있디기 비몽사몽간에 승상이 들어와 부인을 대하여 말하기를,

"오늘 부인의 **손자가 올 것**이니 보소서."

라고 하므로 놀라 깨어 보니 한바탕 꿈이었다. 부인이 더욱 마음이 편안하던 차에 비자*가 하는 말을 들으니 어린 듯 취한 듯 반가우면서도 괴이하여 곧 외당에 나가 문틈으로 공자의 상을 보았는데 영락없는 학사였다. 부인이 생각하기를,

'꿈에 승상이 하시던 말이 맞도다.'

라고 하면서 공자의 얼굴을 보고 더욱 학사 생각이 나서 안으로 들어가 노비에게 명령하여 외당에 온 공자에게 말로 전갈하라고 하였다.

㉠ "남녀가 다르나 내 나이가 칠십이고 공자를 대하여 물을 말이 있으므로 염치없기를 무릅쓰고 청하노니, 늙은이의 말을 허물치 말고 중당으로 행보하소서.'라고 하라."

시비가 외당에 나가 부인의 말씀을 공자에게 전하니 계도가 부인의 전할 말씀을 듣고 노비를 따라 중당에 이르러 부인에게 절하고 물었다.

"무슨 말씀을 묻고자 하시나이까?"

부인이 공자에게 말하였다.

"누구 집 공자며, 어디를 가느뇨?"

계도가 대답하였다.

[A] "소자는 황천탑에 사는 서준의 아들 계도인데, 황성으로 과거를 보러 가는 길이옵던 차 마침 부인 댁 문전을 지나가다가 잠깐 쉬어가고자 하였습니다. 부인께옵서 청하옵시기로 내당에 들어왔사오니 미안하고 황송하여이다."

부인이 공자의 말을 듣고 대답하기를,

"나는 소 승상의 부인일러니, 승상은 돌아가시고 아들 형제를 두었는데 **큰아들** 학사 운이 황주 자사로 내려간 지 **여러 해 동안 소식이 영 끊어**졌다네. 둘째 아들 위가 제 형을 찾아 나간 지 또한 여러 해에 역시 소식이 없으므로, 슬픔을 견디지 못하여 나날이 서산에 지는 해와 동쪽 바다에 돋는 달을 대하여 아들 형제를 생각하고 집에 돌아오기를 고대하고 있었다네. ㉡ 이러던 차에 오늘 공자를 보매 나의 아들 학사의 외모와 같기로 청하였으니 노인의 망령됨을 허물치 말라."

라고 하고는 슬프게 통곡하였다. 계도가 부인의 말씀을 듣고 또한 눈물을 흘리니 부인이 계도의 손을 잡고 말하기를,

"네 얼굴을 보니 아들 학사의 모양이구나."

라고 하면서 **슬픔을 그치지 않**으므로 계도가 미안하게 여겨 부인에게 아뢰었다.

"세상에 혹 **같은 사람도** 있사온즉 너무 슬퍼 마옵소서."

하고 **위로하니**, 부인이 말하기를,

"내 집 뒤뜰에 천도화 나무가 하나 있으되, 본래 나의 시아버지께서 도학이 비범하시어 신선과 매일 즐기시다가 신선에게 얻기를 청하여 심은 나무라네. 증험하는* 일이 많아 집에 경사스러운 일이 일어나려 하면 엄동설한이라도 꽃과 잎이 피었다가 사흘 후에 꽃이 지고, 집에 경사스러운 일이 없으면 봄이 되어 화창한 시절이라도 꽃과 잎이 피지 않는데, 오늘은 천도화가 피었으니 이상하도다. 만약 삼 일 후 꽃이 지면 이는 필시 공자를 위함이로다."

라고 하면서 눈물을 흘리니 계도가 듣고 부인에게 아뢰었다.

"그러하오면 한번 구경하사이다."

부인이 계도를 데리고 후원에 올라가 **천도화**를 보이니 과연 꽃이 피었으므로, 계도가 보고 신기하게 여겨 말하였다.

ⓒ "내 이곳에서 머물러 증험을 보리라."

라고 하고는 외당에 머물렀다가 **삼 일 후에** 다시 후원에 올라가 보니 낙화가 지는 것이었다. 계도가 보고 의심하였다.

'월봉산에서 노인의 말씀이, 정성이 지극하면 잃어버린 부모를 찾으리라고 하시고, 또 이곳에 오면 반가운 일을 보리라고 하시더니 과연 이상하고 수상하도다. 내가 **서준에게 길러**짐을 생각하면 정녕 서준이 나의 부친인데, 월봉산 노인의 말씀과 이곳 부인의 말씀이며 천도화를 보니 이상하도다.'

슬픈 마음이 저절로 일어나서 행장을 열어 거문고를 내어 줄을 골라 한 곡조를 탔다. 맑고 맑은 소리가 공중에 솟으니, 이때 부인이 슬픔에 싸여 있던 차에 거문고 소리가 남을 듣고 괴이하여 자세히 들은즉 예전에 학사가 가지고 놀던 거문고 소리였다. 이에 부인이 급히 외당에 나아가 보니, 공자가 거문고를 타고 있었다. 자세히 보니 과연 학사의 거문고이므로 부인이 달려들어 거문고를 붙들고 대성통곡하면서 말하기를,

"이 거문고는 어디에서 났느뇨? 이 거문고는 나의 승상이 손수 만들어 사랑하시다가 돌아가신 후 아들 학사가 황주로 내려갈 때 가지고 간 기물인데, ⓔ **학사는 오지 않고 거문고는 집을 찾아왔으니 너의 임자는 어디 가고 너만 홀로 왔느냐.**"

라고 하며 계속 통곡하였다. 계도가 기가 막혀 생각하기를,

'부인이 나를 보고 학사 같다고 하며 의심하는 차에 공교롭게 거문고를 보고 또 붙들고 슬퍼하시니 이런 어이없는 일이 어디에 있으리오!'

전체 줄거리

탁주 구계촌에서 성장한 소 학사는 과거에 급제한 뒤 황주 자사를 제수받아 어머니 장씨, 아우 위와 작별하고 부인 이씨와 함께 임지로 향한다. 그러나 해적 서준을 만나게 되어, 소 학사는 황천탄이라는 바다에 던져지고, 부인 이씨는 감금된다. 소 학사는 가까스로 살아남아 표류하다가 후주의 도곤에게 구출되었으나, 다리를 다쳐 고향에 가지 못하고 도곤의 집에서 학생을 가르치며 세월을 보낸다. 한편, 부인 이씨는 서준의 부하에 의해 서준에게서 벗어나고, 여승의 구원을 받아 산사에 몸을 숨긴다. 이때 만삭이었던 이씨는 아이를 낳게 되고, 여승들만 거처하는 산사에서 아이를 기르기 어려워 나삼에 아이의 생시를 적고 지환과 함께 아이를 싸서 길에 버린다. 마침 이씨를 쫓던 서준에게 구해져 '계도'라고 이름을 짓고, 자신의 아들로 삼아 양육한다. 계도가 자라 18살 때 과거를 보기 위해 황성으로 오다가 우연히 탁주 구계촌의 어느 집에 들르게 되는데, 소 학사의 어머니가 사는 집이었다. 계도는 장씨 노파로부터 극진한 대우를 받고 아들을 찾아달라는 부탁을 받는다. 이후 계도는 과거에 급제하여 순무어사가 된 다음, 자신의 출생에 비밀이 있음을 알고 자신을 길러주었던 조덕삼을 문초하여 자신이 서준의 친아들이 아님을 확인한다. 또한 나삼과 단금을 통해 자신이 소 학사의 아들임을 알게 된다. 이에 계도는 이름을 소태로 고치고 주점에서 소 학사를 만나 대화 끝에 아버지임을 확인한 다음, 월봉산 산사에 은거한 어머니 이씨를 찾아낸다. 또한 서준 일당을 잡아 부모의 원수를 갚고 돌아와 재회한 가족과 함께 살아간다. 소태는 과거에 급제한 직후 왕상서의 딸과 정혼했는데, 다시 공주와 혼사가 이루어져 한 번에 두 부인과 성례하게 된다. 그 후 어사로 재직하면서 물에 빠진 정소저를 구출해주었는데, 이를 계기로 정소저를 셋째 부인으로 맞이하게 된다.

인물 간의 관계 암시

① 부인의 꿈
남편 소 승상이 등장하여 손자가 올 것을 알림.

② 신이한 자연물
경사스러운 일이 일어날 것을 암시하는 꽃인 천도화가 피었다 삼 일 후 짐.

③ 거문고
소 승상이 직접 만들었다는 증거로 거문고 복판에 '청성고'가 새겨져 있음.

계도가 부인의 손자임을 암시함.

서사 구조

외부의 시련에 의한 가족 이산
해적 서준의 습격을 받아 소 학사와 이씨가 헤어짐.

↓

꿈을 통한 등장인물의 예언
부인의 꿈에 소 승상이 나타나 손자(계도)가 올 것을 예언함.

↓

결정적 단서를 통한 재회
부인이 계노의 서분고에 쓰인 문구를 보고 소 학사의 아들임을 알게 됨.

번안소설

외국 작품의 줄거리를 살리면서 자국의 언어와 전통적 유형으로 개작한 소설
• 〈소학사전〉의 번안 과정

원작	〈소지현나삼재합(蘇知縣羅衫再合)〉
	중국 명나라 시기 소설

↓

개작 ①	〈소운전〉
	등장인물이나 세부 사건, 작품의 분위기 등이 한국적으로 개작됨.

↓

개작 ②	〈소학사전〉
	• 소운전이 번안된 뒤 다시 개작됨. • 소태를 영웅으로 부각하고 군담을 첨가함.

■ 문제풀이 맥 ■

01

세부 내용을 이해하는 문제다. 작품에 등장하는 인물과 행동을 연결지어 이해해야 한다. 윗글에서 표면적으로 등장하는 인물은 계도와 부인, 비자 세 명 뿐이지만, 부인의 꿈에 등장한 소 승상의 아버지, 부인의 말을 통해 등장한 부인의 둘째 아들, 계도의 회상에서 등장한 월봉산 노인의 말과 행동을 파악하고 있어야 한다.

라고 하고는 부인에게 여쭈었다.

"이 거문고는 소생의 집에 대대로 전해 오는 기물이로소이다. 부인은 정신을 진정하시고 자세히 보옵소서."

부인이 눈물을 거두고 대답하였다.

[B]
"내 집의 기물을 어찌 모르리오. 이 거문고는 승상이 살아 계실 적에 서촉 지방의 사신에게 부탁하여 동정호 절벽 강산에서 수천 년 묵은 벽오동을 구하여 만들었으매, 소리가 기이하여 슬픈 사람이 타면 소리가 슬프게 나고 아무라도 심정이 편안한 사람이 타면 소리가 웅장하고 씩씩하게 나네, 이러하므로 신기한 거문고라 일컬었음이니 내 어찌 모르리오."

계도가 부인에게 아뢰었다.

ⓔ "이 거문고는 진실로 소생의 집안에서 대대로 전해 오는 기물이오니 조금도 염려 마옵소서."

라고 하니 부인이 말하기를,

"그러하면 승상이 만드실 때 거문고 복판에 '청성고'라고 써서 새겼으니 공자가 자세히 보라."

라고 하시므로 계도가 보니 복판에 '청성고'라고 새겨 있었다.

- 작자 미상, 〈소학사전〉 -

* 비자: 여자 종.
* 증험하다: 증거로 삼을 만한 경험을 하다.

01

윗글에 대한 이해로 적절하지 않은 것은?

① 소 승상의 아버지는 신선에게 얻은 나무를 뒤뜰에 심었다.
② 계도는 부인에게 거문고에 새겨진 글자를 확인하자고 제안하였다.
③ 부인은 비자의 말을 들은 후에 몰래 계도의 생김새를 살펴보았다.
④ 소 학사의 동생이 형을 찾기 위해 집을 떠난 후 여러 해가 지났다.
⑤ 계도는 반가운 일을 볼 것이라고 한 월봉산 노인의 말을 부인 집 후원에서 떠올렸다.

02

㉠~㉤에 대해 이해한 내용으로 가장 적절한 것은?

① ㉠: 남녀 간의 윤리 규범을 인정하면서도 계도를 만나 보고 싶어하는 부인의 마음이 드러난다.

② ㉡: 자신의 기대를 저버린 계도에 대한 부인의 서운함이 드러난다.

③ ㉢: 부인이 예고한 일이 실제로 일어나지 않을 것이라는 계도의 생각이 드러난다.

④ ㉣: 학사의 물건을 가지고 있는 계도에 대한 부인의 반감이 드러난다.

⑤ ㉤: 자기 가문의 기물을 아들의 것이라 주장하는 부인에 대한 계도의 분노가 드러난다.

02
인물의 심리를 파악하는 문제이다. ㉠~㉤으로 제시된 인물의 대사가 어떠한 의미를 지니는지 파악해야 한다. 이를 위해서는 대사 앞뒤 문장에 제시된 인물의 행동에 초점을 맞춰 작품을 이해해야 한다.

03

[A]와 [B]에 대한 설명으로 가장 적절한 것은?

① [A]는 [B]와 달리 심정을 직접 드러내어 상대의 행동을 유도하고 있다.

② [A]는 [B]와 달리 과거에 있었던 일을 제시하여 상대에게 자신의 입장을 설명하고 있다.

③ [B]는 [A]와 달리 사물의 내력을 근거로 들어 상대의 말을 반박하고 있다.

④ [B]는 [A]와 달리 자신에 대한 정보를 제공하며 상대의 협조를 요청하고 있다.

⑤ [A]와 [B]는 모두 상대의 특정한 행동을 언급하며 상대의 입장을 이해하고 있다.

03
발화 의도를 이해하는 문제이다. 이러한 유형의 문제를 풀기 위해서는 각 부분에 제시된 대사에서 등장인물이 어떤 말하기 방식을 취하고 있는지를 파악한 뒤, 선택지와 비교하여 옳고 그름을 판단해야 한다.
[A]와 [B]의 발화 상황

[A]	계도의 발화로, 부인에게 자신을 소개하며, 부인의 집에 찾아오게 된 연유를 말하고 있다.
[B]	부인의 발화로, 거문고가 소씨 가문과 관련되었다는 오해를 풀고자 하는 계도의 말에 반박하고 있다.

04

<보기>를 참고하여 윗글을 감상한 내용으로 적절하지 <u>않은</u> 것은?

> 보기
>
> 이 소설은 가족이 외부의 시련으로 헤어졌다가 다시 만나는 과정을 담고 있다. 주인공의 아들이 적대자에게 양육된다거나 상대가 혈육임을 인물이 쉽게 알아차리지 못한다는 설정은 서사적 긴장감을 유발한다. 또한 등장인물이 앞일을 예언하거나 신이한 자연물을 통해 인물 간의 관계를 암시하는 장면은 독자들의 흥미를 극대화한다.

① 부인의 꿈에서 승상이 '손자가 올 것'이라고 말하는 것은 부인과 아들이 손자를 통해 만나게 됨을 예언한 것이겠군.

② 부인의 '큰아들'이 '여러 해 동안 소식이 영 끊어'진 것에서 가족이 헤어진 상황을 확인할 수 있겠군.

③ '슬픔을 그치지 않'는 부인에게 '같은 사람도 있'다고 '위로하'는 것에서 계도는 부인이 혈육임을 알아차리지 못했다고 볼 수 있겠군.

④ 계도가 부인 집에 들른 날에 '천도화'가 피었다가 '삼 일 후에' 진 것은 그와 부인의 관계에 대한 신이한 자연물의 암시로 볼 수 있겠군.

⑤ 계도가 친아버지의 적대자인 '서준에게 길러'졌다는 데서 서사적 긴장감이 유발된다고 볼 수 있겠군.

04
외적 준거에 따라 작품을 감상하는 문제이다. <보기>에 제시된 설명에 따라 작품을 이해하는 것이 중요하다. <보기>에 따르면, 윗글은 헤어졌던 가족이 재회하는 과정을 담고 있는데, 이때 삽입되는 서사적 장치는 독자로 하여금 긴장감과 흥미를 유발한다. 이러한 <보기>의 내용을 바탕으로, 제시된 인물의 행동과 서술이 지닌 의미가 선택지에 제시된 내용과 적절하게 대응하는지 파악하는 것이 중요하다.

섹션 SECTION
보개기
종합편

스스로 점검하기

6일간 학습

Day	공부 시작 시간	공부 종료 시간	틀린 문항 수	틀린 유형
Day 1	시 분 초	시 분 초		
Day 2	시 분 초	시 분 초		
Day 3	시 분 초	시 분 초		
Day 4	시 분 초	시 분 초		
Day 5	시 분 초	시 분 초		
Day 6	시 분 초	시 분 초		

1 일별로 계획에 맞춰 공부하기
하루에 기출 하나씩 매일 꾸준히 공부하는 것이 최선의 방법이다.

2 시작 시간과 종료 시간 체크하기
스스로 시간 제한을 두고 문제를 푸는 것이 실전 대비에 효과적이다.

3 틀린 문항과 유형 분석하기
틀린 문제는 또 틀릴 수 있다. 특정 문항과 유형에서 많이 틀렸다면, 그 이유를 분석해야 한다.

4 보충 학습하기
스스로 점검하기를 통해 자신의 취약한 유형을 확인하고, SLS를 통해 부족한 부분을 보충 학습한다.

	Day 1						Day 2						Day 3					
번호	1	2	3	4	5	6	1	2	3	4	5	6	1	2	3	4	5	6
정답률	86%	91%	81%				52%	61%	74%	57%	53%		89%	91%	67%	45%	65%	92%
채점																		

	Day 4						Day 5						Day 6					
번호	1	2	3	4	5	6	1	2	3	4	5	6	1	2	3	4	5	6
정답률	57%	63%	38%	54%	73%		88%	91%	69%				72%	63%	77%	59%		
채점																		

결과	틀린 문항에는 ✕ 표시, 찍어서 막혔거나 헷갈렸던 문항에는 △표시, 맞춘 문항에는 ○표시
	채점 결과 : 맞은 문항 수 26개중 [ ]개

나의 예상 등급은?

등급

1등급
23~26개

2등급
21~22개

3등급
19~20개

핵심정리

갈래

발표

제재

흑립

화제

조선 시대 양반들이 쓰던 대표적인 모자인 흑립

문단 중심 내용

❶ 발표 주제 안내 – 흑립
❷ 흑립을 구성하는 각 요소의 명칭과 기능
❸ 양반들의 개성과 지위에 따라 다양하게 장식된 흑립
❹ 갈모를 사용하여 흑립을 보호한 양반들
❺ 흑립의 가치

흑립

개념	말의 꼬리털인 말총이나 가늘게 쪼갠 대나무를 엮어 얇은 비단으로 싼 후 검은 칠을 한 모자
구성	대우(머리를 덮는 원통형 부분), 양태(햇빛을 가리는 부분), 입영(머리에 고정하기 위한 끈)
장식	• 자신의 개성이나 지위를 드러내기 위해 흑립을 장식하거나 꾸밈. • 품계에 따라 회자의 재료에 차이를 둠.
상징	양반의 신분을 상징 → 갈모를 사용하여 흑립을 보호
가치	우리나라를 대표하는 전통 모자

갈모

재료	기름을 먹인 한지를 접어서 만듦.
사용 방법	평소에는 접어서 허리춤에 차거나 도포의 소매 안에 넣고 다니다가 비나 눈이 오면 갈모를 펼쳐서 흑립 위에 씌워 흑립을 보호함.

※ 다음은 학생의 발표이다. 물음에 답하시오.

❶ 안녕하세요? 발표를 맡은 ○○○입니다. 지난 수업 시간에 우리는 조선 시대의 전통 복식에 대해 배웠는데요, 저는 전통 모자에 대한 내용이 무척 흥미로웠어요. 그래서 조선 시대 양반들이 쓰던 대표적인 모자인 흑립에 대해 발표하고자 합니다.

❷ 흑립은 우리가 흔히 '갓'이라고 부르는 검은색 전통 모자의 다른 명칭입니다. 흑립은 말의 꼬리털인 말총이나 가늘게 쪼갠 대나무를 엮어 얇은 비단으로 싼 후 섬은 칠을 한 모자로, 조선 시대 양반들이 일상복을 입을 때 착용하였습니다. (㉠ 자료 제시) 그림 속 양반이 쓰고 있는 모자가 바로 흑립입니다. 흑립은 머리를 덮는 원통형 부분인 대우, 햇빛을 가리는 부분인 양태, 흑립을 머리에 고정하기 위한 끈인 입영으로 이루어져 있습니다. 흑립의 모양은 시기에 따라 달라졌는데, 특히 입영은 길이가 길어지고 재료가 다양해지면서 흑립의 장식적 요소로 활용되었습니다.

❸ 양반들은 자신의 개성이나 지위를 드러내기 위해 다양한 문양으로 흑립을 장식하거나 회자를 달아 흑립을 꾸미기도 했습니다. (㉡ 자료 제시) 이 흑립의 양태는 박쥐 문양으로 장식되어 있습니다. 당시에 박쥐 문양은 행복을 상징하였으며, 수명이 길고 번식력이 좋은 박쥐처럼 오래도록 다복한 가정을 이루고자 하는 소망을 담고 있습니다. 대우의 윗부분을 보시면 회자가 달려 있는데, 양반의 품계에 따라 회자의 재료에 차이를 두었습니다.

❹ 흑립은 양반의 신분을 상징하는 것이었으므로 양반들은 흑립을 소중히 여기고 관리했는데요, 흑립이 비나 눈에 젖거나 상하지 않도록 갈모를 사용했다고 합니다. 갈모는 기름을 먹인 한지를 접어서 만들었는데, (㉢ 자료 제시) 평소에는 이렇게 갈모를 접어서 허리춤에 차거나 도포의 소매 안에 항상 넣고 다니다가 비나 눈이 오면 갈모를 펼쳐서 흑립 위에 씌워 흑립을 보호했습니다.

❺ 지금까지 조선 시대의 흑립에 대해 말씀드렸습니다. 흑립은 조선 시대에 양반들이 즐겨 쓰던 모자로 우리나라를 대표하는 전통 모자라는 점에서 의미가 크다고 할 수 있습니다. 제가 준비한 내용은 여기까지입니다. 발표 내용과 관련하여 궁금한 점이 있으면 질문해 주세요.

01

위 발표자의 말하기 방식으로 가장 적절한 것은?

① 화제와 관련한 질문을 던지며 청중과 상호 작용하고 있다.

② 화제에 대한 청중의 관심을 요청하며 발표를 마무리하고 있다.

③ 화제를 친숙한 소재에 빗대어 표현하여 청중의 이해를 돕고 있다.

④ 발표 순서를 안내하여 청중이 발표 내용을 예측하며 듣도록 하고 있다.

⑤ 청중과 공유하고 있는 경험을 환기하며 화제를 선정한 이유를 밝히고 있다.

01

발표자의 말하기 방식을 파악하는 문제이다. 발표의 내용이 어떤 방법을 통해 전달하고 있는지, 그리고 각 방법이 어떠한 기능을 하는지 복합적으로 이해해야 한다.

02

다음은 발표자가 제시한 자료이다. 발표자의 자료 활용에 대한 설명으로 적절하지 않은 것은?

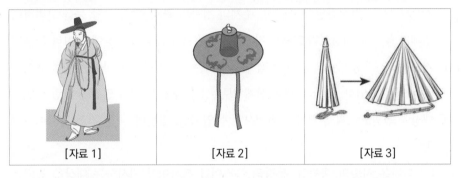

| [자료 1] | [자료 2] | [자료 3] |

① 입영에 사용되는 다양한 재료를 설명하기 위해 ㉠에 [자료 1]을 활용하였다.

② 흑립을 구성하는 각 요소의 명칭과 기능을 설명하기 위해 ㉠에 [자료 1]을 활용하였다.

③ 회자의 위치를 보여 주기 위해 ㉡에 [자료 2]를 활용하였다.

④ 양태를 장식한 문양을 보여 주기 위해 ㉡에 [자료 2]를 활용하였다.

⑤ 갈모를 사용하는 방법을 설명하기 위해 ㉢에 [자료 3]을 활용하였다.

02

발표 자료를 활용하는 문제이다. 자료가 사용된 맥락을 파악하여, 해당 자료가 어떠한 역할을 하고 있는지 이해하는 것이 중요하다. [자료 1]은 흑립을 구성하는 각 요소를 보여 주기 위해 사용한 것이고, [자료 2]는 양태가 박쥐 문양으로 장식되어 있고, 대우의 윗부분에 회자가 달린 흑립을 보여 주기 위해 사용한 자료이다. 마지막으로 [자료 3]은 갈모를 접고 펴서 사용할 수 있음을 보여 주기 위해 사용한 자료이다.

03

<보기>는 청자와 발표자가 나눈 질의응답의 일부이다. [A]에 들어갈 청자의 질문으로 적절하지 않은 것은?

> **보기**
>
> 청자: 발표 잘 들었습니다. 그런데 듣고 나서 궁금한 점이 생겨서 질문드립니다.
>
> [A]
>
> 발표자: 그 내용은 발표에 없었네요. 추가로 말씀드리겠습니다.

① 양반들이 갈모를 항상 가지고 다녔다고 말씀하셨는데, 그 이유가 무엇인가요?

② 품계에 따라 회자의 재료가 달랐다고 말씀하셨는데, 품계별로 어떤 재료를 사용했나요?

③ 박쥐 문양으로 흑립을 장식한다고 말씀하셨는데, 또 다른 문양에는 어떤 것이 있나요?

④ 흑립은 일상복을 입을 때 착용했다고 말씀하셨는데, 일상복이 아닌 복장일 때는 어떤 모자를 착용했나요?

⑤ 흑립은 말총이나 대나무로 만든다고 말씀하셨는데, 말총으로 만든 것과 대나무로 만든 것의 장단점은 무엇인가요?

03

청중의 질문을 추론하는 문제이다. 발표자의 답변은 제시되어 있으므로 그 답변이 나오기 위해 청자가 어떠한 질문을 했는지 추론해야 한다. 발표자는 청자의 질문에 '그 내용은 발표에 없었네요.'라고 답변을 했다. 이를 통해 청자의 질문이 지문에서 제시되지 않은 내용임을 추론할 수 있다.

WEEK 7

핵심정리

주체 높임

개념	서술어의 주체, 곧 문장의 주어가 지시하는 대상을 높임.
실현 형태	• 현대 국어 ① 선어말 어미 '-(으)시-' ② 주격 조사 '께서' ③ 특수 어휘 '잡수다, 계시다' 등 • 중세 국어 ① 선어말 어미 　'-(으/으)시-', '-(으/으)샤-' ② '좌시다, 겨시다' 등

객체 높임

개념	서술의 객체인, 문장의 목적어나 부사어가 지시하는 대상을 높임.
실현 형태	• 현대 국어 ① 부사격 조사 '께' ② 특수 어휘 '모시다, 여쭙다' 등 • 중세 국어 ① 부사격 조사 '끠' ② 선어말 어미 　'-습-, -숩-, -줍-' ③ 특수 어휘 '뫼시다, 옅줍다' 등

상대 높임

개념	화자가 대화의 상대인 청자를 높이거나 낮추는 것
실현 형태	• 현대 국어: 종결 어미 '-습니다', '-아라/-어라' 등 • 중세 국어 ① 종결 어미 ② 선어말 어미 '-이-', '-잇-'

※ [01~02] 다음 글을 읽고 물음에 답하시오.

　높임 표현은 높임의 대상에 따라 주체 높임, 객체 높임, 상대 높임으로 나뉜다. 주체 높임은 서술의 주체, 곧 문장의 주어가 지시하는 대상을 높이는 것이다. 현대 국어의 주체 높임은 선어말 어미 '-(으)시-'나 주격 조사 '께서', 특수 어휘 '잡수다', '계시다' 등을 통해 실현된다. 중세 국어의 주체 높임도 선어말 어미 '-(으/으)시-'로 실현되었으며, 이는 '-(으/으)샤-'로도 나타났다. 또한 '좌시다', '겨시다' 등의 높임을 나타내는 특수 어휘도 존재하였다.

[A] ┌　주체 높임은 일반적으로 주체의 나이가 화자보다 많거나 사회적 지위 등이 화자보다 높을 때 실현된다. 하지만 주체와 청자의 관계, 담화 상황 등을 고려하여 주체가 높임의 대상이라도 높이지 않거나, 주체가 높임의 대상이 아니라도 높이기도 한다. 가령 방송과 같은 공적 담화에서는 객관성을 고려하여 주체를 높이지 않는 경우가 있다. 또한 주체의 신체 일부, 소유물 등 주체와 밀접한 관련이 있는 대상을 높임으로써 주체를 간접적으로 높일 수도 있는데, 이를 간접 높임이라고
└　한다.

　객체 높임은 서술의 객체인, 문장의 목적어나 부사어가 지시하는 대상을 높이는 것이다. 현대 국어의 객체 높임은 부사격 조사 '께'나 '모시다', '여쭙다' 등의 특수 어휘를 통해서만 실현된다. 중세 국어의 객체 높임은 부사격 조사 '끠'나 '뫼시다(모시다)', '옅줍다' 등의 특수 어휘뿐만 아니라, 객체 높임의 선어말 어미 '-습-, -숩-, -줍-' 등으로도 실현되었다.

　상대 높임은 화자가 대화의 상대인 청자를 높이거나 낮추는 것으로 현대 국어의 상대 높임은 주로 '-습니다', '-아라/-어라' 등의 종결 어미로 실현된다. 중세 국어의 상대 높임 또한 현대 국어와 마찬가지로 주로 종결 어미로 실현되었지만, 현대 국어와 달리 상대 높임의 선어말 어미 '-이-', '-잇-'이 존재했다. 선어말 어미 '-이-'는 평서형에서, '-잇-'은 의문형에서 각각 나타나며 상대를 아주 높일 때 사용되었다.

01

[A]를 바탕으로, <보기>를 이해한 내용으로 적절하지 않은 것은?

보기

> ㄱ. (아버지께) 선생님께서는 책이 많으십니다.
>
> ㄴ. (방송에서) 세종대왕이 한글을 창제했습니다.
>
> ㄷ. (수업에서 선생님이) 발표할 어린이는 손 드시면 됩니다.
>
> ㄹ. (어린 손자에게) 너희 엄마는 언제 출근하셨니?
>
> ㅁ. (할아버지께) 아버지는 아직 병원에 가지 않았습니다.

① ㄱ에서는 '선생님'의 소유물인 '책'을 높임으로써 '선생님'을 간접적으로 높이고 있다.

② ㄴ에서는 담화의 객관성을 고려해 '세종대왕'을 높이지 않고 있다.

③ ㄷ에서는 수업이라는 담화 상황을 고려해 '어린이'를 높이고 있다.

④ ㄹ에서는 주체인 '엄마'와 청자인 '손자'의 관계를 고려해 '엄마'를 높이고 있다.

⑤ ㅁ에서는 주체인 '아버지'와 화자의 관계를 고려해 '아버지'를 높이고 있다.

01

현대 국어의 주체 높임을 이해하는 문제이다. 주체 높임은 서술의 주체, 즉 문장의 주어가 지시하는 대상을 높이는 것이다. 일반적으로 주체의 나이가 화자보다 많거나 사회적 지위 등이 화자보다 높을 때 실현되지만, 주체와 청자의 관계, 담화 상황 등에 따라 주체가 높임의 대상이더라도 높이지 않거나, 높임의 대상이 아니라도 높이기도 한다. 또한 주체의 신체 일부, 소유물 등 주체와 밀접한 관련이 있는 대상을 간접적으로 높이기도 한다.

02

윗글을 바탕으로, <보기>의 a~c를 탐구한 내용으로 적절하지 않은 것은?

보기

> a. [중세 국어] 大師(대사) ᄒᆞ샨 일 아니면 뉘 혼 거시잇고
>   [현대 국어] 대사가 하신 일이 아니면 누가 한 것입니까?
>
> b. [중세 국어] 이 도ᄂᆞᆯ 가져가 어마니ᄆᆞᆯ 供養(공양)ᄒᆞᅀᆞᆸ고
>   [현대 국어] 이 돈을 가져가 어머님을 공양하고
>
> c. [중세 국어] 太子(태자)ᄅᆞᆯ ᄢᅥ려 안ᅀᆞᄫᅡ 부인ᄭᅴ 뫼셔 오니
>   [현대 국어] 태자를 ᄊᆞ 안아 부인께 모셔 오니

① a: 중세 국어에서는 '-샤-'를, 현대 국어에서는 '-시-'를 사용하여 주체인 '대사'를 높이고 있다.

② a: 중세 국어에서는 현대 국어에 없는 '-잇-'을 사용하여 대화의 상대인 청자를 높이고 있다.

③ b: 중세 국어에서는 현대 국어에 없는 '-ᅀᆞᆸ-'을 사용하여 객체인 '어마님'을 높이고 있다.

④ c: 중세 국어에서는 'ᄭᅴ'를, 현대 국어에서는 '께'를 사용하여 객체인 '부인'을 높이고 있다.

⑤ c: 중세 국어에서는 '뫼셔'를, 현대 국어에서는 '모셔'를 사용하여 주체인 '태자'를 높이고 있다.

02

중세 국어와 현대 국어의 높임 표현을 이해하는 문제이다. 중세 국어에서의 높임 표현은 현대 국어에서처럼 선어말 어미와 격 조사, 특수 어휘, 종결 어미 등을 통해 실현되었다. 중세 국어의 높임 표현이 현대 국어에서는 어떻게 사용되고 있는지 파악해야 한다.

	중세 국어	현대 국어
주체 높임	• 선어말 어미 '-(오/으)시-', '-(오/으)샤-' • 특수 어휘	• 선어말 어미 '-(으)시-' • 주격 조사 '께서' • 특수 어휘
객체 높임	• 부사격 조사 'ᄭᅴ' • 선어말 어미 '-ᄉᆞᆸ-, -ᄉᆞᆸ-, -ᄌᆞᆸ-' • 특수 어휘	• 부사격 조사 '께' • 특수 어휘
상대 높임	• 종결 어미 • 선어말 어미 '-이-', '-잇-'	종결 어미

03

'ㅎ'의 음운 변동을 이해하는 문제이다. 음운 변동이란 음운이 특정 환경에서 원래 소리대로 발음되지 않고 다르게 발음되는 현상을 의미한다. 'ㅎ'은 놓이는 환경에 따라 다양한 음운 변동이 일어난다.

교체	음절의 끝소리 'ㅎ'은 'ㄷ'으로 발음된다.
축약	예사소리 'ㄱ, ㄷ, ㅂ, ㅈ'이 'ㅎ'을 만나면 'ㅋ, ㅌ, ㅍ, ㅊ'가 된다.
탈락	'ㅎ' 받침으로 끝나는 용언의 어간이 모음으로 시작하는 어미와 결합하면 'ㅎ'이 탈락된다.

<보기>의 ㉮, ㉯에 들어갈 예로 적절한 것은?

> **보기**
>
> 'ㅎ'은 다양한 음운 변동이 일어나기 때문에 표준 발음법에 별도의 규정을 두고 있다. 'ㅎ'의 음운 변동에는 'ㅎ'이 다른 음운으로 바뀌는 교체, 'ㅎ'이 다른 음운과 합쳐져 새로운 음운이 되는 축약, 'ㅎ'이 없어져 발음되지 않는 탈락이 있다. 가령 '놓친[녿친]'은 'ㅎ'이 'ㄷ'으로 바뀌어 발음되므로 교체의 예에 해당한다.
>
> | 유형 | 'ㅎ'의 음운 변동 | | |
> |------|------|------|------|
> | | 교체 | 축약 | 탈락 |
> | 예 | 놓친[녿친] | ㉮ | ㉯ |

	㉮	㉯			㉮	㉯
①	좋고[조:코]	닿아[다아]		②	좋고[조:코]	쌓네[싼네]
③	넣는[넌:는]	닿아[다아]		④	넣는[넌:는]	쌓네[싼네]
⑤	좁힌[조핀]	닳지[달치]				

04

부정 표현의 특수한 용례를 파악하는 문제이다. 어미 '지-' 뒤에 부정 표현 '않다'가 결합하여 줄어든 '-잖다'는 앞말을 부정하거나 가치를 비하하는 의미로 사용된다. 그런데 특정한 상황에서는 어떤 사실이나 상황을 확인하는 의미로 사용되기도 한다. 따라서 문맥에 따라 어떠한 '-잖다'가 어떠한 의미로 사용되었는지 파악해야 한다. 이때 '-잖다'를 줄어들기 전 형태인 '-지 않다'로 풀어 해석해 보면 의미를 쉽게 이해할 수 있다.

<보기>의 ㉠에 해당하는 예로 가장 적절한 것은?

> **보기**
>
> 부정 표현 '-지 않다'는 줄여서 '-잖다'로 적을 수 있다. '시답다'에 '-지 않다'가 결합하여 '시답잖다'로 줄어든 것이 그 예이다. 그런데 '-잖다'는 특정한 상황에서 부정을 표현하는 것이 아닌, ㉠ 사실을 확인하는 의미로 사용되기도 한다.

① 사촌 동생의 지나친 장난은 달갑잖아.
② 그때 거기 소나무 한 그루가 있었잖아.
③ 당신을 믿기에 이번 도전도 두렵잖아요.
④ 작지만 소소한 행복이 있다면 남부럽잖아.
⑤ 힘들었지만 배운 게 많아 성과가 적잖아요.

05

<보기>에서 선생님이 제시한 과제를 수행한 결과로 적절하지 않은 것은?

보기

선생님 : 아래의 예문을 봅시다.

(ㄱ) 외국에 있는 친구가 어제 전화로 나에게 "**네**가 **오늘** 말한 책이 **여기** 있**어**."**라고** 말했다.

↓

(ㄴ) 외국에 있는 친구가 어제 전화로 나에게 **내**가 **어제** 말한 책이 **거기** 있**다고** 말했다.

(ㄱ)은 친구의 말을 그대로 전한 직접 인용이고, (ㄴ)은 친구의 말을 인용하는 화자의 관점으로 바꾸어 표현한 간접 인용입니다. (ㄱ)이 (ㄴ)으로 바뀌면서 인칭 대명사, 시간 표현, 지시 표현이 '나', '어제', '거기'로 바뀌었습니다. 또한 종결 어미 '-어'가 '-다'로, 직접 인용의 조사 '라고'가 간접 인용의 조사 '고'로 바뀌었습니다. 이를 바탕으로 [자료]의 직접 인용을 간접 인용으로 바르게 바꿨는지 분석해 볼까요?

[자료]

직접 인용	외국에 있는 형이 어제 전화로 "**나**는 **내일 이곳**에서 볼 시험 때문에 걱정이 많**아**."**라고** 말했다.

↓

간접 인용	외국에 있는 형이 어제 전화로 **자기**는 **오늘 그곳**에서 볼 시험 때문에 걱정이 많**다라고** 말했다.

① '나'는 앞서 언급한 형을 다시 가리키므로 인칭 대명사 '자기'로 바르게 바꿨군.
② '내일'은 인용을 하는 화자가 말한 시점을 기준으로 할 때, '오늘'이 아닌 '어제'로 바꿔야겠군.
③ '이곳'은 인용을 하는 화자의 관점에서 형이 있는 곳을 가리키므로 '그곳'으로 바르게 바꿨군.
④ 직접 인용에 쓰인 종결 어미 '-아'를 간접 인용에서 종결 어미 '-다'로 바르게 바꿨군.
⑤ '라고'는 직접 인용에 쓰이는 조사이므로 간접 인용에 쓰이는 조사 '고'로 바꿔야겠군.

05

인용 표현을 이해하는 문제이다. 인용 표현은 다른 사람의 말이나 글을 자신의 말이나 글 속에 끌어 쓰는 것을 말한다. 인용 표현은 전달하는 방식에 따라 직접 인용과 간접 인용으로 나눌 수 있다.

직접 인용	• 다른 사람의 말이나 글을 그대로 따오는 인용법 • " "+인용격 조사 '(이)라고'/동사 '하다'의 활용형 '하고' 사용
간접 인용	• 다른 사람의 말이나 글을 화자나 필자의 관점에서 서술하는 인용법 • 인용격 조사 '고' 사용

이때 직접 인용에서 간접 인용으로 바꾸거나, 간접 인용에서 직접 인용으로 바꾸는 경우에는 대명사와 시제, 높임 표현을 적절하게 바꿔 줘야 한다.

WEEK 7

3 Day

독서(사회) 고1 2022년 11월

미시경제학

시작시간 시 분 초 / 종료시간 시 분 초

온라인 문제풀이

정답 및 해설 | 88

핵심정리

문단 중심 내용

❶ 양면시장과 플랫폼의 개념

❷ 양면시장에서 작용하는 간접 네트워크 외부성

❸~❹ 플랫폼 사업자가 가격구조를 결정하는 방법

❺ 수요의 가격탄력성에 영향을 받는 가격구조

❻ 플랫폼 사업자가 수익을 창출하기 위해 사용하는 대표적인 전략

네트워크 외부성

네트워크 외부성
어떤 제품이나 서비스를 사용하는 이용자의 규모가 이용자의 효용에 영향을 미치는 것

↓ 종류

직접 네트워크 외부성	간접 네트워크 외부성
동일 집단에 속한 이용자의 규모가 커지면 집단 내 개별 이용자의 효용이 증가하는 특성	한쪽 이용자 집단의 규모가 커지면 반대쪽 이용자 집단의 효용이 증가하는 특성

간접 네트워크 외부성이 가격구조에 미치는 영향

가격구조
플랫폼 이용료를 각각의 이용자 집단에 어떻게 부과하는지를 의미

카드 회원들이 가맹점에 미치는 간접 네트워크 외부성이 큼.

카드 회사가 낮은 연회비를 부과함.

카드 회원 수가 늘어남.

가맹점들의 효용이 증가함.

가맹점이 카드 결제 시스템을 이용하게 됨.

※ 다음 글을 읽고 물음에 답하시오.

❶ 양면시장은 플랫폼 사업자가 서로 구분되는 두 개의 이용자 집단에 플랫폼을 제공하고 이용자들은 플랫폼을 통해 상대 집단과 거래하면서 경제적 가치나 편익을 창출하는 시장을 의미한다. 이때 플랫폼이란 양쪽 이용자 집단의 연결 고리 역할을 하는 물리적, 가상적, 제도적 환경을 일컫는다. 이용자 집단은 플랫폼을 통해 거래가 이루어지기까지의 시간이나 노력 등과 같은 거래비용을 절감하여 상대 집단과 거래하게 된다. 대표적인 플랫폼으로 신용 카드 회사가 제공하는 카드 결제 시스템을 들 수 있다. 플랫폼의 한쪽에는 카드로 결제하는 회원들이 있고, 플랫폼의 반대쪽에는 그것을 지불 수단으로 받는 가맹점들이 있다. 플랫폼 사업자인 신용 카드 회사 입장에서는 양쪽 이용자 집단인 카드 회원들과 가맹점들 모두가 고객이 된다.

❷ 플랫폼을 통해 연결되는 양쪽 이용자 집단의 관계는 '네트워크 외부성'을 통해 설명할 수 있다. 네트워크 외부성은 어떤 제품이나 서비스를 사용하는 이용자의 규모가 이용자의 효용에 영향을 미치는 것으로 직접 네트워크 외부성과 간접 네트워크 외부성으로 구분된다. 직접 네트워크 외부성이란 동일 집단 내에서 발생하는 것으로, 동일 집단에 속한 이용자의 규모가 커지면 집단 내 개별 이용자의 효용이 증가하는 특성이다. 이와 달리 간접 네트워크 외부성이란 서로 다른 집단 간에 발생하는 것으로, 한쪽 이용자 집단의 규모가 커지면 반대쪽 이용자 집단의 효용이 증가하고, 한쪽 이용자 집단의 규모가 작아지면 반대쪽 이용자 집단의 효용이 감소하게 된다. 양면시장에서는 간접 네트워크 외부성이 필수적으로 작용하므로 양쪽 이용자 집단이 서로 긴밀하게 영향을 주고받는다.

❸ 이를 바탕으로 플랫폼 사업자는 플랫폼 이용료를 통해 수익을 창출하기 때문에 양쪽 이용자 집단 모두를 플랫폼에 참여하도록 유도할 수 있는 가격구조를 결정하게 된다. 이때 가격구조란 플랫폼 이용료를 각각의 이용자 집단에 어떻게 부과하느냐를 의미한다. 플랫폼 사업자는 수익을 극대화할 수 있는 전략으로 양쪽 이용자 집단에 차별적인 가격을 부과하는 것이 일반적인데, 한쪽 이용자 집단의 플랫폼 이용료를 아주 낮게 책정하거나 한쪽 이용자 집단에 보조금을 지급하는 경우도 있다.

❹ 위에서 언급된 카드 결제 시스템을 바탕으로 간접 네트워크 외부성이 가격구조에 미치는 영향을 살펴보면 다음과 같다. 카드 회원들이 가맹점에 미치는 간접 네트워크 외부성이 클수록, 카드 회사는 카드 회원 수를 늘리기 위해 낮은 연회비를 부과할 수 있다. 이에 따라 카드 회원 수가 늘어나면 가맹점들의 효용이 증가하기 때문에 가맹점은 높은 결제 건당 수수료를 지불하더라도 카드 결제 시스템을 이용하게 된다. 이는 가맹점이 카드 회원들에게 미치는 간접 네트워크 외부성이 큰 경우에도 마찬가지로 적용된다.

❺ 한편 가격구조는 수요의 가격탄력성에도 영향을 받는다. 수요의 가격탄력성이란 가격이 오르거나 내릴 때 수요량이 얼마나 변동하느냐를 의미하는 것으로, 양면시장에서 양쪽 이용자 집단 각각은 플랫폼 이용료의 변동에 따라 이용자 수나 서비스 이용량과 같은 수요량에 영향을 받게 된다. 카드 회원의 수요의 가격탄력성이 높은 경우에는 연회비가 오를 때 카드 회원 수가 크게 감소하고, 수요의 가격탄력성이 낮은 경우에는 변동이 크지 않다. 따라서 플랫폼 사업자는 자신의 수익을 극대화하기 위해 양쪽 이용자 집단의 특성을 파악하여 각 집단에 최적의 이용료를 부과하게 된다. 일반적으로 플랫폼 사업자는 수요의 가격탄력성이 높은 집단에 낮은 이용료를 부과하여 해당 집단의 이용자 수를 늘리려고 한다.

❻ 플랫폼 사업자가 수익을 창출하기 위해 사용하는 대표적인 전략으로 공짜 미끼와 프리미엄(free-mium) 등이 있다. 공짜 미끼 전략은 무료 서비스를 통해 한쪽 집단의 이용자 수를 늘리면서 반대쪽 집단 이용자의 플랫폼 참여를 유인하는 것이다. 프리미엄 전략은 기본적 기능은 무료로 제공하지만 추가적인 기능은 유료로 제공하는 것으로, 무료에서 유료로 전환한 이용자의 긍정적 경험이 무료 이용자에게 전파되어 그 중 일부가 유료 이용자로 전환되도록 하는 것이다.

01

윗글을 이해한 내용으로 적절하지 않은 것은?

① 카드 결제 시스템은 카드 회원들과 카드 가맹점을 연결하는 플랫폼이다.
② 양면시장에서는 신용 카드 회사와 카드 회원 모두가 가맹점의 고객이 된다.
③ 플랫폼 사업자는 이용자 집단이 플랫폼에 참여하도록 보조금을 지급할 수 있다.
④ 플랫폼 사업자는 플랫폼 이용자들에게 경제적 가치를 창출하는 환경을 제공한다.
⑤ 프리미엄 전략은 유료로 전환한 이용자들이 무료 이용자들의 유료화에 영향을 미치는 것이다.

02

가격구조에 대한 설명으로 가장 적절한 것은?

① 플랫폼 사업자가 수익을 극대화하기 위해 고려하는 것이다.
② 양쪽 이용자 집단의 이용료 지불 수단을 결정하는 방법이다.
③ 양쪽 이용자 집단에 동일한 이용료를 부과하기 위한 원칙이다.
④ 양쪽 이용자 집단의 규모가 항상 고정되어 있음을 전제로 하는 것이다.
⑤ 플랫폼 사업자가 규모가 큰 이용자 집단에는 이용료를 부과하지 못한다.

수요의 가격탄력성

수요의 가격탄력성
가격이 오르거나 내릴 때 수요량이 얼마나 변동하는지를 의미
카드 회원의 수요의 가격탄력성이 높음.
↓
연회비가 오름.
↓
카드 회원 수가 크게 감소함.

수익 창출을 위한 플랫폼 사업자의 전략

공짜 미끼 전략	무료 서비스를 통해 한쪽 집단의 이용자 수를 늘리면서 반대쪽 집단 이용자의 플랫폼 참여를 유인하는 것
프리미엄 전략	기본적 기능은 무료로 제공하지만 추가적인 기능은 유료로 제공하는 것

문제풀이 맥

01
세부 내용을 파악하는 문제이다. 지문에서 설명하는 개념을 위주로 독해하면 쉽게 풀 수 있다. 다만, 선택지에 주어와 목적어, 보어 등이 바뀌어 제시된 경우가 있을 수 있으므로 주의해야 한다.

02
주어진 정보를 바탕으로 내용을 추론하는 문제이다. 3문단에서 가격구조란 플랫폼 이용료를 각각의 이용자 집단에 어떻게 부과하느냐를 의미한다고 하였다. 가격구조의 목적과 특징, 예시 등을 이해해야 한다.

WEEK 7

보기

P사가 개발한 메신저 프로그램은 이용자끼리 무료로 메시지를 주고받을 수 있어서 ㉠ 메신저 이용자들이 빠르게 증가했고, 메신저 이용자들끼리 서로 편하게 연락을 주고받을 수 있게 되었다. 그러자 광고 효과를 기대하고 P사와 계약한 ㉡ 광고주들이 크게 늘어났고, P사는 모든 광고주들에게 원래보다 높은 광고 비용을 부과했다. 이후 P사는 더 많은 메신저 이용자들을 확보하기 위해 메신저에서 사용할 수 있는 무료 이모티콘을 배포하였고, 이를 통해 ㉢ 이모티콘 사용에 익숙해진 이용자를 많이 확보할 수 있었다. 이모티콘을 사용하는 이용자들이 점점 많아지자 P사는 메신저를 통해 ㉣ 이모티콘 공급 업체들이 유료 이모티콘을 판매할 수 있도록 하였다. P사가 높은 판매 수수료를 부과했음에도 불구하고 이용자들에게 이모티콘을 판매하고자 하는 업체들이 모여들게 되었다.

03

구체적 사례에 적용하는 문제이다. <보기>에서는 플랫폼 사업자인 P사의 예시를 들고 있는데, 지문에서는 카드 결제 시스템을 예시로 들어 플랫폼의 이용자 집단과 플랫폼 사업자의 전략을 설명하였다. 이를 참고하여 <보기>의 P사가 제공하는 플랫폼의 이용자 집단과 P사의 전략을 파악해야 한다. P사가 제공하는 플랫폼의 이용자 집단으로는 메신저 이용자, 광고주, 이모티콘 공급 업체를 들 수 있다.

03

윗글을 바탕으로 <보기>를 이해한 내용으로 적절하지 <u>않은</u> 것은?

① P사가 메신저 이용자들에게 무료 이모티콘을 배포한 것은 무료 서비스를 통해 더 많은 메신저 이용자들을 플랫폼으로 유도하기 위한 공짜 미끼 전략이겠군.

② P사가 이모티콘 사용에 익숙해진 메신저 이용자들을 확보한 것은 메신저를 통해 적은 거래비용으로 이용자에게 이모티콘을 직접 판매하고자 하는 목적이겠군.

③ P사가 광고주들에게 부과한 광고 비용과 이모티콘 공급 업체에게 부과한 판매 수수료는 P사의 수익 창출을 위한 플랫폼 이용료에 해당하겠군.

④ P사가 모든 광고주들에게 원래보다 높은 광고 비용을 부과한 것은 메신저 이용자들의 수가 늘어남에 따라 광고주들이 얻는 편익이 증가했다고 판단했기 때문이겠군.

⑤ P사가 개발한 메신저의 이용자 수가 많아져 이용자들끼리 더 편하게 연락을 주고받을 수 있게 된 것은 메신저 이용자들 사이에 직접 네트워크 외부성이 존재하는 것이겠군.

04

주어진 정보를 바탕으로 내용을 추론하는 문제이다. ㉠은 메신저 이용자, ㉡은 광고주, ㉢은 이모티콘 사용에 익숙해진 이용자, ㉣은 이모티콘 공급 업체이다. 수요의 가격탄력성과 간접 네트워크 외부성의 측면에서 P사와 ㉠~㉣의 관계를 추론해야 한다. 즉, 이용자 집단의 수요의 가격탄력성이 클 때와, 한쪽 이용자 집단이 다른 반대쪽 이용자 집단에 미치는 간접 네트워크 외부성이 클 때의 결과를 알아야 한다.

04

다음은 윗글과 <보기>를 읽은 학생이 보인 반응이다. A~C에 들어갈 내용으로 적절한 것은?

㉠의 수요의 가격탄력성이 높고, ㉠이 ㉡에 미치는 간접 네트워크 외부성이 클 때, P사가 무료이던 메신저 이용료를 유료로 전환한다고 가정하면, ㉠의 수는 (A)하고 ㉡의 효용은 크게 (B)할 것이다. 한편 ㉣이 ㉢에 미치는 간접 네트워크 외부성이 크다고 가정하면, P사가 ㉣에 부과하는 판매 수수료는 (C)할 것이다.

	A	B	C		A	B	C
①	감소	증가	하락	②	증가	증가	하락
③	감소	증가	상승	④	증가	감소	상승
⑤	감소	감소	하락				

4 Day

독서(인문) 고2 2023년 3월

발터 벤야민과 도시산책자의 사유

시작시간 시 분 초 / 종료시간 시 분 초

온라인 문제풀이

정답 및 해설 | 90

※ 다음 글을 읽고 물음에 답하시오.

❶ 출퇴근에 대한 관념은 근대 이후에 형성되었다. 집과 일터의 경계가 뚜렷하지 않았던 전근대 사회와 달리 19세기 이후의 도시적 삶에서는 주거를 위한 사적 공간과 노동을 위한 공적 공간이 분리되었다. 여가를 즐길 수 있는 곳은 사적 공간으로, 경제적 활동을 하는 곳은 공적 공간으로 인식되었으며 이 둘의 관계는 내부와 외부, 실내와 거리의 관계에 대응된다.

❷ 게오르크 짐멜은 대표적인 사적 공간인 실내의 공간적 의미를 도시의 삶과 관련지어 분석하였다. 짐멜은 도시에서 살아가는 개인이 외적 자극의 과잉으로 인해 신경과민에 ⓐ 빠지게 되는데, 이에 대응하는 전형적인 방식이 내면으로의 침잠이라고 설명하였다. 외부와 차단된 실내는 내면을 지키기에 가장 유리한 공간이라는 것이다. 또한 짐멜은 개인이 개성을 실현할 수 있는 공간이라는 의미를 실내에 부여하였다. 19세기에는 실내를 가구와 공예품으로 빈틈없이 장식하는 것이 유행했는데, 그는 다양한 양식을 지닌 사물을 취향에 따라 조합함으로써 일상에서 개성을 드러낼 수 있다는 점에서 이를 긍정적으로 평가하였다. 또 양식이라는 보편적인 표현 형태를 매개로 하는 공예품은 평온함과 안정감을 줄 수 있다고 덧붙였다. ㉠ 실내에 대한 짐멜의 설명은 도시적 삶이 가져오는 불안과 몰개성을 사적 공간에서 해소하려는 개인의 욕망에 부응한다. 실내가 개인의 은신처이자 일상의 심미화를 추구할 수 있는 공간으로 자리매김함에 따라, 거주자를 외부로부터 보호하고 자유로운 개성표현을 보장하는 실내의 설계가 당시 건축의 주요한 구성 원리로 등장하였다.

❸ 발터 벤야민은 실내 장식에 집착한 19세기의 주거 문화를 '주거 중독증'으로 표현하면서 이는 도시의 공적 공간에서 개인적 흔적을 남길 수 없는 데 대한 보상 심리에서 기인한 것이라고 설명하였다. 벤야민은 실내가 사회적 세계와의 연관성을 잃어가면서 점점 더 인위적인 공간이 되었으며 그곳에서의 은둔은 공적 공간으로부터의 도피를 의미한다고 보았다. 그는 신화나 자연에서 모티프를 딴 가구와 공예품들의 조합을 통해 몽환적 분위기를 조성했던 19세기의 실내 풍경을 예로 들면서, 이러한 실내는 거주자를 환상에 빠지게 함으로써 도피에 대한 욕망을 충족시킬 뿐이라고 주장하였다.

❹ 실내에 대한 벤야민의 비판적 고찰은 사적 공간과 공적 공간의 괴리를 문제 삼는 데로 이어지는데, 이때 벤야민이 주목한 것은 파리의 '파사주'이다. 파사주는 몇 채의 건물을 잇는 통로 형태의 상가로, 벤야민에 따르면 유행의 리듬이 지배하는 최초의 자본주의적 소비 공간이다. 유행은 새로운 것을 부단히 연출함으로써 상품을 향한 욕망을 재생산한다. 서로 마주 보는 상점들이 늘어선 구조는 오가는 이들의 시선을 붙잡아 소비를 부추겼다. 또한 파사주는 건축학적으로 거리와 실내 사이에 위치

핵심정리

문단 중심 내용

❶ 근대 이후 사적 공간과 공적 공간의 분리
❷ 실내에 대한 게오르크 짐멜의 견해
❸ 실내에 대한 발터 벤야민의 견해
❹ 경계 해체를 제공하는 사이공간
❺ 벤야민이 긍정적으로 여긴 신건축

출퇴근에 대한 관념 변화

전근대	19세기 이후
집과 일터의 경계가 뚜렷하지 않음.	주거를 위한 사적 공간과 노동을 위한 공적 공간이 분리됨.

실내에 대한 짐멜의 견해

도시에서 살아가는 개인은 외적 자극의 과잉으로 인해 신경과민에 빠지게 됨.	실내를 가구와 공예품으로 장식하는 것이 유행함.
외부와 차단된 실내는 내면을 지키기에 가장 유리한 공간임.	다양한 양식을 지닌 사물을 취향에 따라 조합함.
내면으로의 침잠으로 대응함.	일상에서 개성을 드러냄.
개인의 은신처이자 일상의 심미화를 추구할 수 있는 공간	

실내에 대한 벤야민의 견해

실내는 사회적 세계와의 연관성을 잃어감.	가구와 공예품들의 조합을 통해 몽환적 분위기를 조성함.
인위적인 공간이 됨.	거주자를 환상에 빠지게 함.
실내에서의 은둔은 공적 공간으로부터의 도피를 의미함.	도피에 대한 욕망을 충족시킴.
사적 공간과 공적 공간의 괴리 비판	

WEEK 7

개념	몇 채의 건물을 잇는 통로 형태의 상가
사이 공간	• 외부와 내부가 혼동되는 경험 가능 • 전적으로 공적이지도 않고 사적이 지도 않은 중간 영역의 존재 • 경계 해체의 단초 제공
한계	새로운 재료를 사용하면서도 과거의 건축 양식들이 절충적으로 혼합되어 지어짐. → 기술의 발전에 부합하는 건축 양 식으로 이어지지 못함.

신건축의 구성 원리

철골을 재료로 사용하면서 벽을 제거	빛이 투과하는 유리 사용의 확대
↓	↓
내부와 외부의 경계 완화	내부와 외부의 통합을 공간적으로 구현

↓

공간의 이분법 극복

하는 '사이공간'이다. 베냐민은 그렇기 때문에 파사주에서는 외부와 내부가 혼동되는 경험이 가능하다고 보았다. 전적으로 공적이지도 않고 사적이지도 않은 중간 영역의 존재는 경계 해체의 단초를 제공한다.

❺ 사적 공간과 공적 공간의 분리를 신봉하는 낡은 개념을 대신할 새로운 주거 개념을 탐색하면서, 베냐민은 신건축과의 관계에서 파사주의 의미를 다시 조명하였다. 1920년대에 등장한 신건축은 산업 기술의 발전에도 불구하고 건축의 미학화 경향이 지속되는 상황에 대한 반론의 성격을 띤다. 베냐민은 공간의 이분법을 극복하려는 사유의 연장선상에서 신건축의 구성 원리를 탐구하였다. 신건축에서는 철골을 재료로 사용하면서 벽을 제거하는 설계가 가능해져 내부와 외부의 경계를 완화할 수 있게 되었다. 또 빛이 투과하는 유리 사용의 확대는 내부와 외부의 통합을 공간적으로 구현할 수 있게 했다. 이에 비해 파사주는 새로운 재료를 사용하면서도 과거의 건축 양식들이 절충적으로 혼합되어 지어졌다는 점에서 기술의 발전에 부합하는 건축 양식으로 이어지지 못했다는 것이 베냐민의 설명이다. 이처럼 베냐민은 파사주의 한계를 지적하면서도, 외부로부터 차단된 '그릇 속에서의 삶'이 지배했던 19세기에서 '관계와 투과'의 원리가 지배하는 20세기로 넘어가는 문지방의 의미를 파사주에서 발견하였다.

문제풀이 맥

01

글의 전개 방식을 파악하는 문제이다. 선택지에서 제시하는, 지문이 설명하고 있는 대상을 먼저 파악해야 한다. 다음으로는 그 대상이 실제로 지문에 언급되는지, 선택지에서 말한 방식대로 설명되고 있는지 확인해야 한다.

01

윗글에 대한 설명으로 가장 적절한 것은?

① 건축 재료의 발달 과정을 중심으로 건축사를 단계별로 설명하고 있다.

② 주거 문화에 대한 관점이 기술의 발전에 미친 영향을 인과적으로 밝히고 있다.

③ 특정 도시의 다양한 사회상을 제시하고 이를 시대적 기준에 따라 분류하고 있다.

④ 사적 공간과 공적 공간을 대비하고 이들 공간의 긍정적 측면과 부정적 측면을 각각 분석하고 있다.

⑤ 실내에 대한 학자들의 견해를 제시하면서 그러한 견해의 형성 배경 및 견해 간의 차이를 드러내고 있다.

02

㉠을 이해한 내용으로 적절하지 않은 것은?

① 주거와 여가를 구분하면 일상의 심미화가 가능하다고 보았다.

② 신경과민 상태의 개인이 내면을 보호하려는 자구책이라고 보았다.

③ 양식화된 공예품의 조합에 따라 개인의 개성이 표현된다고 보았다.

④ 양식의 보편성을 매개로 평온함과 안정감을 얻을 수 있다고 보았다.

⑤ 도시적 삶에서 오는 자극에 대응하기 위하여 내면으로의 침잠이 나타나게 된다고 보았다.

02

글의 세부 정보를 파악하는 문제이다. ㉠은 실내에 대한 짐멜의 설명을 의미하므로, 짐멜이 실내에 대해 어떠한 견해를 가졌는지 파악해야 한다. 대표적인 사적 공간인 실내의 공간적 의미를 도시의 삶과 관련지어 분석한 짐멜의 견해는 2문단에 서술되어 있다.

03

윗글의 베냐민의 관점에서 본 '파사주'에 대한 이해로 적절하지 않은 것은?

① 유행의 교체를 통해 욕망을 끊임없이 자아내는 공간이다.

② 소비 심리를 자극하는 방식으로 상점들이 배치된 공간이다.

③ 거리와 실내의 경계가 모호해지는 경험을 가능하게 하는 공간이다.

④ 최신 기술과 소재에 부합하는 새로운 건축 양식을 사용하여 지어진 공간이다.

⑤ 사적 공간에서 침거하는 시대에서 사적 공간과 공적 공간의 통합을 지향하는 시대로 이행 중임을 보여 주는 공간이다.

03

글의 핵심 정보를 파악하는 문제이다. 파사주는 몇 채의 건물을 잇는 통로 형태의 상가이다. 베냐민이 사적 공간과 공적 공간의 괴리를 문제 삼으며 파사주에 주목하였음을 이해해야 한다. 파사주에 대한 베냐민의 견해는 4문단에 서술되어 있다.

04

윗글을 바탕으로 <보기>를 이해한 내용으로 적절하지 않은 것은?

보기

㉠는 오스트리아의 건축가 로스가 지은 '차라 하우스'이다. 거주자의 취향에 따라 가구, 공예품 등을 배치하기 좋도록 건물의 내벽이나 천장, 바닥 등은 장식 없이 간결하게 마감되어 있다. 건물의 한쪽 면에만 배치된 창을 통해 외부를 차단하고, 채광을 조절하여 은신처의 아늑한 느낌을 유지한다. ㉡는 프랑스의 건축가 르 코르뷔지에가 지은 '빌라 사보아'로, 신건축을 대표하는 주택이다. 철골 기둥만으로 건물 본체를 지탱하는 구조로 설계되어 건물이 공중에 떠 있는 듯한 느낌을 준다. 수평으로 넓게 퍼진 창은 내부를 넘어 외부 풍경으로 열려 있는 공간을 구현하였다.

① 채광을 조절하여 아늑한 느낌이 유지되도록 설계된 ㉠에 대해, 베냐민은 외부로부터 도피하기 위한 공간이라고 생각하겠군.

② 건물의 한쪽 면에만 창을 배치하여 외부와 차단되도록 설계된 ㉠에 대해, 짐멜은 거주자가 내면을 지키기에 적합한 공간이라고 생각하겠군.

③ 장식 없이 간결하게 마감되어 거주자가 취향에 따라 꾸밀 수 있도록 설계된 ㉠에 대해, 짐멜은 개성을 표현할 수 있는 공간이라고 생각하겠군.

④ 수평으로 넓게 퍼진 창을 통해 외부를 향해 개방되도록 설계된 ㉡에 대해, 베냐민은 내부와 외부의 통합을 추구하는 공간이라고 생각하겠군.

⑤ 기둥만으로 건물을 떠받치는 구조를 통해 공중에 떠 있는 느낌이 들도록 설계된 ㉡에 대해, 짐멜은 도시적 삶을 추구하는 개인의 욕망에 부응하는 공간이라고 생각하겠군.

05

ⓐ와 문맥상 의미가 가장 가까운 것은?

① 나는 물에 빠진 생쥐 꼴이 되고 말았다.

② 어디서 묻었는지 얼룩이 잘 빠지지 않았다.

③ 중요한 회의니까 오늘은 절대 빠지면 안 된다.

④ 그동안 잘 진행되던 협상이 교착 상태에 빠졌다.

⑤ 아무리 찾아보아도 그의 지원 서류가 빠지고 없었다.

5 Day

문학 (고전시가+현대수필) 고2 2023년 9월

만보_이황 / **별똥 떨어진 데**_윤동주

※ 다음 글을 읽고 물음에 답하시오.

가

苦忘亂抽書	잊기를 자주 하여 어지러이 뽑아 놓은 책들
散漫還復整	흩어진 걸 다시 또 정리하자니
曜靈忽西頹	해는 문득 서쪽으로 기울고
江光搖林影	강 위에 숲 그림자 흔들린다.
扶筇下中庭	막대 짚고 마당 가운데 내려서서
矯首望雲嶺	고개 들어 구름 낀 고개 바라보니
漠漠炊烟生	아득히 밥 짓는 연기가 피어나고
蕭蕭原野冷	쓸쓸히 들판은 서늘하구나.
田家近秋穫	농삿집 가을걷이 가까워지니
喜色動臼井	절구질 우물가에 기쁜 빛 돌아
鴉還天機熟	갈까마귀 돌아오니 절기가 무르익고
鷺立風標逈	해오라기 서 있는 모습 우뚝하고 흰다.
我生獨何爲	내 인생은 홀로 무얼 하는 것인지
宿願久相梗	**숙원이 오래도록 풀리질 않**네.
無人語此懷	이 **회포** 털어놓을 사람 아무도 없어
搖琴彈夜靜	**거문고만 둥둥** 탄다, **고요한 밤**에.

[A]

- 이황, 〈만보(晚步)〉 -

나

밤이다.

㉠ 하늘은 푸르다 못해 농회색으로 캄캄하나 별들만은 또렷또렷 빛난다. 침침한 어둠뿐만 아니라 오삭오삭 춥다. ㉡ 이 육중한 기류 가운데 자조하는 한 젊은이가 있다. 그를 나라고 불러두자.

나는 이 어둠에서 배태*되고 이 어둠에서 생장하여서 아직도 이 어둠 속에 그대로 생존하나 보다. 이제 내가 갈 곳이 어딘지 몰라 허우적거리는 것이다. 하기는 나는 세기의 초점인 듯 초췌하다. 얼핏 생각하기에는 내 바닥을 반듯이 받들어 주는 것도 없고 그렇다고 내 머리를 갑박이 내려 누르는 아무것도 없는 듯하다마는 내막은 그렇지도 않다. 나는 도무지 자유스럽지 못하다. ㉢ 다만 나는 없는 듯 있는 하루살이처럼 허공에 부유하는 한 점에 지나지 않는다. 이것이 하루살이처럼 경쾌하다면 마침 다행할 것인데 그렇지를 못하구나!

이 점의 대칭 위치에 또 하나 다른 **밝음의 초점**이 도사리고 있는 듯 생각된다. 덥

핵심정리

가 이황, 〈만보〉

갈래
한시

성격
사색적, 성찰적

제재
농촌의 가을 저녁 풍경

주제
소망한 바를 이루지 못한 것에 대한 회한

특징
① 원경에서 근경으로 시선이 이동함.
② 자연과 화자 자신을 대조하며 시상을 전개함.

해제
이 작품의 화자는 가을날 해 질 녘에 수확의 기쁨에 들떠 있는 사람들과 풍요로운 자연의 모습을 보며 학문적 숙원을 이루지 못한 자신의 삶을 반성하고 있다. 이 작품의 시간적 배경인 가을은 만물이 결실을 맺는 계절이다. 이는 학문적 숙원을 이루지 못한 화자의 삶과 대조를 이루면서 작품의 주제를 강조하는 기능을 한다. 즉 화자는 수확과 결실의 계절인 가을임에도 정작 자신은 학문적 성취감을 맛보지 못하고 그 숙원이 풀리지 않는 것에 대해 답답함을 느끼고 있다.

나 윤동주, 〈별똥 떨어진 데〉

갈래
수필

성격
성찰적, 사색적

제재
밤, 나무

주제
세속적 삶을 초월하고자 하는 희망과 달관적 태도

특징
① 독백을 통한 글쓴이의 내적 갈등이 나타남.
② 자연물과 '나'를 대비하여 내면을 효과적으로 드러냄.

WEEK 7

187

해제

이 작품은 어둠의 역사가 진행되고 있는 시간 속에서 자신이 나아가야 할 방향을 탐색하고 있는 글이다. 작가는 이 글에서 시대적 현실 가운데 처한 역사적 실존에 근거하지 않은 일체의 '관념 세계'를 거부하고, 그러한 현실에 뿌리를 내리고 오직 '하늘'만 바라고 뻗어 나아가는 수직적 방향을 선택하는 모습을 보여 준다. 또한 '별똥'이 '꼭 떨어져야 할 곳에 떨어져야 한다'는 것에서 자신이 추구하는 삶에 대한 방향을 찾고 싶은 소망을 확인할 수 있다.

구성

처음	삶의 목적과 방향성을 상실한 채 살아가고 있는 '나'의 모습 자조
중간	밤이 지나 새벽이 오더라도 여전히 부정적인 상황에 처한 '나'
끝	삶의 방향성을 회복하고자 하는 '나'의 간절한 태도

소재의 상징적 의미

밤	성찰과 반성의 시간이자 비극적이고 암울한 시대적 상황
하루살이	삶의 목적과 뚜렷한 방향 없이 허공에 부유하게 살아가는 '나'와 비슷한 존재

구절에 따른 글쓴이의 태도 변화

'내가 갈 곳이 어딘지 몰라 허우적거리는 것이다'

삶의 방향성을 상실한 '나'의 현재 상황

↓

'그것을 휘잡기에는~ 내 마음에 아무런 준비도 배포치 못한 것이 아니냐'

밝음의 초점을 움켜쥐어 방향을 잡고자 하지만 실상 그것을 잡기 위한 마음의 준비를 하지 못한 상태

↓

'가령 새벽이 왔다 하더라도 이 마을은 그대로 암담하고 나도 그대로 암담하고 하여서~'

암울의 시대가 지나도 부정적인 상황이 해소되지 않을 것이라는 비관적 태도

↓

'별똥아! 꼭 떨어져야 할 곳에 떨어져야 한다'

'나'의 삶이 올바른 방향으로 나아가길 바라는 간절한 심정

석 움키었으면 잡힐 듯도 하다.

마는 그것을 **휘잡**기에는 나 자신이 둔질*이라는 것보다 오히려 내 마음에 **아무런 준비도 배포***치 못한 것이 아니냐. ㉣ 그리고 보니 행복이란 별스러운 손님을 불러 들이기에도 또 다른 한 가닥 구실을 치르지 않으면 안 될까 보다.

이 밤이 나에게 있어 어릴 적처럼 한낱 공포의 장막인 것은 벌써 흘러간 전설이요, 따라서 이 밤이 향락의 도가니라는 이야기도 나의 염두에선 아직 소화시키지 못할 돌덩이다. 오로지 밤은 나의 도전의 호적(好敵)*이면 그만이다.

이것이 생생한 관념 세계에만 머무른다면 애석한 일이다. 어둠 속에 깜박깜박 졸며 다닥다닥 나란히 한 초가들이 아름다운 시의 화사가 될 수 있다는 것은 벌써 지나간 제너레이션의 이야기요, 오늘에 있어서는 다만 말 못 하는 비극의 배경이다.

㉤ 이제 닭이 해를 치면서 맵짠 울음을 뽑아 밤을 쫓고 어둠을 짓내몰아 동 켠으로 훤-히 새벽이란 새로운 손님을 불러온다 하자. 하나 경망스럽게 그리 반가워할 것은 없다. 보아라, 가령 새벽이 왔다 하더라도 이 마을은 그대로 암담하고 나도 그대로 암담하고 하여서 너나 나나 이 가랑지길*에서 주저주저 아니치 못할 존재들이 아니냐.

나무가 있다.

그는 나의 오랜 이웃이요, 벗이다. 그렇다고 그와 내가 성격이나 환경이나 생활이 공통한 데 있어서가 아니다. 말하자면 극단과 극단 사이에도 애정이 관통할 수 있다는 기적적인 교분의 한 표본에 지나지 못할 것이다.

[B]

나는 처음 그를 퍽 불행한 존재로 가소롭게 여겼다. 그의 앞에 설 때 슬퍼지고 측은한 마음이 앞을 가리곤 하였다. 마는 오늘 돌이켜 생각건대 나무처럼 행복한 생물은 다시없을 듯하다. 굳음에는 이루 비길 데 없는 바위에도 그리 탐탁지는 못할망정 자양분이 있다 하거늘 어디로 간들 생의 뿌리를 박지 못하며 어디로 간들 생활의 불평이 있을쏘냐. 칙칙하면 솔솔 솔바람이 불어오고, 심심하면 새가 와서 노래를 부르다 가고, 출출하면 한줄기 비가 오고, 밤이면 수많은 별들과 오손도손 이야기할 수 있고—보다 나무는 행동의 방향이란 거추장스러운 과제에 봉착하지 않고 인위적으로든 우연으로써든 탄생시켜 준 자리를 지켜 무진무궁한 영양소를 흡취하고 영롱한 햇빛을 받아들여 손쉽게 생활을 영위하고 오로지 하늘만 바라고 뻗어질 수 있는 것이 무엇보다 행복스럽지 않으냐.

이 밤도 **과제를 풀지 못하여 안타까**운 나의 마음에 나무의 마음이 점점 옮아오는 듯하고, 행동할 수 있는 자랑을 자랑치 못함에 뼈저리는 듯하나 나의 젊은 선배의 웅변이 왈 선배도 믿지 못할 것이라니 그러면 영리한 나무에게 나의 방향을 물어야 할 것인가.

어디로 가야 하느냐 동이 어디냐 서가 어디냐 남이 어디냐 북이 어디냐. 아라! 저 별이 번쩍 흐른다. 별똥 떨어진 데가 내가 갈 곳인가 보다. 하면 **별똥아! 꼭 떨어져야 할 곳에 떨어져야 한다**.

- 윤동주, 〈별똥 떨어진 데〉 -

* **배태**: 아이나 새끼를 뱀.
* **둔질**: 둔한 성질이나 기질.
* **배포**: 머리를 써서 일을 조리 있게 계획함.
* **호적**: 실력이 비슷하여 상대가 될 만한 좋은 적.
* **가랑지길**: 갈림길.

나무에 대한 '나'의 인식	
과거	현재
불행한 존재	행복한 생물

↓

나무는 행동의 방향과 무관하게 탄생한 자리를 지켜 생활을 영위하므로 '나'는 나무처럼 행복한 생물은 다시 없을 것이라 여김.

01

(가)와 (나)의 공통점으로 가장 적절한 것은?

① 공간의 대비를 통해 일상의 공간에 의미를 부여하고 있다.

② 대상과의 문답을 통해 삶에 대한 깨달음을 드러내고 있다.

③ 시간적 배경의 의미를 활용하여 내적 갈등을 드러내고 있다.

④ 반어적 표현을 활용하여 현실에 대한 비관적 태도를 드러내고 있다.

⑤ 설의적 표현을 통해 추구하고자 하는 삶의 자세를 제시하고 있다.

02

㉠~㉤에 대한 이해로 적절하지 않은 것은?

① ㉠: 음성 상징어를 통해 희망이 사라지지 않은 상황을 암시하고 있다.

② ㉡: 자신을 객관화하여 지칭하며 암담한 상황에서 자신을 비웃는 모습을 보여 주고 있다.

③ ㉢: 자신과 유사한 처지의 대상을 통해 방황하는 모습을 드러내고 있다.

④ ㉣: 대상을 의인화하여 자신이 원하는 바를 얻기 위해 노력이 필요함을 드러내고 있다.

⑤ ㉤: 가정적 진술을 활용하여 긍정적인 미래에 대한 확신을 드러내고 있다.

문제풀이 맥

01

작품 간의 공통점을 파악하는 문제이다. 이 문제에서는 표현상의 특징을 중심으로 두 작품의 공통점을 찾아낼 것을 요구하고 있다. 따라서 선택지에 제시되어 있는 표현법이 (가)와 (나)에 모두 나타나는지를 찾으면 된다.

02

작품의 세부 내용을 이해하는 문제이다. 이러한 유형의 문제를 해결하기 위해서는 먼저 작품의 전반적인 이해가 선행되어야 한다. 그 다음 구절에 드러난 표현법을 확인하고 그 표현법과 선택지에서 제시한 효과가 적절하게 연결되었는지 파악해야 한다.

WEEK 7

189

작품의 특징을 비교하는 문제이다. [A]와 [B] 모두 자연물을 중심으로 작품을 전개하고 있으므로 작품의 주제와 화자 또는 글쓴이의 상황과 태도를 고려하여 자연물이 지닌 의미와 표현법을 숙지하여 올바른 선택지를 찾아야 한다.

03

[A]와 [B]에 대한 설명으로 가장 적절한 것은?

① [A]는 [B]와 달리 자연물에 감정을 이입하여 심리적 변화를 우회적으로 드러내고 있다.

② [B]는 [A]와 달리 자연물에 대한 변화된 인식을 제시하고 있다.

③ [A]와 [B]는 모두 계절감을 드러내는 자연물을 통해 결실에 대한 기쁨을 나타내고 있다.

④ [A]의 자연물에는 과거에 대한 상실감이, [B]의 자연물에는 미래에 대한 기대감이 반영되어 있다.

⑤ [A]에서는 시선의 이동에 따라, [B]에서는 공간의 이동에 따라 변화하는 자연물의 모습을 보여 주고 있다.

04

외적 준거에 따라 작품을 감상하는 문제이다. 외적 준거로 제시된 <보기>에서는 반구저기의 태도를 바탕으로 (가)와 (나)의 주제를 이끌어내고 있다. 이를 바탕으로 선택지에 제시된 작품의 내용이 반구저기의 태도를 잘 드러내는지 분석하고, 인용된 구절이 가리키는 의미가 적절한지 파악해야 한다.

04

<보기>를 바탕으로 (가), (나)를 감상한 내용으로 적절하지 않은 것은?

> **보기**
>
> 어떤 상황에 문제가 있을 때, 그 이유를 자기에게서 돌이켜 찾는 것이 반구저기 (反求諸己)의 태도이다. 이 과정에서 느끼는 감정은 자신이 그 상황에 책임이 있다는 주체적 각성으로, 수동적이고 비관적인 감정이 아니라 문제를 해결하기 위해 성찰하는 능동적이고 긍정적인 감정이다. (가)의 화자는 학자로서 목표한 학문적 경지에 도달하지 못했다고 여기는 개인적 상황에서 생각에 잠기고, (나)의 글쓴이는 식민지 현실이라는 공동체의 상황에서 자신이 추구하는 삶에 대한 방향을 찾지 못하는 데에서 부끄러움을 느끼고 있다.

① (가)의 '숙원이 오래도록 풀리질 않'은 '회포'는 화자가 학문적 경지에 도달하지 못했다고 여기는 것에서 느끼는 심정이겠군.

② (가)의 '고요한 밤'에 '거문고만 둥둥' 타는 것은 화자가 주체적으로 각성하게 되는 원인이겠군.

③ (나)의 '아무런 준비도 배포치 못'해 '밝음의 초점'을 '휘잡'지 못한다는 것에서 글쓴이의 반구저기의 태도가 드러나는군.

④ (나)의 '과제를 풀지 못하여 안타까'워하는 것은 식민지 현실이라는 공동체의 상황에서 글쓴이가 느끼는 부끄러움이겠군.

⑤ (나)의 '별똥'이 '꼭 떨어져야 할 곳에 떨어져야 한다'는 것에서 자신이 추구하는 삶에 대한 방향을 찾고 싶은 글쓴이의 소망이 드러나는군.

※ 다음 글을 읽고 물음에 답하시오.

[A] 　만수 씨는 명절 앞두고 업자들한테서 들어오는 구두표 같은 **상품권**은 사양하다 못해 받아서는 자신은 가지지 않고 구두 많이 닳은 사람부터 순서대로 나눠 줬다. 그것도 평소에 사람 하나하나를 잘 지켜보지 않으면 힘든 일이었다. 그렇게 시간이 흘렀다.

　ⓐ 구내식당 아줌마들이나 여직원들 사이에서 만수 씨는 노총각에 사람 좋고 하니 인기가 하늘을 찌를 듯했다. 공장 전체 인원 육백 명 중 여자는 서른 명도 안 되는데 그중 삼 분의 일이 구내식당에 있었다.

　그런데 어느 때부터인가 여자들 사이에 이상한 소문이 났다. 만수 씨와 내가 전부터 사귀던 사이이고 둘 사이에 아기가 있는데 그 아이를 만수 씨가 키우고 있다는 식이었다. 내가 딴 남자하고 바람이 나서 아기를 버리고 떠나갔다가 그 남자한테 싫증이 나자 다시 만수 씨에게 빌붙어 피를 빨아먹고 있다는 것이었다. 소문이라는 게 원래 어처구니없는 것이지만 해도 너무한다 싶었다. ㉠ 건드리면 더 커질 것 같아서 아예 아무 말을 하지 않았다. 하지만 몇 달이 지나기도 전에 소문은 온 공장 안에서 기정사실이 되었다. 여자들 모두가 나를 질투하고 미워하게 되었다. 지옥이 따로 없었다. 내 칫솔에 새똥이 묻어 있기도 하고 면도날이 내가 조리를 담당한 냄비 속에 들어 있기도 했다. ㉡ 도저히 견딜 수가 없어 만수 씨를 찾아갔다.

　— 미안합니다. 저 때문에 오해를 받아서 많이 괴로우신 걸 잘 압니다. 제가 아무리 아니라고 해도 사람들이 의심을 더 하니까 어쩔 수가 없네요. 좀 잠잠해질 때까지 다른 데 가 계시면 어떨까요. 제 여동생이 결혼하고 나서 저 사는 동네 중학교 앞에서 ⓑ 분식집을 합니다. 거기를 좀 도와주세요. 월급은 지금보다 많이 드리라 할게요. 부탁합니다.

　만수 씨는 그렇게 말했다. ㉢ 오래도록 생각했지만 다른 도리가 없었다. 사실 나는 만수 씨를 좋아했다. 만수 씨를 처음 봤을 때부터 좋아하고 있었다.

[B] 　오빠가 그 여자를 데리고 와서 주방을 맡기라고 했을 때는 억장이 무너지는 것 같았다. 튀김, 어묵, 떡볶이 같은 아이들 주전부리 음식 파는 가게 크기라는 게 어른 세 사람만 서 있어도 꽉 차는데 어떻게 사람을 더 들이라는 것인가. 칼과 도마, 싱크대는 여자들한테는 양보할 수 없는 고유 영역 같은 것인데 하루아침에 물러나라니 말도 안 되는 소리였다. 떡볶이나 어묵에 무슨 솜씨를 부릴 일이 있는가. 어린 학생들 코 묻은 돈 받아서 월급을 주고 월세 내고 나면 남는 게 뭐가 있을 것인가. 내가 거기까지 얘기했을 때 오빠가 점퍼 안주머니에서 **적금 통장**을 꺼내 놓았다. 그동안 나온 월급을 모은 것이라며 건물 주인한테 이야기해서 가게

핵심정리

갈래
장편 소설, 세태 소설

배경
• 시간적 배경: IMF 이후 2000년대 초
• 공간적 배경: 개울리, 서울

시점
1인칭 관찰자 시점

제재
노동자의 삶

주제
산업화 과정에서 우직하게 살아온 인물이 겪게 되는 비극적인 삶의 모습

특징
① 한 인물의 삶을 중심으로 다룸.
② 1인칭 서술자가 장면마다 다른 인물로 교체됨.

해제
이 작품은 전쟁과 분단, 한국의 근대화 과정이라는 현대사의 굴곡진 여정을 살아가는 삼대의 이야기를 김만수의 삶을 중심으로 다룬 소설이다. 여러 인물이 1인칭 서술자로 번갈아 교체되고 그에 따라 수많은 삽화를 병렬적으로 나열하는 전개 방식을 통해, 특정한 사건에 무게를 두지 않고 총체적으로 상황을 전달하며 사건이 전개된다. 김만수가 고향을 떠나 서울에 와서 온갖 고난과 역경을 겪으며 힘들게 살아가는 모습은 우리 사회가 거쳐 온 분단 이후의 근대화 과정과 맞물려 그려진다. 경제 발전을 중심으로 급격하게 산업화되어 가는 과정에서 주변인으로서의 삶을 고생스럽게 살았지만, 결국 뚜렷한 보상을 받지 못하고 '투명 인간'이 되고 마는 김만수의 비극적인 모습이 생생하게 드러나 있다.

등장인물

만수	업자들에게서 들어오는 구두 상품권을 받아 구두가 많이 닳은 사람에게 나눠줌, 자신과의 헛소문으로 구내 식당에서 일하는 진주가 곤경에 빠지자, 소문이 잠잠해질 때까지 자신의 여동생이 운영하는 식당을 도울 것을 부탁할 정도로 세심하고 배려심 많은 성격임.

매부	만수 여동생의 남편으로, 가족이 경제적인 어려움 때문에 고생하는데도 공장을 되살리려는 투쟁 때문에 기사 식당 운영에 피해를 입히는 만수를 못마땅하게 생각함.

전체 줄거리

김만수의 조부는 일제의 억압을 피해 산골 깊은 곳에 숨어 살고, 김만수의 부친은 지식인이었던 아버지와 다른 삶을 살기 위해 공부 대신 농사일에 전념하며 6남매를 낳고 살아간다. 첫째 아들인 백수는 똑똑하여 서울대에 입학하지만, 학비를 마련하기 위해 베트남 전쟁에 참전했다가 병사한다. 백수의 죽음으로 실의에 빠진 가족과 형제들의 생계를 책임지게 된 둘째 아들인 만수는 공업 고등학교에 입학하여 기술을 배우고, 큰딸인 금희는 구로 공단에 취직하기 위해 가출한다. 대학생이 된 셋째 아들 석수는 공활에 참여했다가 수사 기관에 끌려가 모진 고문을 받고 그들의 수하가 된다. 서울 생활 도중 연탄가스 사고로 인해 똑똑하던 둘째 딸은 바보가 되고, 자동차 부품 회사에 취직한 만수는 바보가 된 둘째 누나를 돌보며 살아간다. 또한 만수는 종적을 감춘 석수의 아들을 맡아 키우고, 막내 여동생의 결혼 자금과 살림집을 마련해 주고 식당을 차릴 수 있게 도와준다. 만수가 다니던 회사가 부도가 나자, 만수는 회사를 살리기 위해 공장을 불법 점거하게 되고 결국 손해 배상 소송을 당해 큰 빚을 지게 된다. 만수는 새벽부터 밤 늦게까지 쉬지 않고 돈을 벌어 빚을 갚다가 '투명 인간'이 된다.

소재의 의미

적금 통장
만수의 월급을 모아 마련한 것으로, 여동생의 분식집을 기사 식당으로 키움.

↓

만수가 가족을 위해 자신이 가진 것을 나누며 희생하는 인물임을 보여 줌.

인물 간의 갈등

문제 ① – 공장을 되살리려는 투쟁

매부
• 자본가들은 이미 돈을 빼돌려 잘 살고 있을 것임. • 식당 운영에 피해를 입히면서까지 투쟁하는 것은 용납할 수 없음.

를 키워 가지고 제대로 된 식당을 해 보자고 했다. 이제까지 무슨 생각으로 아무 말도 하지 않았는지 원망스러웠고 그다지 고맙지도 않았다.

[중간 부분의 줄거리] 구내식당에서 일하던 여자의 음식 솜씨 덕분에 새로 차린 기사 식당은 자리를 잡는다. 하지만 IMF 이후 공장을 되살리려는 투쟁에 여자가 참여하면서 식당 운영에 차질이 생긴다. 이에 여동생의 남편이 만수에게 불만을 토로한다.

─아니, 형님 다니던 회사가 형님이 게으르고 일 안 해서 망한 겁니까. 망해도 그렇지, 자본가라는 놈들이 어떤 놈들인데 그놈들이 형님네처럼 아무것도 없이 나갔겠냐고요. 지금도 홍콩이나 하와이 해변 같은 데 가서 빼돌린 돈 가지고 펑펑거리면서 잘살고 있어요.

[C]   처남이 착하다는 건 인정한다. 성실하기도 했다. 그런데 방향이 틀렸다. 같이 해야 할 일은 같이 열심히 하겠지만 싸울 일은 싸워서 해결해야 하지 않는가. 또 싸울 때도 상대를 제대로 골라서 싸워야지 제 편, 제 식구에게 피해를 입혀 가며 제 살 깎아 먹기 식으로 하는 건 나부터 용납할 수 없었다. 그냥 놔두니까 처남은 계속 주절주절 말을 이어가고 있었다.

─우리 어릴 때 굶기를 밥 먹듯 하던 때를 생각해 봐. 나는 원망하는 사람이 없어. 내 팔자가 그런 걸 뭐. 또 원망해서 뭐해? 그 사람들이 잘못을 뉘우치고 제자리로 돌려놓을 것도 아니고 그럴 능력도 없고. 그 사람들이 그러고 싶어서 그러겠냐고. 부도내고 싶어 부도내는 회사가 어디 있겠어? 나는 이렇게 가난하지만 소박하게, 보통 사람 나름의 행복을 누리면서 살아가면 된다고 생각하네.

ⓔ 그런 건 내 알 바가 아니었다. 나부터 살길을 찾아야 했다.

─지금 저 주방에 있는 아줌마하고는 무슨 사이인 겁니까?

─진주 씨? 우리는 같이 싸우고 있어. 투쟁.

─뭐 때문에 투쟁하는데요? 누구를 상대로요?

─우리가 공장을 지키기 위해서 싸우다 보면 사장님이 투자자를 데리고 돌아오실 거야. 그럼 회사 주식을 담보로 가지고 있는 채권단한테 빚도 갚고 공장이 다시 돌아가는 거지. 우리는 희망이 있어. 희망 때문에 싸우는 거야.

─그런데 수민이 엄마가 저 아줌마하고 앞으로 어쩔 거냐고 자꾸 그러는데요. 계속 이렇게 살 수는 없다고.

─지금처럼 일이 있으면 투쟁 현장에 가서 밥도 해 주고 옛날 회사 사람들하고 일주일에 한 번 만나는 데 같이 가고 끝나면 여기 와서 바쁠 때 음식 제대로 하는지 감독하고 하면 되지.

─우리 식당 하루 스물네 시간 돌아가는 뎁니다. 누구는 자기 하고 싶은 대로 멋대로 일했다 말았다 하고 월급은 사장보다 더 챙겨 가고 누구는 하루 스물네 시간 꼬박 일하고 있는데……. 수민이 엄마가 무슨 죄를 졌습니까. 그런다고 형님이 돈이나

많이 주는 것도 아니고. 집도 그렇지요. 지금 애들 자꾸 크니까 교육 문제도 그렇고 집을 옮겨야 되고 하는데 돈 생기는 데는 ⓒ 기사 식당밖에 없잖습니까. 그런데 그 돈을 형님이 다 통장에 집어넣고 꼭 움켜쥐고 있다고…….

[D]
—아니, 그건 아닌데. 여기 재료비하고 인건비, 월세 제하고 나서 또 우리 공장에서 같이 투쟁하는 식구들 먹고 자고, 각자 가족이 있으니까 최소한 앞가림은 해야 하고 그러느라고 다 썼지. 우리 공장 때문에 소송도 걸려 있고 거기도 **돈**이 엄청나게 들어가서 말이지. 내가 뭘 쥐고 있겠어. 내가 장부에 다 기록해 놨어.

ⓜ 어처구니가 없었다. 아이들이 좁아터진 집 안에서 열대야가 기상 관측 이래 신기록을 내고 있는 한여름에 온몸에 땀띠가 나서 잠을 못 자고 울고 아내는 손이 불어 터지도록 설거지하고 일해서 번 돈을 엉뚱한 데 처넣어 왔다는 말이었다.

- 성석제, 〈투명 인간〉 -

↑

만수
지속적으로 투쟁을 한다면 공장이 다시 돌아갈 것이라는 기대를 품고 있음.

문제 ② – 식당 운영에 따른 수익금 배분

매부
가족들에게 더 많이 배분해야 함.

↑

만수
공장에서 같이 투쟁하는 사람들을 위해 써야 함.

01

윗글의 내용에 대한 이해로 적절하지 <u>않은</u> 것은?

① 진주가 느끼는 만수에 대한 호감은 첫 만남에서부터 시작되었다.
② 만수의 노력에도 진주에 대한 공장 사람들의 오해는 풀리지 않았다.
③ 만수는 공장이 다시 돌아갈 것이라는 기대를 품고 투쟁을 계속하였다.
④ 만수 여동생의 남편은 식당 운영에 따른 수익금 배분의 불공평함을 문제 삼았다.
⑤ 만수의 여동생은 불성실함 때문에 진주에 대한 생각이 부정적으로 바뀌게 되었다.

02

㉠~ⓜ에 대한 설명으로 가장 적절한 것은?

① ㉠: 주변 상황에 신경 쓰지 않는 '나'의 무던함을 보여 준다.
② ㉡: 질투와 괴롭힘으로 인한 '나'의 고통이 한계점에 이르렀음을 보여 준다.
③ ⓒ: 상대가 제시한 대안이 '나'가 내심 바라고 있었던 내용임을 드러낸다.
④ ⓔ: 이상적인 삶의 방식만을 고집하는 상대에 대해 빈정거리는 '나'의 태도를 드러낸다.
⑤ ⓜ: 공장에서 투쟁하는 사람들에 대한 '나'의 안타까운 심정을 드러낸다.

▌ 문제풀이 맥 ▐

01

작품의 세부 내용을 파악하는 문제이다. 윗글에 등장한 인물의 말과 행동을 중심으로 사건을 파악해야 한다. 윗글의 등장인물은 진주, 만수, 만수의 여동생, 만수 여동생의 남편이다.

02

인물의 심리를 파악하는 문제이다. 윗글은 '나'의 관점으로 서술되고 있으나, 장면마다 다른 인물로 교체되고 있으므로 각 기호에 해당하는 서술자가 누구인지 파악하는 것이 중요하다. ㉠~ⓒ은 만수와 함께 구내식당에서 일을 하던 진주의 관점, ⓔ, ⓜ은 만수 여동생의 남편의 관점이다.

03

공간의 서사적 기능을 파악하는 문제이다. 지문에 제시된 세 공간에서 벌어지는 사건을 비교하고, 이로 인한 인물들의 갈등이 어떻게 전개되는지 파악해야 한다.

구내식당	진주가 만수와의 소문으로 인해 여직원들에게 미움을 받게 됨.
분식집	만수 여동생이 운영하는 가게로, 만수가 진주에게 소문이 잠잠해질 때까지 일을 도와달라 부탁함.
기사 식당	만수의 적금 통장으로 분식집을 운영하던 여동생이 새로 운영하게 된 곳으로, 만수와 만수 여동생의 남편 간의 갈등이 일어남.

04

외적 준거를 활용하여 작품을 감상하는 문제이다. <보기>에 따르면 윗글은 주인공인 '만수'가 자신의 희생 때문에 결국 투명 인간이 되고, 이로 인해 주변 인물들이 작품의 서술자로 등장하면서 다양한 관점에서 주인공을 이해할 수 있게 한다. 이를 바탕으로 [A]~[D]에서 나타난 주인공의 면모를 중점적으로 파악해야 한다.

03

ⓐ~ⓒ를 이해한 내용으로 가장 적절한 것은?

① ⓐ에서 조성된 인물 간의 긴장감은 ⓑ에서 심화된다.

② ⓐ로 인한 인물 간 유대감은 ⓒ에서 반감된다.

③ ⓑ에서의 인물과 사회와의 갈등이 ⓒ에서 인물 간의 갈등으로 전환된다.

④ ⓐ, ⓒ에서는 특정 인물이 갈등 해결의 실마리를 제공한다.

⑤ ⓑ, ⓒ와 관련된 갈등은 특정 인물이 타인을 대하는 태도가 원인으로 작용한다.

04

<보기>를 참고하여 윗글을 감상한 내용으로 적절하지 <u>않은</u> 것은?

> **보기**
>
> 〈투명 인간〉은 선량한 주인공이 근현대사를 관통하면서 물질 만능의 한국 사회로부터 어떻게 소외되어 가는지를 그린 장편 소설이다. 특히 주인공은 가족과 동료를 위해 자신의 것을 나누며 희생하다 결국 '투명 인간'이 된다. '투명 인간'이 된 주인공 대신 주변인들이 서술자로 등장하면서 주인공에 관한 이야기를 풀어낸다. 이런 서술 방식은 주인공에 관한 다양한 정보를 제공하고 이 정보들을 통해 주인공의 삶을 다각도에서 조명한다. 이를 통해 주인공을 입체적으로 드러낸다.

① [A]의 '상품권'을 동료들에게 나눠 주는 모습을 통해 주인공의 선량한 성품을 확인할 수 있겠군.

② [B]의 '적금 통장'을 통해 물질 만능의 한국 사회로부터 주인공이 소외당하고 있는 현실을 확인할 수 있겠군.

③ [D]의 '돈'의 사용처를 통해 주변인들을 위해 자신의 것을 나누며 희생하는 주인공의 면모를 확인할 수 있겠군.

④ [A], [B]에서 주인공을 지칭하는 표현을 통해 주변인들이 서술자로 등장하고 있음을 확인할 수 있겠군.

⑤ [B], [C]에서 주변인들이 제공한 정보를 통해 주인공의 삶을 다각도에서 조명하고 있음을 확인할 수 있겠군.

Day	공부 시작 시간	공부 종료 시간	틀린 문항 수	틀린 유형
Day 1	시 분 초	시 분 초		
Day 2	시 분 초	시 분 초		
Day 3	시 분 초	시 분 초		
Day 4	시 분 초	시 분 초		
Day 5	시 분 초	시 분 초		
Day 6	시 분 초	시 분 초		

1 일별로 계획에 맞춰 공부하기

하루에 기출 하나씩 매일 꾸준히 공부하는 것이 최선의 방법이다.

2 시작 시간과 종료 시간 체크하기

스스로 시간 제한을 두고 문제를 푸는 것이 실전 대비에 효과적이다.

3 틀린 문항과 유형 분석하기

틀린 문제는 또 틀릴 수 있다. 특정 문항과 유형에서 많이 틀렸다면, 그 이유를 분석해야 한다.

4 보충 학습하기

스스로 점검하기를 통해 자신의 취약한 유형을 확인하고, SLS를 통해 부족한 부분을 보충 학습한다.

	Day 1						Day 2						Day 3					
번호	1	2	3	4	5	6	1	2	3	4	5	6	1	2	3	4	5	6
정답률	77%	72%	86%				72%	60%	83%	90%	84%		54%	76%	59%	45%		
채점																		

	Day 4						Day 5						Day 6					
번호	1	2	3	4	5	6	1	2	3	4	5	6	1	2	3	4	5	6
정답률	70%	55%	74%	68%	89%		72%	62%	69%	73%			72%	78%	54%	63%		
채점																		

결과	틀린 문항에는 ✕ 표시, 찍어서 막혔거나 헷갈렸던 문항에는 △ 표시, 맞춘 문항에는 ○ 표시 채점 결과 : 맞은 문항 수 25개중 ☐ 개

나의 예상 등급은?

등급

1등급	22~25개
2등급	20~21개
3등급	18~19개

CHECK

핵심정리

가

갈래

대화

제재

요약 콘텐츠

화제

요약 콘텐츠에 대한 비평문에 들어갈 내용

대화 중심 내용

요약 콘텐츠 시청 이유	
학생 3	원작을 요약하고 의미를 해석해 줌으로써 원작을 빠르고 쉽게 이해할 수 있음. ↓ • 제재와 관련된 자신의 경험을 공유 • 댓글의 반응을 언급
학생 2	대중문화 콘텐츠 시장이 성장하면서 엄청난 양의 작품이 쏟아지고 있는 상황에서 요약 콘텐츠를 시청하면 많은 작품을 빠르게 접할 수 있음. ↓ • 제재와 관련된 기사 내용을 언급

요약 콘텐츠 시청의 문제점	
학생 2	인물의 대사가 생략되고 배경 음악을 들을 수 없음. ↓ • 제재와 관련된 자신의 경험을 공유
학생 3	원작을 요약하고 해석하는 과정에서 원작 내용을 과장하고 비약하여 원작의 메시지가 왜곡됨. ↓ • 제재와 관련된 자신의 경험을 공유

↓

논의 결과	
학생 1	요약 콘텐츠만 시청하는 것에 대한 부정적 관점으로 비평문을 작성할 것을 제안

※ (가)는 교지 편집부 학생들이 나눈 대화이고, (나)는 이를 바탕으로 작성한 비평문의 초고이다. 물음에 답하시오.

가

학생 1: 우리가 요약 콘텐츠에 대한 비평문을 어떻게 쓸지 논의하기 위해 모였잖아. 먼저 조사한 내용부터 얘기해 보자.

학생 2: 요약 콘텐츠는 도서, 영화, 드라마와 같은 작품을 요약하거나 재가공해서 만든 영상물을 의미해. 최근 동영상 플랫폼에서 엄청난 인기를 끌고 있어.

학생 3: 맞아. 주변 친구들이 '○○시리즈 영화 5분 요약!' 같은 영상을 많이 시청하더라고. 나도 유명한 책을 요약한 영상을 시청해 보았는데, 원작을 요약하고 의미를 해석해 주는 콘텐츠였어. ⌐

학생 2: 단순히 요약만 하는 게 아니라 요약 콘텐츠 제작자의 해석을 덧붙이는 요약 콘텐츠가 있어? [A]

학생 3: 응, 그런 것도 있어. 그 책은 500쪽이 넘는 분량인데 영상은 10분밖에 안 되더라고. 댓글을 보니 영상만 보고도 어려운 원작을 빠르고 쉽게 이해할 수 있어서 좋다는 반응이 많았어. ⌐

학생 1: 아, 어려운 원작을 빠르고 쉽게 이해할 수 있으니까 요약 콘텐츠를 시청하는 것이겠구나. 그렇지?

학생 2: 맞아. 내가 본 기사에서도 요약 콘텐츠를 시청하는 가장 큰 이유가 효율성이라고 했어. 또 요약 콘텐츠의 인기 배경이 대중문화 콘텐츠 시장의 성장이라고 하더라.

학생 1: 대중문화 콘텐츠 시장의 성장이 요약 콘텐츠의 인기 현상과 어떤 연관이 있는 건지 잘 이해되지 않는데, 좀 더 구체적으로 설명해 줄래?

학생 2: 최근 대중문화 콘텐츠 시장이 성장하면서 엄청난 양의 작품이 쏟아지고 있어. 이런 상황에서 요약 콘텐츠를 시청하면 많은 작품을 빠르게 접할 수 있으니까 인기가 있다는 거야.

학생 1: 그렇구나. 지금까지 요약 콘텐츠 시청을 긍정적으로 바라보는 관점을 이야기했는데, 요약 콘텐츠를 시청하는 것의 문제는 없을까?

학생 2: 나는 내가 좋아하는 영화를 요약한 콘텐츠를 시청해 보았는데, 인물의 대사도 생략되고 배경 음악도 들을 수 없어서 아쉬웠어. 그 영화의 대사랑 배경 음악이 아름다워서 감동을 느꼈었거든.

학생 3: 내가 시청한 요약 콘텐츠는 원작을 요약하고 해석하는 과정에서 원작 내용을 과장하고 비약하는 것이 문제였어. ⌐ [B]

학생 2: 그건 요약 콘텐츠 제작자의 해석의 자유라고 봐야 하지 않을까?

학생 3: 요약 콘텐츠 제작자에게 해석의 자유가 있다는 건 맞아. 하지만 그 해석의 자유 때문에 원작의 메시지가 왜곡된다는 게 문제야. 또 이렇게 원작의 메시지가 왜곡된 요약 콘텐츠를 시청하고 그 해석을 원작에 대한 유일한 해석이라고 생각하는 것이 정말 문제라고 생각해.

학생 2: 아, 그런 부분은 생각하지 못했어. 우리 학교 학생들도 요약 콘텐츠를 많이 시청하니까, 이런 문제점에 대해 생각해 보아야 하지 않을까?

학생 1: 네 말이 맞아. 그럼 요약 콘텐츠만 시청하는 것에 대해 부정적 관점으로 비평문을 써 보는 거 어때?

학생 2, 3: 좋은 생각이야.

학생 1: 그래, 그럼 내가 초고를 작성해 볼게. 모두 고마워.

나

❶ 최근 동영상 플랫폼에서 800만 회가 넘는 조회 수를 달성한 '○○ 시리즈 영화 5분 요약!'과 같은 콘텐츠를 시청한 적이 있는가? 이렇게 도서, 영화, 드라마와 같은 작품을 요약하거나 재가공해서 영상물로 만든 '요약 콘텐츠'가 최근 엄청난 인기를 끌고 있다.

❷ 요약 콘텐츠의 댓글에 따르면, 요약 콘텐츠 시청을 긍정적으로 생각하는 사람들은 요약 콘텐츠 시청이 효율적인 작품 감상 방법이라고 말한다. 즉 시간과 노력을 적게 들여 원작을 이해할 수 있다는 것이다. 또한 대중문화 콘텐츠 시장의 성장으로 드라마나 영화가 많이 제작되고 있는데, 요약 콘텐츠 시청을 통해 많은 작품을 빠르게 접할 수 있다는 것이 장점으로 꼽히고 있다.

❸ 하지만 요약 콘텐츠만 시청하는 것은 바람직한 작품 감상 방법이 아니다. 먼저 원작이 전하는 감동을 온전히 느낄 수 없다. 원작의 감동은 줄거리뿐만 아니라 다양한 구성 요소를 통해 전해지는데, 요약 콘텐츠를 통해서는 이러한 구성 요소를 확인할 수 없기 때문이다. 또 원작의 메시지가 왜곡될 수 있다. 원작을 요약하고 해석하는 과정에서 원작 내용을 과장하거나 비약하는 일이 많기 때문이다. 원작을 감상하지 않는다면 요약 콘텐츠의 해석이 원작에 대한 유일한 해석이라고 생각할 수 있다는 것이 심각한 문제이다.

❹ 물론 당장은 요약 콘텐츠 시청을 통해 얻을 수 있는 효율이 크다고 생각할 수 있다. 하지만 우리는 많은 작품을 빠르게 접하기 위해서 작품을 감상하는 것이 아니다. 작품을 감상하는 본질적인 이유는 작품 감상 과정에서 다른 사람의 삶을 간접 경험하거나 장면 및 구절의 의미, 창작자의 의도를 고민하고 자신만의 해석을 내리기 위해서이다. 요약 콘텐츠만 시청하는 것은 이러한 본질을 놓치는 행위이다.

❺ 대중문화 평론가 안△△는 원작을 감상하는 과정에서 주체적으로 사고하는 힘이 길러지는데, 요약 콘텐츠만 계속 시청하면 비판적인 사고 능력이 저하될 수 있다고

나

갈래

비평문

제재

요약 콘텐츠 시청

주제

요약 콘텐츠만 시청하는 것의 문제점

문단 중심 내용

❶ 최근 인기를 얻고 있는 요약 콘텐츠
❷ 요약 콘텐츠 시청의 장점
❸ 요약 콘텐츠만 시청하는 것의 문제점
❹ 요약 콘텐츠를 긍정적으로 바라보는 관점에 대한 반박
❺ 작품을 감상하는 올바른 방법 제시

요약 콘텐츠 시청을 긍정적으로 바라보는 견해와 이에 대한 반박

긍정적으로 바라보는 입장

① 시간과 노력을 적게 들여 원작을 이해할 수 있으므로 효율적임.
② 많은 작품을 빠르게 접할 수 있음.

↓ 반박

요약 콘텐츠만 시청하는 것은 바람직한 작품 감상 방법이 아님.

① 원작이 전하는 감동을 온전히 느낄 수 없음.
② 원작의 메시지가 왜곡될 수 있음.
③ 요약 콘텐츠만 시청하는 것은 작품 감상의 본질을 놓치는 행위임.
④ 비판적인 사고 능력이 저하될 수 있음.

WEEK 8

지적한다. 이처럼 요약 콘텐츠만 시청하는 것은 작은 것을 탐하다 큰 것을 놓치는 격이다. 작품을 감상하는 본질적인 이유를 생각해 보고, 원작을 감상하려는 노력이 필요하다.

■ 문제풀이 맥 ■

01

사회자의 말하기 방식을 파악하는 문제이다. (가)의 대화는 토론처럼 형식적으로 규정되어 있지 않지만, '학생 1'이 대화를 진행하며 토론과 토의에서의 사회자와 같은 역할을 하고 있다. 선택지에 제시된 내용이 '학생 1'의 발화에 나타나는지를 확인하며 문제를 해결해야 한다.

01

(가)의 '학생 1'에 대한 설명으로 적절하지 <u>않은</u> 것은?

① 대화 참여자의 의견에 동의하고 그 이유를 설명하고 있다.

② 대화 목적을 제시하고 대화 참여자의 발언을 유도하고 있다.

③ 대화 중간에 대화 내용을 정리하고 대화의 흐름을 전환하고 있다.

④ 대화 참여자의 발언을 일부 재진술하고 자신의 이해 여부를 점검하고 있다.

⑤ 대화 참여자의 발언 중 이해되지 않는 부분을 언급하고 추가 설명을 요청하고 있다.

02

대화 참여자의 말하기 방식을 파악하는 문제이다. 이 문제에서는 [A]와 [B]로 대화를 한정하고 있기 때문에 해당 부분의 대화 맥락을 꼼꼼하게 살펴봐야 한다. [A]와 [B]는 '학생 2'와 '학생 3'의 대화로, [A]에서 '학생 2'가 '학생 3'의 발화에 대해 의문을 제기하자, '학생 3'은 자신이 시청한 요약 콘텐츠의 댓글 반응을 언급하며 의문점을 해소하고 있다. [B]에서는 자신의 경험을 근거로 요약 콘텐츠의 문제점을 제시한 '학생 3'의 의견에 '학생 2'가 반박하자, '학생 3'은 '학생 2'의 의견에 일부 동의한 후, 해당 근거를 보충하여 설명하고 있다.

02

[A], [B]에 대한 설명으로 가장 적절한 것은?

① [A]에서 '학생 2'는 '학생 3'의 발화 내용을 요약한 후 생소한 용어에 대한 설명을 요청하고 있다.

② [A]에서 '학생 3'은 '학생 2'의 의문을 해결하며 자신의 의견에 대한 '학생 2'의 의견을 확인하고 있다.

③ [B]에서 '학생 3'은 '학생 2'의 발화 내용에 동의한 후 추가로 생각해 볼 만한 점을 제시하고 있다.

④ [B]에서 '학생 2'는 '학생 3'의 발화 내용을 비판하고 '학생 3'이 제시한 의견의 한계를 지적하고 있다.

⑤ [A]와 [B] 모두에서 '학생 2'는 '학생 3'의 발화 내용에 이의를 제기하고 잘못된 점을 바로잡고 있다.

03

'학생 1'이 (가)를 바탕으로 <보기>의 내용 전개에 따라 (나)를 작성했다고 할 때, 적절하지 않은 것은?

보기

┌───┐
│ ┌─────────────┐   ┌─────────────┐   ┌─────────────┐   │
│ │ ㉠ 현안에 대한 │ ───▶ │ ㉡ 필자가 선택하지 않은 │ ───▶ │ ㉢ 필자가 선택한 관점의 │   │
│ │   관심 유도   │   │ 관점의 주장 제시 │   │ 주장과 뒷받침 근거 제시 │   │
│ └─────────────┘   └─────────────┘   └─────────────┘   │
│   │
│   ┌─────────────┐   ┌─────────────┐   │
│ ───▶   │ ㉣ 필자가 선택하지 않은 │ ───▶ │ ㉤ 필자가 선택한 관점의 │   │
│   │ 관점의 주장 반박 │   │   주장 강조   │   │
│   └─────────────┘   └─────────────┘   │
└───┘

① ㉠: (가)에서 언급된 요약 콘텐츠의 인기에 대해 구체적인 수치를 제시하여 요약 콘텐츠와 관련된 현안에 대한 관심을 유도하고 있다.

② ㉡: (가)에서 언급된 요약 콘텐츠의 댓글 내용을 바탕으로 요약 콘텐츠 시청을 긍정적으로 바라보는 관점의 주장을 제시하고 있다.

③ ㉢: (가)에서 언급된 요약 콘텐츠 시청의 문제점을 반영하여 요약 콘텐츠 시청이 바람직한 작품 감상 방법이 아니라는 주장을 뒷받침하고 있다.

④ ㉣: (가)에서 언급되지 않은 사례를 추가하여 요약 콘텐츠 시청을 긍정적으로 바라보는 관점의 주장을 반박하고 있다.

⑤ ㉤: (가)에서 언급되지 않은 전문가의 견해를 인용하여 지속적으로 요약 콘텐츠만 시청하는 것은 문제가 된다는 주장을 강조하고 있다.

04

<조건>을 반영하여 (나)의 제목을 작성한 것으로 가장 적절한 것은?

조건

◦ (나)의 마지막 문단과 관련한 글쓴이의 문제의식을 드러낼 것.
◦ 부제에서 대구와 비유적 표현을 모두 활용할 것.

① 요약 콘텐츠, 5분 요약의 허점
 - 겉으로는 번지르르, 알고 보면 속 빈 강정

② 쉽게 얻으려다 본질을 놓치는 요약 콘텐츠 시청
 - 오늘은 시간 아끼려는 지름길, 내일은 사고력 잃는 고생길

③ 요약 콘텐츠, 제작자의 시선으로 원작을 재해석하다
 - 해석의 자유인가 원작의 왜곡인가

④ 요약 콘텐츠 시청, 떠먹여 주기식 작품 감상의 한계
 - 쉽고 빠르게 먹으려다 체할 수도 있다면

⑤ 대중문화 콘텐츠 시장에 불어온 새바람, 요약 콘텐츠
 - 요약 콘텐츠의 인기 요인을 분석하다

2 Day 언어

언어 고1 2022년 6월

핵심정리

특정 음운 환경에서 예외 없이 된소리되기가 일어나는 경우

조건	받침 'ㄱ, ㄷ, ㅂ' + 'ㄱ, ㄷ, ㅂ, ㅅ, ㅈ'
예시	'국밥' → [국빱]

음운 환경이 같더라도 된소리되기가 일정하지 않은 경우

조건	용언의 어간 받침 'ㄴ(ㄵ), ㅁ(ㄻ)' + 'ㄱ, ㄷ, ㅅ, ㅈ'으로 시작하는 어미
예시	'나는 신발을 신고 갔다.' '신고' → [신꼬]

조건	한자어에서 'ㄹ' 받침 + 'ㄷ, ㅅ, ㅈ'
예시	물질(物質) → [물찔]

조건	관형사형 어미 '-(으)ㄹ' + 'ㄱ, ㄷ, ㅂ, ㅅ, ㅈ'으로 시작하는 체언
예시	'살 것' → [살 껏]

합성 명사가 될 때 된소리되기가 일어나는 경우

조건	앞말이 뒷말의 '시간, 장소, 용도'를 나타낼 때
예시	• '코+등' → [코뜽/콛뜽] • '손+바닥' → [손빠닥]
특징	• 중세 국어의 관형격 조사 'ㅅ'의 영향 → '손+ㅅ+바당' 즉, '손의 바닥'으로 분석 • 앞의 말이 모음으로 끝나고, 한자어끼리의 결합이 아닐 때는 사이시옷을 표기함.

※ [01~02] 다음 글을 읽고 물음에 답하시오.

우리말에는 다양한 유형의 된소리되기가 존재하는데, 우선 특정 음운 환경에서 예외 없이 일어나는 경우가 있다. 받침 'ㄱ, ㄷ, ㅂ' 뒤에 'ㄱ, ㄷ, ㅂ, ㅅ, ㅈ'이 올 때에는 예외 없이 된소리되기가 일어난다. '국밥'이 [국빱]으로, '(길을) 걷다'가 [걷따]로 발음되는 것이 그 예이다.

음운 환경이 같더라도 된소리되기가 일정하지 않은 경우가 있는데, 이때에는 다른 조건이 충족될 때 된소리되기가 일어난다. 첫째, 용언의 어간 받침 'ㄴ(ㄵ), ㅁ(ㄻ)' 뒤에 'ㄱ, ㄷ, ㅅ, ㅈ'으로 시작하는 어미가 올 때 된소리되기가 일어나는데, '나는 신발을 신고 갔다.'에서 '신고'가 [신꼬]로 발음되는 것이 그 예이다. '습득물 신고'의 '신고'는 음운 환경이 같음에도 불구하고 용언이 아니기 때문에 된소리되기가 일어나지 않는다. 둘째, 한자어에서 'ㄹ' 받침 뒤에 'ㄷ, ㅅ, ㅈ'이 연결될 때 된소리되기가 일어나는데, '물질(物質)'이 [물찔]로 발음되는 것이 그 예이다. '물잠자리'는 음운 환경이 같음에도 불구하고 고유어이기 때문에 된소리되기가 일어나지 않는다. 셋째, 관형사형 어미 '-(으)ㄹ' 뒤에 'ㄱ, ㄷ, ㅂ, ㅅ, ㅈ'으로 시작하는 체언이 올 때 된소리되기가 일어나는데, '살 것'이 [살 껏]으로 발음되는 것이 그 예이다. 이러한 유형의 된소리되기는 음운 환경 외에도 '용언의 어간', '한자어', '관형사형 어미'라는 조건이 충족되어야 음운 변동이 일어난다는 특징이 있다.

[A] 한편, 명사와 명사가 결합하여 합성 명사가 될 때 된소리되기가 일어나는 경우도 있다. 예를 들어 '코+등'은 [코뜽/콛뜽]으로, '손+바닥'은 [손빠닥]으로 발음된다. 이때 '코+등'처럼 앞의 말이 모음으로 끝나고, 한자어끼리의 결합이 아닐 때에는 '콧등'과 같이 사이시옷을 표기한다. 이러한 된소리되기는 두 단어가 대등한 관계일 때는 잘 일어나지 않지만, 앞말이 뒷말의 '시간, 장소, 용도' 등을 나타낼 때는 잘 일어난다. 그 이유는 중세 국어의 관형격 조사 'ㅅ'과 관련이 있다. '손바닥'은 중세 국어에서 '솑바당'으로 표기가 되는데, 이는 '손+ㅅ+바당' 즉, '손의 바닥'으로 분석된다. 이 'ㅅ'의 흔적이 '손빠닥'을 거쳐 [손빠닥]이라는 발음으로 남게 된 것이다. 음운 환경이 같은 '손발'에서는 이러한 현상이 일어나지 않는데, 그 이유는 '손'과 '발'은 관형격 조사로 연결되는 관계가 아니기 때문이다.

01

윗글을 바탕으로 '된소리되기'를 이해한 내용으로 적절하지 않은 것은?

① '(밥을) 먹다'와 '(눈을) 감다'에서 일어난 된소리되기는 용언에서만 일어나는 유형이다.

② '말다툼'과 달리 '밀도(密度)'에서 된소리되기가 일어나는 이유는 한자어이기 때문이다.

③ '납득'과 같이 'ㅂ' 받침 뒤에 'ㄷ'이 오는 음운 환경에서는 예외 없이 된소리되기가 일어난다.

④ '솔개'와 달리 '줄 것'에서 된소리되기가 일어나는 이유는 '관형사형 어미'라는 조건 때문이다.

⑤ '삶과 죽음'의 '삶과'와 달리 '(고기를) 삶고'에서 된소리되기가 일어나는 이유는 '삶고'가 용언이기 때문이다.

01

음운 변동을 이해하는 문제이다. 된소리되기는 특정 음운 환경에서 예외 없이 된소리되기가 발생하기도 하고, 음운 환경이 같더라도 조건을 충족해야만 된소리되기가 발생하는 경우가 있다.

예외 없이 발생	받침 'ㄱ, ㄷ, ㅂ' + 'ㄱ, ㄷ, ㅂ, ㅅ, ㅈ'
조건이 충족 되어야 발생	용언의 어간 받침 'ㄴ(ㄵ), ㅁ(ㄻ)' + 'ㄱ, ㄷ, ㅅ, ㅈ'로 시작하는 어미
	한자어 'ㄹ' 받침 + 'ㄷ, ㅅ, ㅈ'
	관형사형 어미 '-(으)ㄹ' + 'ㄱ, ㄷ, ㅂ, ㅅ, ㅈ'로 시작하는 체언

제시된 단어를 소리 내어 읽을 때 된소리로 발음되는지, 된소리로 발음이 된다면 어떠한 이유로 된소리가 발생하는지 파악해야 한다.

02

[A]를 바탕으로 <보기>의 단어를 분석한 내용으로 적절하지 않은 것은?

> **보기**
>
> ◦ 공부방(工夫房)[공부빵]
> ◦ 아랫집[아래찝/아랟찝]
> ◦ 콩밥[콩밥], 아침밥[아침빱]
> ◦ 논밭[논받], 논바닥[논빠닥]
> ◦ 불고기[불고기], 물고기[물꼬기]

① '공부방'에서 된소리되기가 일어나는 이유는 '공부'가 뒷말의 용도를 나타내기 때문이겠군.

② '아랫집'에 'ㅅ'을 받침으로 표기한 것은 '콧등'에서 사이시옷을 표기한 것과 같은 이유 때문이겠군.

③ '콩밥'과 달리 '아침밥'에서 된소리되기가 일어나는 이유는 '아침'이 뒷말의 시간을 나타내기 때문이겠군.

④ '논바닥'과 달리 '논밭'에서 된소리되기가 일어나지 않는 이유는 결합하는 두 단어가 대등한 관계를 가지기 때문이겠군.

⑤ '불고기'에서 '물고기'와 달리 된소리되기가 일어나지 않는 이유는 중세 국어에서 '불+ㅅ+고기'로 분석되기 때문이겠군.

02

합성어를 분석하는 문제이다. [A]는 명사와 명사가 결합하여 합성 명사가 될 때 된소리되기가 일어나는 경우를 설명하고 있다. 합성 명사에서 앞말이 뒷말의 '시간, 장소, 용도' 등을 나타낼 때 뒷말의 첫소리가 된소리로 발음되는 경우가 있다. 이는 중세 국어의 관형격 조사 'ㅅ'의 영향으로, 합성 명사에서 앞의 말이 모음으로 끝나고, 한자어끼리의 결합이 아닐 때 사이시옷을 표기해주는 것을 통해 관형격 조사 'ㅅ'의 흔적을 살펴볼 수 있다.

형태소를 이해하는 문제이다. 형태소는 뜻을 가진 가장 작은 말의 단위이다. 이는 곧 더 쪼개면 뜻을 잃어버린다는 것을 말한다. 예를 들어, '고구마'는 더 이상 쪼갤 수 없는 최소의 의미 단위이므로 형태소에 해당하지만, '책가방'은 '책'과 '가방'으로 쪼갤 경우 그 각각의 의미가 살아 있을 뿐만 아니라 그 의미가 '책가방'의 의미와 관련이 있기 때문에 '책가방'은 형태소로 볼 수 없다. 그런데 '뜻을 가진 가장 작은 말'은 어휘적인 것뿐 아니라 문법적인 역할도 포함한다는 것을 유의해야 한다. 예를 들어, '뛰어라'를 '뛰-'와 '-어라'로 쪼갰을 때 '뛰-'는 '뛰다'의 의미를 가지고 있으며, '-어라' 역시 명령어를 만들어 주는 역할을 하고 있기 때문에 '뛰-'와 '-어라'는 각각의 형태소로 분류할 수 있다.

03

<보기>의 설명을 참고할 때, ㉠을 분석한 내용으로 적절하지 않은 것은?

> **보기**
>
> 형태소란 뜻을 가진 가장 작은 말의 단위이다. 가장 작은 말의 단위라는 것은 더 이상 나눌 수 없으며, 더 나눌 경우 원래의 뜻이 사라지는 것을 말한다.
>
> ㉠ 우리 아기만 맨발로 잔디밭에서 놀았다.

① '우리'는 '우'와 '리'로 나누면 뜻이 사라지므로 하나의 형태소이다.
② '아기만'은 '아기'와 '만'으로 나눌 수 있으므로 두 개의 형태소이다.
③ '맨발'은 '맨-'과 '발'로 나눌 수 있으므로 두 개의 형태소이다.
④ '잔디밭'은 '잔디'와 '밭'으로 나눌 수 있으므로 두 개의 형태소이다.
⑤ '놀았다'는 '놀았-'과 '-다'로 나눌 수 있으므로 두 개의 형태소이다.

안은문장을 이해하는 문제이다. 안은문장은 안긴문장을 포함하는 문장으로, 안긴문장은 다른 문장 속에 들어가 하나의 성분처럼 쓰이는 문장을 말한다. 안긴문장은 문법 단위로는 '절'에 해당하며 크게 명사절, 관형절, 부사절, 서술절, 인용절로 나뉜다.

명사절	절 전체가 명사처럼 쓰이며 주어, 목적어, 보어, 부사어의 기능을 한다.
관형절	절 전체가 관형어의 기능을 하며 체언 앞에 위치하여 체언을 수식한다.
부사절	절 전체가 부사어의 기능을 하며 서술어를 수식한다.
서술절	절 전체가 서술어의 기능을 한다.
인용절	화자의 생각 혹은 느낌이나 다른 사람의 말을 인용한 것이 절의 형식으로 안기는 경우를 말한다.

04

<보기>의 설명을 참고하여 ⓐ~ⓒ의 밑줄 친 안긴문장에 대해 이해한 것으로 적절한 것은?

> **보기**
>
> 다른 문장 속에 들어가 하나의 문장 성분처럼 쓰이는 문장을 안긴문장이라고 하며, 이 안긴문장을 포함하는 문장을 안은문장이라고 한다.
>
> ⓐ 그가 <u>소리도 없이</u> 밖으로 나갔다.
> ⓑ 나는 <u>그가 이 사건의 범인임</u>을 깨달았다.
> ⓒ 어머니께서 <u>시장에서 산</u> 수박은 매우 달았다.

① ⓐ의 안긴문장에는 주어가 생략되어 있다.
② ⓑ의 안긴문장은 조사와 결합하여 부사어의 기능을 한다.
③ ⓒ의 안긴문장에는 체언을 수식하는 관형어가 있다.
④ ⓐ의 안긴문장은 용언을 수식하고, ⓒ의 안긴문장은 체언을 수식한다.
⑤ ⓑ의 안긴문장에는 목적어가 있고, ⓒ의 안긴문장에는 목적어가 생략되어 있다.

05

<보기>는 '사전 활용하기' 학습 활동을 위한 자료이다. 이에 대해 탐구한 내용으로 적절하지 않은 것은?

보기

묻다² 통 [묻고, 묻어, 묻으니]

① 【…에 …을】 물건을 흙이나 다른 물건 속에 넣어 보이지 않게 쌓아 덮다.
¶ 화단에 거름을 묻어 주다.

② 【…에 …을】/【…을 …으로】 일을 드러내지 아니하고 속 깊이 숨기어 감추다.
¶ 그는 자신이 한 일을 과거의 일로 묻어 두고 싶어 했다.

③ 【…에 …을】/【…을 …으로】 얼굴을 수그려 손으로 감싸거나 다른 물체에 가리듯 기대다.
¶ 나는 베개에 얼굴을 묻었다.

묻다³ 통 [묻고, 물어, 물으니]
【…에/에게 …을】 무엇을 밝히거나 알아내기 위하여 상대편의 대답이나 설명을 요구하는 내용으로 말하다.
¶ 모르는 문제를 친구에게 물었다.

① '묻다²'는 목적어와 부사어를 필수적으로 요구하는 동사로군.
② '묻다²'와 '묻다³'은 별개의 표제어로 기술된 것을 보니 동음이의어겠군.
③ '묻다²-①'의 용례로 '아우는 형의 말을 비밀로 묻어 두었다.'를 추가할 수 있겠군.
④ '묻다²'와 '묻다³'은 모음으로 시작하는 어미가 결합할 때 활용 형태가 서로 다르게 나타나는군.
⑤ '묻다³'의 용례에서 '물었다'는 '질문했다'로 바꾸어 쓸 수 있겠군.

05
사전을 활용하는 문제이다. 사전에서 다의어는 한 표제어에 여러 뜻을 구분하며, 동음이의어는 단어에 따라 어깨번호를 달리하여 제시한다. 또한, 기호 '【 】'를 활용하여 해당 동사가 어떤 문장 성분을 필요로 하는지 알 수 있다.

핵심정리

문단 중심 내용

❶ 채권과 물권의 차이
❷ 주택임대차보호법의 목적과 특징
❸ 우선변제권과 최우선변제권의 목적과 특징
❹ 임차권등기명령 제도의 목적과 특징

전세권과 등기

전세권	보증금을 지급하고 부동산을 약정 기간 동안 이용한 후 부동산을 반환하고 보증금을 돌려받는 권리
전세권의 특징	• 임차권과 내용이 같지만 물권임. • 전세권을 설정하면 임대차 내용이 등기부에 기재됨. • 설정하기 위해 임대인의 동의가 필요함.
등기	부동산에 관한 물권의 권리관계를 등기부에 기재하여 공시함으로써 제삼자가 해당 내용을 알 수 있도록 하는 제도

주택임대차보호법

목적	임차인의 지위를 보호하여 국민 주거 생활 안정
기능	임차인이 일정한 요건을 갖춤. → 임차권에 물권적 효력을 부여함. → 임차인의 지위를 강화함.
요건	• 임차인이 주택을 인도받는 것 • 전입 신고를 마치는 것
특징	요건만 갖추면 효력이 발생하고 임대인의 동의가 필요하지 않음. → 임차인을 효과적으로 보호

우선변제권

목적	임차인 보호
기능	임차인은 자신의 우선변제권 성립보다 뒤에 설정된 물권에 우선하여 보증금을 변제받을 수 있음.
특징	대항력과 확정일자가 모두 갖추어진 날부터 효력 발생

※ 다음 글을 읽고 물음에 답하시오.

❶ 주택 임대차는 임차인이 주택의 소유자인 임대인에게 보증금을 지급하고 합의한 기간 동안 목적물인 주택을 사용한 후, 기간이 만료되면 보증금을 반환받는 계약이다. 임대차를 체결하여 임차인에게 발생하는 권리인 ㉠ 임차권은 채권에 해당한다. 채권을 가진 사람은 원칙적으로 특정한 채무자에 대해서만 일정한 행위를 요구할 수 있고, 제삼자에게는 권리를 주장할 수 없다. 반면에 소유권이나 저당권, 전세권 등 물건에 대한 지배권이라 할 수 있는 물권은 누구에게나 주장할 수 있는 권리이다. 따라서 물권은 일반적으로 채권에 우선하는 효력이 인정되며, 같은 물권들 사이에서는 선순위 물권이 후순위보다 우선한다. 그래서 임차인은 계약을 맺은 임대인에 대해서만 임차권을 주장할 수 있고, 매매 등으로 주택의 소유권이 변경되면 새로운 소유자에게는 임차권을 주장하지 못할 수 있다.

❷ 이 문제를 해결하기 위한 방법으로 민법에는 ㉡ 전세권이 있다. 이는 보증금을 지급하고 부동산을 약정 기간 동안 이용한 후 부동산을 반환하고 보증금을 돌려받는 권리로, 임차권과 내용이 같지만 물권이라는 점에서 차이가 있다. 임차한 주택에 전세권을 설정하면 임대차 내용이 등기부에 기재된다. 등기는 부동산에 관한 물권의 권리관계를 등기부에 기재하여 공시함으로써 제삼자가 해당 내용을 알 수 있도록 하는 제도이다. 전세권을 설정하기 위해서는 임대인의 동의가 필요한데 대체로 임차인의 지위가 낮은 현실에서 임대인의 동의를 얻기는 쉽지 않다. 이러한 임차인의 지위를 보호하여 국민 주거 생활을 안정시키기 위해 제정된 특별법이 주택임대차보호법이다. 이 법률은 임차인이 일정한 요건을 갖추었을 경우 임차권에 물권적 효력을 부여하여 임차인의 지위를 강화한다. 그 요건은 임차인이 주택을 인도받는 것과 전입 신고를 마치는 것이다. 요건을 충족한 다음 날부터 임차권은 제삼자에게도 대항력을 갖는다. 요건만 갖추면 효력이 발생하고 임대인의 동의도 필요하지 않기 때문에 임차인을 효과적으로 보호하는 것이 가능하다.

❸ 대항력을 갖는다는 것은 제삼자에게도 임차권을 주장할 수 있게 되었다는 의미이다. 예컨대 임차한 주택이 경매되면 일반적으로 임차권은 소멸하지만 주택임대차보호법에 따른 대항력을 갖춘 경우에는 그렇지 않다. 임차인은 이에 덧붙여 주민센터 등의 공공 기관에서 주택 임대차 계약서에 확정일자를 받을 수 있다. 우선변제권을 확보하기 위해서이다. 임차한 주택이 경매되었을 때 임차인은 자신의 우선변제권 성립보다 뒤에 설정된 물권에 우선하여 보증금을 변제받을 수 있다. 우선변제권의 효력은 대항력과 확정일자가 모두 갖추어진 날부터 발생한다. 또한 주택임대차보호법에서는 사회적 약자를 보호하는 취지에서, 대항력을 갖춘 소액임차인에게는 정해진 금액까지의 보증금을 선순위 물권자보다 우선하여 변제받을 수 있는 최우선

변제권까지 부여한다. 소액임차인으로 인정될 수 있는 보증금의 기준과 최우선변제권으로 변제받을 수 있는 금액은 대통령령으로 정해지며 지역에 따라 다르다.

❹ 주택 임대차가 만료되었는데 임차인이 임대인으로부터 보증금을 반환받지 못하는 일이 생기기도 한다. 이 경우 임차인은 이사를 가면 자신의 권리 순위가 상실될 수 있다는 우려를 하게 된다. 이런 문제 때문에 주택임대차보호법에는 임차권등기명령 제도가 포함되어 있다. 이는 종료된 임차권을 법원의 명령으로 등기부에 공시할 수 있도록 하는 것이다. 임대차가 종료된 후 보증금이 반환되지 않은 경우 임차인은 관할 법원에 임차권등기명령을 신청할 수 있고, 법원이 이를 심리하여 결정한다. 이때 임대인의 동의는 필요하지 않고, 전입 신고를 하지 않았거나 확정일자를 받지 않았던 임차인도 임차권등기를 하게 되면 대항력과 우선변제권을 취득하게 된다. 한편 ⓒ 임차권이 등기된 뒤에 해당 주택에 새로 임대차를 체결한 다른 소액임차인은 보증금의 최우선변제를 받을 수 없도록 하였다. 임차권등기를 한 임차인이 예상하지 못한 손해를 입을 수 있기 때문이다.

최우선변제권

목적	사회적 약자 보호
기능	대항력을 갖춘 소액임차인은 정해진 금액까지의 보증금을 선순위 물권자보다 우선하여 변제받을 수 있음.

임차권등기명령

목적	임차인의 권리 순위 보호
기능	종료된 임차권을 법원의 명령으로 등기부에 공시할 수 있도록 함.
특징	• 임차인이 대항력과 우선변제권을 취득할 수 있음. • 임차권이 등기된 뒤 다른 소액임차인은 보증금의 최우선변제를 받을 수 없음.

01

윗글의 내용과 일치하지 않는 것은?

① 주택임대차보호법은 일정한 요건을 갖춘 임차인의 지위를 강화한다.
② 주택 임대차가 체결되면 관할 법원은 임대차 내용을 등기부에 기재해야 한다.
③ 주택 임대차가 만료되면 임차인은 임대인에게 임대차의 목적물을 반환해야 한다.
④ 최우선변제권이 있는 소액임차인이더라도 보증금의 전부를 반환받지 못할 수 있다.
⑤ 어떤 물건에 대한 지배권을 모든 사람에게 주장하려면 해당 물건에 대한 물권이 필요하다.

█ 문제풀이 맥 █

01

글의 세부 정보를 파악하는 문제이다. 선택지의 핵심어를 파악하여 지문에서 해당 부분을 찾아야 한다. 이 문제에서 선택지의 핵심어는 '주택임대차보호법', '주택 임대차', '최우선변제권', '물권'이다.

02

글의 세부 정보를 파악하는 문제이다. 지문의 2문단에서 주택임대차보호법을 설명하고 있고, 3문단에서 우선변제권과 최우선변제권을 설명하고 있다. 주택임대차보호법을 우선변제권과 최우선변제권과 관련지어 이해해야 한다.

02

주택임대차보호법을 이해한 내용으로 적절하지 <u>않은</u> 것은?

① 임차인이 대항력을 갖추면 임차한 주택이 경매되더라도 임차권이 유지될 수 있도록 한다.

② 임차인이 전입 신고를 하지 않으면 확정일자를 받더라도 계약 기간 동안 우선변제권이 생기지 않는다.

③ 대항력을 갖춘 임차인이 주택 임대차 계약서에 확정일자를 받으면 다음 날부터 우선변제권의 효력이 발생한다.

④ 소액임차인이 다른 지역에서 새로운 임대차를 체결하면 그 지역에서는 최우선변제권을 부여받지 못할 수도 있다.

⑤ 임차한 주택을 인도받고 전입 신고를 한 날에 주택에 다른 물권이 성립되면 임차권은 새로운 물권보다 후순위가 된다.

03

글의 핵심 정보를 비교하여 이해하는 문제이다. ㉠은 임차권, ㉡은 전세권이다. 임차권과 전세권의 특징을 파악하되, 둘을 비교하여 이해할 수 있어야 한다. 임차권과 전세권은 모두 임차인의 권리이지만 차이가 있다.

03

㉠, ㉡을 이해한 내용으로 적절하지 <u>않은</u> 것은?

① ㉠을 가진 사람은 원칙적으로는 임대인에게만 계약 내용에 따른 행위를 요구할 수 있다.

② ㉡을 설정하기 위해서는 임대인의 동의가 필요하다.

③ ㉡을 가진 임차인은 임대차 기간 동안 목적물이 되는 주택의 소유권을 가지게 된다.

④ ㉠이나 ㉡을 가진 사람은 계약상의 주택에 대한 자신의 권리를 주장할 수 있다.

⑤ 일반적으로 ㉡은 ㉠에 우선하는 효력이 인정된다.

04

윗글을 바탕으로 <보기>를 이해한 내용으로 적절한 것은?

> **보기**
>
> 을이 갑에게 2억 원의 보증금을 지급하고 갑 소유의 A 주택을 2021년 2월 5일부터 2년간 임대하기로 하는 임대차가 갑과 을 사이에 체결되었다. 을은 2021년 2월 5일에 A 주택으로 이사하고 전입 신고를 하였지만 계약 기간 내내 확정일자는 받지 않았다. A 주택에 거주해 오던 을은 임대차 만료를 앞두고 이사 갈 집을 구하여 새로운 임대차를 체결하였고, 2022년 12월 4일에 갑에게 기존의 임대차를 연장하지 않겠다는 의사를 밝혔다. 갑은 사정이 생겨 보증금을 제때 돌려주지 못한다고 통보하였다. 갑은 임대차가 만료된 현재까지 보증금을 돌려주지 않고 있다.

① 을은 2022년 12월 4일부터 임차권등기명령을 신청할 수 있다.

② 을은 임차권등기명령을 신청하는 즉시 갑에게 보증금을 돌려받을 수 있다.

③ 을은 기존의 우선변제권이 유지되도록 임차권등기명령 제도를 이용할 수 있다.

④ 을의 신청으로 임차권등기명령이 내려지면 갑은 A 주택을 다른 사람에게 매도할 수 없다.

⑤ 을의 신청으로 임차권등기명령이 내려지면 을이 이사를 가더라도 을이 가지고 있던 임차권은 등기부에 기재된다.

05

ⓒ의 이유를 추론한 것으로 가장 적절한 것은?

① 최우선변제권은 사회적 약자를 보호하는 취지에서 인정되는 것이기 때문에

② 소액임차인이 임대차를 체결할 때 등기부에 기재된 임차권을 알 수 없기 때문에

③ 최우선변제권이 생기면 원래의 임차인이 가지고 있던 우선변제권이 사라지기 때문에

④ 소액임차인의 최우선변제권이 인정되면 등기부상의 선순위물권보다도 우선 변제되기 때문에

⑤ 원래의 임차인과 달리 새로 입주한 소액임차인은 주택의 인도라는 요건이 필요하지 않기 때문에

04

글을 구체적 사례에 적용하여 이해하는 문제이다. <보기>에서는 갑과 을 사이에 임대차가 체결되었다. 을은 전입 신고는 하였지만 확정일자는 받지 않았고, 기존의 임대차를 연장하지 않기로 하였으나 갑이 임대차가 만료된 후에도 보증금을 돌려주지 않고 있는 상황이다. 선택지에 공통적으로 임차권등기명령이 언급되었으므로 4문단을 통해 임차권등기명령 제도의 효력과 특징을 이해해야 한다.

05

글의 세부 내용의 이유를 추론하는 문제이다. ⓒ은 임차권이 등기된 뒤에 해당 주택에 새로 임대차를 체결한 다른 소액임차인은 보증금의 최우선변제를 받을 수 없도록 하였다는 것이다. 지문에서는 이를 임차권등기를 한 임차인이 예상하지 못한 손해를 입을 수 있기 때문이라고 설명하고 있다. 따라서 다른 소액임차인이 보증금의 최우선변제를 받을 경우 임차인이 손해를 입게 되는 이유를 추론해야 한다.

핵심정리

문단 중심 내용

❶ DNA 분석 방법인 STR 분석법
❷ 상동 염색체, DNA, 염기 서열의 개념
❸ STR 분석법의 원리
❹ DNA 프로필의 개념
❺ STR 분석법의 성과와 전망

DNA 분석

개념	혈흔이나 모발 같은 샘플로부터 DNA를 채취하여 동일인 여부를 확인하는 방법
목적	범인 추정, 피해자의 신분 확인
STR 분석법	DNA의 특정 구간에서 짧은 염기 서열이 연쇄적으로 반복하여 나타나는 부분을 분석하는 방법

STR 분석법의 원리와 관련된 개념

상동 염색체	체세포의 핵에 2개씩 쌍으로 존재하는 모양과 크기가 동일한 염색체
DNA	유전자를 포함하고 있는 물질
염기 서열	네 종류의 염기(아데닌, 구아닌, 사이토신, 타이민)가 이어진 형태

STR 분석의 예시

좌위 '4q31.3'	
4	염색체 번호
q	염색체 하단부
31.3	염색대 번호
염기 서열	'CTTT'가 왼쪽 염색체에서는 세 번, 오른쪽 염색체에서는 다섯 번 반복

↓

4번 염색체 하단부(q)의 31.3번 염색대 위치에 'CTTT'가 '3-5'인 유전형

↓

DNA 프로필 '3-5'

※ 다음 글을 읽고 물음에 답하시오.

❶ 과학수사에서 'DNA 분석'은 범인을 ⓐ 추정하거나 피해자의 신분 등을 확인할 때 중요한 수단으로 사용된다. DNA 분석이란 혈흔이나 모발 같은 샘플로부터 DNA를 ⓑ 채취하여 동일인 여부를 확인하는 방법으로, 현재 'STR 분석법'이 가장 많이 사용되고 있다. 'STR(Short tandem repeat)'은 '짧은 연쇄 반복'이라는 뜻으로, 'STR 분석법'은 DNA의 특정 구간에서 짧은 염기 서열이 연쇄적으로 반복하여 나타나는 부분을 분석하는 방법이다.

❷ STR 분석법의 원리를 알기 위해서는 상동 염색체, DNA, 염기 서열에 대한 이해가 필요하다. 체세포의 핵에는 모양과 크기가 동일한 염색체가 2개씩 쌍으로 존재하는데, 이들 염색체를 '상동 염색체'라 한다. 상동 염색체는 부계(父系)와 모계(母系)에서 각각 하나씩 물려받는다. 이 상동 염색체를 구성하는 가장 중요한 물질이 유전자를 포함하고 있는 DNA이다. DNA는 아데닌(A), 구아닌(G), 사이토신(C), 타이민(T)이라는 네 종류의 염기 약 30억 개로 구성되는데, 이 염기들이 'AGGCTA…'와 같은 형태로 이어져 있다. 이것을 DNA의 염기 서열이라고 한다.

❸ 상동 염색체 내 특정 위치의 DNA 염기 서열을 분석해 보면 짧은 염기 서열이 연속적으로 반복해서 나타나는 특정 구간이 있다. 그리고 사람마다 반복되는 횟수가 다르다는 특징이 있다. STR 분석법은 바로 이 점에 ⓒ 착안하여 샘플 간 비교를 통해 동일인 여부를 확인한다.

❹ STR 분석을 하기 위해서는 먼저, 분석하려는 염색체 내의 위치가 ⓓ 특정되어야 하는데, 이때 그 위치를 '좌위'라고 한다.

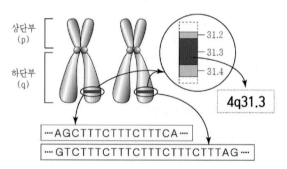

'갑'이라는 사람의 어떤 좌위가 <그림>과 같이 '4q31.3'일 때, 이 좌위의 '4'는 염색체 번호를, 'q'는 염색체 하단부를, '31.3'은 염색대* 번호를 가리킨다. 이 좌위에는 염기 서열 'CTTT'가 반복되고 있는데, 왼쪽 염색체에서는 세 번, 오른쪽 염색체에서는 다섯 번 반복되고 있다. 이 경우 분석된 결과를 왼쪽부터 표시하여 '3-5' 형태로 나타낼 수 있다. 즉, '갑'은 4번 염색체 하단부(q)의 31.3번 염색대 위치에 'CTTT'가 '3-5'인 유전형을 가지고 있는 것이다. 이렇게 상동 염색체의 특정 위치에 나타나는 STR을 분석하여 '3-5'와 같은 결괏값으로 표기하는 것을 'DNA 프로필'이라고 한다.

❺ 현재 우리나라를 비롯한 여러 나라에서는 20개의 좌위를 표준으로 하여 과학수사에 동일하게 활용하고 있다. 비교 샘플의 DNA 프로필이 20개 좌위에서 모두 동일하다면, 비교 샘플이 동일인의 것일 확률이 100%에 가깝다. 이런 이유로 STR 분석법은 과학수사에서 큰 성과를 거두고 있으며, 관련 기술이 발전할수록 좌위의 개수도 늘어나 더 ⓔ 정밀한 분석이 가능할 것이다.

* 염색대: 염색체를 염색할 때 발생하는 띠 모양.

01

윗글에 대한 이해로 가장 적절한 것은?

① 사람마다 DNA를 구성하는 염기 종류가 다르다.
② 상동 염색체는 서로 다른 모양을 가진 한 쌍으로 존재한다.
③ STR 분석을 위해서는 먼저 염색체의 개수를 파악해야 한다.
④ 20개의 표준 좌위에서는 염기 서열의 STR이 나타나지 않는다.
⑤ STR 분석법은 DNA에 있는 30억 개 염기 중 일부를 대상으로 한다.

02

윗글을 읽고 추론한 내용으로 가장 적절한 것은?

① DNA에는 염기 서열이 연쇄적으로 반복하지 않아 STR 분석법에서 사용하기 힘든 구간도 존재하겠군.
② 상동 염색체의 동일한 위치에서는 부계와 모계에서 받은 염색체의 염색대 번호가 서로 다르겠군.
③ 동일인에서 채취한 서로 다른 샘플에서는 같은 좌위라도 염기 서열의 반복 횟수가 다르겠군.
④ STR 분석법은 네 종류의 염기가 모두 반복되는 특정 구간을 분석 대상으로 하겠군.
⑤ 국가 간에 공통적으로 사용하는 좌위가 없어 분석 결과를 공유하기 힘들겠군.

구체적 사례에 적용하는 문제이다. <보기>에는 범인의 손톱에서 알아낸 DNA 프로필과 좌위 정보가 제시되어 있다. 지문의 4문단을 참고하여 이 정보를 분석하고, '을'을 범인으로 확정하기 위해 추가적으로 필요한 정보가 무엇인지 파악해야 한다.

03

윗글을 바탕으로 <보기>를 이해한 내용으로 적절하지 않은 것은?

보기

보석 가게에 도난 사건이 발생하였다. 출동한 경찰은 범죄 현장에서 범인의 손톱을 발견하고 DNA를 분석하였다. 다음날 목격자의 제보에 따라 '을'을 용의자로 지목한 후, '을'의 모발로 DNA 분석을 의뢰하였다.

<범인 손톱의 DNA 프로필과 좌위 정보>

DNA 프로필		좌위 정보	
좌위	결괏값	위치	반복되는 염기 서열
①	5-3	5q33.1	AGAT
②	6-6	13q31.1	TATC
③	2-7	5q23.2	AGAT
⋮	⋮	⋮	⋮
⑳	8-4	7q21.11	GATA

(단, 좌위는 임의로 4개의 정보만 제시함.)

① 범인은 7번 염색체의 하단부 특정 염색대에 'GATA' 배열이 네 번 반복되는 DNA를 가지고 있군.

② 범인은 부계와 모계에서 받은 염색체의 STR 반복 횟수가 동일하게 나오는 좌위를 하나 이상 가지고 있군.

③ '을'의 'DNA 프로필'을 만들기 위해서는 '을'의 5번 염색체가 두 번 이상 분석에 활용되겠군.

④ '을'이 범인이라면 ①과 ③에서 모계에서 받은 염색체의 'AGAT' 반복 횟수의 합이 12보다 클 수 없겠군.

⑤ '을'의 분석 결과가 ②에서 '4-8', ⑳에서 '8-4'로 나온다면 ⑳의 결괏값만으로도 '을'을 범인으로 확정할 수 있겠군.

단어의 사전적 의미를 파악하는 문제이다. 지문에서 단어가 어떠한 의미로 쓰였는지 파악해야 한다. 한자어의 경우, 사전적 의미에 해당 한자가 포함되어 있기도 하다.

04

ⓐ~ⓔ의 사전적 의미로 적절하지 않은 것은?

① ⓐ: 어떤 일에 대한 의견이나 느낌.

② ⓑ: 연구나 조사에 필요한 것을 찾거나 받아서 얻음.

③ ⓒ: 어떤 문제를 해결하기 위한 실마리를 잡음.

④ ⓓ: 특별히 지정함.

⑤ ⓔ: 아주 정교하고 치밀하여 빈틈이 없고 자세함.

※ 다음 글을 읽고 물음에 답하시오.

가

세 끼 밥벌이 고단할 때면 이봐

수시로 늘어나는 **현 조율**이나 하자구

우린 서로 다른 소리를 내지만

어차피 **한 악기**에 정박한 두 현

내가 저 위태로운 낙엽들의 잎맥 소리를 내면

어이, 가장 낮은 흙의 소리를 내줘

내가 팽팽히 조여진 **비명을 노래**할 테니

어이, 가장 따뜻한 두엄의 **속삭임**으로 받아줘

세상과 화음 할 수 없을 때 우리

마주 앉아 **내공에 힘쓰**자구

내공이 깊을수록 **아름다운 소리**를 낸다지

모든 현들은

어미집 같은 한없는 **구멍 속**에서

제 소리를 일군다지

그 구멍 속에서 **마음 놓고** 운다지

- 정끝별, 〈현 위의 인생〉 -

나

한때 나는 **뿌리의 신도**였지만

이제는 뿌리보다 줄기를 믿는 편이다

줄기보다는 가지를,

가지보다는 가지에 매달린 잎을,

잎보다는 하염없이 지는 **꽃잎을 믿는** 편이다

희박해진다는 것

언제라도 **흩날릴 준비가 되어 있다는 것**

뿌리로부터 멀어질수록

가지 끝의 이파리가 위태롭게 파닥이고

당신에게로 가는 **길이 조금씩 보**이기 시작한다

WEEK 8

특징

① 명사형 종결 어미를 통해 시적 상황을 부각함.
② 동일한 시어를 반복하여 작품의 주제를 강조함.

해제

이 작품은 존재의 근원인 뿌리로부터 벗어나 새로운 길을 찾아 나서는 화자의 모습이 드러나는 시이다. 화자는 안정된 뿌리로부터 벗어나 불확실하고 위험하지만 새로운 길을 찾으면서 한 걸음 더 성장하기 위해 노력하는 모습을 보인다.

구성

1~2행	뿌리로부터 멀어지는 과정
3~4행	뿌리로부터 멀어질수록 보이기 시작하는 새로운 길
5~6연	스스로의 힘으로 어딘가를 향해 가는 모습
7~8연	자유로운 존재로 변모하는 것에 대한 희망
9~10연	뿌리로부터 벗어나 스스로의 삶을 추구하는 존재에 대한 성찰

시어의 의미

뿌리	뿔
존재의 근원, 고정불변의 대상	뿌리와 발음이 유사한 대상
가늘고 뾰족하다는 공통점을 지님.	

당신은 뿌리로부터 달아나는 데 얼마나 걸렸는지?

뿌리로부터 달아나려는 정신의 행방을
정확히 알 수는 없지만
허공의 손을 잡고 **어딘가를 향해** 가고 있다

뿌리 대신 뿔이라는 말은 어떤가

가늘고 뾰족해지는 감각의 촉수를 밀어 올리면
감히 바람을 찢을 수 있을 것 같은데
무소의 뿔처럼 가벼워질 수 있을 것 같은데

우리는 **뿌리로부터 온 존재들**,
그러나 뿌리로부터 부단히 도망치는 발걸음들
오늘의 일용할 잎과 꽃이
천천히 시들고 마침내 입을 다무는 시간

한때 나는 뿌리의 신도였지만
이미 허공에서 길을 잃어버린 지 오래된 사람

- 나희덕, 〈뿌리로부터〉 -

■ 문제풀이 맥 ■

01

표현상의 특징을 파악하는 문제이다. 이 문제에서는 표현상의 특징을 중심으로 두 작품을 비교할 것을 요구하고 있다. 따라서 선택지에 제시되어 있는 표현법이 (가)와 (나)에 모두 나타나는지를 찾으면 된다.

청유형 문장	말하는 이가 듣는 이에게 어떤 행동을 함께 하도록 요청하는 문장으로, 주로 '-자'와 같은 어미를 이용한다.
색채어	빛깔이나 색깔을 나타내는 용어로, 사물의 빛깔뿐만 아니라 사람의 감정이나 비유적 표현으로도 쓰인다.

01

(가)와 (나)의 공통점으로 가장 적절한 것은?

① 공간의 이동에 따른 정서의 변화를 나타내고 있다.
② 동일한 시어를 반복하여 주제 의식을 강조하고 있다.
③ 명사로 시를 마무리하여 시적 상황을 부각하고 있다.
④ 청유형 종결 어미를 활용하여 화자의 태도를 나타내고 있다.
⑤ 색채어를 통해 대상이 지닌 속성을 감각적으로 드러내고 있다.

02

(가)를 감상한 내용으로 적절하지 않은 것은?

① 화자는 '현'을 '조율'하면서 고단함을 달래려 하겠군.

② 화자는 청자를 '한 악기'에서 함께 소리를 내는 동반자로 인식하겠군.

③ 화자는 청자의 '속삭임'을 통해 '비명을 노래'하는 자신의 삶을 반성하겠군.

④ 화자가 '내공에 힘쓰'려고 하는 이유는 '아름다운 소리'를 내기 위해서겠군.

⑤ 화자는 '구멍 속'이 '마음 놓고' 소리를 낼 수 있는 공간이라고 생각하겠군.

03

<보기>를 참고하여 (나)를 감상한 내용으로 적절하지 않은 것은?

> **보기**
>
> (나)의 화자는 뿌리에 의지하는 삶을 살다가 심경에 변화가 생겨 뿌리로부터 벗어나기를 원한다. 불안정하고 예측 불가능하지만 새로운 길을 찾아 나선 것이다. 이는 화자가 한 단계 성장하기 위한 과정으로, 존재의 근원인 뿌리로부터 벗어날수록 스스로 존재할 수 있다는 역설적 인식이 바탕에 깔려 있다.

① '뿌리의 신도'였다가 '꽃잎을 믿는' 것에서 화자의 심경에 변화가 생겼음을 확인할 수 있군.

② '흩날릴 준비가 되어 있다는 것'에서 예측 불가능한 상황으로 나아가려는 마음을 확인할 수 있군.

③ '뿌리로부터 멀어질수록' 오히려 '길이 조금씩 보'인다는 것에서 역설적 인식을 확인할 수 있군.

④ '어딘가를 향해' 간다는 것에서 화자는 불안정함을 감수하면서도 스스로 존재하려 함을 확인할 수 있군.

⑤ '뿌리로부터 온 존재'라고 인정하는 것에서 화자가 새로운 길을 찾는 과정을 통해 한 단계 성장하였음을 확인할 수 있군.

b Day 문학(고전소설) 고2 2023년 9월
유충렬전 _ 작자 미상

정답 및 해설 | 108

핵심정리

갈래
영웅 소설, 군담 소설

배경
중국 명나라

시점
전지적 작가 시점

제재
유충렬의 영웅적 일대기

주제
유충렬의 고난과 영웅적 행적

특징
① 영웅의 일대기적 구조가 잘 드러남.
② 천상계와 지상계의 이원적 공간으로 구성됨.
③ 병자호란으로 인한 아픔을 문학적으로 회복하고 보상받으려는 심리가 반영됨.

해제
이 작품은 '유충렬'이라는 영웅의 일대기를 그린 조선 후기의 대표적인 영웅 소설이자 군담 소설이다. 작품의 주요 내용은 천상에서 지상으로 적강한 유충렬이 고난과 역경을 극복한 후 위기에 처한 나라와 가문을 구한다는 것으로, 〈주몽 신화〉에서 시작된 전통적인 영웅 서사 구조를 충실히 계승하고 있다. 한편 이 작품은 주전파와 주화파의 대립이나 인조의 남한산성 피란, 병자호란의 패배로 인해 대군과 비빈이 청나라로 잡혀간 것 등과 같이 병자호란과 관련된 당대 시대상이 반영되어 있는데, 특히 공간적 배경이 중국의 명나라인 것, 주인공 유충렬이 두 번에 걸쳐 호국을 정벌하고 호왕을 살육하는 것은 병자호란의 패배로 인한 민족적 자존심의 회복과 청나라에 대한 당대 민중의 적개심이 반영된 것이라고 볼 수 있다.

등장인물

유충렬	성격이 용맹하여 능력이 비범한 인물로, 위기에 빠진 나라와 원수를 구하려는 깊은 충성심을 지님.
정한담	충신을 모함하여 귀양 보내고, 천자를 몰아내어 그 자리를 차지하려는 야욕에 가득 참.

전체 줄거리
명나라 때의 충신인 유심은 자식이 없어 한탄하

※ 다음 글을 읽고 물음에 답하시오.

동방이 차차 밝아 오매 마침 영릉골 관비 한 사람이 외촌에 가다가 돌아오는 길에 청수 가에 다다르니 어떤 여자가 물가에서 통곡하며 물에 빠져 죽고자 하거늘 급히 쫓아와 강 낭자를 붙들어 물가에 앉히고 이유를 물으니라. 그 후에 제집으로 가자 하나 낭자 한사코 죽으려 하거늘 관비 여러 가지로 타일러 데리고 와서 수양딸로 정한 후에 자색과 태도를 살펴보니 천상 선녀 같은지라. 이 고을 동리마다 수청을 드리면 천금의 재산이 부럽지 않으며, 만 량 가진 태수를 원하겠느냐. 만 가지로 달래어 다른 데로 못 가게 하더라.

각설. 이때에 유충렬이 강 승상의 집을 떠나서 서쪽 하늘을 바라보고 정처 없이 가며 신세를 생각하니, 속절없고 하릴없다. 이제는 아무것도 할 수 없구나. 산중에 들어가 삭발하고 중이 되어 훗날의 도를 닦으리라 하고 청산을 바라보고 종일토록 가더니 한 곳에 다다르더라. 앞에 ㉠ 큰 산이 있으되 천 개의 봉우리와 만 개의 골짜기가 하늘 높이 솟았고, 오색구름이 구리봉에 떠 있고 갖가지 화초가 만발한지라. 장차 신령한 산이라 하고 찾아 들어가니 경치가 뛰어나고 풍경이 산뜻하다. 산행 육칠 리에 들리는 물소리 잔잔하고 보이는 청산은 울창한데 푸른 숲이 더위잡는다. 석양에 올라가니 수양버들의 천만 가지들은 봄바람을 못 이기어 동네 어귀에 흐늘거려 늘어지며, 푸른 대나무와 소나무는 우거진 가지에 백조 봄의 정을 다투었다. 층층이 이루어진 꽃핀 골짜기 위에는 앵무새와 공작새가 넘나들며 노는데, 푸른 하늘에 걸린 폭포가 층암절벽 치는 소리, 한산사 쇠 북소리, 객선에 이르는 듯, 하늘에 솟은 암석과 푸른 소나무 속에 있는 거동이 산수 그림 팔 간 병풍 두른 듯하니 산중에 있는 경치 어찌 다 기록하리.

봄바람이 언 듯하며 경쇠 소리 들리거늘 차츰차츰 들어가니 오색구름 속에 단청하고 휘황한 높고 거대한 누각이 즐비하여 일주문을 바라보니 황금 글자로 '서해 광덕산 백룡사'라 뚜렷이 붙어 있더라. 문으로 들어가니 큰스님이 한 사람 나오거늘 그 중의 거동을 보니 소소한 두 눈썹은 두 눈을 덮어 있고, 백변같이 뚜렷한 귀는 두 어깨에 늘어졌으니 맑고 빼어난 골격과 은은한 정신은 평범한 중이 아닐러라.

백팔염주 육환장을 짚고 흑포장삼의 떨어진 송낙 쓰고 나오며, 유생을 보고 말하길,
"소승이 나이가 많기로 유 상공 오시는 행차에 동구 밖에 나가 맞지 못하니 소승의 무례함을 용서하옵소서."
유생이 크게 놀라 하는 말이
"천한 인생에 팔자 기박하여 일찍 부모를 여의고 정처 없이 다니다가 우연히 이곳에 와 대사를 만나오니, 그토록 관대하시며, 소생의 성을 어찌 아나이까?"

[중간 부분의 줄거리] 충렬은 백룡사의 큰스님에게 도술을 배우고, 무기를 얻는다. 이후 정한담은 외적과 결탁하여 반란을 일으킨다.

정한담이 크게 기뻐하여 옥관 도사의 말대로 약속을 정하고 며칠을 지낸 후에, 갑주를 갖추고 진영 문에 나서며 원수를 불러,

"네 한갓 혈기만 믿고 우리를 대적하니 자식들이 가엾도다. 빨리 나와 자웅을 결단하라."

이때에 원수 의기양양하여 진전에 횡행타가 부르는 소리를 듣고 웅성출마하고 한 번 겨루지도 않고 거의 잡게 되었더니, 적진이 또한 쟁을 쳐 거두거늘 이긴 김에 계속 쫓아가 바로 적진 선봉을 헤쳐 달려들 때, 장대에서 북소리 나며 난데없는 안개가 사면에 가득하고 적장이 간 데 없고 음산한 바람이 소소하며 차가운 눈이 흩날리니 지척을 모를러라. 가련하다, 유충렬이 적장 꾀에 빠져 함정에 들었으니 목숨이 경각이라. 원수가 크게 놀라 신화경을 펴 놓고 둔갑술로 몸을 감추고 안순법을 베풀어 진영 안을 살펴보니, ⓒ 토굴을 깊이 파고 그 가운데 장창 검극은 삼대같이 벌였으며, 사해의 신장이 나열하여 독한 안개, 모진 모래를 사면으로 뿌리면서 함성 소리 크게 질러 항복하라는 소리 천지에 진동하는지라. 원수 그제야 간계에 빠진 줄 알고 신화경을 다시 펼쳐 육정육갑을 베풀어 신장을 호령하고, 풍백을 바삐 불러 구름과 안개를 쓸어버리니, 명랑한 푸른 하늘과 밝은 해가 일광주를 희롱하고 장성검은 번개 되어 적진이 요란하다. 적진을 살펴보니 무수한 군졸이며 진영에 모든 복병이 둘러싸서 백만 겹을 에웠는데, 장대에서 북을 치며 군사를 재촉하거늘, 원수가 분노하여 일광주를 다시 만져 용린갑을 다스리고 천사마를 채찍질하여 좌우의 진영 안에서 호통하며 좌충우돌 횡행할 때, 호통 소리 지나는 곳에 번갯불이 일어나며 번갯불이 일어나는 곳에 뇌성벽력이 진동하니 군사와 장수가 넋을 잃고 모든 장수 귀가 먹고 눈이 어두워 제 군사를 제가 모른다. 서로 밝혀 분주할 때, 장성검은 동쪽 하늘에 번듯하며 오랑캐 적이 쓰러지고 서쪽 하늘에 번듯하여 전후 군사 다 죽으니 추풍낙엽 볼 만하며, 무릉도원에 붉은 물이 흐르나니 핏물이라.

선봉 중군 다 헤치고 적진 장대 달려드니 정한담이 칼을 들고 대상에 섰거늘, 호통 소리 크게 하고 장성검을 높이 들어 큰 칼에 베어 들고 후군에 달려드니, 이때 황후와 태후가 적진에 잡혀가서 토굴 속에서 소리하여 하는 말이,

"저기 가는 저 장수는 행여 명나라 장수거든 우리 고부 살려 주소."

원수가 분한 기분이 등등하여 적진에 횡행타가 슬픈 소리나매, 천사마를 그곳으로 행하거늘 급히 가 말에서 내려 말하길,

[A] "소장은 동성문 안에 거하던 유 주부 아들 충렬이온데, 아비 원수 갚으려고 먼 길을 마다하지 않고 달려와서 정문걸을 한칼에 베고, 그 후에 최일귀와 마룡을 잡고 한담의 목을 베려 이곳에 왔사오니 소장과 함께 본진으로 가나이다."

다가 남악 형산에서 치성을 드리고 태몽을 꾼 뒤 아들을 낳아 이름을 충렬이라 짓는다. 정한담과 최일귀 등은 토번과 가달과의 전쟁을 반대하는 유심의 태도를 문제 삼아 그를 귀양 보내고 충렬 모자마저 살해하려고 하지만, 충렬은 천우신조로 살아난 후 강희주를 만나 그의 사위가 된다. 유심을 구하기 위해 상소를 올린 강희주 역시 정한담에 의해 귀양을 가게 되고, 강희주의 가족들은 뿔뿔이 흩어진다. 충렬은 부인과 이별한 후 백룡사의 노승을 만나 도술을 배운다. 이때 남적이 명나라를 쳐들어오자 정한담은 남적에게 항복한 후 천자를 공격한다. 이에 유충렬이 등장하여 천자를 구한 후 정한담을 사로잡는다. 정한담을 응징한 유충렬은 이후 황후와 태후, 태자를 구한 후 헤어졌던 자신의 가족과도 재회하여 높은 벼슬에 올라 부귀공명을 누린다.

인물의 말하기 방식

유충렬
"소장은 동성문 안에 거하던 유 주부 아들 충렬이온데~"
자신의 과거를 상대방에게 요약적으로 제시

황후와 태후
"그 공로 그 은혜는 태산이 무너져서 평자가 되어도 잊을 수 없고~"
불가능한 상황을 가정하여 자신들을 구하러 온 유충렬의 공로 치하

영웅의 일대기 구조

유충렬	
조력자의 도움	강 승상의 귀양으로 위기에 처하지만 백룡사의 큰스님에게 도술을 배움.
위기 극복	외적과 결탁한 정한담 세력을 처치하고 황후와 태후를 구출함.

유충렬전의 공간적 배경과 그 효과

공간적 배경 – 중국 명나라	
독자 면	낯설고 신비한 느낌을 받음.
제재 면	우리나라를 배경으로 했을 때 다룰 수 없는 어려운 소재와 내용을 다룰 수 있음.
주제 면	악인을 처벌하는 장면을 통해 병자호란 이후 민중의 마음속에 내재된 청나라에 대한 적개심을 드러낼 수 있음.

217

황후와 태후가 이 말을 듣고 토굴 밖에 나와 원수의 손을 잡고 치사하여 하는 말이,

[B] "그대는 분명 유 주부의 아들인가? 어디 가 장성하여 이런 명장 되었는가? 그대 부친은 어디 있느뇨? 장군의 힘을 입어 우리 고부 살려 내어 백발이 성성한 이내 몸이 황제 아들 다시 보고, 곱고 고운 젊은 얼굴 내 며느리 황제 낭군 다시 보게 하니, 그 공로 그 은혜는 태산이 무너져서 평지가 되어도 잊을 수 없고, 천지가 변하여 푸른 바다가 될지라도 잊을 가망 전혀 없네. 머리를 베어 신을 삼고 혀를 빼어 창을 받아 백 년 삼만 육천일에 날마다 이고서도 그 공로를 다 갚을까. 본진에 돌아가서 내 아들 어서 보세."

원수 절하고 황후와 태후를 바삐 모셔 본진에 돌아와 정한담의 목을 내어 황제 전에 바치려고 칼끝에 빼어 보니 진짜는 간데없고 허수아비의 목을 베어 왔는지라. 원수가 분노하여 다시 싸움을 돋우더라.

－ 작자 미상, 〈유충렬전〉 －

01

㉠, ㉡에 대한 이해로 가장 적절한 것은?

① ㉠은 인물이 권위를 내세우는 공간이다.
② ㉡은 인물 간의 갈등이 해소되는 공간이다.
③ ㉠은 ㉡과 달리 인물이 긍정적으로 생각하는 공간이다.
④ ㉡은 ㉠과 달리 인물 간의 유대감이 형성되는 공간이다.
⑤ ㉠과 ㉡은 모두 인물이 고난을 겪는 공간이다.

02

윗글의 인물에 대한 이해로 적절하지 않은 것은?

① '황후'는 유충렬의 도움으로 본진에 돌아왔다.
② '유충렬'은 정한담의 목을 베어 황제 전에 바쳤다.
③ '정한담'은 유충렬을 자극하여 싸움을 시작하고 있다.
④ '큰스님'은 백룡사에 찾아온 사람이 유충렬이라는 사실을 알고 있었다.
⑤ '영릉골 관비'는 강 낭자의 자색과 태도를 알아보고 떠나지 않도록 회유하고 있다.

03

[A]와 [B]에 대한 설명으로 가장 적절한 것은?

① [A]는 [B]와 달리 과거 사건을 근거로 들며 문제 해결을 유보하고 있다.

② [B]는 [A]와 달리 불가능한 상황을 설정하여 상대를 설득하고 있다.

③ [A]와 [B]는 모두 대상에 대한 평가를 제시하며 상대의 행동 변화를 요구하고 있다.

④ [A]와 [B]는 모두 자신의 신분을 언급함으로써 자신의 발화에 대한 상대의 의구심을 해소하고 있다.

⑤ [A]는 이전 사건에 대한 정보를 전달하고, [B]는 변화된 현재 상황에 대한 심리를 드러내고 있다.

04

<보기>를 바탕으로 윗글을 감상한 내용으로 적절하지 않은 것은?

> **보기**
>
> 〈유충렬전〉은 독자의 흥미를 유발하기 위해 다양한 문학적 장치를 활용하여 대중 소설로서 큰 인기를 끌었다. 그 예로는 영웅의 잠재 능력을 표출시키는 초월적 조력자, 주인공의 영웅성을 더욱 부각하는 신물(神物), 영웅과의 치열한 군담을 만드는 적대자, 위기에 처한 인물의 이야기를 중단하여 독자의 궁금증을 고조시킨 후 다른 인물의 이야기로 넘어가는 단절기법 등이 있다. 또한 일반 백성이 전란으로 겪는 수난을 소설 속 왕가(王家)를 통해 그대로 재현함으로써 독자들이 공감할 수 있게 하였다.

① 강 낭자를 중심으로 하는 서사가 '각설'을 통해 유충렬의 서사로 넘어가는 부분에서 단절기법을 확인할 수 있겠군.

② 유충렬이 백룡사의 '큰스님'을 만나는 부분에서 초월적 조력자가 영웅의 잠재 능력을 표출시키는 모습을 확인할 수 있겠군.

③ '정한담'이 유충렬을 함정에 들게 한 부분에서 영웅과의 치열한 군담을 만드는 적대자를 확인할 수 있겠군.

④ 유충렬이 '일광주'와 '장성검'을 사용하는 부분에서 주인공의 영웅성을 부각하는 신물을 확인할 수 있겠군.

⑤ '황후'와 '태후'가 토굴에서 살려 달라고 소리치는 부분에서 일반 백성이 전란으로 겪은 수난을 재현한 것을 확인할 수 있겠군.

03

인물의 말하기 방식을 파악하는 문제이다. 인물이 발화한 내용의 의도와 그 의미를 파악하고, [A]와 [B]에 관한 선택지의 내용이 모두 적절한지 가려내야 한다. [A]는 유충렬의 발화로, 황후와 태후에게 자신의 상황을 제시하며 행동 변화를 제안하고 있고, [B]는 황후와 태후의 발화로, 유충렬의 공로를 치하하며 그 고마움을 전하고 있다.

04

외적 준거에 따라 작품을 감상하는 문제이다. <보기>에서는 윗글에 나타난 다양한 문학적 장치를 설명하고 있다. 따라서 윗글에서 사용된 문학적 장치가 선택지에서 제시한 것처럼 적절한 의도와 효과를 나타내는지 파악해야 한다. 문학적 장치가 사용된 부분에서는 대사나 행동을 통해 그 효과가 드러나므로 이를 찾을 수 없다면 적절하지 않은 선택지이다.

6일간 학습

Day	공부 시작 시간	공부 종료 시간	틀린 문항 수	틀린 유형
Day 1	시 분 초	시 분 초		
Day 2	시 분 초	시 분 초		
Day 3	시 분 초	시 분 초		
Day 4	시 분 초	시 분 초		
Day 5	시 분 초	시 분 초		
Day 6	시 분 초	시 분 초		

1 일별로 계획에 맞춰 공부하기

하루에 기출 하나씩 매일 꾸준히 공부하는 것이 최선의 방법이다.

2 시작 시간과 종료 시간 체크하기

스스로 시간 제한을 두고 문제를 푸는 것이 실전 대비에 효과적이다.

3 틀린 문항과 유형 분석하기

틀린 문제는 또 틀릴 수 있다. 특정 문항과 유형에서 많이 틀렸다면, 그 이유를 분석해야 한다.

4 보충 학습하기

스스로 점검하기를 통해 자신의 취약한 유형을 확인하고, SLS를 통해 부족한 부분을 보충 학습한다.

	Day 1						Day 2						Day 3					
번호	1	2	3	4	5	6	1	2	3	4	5	6	1	2	3	4	5	6
정답률	82%	75%	74%	87%			64%	73%	73%	57%	84%		45%	42%	35%	42%	40%	
채점																		

	Day 4						Day 5						Day 6					
번호	1	2	3	4	5	6	1	2	3	4	5	6	1	2	3	4	5	6
정답률	77%	45%	54%	71%			69%	89%	66%				79%	74%	64%	17%		
채점																		

결과	틀린 문항에는 ✕표시, 찍어서 막혔거나 헷갈렸던 문항에는 △표시, 맞춘 문항에는 ○표시 채점 결과 : 맞은 문항 수 25개중 ☐ 개

나의 예상 등급은?

등급

1등급 20~25개

2등급 18~19개

3등급 15~17개

WEEK 8

CHECK

MEMO

MEMO

섹션별개기 _{종합편}
LEVEL 2

펴 낸 이	주민홍
펴 낸 곳	서울특별시 마포구 월드컵북로 396(상암동) 누리꿈스퀘어 비즈니스타워 10층
	㈜NE능률 (우편번호 03925)
펴 낸 날	2023년 12월 15일 초판 제1쇄
전 화	02 2014 7114
팩 스	02 3142 0356
홈 페 이 지	www.neungyule.com
	www.iap2000.com
등 록 번 호	제 1-68호
정 가	13,000원

 고객센터

교재 내용 문의: https://iap2000.com/booksinquiry

제품 구매, 교환, 불량, 반품 문의: 02-2014-7114

☎ 전화문의는 본사 업무시간 중에만 가능합니다.

레벨 2

내신 &수능 대비 ★ 기출 + 신유형 문제 탑재

섹션 SECTION

뽀개기

종합편

정답 및 해설

섹션 SECTION
뽀개기
종합편

정답 및 해설

레벨 2

Contents

빠른 정답 체크

01 ④　　02 ⑤　　03 ③

❶ 안녕하세요. 저는 동양의 전통 문방구인 '먹'에 대해 발표하고
_{발표 주제}
자 합니다. 먹은 색의 농담, 번짐 등 다양한 표현이 가능하고 보
_{먹이 우리의 문화를 기록하는 데 사용된 이유}
존성도 뛰어나 오랫동안 우리의 문화를 기록하는 데에 사용되었
습니다. (사진 1 제시) 이렇게 멋진 작품들이 먹으로 그려져 오늘
_{발표자가 활용한 자료①}　　　　　_{질문을 통해 청중의 주의를 환기함}
날까지 보존되고 있다는 것이 흥미롭지요? 이제부터 먹의 재료
_{발표 순서}
와 종류별 특성을 소개한 뒤, 먹의 제조 과정에 대해 설명하겠습
니다.

❷ 먹의 주재료는 무엇일까요? (화면의 QR코드를 가리키며) 각
_{발표자가 활용한 자료②}
자의 스마트 기기로 설문 페이지에 접속하여 답변을 제출해 주십
_{QR코드와 스마트 기기를 활용하여 청중과 소통함}
시오. (잠시 기다린 후 화면 전환) 제출된 답변을 살펴보니, 정답
이 있네요. 여기 그을음이라는 단어가 보이시죠? 이것이 바로 먹
_{먹의 핵심 재료}
의 핵심 재료입니다. 그을음이 무엇으로 만들어지느냐에 따라 먹
_{먹의 분류 기준}
의 종류는 송연 먹과 유연 먹으로 나뉩니다. 송연 먹은 소나무의
_{송연 먹의 재료}
송진을, 유연 먹은 기름을 태울 때 생기는 그을음으로 만듭니다.
_{유연 먹의 재료}
송연 먹은 유연 먹에 비해 먹색이 진하지만 번짐의 정도는 적다
_{유연 먹과 비교하여 송연 먹의 특성을 설명함}
는 특성이 있습니다. (청중의 반응을 살핀 후) 두 먹의 차이를 이
해하는 게 어려우신 것 같네요. 그럼 이를 잘 드러내는 자료를 보
_{청중의 반응을 살핀 후 부연 설명을 덧붙임}
여 드리겠습니다. (사진 2 제시) 여기 두 개의 선 중 색이 진하고
_{발표자가 활용한 자료③}
가장자리가 덜 번진 선이 송연 먹으로 그은 것입니다. 이러한 차
이로 인해 송연 먹은 글씨를 쓸 때, 유연 먹은 그림을 그릴 때 주
_{송연 먹의 용도}　　　　　_{유연 먹의 용도}
로 사용되었다고 합니다.

❸ 먹의 제조 과정은 여러 단계로 이루어져 있는데, 주요 단계 두
가지만 소개하겠습니다. (두 장의 그림을 한 화면에 제시) 왼쪽은
_{발표자가 활용한 자료④}
그을음 채취 단계를 보여 주는 그림입니다. 「송연 먹의 그을음은
_{먹의 주요 제조 과정①}　　　　　_{「」: 송연 먹과 유연 먹의 그을음 채취 과정의 차이}
송진을 가마에서 태워 만드는 반면 유연 먹의 그을음은 기름을
등잔에서 태워 만듭니다.」 오른쪽 그림은 채취한 그을음과 아교를
_{먹의 주요 제조 과정②}
섞은 반죽을 건조하는 단계를 보여 줍니다. 양질의 먹을 생산하
기 위해서는 반죽 후에 수분이 잘 빠져나가야 합니다. 이를 위해
온도와 습도를 일정하게 유지하며 먹을 자연 건조시킵니다. 「(청
중의 반응을 살핀 후) 먹의 제조 과정에 흥미를 느끼시는 것 같네
요. 그렇다면 반죽하는 모습도 잠깐 보여 드리겠습니다. (다른 그
_{발표 순서에서 언급하지 않은 내용}　　　　　_{발표자가 활용한 자료⑤}
림 제시) 이 그림은 그을음과 아교를 섞어 반죽하는 모습을 보여
주는데요. 기포를 빼기 위해 무려 수만 번 이상 손으로 치대야 한
다고 합니다.」 「」: 추가 자료와 설명을 제시하여 청중의 반응에 즉각적으로 대응함

❹ 발표 내용이 유익했나요? (화면 제시) 여기 온라인 자료실의
게시판에 발표 자료를 올려두었으니, 동료 평가를 할 때 참고해
_{동료 평가를 고려하여 발표 자료를 확인할 수 있는 방법을 안내함}
주십시오. 이상으로 발표를 마칩니다. 감사합니다.

01

답 | ④

위 발표에 대한 설명으로 가장 적절한 것은?

정답 선지 분석

④ 발표의 진행 순서를 제시하여 이어질 내용을 안내하고 있다.

　1문단에서 '이제부터 먹의 재료와 종류별 특성을 소개한 뒤, 먹의 제조 과정에 대해 설명하
　겠습니다.'라고 발표의 진행 순서를 제시하여 이어질 내용을 청중에게 안내하고 있다.

오답 선지 분석

① 앞서 설명한 내용을 요약하며 발표를 마무리하고 있다.

　발표를 마무리할 때 앞서 설명한 내용을 요약하고 있지 않다.

② 발표 주제를 선정한 이유를 밝히며 발표를 시작하고 있다.

　발표를 시작할 때 발표 주제를 선정한 이유를 밝히고 있지 않다.

③ 비언어적 표현을 통해 발표 대상의 특징을 강조하고 있다.

　2문단에서 화면의 QR코드를 가리키는 비언어적 표현이 사용되었으나 이를 통해 발표 대상
　인 먹의 특징을 강조하고 있지는 않다.

⑤ 정보의 출처를 언급하여 발표 내용의 신뢰성을 높이고 있다.

　정보의 출처를 언급하고 있지 않다.

02

답 | ⑤

다음을 바탕으로 위 발표가 진행되었다고 할 때, 발표자가 사용한 발표 전략으로 적절하지 않은 것은?

발표 전 청중 특성 분석	발표 중 청중 반응 분석
㉠ 먹에 대해 관심이 적은 편임. ㉡ 스마트 기기를 활용한 수업 방식을 선호함. ㉢ 동료 평가를 작성할 때 참고할 발표 자료가 필요하다고 생각함.	㉣ 먹의 종류에 따른 특성을 잘 이해하지 못하고 있음. ㉤ 먹의 제조 과정에 대해 호기심을 보이고 있음.

정답 선지 분석

⑤ ㉤을 고려하여, 청중의 반응에 즉각적으로 대응하기 위해 앞서 제시했던 그림 중 일부를 다시 보여 주고 있다.

　3문단에서 발표자는 먹의 제조 과정을 소개하기 위해 그을음 채취 단계와 반죽의 건조 단계
　를 나타내는 두 장의 그림을 한 화면에 제시한다. 이후 청중이 먹의 제조 과정에 흥미를 느끼
　고 있음을 파악하고, 즉각적으로 대응하기 위해 먹을 반죽하는 모습을 담은 새로운 그림을
　보여 주고 있다. 이때 앞서 제시했던 그림 중 일부를 다시 보여 주고 있지는 않다.

오답 선지 분석

① ㉠을 고려하여, 청중의 흥미를 유발하기 위해 '사진 1'을 활용하고 있다.

　먹에 대해 관심이 적은 편인 청중의 특성을 고려하여, 1문단에서 '사진 1'을 통해 먹으로 그
　려진 작품들을 보여 주며 흥미를 유발하고 있다.

② ㉡을 고려하여, 청중의 참여를 유도하기 위해 화면을 보여 주며 스마트 기기로 답변을 제출할 것을 요청하고 있다.

　스마트 기기를 활용한 수업 방식을 선호하는 청중의 특성을 고려하여, 2문단에서 화면의 QR
　코드를 가리키며 스마트 기기로 설문 페이지에 접속하여 답변을 제출할 것을 요청하고 있다.

③ ⓒ을 고려하여, 청중의 동료 평가를 돕기 위해 자료를 게시한 곳을 화면으로 보여 주고 있다.

동료 평가를 작성할 때 참고할 만한 발표 자료가 필요하다고 생각하는 청중의 특성을 고려하여, 4문단에서 화면을 통해 온라인 자료실의 게시판에 자료를 게시하였음을 보여 주고 있다.

④ ⓓ을 고려하여, 청중에게 설명했던 내용을 시각적으로 보여 주기 위해 '사진 2'를 활용하고 있다.

먹의 종류에 따른 특성을 잘 이해하지 못하고 있는 청중의 반응을 고려하여, 2문단에서 '사진 2'를 통해 송연 먹으로 그은 선과 유연 먹으로 그은 선의 특성 차이를 시각적으로 제시하고 있다.

03
답 | ③

다음은 위 발표를 들은 학생들의 반응이다. 학생의 반응을 이해한 내용으로 가장 적절하지 <u>않은</u> 것은?

· 학생 1 : 예전에 할아버지의 서예 작업을 옆에서 도울 때 먹의 은은한 향기에 놀랐던 기억이 나. 먹의 제조 과정에서 향기를 내기 위한 단계가 있을 것 같아.

· 학생 2 : 먹의 종류에 대해 알 수 있어 유익했어. 특히 송연 먹은 소나무가 많은 지역의 특산품이었을 것 같아. 송연 먹으로 유명한 지역이 어디인지 찾아봐야겠어.

· 학생 3 : 농담이나 선의 표현이 물의 양으로만 조절되는 것이라고 생각했는데, 먹의 종류에 따라서도 달라질 수 있다는 것을 알게 되어 좋았어.

정답 선지 분석

③ '학생 3'은 발표 내용이 자신의 배경지식과 일치하지 않는 이유를 확인하고 있다.

'학생 3'은 농담이나 선의 표현이 물의 양으로만 조절된다는 배경지식을 가지고 있었는데, 발표 내용을 통해 먹의 종류에 따라서도 농담이나 선의 표현이 달라질 수 있다는 것을 알게되었다. 이를 고려하면 발표 내용이 '학생 3'의 배경지식과 일치하지 않는 것은 맞으나, '학생 3'이 불일치의 이유가 무엇인지 확인하고 있지는 않다.

오답 선지 분석

① '학생 1'은 발표 대상과 연관된 경험을 떠올리고 있다.

'학생 1'은 할아버지의 서예 작업을 도울 때 먹의 향기에 놀랐던 경험을 떠올리고 있다.

② '학생 2'는 발표 내용과 관련하여 추가 활동을 계획하고 있다.

'학생 2'는 먹의 종류에 대한 발표 내용과 관련하여 송연 먹으로 유명한 지역을 찾아보는 추가 활동을 계획하고 있다.

④ '학생 1'과 '학생 2' 모두 발표에서 다루지 않은 내용을 추측하고 있다.

'학생 1'은 먹의 제조 과정에서 향기를 내기 위한 단계가 있을 것이라 했고, '학생 2'는 송연 먹이 소나무가 많은 지역의 특산품이었을 것이라 했으므로 발표에서 다루지 않은 내용을 추측한 것으로 볼 수 있다.

⑤ '학생 2'와 '학생 3' 모두 발표를 통해 새로운 정보를 알게 된 것을 긍정적으로 인식하고 있다.

'학생 2'는 먹의 종류에 대해 알 수 있어 유익했다고 했고, '학생 3'은 농담이나 선의 표현이 먹의 종류에 따라서도 달라질 수 있음을 알게 되어 좋았다고 했으므로 발표를 통해 새로운 정보를 알게 된 것을 긍정적으로 인식하고 있다고 볼 수 있다.

빠른 정답 체크

01 ④   **02** ②   **03** ②   **04** ⑤   **05** ②

'품사'는 공통된 성질이 있는 단어끼리 묶어서 분류해 놓은 갈래를 뜻하고, _{품사의 개념} '문장 성분'은 문장 안에서 일정한 문법적 기능을 하는 구성 요소를 뜻한다. _{문장 성분의 개념} 관형사는 체언인 명사, 대명사, 수사 앞에서 해당 체언을 꾸며 주는 품사이고, _{관형사의 개념} 관형어는 체언을 꾸며 주는 문장 성분이므로, _{관형어의 개념} 서로 문법 단위가 다르다. 그런데 관형사나 관형어는 이름과 그 기능이 서로 유사하여, 둘을 구별하기가 쉽지 않다.

관형사는 단어의 성질 자체가 체언의 수식에 있고, _{관형사의 성질} 문장 성분으로는 관형어의 기능을 한다. _{관형사의 문장 성분} 하지만 관형어는 관형사로만 실현되는 것은 아니다. 관형사 이외에도 체언과 관형격 조사의 결합, 용언의 어간과 관형사형 어미의 결합, 체언 자체로도 관형어로 쓰 _{관형어의 다양한 실현 형태} 일 수 있다.

_{체언 자체로 관형어로 쓰인 경우}
(가) 헌 집이지만 나는 고향 집이 정겹다.
_{관형사가 관형어로 쓰임}   _{용언의 어간과 관형사형 어미가 결합하여 관형어로 쓰인 경우}
(나) 할아버지의 집을 고쳐서 예쁜 집으로 만들었다.
_{체언과 관형격 조사가 결합하여 관형어로 쓰인 경우}

(가)의 '헌'은 '집'을 꾸며 주는 관형사이다. 이때 '헌'은 조사와 _{관형사의 특징 ①} 결합하지 않으며, '헌'이라는 고정된 형태로만 쓰인다. 즉 '헌 책, _{관형사의 특징 ②} 헌 구두'와 같이 관형사는 언제나 체언을 꾸며 주는 관형어로만 _{관형어의 형태 ① - 관형사} 쓰인다. 또한 '고향'은 명사이지만, 뒤에 오는 체언 '집'을 꾸며 주는 기능을 한다. 이처럼 체언이 나란히 올 경우 앞의 체언은 뒤 _{관형어의 형태 ② - 체언 + 체언} 의 체언을 꾸며 주는 관형어로 쓰일 수 있다.

(나)의 '할아버지'는 관형격 조사 '의'와 결합하여 '집'을 수식하 _{관형어의 형태 ③ - 체언 + 관형격 조사 '의'} 는 관형어로 쓰인다. 또한 '예쁜'은 형용사인데, 어간 '예쁘-'에 관형사형 어미 '-(으)ㄴ'이 결합하여 '집'을 꾸미는 관형어로 쓰인 _{관형어의 형태 ④ - 형용사 어간 + 관형사형 어미 '-(으)ㄴ'} 다. 마찬가지로 '살던 집', '구경하는 집'처럼 동사의 어간에 관형 _{관형어의 형태 ⑤ - 동사 어간 + 관형사형 어미 '-(으)ㄴ'} 사형 어미가 결합하여 관형어로 쓰일 수 있다.

01
답 | ④

윗글을 읽고 보인 반응으로 적절하지 <u>않은</u> 것은?

정답 선지 분석

④ 두 명사가 나란히 올 때 앞 명사는 관형사가 될 수 있군.

두 명사가 나란히 올 때 앞의 명사는 관형어로 쓰이지만, 관형사로 품사가 바뀌는 것은 아니다.

오답 선지 분석

① 관형사는 그 형태가 변하지 않는군.
　관형사는 고정된 형태로 쓰인다.

② 관형사와 관형어는 모두 체언을 꾸며 주는군.
　관형사와 관형어는 모두 체언을 꾸며 준다.

③ 관형어가 항상 관형사를 통해 실현되는 것은 아니군.
　관형사 외에도 관형어로 쓰일 수 있다.

⑤ 형용사는 관형사형 어미가 결합하더라도 관형사가 될 수 없군.
　관형사형 어미가 결합한 '예쁜'의 품사는 형용사이다.

02
답 | ②

윗글을 바탕으로 <보기>의 문장을 탐구하여 정리한 내용으로 적절한 것은?

보기

ㄱ. 새 가구는 어머니의 자랑거리이다.
ㄴ. 모든 아이들이 달리는 사자를 구경했다.
ㄷ. 그들은 오랫동안 친한 친구로 지내고 있다.
ㄹ. 우리 가족은 가던 걸음을 멈추고 뒤돌아보았다.
ㅁ. 대부분의 학생이 여름 바다를 간절하게 그리워했다.

정답 선지 분석

문장	탐구 정리 내용		
	관형어 개수	관형어	품사
② ㄴ	2	모든	관형사
		달리는	동사

ㄴ에서 관형어는 '모든'과 '달리는'이며, 이들의 품사는 각각 관형사와 동사이다.

오답 선지 분석

①	ㄱ	1	어머니의	명사+조사

ㄱ에서 관형어는 '새', '어머니의'이며 이들의 품사는 각각 관형사, 명사+조사이다.

③	ㄷ	1	친한	관형사

ㄷ에서 관형어는 '친한'이며 이것의 품사는 형용사이다.

④	ㄹ	1	가던	동사

ㄹ에서 관형어는 '우리', '가던'이며 이들의 품사는 각각 대명사, 동사이다.

⑤	ㅁ	2	여름	명사
			간절하게	형용사

ㅁ에서 관형어는 '대부분의', '여름'이며 이들의 품사는 각각 명사+조사, 명사이다.

03
답 | ②

<보기>는 음운 변동에 대한 수업의 한 장면이다. 학생들의 활동 결과로 적절한 것은?

보기

선생님: 음운 변동은 한 음운이 다른 음운으로 바뀌는 '교체', 원래 있던 음운이 없어지는 '탈락', 새로운 음운이 생기는 '첨가', 두 음운이 하나의 음운으로 합쳐지는 '축약'이 있습니다. 음운의 변동이 일어날 때 음운 개수가 변하기도 하는데요. 제시된 단어들에서 일어나는 음운 변동을 있는 대로 모두 찾고 음운 개수의 변화를 정리해 볼까요?

정답 선지 분석

	단어	음운 변동 종류	음운 개수의 변화
②	뚫는[뚤른]	교체, 탈락	하나가 줄어듦.

'뚫는'은 '뚫는 → [뚤는] → [뚤른]'에서 'ㅎ'이 탈락하고 'ㄴ'이 'ㄹ'로 교체된다. 이때 'ㅎ'의 탈락으로 인해 음운이 1개가 줄어든다.

오답 선지 분석

①	국밥[국빱]	첨가	하나가 늘어남.

'국밥[국빱]'에서 'ㅂ'은 'ㅃ'으로 교체된다. 이때 음운 개수에는 변화가 없다.

③	막내[망내]	교체, 축약	하나가 줄어듦.

'막내[망내]'에서 'ㄱ'은 'ㅇ'으로 교체된다. 이때 음운 개수에는 변화가 없다.

④	물약[물략]	첨가	하나가 늘어남.

'물약 → [물냑] → [물략]'에서 'ㄴ'이 첨가되고 이 'ㄴ'이 'ㄹ'로 교체된다. 이때 'ㄴ'이 첨가되므로 음운은 1개 늘어난다.

⑤	밟힌[발핀]	축약	변화 없음.

'밟힌[발핀]'에서 'ㅂ'과 'ㅎ'이 결합하여 'ㅍ'으로 축약된다. 이때 두 음운이 결합하여 하나의 음운이 되었으므로 음운은 1개 줄어든다.

04
답 | ⑤

<보기>는 '사전 활용하기' 학습 활동을 위한 자료이다. 이에 대해 탐구한 내용으로 적절하지 않은 것은?

보기

가늘다「형」 ① 물체의 지름이 보통의 경우에 미치지 못하고 짧다.
　　　　② 소리의 울림이 보통에 미치지 못하고 약하다.
굵다「형」 ① 물체의 지름이 보통의 경우를 넘어 길다.
　　　　¶ 나뭇가지가 굵다.
　　　　② 밤, 대추, 알 따위가 보통의 것보다 부피가 크다.
두껍다「형」 ① 두께가 보통의 정도보다 크다.
　　　　¶ 두꺼운 종이
　　　　② 층을 이루는 사물의 높이나 집단의 규모가 보통의 정도보다 크다.

정답 선지 분석

⑤ '굵다①'과 '두껍다①'의 의미에 의하면 '굵은 손가락'은 '두꺼운 손가락'으로 쓰는 것이 적절하다.
　'굵다①'은 '물체의 지름이 보통의 경우를 넘어 길다.'라는 의미이고 '두껍다①'은 '두께가 보통의 정도보다 크다.'라는 의미이므로, '두꺼운 손가락'은 '굵은 손가락'으로 쓰는 것이 적절하다.

오답 선지 분석

① '가늘다', '굵다', '두껍다'는 모두 다의어이다.
　각 단어는 모두 2개 이상의 서로 관련된 의미를 가지므로 다의어이다.

② '가늘다②'의 용례로 '열차의 기적 소리가 가늘게 들려왔다.'를 추가할 수 있다.
　'열차의 기적 소리가 가늘게 들려왔다.'에서 '가늘다'는 '소리의 울림이 보통에 미치지 못하고 약하다.'라는 의미이므로, 이 문장은 '가늘다②'의 용례로 볼 수 있다.

③ '두껍다②'의 용례로 '그 책은 수요층이 두껍다.'를 들 수 있다.
　'그 책은 수요층이 두껍다.'에서 '두껍다'는 '층을 이루는 사물의 높이나 집단의 규모가 보통의 정도보다 크다.'라는 의미이므로, 이 문장은 '두껍다②'의 용례로 볼 수 있다.

④ '굵다①'의 용례에서 '굵다'를 '가늘다'로 바꾸면 '가늘다①'의 용례가 될 수 있다.

'나뭇가지가 가늘다.'에서 '가늘다'는 '물체의 지름이 보통의 경우에 미치지 못하고 짧다.'라는 의미이므로, 이 문장은 '가늘다①'의 용례로 볼 수 있다.

05

답 | ②

\<보기\>의 ㉠~㉤에 나타나는 중세 국어의 특징을 탐구한 내용으로 적절하지 않은 것은?

보기

[중세 국어]

자내 날 ㉠ 향ᄒᆡ ᄆᆞᄋᆞᆯ 엇디 가지며 나ᄂᆞᆫ 자내 향ᄒᆡ ᄆᆞᄋᆞᆯ 엇디 가지던고 ᄆᆡ양 자내ᄃᆞ려 ㉡ 내 닐오ᄃᆡ 호ᄃᆡ 누어셔 이 보소 ᄂᆞᆷ도 우리ᄀᆞ티 서로 에엿쎄 녀겨 ᄉᆞ랑ᄒᆞ리 ᄂᆞᆷ도 우리 ㉢ ᄀᆞᄐᆞᆫ가 ᄒᆞ야 자내ᄃᆞ려 ㉣ 니ᄅᆞ더니 엇디 그런 이ᄅᆞᆯ ㉤ ᄉᆡᆼ각디 아녀 나ᄅᆞᆯ ᄇᆞ리고 몬져 가시ᄂᆞᆫ고

- 이응태 부인이 쓴 언간에서 -

[현대어 풀이]

당신이 나를 향하여 마음을 어찌 가지며, 나는 당신을 향하여 마음을 어찌 가지던가? 늘 당신에게 내가 이르되, 함께 누워서, "이 보소, 남도 우리같이 서로 예쁘게 여겨서 사랑하리? 남도 우리 같은가?" 하여 당신에게 이르더니, 어찌 그런 일을 생각지 아니하여 나를 버리고 먼저 가시는가?

정답 선지 분석

② ㉡에서 주격조사가 생략되었음을 알 수 있군.

㉡에서 현대 국어 '내가'는 '나'의 이형태인 '내'와 주격조사 '가'가 결합된 형태이고, 중세 국어의 '내'는 '나'와 주격조사 'ㅣ'가 결합된 형태이다. 따라서 주격조사가 생략되었다는 말은 적절하지 않다.

오답 선지 분석

① ㉠에서 현대 국어에 쓰이지 않는 모음이 사용되었음을 알 수 있군.

'·'가 쓰인 것으로 보아, 현대 국어에 쓰이지 않는 모음이 사용되고 있음을 확인할 수 있다.

③ ㉢에서 이어적기가 사용되었음을 알 수 있군.

현대 국어에서 '같은가'로 쓰인 것으로 보아, 중세 국어에는 이어적기가 사용되었음을 확인할 수 있다.

④ ㉣에서 두음법칙이 적용되지 않았음을 알 수 있군.

현대 국어에서 '이르더니'로 쓰인 것으로 보아, 중세 국어에는 두음법칙이 적용되지 않았음을 확인할 수 있다.

⑤ ㉤에서 구개음화가 일어나지 않았음을 알 수 있군.

현대 국어에서 '생각지'로 쓰인 것으로 보아, 중세 국어에는 구개음화가 일어나지 않았음을 확인할 수 있다.

DAY 3 인간 이해를 위한 성격 심리학 / 분석심리학 이야기

빠른 정답 체크

01 ②   02 ⑤   03 ④   04 ⑤   05 ②   06 ②

가

❶ 19세기에 분트는 인간의 정신세계가 의식으로 이루어져 있다고 보고, 실험을 통해 인간의 정신 현상과 행동을 설명하는 실험심리학을 주창하였다. *(분트의 실험심리학)* 이때 의식이란 깨어 있는 상태에서 자신이나 세계를 인식하는 모든 정신 작용을 의미한다. *(의식의 개념)* 그러나 프로이트는 정신 질환을 겪는 환자들을 치료하면서 인간에게는 의식과는 다른 무의식 세계가 있다는 것을 발견하였다. *(프로이트의 발견)* 이에 그는 인간을 무의식의 지배를 받는 비합리적 존재로 간주하고, *(프로이트가 바라본 인간)* 정신분석이론을 통해 인간의 정신세계를 ⓐ 규명하려 하였다.

❷ 프로이트에 의하면 「인간의 정신세계 중 의식이 차지하는 영역은 빙산의 일각일 뿐, 무의식이 정신세계의 대부분을 차지한다.」 *(「」: 프로이트의 이론에서의 인간의 정신세계)* 그는 무의식의 심연에는

'원초아'가, 무의식에서 의식에 걸쳐 '자아'와 '초자아'가 존재한다고 보았다. *(프로이트가 주장한 정신의 구성 요소)* 원초아는 성적 에너지를 바탕으로 본능적인 욕구를 충족하려는 선천적 정신 요소이다. *(원초아의 개념)* 반면 자아는 외적 상황으로 인해 충족되지 못하고 지연되거나 좌절된 원초아의 욕구를 사회적으로 용인될 수 있는 방법으로 충족하려는 정신 요소이다. *(자아의 개념)* 마지막으로 초자아는 도덕률에 따라 원초아의 욕구를 억제하고 양심에 따라 행동하도록 하는 정신 요소로, *(초자아의 개념)* 어린 시절 부모의 종교나 가치관 등을 내재화하는 과정에서 후천적으로 발달한다. *(초자아의 발달 조건)*

❸ 이러한 원초아, 자아, 초자아는 역동적으로 상호작용하면서 *(개인의 성격 형성에 영향을 미치는 요소 ①)* 개인의 성격을 형성한다. 가령, 원초아가 강할 때는 본능적인 욕구에 집착하는 충동적인 성격이, *(원초아는 본능적인 욕구를 충족하려는 정신 요소임)* 초자아가 강할 때는 엄격하게 도덕을 지키려는 원칙주의적 성격이 나타난다. *(초자아는 도덕률을 지키려는 정신 요소임)* 자아는 원초아와 초자아의 요구 사이에서 이를 조정하는 역할을 하기 때문에, *(자아의 역할)* 정신적 균형을 이루기 위해서는 자아의 발달이 중요하다. 만일 자아가 제 역할을 하지 못하면 정신 요소의 균형이 깨져 불안감이 생기는데, 자아는 이를 해소하기 위해 무의식적으로 방어기제를 사용하게 된다. *(정신 요소의 균형이 깨져 생긴 불안감을 해소하기 위한 방법)* 대표적인 방어기제로는 억압이나 승화 등이 있다. 억압은 자아가 수용하기 힘든 욕구를 무의식 속으로 억누르는 것을, *(억압의 개념)* 승화는 「그러한 욕구를 예술과 같이 가치 있는 활동으로 ⓑ 전환하는 것을」 *(「」: 승화의 개념)* 의미한다. 개인마다 습관적으로 사용하는 방어기제가 다르기 때문에 어떤 방어기제를 사용하느냐 또한 개인의 *(개인의 성격 형성에 영향을 미치는 요소 ②)* 성격 형성에 영향을 미친다.

WEEK 1

❹ 프로이트는 어린 시절에 해소되지 않은 원초아의 욕구나 정신
<u>요소 간의 갈등은</u> 성인이 된 후에도 지속적으로 영향을 주기 때
〔성인의 정신 질환의 원인이 될 수 있음〕
문에, 이 시기에 부모와의 상호작용 경험이 성격 형성에 큰 영향
〔개인의 성격 형성에 영향을 미치는 요소 ③〕
을 준다고 설명하였다. 특히 그는 성인의 정신 질환을 어린 시절
<u>의 심리적 갈등이 재현된 것</u>으로 보고, 이를 치유하기 위해서는
〔프로이트가 본 성인의 정신 질환〕
<u>무의식에 내재되어 있는 과거의 상처를 의식의 세계로 끌어내는</u>
<u>과정</u>이 필요하다고 주장하였다. 이러한 프로이트의 이론은 기존
〔성인의 정신 질환을 치유하기 위한 방법〕
의 이론에서 ⓒ <u>간과한 무의식에 대한 탐구를 통해 인간 이해에</u>
<u>대한 지평을 넓혔다</u>는 평을 받고 있다.
〔프로이트의 이론에 대한 평가〕

나

❶ 융은 프로이트의 정신분석이론에 반기를 들고, <u>분석심리학</u>을
주장하였다. 무의식을 단지 <u>의식에서 수용할 수 없는 원초적 욕</u>
〔프로이트가 본 무의식〕
<u>구나 해결되지 못한 갈등의 창고</u>로만 본 프로이트와 달리, 융은
<u>무의식을 인간이 잠재적 가능성을 실현할 때 필요한 창조적인 에</u>
<u>너지의 샘</u>으로 보았다는 점에서, 그의 분석심리학은 프로이트의
〔융이 본 무의식〕
이론과 구별된다.

❷ 융은「<u>정신세계의 가장 바깥쪽에는</u>
「」: 융의 이론에서의 인간의 정신세계
의식이, 그 안쪽에는 개인 무의식이, 그
리고 맨 안쪽에는 집단 무의식이 순서
대로 자리 잡고 있다고 보았다.」 의식은
<u>생각이나 감정, 기억과 같이 인간이 직접 인식할 수 있는 영역으</u>
〔의식의 개념〕
로, 여기에는 '자아'가 존재한다. 자아는 <u>의식을 지배하는 동시에</u>
<u>무의식과 교류하며 이를 조정하는 역할</u>을 한다. 개인 무의식은
〔자아의 역할〕
「<u>의식에 의해 ⓓ 배제된 생각이나 감정, 기억 등이 존재하는 영역</u>이
「」: 개인 무의식의 개념
다. 이곳에 존재하는 '그림자'는 자아에 의해 억압된 '<u>또 하나의</u>
<u>나</u>'라고 할 수 있다. 마지막으로 집단 무의식은 <u>태어날 때부터 누</u>
〔그림자의 개념〕
<u>구나 가지고 있는 원초적이며 보편적인 무의식</u>이다. 거기에는 진
〔집단 무의식의 개념〕
화를 통해 축적되어 온 인류의 경험이 '원형'의 형태로 존재한다.
〔원형의 개념〕
가령 <u>어두운 상황에서 누구나 공포심을 느끼는 것</u>이 원형에 해당
〔원형의 예시〕
한다.

❸ 융에 따르면 집단 무의식의 가장 안쪽에는 '자기'가 존재한다.
이는 <u>정신세계에 내재하는 개인의 근원적인 모습</u>이라고 할 수 있
〔자기의 개념〕
다. 융은「<u>자아가 성찰을 통해 무의식의 심연에 존재하는 자기를</u>
「」: 융의 개별화 - 정신적 균형을 이루는 과정
<u>발견하면, 인간은 비로소 타인과 구별되는 고유한 존재가 된다</u>고
보고 이를 개별화라고 불렀다. 이는「<u>의식에 존재하는 자아가 무</u>
「」: 무의식을 의식화하는 과정
<u>의식과 끊임없이 상호작용하며 무의식의 영역을 의식으로 통합</u>
<u>하는 과정</u>, 즉 ㉠ <u>무의식을 의식화하는 과정</u>을 통해 이루어진다.
〔개별화의 조건〕
이 과정에서 자아는 자신의 또 다른 모습인 그림자와 ⓔ <u>대면하</u>

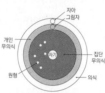

게 되고, 집단 무의식에 존재하는 여러 원형들을 발견하게 된다.
결국 자아가 무의식의 심연에 존재하는 자기를 찾아가는 과정은
〔개별화〕
정신세계를 구성하는 자아와 그림자, 그리고 여러 원형들이 대립
에서 벗어나 하나의 정신으로 통합되면서 정신적 균형을 이루는
과정이라 할 수 있다. 이러한 과정에서 개인은 내면의 성숙을 이
〔정신적 균형을 이루었을 때의 효과〕
루며 자신의 정체성을 찾게 된다.

01
답 | ②

(가), (나)의 공통점으로 가장 적절한 것은?

정답 선지 분석

② 기존과 다른 관점에서 인간의 정신세계를 설명한 이론을 소개하고 있다.

(가)는 인간의 정신세계가 의식으로 이루어져 있다고 설명한 분트의 실험심리학과 다른 관점
에서 인간의 정신세계가 의식과 무의식으로 이루어져 있다고 설명한 프로이트의 정신분석이
론을 소개하고 있다. (나)는 무의식을 의식에서 수용할 수 없는 원초적 욕구나 해결되지 못한
갈등의 창고로만 본 프로이트와 달리 무의식을 인간이 잠재적 가능성을 실현할 때 필요한 창
조적인 에너지의 샘으로 해석한 융의 분석심리학을 소개하고 있다.

오답 선지 분석

① 인간의 무의식을 주장한 이론에 대한 상반된 평가를 제시하고 있다.

(가)와 (나) 모두 인간의 무의식을 주장한 이론에 대해 설명하고 있지만, 이에 대한 상반된 평
가를 제시하고 있지는 않다.

③ 인간의 무의식을 설명한 이론이 등장하게 된 역사적 사건을 소개하고 있다.

(가)와 (나) 모두 인간의 무의식을 주장하는 이론에 대해 설명하고 있지만, 이 이론이 등장하
게 된 역사적 사건을 소개하고 있지는 않다.

④ 인간의 정신 질환을 분류하고 각각의 특징을 설명한 이론을 제시하고 있다.

(가)와 (나) 모두 인간의 정신 질환을 분류하고 있지 않다.

⑤ 인간의 정신세계를 설명한 이론이 다른 학문 영역에 미친 영향을 분석하고
있다.

(가)와 (나) 모두 인간의 정신세계를 설명하고 있지만 그것이 다른 학문 영역에 미친 영향을
분석하고 있지는 않다.

02
답 | ⑤

(가)의 내용과 일치하지 않는 것은?

정답 선지 분석

⑤ 프로이트는 의식적으로 사용하는 방어기제와 무의식적으로 사용하는 방어
기제를 구분하였다.

자아는 정신 요소의 균형이 깨져 발생하는 불안감을 해소하기 위해 무의식적으로 방어기제
를 사용한다. 따라서 프로이트가 의식적으로 사용하는 방어기제를 무의식적으로 사용하는
방어기제와 구분하였다는 내용은 적절하지 않다.

오답 선지 분석

① 분트는 인간의 정신세계가 의식으로만 구성되어 있다고 보았다.

1문단의 '분트는 인간의 정신세계가 의식으로 이루어져 있다고 보고'라는 내용에서 확인할
수 있다.

② 프로이트는 인간을 무의식의 지배를 받는 비합리적 존재로 여겼다.

1문단의 '인간을 무의식의 지배를 받는 비합리적 존재로 간주하고'라는 내용에서 확인할 수
있다.

③ 프로이트는 원초아가 강할 때 본능적인 욕구에 집착하는 성격이 나타난다고 생각했다.

3문단의 '원초아가 강할 때는 본능적인 욕구에 집착하는 충동적인 성격'이라는 내용에서 확인할 수 있다.

④ 프로이트는 세 가지 정신 요소들이 상호작용하면서 개인의 성격이 형성된다고 보았다.

3문단의 '원초아, 자아, 초자아는 역동적으로 상호작용하면서 개인의 성격을 형성한다.'라는 내용에서 확인할 수 있다.

03   답 | ④

(가)의 '프로이트'와 (나)의 '융'의 관점에서 <보기>를 이해한 내용으로 적절하지 않은 것은?

보기

[헤르만 헤세의 연보]

• 1877: 기독교인다운 엄격한 생활을 중시하는 경건주의 집안에서 태어남. ·············· ㉮

• 1881~1886: 자유분방한 기질로 인해 엄한 아버지의 교육 방식에 반항하며 불안감을 느낌. ·············· ㉯

• 1904~1913: 잠재된 문학적 재능을 발휘하여 왕성하게 작품 창작을 하며 불안에서 벗어남. ·············· ㉰

• 1916~1919: 아버지의 죽음을 접하고 심한 우울증을 경험함. ········· ㉱

• 1945~1962: 성찰적 글쓰기 활동 속에서 심리적 안정감을 느끼며 여생을 보냄. ·············· ㉲

• 1962: 몬타뇰라에서 죽음.

정답 선지 분석

④ ㉱: 프로이트는 헤세의 우울증을 유년기의 불안이 재현된 것으로, 융은 이를 자아와 그림자가 통합된 것으로 보겠군.

(가)의 프로이트에 따르면 헤세의 우울증은 유년기에 느낀 불안감의 재현으로 볼 수 있다. (나)의 융에 따르면 자아가 자기를 찾아가는 과정에서 정신세계를 구성하는 그림자, 그리고 여러 원형들이 대립에서 벗어나 하나의 정신으로 통합되므로, 자아와 그림자의 통합은 내면의 성숙과 관련이 있다고 볼 수 있다.

오답 선지 분석

① ㉮: 프로이트는 엄격한 집안 분위기가 헤세의 초자아가 발달하는 데 영향을 주었다고 보겠군.

(가)의 프로이트에 따르면 어린 시절 부모의 종교나 가치관 등을 내재화하는 과정에서 헤세의 초자아는 발달하게 된다.

② ㉯: 프로이트는 헤세의 불안감을 원초아와 초자아의 요구를 자아가 제대로 조정하지 못한 결과라고 보겠군.

(가)의 프로이트에 따르면 헤세의 불안감은 타고난 자유분방한 기질에서 비롯한 원초아의 요구와 엄한 아버지의 교육으로 내재화된 초자아의 요구 사이에서 자아가 이를 조정하지 못해 생긴 것으로 볼 수 있다.

③ ㉰: 프로이트는 헤세의 왕성한 창작 활동을 승화로, 융은 이를 무의식의 창조적 에너지가 발현된 것으로 보겠군.

(가)의 프로이트에 따르면 헤세의 작품 창작은 어린 시절 생겨난 불안감을 무의식적으로 해소하려는 '승화'의 방어기제로 볼 수 있다. (나)의 융에 따르면 헤세의 작품 창작 활동은 무의식의 창조적 에너지가 발현되어 헤세의 잠재된 문학적 재능을 실현한 것으로 볼 수 있다.

⑤ ㉲: 융은 헤세가 성찰하는 글쓰기 활동을 통해 자기를 발견하는 과정에서 심리적 안정감을 느낀 것으로 보겠군.

(나)의 융에 따르면 헤세가 심리적 안정감을 느낀 것은 성찰하는 글쓰기 활동을 통해 자기를 발견하는 과정에서 내면이 점점 성숙해졌기 때문이라고 볼 수 있다.

04   답 | ⑤

(가)의 정신분석이론과 (나)의 분석심리학에서 모두 동의하는 진술로 가장 적절한 것은?

정답 선지 분석

⑤ 정신적 균형을 이루기 위해서는 자아의 역할이 중요하다.

(가)의 정신분석이론에 의하면 자아는 원초아와 초자아의 요구 사이에서 이를 조정하는 역할을 하기 때문에 정신적으로 균형을 이루기 위해서는 자아의 발달이 중요하다. 또한 (나)의 분석심리학에 의하면 정신 세계를 구성하는 각 요소들이 통합되어 정신적 균형을 이루기 위해서는 의식에 존재하는 자아가 끊임없이 무의식과 상호작용하며 무의식을 의식화하는 과정이 필요하다. 따라서 두 이론 모두 정신세계의 균형을 이루기 위해 자아의 역할을 중요하게 보고 있다고 할 수 있다.

오답 선지 분석

① 자아는 의식과 무의식의 세계에 걸쳐서 존재한다.

(가)의 정신분석이론에서 자아는 의식과 무의식의 세계에 걸쳐서 존재한다고 진술하지만 (나)의 분석심리학에서 자아는 의식의 세계에 존재한다고 진술하고 있다.

② 무의식은 성적 에너지로만 이루어진 정신 요소이다.

(가)의 정신분석이론에서 원초아가 성적 에너지를 바탕으로 한다고 진술하고 있지만 (나)의 분석심리학에서 무의식은 창조적인 에너지의 샘이라고 진술하고 있다.

③ 무의식은 개인의 경험을 초월해 원형의 형태로 유전된다.

(나)의 분석심리학에서 집단 무의식은 진화를 통해 축적되어 온 인류의 경험이 '원형'의 형태로 존재한다고 진술하고 있지만 (가)에서는 그러한 내용이 언급되어 있지 않다.

④ 무의식에는 자아에 의해 억압된 열등한 자아가 존재한다.

(나)의 분석심리학에서 그림자를 자아에 의해 억압된 '또 하나의 나'라고 설명하고 있지만 이를 '열등한 자아'라고 볼 수 없다. 또한 (가)의 정신분석이론에서는 무의식에 자아에 의해 억압된 열등한 자아가 존재한다는 설명은 나타나 있지 않다.

05   답 | ②

㉠을 이해한 내용으로 가장 적절한 것은?

정답 선지 분석

② 자신의 근원적인 모습을 찾아 나가는 개별화의 과정이다.

'무의식을 의식화하는 과정'이란 의식에 존재하는 자아가 무의식과 끊임없이 상호작용하여 타인과 구별되는 고유한 존재가 되는 개별화의 과정을 의미한다.

오답 선지 분석

① 의식의 확장을 통해 타인과의 경계를 허무는 과정이다.

의식의 확장을 통해 타인과 구별되는 고유한 존재가 되어 가는 과정이므로 타인과의 경계를 허무는 과정은 아니다.

③ 의식에 의해 발견된 무의식의 욕구가 억눌리는 과정이다.

'무의식을 의식화하는 과정'은 무의식의 영역을 의식으로 통합하면서, 정신 세계를 이루는 정신 요소들이 하나로 통합되면서 균형을 이루는 과정이므로, 의식에 의해 발견된 무의식의 욕구가 억눌리는 과정으로 볼 수 없다.

④ 무의식이 의식에서 분화되어 정체성이 실현되는 과정이다.

정체성의 실현은 무의식이 의식에서 분화됨으로써 이루어지는 것이 아니라 무의식과 의식의 통합을 통해 이루어진다.

⑤ 과거의 경험들을 반복함으로써 성격이 형성되는 과정이다.

과거의 경험들을 반복하는 것은 '무의식을 의식화하는 과정'과 무관하다.

06

답 | ②

@~ⓔ의 사전적 의미로 적절하지 <u>않은</u> 것은?

② ⓑ : 주기적으로 자꾸 되풀이하여 돎.

'전환'의 사전적 의미는 '다른 방향이나 상태로 바뀌거나 바꿈.'이다. '주기적으로 자꾸 되풀이하여 돎.'의 사전적 의미를 지닌 단어는 '순환'이다.

① @ : 어떤 사실을 자세히 따져서 바로 밝힘.

'규명'의 사전적 의미는 '어떤 사실을 자세히 따져서 바로 밝힘.'이다.

③ ⓒ : 큰 관심 없이 대강 보아 넘김.

'간과'의 사전적 의미는 '큰 관심 없이 대강 보아 넘김.'이다.

④ ⓓ : 받아들이지 아니하고 물리쳐 제외함.

'배제'의 사전적 의미는 '받아들이지 아니하고 물리쳐 제외함.'이다.

⑤ ⓔ : 서로 얼굴을 마주 보고 대함.

'대면'의 사전적 의미는 '서로 얼굴을 마주 보고 대함.'이다.

DAY 4 액세스권의 기본권적 의의 / 사례와 쟁점으로 본 언론법의 이해

빠른 정답 체크

01 ③   **02** ⑤   **03** ①   **04** ②   **05** ④   **06** ⑤

가

❶ 미국의 헌법학자 제롬 배런은 1967년 언론 매체 접근·이용권을 최초로 주장하였다. 언론 매체 접근·이용권이란 <u>국민이 자신의 사상이나 의견을 표명하기 위하여 언론 매체에 자유로이 접근하여 이를 이용할 수 있는 권리</u>를 말한다.
_{언론 매체 접근·이용권의 개념}

❷ 배런은 당시 <u>미국과 영국 내 언론의 독과점으로 인해 국민의 다양한 의견을 표출할 수 있는 통로가 점점 사라지고 있음</u>을 지적
_{언론 매체 접근·이용권의 등장 배경 ①}
했다. 또한 그는「상업적 이익만을 추구하는 언론사가 보다 많은
_{「」: 언론 매체 접근·이용권의 등장 배경 ②}
시청자나 독자 등을 확보하기 위하여 사람들이 불편하게 여기는 주장이나 의견보다는 대중적인 주장이나 의견만을 전달」하고 있다고 비판하였다. <u>언론 매체가 공론장의 역할을 하지 못해 국민의
_{대중적인 주장이나 의견만을 전달 → 다양하고 공정한 여론을 형성하지 못함}
다양하고 공정한 여론을 형성하는 기능을 수행하지 못함</u>을 지적한 것이다. 이러한 상황에서 국민들이 언론 매체가 아닌 다른 수단을 통해 자신의 의견을 표명하려고 해도 매스미디어에 @ 견주면 그 전달 범위가 극히 제한적이라고 보았다. <u>매스미디어의 거대화, 독점화에 따라 언론의 자유가 매체를 소유하거나 지배하는
_{언론 매체 접근·이용권의 등장 배경 ③}
소수의 계층이나 집단의 것으로 전락하였기 때문에 시민들의 언론의 자유를 보장</u>하기 위해 언론 매체 접근·이용권을 인정해야
_{배런이 언론 매체 접근·이용권을 주장한 이유}
함을 주장한 것이다.

❸ 법적으로 보장받는 언론 매체 접근·이용권의 대표적인 형태는 반론권이다. 이는「언론 매체에 의하여 명예 훼손·비판·공격
_{「」: 반론권의 개념}
등으로 피해를 입은 국민이 자기와 관련이 있는 보도에 대해 반론이나 정정 또는 해명의 기회를 요구할 수 있는 권리」이다. 반론권은 언론 매체에 <u>정정 및 반론 보도, 추후 보도 등을 청구할 수 있는 권리</u>로 구체화되어 있다. 반론권 이외에도 방송법에 <u>언론
_{반론권의 구체적인 내용}
매체가 사회의 다양성을 해치거나 임의로 특정 의견을 차별하지
_{국민이 언론 매체를 이용하여 자신의 의사를 표명할 수 있도록 하는 조항 ①}
못하게 하는 조항</u>을 마련하고 있으며, <u>시청자 참여 프로그램을
_{국민이 언론 매체를 이용하여 자신의 의사를 표명할 수 있도록 하는 조항 ②}
편성하도록 하는 조항</u> 등을 통해 국민이 언론 매체를 이용하여 자신의 의사를 표명할 수 있도록 하고 있다.

❹ 언론 매체 접근·이용권은「<u>국민의 언론의 자유를 보장하고 민
_{「」: 언론 매체 접근·이용권의 기능}
주주의 실현에 ⓑ 이바지하는 중요한 권리</u>」이다. 그러나 언론 매체 접근·이용권은 <u>언론 매체가 신문 등의 표현 내용을 결정하는
_{편집권의 개념}
권리인 편집권</u>과 ⓒ 맞부딪칠 수도 있다. 이에「언론 매체에 일정
_{「」: 국민의 언론 매체 접근·이용권을 보호하기 위한 방법}
한 기준의 재량권을 부여하고, 만약 언론 매체가 일정한 재량권을 일탈하거나 남용할 때는 구제 수단을 활용하여」국민의 언론 매체 접근·이용권을 보호하고 있다.

나

❶ 언론 보도에 의해 명예나 권리를 침해받은 때에는 어떻게 해야 할까? 명예 훼손죄로 고소할 수도 있지만, 판결이 나오기까지 시간이 오래 걸린다. 따라서 언론중재법에는 <u>언론 매체에 의해 피해를 받은 개인에게 신속하고 대등한 방어 수단을 제공하기 위
_{정정 보도 청구권과 반론 보도 청구권의 기능}
해 정정 보도 청구권과 반론 보도 청구권이 규정</u>되어 있다.

❷ <u>정정 보도 청구권은 진실하지 않은 언론 보도 등으로 인해 피
_{정정 보도 청구권의 개념}
해를 입었을 경우 보도 내용의 잘못을 바로잡는 정정 보도를 요구할 수 있는 권리</u>이며, <u>반론 보도 청구권은 언론 보도 등으로 인해 피해를 입었을 경우 그 보도 내용에 관한 반론을 보도해 줄 것
_{반론 보도 청구권의 개념}
을 요구할 수 있는 권리</u>이다.「정정 보도를 청구하는 피해자는 원
_{「」: 정정 보도 청구권과 반론 보도 청구권의 차이}
보도가 허위임을 입증해야 한다. 반면 반론 보도는 원 보도의 진위 여부와 상관없이 청구할 수 있다.」

❸ 정정 보도 청구권과 반론 보도 청구권의 주체는 <u>보도 내용과 개별적 연관성이 있으며 그 보도로 인해 피해를 입은 자</u>이다. 청
_{정정 보도 청구권과 반론 보도 청구권의 주체}
구권의 주체는 언론 보도의 '사실적 주장'에 대해 정정 보도와 반론 보도를 청구할 수 있는데, '사실적 주장'이라는 것은 증거에 의해서 그 존재 여부를 판단할 수 있는 사실 관계에 관한 주장을
_{사실적 주장의 개념}
의미한다. 따라서 <u>단순한 의견이나 논평, 광고 등은 청구의 대상
_{사실적 주장에 해당하지 않음}
이 아니다.</u> 피해자는 <u>해당 언론 보도 등이 있음을 안 날로부터 3
_{정정 보도와 반론 보도를 청구할 수 있는 기한}
개월 이내</u>에 정정 또는 반론 보도를 청구할 수 있는데, 해당 언론

보도 등이 있은 후 6개월이 지났을 때에는 이를 청구할 수 없다.
<u>정정 보도와 반론 보도를 청구할 수 없는 경우</u>
「정정 또는 반론 보도 청구는 언론사 등의 대표자에게 서면으로 하
<u>「」: 정정 보도와 반론 보도 청구 과정</u>
여야 하며, 언론사가 청구를 수용한다면 청구를 받은 날부터 7일
이내에 정정 또는 반론 보도문을 방송하거나 ⓓ <u>싣게</u> 된다.」 ㉠ <u>이</u>
<u>때의 보도는 원 보도와 동일한 채널, 지면에서 이루어져야 하며,</u>
<u>청구를 수용한 후 언론사가 해야 할 일</u>
방송 진행자는 보도문을 읽을 때 통상적인 속도로 읽어야 한다.

❹ 만약 언론중재법상 정정 보도를 청구할 수 있는 기간이 지났
<u>언론중재법과 민법에서의 정정 보도 청구 기간이 다름</u>
다면 민법 제764조에 의거하여 정정 보도를 청구할 수도 있다.
민법상 정정 보도 청구권에 따르면 언론 보도 등으로 명예를 훼손
당한 사람은 <u>언론 보도가 있음을 안 날로부터 3년 이내에 법원에</u>
<u>민법에서 정정 보도를 청구할 수 있는 기간</u>
소를 제기할 수 있는데, 해당 언론 보도가 있은 후 10년이 지났을
<u>정정 보도를 청구할 수 없는 경우</u>
때에는 불가하다. 민법상 정정 보도를 청구할 때는 언론사 등의
대표자뿐만이 아니라, <u>잘못된 언론 보도로 손해를 가한 기자, 편</u>
<u>집자 등에 대해서도 공동으로 청구할 수 있다.</u> 그런데 민법상 정
<u>언론중재법상으로는 언론사 등의 대표자에게 청구함</u>
정 보도 청구권이 성립하려면 언론중재법과 달리 <u>언론사의 고의</u>
<u>또는 과실이 있다는 것과, 해당 보도에 위법성이 있음이 입증되어</u>
<u>야 한다.</u> 만약 <u>언론 보도가 타인의 명예를 훼손했다 하더라도 해</u>
<u>민법상 정정 보도 청구권이 성립하기 위한 조건</u>
<u>당 보도가 공공의 이익을 위한 것일 때는 위법이 아니라고 인정된</u>
<u>위법이 아니라고 인정됨 → 민법상 정정 보도 청구권이 성립하지 않음</u>
다. 이처럼 민법상 정정 보도 청구권은 언론중재법상 정정 보도
청구권을 행사하는 것보다 엄격한 성립 요건을 필요로 한다.

❺ 정정 보도 청구권 및 반론 보도 청구권은 「피해를 입은 개인의
「」: 정정 보도 청구권과 반론 보도 청구권의 의의
입장을 제공하게 하여 개인의 피해 회복을 ⓔ <u>돕고</u> 우리 사회가
진실을 발견하고 올바른 여론을 형성하는 데 일조한다.

01

답 | ③

(가)와 (나)에 대한 설명으로 가장 적절한 것은?

정답 선지 분석

③ (가)는 권리의 등장 배경과 실현 양상을 설명하였고, (나)는 근거한 법에 따른 권리의 성립 요건 차이를 비교하였다.

(가)는 미국과 영국 내 언론의 독과점 상황을 통해 언론 매체 접근·이용권의 등장 배경을, 반론권 및 방송법의 조항 등을 통해 언론 매체 접근·이용권의 실현 양상을 설명하고 있다. (나)는 민법에 근거한 정정 보도 청구권은 언론중재법에 근거한 정정 보도 청구권과 달리 언론사의 고의나 과실이 있고 해당 보도에 위법성이 있다는 요건을 만족해야 성립한다는 것을 통해 두 권리의 성립 요건 차이를 비교하고 있다.

오답 선지 분석

① (가)는 권리의 유형을 구분하였고, (나)는 권리의 주체를 법률의 내용에 따라 분류하였다.

(나)는 권리의 주체를 법률의 내용에 따라 분류하고 있지 않다.

② (가)는 권리의 발전 과정을 소개하였고, (나)는 권리의 실행 과정에 나타나는 한계를 지적하였다.

(가)는 권리의 등장 배경을 언급하고 있으나, 권리의 발전 과정을 소개하고 있지는 않다. (나)는 정정 보도 청구권 및 반론 보도 청구권의 실행 과정에서 나타나는 한계를 지적하고 있지 않다.

④ (가)는 시대에 따라 변화하는 권리의 의의를 평가하였고, (나)는 다른 권리와 대비하며 권리의 특성을 분석하였다.

(가)는 시대에 따라 변화하는 권리의 의의를 평가하고 있지 않다. (나)는 정정 보도 청구권과 반론 보도 청구권을 대비하며 각각의 특성을 분석하고 있다.

⑤ (가)는 권리가 올바르게 실행되기 위한 조건을 제시하였고, (나)는 권리의 실행으로 인해 변화된 양상을 서술하였다.

(나)는 권리의 실행으로 인해 변화된 양상을 서술하고 있지 않다.

02

답 | ⑤

(가), (나)의 내용과 일치하지 <u>않는</u> 것은?

정답 선지 분석

⑤ 배런은 시민에게 매체를 소유할 수 있는 권리가 주어지지 않아 언론의 자유가 소수의 것으로 전락했다고 보았다.

(가)의 2문단에 따르면, 배런은 매스미디어의 거대화, 독점화에 따라 언론의 자유가 매체를 소유하거나 지배하는 소수의 계층이나 집단의 것으로 전락한 것이라고 보았다. 시민에게 매체를 소유할 수 있는 권리가 주어지지 않아 언론의 자유가 소수의 것으로 전락했다고 본 것은 아니다.

오답 선지 분석

① 언론 매체가 재량권을 남용한 경우에 국민의 언론 매체 접근·이용권은 보호받을 수 있다.

(가)의 4문단에 따르면, 언론 매체가 일정한 재량권을 남용할 때는 구제 수단을 활용하여 국민의 언론 매체 접근·이용권을 보호하고 있다.

② 공공의 이익을 위한 보도가 타인의 명예를 훼손한 경우 민법상 정정 보도 청구권은 성립하지 않는다.

(나)의 4문단에 따르면, 민법상 정정 보도 청구권이 성립하려면 해당 보도에 위법성이 있음이 입증되어야 한다. 그런데 언론 보도가 타인의 명예를 훼손했다 하더라도 해당 보도가 공공의 이익을 위한 것일 때는 위법이 아니라고 인정된다.

③ 민법상 정정 보도 청구권은 언론중재법상 정정 보도 청구권보다 보도를 청구할 수 있는 기한이 길다.

(나)의 3문단에 따르면, 언론중재법상 정정 보도는 해당 언론 보도 등이 있음을 안 날로부터 3개월 이내에 청구할 수 있는데 해당 언론 보도 등이 있은 후 6개월이 지나면 청구할 수 없다. (나)의 4문단에 따르면, 민법상 정정 보도는 언론 보도가 있음을 안 날로부터 3년 이내에 법원에 소를 제기할 수 있는데, 해당 언론 보도가 있은 후 10년이 지났을 때는 불가하다.

④ 언론중재법상 정정 보도 또는 반론 보도를 청구하려면 언론 보도로 인해 피해를 입은 사실이 있어야 한다.

(나)의 3문단에 따르면, 언론중재법상 정정 보도 청구권과 반론 보도 청구권의 주체는 보도 내용과 개별적 연관성이 있으며 그 보도로 인해 피해를 입은 자이다.

03

답 | ①

㉠의 이유를 추론한 내용으로 가장 적절한 것은?

정답 선지 분석

① 원 보도와 동일한 효과를 낼 수 있는 대등한 방어 수단을 제공하기 위해서이다.

정정 보도 청구권과 반론 보도 청구권은 언론 매체에 의해 피해를 받은 개인에게 대등한 방어 수단을 제공한다. 이때 대등한 방어 수단이라는 것은 언론 매체의 원 보도와 동일한 효과를 낼 수 있어야 한다는 것을 의미한다. 만약 정정 또는 반론 보도가 원 보도가 이루어진 것과 다른 방식으로 이루어진다면 이것은 동일한 효과를 내기 어렵다. 따라서 피해자가 청구한 보도가 원 보도와 동일한 채널, 지면에서 이루어져야 하며 방송 진행자가 보도문을 읽을 때 통상적인 속도로 읽어야 하는 이유는 원 보도와 동일한 효과를 낼 수 있는 대등한 방어 수단을 제공하기 위해서이다.

오답 선지 분석

② 원 보도를 한 언론사의 대표자에게 원 보도를 진실에 맞게 수정해 달라고
요구하기 위해서이다.

ⓐ은 정정 보도가 이루어지고 있는 상황이다. 따라서 원 보도를 한 언론사의 대표자에게 원 보도를 진실에 맞게 수정해 달라고 요구하기 위해서라는 것은 적절하지 않다.

③ 원 보도에 비해 신속한 전달 수단을 제공하여 언론 매체에 의한 피해를 최소화하기 위해서이다.

ⓐ은 정정 보도 및 반론 보도가 원 보도와 동일한 효과를 내도록 한 것이다. 그러므로 원 보도에 비해 신속한 전달 수단을 제공한다고 볼 수 없다.

④ 언론 매체가 대중적인 주장과 사람들이 불편하게 여기는 주장을 차별적으로 보도하지 않도록 하기 위해서이다.

ⓐ은 언론사가 원 보도와 정정 보도 및 반론 보도를 할 때 차별을 두지 않도록 한 것이다. 그러나 원 보도와 정정 보도 및 반론 보도의 관계가 대중적인 주장과 사람들이 불편하게 여기는 수상의 관계라고 보기 어렵다.

⑤ 양측의 주장을 같은 방식으로 제공하여 옳고 그름에 대한 판단을 시청자 또는 독자가 내리도록 하기 위해서이다.

반론 보도의 경우 언론 매체의 시청자 또는 독자에게 반론 보도와 원 보도를 같은 방식으로 제공하여 양측의 주장의 옳고 그름에 대한 판단을 시청자 또는 독자가 내리도록 한다. 그러나 정정 보도의 경우 진실하지 않은 원 보도 내용의 잘못을 바로잡는 것이므로 옳고 그름에 대한 판단을 시청자 또는 독자가 내리는 것이 아니다. 따라서 정정 보도 및 반론 보도 모두에 적용되는 ⓐ의 이유라고 보기 어렵다.

04

답 | ②

(가)를 바탕으로 <보기>를 이해한 내용으로 적절하지 않은 것은?

보기

ㄱ. 방송법 제6조 제9항

방송은 정부 또는 특정 집단의 정책 등을 공표하는 경우 의견이 다른 집단에 균등한 기회가 제공되도록 노력하여야 하고, 또한 각 정치적 이해 당사자에 관한 방송 프로그램을 편성하는 경우에도 균형성이 유지되도록 하여야 한다.

ㄴ. 방송법 제6조 제2항

방송은 성별·연령·직업·종교·신념·계층·지역·인종 등을 이유로 방송 편성에 차별을 두어서는 아니 된다.

ㄷ. 언론중재법 제17조 제1항

언론 등에 의하여 범죄 혐의가 있거나 형사상의 조치를 받았다고 보도 또는 공표된 자는 그에 대한 형사 절차가 무죄 판결 또는 이와 동등한 형태로 종결되었을 때에는 그 사실을 안 날부터 3개월 이내에 언론사 등에 이 사실에 관한 추후 보도의 게재를 청구할 수 있다.

정답 선지 분석

② ㄱ은 언론 매체에 의하여 비판을 당한 국민이 반론의 기회를 요구할 수 있는 권리를 보장하고 있다.

ㄱ은 언론 매체가 사회의 다양성을 해치거나 임의로 특정 의견을 차별하지 못하게 하는 방송법 조항에 해당한다. 언론 매체에 의하여 비판을 당한 국민이 반론의 기회를 요구할 수 있는 권리는 반론권이다.

오답 선지 분석

① ㄱ은 언론 매체가 공정한 여론을 형성하는 공론장의 역할을 해야 한다는 인식을 반영하고 있다.

ㄱ은 언론 매체 접근·이용권을 보장하는 방송법 조항이다. 언론 매체 접근·이용권은 언론 매체가 다양하고 공정한 여론을 형성하는 공론장의 역할을 해야 한다는 인식을 반영하고 있다.

③ ㄴ은 언론 매체가 사회의 다양성을 해치지 못하도록 하고 있다.

ㄴ은 방송이 임의의 이유로 방송편성에 차별을 두지 못하도록 하는 조항이다. 차별을 금지하여 언론 매체가 사회의 다양성을 해치지 않고, 사회의 다양성을 방송편성에 반영할 수 있도록 하고 있다.

④ ㄷ은 매스미디어를 소유하지 않아도 언론의 자유를 보장받을 수 있도록 하고 있다.

ㄷ은 언론 매체 접근·이용권의 형태인 언론중재법 조항이다. 언론사 등에 추후 보도의 게재를 청구할 수 있도록 하여, 매스미디어를 소유하지 않아도 언론 매체를 이용할 수 있도록 하며 언론의 자유를 보장받을 수 있도록 하고 있다.

⑤ ㄷ은 언론 보도로 피해를 입은 사람이 자신의 의사를 표명할 수 있도록 하고 있다.

ㄷ은 자신이 범죄 혐의가 있거나 형사상의 조치를 받았다는 언론 보도로 인해 피해를 입은 사람이 추후 보도의 게재를 통해 자신의 의사를 표명할 수 있도록 하고 있다.

05

답 | ④

(나)를 바탕으로 <보기>를 이해한 내용으로 적절하지 않은 것은?

보기

○○ 동물 병원을 운영하는 A는 △△ 신문의 기자 B가 제보 내용에 대한 별도의 취재 없이 보도한 기사로 인해 매출이 줄어드는 피해를 입었다. A는 다음의 내용으로 △△ 신문의 대표자 C 또는 기자 B에게 정정 및 반론 보도를 요청하고자 한다.

본 신문은 2022년 9월 1일자 10면에 '○○시 소재 동물 병원, 입원한 반려견 방치하고 처방전 미발급'이라는 제목으로 ○○시에 소재한 모 동물 병원이 입원한 반려견에게 먹이를 주지 않았으며 처방전을 발급하지 않고 의약품을 투약했다고 보도하였습니다.

그러나 해당 동물 병원의 CCTV 영상을 확인한 결과 동물 병원의 직원들이 입원한 반려견에게 적정량의 먹이를 제공한 것으로 밝혀져 이를 바로잡습니다. 또한 해당 동물 병원에서는 처방전을 발급하지 않은 것은 사실이지만, 관련 법에 근거하여 수의사가 직접 처방 대상 동물용 의약품을 투약하는 경우에는 처방전을 발급하지 않을 수 있다고 밝혀왔습니다.

정답 선지 분석

④ B의 기사 중 입원한 반려견에게 먹이를 주지 않았다는 내용은 사실적 주장에 해당하지 않겠군.

(나)의 3문단에 따르면, '사실적 주장'은 증거에 의해서 그 존재 여부를 판단할 수 있는 사실 관계에 관한 주장이다. '입원한 반려견에게 먹이를 주지 않았다'는 것은 해당 동물 병원의 CCTV 영상이라는 증거에 의해 먹이를 주지 않은 사실이 존재하지 않음을 판단할 수 있다. 따라서 '입원한 반려견에게 먹이를 주지 않았다'는 것은 사실적 주장이다.

오답 선지 분석

① A가 별도의 취재를 하지 않은 B에게 정정 보도를 청구하려면 법원에 소를 제기해야겠군.

(나)의 4문단에 따르면, 민법상 정정 보도는 잘못된 언론 보도로 손해를 가한 기자에 대해서도 청구할 수 있다. 따라서 A가 별도의 취재를 하지 않은 기자 B에게 정정 보도를 청구하려면 민법 제764조에 의거하여 정정 보도를 청구하는 소를 법원에 제기해야 한다.

② A는 먹이 제공과 관련된 내용은 정정 보도를, 처방전 미발급과 관련된 내용은 반론 보도를 청구하려는 것이겠군.

A는 CCTV 영상에 의해 '모 동물병원이 입원한 반려견에게 먹이를 주지 않았다'는 것이 허위임을 입증하고 원 보도 내용의 잘못을 바로잡는 정정 보도를 청구하려 하고 있다. '처방전을 발급하지 않고 의약품을 투약했다'는 것은 사실이므로 A는 원 보도의 잘못을 바로잡는 것이 아니라 원 보도 내용에 관한 반론을 보도해 줄 것을 요구하는 반론 보도를 청구하려 하고 있다.

③ A가 △△ 신문의 보도가 있음을 안 날이 2023년 9월 1일이라면 민법 제764조에 의거하여 권리를 행사해야겠군.

(나)의 3문단에 따르면, 언론중재법상 정정 보도와 반론 보도는 해당 언론 보도 등이 있은 후 6개월이 지났을 때에는 청구할 수 없다. 그런데 △△ 신문의 보도가 있은 것은 2022년 9월 1일로, A가 △△ 신문의 보도 내용을 알게 된 2023년 9월 1일에는 보도가 있은 후 6개월이 지났으므로 언론중재법상 권리를 행사할 수 없다. 따라서 언론 보도가 있음을 안 날로부터 3년, 해당 언론 보도가 있은 후 10년 이내에 법원에 소를 제기할 수 있도록 한 민법 제764조에 의거하여 권리를 행사해야 한다.

⑤ C가 언론중재법에 의거한 A의 청구를 수용한다면, 청구를 받은 날부터 일주일 이내에 A가 요청한 보도문을 △△ 신문에 싣겠군.

(나)의 3문단에 따르면, 언론사가 청구를 수용한다면 청구를 받은 날부터 7일 이내에 정정 또는 반론 보도문을 원 보도와 동일한 지면에 싣게 된다.

06

답 | ⑤

문맥상 ⓐ~ⓔ와 바꾸어 쓰기에 적절하지 않은 것은?

정답 선지 분석

⑤ ⓔ: 증진하고

'증진하다'는 '기운이나 세력 따위를 점점 더 늘려 가고 나아가게 하다'의 의미로, '남이 하는 일이 잘되도록 거들거나 힘을 보태다'의 의미인 '돕다'와 바꾸어 쓰기에 적절하지 않다.

오답 선지 분석

① ⓐ: 비하면

'비하다'는 '사물 따위를 다른 것에 비교하거나 견주다'의 의미로, '둘 이상의 사물을 질(質)이나 양(量) 따위에서 어떠한 차이가 있는지 알기 위하여 서로 대어 보다'의 의미인 '견주다'와 바꿔 쓰기에 적절하다.

② ⓑ: 기여하는

'기여하다'는 '도움이 되도록 이바지하다'의 의미로, '도움이 되게 하다'의 의미인 '이바지하다'와 바꿔 쓰기에 적절하다.

③ ⓒ: 충돌할

'충돌하다'는 '서로 맞부딪치거나 맞서다'의 의미로, '서로 힘 있게 마주 닿다'의 의미인 '맞부딪치다'와 바꿔 쓰기에 적절하다.

④ ⓓ: 게재하게

'게재하다'는 '글이나 그림 따위를 신문이나 잡지 따위에 싣다'의 의미로, '글, 그림, 사진 따위를 책이나 신문 따위의 출판물에 내다'의 의미인 '싣다'와 바꿔 쓰기에 적절하다.

DAY 5 〈죽창곡〉_이긍익 / 〈노마설〉_홍우원

빠른 정답 체크

01 ⑤　　**02** ①　　**03** ②　　**04** ②

가

죽창(竹窓)의 병(病)이 깁고 포금(布衾)이 냉낙(冷落)ᄒᆞᆫ대*
　　　　　　　　　　　　　화자가 독수공방하고 있음
돌미나리 ᄒᆞᆫ줌으로 석찬(夕饌)을 ᄒᆞ쟈터니
　　소박한 재료　　　　저녁 반찬
상 위에 그저 노코 님 싱각 ᄒᆞᄂᆞᆫ 뜻은
　　　　　　　　　화자가 그리워하는 대상
「아리짜온 님의 거동(擧動) 친(親)ᄒᆞᆫ 젹 업건마논
「」: 화자는 임과 만난 적 없어 그리워하고 있음
불관(不關)ᄒᆞᆫ* 이 내 몸이 님을 조차 삼기오니」

월노(月老)의 노(繩)*흘 ᄆᆡᆫ가 연분(緣分)도 하 듕(重)ᄒᆞ고
　　　　　　　　　화자가 임과의 인연을 운명으로 여김
조믈(造物)이 새오던가 박명(薄命)*ᄒᆞᆷ도 그지업다
　　자신이 처한 상황을 조물주의 탓으로 돌림
（중략）

이팔(二八) 방년(芳年)이 손꼽아 다드르니

십니(十里) 벽도화(碧桃花)의 구름이 머흔 속의
　　　　　　　화자와 임의 만남을 방해하는 존재
「내 소식 님 모르고 ㉠ 님의 집 나 모를 제」
「」: 구름으로 인해 화자와 임 사이의 소식이 단절됨
세亽(世事)의 마(魔)히 고하* 홍안(紅顔)이 복(福)이 업셔
　　　　　자신의 부정적 상황을 세상 탓이라고 생각함
하루밤 놀난 우레 풍우(風雨)조차 섯거치니
　　　　　　　　화자의 시련
뜰알픽 심근 규화(葵花) 못피여 시들거다
　　　　　화자와 동일시되는 대상
ᄒᆞᆫ 고기 흐린 물이 왼 못을 더러인다

형극(荊棘)의 쎠딘 불이 난혜총(蘭蕙叢)의 븟터오니*
　　　　　　　　화자에게 닥친 시련
내 얼골 고은 줄을 님이 엇디 알으시고

「화공(畫工)의 붓긋호로 그려 내여 울닐 손가
「」: 임에게 자신을 알리고 싶은 화자의 심정
연년(延年)의 가곡(歌曲)으로 씌여다가 도도올가」
　　　임의 장수를 소원하는 노래
대가티 고든 졀(節)은 님이 더욱 모르려든
　　　　　　임을 향한 화자의 절개
　　　　　　　　　　　　　　- 이긍익, 〈죽창곡(竹窓曲)〉 -

* 포금이 냉낙ᄒᆞᆫ대: 이부자리가 차가운데.
* 불관ᄒᆞᆫ: 관계없는.
* 월노의 노: 남녀의 인연을 맺어 주는 끈.
* 박명: 복이 없고 팔자가 사나움.
* 세亽의 마히 고하: 세상일을 방해하는 장애물이 생겨.
* 형극의 쎠딘 불이 난혜총의 븟터오니: 가시덤불에 떨어진 불이 난초와 혜초 무더기에 붙으니.

나

숭정(崇禎) 9년 4월에, 주인이 노비 운(雲)을 시켜 마구간 바닥에 매어 엎드려 있는 말을 끌어 내오게 하고, 말에게 이르기를,

"안타깝구나, 말아. 너의 나이도 이제 많아졌고 힘도 쇠하여졌
　　　　　　말의 현재 상태에 근거하여 발화함-현재 가치 중시
구나. 장차 너를 빨리 달리게 한즉 네가 달릴 수 없음을 알며,
　　　　　　　말의 현재 상태 ①-달리거나 뛸 수 없음
장차 너를 뛰게 한즉 네가 그럴 수 없음을 안다. 내가 너에게 수

레를 매어 매우 멀고 험한 길을 넘게 한즉 너는 넘어질 것이며,
　　　　　　말의 현재 상태 ②-수레를 끌 수 없음

내가 너에게 무거운 짐을 싣고 풀이 우거진 먼 길을 건너게 하
〔말의 현재 상태 ③-짐을 옮길 수 없음〕
면 너는 곧 죽을 것이다. 말이여, 장차 너를 어디에 쓰겠느냐?
〔주인은 노쇠한 말을 쓸모가 없다고 여김〕
너를 백정에게 주어 뼈와 살을 바르게 할까? 나는 너에게 차마
〔오랫동안 함께 지내왔으므로 도축할 수 없음〕
그럴 수는 없다. 장차 너를 성 안의 저자거리에 가서 팔더라도
〔말이 쓸모가 없어 말을 내다 팔 수도 없음〕
사람들이 너에게서 무엇을 얻겠느냐? 안타깝다 말아. 「나는 이
〔「」: 말을 배려하는 듯 보이나, 쓸모가 없어진 말을 버리려 하고 있음〕
제 너의 재갈을 벗기고 굴레를 풀어 놓아 네가 가고자 하는 곳
을 너에게 맡길 것이니, 가거라. 나는 너에게서 취하여 쓸 것이
없구나.」

라고 하니, 말은 이에 귀를 쫑그리고 듣는 것처럼 하고, 머리를
겨늘고 하소연하는 듯하며 몸을 웅크리고 오랫동안 있으나 입으
로 말을 할 수는 없는 것이었다. 그러나 그의 대답을 추측컨대,
〔말을 하지 못하는 동물을 의인화하여 표현〕
"슬프구나, 주인의 말씀이 이처럼 정성스러울까. 그러나 주인
역시 어진 사람은 아니다.「옛날 나의 나이가 아직 어려 힘이 왕
〔「」: 자신이 힘이 있을 때의 활동을 근거로 말함-과거 가치 중시〕
성할 때, 하루에 백 리를 달렸으나 가는 것에 힘이 없지 아니하
였고, 한 번 짐을 실음에 몇 석을 실었으나 나의 힘이 강하지 않
은 것이 아니었다.」 그리고 주인은 가난하였는데, 생각하건대 내
가 아는 바로는, 「쑥으로 사방의 벽을 쳤고, 쓸쓸하게 텅 빈집에
〔「」: 과거 주인의 가난했던 처지 제시〕
는 동이에 한 말의 조를 쌓아둠이 없었고, 광주리에는 한 자의
피륙도 저장함이 없었다.

마누라는 야위어 굶주림에 울고 여러 아이들은 밥을 찾으나, 아
침에는 된 죽 저녁에는 묽은 죽을 구걸하듯 빌어서 끼니를 이어
갔다.」 그 당시에 「나는 진실로 힘을 다하여 동서로 오가고, 오직
〔「」: 말은 가난한 주인을 위해 최선을 다함〕
주인의 목숨만을 생각하며 남북으로 오갔으니, 오직 주인의 목숨
을 위해 멀리는 몇 천리 가까이는 몇 십 몇 백리를 짐을 싣고 달
리며 짐을 싣고 뛰며 옮기기에 일찍이 감히 하루라도 편히 살지
못했으니,」 나의 수고로움은 컸다고 말할 수 있을 것이다. ⓒ 주인
〔ⓒ: 자신의 노고에 의해 주인이 가난을 면하게 되었음을 강조함〕
집의 여러 식구의 목숨이 나로 인해 완전할 수 있었으며, 나로 말
미암아 길 위에서 굶어 죽은 시체로 도랑에 빠지지 않게 되지 않
았는가.」

(중략)

슬프다. 내가 비록 늙었으나 오히려 좋은 밥을 먹을 수 있고, 주
인이 나를 길러 줄 뜻을 더해 길러줌에 마음을 쓴다면, 경치 좋
은 곳에서 나이나 세면서 한가로이 세월을 보내는 것은 기대하
지 않더라도, 동쪽 교외의 무성한 풀이 내 배고픔을 달래기에
〔노쇠한 말을 다시 쓰기 위한 방안 ①-충분한 먹이〕
충분하며, 단 샘물은 기대하지 않더라도 남쪽 산골짜기의 맑은
〔노쇠한 말을 다시 쓰기 위한 방안 ②-마실 물〕
물이면 나의 목마름을 풀기에 충분합니다. 쌓인 피로를 쉬고 고
달픔에서 깨어나게 할 수 있으며, 흔들거리거나 넘어지지 않게
〔노쇠한 말을 다시 쓰기 위한 방안 ③-휴식을 통한 피로 회복〕
하고 피곤함에서 소생할 수 있게 하며, 힘을 헤아려 짐을 맡기
〔노쇠한 말을 다시 쓰기 위한 방안 ④-능력에 맞는 일〕
고, 재주를 헤아려 일을 시키면 비록 늙더라도 오히려 능히 빠

르게 떨치면서 길게 울어 주인을 위해 채찍질을 당하면서 쓰임
〔말의 소원이자 행복-주인을 위해 헌신하는 것〕
에 대비하고 남은 목숨을 마치는 것이 나의 큰 행복입니다. 버
림받는 것으로 마칠 뿐이라면 나는 곧 발굽으로 눈서리를 밟고
털로는 찬바람을 막으며 풀을 먹고 물을 마시며 애오라지 스스
로 기르며 나의 천명을 완전히 한다면 도리어 나의 참된 천성에
거슬리는 것이니, 나에게 어찌 아픔이겠습니까? 감히 말씀드립
니다."

주인이 이에 실의(失意)하여 탄식하며 이르기를,

"이것은 나의 잘못이로다. 말에게 무슨 죄기 있는가?「옛날에 세
〔노마의 말을 듣고 잘못을 깨달음〕
(齊)나라 환공(桓公)이 가다가 길을 잃었는데, 관자(管子)가 늙
은 말을 풀어놓고 따라가기를 청했으니, 관자만이 오직 늙은 말
을 버리지 않고 사용한 것이다. 이러한 까닭으로 능히 그 임금
을 도와 천하를 제패한 것이다.」이로 말미암아 보건대 늙은 말
〔「」: 관자가 길을 잃었을 때 늙은 말을 이용하여 위기를 모면하였던 고사 활용〕
을 어찌 소홀히 할 수 있겠는가?"

하면서, 이어 노비 운(雲)에게 명하여 이르기를,

"잘 먹이고 다만 너의 손에 욕 당함이 없도록 하라."
〔주인이 생각을 바꿔 말을 버리지 않고 끝까지 돌보기로 함〕
라고 했다.

- 홍우원, 〈노마설(老馬說)〉 -

01
답 | ⑤

(가)와 (나)의 공통점으로 가장 적절한 것은?

정답 선지 분석

⑤ 의문형 어미를 사용하여 전달하고자 하는 내용을 강조하고 있다.

(가)의 '화공의 붓긋흐로 그려 내여 울닐 손가' 등에 의문형 형식이 나타나 소망을 이루지 못
한 화자의 안타까움을 강조하고 있으므로 적절하다. (나)의 '말에게 무슨 죄가 있는가?' 등에
의문형 형식이 나타나 '말'에게는 잘못이 없음을 강조하고 있으므로 적절하다.

오답 선지 분석

① 역설적 표현을 통해 주제의 의미를 부각하고 있다.

(가)와 (나) 모두 역설적 표현을 사용하지 않았다.

② 명암의 대비를 통해 대상의 특성을 나타내고 있다.

(가)와 (나) 모두 명암의 대비를 활용하지 않았다.

③ 공간의 이동에 따라 심리 변화의 양상을 드러내고 있다.

(가)와 (나) 모두 공간의 이동에 따른 심리 변화를 드러내지 않았다.

④ 음성 상징어를 사용하여 생동감 있게 상황을 제시하고 있다.

(가)와 (나) 모두 음성 상징어를 제시하지 않았다.

02

답 | ①

⊙과 ⓒ에 대한 설명으로 가장 적절한 것은?

정답 선지 분석

① ⊙은 '나'와 '님'의 관계가 소원함을 드러내는 소재이고, ⓒ은 '말'과 '주인'의 관계가 밀접했음을 드러내는 소재이다.

(가)에서 ⊙의 '님의 집'은 화자가 '님의 집'을 모르고 있다는 점에서 화자와 임의 관계가 소원함을 드러내는 소재이고, (나)에서 ⓒ의 '주인집'은 '여러 식구의 목숨이 나로 인해 완전할 수 있었'다는 점에서 늙은 말과 주인의 관계가 밀접했음을 드러내는 소재이므로 적절하다.

오답 선지 분석

② ⊙은 '나'와 '님'의 역할이 바뀌었음을 드러내는 소재이고, ⓒ은 '말'과 '주인'의 역할이 확정되었음을 드러내는 소재이다.

ⓒ은 '말'과 '주인'의 역할이 고정되어 있음을 드러내는 소재로 볼 수 있으나, ⊙은 '나'와 '님'의 역할이 바뀌었음을 드러내는 소재로 볼 수 없다.

③ ⊙은 '나'와 '님'의 갈등이 해소되었음을 드러내는 소재이고, ⓒ은 '말'과 '주인'의 갈등이 심화되었음을 드러내는 소재이다.

⊙은 '나'와 '님'의 갈등이 지속되고 있음을 드러내는 소재이고, ⓒ은 '말'과 '주인'의 갈등과 관련된 소재로 볼 수 없다.

④ ⊙은 '나'와 '님'의 상황이 변화되었음을 드러내는 소재이고, ⓒ은 '말'과 '주인'의 상황이 유지되고 있음을 드러내는 소재이다.

ⓒ은 '말'이 현재까지 '주인'의 집에서 일을 하는 것을 가리키므로 '말'과 '주인'의 상황이 유지되고 있음을 드러내는 소재로 볼 수 있으며, ⊙ 또한 '나'와 '님'의 소원한 관계가 유지되고 있음을 드러내는 소재이다.

⑤ ⊙은 '나'와 '님'의 현실 인식이 긍정적임을 드러내는 소재이고, ⓒ은 '말'과 '주인'의 현실 인식이 부정적임을 드러내는 소재이다.

⊙은 '나'의 현실 인식이 부정적임을 드러내는 소재이고, ⓒ은 '말'이 '주인'에게 도움이 되었던 장소이므로 부정적이라고 볼 수 없다.

03

답 | ②

<보기>를 바탕으로 (가)를 이해한 내용으로 적절하지 않은 것은?

보기

이 작품에는 타인의 잘못으로 인해 유배 생활을 하는 작가의 상황이 임을 그리워하는 여성 화자의 모습으로 형상화되어 있다. 화자는 자신이 처한 부정적 상황의 원인을 임이나 자기 자신에게서 찾지 않고 외부의 탓으로 돌리고 있으며, 임과 함께하지 못하는 안타까움과 임에 대한 변치 않는 마음을 노래하고 있다.

정답 선지 분석

② '님의 거동 친 흔적 업건마는'과 '이 내 몸이 님을 조차 삼기오니'를 통해 화자가 타인의 잘못으로 현재 상황에 처하게 됐음을 알 수 있겠군.

'님의 거동 친 흔적 업건마는'은 임과 함께한 적이 없는 상황을 드러내는 것이고, '이 내 몸이 님을 조차 삼기오니'는 화자와 임이 운명적으로 연결된 사이라는 것을 의미한다. 따라서 화자가 타인의 잘못으로 현재 상황에 처하게 됐음을 알 수 있다는 내용은 적절하지 않다.

오답 선지 분석

① '병이 깁고'와 '돌미나리 흔줌으로 석찬을 ㅎ쟈터니'를 통해 부정적 상황에 놓인 화자의 처지를 알 수 있겠군.

'병이 깁고'와 '돌미나리 흔줌으로 석찬을 ㅎ쟈터니'는 화자의 힘들고 곤궁한 상황을 드러내고 있다. 이를 통해 부정적 상황에 놓인 화자의 처지를 알 수 있으므로 적절하다.

③ '조믈이 새오던가'와 '세수의 마히 고하'를 통해 화자가 처한 상황의 원인을 외부의 탓으로 돌리고 있음을 알 수 있겠군.

'조믈이 새오던가'는 조물주의 시샘을, '세수의 마히 고하'는 세상일을 방해하는 장애물이 생겼음을 의미한다. 이를 통해 화자가 처한 상황의 원인을 외부의 탓으로 돌리고 있음을 알 수 있으므로 적절하다.

④ '뜰알픽 심근 규화 못피여 시들거다'를 통해 임과 함께하지 못하는 화자의 안타까운 마음을 형상화했음을 알 수 있겠군.

'규화'는 화자를 의미하며 '못피여 시들거다'에는 임과의 만남이 실현되지 못한 화자의 안타까움이 나타난다. 이를 통해 임과 함께하지 못하는 화자의 안타까운 마음을 형상화했음을 알 수 있으므로 적절하다.

⑤ '대가티 고든 졀은 님이 더욱 모르려든'을 통해 임에 대한 화자의 변치 않는 마음을 알 수 있겠군.

'대가티 고든 졀'은 임에 대한 화자의 절개를 의미한다. 이를 통해 임에 대한 화자의 변치 않는 마음을 알 수 있으므로 적절하다.

04

답 | ②

<보기>는 (나)에 나타난 대화를 구조화한 것이다. 이에 대한 이해로 적절하지 않은 것은?

보기

A		B		C		D
'주인'의 명령	→	'말'의 변론	→	'주인'의 수긍	→	'주인'의 실천

정답 선지 분석

② B에서 '말'은 과거 행적을 나열하여 자신의 능력이 변하지 않았음을 근거로 A에서 '주인'이 내린 처분이 부당함을 주장하고 있다.

B에서 '말'은 과거 자신의 공로를 나열하여 A에서 '주인'이 말에게 나가라고 한 것이 부당함을 주장하고 있다. 하지만 '나이가 아직 어려 힘이 왕성할 때'와 노쇠해진 지금의 능력에 차이가 있음을 인정하고 있으므로 자신의 능력이 변하지 않았음을 근거로 한다는 내용은 적절하지 않다.

오답 선지 분석

① A에서 '주인'은 '말'의 현재 상태를 근거로 '말'이 더 이상 쓸모가 없다고 판단하고 있다.

A에서 '주인'은 '말'이 '나이도 이제 많아졌고 힘도 쇠하여졌'으므로 더 이상 쓸모가 없다고 판단하고 있으므로 적절하다.

③ B에서 '말'은 자신을 기르고 쓸 수 있는 구체적인 방안을 제시하며 '주인'을 설득하고 있다.

B에서 '말'은 자신을 기르는 데 있어 '동쪽 교외의 무성한 풀'과 '남쪽 산골짜기의 맑은 물' 정도면 충분하고, 자신을 사용하는 데 있어 '힘'과 '재주'를 헤아려 일을 시키면 된다는 구체적인 방안을 제시해 '주인'을 설득하고 있으므로 적절하다.

④ C에서 '주인'은 늙은 말도 쓰임이 있다는 내용의 고사를 인용하여 '말'에 대한 자신의 생각이 잘못되었음을 밝히고 있다.

C에서 '주인'은 '관자'가 늙은 말 덕분에 길을 찾을 수 있었던 고사를 인용하여 '말'에 대한 자신의 생각이 잘못되었음을 밝히고 있으므로 적절하다.

⑤ D에서 '주인'은 A에서 '말'에게 내린 자신의 처분을 번복하여 노비에게 '말'을 잘 보살필 것을 당부하고 있다.

D에서 '주인'은 A에서 '말'에게 나가라고 했던 자신의 처분을 번복하고 노비에게 '말'을 '잘 먹이'고 '욕 당함이 없도록 하라'고 당부하고 있으므로 적절하다

DAY 6 〈몽기미 풍경〉_송기숙

빠른 정답 체크

01 ⑤   **02** ②   **03** ⑤   **04** ③

멀리서 안타깝게 손만 흔들던 그 연락선이 드디어 몽기미에 닿았다. 몽기미 생기고 처음이었다. ⓐ 연락선에 올라간 아이들은
새로운 세상을 체험하게 하는 소재
모두 이층으로 우르르 올라가 난간을 붙잡고 먼 데 바다를 건너다보고 있었다. 멀리 까맣게만 보이던 섬들이 차츰 가까워지며 등네가 나타나고, 너 빌리 회색으로만 보이던 섬늘도 차츰 가까워지며 포구 모습이 드러났다.

"와, 기와집이다."
기와집을 처음 접한다는 것을 알 수 있음
연락선을 대는 포구에 말로만 듣던 까만 기와집도 있었고, 크고 작은 배들이 스무 남은 척이나 몰려 있었다.

[A] 목포에 닿자 아이들은 멍청하게 입만 벌렸다. 크고 작은 배들이 수백 척 부두를 가득 메우고 있었고, *아이들이 처음 목격한 광경①* 크고 작은 건물들이 빽곡히 차 있었으며, *아이들이 처음 목격한 광경②* 큰길에는 사람들이 엄청나게 북적거리고 자동차가 빵빵 경적을 울리며 내달았다. *아이들이 처음 목격한 광경③* 색색으로 예쁘게 꾸며놓은 간판 아래 수많은 상점과, 거기 빽곡히 쌓여 있는 갖가지 상품들이며, *아이들이 처음 목격한 광경④* 모두가 꿈에도 보지 못했던 광경이었다. 몽기미 아이들은 밤에 꾸는 꿈도 기껏 연락선을 탄다거나 벼랑에서 바다로 곤두박이는 따위였지, 이런 엄청난 세상은 꿈속에도 나타난 적이 없었다.

"야, 저 비단 좀 봐."
몽기미에서 접하기 어려운 물건
순자의 손을 잡고 가던 두 학년 아래 남분이가 걸음을 멈추며 손가락질을 했다. 길가 포목전에서 주인이 손님 앞에다 비단을 활짝 펼친 것이다. 가게 벽에는 그런 비단이 천장이 닿게 차곡차곡 쌓여 있었다. 남분이는 그 비단에서 눈을 떼지 못했다.

도시의 모든 것이 꿈만 같았고, 더구나 서울의 며칠 동안은 무슨 동화 속의 세상을 헤매는 것만 같았다. 돌아오는 ⓑ 기차에서 남분이는 어째서 우리는 이런 세상을 놔두고 그 작은 섬에서 살아야 하는지 내내 그 생각뿐이었다. *산업화로 발전된 도시   몽기미-발전되지 않은 시골*

순자는 바로 그 서울에 다시 와서 지금까지 오 년을 살았다. 그 *순자는 오 년 전 고향 몽기미를 떠나옴* 오 년이라는 세월은 그 동화 같던 서울에 대한 소녀의 꿈이 **뼈마디가 저미는 고통**으로 조각조각 조각이 나는 기간이었고, 그 조 *그 동안 서울에 살면서 많은 고난을 겪었음을 알 수 있음* 각난 꿈을 딛고 **살벌한 현실**에 뼈마디를 부딪치며 자신을 추슬러 온 기간이었다. 어려서 왔을 때는 따뜻하게만 웃어주는 것 같던 *순자의 강인한 성격* 그 서울이 제 발로 들어오자 너무도 싸늘하고 매정스럽게 돌아앉아 있었다. *서울에 대한 순자의 인식*

그때마다 순자는 자기 집에서 기르던 돼지 새끼 무녀리가 떠올 *순자가 자신과 동일시하는 대상*

랐다. 다른 새끼들은 어미 젖꼭지를 두 개 세 개씩 차지하고 걸퍼지게 빨아대지만, 그 무녀리는 힘센 녀석들이 거세게 내두르는 *다른 새끼들에게 밀려 젖을 빨지 못함* 주둥이에 깩깩 베돌기만 할 뿐 젖은 한 모금도 빨지 못했다. 그렇지만 그런 새끼들은 거들떠보지도 않고 널퍼덕 퍼질러 누워 젖꼭 *돼지 새끼 무녀리를 신경 쓰지 않는 어미* 지만 내맡기고 있는 어미가 얼마나 미웠던지 모른다. 저러니까 잡아먹는 짐승이겠지 싶었다. 서울에 온 자기는 바로 그 **무녀리** *순자 또한 사람들로부터 소외되고, 돌봐주는 사람이 없음* 가 되어 있었고, 그 어미 돼지처럼 **누구 하나 돌봐주는 사람**이 없었다.

순자는 그 무녀리처럼 이 공장 서 공장 떠돌다가 지금 다니는 장난감 공장에 자리를 잡았고, 이제는 숙련공으로 월급도 사만 *현실에 적응하며 정착함* 원이나 받고 있다. 그사이 그럭저럭 오 년이 흘러갔다. 그동안 순자는 하루도 고향을 떠올리지 않는 날이 없었다. 모두가 가난하게는 살지만 깔보는 사람도 없고 쳐다볼 사람도 없으며, 무엇에 쫓기는 절박감도 없었다. 무엇보다 몽기미의 그 포근한 인정이 *서울과 대비되는 고향 몽기미의 특징* 그리웠다.

[중간 부분의 줄거리] 순자는 상경한 이후 처음으로 고향으로 가는 중에, 기차 안에서 우연히 남분이를 만나 몽기미 소식을 듣는다.

섬을 산다는 것은 근처 무인도의 일 년간 해초 채취권을 사는 것을 말한다. 그 해에 갯것이 잘 자라면 상당히 재미를 보는 수도 있지만, 흉작일 때는 **본전도 못 건지**기 일쑤였다. 듣보기 장사 애말라 죽는다고, 그런 투기를 한 사람들은 이른 봄부터 미역은 포자가 제대로 붙나 톳은 제대로 자라나, 부등가리 안 옆 조이듯 **가슴을 조이며 날이면 날마다 그 섬을 들락거렸다.** 순자는 **몽기미 집집마다 굴젝처럼 너덜너덜 달라붙은 그 가난**이 새삼스레 **가슴을 후볐다.**

「나는 작년에 우리 집에 삼십만 원 송금했어. 그러고도 또 그만 *「」: 비참한 고향의 상황과 자신을 비교하여 경제적으로 넉넉한 자신의 상황을 강조함* 치 저축은 저축대로 따로 했거든. ㉠ 언니, 우리 동네 한 집 일 년 수입이 통틀어 얼만 줄 알아? 어촌계에서 갯것을 똑같이 나누니까 뻔한데, 미역·톳·우뭇가사리·돌김, 이런 것들을 상회에 넘긴 값을 촘촘히 계산해 보니까, 일 년 수입이 꼭 십이만 원이야. 내 한 달 벌이도 못 되더라고. 깔깔.」

남분이는 은근히 자기 자랑을 하며 큰소리로 깔깔거렸다. 시골 뜨기 계집아이가 한 달 수입이 십이만 원이 넘는다면 이것은 자 *남분이는 막대한 수익을 벌어들이며 일하고 있음* 랑할 정도가 아니었다.

"지금 뭘 하고 있는데 벌이가 그렇게 좋아?"

㉡ "히히. 언니 실망하지 않을래?" *자신의 직업을 밝히는 데 약간의 거리낌이 있음* 남분이는 야살스럽게* 히들거렸다.

"실망하긴?"

"운전하고 있어. 히히."

<u>"운전? 아니, 계집애가 어떻게 운전을 다 배웠어?"</u>
순자는 남분이 자동차를 운전하는 일을 한다고 생각함

"히히. 기술이 별로 필요 없는 운전이야?"

"기술이 필요 없는 운전?"

"주전자 운전 있잖아?"

"주전자 운전이라니?"

순자는 눈을 더 크게 뜨고 도무지 어리둥절하기만 한 표정이었다.

"어이구, 칵 막혔구먼. 서울 헛살았어. 깔깔."

ⓒ "아니, 무슨 소리를 하고 있는 거야?"

"손에다 쥐어 모셔야 알겠구먼. 술 주전자 운전이란 말이야. 술
주전자! 깔깔." 술집 작부 일

ⓛ "그러니까……."

순자는 그제야 웃물이 도는 듯* 눈을 거슴츠레하게 떴다.

"어때? 서울서야 돈만 벌면 그만이잖아. 지금 서울에 주전자 운
전사가 몇 만 명인 줄 알아? ⓜ 그것도 당당한 직업이야. 그사이
물질 만능주의적 가치관   자신의 직업을 떳떳하게 여김
에 식순이 공순이 다 해봤지만, 그건 남의 종살이밖에 안되더라
가정부와 공장 노동자를 낮춰 부르는 말
고. 몸뚱이 도사리고 더런 새끼들한테 구박받으며 붙박여 하루
산업화 시대 노동자들의 비참한 현실
종일 뼛골 빼봐야 하루 벌이가 그게 얼마야? 서울서 사람값은
하나도 돈이고 둘도 돈이야. 국장이 과장보다 월급이 많고 서기
가 급사보다 월급이 많은 건, 그만치 층하 가려 사람대접을 달
차별하여
리 하는 게 아니고 뭐야?"

<u>남분이는 조금도 스스럼이 없었다. 그러니까 십만 원 넘게 번다</u>
물질적으로 타락한 남분의 모습
는 자기가 과장이라면 공순이들은 급사 턱이나 된다는 본새였다.

 - 송기숙, 〈몽기미 풍경〉 -

* 야살스럽게: 얄밉고 되바라지게.
* 웃물이 도는 듯: 알 것 같은 실마리가 잡히는 듯.

01
답 | ⑤

[A]의 서술상 특징으로 가장 적절한 것은?

정답 선지 분석

⑤ 감각적인 묘사를 사용하여 관찰 대상을 실감 나게 드러내고 있다.
　[A]의 '크고 작은~못했던 광경이었다'에서 감각적인 묘사를 사용하여 관찰 대상을 실감 나게 드러내고 있으므로 적절하다.

오답 선지 분석

① 이야기 내부의 서술자가 인물의 내력을 제시하고 있다.
　윗글의 시점은 이야기 외부의 서술자가 인물의 행동을 묘사하는 전지적 작가 시점이며, [A]에서 인물의 내력을 제시하고 있지도 않다.

② 인물의 행위를 제시하여 긴박한 분위기를 조성하고 있다.
　[A]에서는 산업화로 발전된 목포를 보며 놀란 아이들의 모습에 제시되어 있으나 이를 통해 긴박한 분위기를 조성하고 있지 않다.

③ 요약적 서술을 통해 갈등이 해소되는 과정을 제시하고 있다.
　[A]에서는 요약적 서술을 사용하고 있지 않으며 갈등이 해소되는 과정을 제시하고 있지도 않다.

④ 추측하는 표현을 통해 일어날 사건에 대한 예상을 드러내고 있다.
　[A]에서는 추측하는 표현을 활용하고 있지 않다.

02
답 | ②

⊙~◉에 대한 설명으로 적절하지 않은 것은?

정답 선지 분석

② ⓛ: 순자의 마음이 상할 것을 걱정하여 조심스러워하는 남분이의 태도가 드러나 있다.
　ⓛ에서 남분이가 '야살스럽게 히들거'리며 말하고 있을 뿐 순자의 마음이 상할 것을 걱정하여 조심스러워하는 태도가 드러나는 것이 아니므로 적절하지 않다.

오답 선지 분석

① ⊙: 고향의 상황과 비교하여 자신의 상황을 자랑하고 싶어 하는 남분이의 심정이 드러나 있다.
　⊙에서 남분이는 '일 년 수입이~내 한 달 벌이도 못' 된다고 고향의 상황과 비교하여 '은근히 자기 자랑을 하'고 있으므로 적절하다.

③ ⓒ: 남분이가 하는 말의 의미를 제대로 이해하지 못해 어리둥절해하는 순자의 모습이 드러나 있다.
　ⓒ에서 순자는 남분이의 말을 듣고 '어리둥절' 해 하고 있으므로 적절하다.

④ ⓛ: 남분이가 하고 있는 일이 무엇인지 어렴풋이 짐작하고 있는 순자의 모습이 드러나 있다.
　ⓛ에서 순자는 '웃물이 도는~거슴츠레하게' 뜨고 있으므로 적절하다.

⑤ ⓜ: 자신의 직업에 대해 부끄럼 없이 떳떳하게 여기는 남분이의 태도가 드러나 있다.
　ⓜ에서 남분이는 '조금도 스스럼이 없'이 말하고 있으므로 적절하다.

03
답 | ⑤

ⓐ와 ⓑ에 대한 이해로 가장 적절한 것은?

정답 선지 분석

⑤ ⓐ는 인물이 경험해 보지 못한 세상을 체험하게 하는 소재이고, ⓑ는 인물이 경험을 바탕으로 자신의 현실을 인식하는 공간이다.
　'모두가 꿈에도~나타난 적이 없었다'와 '도시의 모든~헤매는 것만 같았다'에서 ⓐ는 인물이 경험해 보지 못한 세상을 체험하게 하는 소재임을, '남분이는 어째서~그 생각뿐이었다'에서 ⓑ는 인물이 경험을 바탕으로 자신의 현실을 인식하는 공간임을 알 수 있으므로 적절하다.

오답 선지 분석

① ⓐ는 인물이 기대했던 바를 실제로 확인하게 하는 소재이고, ⓑ는 인물의 욕망이 충족되는 공간이다.
　ⓐ를 통해 인물이 기대했던 도시의 모습을 확인할 수 있으나, ⓑ는 인물의 욕망이 충족되는 것이 아닌, 오히려 좌절되는 공간으로 볼 수 있다.

② ⓐ는 인물이 사회의 문제를 해결하게 하는 소재이고, ⓑ는 인물이 자신을 타인과 비교하는 공간이다.
　ⓑ는 인물이 도시에 사는 사람과 자신을 비교하는 공간으로 볼 수 있으나, ⓐ가 사회의 문제를 해결하게 하는 소재는 아니다.

③ ⓐ는 인물이 타인과의 단절을 유발하는 소재이고, ⓑ는 인물이 타인과 소통하는 원인이 되는 공간이다.
　ⓐ와 ⓑ 모두 인물과 타인 간 소통 혹은 단절과 관련된 공간이 아니다.

④ ⓐ는 인물이 거부해 오던 운명을 적극적으로 수용하게 하는 소재이고, ⓑ는 인물이 자신의 운명을 개척하는 공간이다.
ⓑ는 인물이 자신의 운명을 개척하게 되는 원인이 되는 공간으로 볼 수 있으나, ⓐ는 인물이 거부해 오던 운명을 수용하게 하는 소재가 아니다.

04
답 | ③

<보기>를 바탕으로 윗글을 감상한 내용으로 적절하지 <u>않은</u> 것은?

보기

이 작품은 급속한 산업 발전이 이루어지던 1970년대를 배경으로 하고 있다. 어촌 마을에서 도시로 상경한 인물들을 중심으로, 물질적 가치를 중시하는 모습과 고된 노동의 현실을 통해 당시의 세태를 사실적으로 드러낸다. 이러한 상황 속에서 어촌 마을은 경제적 발전에서 낙후된 공간이자, 도시의 삶에서 소외감을 느끼는 이들에게 그리움의 공간으로 나타나 있다.

정답 선지 분석

③ '본전도 못 건지'며 '가슴을 조이'는 사람들이 '날이면 날마다 그 섬을 들락거렸다'는 것에서, 도시로 상경한 인물들에게 어촌 마을은 그리움의 공간임을 짐작할 수 있군.
'본전도 못 건지'며 '가슴을 조이'는 사람들이 '날이면 날마다 그 섬을 들락거렸다'는 것은 '투기를 한 사람들이' 섬을 들락거리는 것이므로 적절하지 않다.

오답 선지 분석

① '뼈마디가 저미는 고통'을 느끼며 '살벌한 현실'을 살고 있는 순자의 모습에서, 고된 삶을 살고 있는 노동자의 현실을 짐작할 수 있군.
서울로 올라와 '뼈마디가 저미는 고통'을 느끼며 '살벌한 현실'을 살고 있는 순자의 모습에서, 고된 노동의 현실을 짐작할 수 있으므로 적절하다.

② '누구 하나 돌봐주는 사람' 없이 생활하는 자신을 '무녀리'와 동일시하는 순자의 모습에서, 도시 생활에서 느끼는 소외감을 짐작할 수 있군.
순자가 '누구 하나 돌봐주는 사람' 없이 생활하는 자신을 '무녀리'와 동일시하는 모습에서, 도시 생활에서 느끼는 소외감을 짐작할 수 있으므로 적절하다.

④ '몽기미 집집마다' '달라붙은 그 가난'이 '가슴을 후볐다'는 것에서, 경제적 발전에서 낙후된 어촌 마을의 현실을 짐작할 수 있군.
순자가 '몽기미 집집마다~가슴을 후볐다'는 것에서, 경제적 발전에서 낙후된 어촌 마을의 현실을 짐작할 수 있으므로 적절하다.

⑤ '식순이 공순이'는 '종살이' 취급밖에 받지 못한다며 돈을 쉽게 버는 일을 선택한 남분이의 모습에서, 물질적 가치를 우선시하는 세태를 짐작할 수 있군.
남분이가 '식순이 공순이~둘도 돈이'라고 하며 '십만 원 넘게~급사 턱이나 된다는 본새'인 것에서 물질적 가치를 우선시하는 세태를 짐작할 수 있으므로 적절하다.

WEEK 2

본문 | 40

DAY 1　화법과 작문

빠른 정답 체크

01 ①　　02 ③　　03 ③　　04 ④

가

학생 자치의 꽃, 학생자치실이 달라진다
표제
– 학생 회의를 통해 학생자치실 활용 방안 논의 예정 –
부제

❶ 우리 학교는 학생 자치활동 활성화를 위해 지난 3월부터
　　　　　　　학생자치실 구축 사업의 목적
교육청 지원으로 학생 참여형 학생자치실 구축 사업을 진행
중이며 학생 회의를 열어 학생자치실 활용 방안에 대해 논의
할 예정이다.

❷ 그동안 우리 학교는 학생회실이라는 공간이 있었지만, 학
생회에서 회의를 할 때만 사용하여 학생회실에 대해 잘 모르
　　　　　　　기존 학생회실의 문제점 ①
는 학생들이 많았다. 또한 공간이 협소하여 전교생을 대상으
　　　　　　　　　　　기존 학생회실의 문제점 ②
로 하는 학생회 행사를 진행하기에 어려움이 있었다.

❸ 따라서 학교는 기존 학생회실과 그 옆에 비어 있는 교실
을 합쳐서 학생자치실을 구축하기로 결정했다. 현재는 위치
　　　　　　학생자치실 구축 방법
만 정해진 상태로, 학생자치실의 활용 방안에 대해 학생회에
　　　　　　　　　　　학생 회의 주제
서 회의를 개최하여 논의할 예정이다.

❹ 회의는 6월 9일에 학생회실에서 열린다. 「6월 2일까지 학
　　　　　　회의 날짜와 장소 안내
교 누리집과 누리소통망(SNS)을 통해 학생들을 대상으로 학
생자치실의 활용 방안에 대한 설문 조사를 실시」할 계획이다.
　　　　　　「」: 학생자치실 활용 방안 관련 설문 조사 안내
회의를 참관하려는 학생은 학생회에서 별도 신청을 받는다.
우리가 만들어 갈 공간, 학생자치실에 대한 학생들의 많은
　　　　　　　　　　　　학생들의 적극적인 참여를 유도함
관심과 적극적인 참여가 필요한 상황이다.

나

학생회장: 지금부터 회의를 시작하겠습니다. 학생자치실의 활용
　　　　　　　　　　　　　　　　　　회의 주제 제시
방안에 대해 의견을 말씀해 주세요.

학생 1: ㉠ 사전 조사 결과를 살펴보면 사용 대상을 확대하면 좋
　　　　　　　사전 조사 결과를 근거로 의견을 제시함 ①
겠다는 의견이 가장 많습니다.

학생 2: 맞습니다. ㉡ 현재 학생회 임원으로 한정된 사용 대상을
　　　　　　　　　'학생 1'의 의견을 구체화함
학급, 동아리, 소모임 단위로 확대하면 좋겠습니다.

학생 1: 학생회 임원이 아닌 학생들이 회의나 모임을 할 때도 사
용하면 좋겠네요.

학생 3: 네, 하지만 「학생들이 사용하려는 기간이 겹치면, 학생자
　　　　　　　　「」: '학생 1'이 제시한 의견이 실현될 경우 탈생할 수 있는 문제점을 지적함
치실 관리에 어려움이 생길 수도 있습니다.」

학생회장: 네, 학교 행사나 수행평가 시기에 사용하려는 학생들
이 몰릴 수 있을 것 같습니다. 어떻게 하면 이 문제를 해결할
　　　　　　　　　　　　　　　'학생 3'이 언급한 문제점에 대한 해결 방안을 요구함
수 있을까요?

학생 1: ㉢ 학생자치실 사용을 사전에 예약할 수 있도록 하면 좋
　　　　　　　'학생 3'이 제시한 문제에 대한 '학생 1'의 의견
겠습니다.

학생 3: 동의합니다. 학생회에서 예약 관리 담당자를 정하여 운
　　　　　　　　　　'학생 1'의 의견을 구체화함
영합시다.

학생회장: 네, 좋습니다. 학생자치실을 학생들의 모임 공간 ┐
으로 활용하되 예약제로 운영하도록 하겠습니다. 또 다른 ├ [A]
활용 방안은 없을까요? ┘

학생 2: 학생자치실에서 학생회 행사를 실시하면 좋겠다는 의견
　　　　　　　　사전 조사 결과를 근거로 의견을 제시함 ②
이 많습니다.

학생 3: 「좋은 의견입니다. 학생회 행사 장소가 자주 바뀌다 보니
　　　　　　「」: 구체적 사례를 언급하여 '학생 2'의 의견에 동의함
행사를 준비하는 데도 어려움이 있었고, 학생들이 장소를 잘
못 찾아가는 혼란도 있었습니다.」

학생 2: 맞습니다. 나눔 마켓, 교복 물려주기, 우산 대여와 같은
　　　　　　　　　　　　　　　구체적인 학생회 활동 내용
학생회 활동을 모두 학생자치실에서 진행하면 좋겠습니다.

학생회장: 네, 학생자치실을 학생회 행사를 준비하고 진행하는
장소로 활용하도록 하겠습니다. 또 다른 의견 있으신가요?

학생 3: ㉣ 그런데 학생자치실에서 회의나 모임, 학생회 행사를
　　　　　　　　추가적으로 논의해야 할 사항을 제시함
하기 위해서는 공간 구성에 대한 고민이 필요하지 않을까요?

학생회장: 네, 활용 방안을 제안하기 위해서는 그에 적합한 공간
구성도 함께 논의해야겠네요.

학생 1: 학생들이 참여할 수 있는 방안이 있으면 좋겠습니다.
　　　　　　　공간 구성에 대한 '학생 1'의 의견
학생 2: 그렇다면 우리 학교 동아리의 도움을 받으면 어떨까요?
　　　　　　　　　　'학생 1'의 의견을 구체화함
학생회장: 좋은 생각입니다. 구체적으로 어떤 동아리 학생들 ┐
　　　　　　　　　　　　'학생 2'의 의견에 대한 추가 설명을 요구함 ├ [B]
에게, 어떻게 도움을 받으면 좋을까요? ┘

학생 2: ㉤ 우리 학교에는 건축 디자인 동아리가 있습니다. 동아
리 학생들에게 활용 방안에 맞는 공간 구성 방향을 제안해 달
라고 요청하는 겁니다.

학생 1: 해당 동아리 학생들은 공간 디자인 공모전에 참여한 경
　　　　　　　　　　　　동아리 학생들의 경험을 근거로 참여를 제안함
험이 있으니, 이번 학생자치실 공간 구성에 대해 의견을 받으
면 도움이 될 것 같아요.

학생회장: 네, 그럼 동아리 학생들에게 해당 내용을 전달하도록
하겠습니다. 다음 회의 때는 건축 디자인 동아리 학생들의 의
　　　　　　　　　　　　　다음 회의의 주제를 언급하며 회의를 마무리함
견을 참고하여 학생자치실 공간 구성에 대해 논의하도록 하겠
습니다. 오늘 회의에 참여해 주셔서 감사합니다.

01

답 | ①

(가)를 쓰기 위해 세운 글쓰기 계획 중, 글에 반영된 것만을 고른 것은?

> ㄱ. 학생자치실 구축 사업을 실시하는 목적을 제시해야겠군.
>
> ㄴ. 학생자치실 활용과 관련된 회의를 개최하는 주체를 밝혀야겠군.
>
> ㄷ. 학생자치실을 구축하며 발생할 수 있는 문제에 대한 해결 방안을 제시해야겠군.
>
> ㄹ. 학생자치실 활용과 관련된 회의의 결과를 언급하며 후속 회의의 주제를 알려야겠군.

정답 선지 분석

① ㄱ, ㄴ

　ㄱ. (가)의 1문단 '학생 자치활동 활성화를 위해'에서 확인할 수 있다.

　ㄴ. (가)의 3문단 '학생회에서 회의를 개최하여'에서 확인할 수 있다.

오답 선지 분석

　ㄷ. 학생자치실을 구축하며 발생할 수 있는 문제와 해결 방안은 (가)에서 확인할 수 없다.

　ㄹ. 학생자치실 활용과 관련한 회의의 결과와 후속 회의 주제는 (가)에서 확인할 수 없다.

02

답 | ③

(나)의 [A], [B]에 드러난 '학생회장'의 말하기에 대한 이해로 가장 적절한 것은?

정답 선지 분석

③ [B]에서는 [A]와 달리 상대의 발언 내용에 대한 추가 설명을 요구하고 있다.

　[B]에서는 학생 2의 발언에 대해 학생회장이 '구체적으로 어떤', '어떻게'라는 추가 설명을 요구하고 있다. [A]에서는 해당 내용을 확인할 수 없다.

오답 선지 분석

① [A]에서는 [B]와 달리 상대의 발언 내용에 긍정적으로 반응하고 있다.

　[A]와 [B]에서는 모두 상대의 발언 내용에 긍정적으로 반응하고 있다.

② [A]에서는 [B]와 달리 상대의 발언 내용을 되물으며 발언의 정확한 의도를 확인하고 있다.

　[A]와 [B]에서는 모두 상대의 발언 내용을 되묻지 않는다.

④ [B]에서는 [A]와 달리 상대의 발언 취지를 확인하며 논점을 명확하게 제시하고 있다.

　[A]와 [B]에서는 모두 상대의 발언 취지를 확인하지 않는다.

⑤ [A]와 [B]에서는 모두 상대의 발언 내용을 요약하여 정리하고 있다.

　[A]에서는 학생 1~3의 발언을 요약하여 정리하고 있지만, [B]에서는 확인할 수 없다.

03

답 | ③

(가)와 (나)의 맥락을 고려할 때, (가)를 읽고 (나)를 참관한 학생이 보인 반응으로 적절하지 않은 것은?

정답 선지 분석

③ ⓒ을 들으니, 학생자치실 사용을 예약제로 운영하자는 것은 학생자치실의 위치를 고려한 의견이겠군.

　ⓒ의 학생자치실 사용을 예약하도록 하는 방안은 학생자치실 사용 대상을 확대하기로 한 것을 고려한 결정임을 알 수 있다.

오답 선지 분석

① ㉠을 들으니, 회의에서 언급한 조사 결과는 학교 누리집과 누리소통망(SNS)을 통해 취합한 것이겠군.

　(가)에서 설문 조사를 학교 누리집과 누리소통망(SNS)에서 실시한다고 하였다.

② ㉡을 들으니, 평소 학생회실을 학생회 임원만 이용해서 학생회실에 대해 학생들이 잘 몰랐겠군.

　(가)에서 학생회에서 회의할 때만 사용하여 학생회실에 대해 잘 모르는 학생이 많다고 하였다.

④ ㉣을 들으니, 학생자치실의 공간 구성 방안은 회의 전에는 계획되지 않은 내용이겠군.

　(가)에서 공간 구성 방안에 대한 사전 회의 계획을 찾을 수 없고, (나)의 회의 과정에서 추가로 논의된 내용임을 알 수 있다.

⑤ ㉤을 들으니, 학생자치실 공간 구성에 동아리 학생들의 도움을 받자는 것은 학생 참여를 지향하는 사업 방향에 맞는 제안이겠군.

　(가)에서 해당 사업이 학생 참여형 학생자치실 구축 사업임을 확인할 수 있다.

04

답 | ④

다음은 (나) 이후 작성한 기사문의 일부이다. 기사문을 작성할 때 독자를 고려한 내용으로 적절하지 않은 것은?

> 　학생회 임원들은 지난 회의에서 학생자치실 활용 방안에 대해 논의하였다. 회의 결과, 학생자치실은 학생들의 회의와 모임, 학생회 주최 행사 등에 활용될 예정이다.
>
> 　학생회 측은 활용 방안에 따른 공간 구성에 대해 도움을 얻고자 회의 이후 건축 디자인 동아리 학생들에게 해당 내용을 전달하였고, 동아리 학생들은 공간의 다양한 활용을 위해 접이식 가벽 설치, 이동형 수납장 배치 등을 제안하였다.
>
> 　회의를 참관한 ○○○ 학생은 "학생자치실을 만드는 데 학생들의 의견이 반영되어서 좋았어요. 회의에서 열의도 느껴졌어요."라고 말했다.
>
> 　6월 20일에 열릴 회의에서는 학생회와 사업 담당 선생님이 함께 공간 구성에 대해 논의할 예정이다.

정답 선지 분석

④ 필자의 의견을 통해 학생 참여가 중요하다는 것을 알 수 있도록 한다.

　기사문에서 필자의 의견이나 학생 참여가 중요하다는 것을 파악할 수 있는 내용은 확인할 수 없다.

오답 선지 분석

① 다음 회의에 대한 정보를 인지할 수 있도록 한다.

　다음 회의 날짜, 회의 주제 등의 내용을 확인할 수 있다.

② 지난 회의에서 논의된 내용을 파악할 수 있도록 한다.

　학생자치실을 회의와 모임, 학생회 주최 행사 등에 활용하자는 내용을 확인할 수 있다.

③ 동아리 학생들이 제안한 내용을 확인할 수 있도록 한다.

　접이식 가벽 설치, 이동형 수납장 배치 등의 내용을 확인할 수 있다.

⑤ 기사문에 인용된 발언을 통해 지난 회의의 분위기를 짐작할 수 있도록 한다.

　기사문에 인용된 학생의 발언을 통해 열의 있는 회의 분위기를 확인할 수 있다.

빠른 정답 체크

01 ⑤ 　　**02** ① 　　**03** ② 　　**04** ① 　　**05** ③

문법적으로 적절한 문장은 필수적인 문장 성분을 온전히 갖추
어야 한다. 이때 필수적인 문장 성분은 서술어에 따라 달라진다.
　　　　　　　　　　　　　문법적으로 적절한 문장의 조건 ①
　　　　　　　　　서술어에 따라 필수적인 문장 성분이 결정됨
예를 들어 '풀다'가 서술어로 쓰이면 이 서술어는 주어와 목적어
를 요구한다. 따라서 다른 맥락이 주어지지 않는다면 '*나는 풀었
다.'라는 문장은 서술어가 요구하는 문장 성분이 온전히 갖추어
　　　　　　　　　　　문법적으로 부적절한 문장
지지 않아서 문법적으로 부적절한 문장이 된다.

서술어가 요구하는 문장 성분에 대한 정보는 국어사전에서 확
인할 수 있다. 다음은 국어사전의 일부이다.

풀다 통

① 【…을】

「1」묶이거나 감기거나 얽히거나 합쳐진 것 따위를 그렇지

아니한 상태로 되게 하다.

⋮

「5」모르거나 복잡한 문제 따위를 알아내거나 해결하다.

② 【…에 …을】

「1」액체에 다른 액체나 가루 따위를 섞다.

[A]

'【 】' 기호 안에는 표제어 '풀다'가 서술어로 쓰일 때 요구하
　　　　　　　　　　　　　문형 정보
는 문장 성분에 대한 정보가 제시되어 있다. 이러한 정보를
'문형 정보'라고 한다. 원칙적으로 서술어는 주어를 항상 요
　　　　　　　　　　　　문형 정보에서 주어를 제외하는 이유
구하므로 문형 정보에는 주어를 제외한 필수적 문장 성분에
대한 정보가 제시된다. 하나의 단어가 여러 의미를 가진 경우
도 있다. 이러한 단어가 서술어로 쓰일 때 어떤 의미로 쓰이
　　　　　　　　　　하나의 서술어가 요구하는 문장 성분이 다른 이유
는지에 따라 서술어가 요구하는 문장 성분이 다를 수 있으며,
국어사전에서도 문형 정보가 다르게 제시된다.

필수적인 문장 성분이 갖추어져 있어도 문장 성분 간에 호응이
되지 않으면 문법적으로 부적절한 문장이 될 수 있다. 호응이란
　　　　　　　　　　문법적으로 적절한 문장의 조건 ②
어떤 말이 오면 거기에 응하는 말이 오는 것을 말한다.
　　　　　　　호응의 개념

길을 걷다가 흙탕물이 신발에 튀었다. 나는 신발에 얼룩을

남기고 싶지 않았다. *그래서 나는 물에 세제와 신발을 풀었
　　　　　　　　　목적어와 서술어의 호응이 되지 않아 문법적으로 부적절한 문장이 됨
다. 다행히 금세 자국이 없어졌다.

위 예에서 밑줄 친 문장이 문법적으로 부적절한 이유는 　ⓐ

와 서술어가 호응하지 않기 때문이다. 여기에 쓰인 '풀다'의

　　ⓐ　 는 　　　ⓑ　　　이 와야

호응이 이루어진다.

※ '*'는 문법적으로 부적절한 문장임을 나타냄.

01

답 | ⑤

[A]를 이해한 내용으로 적절하지 않은 것은?

정답 선지 분석

⑤ '그는 십 분 만에 선물 상자의 매듭을 풀었다.'에 쓰인 '풀다'의 문형 정보는
사전에 '【…에 …을 】'로 표시된다.
　'그는 십 분 만에 선물 상자의 매듭을 풀었다.'에 쓰인 '풀다'의 문형 정보로 '【…을 】'이 제시
된다.

오답 선지 분석

① ②-「1」의 의미로 쓰이는 '풀다'는 부사어를 요구한다.
　②-「1」의 문형 정보로 '【…에 …을】'이 제시된다.

② 문형 정보에 주어가 표시되지 않았지만 '풀다'는 주어를 요구한다.
　원칙적으로 서술어는 주어를 항상 요구하므로 문형 정보에는 주어를 제외한 필수적 문장 성
　분에 대한 정보가 제시된다.

③ ①-「1」과 ②-「1」의 의미로 쓰이는 '풀다'는 모두 목적어를 요구한다.
　①-「1」의 문형 정보로 '【…을 】'이 제시되며, ②-「1」의 문형 정보로 '【…에 …을 】'이 제시
　된다.

④ '풀다'가 ①-「1」의 의미로 쓰일 때와 ①-「5」의 의미로 쓰일 때는 필수적 문
장 성분의 개수가 같다.
　①-「1」과 ①-「5」의 문형 정보로 '【…을 】'이 제시된다.

02

답 | ①

ⓐ, ⓑ에 들어갈 말로 적절한 것은?

정답 선지 분석

	ⓐ	ⓑ
①	목적어	액체나 가루 따위에 해당하는 말

밑줄 친 문장에서 서술어와 목적어가 호응하지 않으므로 ⓐ에 들어갈 말로 적절한 것은 '목적
어'이다. 국어사전에서 여기에 쓰인 '풀다'의 의미로 '액체에 다른 액체나 가루 따위를 섞다'
가 제시되어 있으므로 ⓑ에 들어갈 말로 적절한 것은 '액체나 가루 따위에 해당하는 말'이다.

03

답 | ②

<보기 1>의 밑줄 친 부분에 해당하는 단어를 <보기 2>에서 있는 대로 모두 고른 것은?

보기 1

선생님: 하나의 단어가 수사로 쓰이기도 하고 수 관형사로도 쓰이는 경우가 많습니다. 그런데 수 관형사로만 쓰이는 단어도 있습니다.

보기 2

· 나는 필통에서 연필 하나를 꺼냈다.
· 그 마트는 매월 둘째 주 화요일에 쉰다.
· 이번 학기에 책 세 권을 읽는 게 내 목표야.
· 여섯 명이나 이 일에 자원해서 정말 기쁘다.

정답 선지 분석

② 세

'세'는 수 관형사로만 쓰인다.

오답 선지 분석

① 하나

'하나'는 관형사로 쓰이지 않고 수사로만 사용된다.

③ 하나, 여섯

'하나'는 관형사로 쓰이지 않으며, '여섯'은 수 관형사로 쓰이지만, 수사로도 쓰일 수 있다.

④ 둘째, 세

'세'는 수 관형사로만 쓰이지만, '둘째'는 수 관형사로 쓰이면서 수사로도 쓰일 수 있다.

⑤ 둘째, 여섯

'둘째', '여섯'은 수 관형사로 쓰이지만, 수사로도 쓰일 수 있다.

04

답 | ①

<보기 1>의 '표준 발음법'에 따라 <보기 2>의 ㉠~㉤을 발음한다고 할 때, 적절하지 않은 것은?

보기 1

표준 발음법

제10항 겹받침 'ㄳ', 'ㄵ', 'ㄼ, ㄽ, ㄾ', 'ㅄ'은 어말 또는 자음 앞에서 각각 [ㄱ, ㄴ, ㄹ, ㅂ]으로 발음한다.

제11항 겹받침 'ㄺ, ㄻ, ㄿ'은 어말 또는 자음 앞에서 각각 [ㄱ, ㅁ, ㅂ]으로 발음한다. 다만, 용언의 어간 말음 'ㄺ'은 'ㄱ' 앞에서 [ㄹ]로 발음한다.

제14항 겹받침이 모음으로 시작된 조사나 어미, 접미사와 결합되는 경우에는, 뒤엣것만을 뒤 음절 첫소리로 옮겨 발음한다.

제23항 받침 'ㄱ(ㄲ, ㅋ, ㄳ, ㄺ), ㄷ(ㅅ, ㅆ, ㅈ, ㅊ, ㅌ), ㅂ(ㅍ, ㄼ, ㄿ, ㅄ)' 뒤에 연결되는 'ㄱ, ㄷ, ㅂ, ㅅ, ㅈ'은 된소리로 발음한다.

보기 2

책장에서 ㉠ 읽지 않은 시집을 발견했다. 차분히 ㉡ 앉아 마음에 드는 시를 예쁜 글씨로 공책에 ㉢ 옮겨 적었다. 소리 내어 시를 ㉣ 읊고, 시에 대한 감상을 적어 보기도 했다. 마음이 평온해지는 ㉤ 값진 경험이었다.

정답 선지 분석

① ㉠은 제11항, 제23항 규정에 따라 [일찌]로 발음해야겠군.

<보기 1>의 표준 발음법 제11항 규정에 따라 겹받침 'ㄺ'은 자음 앞에서 [ㄱ]으로 발음하며, 제23항 규정에 따라 겹받침 'ㄺ' 뒤에 연결되는 'ㅈ'은 된소리로 발음하므로 <보기 2>의 ㉠은 [익찌]로 발음한다.

오답 선지 분석

② ㉡은 제14항 규정에 따라 [안자]로 발음해야겠군.

제14항 규정에 따라 겹받침이 모음으로 시작된 어미와 결합되는 경우, 뒤엣것만을 뒤 음절 첫소리로 옮겨 발음하므로 ㉡은 [안자]로 발음한다.

③ ㉢은 제11항 규정에 따라 [옴겨]로 발음해야겠군.

제11항 규정에 따라 겹받침 'ㄻ'은 자음 앞에서 [ㅁ]으로 발음하므로 ㉢은 [옴겨]로 발음한다.

④ ㉣은 제11항, 제23항 규정에 따라 [읍꼬]로 발음해야겠군.

제11항 규정에 따라 겹받침 'ㄿ'은 자음 앞에서 [ㅂ]으로 발음하며, 제23항 규정에 따라 겹받침 'ㄿ' 뒤에 연결되는 'ㄱ'은 된소리로 발음하므로 ㉣은 [읍꼬]로 발음한다.

⑤ ㉤은 제10항, 제23항 규정에 따라 [갑찐]으로 발음해야겠군.

제10항 규정에 따라 'ㅄ'은 자음 앞에서 [ㅂ]으로 발음하며, 제23항 규정에 따라 'ㅄ' 뒤에 연결되는 'ㅈ'은 된소리로 발음하므로 ㉤은 [갑찐]으로 발음한다.

05

답 | ③

㉠~㉣에 대한 설명으로 적절하지 않은 것은?

보기

지현: 저기 ㉠ 버스 온다. 얼른 타자. 우리가 오늘 영화를 볼 장소로 가는 버스야.

경준: ㉡ 차에 사람이 많아 보여. 차라리 택시를 타자.

지현: 좋아. 그런데 ㉢ 이곳이 원래 사람이 이렇게 많았나?

경준: ㉣ 여기가 혼잡한 데는 아닌데 주말이라 그런 것 같아. 급하게 와서 그런지 목이 마르네. 물병 좀 꺼내 줄래? 배낭을 열면 물병이 두 개 있어.

지현: 잠시만. ㉤ 이 중에서 더 작은 ㉥ 것을 주면 돼?

경준: 응, 고마워. 그런데 ㉦ 우리가 오늘 보기로 한 영화는 누가 추천한 거야?

지현: ㉧ 자기가 봤는데 재미있더라면서 민재가 추천해 줬어.

정답 선지 분석

③ ㉤은 '배낭'을, ㉥은 '물병'을 가리킨다.

㉤은 물병 두 개를 가리키며, ㉥은 '물병'을 가리킨다.

오답 선지 분석

① ㉡은 '버스'의 상위어로서 ㉠을 가리킨다.

㉡은 '버스'의 상위어로서 ㉠을 가리킨다.

② ㉢과 ㉣은 다른 단어이지만, 같은 곳을 가리킨다.

㉢과 ㉣은 다른 단어이지만 둘 다 대화를 나누고 있는 장소를 가리킨다.

④ ㉦은 화자와 청자를 모두 포함한다.

㉦은 화자와 청자인 '지현'과 '경준'을 모두 포함한다.

⑤ ㉧은 '민재'를 가리킨다.

㉧은 뒤에 나오는 '민재'를 가리킨다.

WEEK 2

❶ 다산 정약용이 생각하기에 당대 사람들이 인정했던 최고의 진리는 유가의 경전이다. 다산은 유가의 경전을 철저하게 연구하고 재해석함으로써 시대가 당면한 어려움을 돌파하고 세상을 바꾸려고 하였다. ─정약용이 유가의 경전을 연구한 이유─ 새로운 시대를 열기 위해 과거로 달려갔다는 점에서 ─유가의 경전을 철저하게 연구함─ 다산은 전통의 충실한 계승에 그치지 않고 단순한 계승에 그치지 않고 ─정약용의 유가 경전 해석의 특징─ 유가 경전을 재해석하면서 새로운 사유를 전개하였다. 경전에 대한 새로운 해석을 통해 이루어진 다산 윤리학의 특징을 살펴보자.

❷ 정약용에 따르면 인간은 선천적으로 선을 좋아하고 악을 부끄러워하는 마음이 있다. ─정약용이 판단한 인간의 본성─ 하지만 실제 행동에 있어서는 악은 행하기가 쉽고 선은 행하기가 어렵다고 보았다. ─인간은 선천적으로 선을 좋아하면서도 실행하기는 어려워함─ 이러한 인간에게 자유의지가 선천적으로 주어져 선과 악을 자율적으로 선택할 수 있는데 자유의지에 의한 선한 행위가 공적이 될 수 있고 악한 행동 ─인간에게는 선과 악을 자율적으로 선택할 수 있는 자유의지가 있음─ 이 죄가 될 수 있다고 하였다. 즉 인간은 자유의지에 의해서 선을 ─인간은 자유의지에 의해 선택을 내리므로 그에 따른 책임도 가짐─ 선택할 수도 악을 선택할 수도 있으며 그에 따른 책임을 갖는다고 본 것이다. 다산은 사회를 선하고 정의롭게 하기 위해서 선한 의지와 지혜로운 선택이 필요하며 이러한 의지와 선택을 생활 속 ─사회를 선하고 정의롭게 하기 위해 필요한 것─ 에서 실천해야 한다고 했다.

❸ 정약용은 인간은 자유의지로써 행동하여 인(仁)을 성취할 수 있다고 보았다. 그는 인을 사람과 사람 사이에서 각자가 상대에 ─인에 대한 정약용의 해석─ 게 마땅한 도리를 다하는 실천을 통해서 얻어지는 덕목이라고 해석하였다. 따라서 인은 다른 사람과 함께하지 않으면 성립하지 ─정약용이 해석한 인의 특징─ 않는다. 특히 위정자로서 정약용은 백성들의 삶을 윤택하게 하여 ─위정자로서 정약용의 목표─ 인을 성취하고자 하였다. 다산이 유배지에서 세상에 나갈 수 없 ─정치를 통해 백성들의 삶을 윤택하게 하여 인을 성취할 수 없기 때문─ 게 된 상황을 절망으로 받아들일 수밖에 없었던 이유가 바로 여기에 있다.

❹ 그렇다면 정약용이 인을 완성할 수 있는 실천 원리로 제시한 것이 무엇일까? 서(恕)이다. 정약용이 말하는 서란 사람들 간의 ─인을 완성할 수 있는 실천 원리─ 관계에서 자신이 원하지 않는 것을 상대에게 하지 않는 것이다. ─서에 대한 정약용의 해석 ①─ 나아가 자신이 상대에게 바라는 것을 먼저 상대에게 해 주는 것 ─서에 대한 정약용의 해석 ②─ 이다. 이러한 서로써 다른 사람을 대하는 것이 도리를 다하는 것이다. 다산은 《맹자》에 나오는 만물의 이치가 모두 자신에게 있 ─=만물의 이치가 모두 자신에게 있다─ 다는 뜻의 '만물개비어아(萬物皆備於我)'에 대한 해석을 다음과 같이 한다. 「"내가 재물을 좋아하니 백성도 재물을 좋아함을 알 수 ┌ : '만물개비어아'에 대한 정약용의 해석-인간의 감정과 생각에는 보편성이 있음 있다. 내가 편안함을 좋아하니 백성도 편안함을 좋아함을 안다. 내가 천대하고 업신여김을 당하기 싫어하니 백성도 그러함을 안

다. 다른 사람의 감정을 묻고 안색을 살핀 다음에야 그들이 나와 같다는 것을 알 수 있는 것은 아니다."」 이러한 해석에서 보듯이 다산은 인간의 감정과 생각에 보편성이 있으므로 자기의 감정과 ─자기의 감정과 생각은 다른 사람의 마음과도 비슷함─ 생각을 미루어서 다른 사람의 마음을 이해할 수 있다고 인식한다. 서는 타자에 대한 상호 평등성의 인정과 인격 존중에 기초하 ─서에 대한 정약용의 해석 ③─ 고 있으며 누구나 노력하면 실천할 수 있는 행위 원리이다.

❺ 다산은 서를 행할 수 있는 기본이 되는 자세를 신독(愼獨)이라고 보고 신독은 '두려워하고 공경하는 자세'라고 하였다. 두려움 ─신독에 대한 정약용의 해석 ①─ 과 공경의 대상은 바로 하늘이다. 정약용은 인간에게 선과 악을 선택할 수 있는 선천성을 부여한 존재인 하늘을 두려워하고 공 ─신독을 통해 선을 실천하는 마음을 유지할 수 있음─ 경해야 선을 실천하는 마음을 유지할 수 있다고 보았다. 정약용은 당시 사대부들에게 군주와 백성의 눈은 피할 수 있어도 하늘 ─선한 사회를 만들기 위해 사대부들에게 하늘을 두려워하고 공경할 것을 강조함─ 의 눈은 피할 수 없다는 점을 강조한 것이다. 정약용은 신독 공부를 남들이 모르는 일에도 생각과 행동을 조심하는 것이며, 자신 ─정약용의 신독 공부 ①─ 이 했던 행동을 되돌아보고 성찰하면서 허물과 과오를 꾸짖는 내 ─정약용의 신독 공부 ②─ 면의 목소리에 귀를 기울이는 것이라고 하였다. 또한 신독 공부를 평상시에도 할 것을 강조하며 이를 통해 경건한 태도를 몸에 ─정약용이 강조한 것─ 익혀야 한다고 역설하였다. 신독 공부를 통해서 「내면의 진실성을 ┌ : 신독 공부를 평상시에도 해야 하는 이유 유지하고 선과 악을 선택할 수 있는 상황에서 자기를 통제하는 내면의 공정성을 유지할 수 있다고 하였다.」 다산 윤리학에서 신독은 인간관계에서 적극적인 윤리적 실천을 통해 선의 가치를 실 ─신독에 대한 정약용의 해석─ 현하도록 하는 힘이며 정신적 구심점이다.

❻ 다산 윤리학은 생활 속에서 선의 실천을 지향하는 생활 현장 ─다산 윤리학의 특징─ 의 윤리이다. 실천하는 것과 평상시에 마음을 수양하는 것을 통해 ─실천과 수양이 모두 중요함─ 타인에 대한 지극한 사랑이라는 최종 목적을 이루고자 한 것이다. ─다산 윤리학의 최종 목적─ 다산에게 중요한 것은 결국 ㉠ 상호 주관적 공동 세계인 것이다.

01
답 | ⑤

'다산 윤리학'의 내용으로 적절하지 않은 것은?

정답 선지 분석

⑤ 만물개비어아는 인간 감정의 보편성을 통해 자기의 감정을 이해할 수 있다는 것이다.

    4문단에 따르면, 다산 정약용은 '만물개비어아'를 다른 사람의 감정을 묻고 안색을 살핀 다음에야 그들이 나와 같다는 것을 알 수 있는 것이 아니라는 의미로 보았으며, 인간의 감정과 생각에 보편성이 있으므로 자기의 감정과 생각을 미루어서 다른 사람의 마음을 이해할 수 있다고 인식하였다. 이를 통해 다산 윤리학에서의 만물개비어아는 인간 감정의 보편성을 통해 자기의 감정을 이해할 수 있는 것이 아님을 알 수 있다.

오답 선지 분석

① 백성들의 삶을 윤택하게 하는 행동을 통해 인을 얻을 수 있다.

    3문단에 따르면, 위정자로서 정약용은 백성들의 삶을 윤택하게 하여 인을 성취하고자 하였음을 알 수 있다.

② 인간이 선과 악을 선택할 수 있는 것은 자유의지가 있기 때문이다.

　2문단에 따르면, 인간은 자유의지에 의해서 선을 선택할 수도 악을 선택할 수도 있음을 알 수 있다.

③ 서(恕)로써 다른 사람을 대하는 것이 타인에게 도리를 다하는 것이다.

　4문단에 따르면, 서로써 다른 사람을 대하는 것이 도리를 다하는 것임을 알 수 있다.

④ 인을 완성할 수 있는 실천 원리는 상호 평등성의 인정과 인격 존중에 기초한다.

　4문단에 따르면, 서는 인을 완성할 수 있는 실천 원리이며, 서는 타자에 대한 상호 평등성의 인정과 인격 존중에 기초하는 것임을 알 수 있다.

02

답 | ②

윗글을 통해 알 수 있는 ㉠의 의미로 가장 적절한 것은?

정답 선지 분석

② 자유의지로 사람들 사이에서 선을 실천하며 사는 사회를 말하는 것이겠군.

　2문단에 따르면, 인간은 선천적으로 주어진 자유의지에 의해 선과 악을 선택할 수 있다. 또한 사회를 선하고 정의롭게 하기 위해서 선한 의지와 지혜로운 선택이 필요하며 이러한 의지와 선택을 생활 속에서 실천해야 한다. 3문단에 따르면, 자유의지로써 행동하여 인을 성취할 수 있으며 여기서의 인은 사람과 사람 사이에서 각자가 상대에게 마땅한 도리를 다하는 실천을 통해서 얻어지는 덕목이다. 4문단에 따르면, 서로써 다른 사람을 대하는 것이 도리를 다하는 것이다. 5문단에 따르면, 신독은 윤리적 실천을 통해 선의 가치를 실현하도록 하는 것이다. 따라서 ㉠은 인간이 자유의지로 다른 사람들과의 관계에서 선을 실천하는 사회라고 볼 수 있다.

오답 선지 분석

① 선천적인 품성을 올바르게 바꿔가며 살아가는 사회를 말하는 것이겠군.

　2문단에 따르면, 인간은 선천적으로 선을 좋아하고 악을 부끄러워하는 마음이 있다. 따라서 선천적인 품성을 올바르게 바꿔가며 살아가야 한다는 것은 적절하지 않다.

③ 생활 속에서 누구나 노력 없이 선의 가치를 실현하며 살 수 있는 정의로운 사회를 말하는 것이겠군.

　4~5문단에 따르면, 인을 완성할 수 있는 서를 행할 수 있는 자세는 신독으로, 정약용은 신독 공부를 평상시에도 하여 경건한 태도를 몸에 익혀야 한다고 역설했다. 따라서 노력 없이 선의 가치를 실현하며 살 수 있다는 것은 적절하지 않다.

④ 인간이 타자와의 관계를 의식하지 않고 자유의지를 통해 가치를 실현하는 사회를 말하는 것이겠군.

　4문단에 따르면, 정약용이 인을 완성할 수 있는 실천 원리로 제시한 서란 사람들 간의 관계에서 자신이 원하지 않는 것을 상대에게 하지 않고 자신이 상대에게 바라는 것을 먼저 상대에게 해 주는 것이다. 따라서 인간이 타자와의 관계를 의식하지 않아도 된다는 것은 적절하지 않다.

⑤ 실천을 하지 않아도 서로의 인격을 존중하고 타인의 마음을 이해하며 사는 사회를 말하는 것이겠군.

　3문단에 따르면, 인은 사람과 사람 사이에서 각자가 상대에게 마땅한 도리를 다하는 실천을 통해서 얻어지는 덕목이다. 또한 6문단에서 다산 윤리학은 실천하는 것과 평상시에 마음을 수양하는 것을 통해 타인에 대한 지극한 사랑이라는 최종 목적을 이루고자 한 것이라고 하였다. 따라서 실천을 하지 않아도 된다는 것은 적절하지 않다.

03

답 | ②

신독에 대한 이해로 적절하지 않은 것은?

정답 선지 분석

② 선과 악의 선택에서 벗어나 내면의 공정성을 유지하는 것이다.

　5문단에 따르면, 신독 공부를 통해서 내면의 진실성을 유지하고 선과 악을 선택할 수 있는 상황에서 자기를 통제하는 내면의 공정성을 유지할 수 있다. 따라서 신독이 선과 악의 선택에서 벗어나 내면의 공정성을 유지하는 것이라는 설명은 적절하지 않다.

오답 선지 분석

① 자신의 행동을 성찰하면서 자신을 통제하게 하는 것이다.

　5문단에 따르면, 정약용은 신독 공부는 자신이 했던 행동을 되돌아보고 성찰하는 것이라고 하였다.

③ 잘못을 꾸짖는 내면의 목소리이며 선을 실현하게 하는 정신적 구심점이다.

　5문단에 따르면, 정약용은 신독 공부는 허물과 과오를 꾸짖는 내면의 목소리에 귀를 기울이는 것이며, 신독은 선의 가치를 실현하도록 하는 정신적 구심점이라고 하였다.

④ 자신이 혼자 아는 일에도 생각과 행동을 조심하며 내면의 진실성을 유지하는 것이다.

　5문단에 따르면, 정약용은 신독 공부는 남들이 모르는 일에도 생각과 행동을 조심하는 것이며, 신독 공부를 통해서 내면의 진실성을 유지할 수 있다고 하였다.

⑤ 악을 행할 수 있는 가능성을 지닌 인간에게 하늘의 눈은 피할 수 없음을 강조하는 것이다.

　5문단에 따르면, 정약용은 신독 공부를 통해서 선과 악을 선택할 수 있는 상황에서 자기를 통제하는 내면의 공정성을 유지할 수 있으며, 신독은 하늘의 눈은 피할 수 없다는 것을 강조한 것이라고 하였다.

04

답 | ⑤

윗글을 바탕으로 <보기>를 이해한 내용으로 적절하지 않은 것은?

보기

　요즘 천재지변으로 해마다 흉년이 들어, ⓐ 백성들이 굶주림을 면치 못하고 고통을 받으니 안타까울 따름이다. 재정부에 명령하여 나라의 곳간을 열고, 연달아 감사관을 보내 ⓑ 백성의 쓰라림을 돌보지 않는 수령들을 징계한 바 있다. 슬프다. 부덕한 ⓒ 나로서는 백성들이 굶어 죽는 모습들을 모두 다 알 수 없으니, 수령과 같은 백성과 가까운 관원들은 나의 이 진심 어린 뜻을 새겨, 관할 구역의 백성들이 굶주려 떠돌아다니지 않게끔 유의하라. 나는 장차 다시 ⓓ 조정의 관원을 파견하여, 그에 대한 행정 상황을 조사할 것이며, 만약 한 백성이라도 굶어 죽은 자가 있다면, 수령이 교서를 위반한 것으로써 죄를 논할 것이라.

　　　　　　　　　　　　　　　　- 《세종실록》, 세종 1년(1419)

정답 선지 분석

⑤ ⓓ의 자유의지에 따른 행위는 ⓒ에 의한 것이므로 결과에 따른 책임을 지지 않겠군.

　2문단에 따르면, 인간은 자유의지에 의해서 선을 선택할 수도 악을 선택할 수도 있으며 그에 따른 책임을 갖는다. <보기>에서 ⓒ가 ⓓ를 파견하여 행정 상황을 조사하라고 하였지만 ⓓ는 자유의지가 있기 때문에 ⓒ의 뜻을 따라 백성을 돌보는 선을 행할 수도 ⓒ의 눈을 피해 백성을 돌보지 않는 악을 행할 수도 있다. 이는 ⓓ의 자유의지에 의한 선택과 행동이므로 그에 따른 책임은 ⓓ가 져야 한다.

오답 선지 분석

① ⓐ를 서(恕)로써 대하는 마음이 있어야 ⓓ가 인을 성취할 수 있겠군.

　ⓓ가 타자에 대한 도리인 인을 성취하려면 인의 실천 원리인 서로써 대하는 마음으로 ⓐ를 이해해야 한다.

② ⓑ는 ⓐ와의 관계에서 인을 성취하지 못하였군.

　ⓑ가 ⓐ의 쓰라림을 돌보지 않은 것은 ⓐ에 대한 도리를 다하지 않은 것이므로 인을 성취하지 못한 것이다.

③ ⓒ는 ⓑ에게 한 행위를 통해 ⓐ와의 관계에서 인을 성취하였군.

　ⓒ는 ⓑ를 징계하여 ⓐ에게 도리를 다하는 것으로 인을 성취한 것이다.

④ ⓒ는 ⓓ가 서(恕)로써 ⓐ를 대하기를 바라겠군.

　ⓒ는 ⓐ가 굶주림을 면하기를 원하므로 ⓓ가 ⓐ를 서로써 대하여 인을 실천하기를 바랄 것이다.

DAY 4 정보 통신과 컴퓨터 네트워크

빠른 정답 체크

01 ② 02 ④ 03 ① 04 ② 05 ④

❶ 데이터를 주고받을 때, 송신 측은 데이터별로 고유하게 부여된 순서 번호에 ⓐ 따라 순차적으로 데이터를 송신하고, 수신 측은 데이터의 순서 번호에 맞추어 송신 측에 응답 데이터를 보내준다. 만약「수신 측에서 데이터 전송 오류가 발생한 것을 파악했 `「」: ARQ가 사용되는 상황` 다면 오류가 발생한 데이터를 다시 전송해 주도록 송신 측에 요청해야 한다. 이때 자동 반복 요청 방식(ARQ)을 주로 사용한다. ARQ에서 오류가 없는 데이터가 도착할 때 송신 측에 보내는 수 `ACK의 개념` 신 측의 응답을 ACK, 전송받은 데이터에서 오류가 검출될 경우 `NAK의 개념` 에 보내는 수신 측의 응답을 NAK라고 한다. 그런데 송신 측에서는「데이터를 전송한 시점부터 타이머를 작동해 지정된 시간 `「」: 타임 아웃의 개념` 동안 수신 측으로부터 아무런 응답이 없는 경우, '타임 아웃'으로 간주한다. 타임 아웃은「수신 측이 송신 측에 응답을 하지 않거 `「」: 타임 아웃이 발생하는 경우` 나, 송신 측과 수신 측이 주고받는 데이터가 상대 측에 도달하지 못하고 전송이 중단된 경우에 발생한다. 송신 측은 타임 아웃이 되는 동시에 데이터를 재전송한다.

❷ ARQ는 정지-대기 ARQ, 고-백-앤 ARQ, 선택적 재전송 ARQ 등으로 그 유형을 나눌 수 있다. 정지-대기 ARQ는 가장 단순한 자동 반복 요청 방식으로,「수신 측은 송신 측으로부터 받 `「」: 정지-대기 ARQ의 진행 순서` 은 데이터를 먼저 수신 측의 버퍼*인 수신 윈도우에 저장한 후 오류 검사를 실시한다. 그 결과에 따라 수신 측은 ACK 또는 NAK를 전송한 후 해당 데이터를 수신 윈도우에서 삭제한다. 송신 측이 수신 측으로부터 ACK를 수신하면 그다음 데이터를 전송하고, NAK를 수신하거나 타임 아웃이 되면 그에 해당하는 데이터를 재전송한다.」

❸ 고-백-앤 ARQ는「송신 측이 수신 측의 응답을 기다리지 않고 `「」: 고-백-앤 ARQ의 방식` 연속해서 순서 번호가 부여된 데이터를 전송하는 방식으로, 오류가 발생하면 오류가 발생한 데이터를 포함하여 이후에 전송된 모든 데이터를 재전송한다.」이 방식에서 수신 측은 데이터를 수신 윈도우에 하나씩 저장하는데, 송신 측으로부터 오류가 없는 데이터를 수신한 경우에는 무조건 ACK를 ⓑ 보내지만 오류가 있는 `고-백-앤 ARQ에서 ACK를 보내는 경우` 데이터를 수신한 경우에는 NAK를 보내거나 무시할 수 있다. 그 `고-백-앤 ARQ에서 NAK를 보내거나 무시하는 경우` 리고 오류가 발생한 순번 이후의 데이터에 대해서는 수신을 거부한다. 오류가 있는 데이터에 대해 NAK를 보내는 방식을 명시적 `고-백-앤 ARQ에서 수신을 거부하는 대상` 방법, `명시적 방법의 개념` NAK를 보내지 않고 무시하는 방식을 묵시적 방법이라고 `묵시적 방법의 개념` 한다. 명시적 방법을 사용할 경우 송신 측은「NAK를 수신하거나 `「」: 명시적 방법을 사용할 경우 송신 측의 대응`

타임 아웃이 되면 이에 해당하는 데이터부터 순서대로 모든 데이터를 재전송하지만, 묵시적 방법을 사용할 경우 송신 측은「타임 `「」: 묵시적 방법을 사용할 경우 송신 측의 대응` 아웃 시간 동안 ACK를 수신하지 않았을 때만 이에 해당하는 데 `수신 측에 오류가 있는 데이터가 도착함` 이터부터 순서대로 모든 데이터를 재전송한다.

❹ 선택적 재전송 ARQ는 데이터 전송의 기본 원리가 고-백-앤 ARQ와 ⓒ 같지만, 오류가 발생할 경우 송신 측에서는 오류가 발 `고-백-앤 ARQ와의 차이점` 생한 데이터만 재전송한다.「수신 측은 먼저 도착한 데이터의 오 `「」: 선택적 재전송 ARQ의 진행 순서` 류 검사가 끝나지 않았더라도 수신한 데이터는 모두 수신 윈도우에 저장한다. 오류가 발생한 이후의 순번 데이터는 ACK를 보내지 않고 수신 윈도우에 저장한 다음, 재전송된 데이터가 도착하면 해당 데이터에 대한 ACK를 보낸 후, 수신 윈도우에 저장된 데이터와 함께 순서 번호를 맞추어 다음 단계로 전달한다.」이 방식 역시 명시적 방법과 묵시적 방법으로 ⓓ 나눌 수 있다.

❺ 그런데 NAK를 수신하거나 타임 아웃이 발생하여 송신 측이 데이터를 재전송하기 위해서는 송신 측에게도 전송한 데이터를 `송신 윈도우의 개념` 저장하기 위한 버퍼가 필요한데, 이 버퍼를 송신 윈도우라고 한다. 송신 윈도우에 보관된 데이터는 수신 측에게 전송되었으나, `송신 윈도우에 보관된 데이터의 특징` 아직 ACK를 받지 못한 데이터라 할 수 있다.「송신 측이 수신 측 `「」: 송신 윈도우 크기의 개념` 으로부터 ACK를 받지 않고도 전송할 수 있는 데이터의 최대 개수를 송신 윈도우 크기라고 한다. 또한「수신 측이 전송받은 데이 `「」: 수신 윈도우 크기의 개념` 터에 대한 응답을 보내지 않고도 저장할 수 있는 데이터의 최대 개수를 수신 윈도우 크기라 하는데, 이러한 윈도우의 크기는 데이터 통신 방식에 따라 차이가 난다. 정지-대기 ARQ는 송신 측과 수신 측 모두 하나의 데이터와 그 데이터에 대한 응답 값을 주 `정지-대기 ARQ의 특징` 고받는다는 점에서 송신 윈도우와 수신 윈도우의 크기는 모두 1 `정지-대기 ARQ의 윈도우의 크기` 이 된다. 이와 달리 고-백-앤 ARQ의 경우 송신 측은 ACK를 받 `고-백-앤 ARQ의 특징` 지 않아도 여러 개의 데이터를 전송할 수 있기 때문에 수신 윈도 `고-백-앤 ARQ의 윈도우의 크기` 우의 크기만 1이 된다. ㉠ 선택적 재전송 ARQ는 수신 윈도우 크 `선택적 재전송 ARQ의 특징` 기가 여러 개의 데이터를 송신할 수 있는 송신 윈도우의 크기와 같아 데이터를 더욱 빠르게 전송할 수 있다.

❻ 한편 송신 윈도우에 저장된 데이터의 관리는 일반적으로 데이터의 전송이 순서 번호를 기반으로 ⓔ 이루어지는 '슬라이딩 윈 `슬라이딩 윈도우 프로토콜의 특징` 도우 프로토콜*'에 의해 진행되는데, 이 프로토콜에서는「낮은 순 `「」: 슬라이딩 윈도우 프로토콜의 진행 순서` 서 번호부터 차례로 데이터 전송이 처리되며 ACK의 회신에 따라 윈도우에 새로 추가될 데이터의 순서 번호도 순차적으로 높은 번호로 이동한다. 이 과정에서 순서 번호에 해당하는 데이터들이 수신 측에 전송된다.」예를 들어, 순서 번호의 최댓값이 9, 송신 `슬라이딩 윈도우 프로토콜의 진행 순서를 설명하기 위한 예시` 윈도우의 크기가 3인 데이터를 전송할 경우, 먼저 '0번, 1번, 2번' 3개의 데이터를 전송한다. 0번 데이터에 대한 ACK가 도착하

면 0번 데이터는 송신 윈도우에서 삭제되고, 3번 데이터가 송신 윈도우에 저장되어 수신 측으로 전송된다. 만약 동시에 1번과 2번 데이터의 ACK가 도착하면 송신 윈도우에는 3번 데이터만 남게 되기 때문에 4번과 5번 데이터가 송신 윈도우에 저장되어 수신 측으로 전송된다. 이러한 방식으로 데이터를 전송하다 9번 데이터에 대한 ACK가 도착했다면 다음에 전송되는 데이터는 순서 번호가 0이 되며, 송신 측의 데이터가 모두 전송될 때까지 이 과정이 반복된다.

* 버퍼: 동작 속도가 크게 다른 두 장치 사이에 접속되어 속도 차를 조정하기 위하여 이용되는 일시적인 저장 장치.
* 프로토콜: 컴퓨터와 컴퓨터 사이, 또는 한 장치와 다른 장치 사이에서 데이터를 원활히 주고받기 위하여 약속한 여러 가지 규약.

01

답 | ②

윗글을 통해 알 수 있는 내용으로 가장 적절한 것은?

정답 선지 분석

② 고-백-앤 ARQ에서 수신 윈도우는 정지-대기 ARQ와 마찬가지로 데이터를 하나씩 저장한다.

3문단에 따르면, 고-백-앤 ARQ의 수신 측은 데이터를 수신 윈도우에 하나씩 저장한다. 또한 5문단에 따르면, 정지-대기 ARQ는 송신 측과 수신 측 모두 하나의 데이터와 그 데이터에 대한 응답 값을 주고받는다.

오답 선지 분석

① 정지-대기 ARQ에서 수신 측은 NAK를 보낸 후에도 해당 데이터를 수신 윈도우에 저장한다.

2문단에 따르면, 정지-대기 ARQ는 오류 검사의 결과에 따라 ACK 또는 NAK를 전송한 후 해당 데이터를 수신 윈도우에서 삭제한다.

③ 선택적 재전송 ARQ와 고-백-앤 ARQ 모두 송신 측은 ACK를 수신한 후에 다음 순번의 데이터를 전송한다.

3문단에 따르면, 고-백-앤 ARQ의 송신 측은 수신 측의 응답을 기다리지 않고 연속해서 순서 번호가 부여된 데이터를 전송한다. 또한 4문단에 따르면, 선택적 재전송 ARQ는 데이터 전송의 기본 원리가 고-백-앤 ARQ와 같다.

④ 송신 윈도우의 크기는 송신 측이 수신 측으로부터 동시에 받을 수 있는 ACK의 최대 개수에 따라 결정된다.

5문단에 따르면, 송신 윈도우의 크기는 송신 측이 수신 측으로부터 ACK를 받지 않고도 전송할 수 있는 데이터의 최대 개수를 의미한다.

⑤ 데이터 전송 과정에서 송신 측이 보내는 데이터는 송신 윈도우 크기보다 큰 순서 번호부터 전송된다.

6문단에 따르면, 송신 측이 보내는 데이터는 송신 윈도우 크기와 상관 없이 낮은 순서 번호부터 전송된다.

02

답 | ④

㉠의 이유를 추론한 것으로 가장 적절한 것은?

정답 선지 분석

④ 순번이 빠른 데이터의 오류 검사가 끝나지 않아도 데이터의 수신이 가능하기 때문에

4문단에 따르면, 선택적 재전송 ARQ는 수신 윈도우 크기와 송신 윈도우 크기가 같아 수신 측은 먼저 도착한 데이터의 오류 검사가 끝나지 않았더라도 수신한 데이터를 모두 수신 윈도우에 저장할 수 있다. 그렇기 때문에 선택적 재전송 ARQ는 빠르게 데이터를 전송할 수 있다.

오답 선지 분석

① 먼저 도착한 데이터부터 순서대로 데이터 오류 검사를 실시하기 때문에

먼저 도착한 데이터부터 순서대로 데이터 오류 검사를 실시하는 것과 선택적 재전송 ARQ의 윈도우의 크기는 연관이 없다.

② 오류 검사가 끝나면 수신 윈도우에 저장된 데이터가 모두 삭제되기 때문에

선택적 재전송 ARQ에서 오류 검사가 끝나면 수신 윈도우에 저장된 데이터가 모두 삭제되는지는 알 수 없다.

③ 수신 윈도우에 저장된 데이터의 순번과 상관없이 ACK를 보낼 수 있기 때문에

4문단에 따르면, 선택적 재전송 ARQ에서는 재전송된 데이터가 도착하면 해당 데이터에 대한 ACK를 보낸 후, 수신 윈도우에 저장된 데이터와 함께 순서 번호를 맞추어 다음 단계로 전달한다.

⑤ 데이터에 오류가 발생하면 해당 데이터가 재전송될 때까지 데이터 수신을 거부하기 때문에

4문단에 따르면, 선택적 재전송 ARQ에서는 먼저 도착한 데이터의 오류 검사가 끝나지 않았더라도 수신한 데이터는 모두 수신 윈도우에 저장한다.

03

답 | ①

문맥상 ⓐ~ⓔ의 단어와 가장 가까운 의미로 쓰인 것은?

정답 선지 분석

① ⓐ: 그들은 법에 **따라** 문제를 해결했다.

'그들은 법에 따라 문제를 해결했다.'의 '따르다'와 ⓐ는 모두 '어떤 경우, 사실이나 기준 따위에 의거하다.'의 의미로 사용되었다.

오답 선지 분석

② ⓑ: 관중들은 선수들에게 응원을 **보내느라** 정신이 없었다.

'관중들은 선수들에게 응원을 보내느라 정신이 없었다.'의 '보내다'는 '상대편에게 자신의 마음 가짐을 느끼어 알도록 표현하다.'의 의미로, '사람이나 물건 따위를 다른 곳으로 가게 하다.'의 ⓑ와 문맥적 의미가 같지 않다.

③ ⓒ: 여행을 할 때에는 신분증 **같은** 것을 가지고 다녀야 한다.

'여행을 할 때에는 신분증 같은 것을 가지고 다녀야 한다.'의 '같다'는 '그런 부류에 속한다는 뜻을 나타내는 말'의 의미로, '다른 것과 비교하여 그것과 다르지 않다.'의 ⓒ와 문맥적 의미가 같지 않다.

④ ⓓ: 수익은 공정하게 **나누어야** 불만이 생기지 않는다.

'수익은 공정하게 나누어야 불만이 생기지 않는다.'의 '나누다'는 '몫을 분배하다.'의 의미로, '하나를 둘 이상으로 가르다.'의 ⓓ와 문맥적 의미가 같지 않다.

⑤ ⓔ: 열심히 노력했더니 소원이 **이루어졌다.**

'열심히 노력했더니 소원이 이루어졌다.'의 '이루어지다'는 '뜻한 대로 되다.'의 의미로, '어떤 대상에 의하여 일정한 상태나 결과가 생기거나 만들어지다.'의 ⓔ와 문맥적 의미가 같지 않다.

04

답 | ②

윗글을 바탕으로 <보기>의 '슬라이딩 윈도우 프로토콜'을 이해한 것으로 적절하지 않은 것은?

보기

송신 측에서 수신 측에 전송하려는 데이터의 개수는 12개이다. 송신 측은 순서 번호의 최댓값을 5로 설정한 후, 슬라이딩 윈도우 프로토콜을 이용하여 데이터를 전송하였다. 아래는 데이터 전송 과정에서 송신 윈도우의 데이터 저장 상태를 도식화한 것이다.

⑦ | 0 | 1 | 2 | 3 | 4 | 5 |
↓
⑭ | 0 | 1 | 2 | 3 | 4 | 5 |
↓
⑮ | 0 | 1 | 2 | 3 | 4 | 5 |
↓
⑯ | 0 | 1 | 2 | 3 | 4 | 5 |
↓
⑰ | 0 | 1 | 2 | 3 | 4 | 5 |
  :

* ⑦: 송신 윈도우의 최초 저장 상태
* ☐: 윈도우에 저장된 데이터 / * ▨: 윈도우에 저장되지 않은 데이터

정답 선지 분석

② ⑮에서 순서 번호 '3'에 해당하는 데이터가 저장된 것은 ⑦에서 보낸 데이터의 ACK가 모두 도착했기 때문이다.

⑮에서 순서 번호 '3'에 해당하는 데이터가 저장된 것은 ⑦에서 보낸 순서 번호 '0'에 해당하는 데이터의 ACK가 도착했기 때문이다.

오답 선지 분석

① ⑦를 통해 알 수 있는 송신 윈도우의 크기는 3이다.

⑦의 송신 윈도우에 저장된 데이터의 개수는 3개이다. 그런데 5문단에서 송신 측이 수신 측으로부터 ACK를 받지 않고도 전송할 수 있는 데이터의 최대 개수를 송신 윈도우의 크기라고 하였으므로, ⑦를 통해 알 수 있는 송신 윈도우의 크기는 3이라 할 수 있다.

③ '⑭ → ⑮' 과정에서 송신 윈도우에 추가된 데이터의 수는 '⑯ → ⑰' 과정에서 송신 윈도우에 추가된 데이터의 수보다 적다.

'⑭ → ⑮' 과정에서 송신 윈도우에 추가된 데이터는 순서 번호 '3' 하나이다. 그런데 '⑯ → ⑰' 과정에서 송신 윈도우에 추가된 데이터는 순서 번호 '4', '5' 두 개이다. 따라서 '⑭ → ⑮' 과정에서 송신 윈도우에 추가된 데이터 수는 '⑯ → ⑰' 과정에서 송신 윈도우에 추가된 데이터 수보다 적다.

④ ⑰에서 전송한 데이터에 대한 ACK가 모두 도착했다면, 바로 다음에 전송되는 데이터의 순서 번호는 ⑦와 같다.

⑰에서 전송한 데이터에 대한 ACK가 모두 도착했다면, 순서 번호 '5' 다음, 즉 순서 번호 '0'에 해당하는 데이터부터 새롭게 송신 윈도우에 저장된다. 그런데 <보기>의 송신 윈도우 크기는 3이므로, 순서 번호 '0', '1', '2'에 해당하는 데이터가 저장된다. 결과적으로 이는 ⑦에 저장된 순서 번호와 같다.

⑤ '⑦ → ⑰'의 과정이 한 번 더 반복된 후 송신 측이 보낸 데이터의 ACK가 모두 도착했다면, 송신 윈도우에 저장된 데이터의 수는 0개이다.

'⑦ → ⑰'의 과정이 두 번 반복된 후 송신 측이 보낸 데이터의 ACK가 모두 도착했다면 송신 측에서 수신 측에게 전송하려는 데이터의 총 개수 12개가 전송 완료된 것이기 때문에 송신 윈도우에는 더 이상 저장된 데이터가 없다.

05

답 | ④

<보기>는 자동 반복 요청 방식을 이용한 데이터 전송 오류 제어 과정의 일부를 도식화한 것이다. 윗글을 참고하여 <보기>를 이해한 내용으로 적절하지 않은 것은?

보기

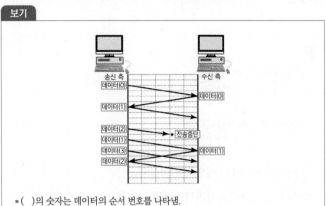

* ( )의 숫자는 데이터의 순서 번호를 나타냄.
* 최초 전송된 데이터(2)는 수신 측에 도달하지 못한 것을 나타냄.

정답 선지 분석

④ 송신 측이 데이터(2)를 재전송한 이유는 최초 전송된 데이터 (2)에 대해 수신 측이 NAK를 보내지 않았기 때문이겠군.

<보기>는 송신 측이 수신 측의 응답을 기다리지 않고 데이터를 연속해서 전송하고 있으며, 오류가 난 데이터의 경우 해당 데이터만 재전송하고 있으므로 선택적 재전송 ARQ에 해당한다. 또한 오류가 발생한 데이터에 대해 수신 측이 따로 NAK를 보내고 있지 않으므로 오류가 있는 데이터를 무시하는 묵시적 방법을 선택하고 있다. 이를 통해 송신 측이 데이터(2)를 재전송한 이유는 처음 보낸 데이터(2)에 대해 수신 측의 ACK가 도착하지 않아 송신 측이 타임 아웃으로 간주했기 때문임을 알 수 있다. 따라서 송신 측이 데이터 (2)를 재전송한 이유가 최초 전송된 데이터(2)에 대해 수신 측이 NAK를 보내지 않았기 때문이라는 것은 적절하지 않다.

오답 선지 분석

① 데이터(1)을 재전송한 후 데이터(3)을 전송하는 것을 보니 <보기>의 오류 전송은 선택적 재전송 ARQ 방식에 해당하겠군.

4문단에 따르면, 선택적 재전송 ARQ는 수신 측의 응답을 기다리지 않고 연속해서 순서 번호가 부여된 데이터를 전송하며, 오류가 발생할 경우 송신 측에서는 오류가 발생한 데이터만 재전송한다. 따라서 <보기>는 데이터(1)을 재전송한 이후 데이터(3)을 전송하고 있으므로 선택적 재전송 ARQ에 해당한다.

② 처음 수신한 데이터(1)에 대한 응답 값을 수신 측이 전송하지 않은 것으로 보아 <보기>는 묵시적 방법에 해당하겠군.

3문단에 따르면, 수신 측이 송신 측으로부터 오류가 있는 데이터를 수신한 경우에, NAK를 보내는 명시적 방법을 사용하거나 무시하는 묵시적 방법을 사용하여 오류가 난 데이터를 다시 전송해 주도록 요청한다. <보기>에서 수신 측은 처음 수신한 데이터(1)에 대한 응답 값을 송신 측에 전송하지 않았으므로, <보기>는 묵시적 방법에 해당한다.

③ 데이터(1)을 전송한 후 데이터(1)을 재전송하는 데 걸린 시간은 '타임 아웃'으로 설정된 시간에 해당되겠군.

1문단에 따르면, 송신 측이 데이터를 전송한 후 일정 시간이 지나도 수신 측으로부터 아무런 응답이 없는 경우 '타임 아웃'으로 간주한다고 했다. 또한 타임 아웃이 되면 송신 측이 오류가 발생한 데이터를 재전송한다고 했다.

⑤ 수신 측이 데이터(3)과 재전송된 데이터(2)에 대해 ACK를 보낸다면 데이터 (2)와 데이터(3)은 순서 번호에 맞추어 다음 단계로 전달되겠군.

4문단에 따르면, 선택적 재전송 ARQ에서 수신 측은 오류가 발생한 이후 전달되는 데이터는 ACK를 보내지 않고 수신 측 버퍼에 저장한다. 이후 재전송된 데이터가 도착하면 송신 측에 ACK를 보낸 후, 버퍼에 저장된 데이터와 함께 순서 번호를 맞추어 다음 단계로 전달한다. <보기>는 선택적 재전송 ARQ에 해당하므로 오류가 발생한 데이터(2) 이후 수신된 데이터(3)은 버퍼에 저장된다. 재전송된 데이터(2)와 데이터(3)에 대해 수신 측이 ACK를 보낸다면 이 데이터에 오류가 없는 것을 의미하므로, 데이터(2)-데이터(3)의 순서 번호에 맞춰 다음 단계로 전달된다.

DAY 5 〈고향의 천정 1〉_이성선 / 〈밥물 눈금〉_손택수

빠른 정답 체크

01 ④   **02** ②   **03** ③

가

「㉠ 밭둑에서 나는 바람과 놀고
「」: 과거 할머니와의 추억을 중심으로 시상이 전개됨
할머니는 메밀밭에서

메밀을 꺾고 계셨습니다.
경어체, 과거 시제를 통한 과거 회상

늦여름의 하늘빛이 메밀꽃 위에 빛나고
계절적 배경
메밀꽃 사이사이로 할머니는 가끔

나와 바람의 장난을 살피시었습니다.
어린 '나'는 할머니의 보살핌을 받음

해마다 밭둑에서 자라고
어린 '나'가 성장한 공간
아주 **커서도 덜 자란** 나는

늘 그러했습니다만,

할머니는 저승으로 가버리시고
할머니의 죽음, 할머니의 보살핌이 사라짐
나도 벌써 몇 년인가

그 일은 까맣게 잊어버린 후
시간이 흘러 어린 시절의 기억을 잊어버림

「오늘 저녁 멍석을 펴고
「」: 시상의 전환, 할머니와 메밀꽃을 떠올리는 계기
마당에 누우니,

온 **하늘** 가득

별로 피어 있는 어릴 적 **메밀꽃**
할머니를 떠올리는 소재

할머니는 나를 두고 메밀밭만 저승까지 가져가시어
하늘의 별을 메밀밭에 비유-별과 메밀밭의 색채적 유사성(흰색)
날마다 저녁이면 메밀밭을 매시며

메밀꽃 사이사이로 **나를 살피**고 계셨습니다.
'나'는 성인이 된 이후에도 할머니가 자신을 보살피고 있다고 느낌-정서적 충만감

- 이성선, 〈고향의 천정(天井) 1〉 -

나

밥물 눈금을 찾지 못해 질거나 된 밥을 먹는 날들이 있더니
일상적인 경험을 바탕으로 시상을 전개함
이제는 그도 좀 익숙해져서 「손마디나 손등,
「」: 밥물 눈금을 재는 기준
손가락 주름을 눈금으로 쓸 줄도 알게 되었다

촘촘한 손등 주름 따라 **밥맛을 조금씩 달리**해본다

손등 중앙까지 올라온 수위를 중지의 마디를 따라 오르내리다

보면

물꼬를 트기도 하고 막기도 하면서

「논에 물을 보러 가던 할아버지 생각도 나고,
「」: 밥물 눈금을 재면서 화자의 어린 시절을 떠올림
저녁때가 되면 한 끼라도 아껴보자

친구 집에 마실을 가던 소년의 저녁도 떠오른다」

한 그릇으로 두 그릇 세 그릇이 되어라 밥국을 끓이던 ㉡ 문현동
화자가 가난했던 어린 시절을 보냈음을 알 수 있음   화자가 살던 동네
가난한 지붕들이 내 손가락 마디에는 있다
화자의 늙은 손을 통해 가난한 어린 시절이 비춰짐
「일찍 철이 들어서 슬픈 귓속으로
「」: 가난했던 시절이 현재 화자의 귓가에 들리는 듯 선명함
봉지쌀 탈탈 터는 소리라도 들려올 듯,
의성어, 청각적 이미지
얼굴보다 먼저 **늙은 손**이긴 해도
화자가 고단한 삶을 살아왔음을 알 수 있음
전기밥솥에는 없는 눈금을 내 손은 가졌다
힘든 삶에도 불구하고 자신의 삶을 긍정적으로 인식함

- 손택수, 〈밥물 눈금〉 -

01
답 | ④

㉠과 ㉡을 비교한 내용으로 가장 적절한 것은?

정답 선지 분석

④ ㉠은 화자의 동심이 허용되는, ㉡은 화자의 성숙함이 요구되는 공간이다.
(가)의 ㉠은 '나'가 어린 시절 할머니의 보살핌 속에서 아무 걱정 없이 놀던 곳이라는 점에서 동심이 허용되는 공간이라고 볼 수 있다. 한편 (나)의 ㉡은 '한 그릇으로 두 그릇 세 그릇'을 만드는 가난한 동네이다. 화자에게 이 공간은 '한 끼'를 아끼기 위해 친구 집에 가던 '소년', 곧 '일찍 철이 들어서 슬픈' 자신의 유년 시절 기억이 담긴 곳이다. 따라서 ㉡은 가난으로 인해 화자에게 성숙함이 요구되었던 공간으로 볼 수 있다.

오답 선지 분석

① ㉠은 화자가 벗어나려는, ㉡은 화자가 지향하는 공간이다.
㉠은 화자가 할머니의 보살핌을 받으며 놀고 있는 곳이므로 화자가 벗어나려는 공간으로 볼 수 없으며, ㉡은 가난으로 인해 화자를 일찍 철들게 하는 곳이므로 화자가 지향하는 공간으로 볼 수 없다.

② ㉠은 화자가 이질감을, ㉡은 화자가 동질감을 느끼는 공간이다.
㉠은 화자가 할머니와 함께하며 성장한 곳이므로 화자가 이질감을 느끼는 공간으로 볼 수 없다.

③ ㉠은 화자의 슬픔이, ㉡은 화자의 그리움이 해소되는 공간이다.
㉠은 어린 화자가 바람과 장난치며 놀던 곳이므로 화자의 슬픔이 해소되는 공간으로 볼 수 없고, ㉡은 화자가 유년을 보낸 곳으로 화자의 그리움이 해소되는 공간으로 볼 수 없다.

⑤ ㉠은 화자가 경험한 적 없는 가상의, ㉡은 화자의 경험이 축적된 현실의 공간이다.
㉠은 화자가 어린 시절에 놀던 공간이므로 화자가 경험한 적 없는 가상의 공간으로 볼 수 없다.

02
답 | ②

(가)와 (나)에 대한 설명으로 가장 적절한 것은?

정답 선지 분석

② (나)는 (가)와 달리 청각적 심상을 통해 화자의 정서를 부각하고 있다.
(나)의 '일찍 철이 들어서 슬픈 귓속으로 / 봉지쌀 탈탈 터는 소리라도 들려올 듯'에서 청각적 심상을 통해 화자의 정서를 부각하고 있음을 알 수 있다.

오답 선지 분석

① (가)는 (나)와 달리 설의법을 통해 화자의 의지를 표현하고 있다.
(가)와 (나) 모두 설의법을 통해 화자의 의지를 표현하고 있지 않다.

③ (가)는 격정적 어조를, (나)는 단정적 어조를 통해 화자의 기대감을 드러내고 있다.

(가)에는 격정적 어조가 드러나지 않고, (나)에는 단정적 어조를 통해 화자의 기대감을 드러내고 있지 않다.

④ (가)는 상승의 이미지를, (나)는 하강의 이미지를 통해 대상의 역동성을 강조하고 있다.

(가)의 화자가 '마당에 누'워 '하늘'을 올려다보고 있다는 점에서 상승적 이미지를 찾을 수 있고, (나)의 화자가 '밥물'을 '중지의 마디를 따라 오르내리'게 하는 모습에서 상승과 하강의 이미지를 엿볼 수도 있다. 그러나 이를 통해 대상의 역동성을 강조하고 있지 않다.

⑤ (가)와 (나)는 모두 계절감을 드러내는 시어를 통해 대상의 변화 양상을 나타내고 있다.

(가)의 '늦여름'을 통해 계절감이 드러나지만 이를 통해 대상의 변화 양상을 나타내고 있지 않으며, (나)는 계절감을 드러내는 시어가 나타나 있지 않다.

03
답 | ③

<보기>를 바탕으로 (가), (나)를 감상한 내용으로 적절하지 않은 것은?

보기

과거의 경험에 대한 기억은 어떤 계기를 통해 되살아나 현재의 삶에 영향을 미칠 수 있다. (가)의 화자는 할머니와의 기억을 통해 과거와 현재를 연결하며 깨달음과 정서적 충만감을 얻고 있다. 한편 (나)의 화자는 일상적 행위의 반복 속에서 유년의 기억을 되살리고, 그 기억을 현재와 연결하며 자신의 현재 모습을 긍정하게 된다.

정답 선지 분석

③ (가)의 '커서도 덜 자'랐다는 것과 (나)의 '밥맛을 조금씩 달리'하는 것은 현재의 화자에게 정서적 충만감을 주는군.

화자는 하늘의 별을 보며 할머니가 살아생전과 같이 '나를 살피'고 계신다고 생각하고, 자신이 여전히 할머니의 무한한 사랑 속에 있음을 깨달으며 이를 통해 정서적 충만감을 얻고 있다. 따라서 (가)의 '커서도 덜 자'란 것은 현재 화자에게 정서적 충만감을 준다고 할 수 없다. (나)의 '밥맛을 조금씩 달리' 하는 것은 밥을 지을 때 밥물을 맞추는 일에 어려움을 겪던 화자가 점차 익숙하게 밥물을 맞추게 된 것으로, 이러한 경험 자체가 현재의 화자에게 정서적 충만감을 준다고 볼 수는 없다.

오답 선지 분석

① (가)의 화자는 별이 가득한 '하늘'을 보며, 자신이 여전히 '나를 살피'시는 할머니의 사랑 속에 있음을 깨닫고 있군.

(가)의 화자는 마당에 누워 고향의 '하늘'을 보고 있다. '하늘'의 별은 화자에게 어릴 적 할머니와의 추억이 담긴 메밀꽃을 떠오르게 한다. 화자는 할머니가 저승으로 가신 후에도 '하늘'의 메밀밭에서 살아생전과 같이 '나를 살피'고 계신다고 생각하며, 자신이 여전히 할머니의 무한한 사랑 속에 있음을 깨닫고 있다.

② (나)의 화자는 유년의 기억을 통해 '전기밥솥에는 없는 눈금'을 지닌 '늙은 손'을 긍정하며 자기 위안을 얻고 있군.

(나)의 화자는 '손가락 주름'을 따라 '밥물'을 맞추는 일상적 행위의 반복 속에서 떠올린 유년의 기억을 통해 '얼굴보다 늙은 자신의 손'이 '전기밥솥에는 없는 눈금'을 지니고 있다고 긍정적으로 인식하며 자기 위안을 얻고 있다.

④ (가)에서 '마당에 누'워 하늘을 보는 행위와 (나)에서 '손가락 주름'으로 '밥물'을 맞추는 행위는 회상의 계기가 되는군.

(가)에서 '마당에 누'워 하늘을 보는 행위는 하늘의 별을 통해 화자에게 할머니와 함께했던 추억을 떠올리게 한다는 점에서, (나)에서 '손가락 주름'으로 '밥물'을 맞추는 행위는 화자에게 유년의 기억을 떠올리게 한다는 점에서 모두 회상의 계기라고 할 수 있다.

⑤ (가)의 화자가 '별'에서 '메밀꽃'을 떠올리는 것과 (나)의 화자가 '가난한 지붕들이 내 손가락 마디에는 있다'고 생각하는 것은 기억이 현재의 삶에 영향을 미치고 있음을 보여 주는군.

(가)의 화자가 '별'에서 어릴 적 '메밀꽃'을 떠올리며 현재에도 자신이 할머니의 사랑 속에 있음을 깨닫고 있다는 점에서, (나)의 화자가 현재 자신의 주름진 손에 여전히 '가난한 지붕들이' 있다고 생각한다는 점에서 모두 기억이 현재의 삶에 영향을 미치고 있음을 보여 준다고 할 수 있다.

DAY 6 〈두껍전〉_작자 미상

빠른 정답 체크

01 ③   **02** ②   **03** ②   **04** ④

[앞부분의 줄거리] 천상의 선관이 두꺼비의 모습으로 지상으로 쫓겨나 박 판서의 셋째 딸과 혼인한다. 장인의 회갑이 다가오자 동서들은 두꺼비를 빼고 사냥을 가려고 하지만, 두꺼비도 장인을 졸라서 결국 사냥을 간다.

두꺼비의 정체

짐을 지고 돌아오는 ⊙ 길에 두 동서를 만났다. 동서들이 두꺼비는 돌아보지도 아니 하였으나, 하인 셋이 무겁게 지고 오는 장끼, 까투리를 보고 놀랐다. 하인들이

두꺼비를 무시함
두꺼비가 사냥한 것

"두꺼비 서방님이 잡은 것이라."

두꺼비의 뛰어난 사냥 실력

하였다. 두 동서는 장끼는 고사하고 쥐 한 마리도 잡지 못하였다.

두꺼비가

"자네들은 얼마나 잡았는고?"

하면서 조롱하거늘, 두 동서가 그제야 두꺼비에게 비는 듯이,

"자네는 사냥을 못하여도 관계없거니와 우리는 책망이 있을 것이니, 자네 사냥한 것을 우리에게 주면 어떻겠나?"

두 동서가 두꺼비에게 애원하는 이유

라고 하였다. 두꺼비가 말하기를

"내 동서에게 무엇을 아끼리오? 그러나 나는 본시 그런 것을 줄 때 그 사람의 등에 도장을 찍으니, 동서들은 언짢게 생각하지 마오."

거짓으로 두 동서를 위하는 척   *동서를 골탕먹이기 위한 두꺼비의 거짓말*

하였다. 그래도 두 사람이 사냥한 것을 욕심내니, 두꺼비가 쾌히 허락하며, 필낭에서 필묵을 꺼내어 벼루 뚜껑을 벗기고 먹을 묻혀서 등에다 ⓐ 도장을 찍고 종에게 분부하되

사냥한 동물들을 가지기 위해 도장 찍는 것을 대수롭지 않게 여김

"사냥한 짐승들을 다 주어라."

하였다. 하인들이 두꺼비의 명대로 잡은 것을 다 주니, 동서와 여러 하인이 기뻐하였다. 사냥한 짐을 지고 들어가니 집안사람들과 장인과 장모가 칭찬하였다. 뒤늦게 두꺼비가 빈손으로 턱을 덜렁거리며 헐떡헐떡 들어오니,「집안사람들과 노복들이 이르기를

"저런 것이 사냥을 어찌 한단 말인가." 하더라.」

『」: 집안사람들과 종들까지 두꺼비를 무시함*

그럭저럭 회갑 날이 이르러 마을에 사는 사람이면 상중하 남녀

노소 없이 모였는지라. 맏사위와 둘째사위도 참석하여「사수병풍
이며 빛나는 장막 천으로 햇볕을 가리고, 맑고 아름다운 색채를
띄우는 듯한, 춤과 노래, 양금, 거문고를 희롱하며 유유히 좌우로
펼치며 놀았다.」이러한 경사에 두꺼비 내외는 못 오게 하였으니,
그녀들이 두꺼비를 매우 미워하기 때문이었다.
<small>「 」: 잔칫날의 흥겨운 광경</small>
<small>두꺼비가 잔치에 초대받지 못한 이유</small>
　이에 두꺼비가 분하여 진언을 외워 그 허물을 벗으니, 하늘에서
청모시 한 필과 하인 열 셋이 내려왔다.「살펴보니 층층다리 무지
<small>본 모습으로 변신함</small>
<small>두꺼비의 신이한 면모</small>　<small>「 」: 하인 열 셋의 외양</small>
개 안장에 황금 등자를 걸었으며, 하인들이 치장한 것을 보니 슬
렁슬렁 병거지에 열 닷 자 끈을 넓게 달고 흑띠의 흑끈을 돌리메고
육모방망이 등을 거꾸로 잡고 두꺼비에게 문안하였다.」두꺼비 또
한 어느 새 선관의 의복을 제대로 갖추었다. 이리하여 ⓛ 윗문을
나오니 뉘라서 두꺼비인 줄 알리오.
<small>편집자적 논평</small>
　두꺼비가 곧바로 잔치하는 ⓒ 집 사랑에 들어가 대감께 뵈오니,
대감과 좌중이 모두 그 풍채를 보고 놀라 입을 다물지 못하였다.
<small>허물을 벗은 두꺼비를 알아보지 못함</small>
대감이 말하기를
　"어디에 계시며 뉘 댁 사람입니까?" 하니, 두꺼비가 답하기를
　"소생은 평안도 송천부에 사는데, 대대로 부린 종 두 놈을 잃고
찾지 못하였더니, 소문을 들으니 이 댁에 왔다 하기로 불원천리
하고 찾아왔습니다."
<small>천 리 길도 멀다고 여기지 않음</small>

(중략)

　두 동서를 가리키며,
　"저 놈들이 나의 종이로소이다."
하였다. 대감이 기가 막혀 옷을 벗기고 보니 과연 그 표가 완연한
지라. 두꺼비가 호령하여 말하기를
<small>두꺼비가 두 동서 등에 찍은 도장</small>
　「저 두 놈을 잡아 결박하라.」
<small>「 」: 두꺼비의 위엄을 과장하여 표현함</small>
하는 소리가 천지를 진동시켰다. 하인이 달려들어 거행하자 두꺼
비가 호령을 더욱 추상같이 하는데, 뉘라서 능히 그것을 말리리
오? 두꺼비가 호령하기를
　"너희가 옷과 밥이 부족하다고 상전을 배반하고 도망하여, 양
<small>두 동서가 본래 종이었으나, 신분을 속이고 양반에게 장가를 든 인물이라고 꾸밈</small>
반에게 장가를 들어 제법 사람에 앉았다만 어찌 망녕치 아니하
리오?"
　또 호령하기를
　"종놈을 매달아 항복을 받도록 하라."
하는 소리가 천지를 뒤흔드는 듯하였다.
　안에서 부인이 이 말을 듣고 통곡하기를
<small>두꺼비의 장모</small>
　"팔자도 무상하여 딸 하나는 두꺼비 사위를 보고, 딸 둘은 남의
종놈 사위를 보게 되었나!"
하였다. 잔치는 성대하나 분위기는 초상난 집 같더라.
　이때 두 사위가 장인께 아뢰기를
<small>두꺼비의 두 동서</small>

　"저 사람에게서 한때 도장이나 표를 받은 일은 따로 없고, 우리
<small>대화를 통해 두꺼비와 두 동서 간 있었던 일을 설명함</small>
들이 지난날 사냥 갔을 때에 두꺼비 동서를 만나서 이리이리 하
였습니다."
라고 자백하였다. 놀란 대감이 급히 하인을 시켜 두꺼비 사위를
데려오라 하였다. 그러나 곳곳을 찾아도 없는지라. 대감에게 찾
<small>허물을 벗은 두꺼비가 사내일 것이라 생각하지 못함</small>
지 못함을 아뢰니 대감이 더욱 놀라서 하인을 모두 풀어 사방으
로 찾는데, 두꺼비는 벌써 형체를 변형하고 있었으니 두꺼비를
어디에 가서 찾으리오?
<small>편집자적 논평</small>
　그때시아 두꺼비가 마음을 가라앉히고 내심에 설하여
　"대감은 너무 근심 마십시오. 제가 두꺼비 사위로소이다."
하였다. 대감이 깜짝 놀라며 반기기를
　"두꺼비 사위가 그대인가? 무슨 연고로 두꺼비 허물을 쓰고 사
람을 그다지 속이느냐?"
　두꺼비가 장인에게 말하기를
　"소생은 본디 두꺼비의 모양이 아니라 천상에서 비를 내려 주는
<small>두꺼비의 정체</small>
선관이었더니, 인간에 비를 잘못 내린 죄로 옥황상제께서 허물
<small>두꺼비가 인간 세상에 내려오게 된 이유</small>
을 씌워 인간에 내쳐서 어부 노인에게 수양자가 되도록 하였습
니다. 대감의 사위가 된 것은 다름이 아니라, 대감께서 젊은 시
<small>두꺼비가 대감의 사위가 된 이유</small>
절 벼슬할 때에 애매한 사람을 많이 죽인 죄로 두꺼비 사위를
점지하고 자손을 없게 한 것입니다."
하니, 그제야 대감이 즐겁기도 하고 한편 슬프기도 한 마음을 그
<small>사위들이 두꺼비, 종이 아닌 것　자신의 죄로 가족들이 고생을 한 것</small>
치지 못하였다. 부인도 이 말을 듣고는 마음을 진정치 못하며 기
뻐하고 칭찬하여 말하기를
　"저러한 인물로 그 흉한 허물을 쓰고 있었던가! 내 딸 월성은 벌
<small>두꺼비의 아내</small>
써 알았을 것이건만 그런 말을 추호도 하지 않았으니, 저런 줄
뉘 알았으리요?" 하며 대단히 기뻐하였다.
　"저렇게나 좋은 풍채가 이 세상에 어디에 있으리오."
<small>허물을 벗자 집안 사람들의 인정을 받게 됨</small>
하고 반기며 좋아하니, 뉘 아니 부러워하리오?
　선관이 두 동서를 돌아보고 말하기를
　"그대들은 나를 너무 업신여긴 죄로 욕을 보였노라."
<small>동서들의 등에 도장을 찍고 종으로 몰아간 것은 두꺼비의 계략이었음</small>
하였다. 뒤이어 선관이 빈 상자를 장인에게 올리고는 말하기를
　"이것을 간수해 두면 부귀할 것이니 잘 간수하소서."
하고는 곧 소저를 불러 자초지종을 알렸다.
<small>두꺼비의 아내　자신이 하늘로 다시 돌아가야 한다는 것</small>
얼마 지나지 않아 뇌성벽력이 진동하면서 천상에서 ⓑ 옥으로
된 가마가 내려오거늘 선관이 장인장모에게
　"정히 섭섭하오나 천명을 이기지 못하고 ⓛ 천상으로 올라가니
어찌할 도리가 없습니다. 만수무강 하십시오." 하였다.

- 작자 미상, 〈두껍전〉 -

01

답 | ③

윗글에 나타난 서술상의 특징으로 적절한 것은?

정답 선지 분석

③ 대화를 통해 이전에 일어난 사건의 정황을 드러내고 있다.

'두 사위'와 '장인'의 대화에서 '사냥 갔을 때에 두꺼비 동서를 만나서' 일어난 사건의 정황을 드러내고 있고, 두꺼비와 '장인'의 대화에서 두꺼비가 '선관이었'다가 '인간에 내처'져 일어난 사건의 정황을 드러내고 있으므로 적절하다.

오답 선지 분석

① 섬세한 배경 묘사를 통해 작중 상황을 희화화하고 있다.

'장인'의 회갑 날, 잔치가 열리는 정경을 섬세하게 묘사하고 있으나, 이를 통해 작중 상황을 희화화하고 있지는 않다.

② 시간의 역전을 통해 인물의 심리 변화를 보여 주고 있다.

윗글에서는 시간의 역전이 나타나지 않는다.

④ 꿈과 현실의 교차를 통해 앞으로 일어날 사건을 암시하고 있다.

윗글에서는 꿈과 현실의 교차가 일어나지 않는다.

⑤ 현실 세태와 자연물의 대비를 통해 당대 사회상을 비판하고 있다.

윗글에서는 현실 세태와 자연물을 대비하지 않는다.

02

답 | ②

<보기>는 윗글의 내용을 공간을 중심으로 도식화한 것이다. 이에 대한 설명으로 적절하지 않은 것은?

보기

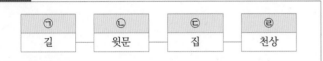

㉠	㉡	㉢	㉣
길	윗문	집	천상

정답 선지 분석

② ㉡의 안쪽에서 분노한 두꺼비는 하인들을 불러 ㉠에서 있었던 일에 대해 문책을 하고 있다.

㉡의 안쪽에서 '하늘에서' 내려온 '하인들'은 ㉠의 '하인들'이 아니고 두꺼비가 하인들을 불러 ㉠에서 있었던 일에 대해 문책을 하고 있는 것이 아니므로 적절하지 않다.

오답 선지 분석

① ㉠에서 두꺼비는 동서들의 부탁을 들어주고 있다.

㉠에서 '두 동서'가 '사냥한 것'을 달라고 하자 '두꺼비'가 '허락'한 것에서 두꺼비는 동서들의 부탁을 들어주고 있음을 알 수 있으므로 적절하다.

③ ㉡에서 ㉢으로 이동한 두꺼비를, 대감은 자신의 사위라고 인식하지 못하고 있다.

㉡에서 ㉢으로 이동한 두꺼비를 보고 '대감'이 '뉘 댁 사람입니까'라고 하는 것에서 대감은 자신의 사위라고 인식하지 못하고 있음을 알 수 있으므로 적절하다.

④ ㉢에서 부인은 두꺼비에 대한 생각을 바꾸게 된다.

㉢에서 '부인'이 두꺼비의 '좋은 풍채'를 '반기며 좋아하는' 것에서 부인이 두꺼비에 대한 생각을 바꾸게 됨을 알 수 있으므로 적절하다.

⑤ ㉢에서 ㉣로 가기 전에 두꺼비는 장인에게 간직할 물건을 주고 있다.

㉢에서 ㉣로 가기 전에 '선관'이 '빈 상자'를 '장인'에게 주며 '잘 간수하'라고 말하는 것에서 두꺼비는 장인에게 간직할 물건을 주고 있음을 알 수 있으므로 적절하다.

03

답 | ②

ⓐ와 ⓑ에 대한 이해로 가장 적절한 것은?

정답 선지 분석

② ⓐ는 계획한 일을 실현하기 위한 수단이고, ⓑ는 명령을 이행하는 데 쓰이는 수단이다.

두꺼비가 '두 동서'의 '등에다 도장을' 찍고 '회갑 날' '그대들은 나를~욕을 보였노라.'라고 하는 것을 보면 ⓐ는 계획한 일을 실현하기 위한 수단이므로 적절하고, '천상에서' '옥으로 된 가마가 내려오'자 두꺼비가 '장인장모에게' '천명을 이기지 못하고 천상으로 올라'간다고 하는 것을 보면 ⓑ는 명령을 이행하는 데 쓰이는 수단이므로 적절하다.

오답 선지 분석

① ⓐ는 인물이 칭찬을 받기 위한 수단이고, ⓑ는 인물이 벌을 내리기 위한 수단이다.

ⓐ는 두꺼비가 '두 동서'에게 포획물을 주는 대가로 등에 찍은 것이므로 칭찬을 받기 위한 수단으로 볼 수 없고, ⓑ 또한 두꺼비가 천상으로 올라가기 위한 수단에 해당하므로 벌을 내리기 위한 수단으로 볼 수 없다.

③ ⓐ는 과거의 부귀했던 처지를 드러내는 수단이고, ⓑ는 현재의 곤궁한 처지를 밝히는 수단이다.

ⓐ는 두꺼비의 과거 처지를 드러내는 수단이라 볼 수 없고, ⓑ는 곤궁한 처지가 아닌, 두꺼비가 천상의 존재였음을 밝히는 수단이다.

④ ⓐ는 위기 상황을 알리기 위한 수단이고, ⓑ는 위험 상황에서 벗어났음을 알려주기 위한 수단이다.

ⓐ는 '두 동서'를 골탕먹이기 위한 두꺼비의 계략이고, ⓑ는 두꺼비가 인간세계를 떠남을 알려주기 위한 수단이다.

⑤ ⓐ는 상대방에 대한 경계심을 나타내는 수단이고, ⓑ는 상대방에 대한 거부감을 드러내기 위한 수단이다.

ⓐ는 '두 동서'에 대한 두꺼비의 경계심을 나타내는 수단이라 볼 수 없고, ⓑ는 두꺼비가 천상으로 돌아가기 위한 수단이므로 상대방에 대한 거부감을 드러내기 위한 수단으로 볼 수 없다.

04

답 | ④

<보기>를 참고하여 윗글을 감상한 내용으로 적절하지 않은 것은?

보기

이 작품은 천상에서 쫓겨난 인물이 지상의 삶을 살아간다는 내용의 적강 모티프와 사위가 처가에서 인정받지 못한다는 내용의 사위 박대담이 결합되어 나타난다. 초월적 존재에게 볼품없는 외양을 부여받은 주인공은 지상에서 가족들에게 소외되는 등의 박대를 당하며 속죄의 과정을 거친다. 이 과정에서, 정체를 숨긴 채 뛰어난 능력을 발휘하던 주인공은 정체를 밝힌 후 가족들의 인정을 받고 다시 천상으로 돌아가게 된다.

정답 선지 분석

④ 동서들에게 자신이 사냥한 것을 주는 장면에서 속죄를 위해 뛰어난 능력을 발휘하는 주인공의 모습을 확인할 수 있겠군.

'두 동서'가 '사냥한 것'을 달라고 하자 두꺼비가 허락하는 장면에서 두꺼비가 뛰어난 능력을 발휘하는 것이 속죄를 위한 것임을 확인할 수 없으므로 적절하지 않다.

오답 선지 분석

① 두꺼비가 진언을 외워 하늘에서 하인이 내려오는 장면에서, 숨기고 있던 주인공의 정체를 확인할 수 있겠군.

두꺼비가 '진언'을 외워 '허물'을 벗으니 '하늘에서' '하인들이' 내려오는 장면에서 두꺼비가 '선관의 의복을 제대로 갖'춘 것을 보면 숨기고 있었던 주인공의 정체를 확인할 수 있으므로 적절하다.

② 부인이 마음을 진정치 못하며 두꺼비의 외양을 언급하는 장면에서 가족들에게 인정받는 모습을 확인할 수 있겠군.

'부인'이 두꺼비에게 '흉한 허물을 쓰고 있었'다고 언급하는 장면에서 두꺼비를 '좋은 풍채'라고 하며 '반기며 좋아'하는 것을 보면 가족들에게 인정받는 모습을 확인할 수 있으므로 적절하다.

③ 회갑 날 두꺼비 내외를 못 오게 한 장면에서 가족 구성원으로부터 박대를 당하는 주인공의 모습을 확인할 수 있겠군.

'회갑 날' '두꺼비 내외'를 '못 오게 하'는 장면에서 '그네들이' 두꺼비를 '미워하기 때문이'라고 한 것을 보면 가족 구성원으로부터 박대를 당하는 주인공의 모습을 확인할 수 있으므로 적절하다.

⑤ 두꺼비가 장인에게 자신의 죄에 대해 이야기하는 장면에서 주인공이 천상에서 쫓겨나 지상의 삶을 살게 된 이유를 확인할 수 있겠군.

'두꺼비기 장인에게' 자신이 '천상에서 비를 내려 주는 서과이었'다고 말하는 장면에서 '인간에 비를 잘못 내린 죄로' 지상에 내려왔다고 말하는 것을 보면 주인공이 천상에서 쫓겨나 지상의 삶을 살게 된 이유를 확인할 수 있으므로 적절하다.

DAY 1 작문

빠른 정답 체크

01 ② **02** ③ **03** ⑤

[작문 상황]

◦ **작문 목적**: 새롭게 주목받는 직업에 대한 정보를 전달하는 글을 씀.

◦ **예상 독자**: 우리 학교 학생들

[학생의 초고]

❶ 최근 도시 경관을 아름답게 해 주고 소음과 미세 먼지를 줄이는 데에 효과가 있는 생활권 도시림이 주목받으면서, 이를 구성하는 가로수와 조경수 등을 체계적으로 관리하는 '나무의사'라는 직업이 관심을 끌고 있습니다.
〈나무의사 직업의 등장 배경 / 나무의사가 하는 일〉

❷ 나무의사는 나무의 병해충을 예방하거나 진료하는 전문가를 일컫습니다. 몇몇 나라는 우리보다 먼저 나무의사와 유사한 제도를 시행하고 있었고,「우리나라는 2018년부터 '나무의사 자격 제도'를 두어 아파트 단지나 공원, 학교 등에 있는 생활권 수목의 치료를 나무의사가 맡도록 하고 있습니다.」
〈나무의사의 개념 / 「」: 우리나라의 나무의사 제도〉

❸ 이전에는 '생활권 수목 병해충 방제 사업' 대부분을 비전문가가 실행하여 여러 가지 부작용이 발생했습니다. 이런 부작용을 해소하고 관리의 전문성을 더욱 강화할 필요성이 제기되면서 이 제도를 도입했다고 합니다. 특히 생활권 도시림이 해마다 증가하고 있는 것도 중요한 이유 중 하나입니다.
〈나무의사 자격 제도가 도입된 배경 / 나무의사 자격 제도 도입의 이유 ① / 나무의사 자격 제도 도입의 이유 ②〉

❹ 나무의사가 되려면 자격시험에 응시해야 하는데, 응시를 위해서는 일정한 자격 조건을 갖추어야 합니다.「수목 진료 관련 석박사 학위를 소지하고 있거나, 산림 및 농업 분야 특성화고를 졸업한 후 3년 이상의 경력이 필요합니다. 자격시험에서 1차 시험은 필기시험이고, 2차 시험은 수목 및 병해충의 분류와 약제 처리, 외과 수술로 이루어져 있습니다. 여러 단계에 거쳐 정교하게 생명을 다루어야 하기에 실제 합격률은 저조한 편이라고 합니다.
〈나무의사가 되기 위한 요건 / 「」: 나무의사 자격시험 응시 조건 / 나무의사 자격시험의 구성〉

❺ 이 제도가 전면 시행되는 2023년부터는 나무의사가 없이는 나무병원을 운영할 수 없기 때문에 나무의사에 대한 수요는 계속 늘 것으로 보입니다. 자격증의 공신력도 높은 편이라서 자격증을 취득하면 관련 분야에 진출하기가 쉬워집니다.
〈나무의사에 대한 수요가 늘어나는 이유 / 나무의사 자격증의 특징〉

❻ ㉠ 나무가 내뿜는 피톤치드가 우리 몸을 건강하게 하기에 나무를 잘 가꾸고 지켜야 우리의 삶이 윤택해집니다.「새로운 시대 상황에서 나무의사가 주목받는 것처럼 여러분도 사회의 변화에

관심을 갖고 다양하게 직업을 탐색했으면 좋겠습니다.」
〈「」: 독자들을 향한 권고와 마무리〉

01

답 | ②

학생이 글을 쓰기 전에 떠올린 생각 중 글에 반영된 것은?

ㄱ. 나무의사 제도 도입의 이유를 언급해야겠어.

ㄴ. 나무의사 총인원의 연간 증가율을 객관적 수치로 제시해야겠어.

ㄷ. 나무의사 자격증의 공신력이 과거에 비해 높아진 이유를 제시해야겠어.

ㄹ. 나무의사 자격 제도에 응시할 수 있는 요건을 구체적으로 언급해야겠어.

정답 선지 분석

② ㄱ, ㄹ

ㄱ. 학생의 초고의 3문단에서 '생활권 수목 병해충 방제 사업'이 대부분 비전문가가 실행하여 부작용이 발생하였고, 이런 부작용을 해소하고 관리의 전문성을 더욱 강화할 필요성이 제기되면서 제도를 도입했다고 밝히고 있다.

ㄹ. 학생의 초고의 4문단에서 나무의사가 되기 위해서는 자격시험에 응시해야 하는데, 응시를 위해서는 수목 진료 자격 석박사 학위를 소지하고 있거나, 산림 및 농업 분야 특성화고를 졸업한 후 3년 이상의 경력이 필요하다고 밝히고 있다.

오답 선지 분석

ㄴ. 나무의사의 총인원에 관한 내용은 글 전체에 드러나 있지 않다.

ㄷ. 자격증의 공신력이 높다는 언급만 있을 뿐 과거와 비교해서 높아진 이유를 확인할 수 있는 부분은 없다.

02

답 | ③

〈보기〉는 선생님의 조언에 따라 ㉠을 수정한 것이다. 선생님이 조언했음 직한 내용으로 가장 적절한 것은?

보기

자연환경 보호와 삶의 질 향상이 중시되는 시대이므로, 생활권 수목에 대한 관리 대책도 과거와는 달라져야 합니다. 거대한 산소 공장인 나무와 숲을 살리는 나무의사라는 전문인력이 그 무엇보다 필요한 때입니다.

정답 선지 분석

③ 나무의사가 등장하게 된 사회적 배경을 바탕으로 하여 나무의사의 역할을 강조하면 좋겠구나.

〈보기〉의 '자연환경 보호와 삶의 질 향상이 중시되는 시대'라는 부분에서 나무의사가 등장하게 되는 배경을 알 수 있고, '나무와 숲을 살리는 전문 인력이 필요하다'는 부분에서 나무의사의 역할을 강조하고 있음이 드러난다.

오답 선지 분석

① 오늘날 나무의사의 역할이 과거와는 어떻게 달라졌는지를 알려 주면 좋겠구나.

〈보기〉에서는 생활권 수목에 대한 관리 대책이 과거와 달라져야 한다고 언급하고 있을 뿐 나무의사의 역할이 과거와 어떻게 달라졌는지 알려 주고 있지 않다.

② 국가적 차원에서 나무의사를 관리해야 전문성이 향상된다는 것을 강조하면 좋겠구나.

〈보기〉에서는 나무의사라는 전문인력이 무엇보다 필요한 때라고 언급하고 있을 뿐 국가적 차원에서 나무의사를 관리해야 전문성이 향상된다는 것을 강조하고 있지 않다.

④ 나무의사라는 직업에 대한 소개이니, 나무의사가 되어서 하는 구체적인 업무들을 소개하면 좋겠구나.

〈보기〉에서는 나무의사가 되어서 하는 구체적인 업무들을 소개하고 있지 않다.

⑤ 나무의사가 가로수와 조경수를 잘 관리해서 인간이 자연으로부터 얻을 수 있는 혜택을 구체화하면 좋겠구나.

〈보기〉에서는 가로수와 조경수를 잘 관리해서 인간이 자연으로부터 얻을 수 있는 혜택을 구체화하고 있지 않다.

03 답 | ⑤

〈보기〉는 초고를 보완하기 위해 수집한 자료들이다. 자료의 활용 방안으로 적절하지 않은 것은?

보기

(가) 통계 자료

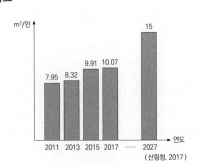

< 생활권 도시림 증감 추이 >

(나) 나무의사 김○○ 씨 인터뷰

예전부터 '나무의사'와 유사한 제도를 운영하고 있는 나라들이 있습니다. 중국의 '수예사(樹藝師)', 일본의 '수목의(樹木醫)'라는 제도가 대표적입니다. 나무는 여러 오염 물질의 정화, 온실가스 저감, 홍수나 산사태 방비 등의 기능을 합니다. 그래서 이를 관리할 나무의사의 역할이 중요해졌습니다. 나무의사의 필요성이 커지는 만큼 자격시험 응시생도 꾸준히 늘고 있으나 4회의 시험 동안 최종 합격률 평균은 응시생 대비 8% 수준에 불과합니다.

(다) 신문 기사

산림청이 실시한 '생활권 수목 병해충 관리 실태 조사' 결과에 따르면 비전문가에 의한 수목 방제 사례가 90% 이상이었다. 그로 인해 살포된 농약 중 69%는 부적절하게 사용됐고, 독한 농약과 해당 수목에 알맞지 않은 약제를 살포한 것은 78%에 달하는 것으로 나타나 시민들의 건강과 산림 자원에 위험이 되고 있다. 특히 가로수 방제용 약제 중 발암 물질을 함유하고 있는 것도 있어 전문가의 손길이 필요하다.

정답 선지 분석

⑤ (다)를 5문단에서 활용하여, 나무의사가 없이는 나무병원을 운영할 수 없기 때문에 나무의사에 대한 수요가 증가한다는 근거로 제시한다.

〈보기〉의 (다)는 생활권 수목 방제를 비전문가가 시행하여 여러 부작용이 나타났음을 드러내는 신문 기사이다. 이 부작용을 나무의사에 대한 수요 증가의 근거로 볼 수 없다.

오답 선지 분석

① (가)를 3문단에서 활용하여, 생활권 수목이 증가하고 있음을 뒷받침하는 근거로 제시한다.

〈보기〉의 (가)는 생활권 도시림의 증가 추이를 보여 주는 통계 자료이다. 3문단에서 생활권 도시림이 해마다 증가하고 있는 것이 나무의사 자격 제도를 도입해야 하는 이유 중 하나라 하였으므로 (가)를 생활권 수목이 증가하고 있음을 뒷받침하는 근거로 제시할 수 있다.

② (나)를 2문단에서 활용하여, 나무의사와 유사한 제도를 이미 운영하고 있는 나라들이 있다는 내용을 뒷받침하는 근거로 제시한다.

(나)는 나무의사를 직업으로 가진 사람의 인터뷰 내용이다. 2문단에서 몇몇 나라는 우리보다 먼저 나무의사와 유사한 제도를 시행하고 있다고 하였고, 인터뷰 내용에 따르면 중국의 '수예사'와 일본의 '수목의'라는 제도가 '나무의사'와 유사한 제도라 하였으므로 (나)를 나무의사와 유사한 제도를 이미 운영하고 있는 나라가 있다는 내용을 뒷받침하는 근거로 제시할 수 있다.

③ (나)를 4문단에서 활용하여, 나무의사 자격시험 합격률이 저조하다는 내용을 뒷받침하기 위해 구체적인 수치를 제시한다.

(나)는 나무의사를 직업으로 가진 사람의 인터뷰 내용이다. 4문단에서 나무의사가 되기 위해서는 자격시험에 응시해야 하는데 이 자격시험의 합격률이 저조한 편이라고 언급하였고, 인터뷰 내용에 따르면 나무의사 자격시험 응시생이 꾸준히 늘고 있으나 4회의 시험 동안 최종 합격률 평균이 응시생 대비 8% 수준에 불과하다 하였으므로 (나)를 나무의사 자격시험 합격률이 저조하다는 내용을 뒷받침하는 근거로 제시할 수 있다.

④ (다)를 3문단에서 활용하여, 비전문가가 수목을 치료하는 현황과 그 부작용의 사례를 제시한다.

(다)는 생활권 수목 방제를 비전문가가 시행하여 여러 부작용이 나타났음을 드러내는 신문 기사이다. 3문단에서 이전에는 '생활권 수목 병해충 방제 사업' 대부분을 비전문가가 시행하여 여러 가지 부작용이 발생했다고 언급하였다. 신문 기사에 따르면 비전문가에 의한 수목 방제 사례가 90% 이상이었고, 그로 인해 살포된 농약이 시민들의 건강과 산림 자원에 위협이 되었다고 하였으므로 (다)를 활용하여 3문단의 내용을 보충할 수 있다.

DAY 2 언어

빠른 정답 체크

01 ② **02** ④ **03** ③ **04** ① **05** ①

선어말 어미는 어말 어미 앞에 오는 어미이다. 단어의 끝에 오는 어말 어미는 용언의 어간과 더불어 단어를 이루므로 활용할 때 반드시 있어야 하지만, 용언의 어간과 어말 어미 사이에 오는 선어말 어미는 ⓘ 쓰이지 않는 경우도 있고 ⓛ 하나가 오는 경우도 있으며 ⓒ 두 개 이상 연달아 나타나는 경우도 있다.

> 선어말 어미의 개념
> 어말 어미의 활용 조건
> 『 』: 선어말 어미의 활용 사례

선어말 어미는 시제와 높임 등의 문법적 의미를 드러낸다. '선생님은 벌써 댁으로 떠나셨겠다.'의 '떠나셨겠다'에는 '-시-', '-었-', '-겠-'과 같은 선어말 어미가 쓰였다. '-시-'는 주체인 '선생님'을 높이고, '-었-'은 과거 시제를 나타내며, '-겠-'은 추측의 의미를 드러낸다. '떠나겠셨다'와 같은 표현이 어색한 데에서 알 수 있듯, 선어말 어미가 연속해서 나타날 때에는 일정한 결합 순서가 있다. 선어말 어미가 연속해서 쓰일 때는 일반적으로 주체 높임, 시제, 추측이나 회상의 순으로 배열된다.

> 선어말 어미의 기능
> '-시-'의 역할
> '-었-'의 역할
> '-겠-'의 역할
> 선어말 어미가 연속해서 쓰일 때의 결합 순서

한편, 어말 어미 앞에 위치한다고 해서 모두 선어말 어미인 것은 아니다. 가령 '문이 바람에 닫혔다.'에서 '-히-'와 '-었-'은 모두 어말 어미 '-다' 앞에 오지만, '-었-'은 선어말 어미인 반면 '-히-'는 접사이다. 접사는 <u>새로운 단어의 형성에 참여한다</u>는 점에서 선어말 어미와 다르다.
접사의 특징 ①
선어말 어미가 결합한 '닫았다'는 '닫다'의 과거형이지만, 접사가 결합한 '닫히다'는 '닫다'의 피동사로서 새로운 의미를 가진다. '닫다'가 '닫히다'가 되면 <u>필요로 하는 문장 성분이 달라진다</u>는 점을 보아도 새로운 단어가 형성되었
새로운 단어가 형성되었음을 알 수 있는 조건
다는 것을 알 수 있다. 국어사전에도 '닫다'와 '닫히다'는 표제어로 올라 있으나 '닫았다'는 그렇지 않다.
'닫았다'는 새로운 단어가 아닌 '닫다'의 활용형이기 때문
또한 선어말 어미에 비하여 접사는 <u>결합할 때 제약이 심하다.</u> 가령 '(구멍을) 뚫다', '(종
접사의 특징 ②
이를) 찢다'와 같은 용언에 '-었-'은 자유롭게 결합할 수 있는 반면 '-히-'는 결합할 수 없다.

01

답 | ②

윗글을 읽고 이해한 내용으로 적절하지 <u>않은</u> 것은?

<u>정답 선지 분석</u>

② '시골에 계시는 할머니께 편지를 드렸다.'에서 '계시는', '드렸다'를 모두 ㉡의 예로 들 수 있군.

'계시는'은 어간 '계시-'와 어말 어미 '-는'으로 구성되어 있으므로 ㉠의 예로 들 수 있으며, '드렸다'는 어간 '드리-', 선어말 어미 '-었-', 어말 어미 '-다'로 구성되어 있으므로 ㉡의 예로 들 수 있다.

<u>오답 선지 분석</u>

① '그 사건은 아직 끝난 것이 아니다.'에서 '끝난', '아니다'를 모두 ㉠의 예로 들 수 있군.

'끝난'은 어간 '끝나-'와 어말 어미 '-ㄴ'으로 구성되어 있고, '아니다'는 어간 '아니-'와 어말 어미 '-다'로 구성되어 있으므로 모두 ㉠의 예로 들 수 있다.

③ '그녀는 학교 가는 길을 잘 알았다.'에서 '가는'을 ㉠의 예로, '알았다'를 ㉡의 예로 들 수 있군.

'가는'은 어간 '가-'와 어말 어미 '-는'으로 구성되어 있고, '알았다'는 어간 '알-', 선어말 어미 '-았-', 어말 어미 '-다'로 구성되어 있으므로 각각 ㉠과 ㉡의 예로 들 수 있다.

④ '여름이 지나고 이제 가을이 왔겠군.'에서 '지나고'를 ㉠의 예로, '왔겠군'을 ㉢의 예로 들 수 있군.

'지나고'는 어간 '지나-'와 어말 어미 '-고'로 구성되어 있고, '왔겠군'은 어간 '오-', 선어말 어미 '-았-', 선어말 어미 '-겠-', 어말 어미 '-군'으로 구성되어 있으므로 각각 ㉠과 ㉢의 예로 들 수 있다.

⑤ '그분께서 이 글을 쓰셨을 수도 있겠다.'에서 '있겠다'를 ㉡의 예로, '쓰셨을'을 ㉢의 예로 들 수 있군.

'있겠다'는 어간 '있-', 선어말 어미 '-겠-', 어말 어미 '-다'로 구성되어 있고, '쓰셨을'은 어간 '쓰-', 선어말 어미 '-시-', 선어말 어미 '-었-', 어말 어미 '-을'로 구성되어 있으므로 각각 ㉡과 ㉢의 예로 들 수 있다.

02

답 | ④

윗글을 바탕으로 <보기>의 ⓐ~ⓒ를 탐구한 내용으로 적절한 것은?

<u>보기</u>

- 그는 쪽지를 ⓐ 구겼지만 버리지는 못했다.
- 그 물건은 어제부터 책상에 ⓑ 놓여 있었다.
- 우리 가족은 할머니 댁에서 김치를 ⓒ 담갔다.

<u>정답 선지 분석</u>

④ ⓑ: 접사가 결합하여 필요로 하는 문장 성분이 달라졌다.

'놓여'는 '놓-', '-이-', '-어'로 구성되어 있다. (물건을) '놓다'가 (물건이) '놓이다'가 되면 필요로 하는 문장 성분이 달라지므로 이때 결합한 '-이-'는 선어말 어미가 아니라 접사로 판단할 수 있다.

<u>오답 선지 분석</u>

① ⓐ: 접사가 결합하여 피동의 의미를 나타낸다.

'구겼지만'은 '구기-', '-었-', '-지만'으로 구성되어 있다. '-었-'은 과거 시제를 나타내는 선어말 어미이며 접사가 아니다.

② ⓐ: 선어말 어미가 결합하여 추측의 의미를 드러낸다.

ⓐ에는 추측의 선어말 어미가 결합하지 않았다.

③ ⓑ: 선어말 어미가 결합하여 과거 시제를 나타낸다.

ⓑ에는 접사만 결합하였지 선어말 어미는 결합하지 않았다.

⑤ ⓒ: 접사가 결합하여 사전에 오를 수 있는 단어가 형성되었다.

'담갔다'는 '담그-', '-았-', '-다'로 구성되어 있다. '-았-'은 과거 시제를 나타내는 선어말 어미이며 접사가 아니다.

03

답 | ③

<보기>의 ㉠~㉤에 대한 설명으로 적절하지 <u>않은</u> 것은?

<u>보기</u>

㉠ 예쁜 아이가 활짝 웃는다.
㉡ 나는 어제 새 가방을 샀다.
㉢ 지금 이곳은 동화 속 세상처럼 아름답다.
㉣ 작년에는 날씨가 추웠으나 올해에는 따뜻하다.
㉤ 설령 눈이 올지라도 우리는 어김없이 밖에 나간다.

<u>정답 선지 분석</u>

③ ㉢에는 하나의 문장 성분처럼 쓰이는 안긴문장이 있다.

㉢은 주어와 서술어 관계가 한 번만 나타나는 홑문장으로, 주어는 '이곳은'이며 서술어는 '아름답다'이다. 다른 문장 속에서 하나의 문장 성분처럼 쓰이는 문장은 안긴문장으로, 안긴문장이 있는 문장은 주어와 서술어의 관계가 두 번 이상 나타나는 겹문장인 안은문장이다.

<u>오답 선지 분석</u>

① ㉠에는 주어가 생략된 안긴문장이 있다.

㉠에는 주어 '아이가'가 생략된 안긴문장인 '예쁜'이 있으며, '예쁜'은 체언인 '아이'를 꾸며 주는 관형사절이다.

② ㉡은 주어와 서술어의 관계가 한 번 나타나는 문장이다.

㉡은 주어 '나는'과 서술어 '샀다'가 한 번 나타나는 홑문장이다.

④ ㉣은 두 개의 홑문장이 대등하게 연결된 이어진문장이다.

㉣은 주어 '날씨가'와 서술어 '추웠으나'로 이루어진 홑문장과 생략된 주어 '날씨가'와 서술어 '따뜻하다'로 이루어진 홑문장이 대등적 연결 어미 '-으나'로 대등하게 연결된 이어진문장이나.

⑤ ⑩은 주어와 서술어의 관계가 두 번 이상 나타나는 문장이다.
ⓓ은 주어 '눈이'와 서술어 '올지라도'로 이루어진 홑문장과 주어 '우리는'과 서술어 '나간다'
로 이루어진 홑문장이 종속적 연결 어미 '-ㄹ지라도'로 종속적으로 연결된 이어진문장이다.

04
답 | ①

\<보기\>를 참고하여 중세 국어를 이해한다고 할 때, ㉠과 ㉡의 사례로 바르게 짝지어진 것은?

> **보기**
>
> 모음 조화는 ㉠ 양성 모음은 양성 모음끼리 어울리고 ㉡ 음성 모음은 음성 모음끼리 어울리는 현상으로, 중세 국어에서는 현대 국어보다 규칙적으로 적용되었다.

정답 선지 분석

	㉠	㉡
①	ᄇᆞᄅᆞ매[바람에]	·ᄡᅮ·메[씀에]

'ᄇᆞᄅᆞ매'는 'ᄇᆞᄅᆞᆷ'의 양성 모음 'ㆍ'와 조사 '애'의 양성 모음 'ㅐ'가 어울려 나타나며, '·ᄡᅮ·메'는 'ᄡᅮᆷ'의 음성 모음 'ㅜ'와 조사 '에'의 음성 모음 'ㅔ'가 어울려 나타난다.

오답 선지 분석

② ·ᄡᅮ·메[씀에] / ᄠᅳ·들[뜻을]

'ᄠᅳ·들'은 'ᄠᅳᆮ'의 음성 모음 'ㅡ'와 조사 '을'의 음성 모음 'ㅡ'가 어울려 나타난다.

③ ᄠᅳ·들[뜻을] / 거부븨[거북의]

'거부븨'는 '거붑'의 음성 모음 'ㅜ'와 조사 '의'의 음성 모음 'ㅢ'가 어울려 나타난다.

④ ᄆᆞᅀᆞᄆᆞᆯ[마음을] / 바ᄂᆞᄅᆞᆯ[바늘을]

'ᄆᆞᅀᆞᄆᆞᆯ'은 'ᄆᆞᅀᆞᆷ'의 양성 모음 'ㆍ'와 조사 '올'의 양성 모음 'ㆍ'가 어울려 나타나며, '바ᄂᆞᄅᆞᆯ'은 '바ᄂᆞᆯ'의 양성 모음 'ㆍ'와 조사 '올'의 양성 모음 'ㆍ'가 어울려 나타난다.

⑤ 나ᄅᆞᆯ[나를] / 도ᄌᆞ기[도적의]

'나ᄅᆞᆯ'은 '나'의 양성 모음 'ㅏ'와 조사 '를'의 양성 모음 'ㆍ'가 어울려 나타나며, '도ᄌᆞ기'는 '도ᄌᆞᆨ'의 양성 모음 'ㆍ'와 조사 '이'의 양성 모음 'ㅣ'가 어울려 나타난다.

05
답 | ①

다음은 수업 상황의 일부이다. ㉠에 들어갈 말로 적절하지 않은 것은?

> 학생: 선생님, '회상하건대'를 줄이면 '회상컨대'와 '회상건대' 중 어떻게 적는 게 맞나요?
> 선생님: 그럴 때는 한글 맞춤법 규정을 살펴봐야 해요.
>
> 제40항 어간의 끝음절 '하'의 'ㅏ'가 줄고 'ㅎ'이 다음 음절의 첫소리와 어울려 거센소리로 될 적에는 거센소리로 적는다.
> [붙임] 어간의 끝음절 '하'가 아주 줄 적에는 준 대로 적는다.
>
> '하'가 줄어드는 기준은 '하' 앞에 오는 받침의 소리인데 '하' 앞의 받침의 소리가 [ㄱ, ㄷ, ㅂ]이면 '하'가 통째로 줄고, 그 외의 경우에는 'ㅎ'이 남아요. 그래서 '회상하건대'는 '하'의 'ㅏ'가 줄고 'ㅎ'이 'ㄱ'과 어울려 거센소리가 되어 '회상컨대'로 적어야 해요.
> 학생: 네, 감사해요. 한글 맞춤법에도 준말 규정이 있었네요.

> 선생님: 그럼 다음 자료를 규정에 맞게 준말로 바꿔 볼까요?
>
> | 깨끗하지 않다 | 연구하도록 | 간편하게 |
> |---|---|---|
> | 생각하다 못해 | 답답하지 않다 | |
>
> 학생: [㉠   ]
> 선생님: 네, 잘했어요.

정답 선지 분석

① '깨끗하지 않다'는 어간의 끝음절 '하'의 'ㅏ'가 줄기 때문에 '깨끗치 않다'로 써야 합니다.

'깨끗하지 않다'에서 '하' 앞의 받침의 소리는 [ㄷ]이므로 '하'가 통째로 줄어든다. 그러므로 '깨끗지 않다'로 쓰는 것이 맞다.

오답 선지 분석

② '연구하도록'은 어간의 끝음절 '하'의 'ㅏ'가 줄기 때문에 '연구토록'으로 써야 합니다.

'연구하도록'에서 '하' 앞에는 받침이 없어 받침 소리가 [ㄱ, ㄷ, ㅂ]이 아니므로 '하'의 'ㅎ'이 남는다. 그러므로 'ㅎ'이 'ㄷ'과 어울려 거센소리가 되어 '연구토록'으로 쓰는 것이 맞다.

③ '간편하게'는 어간의 끝음절 '하'의 'ㅏ'가 줄기 때문에 '간편케'로 써야 합니다.

'간편하게'에서 '하' 앞의 받침의 소리는 [ㄴ]으로 [ㄱ, ㄷ, ㅂ]이 아니므로 '하'의 'ㅎ'이 남는다. 그러므로 'ㅎ'이 'ㄱ'과 어울려 거센소리가 되어 '간편케'로 쓰는 것이 맞다.

④ '생각하다 못해'는 '하'가 통째로 줄기 때문에 '생갖다 못해'로 써야 합니다.

'생각하다 못해'에서 '하' 앞의 받침의 소리는 [ㄱ]이므로 '하'가 통째로 줄어든다. 그러므로 '생각다 못해'로 쓰는 것이 맞다.

⑤ '답답하지 않다'는 '하'가 통째로 줄기 때문에 '답답지 않다'로 써야 합니다.

'답답하지 않다'에서 '하' 앞의 받침의 소리는 [ㅂ]이므로 '하'가 통째로 줄어든다. 그러므로 '답답지 않다'로 쓰는 것이 맞다.

DAY 3 철학 대 철학

빠른 정답 체크

01 ④   02 ③   03 ⑤   04 ②   05 ④

> **가**
>
> ❶ 우리는 친구들과 같은 사진을 보고도 서로 다르게 인식하는
> (동일한 대상에 대해 인식이 다른 상황의 예시 ①)
> 경우가 있다. 또한 배고플 때와 달리 배부를 때는 빵 가게를 인식
> (동일한 대상에 대해 인식이 다른 상황의 예시 ②)
> 하지 못할 때도 있다. 이처럼 동일한 대상에 대해서도 사람이나
> 상황에 따라 인식이 다를 수 있는데, '후설'은 우리가 대상의 의
> 미를 파악하는 과정을 통해 이러한 현상을 설명하고 있다. 후설
> 은 우리의 의식은 대상과 독립적으로 존재하는 것이 아니라, 어
> (후설이 주장한 의식의 성질)
> 떤 대상을 구체적으로 지향하며, 이를 통해 대상과의 관계에서
> (후설이 주장한 지향성의 개념)
> 어떤 의미를 형성하는 성질을 지니고 있다고 말한다. 이 성질을
> 의식의 '지향성'이라고 하는데, 의식이 대상을 향하지 않으면 우
> (동일한 대상에 대해 인식이 다를 수 있는 이유)
> 리는 그 대상을 인식하지 못한다는 것이다.
> ❷ 한편 우리의 의식이 대상을 만나 의미를 형성할 때는 시간과

공간의 영향을 받게 된다. 왜냐하면 의식이 의미를 형성하는 과정은 한 번으로 끝나는 것이 아니라 시간의 흐름에 따라 반복되고, 공간도 대상과 함께 인식되어 의미 형성에 영향을 주기 때문이다. 후설에 따르면 이렇게 의식이 대상을 만나서 의미를 형성하는 과정이 반복되고 그것이 누적되면 자기만의 '지평'을 갖게 된다. ㉠ '지평'이란 우리가 인식하는 대상과 그 대상을 둘러싼 배경을 말한다. 우리가 친구의 뒷모습을 보고 단번에 알아볼 수 있는 것은 이전부터 알았던 친구에 대한 다양한 정보를 고려했기 때문이다. 사람은 개인마다 경험이 다르기 때문에 대상에서 형성하는 의미도 달라져 그 결과 서로 다른 지평을 갖게 되고, 지평이 넓어질수록 개인의 인식 범위는 확장된다. 그리고 인식의 주체는 지평을 바탕으로 다양한 상황에서 의미를 파악할 수 있다고 본 것이다.

❸ 전통 철학에서는 「의식과 독립적으로 대상이 존재하고, 주체성을 가진 인간, 즉 주체가 대상을 객관적으로 파악함으로써 의미가 얻어진다고 보았다.」 하지만 후설은 「주체가 지평에 따라 대상에서 형성하는 의미가 달라지므로 대상을 객관적으로 파악하는 것은 불가능하다고 보았다.」 이처럼 후설은 「의미가 대상으로부터 객관적으로 얻어지는 것이 아니라 의식과 지평을 지닌 주체에서 비롯된다고 본 것이다.」

나

❶ ⓐ 자전거를 한번 배우고 나면 오랫동안 쉬었다 하더라도 쉽게 다시 탈 수 있다. 마치 몸 자체가 자전거 타기에 관한 지식을 내재한 듯 느껴진다. 이때 자전거 타기를 배운 것은 나의 의식일까? 몸일까? 전통 철학은 의식과 신체는 독립되어 있고 의식이 객관적 세계를 인식한다고 보았는데, '메를로퐁티'는 이를 비판하며 신체를 통해 세계를 지각할 수 있다고 말한다. 그에 의하면 신체, 즉 몸은 의식과 결합하여 있는 '신체화된 의식'이라고 규정한다.

❷ 메를로퐁티는 몸이 세상과 반응하는 것을 '지각'이라고 했는데, 그는 후설의 지향성 개념을 수용하여 몸이 지향성을 지니고 있어 세상을 지각할 수 있다고 보았다. 늘 집에 방치되어 있던 자전거도 우리 몸이 지향함으로써 지각되고 의미가 생긴다는 것이다. 그렇다면 몸에 의한 지각은 어떻게 이루어질까? 그는 몸이 '현실적 몸의 층'과 '습관적 몸의 층'으로 이루어져 있다고 규정하였다. 여기서 현실적 몸의 층이란 몸이 새로운 세상을 지각하는 경험이며, 이런 경험이 우리 몸에 배면 습관적 몸의 층을 형성하게 된다고 보았다. 이렇게 형성된 습관적 몸의 층은 「몸에 내재

되어 세상과 반응할 때 다시 영향을 미치며, 우리를 다양한 상황에 적응할 수 있게 한다.」 이러한 몸의 대응 능력을 ㉡ '몸틀'이라 하며, 몸틀은 지각 경험들이 시간이 흐르면서 누적됨으로써 형성된다. 예를 들어 자전거 타기를 배우는 경우, 처음에는 자전거와 반응하며 현실적 몸의 층을 형성하게 되고, 자전거를 타는 연습이 반복되면 새로운 운동 습관을 익히며 몸틀을 재편하게 된다. 이와 같이 메를로퐁티는 몸틀을 통해 몸의 지각 원리를 설명한다.

❸ 한편 메를로퐁티는 몸이 '애매성'을 지니고 있다고 말한다. 예를 들어 나의 오른손과 왼손이 맞잡고 있을 때, 내 몸은 잡고 잡히는 이중적이며 모호한 상황을 경험한다. 이 경우 어떤 것이 지각의 주체인지 혹은 지각의 대상인지 분명하게 말하기 어렵다. 또 「내가 언짢은 표정을 한 상태에서 밝은 미소를 띤 상대방의 얼굴을 봤을 때, 나는 상대방의 밝은 모습에 동화되면서 동시에 상대방은 나의 언짢은 모습에 얼굴이 경직되는 듯한 변화를 보이게 된다.」 이처럼 「구체적 삶에서 우리가 경험하는 몸의 지각은 대부분 주체와 대상이 서로 얽혀 있고 명확하게 구분되지 않는다는 것이다.」 즉 메를로퐁티는 몸을 지각의 주체로만 보지 않고 지각의 대상이 될 수도 있다고 보았다.

01

답 | ④

다음은 (가)와 (나)를 읽은 학생이 작성한 학습 활동지의 일부이다. ㄱ~ㅁ에 들어갈 내용으로 적절하지 않은 것은?

학습 항목	학습 내용	
	(가)	(나)
도입 문단의 내용 제시 방식 파악하기	ㄱ	ㄴ
⋮	⋮	⋮
글의 내용 전개 방식 이해하기	ㄷ	ㄹ
두 글을 통합적으로 비교하기	ㅁ	

정답 선지 분석

④ ㄹ: '지각'의 주체를 상반된 시각으로 바라보는 특정 이론들을 제시하고 각각의 이론이 지닌 한계와 의의를 제시하였음.

(나)의 1문단에서 전통 철학은 '의식과 신체는 독립되어 있고 의식이 객관적 세계를 인식한다'고 한 반면, 메를로퐁티는 '의식과 결합하여 있는 신체화된 의식'인 몸을 통해 '세계를 지각할 수 있다'고 하였으므로, (나)는 지각의 주체를 상반된 시각으로 바라보는 특정 이론들을 제시하고 있음을 알 수 있다. 그러나 2문단부터 메를로퐁티의 몸에 의한 지각 과정을 서술하면서 그 이론들의 한계와 의의는 제시하고 있지 않다.

오답 선지 분석

① ㄱ: '인식'과 연관된 상황을 언급하며 이에 대한 특정 철학자의 주장을 제시하였음.

(가)의 1문단에서는 같은 대상임에도 인식이 달라지는 상황을 예로 들면서, 후설이 이를 지향성이라는 개념을 통해 설명했음을 제시하고 있다.

② ㄴ: 일상의 경험을 바탕으로 의문을 제기하며 특정 철학자가 사용한 개념을 제시하였음.

(나)의 1문단에서는 자전거 타기를 배운 것이 의식인지, 몸인지에 대한 의문을 제기하며, '몸은 의식과 결합하여 있는 신체화된 의식'이라는 몸에 대한 메를로퐁티의 새로운 개념을 제시하고 있다.

③ ㄷ: '인식'과 관련하여 특정 철학자가 사용한 개념을 정의한 뒤 그 개념을 바탕으로 대상의 의미를 파악하는 과정을 제시하였음.

(가)의 1문단에서 후설이 제시한 '지향성', 2문단에서 '지평'이라는 개념을 정의한 후, 의식이 지평을 통해 '대상의 의미를 파악'하는 과정을 제시하고 있다.

⑤ ㅁ: 특정 철학자들의 주장에 나타나는 공통점과 그 주장이 전통 철학과 어떤 차이를 지니고 있는지를 파악할 수 있었음.

후설과 메를로퐁티는 모두 지향성의 개념을 공통적으로 활용하여 인식이나 지각에 대해 설명하고 있으며, (가)의 3문단에서는 인식에 대한 후설의 주장과 전통 철학의 관점과의 차이점을, (나)의 1문단에서는 신체에 대한 전통 철학의 관점과 메를로퐁티의 주장과의 차이점을 서술하고 있다.

02

답 | ③

메를로퐁티의 관점에서 몸을 이해한 내용으로 적절하지 않은 것은?

정답 선지 분석

③ 지향성이 없더라도 세계를 지각할 수 있다.

(나)의 2문단에서 메를로퐁티에 따르면 몸이 대상을 '지향함으로써' 대상이 '지각되고 의미가 생기'게 된다고 제시하였으므로, 지향성이 없더라도 세계를 지각할 수 있다는 이해는 적절하지 않다.

오답 선지 분석

① 의식과 결합하여 존재한다.

(나)의 1문단에서 '몸은 의식과 결합하여 있는 신체화된 의식'이라고 서술하고 있다.

② 세상과 반응하여 의미를 형성한다.

(나)의 2문단에서 '몸이 세상과 반응하는 것을 지각'이라고 하였고, 지향함으로써 의미가 생기게 된다고 서술하고 있다.

④ 현실적 몸의 층과 습관적 몸의 층으로 이루어져 있다.

(나)의 2문단에서 몸은 '현실적 몸의 층과 습관적 몸의 층으로 이루어져 있다'고 서술하고 있다.

⑤ 지각의 주체가 되는 동시에 지각의 대상이 되기도 한다.

(나)의 3문단에서 '메를로퐁티는 몸을 지각의 주체로만 보지 않고 지각의 대상이 될 수도 있다고 보았다'고 서술하고 있다.

03

답 | ⑤

㉠, ㉡에 대한 이해로 가장 적절한 것은?

정답 선지 분석

⑤ ㉠과 ㉡은 모두 이전의 경험이 쌓이면서 형성된다.

(가)의 2문단에서 '지평'은 '의미를 형성하는 과정이 반복되고 그것이 누적되'면서 갖게 되는 것이며, '개인마다 경험이 다르기 때문에' 서로 다른 지평을 갖게 된다고 설명하고 있다. 또 (나)의 2문단에서도 '몸틀'은 '지각 경험들이 시간이 흐르면서 누적됨으로써 형성된다'고 설명하고 있다. 따라서 ㉠과 ㉡은 모두 이전의 경험이 쌓이면서 형성되는 것으로 볼 수 있다.

오답 선지 분석

① ㉠은 대상으로부터 의미를 객관적으로 파악할 수 있게 한다.

(가)의 3문단에서 후설은 '주체가 지평에 따라 대상에서 형성하는 의미가 달라지므로 대상을 객관적으로 파악하는 것은 불가능하다고 보았다'고 서술하고 있다.

② ㉡은 시간이 흐르더라도 변하지 않는다.

(나)의 2문단에서 '몸틀'은 '지각 경험들이 시간이 흐르면서 누적됨으로써 형성된다'고 하였다.

③ ㉠은 ㉡과 달리 의미를 형성하는 과정에서 의식의 쓰임이 나타나지 않는다.

(가)의 2문단에서 '지평'은 '의식이 대상을 만나서 의미를 형성하는 과정'에서 만들어진다고 하였고, (나)의 1문단에서 몸은 '의식과 결합하여 있는 신체화된 의식'이라고 하였으므로 '지평'과 '몸틀'은 모두 의미 형성 과정에서 의식의 쓰임이 나타난다고 볼 수 있다.

④ ㉡은 ㉠과 달리 다양한 상황에 대해서도 그 의미를 파악할 수 있게 한다.

(가)의 2문단에서 '인식의 주체는 지평을 바탕으로 다양한 상황에서 의미를 파악할 수 있다'고 하였고, (나)의 2문단에서 '몸틀'은 '다양한 상황에 적응할 수 있게' 하는 '몸의 대응 능력'이라고 하였다.

04

답 | ②

ⓐ의 이유에 대한 메를로퐁티의 견해로 가장 적절한 것은?

정답 선지 분석

② 몸이 자전거 타기를 통해 습관적 몸의 층을 형성했기 때문이다.

(나)의 2문단에서 몸이 세상을 지각하는 경험이 '몸에 배면 습관적 몸의 층을 형성'하고, 이것이 '몸에 내재되어 세상과 반응할 때 다시 영향을 미'친다고 서술하고 있다. 또한 '자전거를 타는 연습이 반복되면' 새로운 운동 습관을 익히며 몸틀을 재편'한다고 서술하고 있다. 이를 통해 자전거 타기의 습관이 몸에 내재되어 자전거 타기를 '오랫동안 쉬었다 하더라도 쉽게 다시 탈 수 있'음을 알 수 있다.

오답 선지 분석

① 몸의 경험은 연습의 양과 상관없이 누적되기 때문이다.

(나)의 2문단에서 '경험이 우리 몸에 배면 습관적 몸의 층을 형성'하고, '지각 경험들이 시간이 흐르면서 누적됨으로써' 몸틀이 형성된다고 하였으므로 적절하지 않다.

③ 자전거를 배우기 전과 후의 몸틀에 변화가 없었기 때문이다.

(나)의 2문단에서 '자전거를 타는 연습이 반복되면 새로운 운동 습관을 익히며 몸틀을 재편'한다고 하였으므로 적절하지 않다.

④ 몸의 지각은 현실적 몸이 의식과 독립적으로 작용한 결과이기 때문이다.

(나)의 1문단에서 메를로퐁티는 '의식과 신체는 독립되어 있고 의식이 객관적 세계를 인식한다'고 본 전통 철학을 비판하며 '신체를 통해 세계를 지각할 수 있다'고 주장했다고 하였으므로 적절하지 않다.

⑤ 새로운 운동 습관이 내재될 경우 몸틀이 재편되어 자전거를 다시 배워야 하기 때문이다.

(나)의 2문단에서 '습관적 몸의 층은 몸에 내재되어 세상과 반응할 때 다시 영향을 미치며, 우리를 다양한 상황에 적응할 수 있게 한다'고 하였으므로 적절하지 않다.

05

답 | ④

윗글을 바탕으로 <보기>를 이해한 내용으로 적절하지 않은 것은?

보기

어느 날 산속에 피어 있는 꽃을 가리키며 제자가 스승에게 물었다. "이 진달래꽃은 깊은 산속에서 저절로 피었다 지곤 하니 그것이 제 마음과 무슨 상관이 있습니까? 사물은 제 마음과 상관없이 존재한다고 생각합니다." 그러자 스승은 "그대가 이 꽃을 보기 전에 이 꽃은 그대의 마음에 없었지만, 그대가 와서 이 꽃을 보는 순간 이 꽃의 모습은 그대의 마음에서 일시에 분명해진 것이네."라고 말하였다.

WEEK 3

정답 선지 분석

④ 메를로퐁티는 꽃을 봄으로써 꽃의 모습이 마음에서 분명해진 것이라고 생각하는 '스승'과 달리 몸의 지각과 상관없이 의식이 독립적으로 세계를 인식한다고 생각하겠군.

〈보기〉에서 제자는 마음이 꽃을 향하지 않더라도 마음과 상관없이 '산속에서 저절로 피었다 지곤 하'며 꽃이 존재할 수 있다고 말하고 있다. 이에 반해 스승은 마음이 꽃을 향하지 않았을 때는 '꽃은 그대의 마음에 없었지만' '꽃을 보는 순간 이 꽃의 모습은 그대의 마음에서 일시에 분명해진 것'이라고 말하고 있다. 즉 제자는 지향성을 인정하지 않고 의식과 독립적으로 대상이 존재할 수 있다고 본 것이며, 반대로 스승은 후설 및 메를로퐁티처럼 마음이 대상을 향하지 않으면 대상을 인식하지 못한다고 생각한 것이다. (나)의 1문단에서 메를로퐁티는 '몸은 의식과 결합하여' 있다고 하였고, (나)의 2문단에서 메를로퐁티는 '몸이 지향성을 지니고 있어 세상을 지각할 수 있다'고 했으며 '지향함으로써 지각되고 의미가 생'기는 것이라고 하였다. 따라서 몸의 지향성을 주장한 메를로퐁티가 〈보기〉의 스승과 달리 몸의 지각과 상관없이 의식이 독립적으로 세계를 인식한다고 생각했을 것이라는 이해는 적절하지 않다.

오답 선지 분석

① 후설은 '제자'가 꽃의 이름이 진달래꽃임을 알고 있는 것에 대해 그의 지평이 작용했다고 생각하겠군.

제자는 산속의 꽃을 가리키며 그 꽃의 이름을 진달래꽃이라고 말하고 있다. 이는 그 꽃에 대한 정보를 이미 알고 있다는 것이므로, 후설은 제자의 지평에 꽃에 대한 정보가 있다고 볼 것이다.

② 후설은 사물이 마음과 상관없이 존재한다고 말하는 '제자'와 달리 의식과 대상이 서로 독립적으로 존재하는 것은 아니라고 생각하겠군.

(가)의 1문단에서 후설은 지향성을 통해 대상이 인식된다고 주장하고 있다. 반면 제자는 의식의 지향성과 상관없이 대상이 존재한다고 생각하고 있다.

③ 메를로퐁티는 '제자'가 꽃을 지각하는 동시에 꽃으로 인해 그에게 변화가 생겼다는 '스승'의 말에 동의하겠군.

메를로퐁티는 몸의 지향성을 통해 대상을 지각하고 대상의 의미가 발생한다고 보았고, (나)의 3문단에서 지각의 상황에서 우리는 대상을 지각하면서 동시에 이에 영향을 받아 변화하는 모습을 보인다고 설명하고 있다. 따라서 메를로퐁티는 제자가 꽃을 지각하는 동시에 꽃으로 인해 그에게 변화가 생겼다는 스승의 말에 동의할 것이다.

⑤ 후설과 메를로퐁티는 모두 꽃을 보기 전까지 꽃은 마음에 없었다고 말한 '스승'과 마찬가지로 주체가 대상을 지향하지 않으면 대상의 의미가 형성되지 않는다고 생각하겠군.

후설과 메를로퐁티는 지향성을 주장하고 있으므로, 대상을 보기 전에는 대상에 대한 의미가 형성되지 않는다고 볼 것이다.

DAY 4 | 과학 삼국유사

빠른 정답 체크

01 ③　02 ④　03 ①　04 ③　05 ①

❶ 조상들은 더운 여름에 얼음을 이용하기 위해 석빙고를 활용하였다. 석빙고는 겨울철에 입구를 개방하여 내부를 냉각시킨 후 <u>석빙고의 개념</u> 얼음을 저장한 냉동 창고로, 내부의 낮아진 온도가 장기간 지속 <u>석빙고의 구조</u> 되는 구조를 통해 다음 해 가을까지 얼음을 보관하였다. 석빙고에서 얼음을 어떻게 보관할 수 있었는지 알아보자.

❷ 우선 석빙고를 낮은 온도로 유지하는 데에는 얼음이 중요한 역할을 한다. 에너지는 항상 높은 쪽에서 낮은 쪽으로 이동하여 평형을 이루려고 하고 에너지의 이동은 물질의 온도를 변화시킨 <u>높은 쪽 → 낮은 쪽</u>

다. 하지만 물질이 고체, 액체, 기체로 변화하는 상태변화가 일어나는 동안 온도는 변화지 않고 물질이 주변에서 에너지를 흡수하거나 주변으로 방출하는데 이때의 에너지를 숨은열이라고 한다. <u>상태변화의 과정에서 숨은열이 발생함</u> 예를 들면 얼음이 녹아 물이 될 때는 주변에서 융해열을 흡수하 <u>에너지를 흡수: 고체 → 액체</u> 고, 거꾸로 같은 양의 물이 얼어 얼음이 될 때는 같은 양의 응고 <u>에너지를 방출: 액체 → 고체</u> 열을 방출한다. 그러므로 같은 양의 0℃ 얼음보다 0℃ 물이 더 큰 <u>얼음이 될 때는 열을 방출하지만 물이 될 때는 열을 흡수함</u> 에너지를 갖게 되는 것이다. 석빙고 안에서 얼음이 상태변화가 일어날 때, 더 큰 에너지를 가진 물질로부터 에너지를 전달받을 수밖에 없다. 따라서 주변 공기로부터 에너지를 흡수하여 「일부의 <u>「 」: 얼음을 이용하여 낮은 온도를 유지하는 방법</u> 얼음이 물이 되면서 주변 공기는 차가워지고,」 이는 다른 얼음이 녹지 않을 수 있게 한다. ㉠ 이 과정에서 생긴 물은 빨리 제거되어야 하므로 조상들은 석빙고 바닥을 경사면으로 만들어 물이 원 <u>물을 빠르게 제거하기 위함</u> 활하게 배수되도록 하였다.

❸ 내부를 차갑게 만들고 최대한 밀폐된 구조를 만들더라도 석빙고는 외부와 에너지 및 공기를 주고받아 내부의 온도는 올라갈 수밖에 없다. 이를 해결하기 위해 조상들은 석빙고 천장의 상단에 통풍구를 설치하였다. 공기와 같은 유체는 온도가 올라가면 분자 사이의 거리가 멀어지면서 밀도가 낮아져 에너지를 동반하여 위로 이동한다. 밀도가 낮은 공기가 상승하면 밀도가 높은 공 <u>온도가 높은 공기</u> 기, 즉 온도가 낮은 공기가 아래로 이동하게 된다. 석빙고 내부에서는 이와 같은 공기의 흐름에 따라 에너지의 이동이 나타나며, <u>밀도가 낮은 공기는 상승하고 밀도가 높은 공기는 하강함</u> 「상승한 공기는 아치형 천장의 움푹 들어간 공간을 통해 그 위의 <u>「 」: 석빙고 천장의 상단에 통풍구를 설치한 이유</u> 통풍구로 빠져나가 내부의 차가움을 유지하게 된다.」 더불어 통풍구에는 얼음에 영향을 줄 수 있는 직사광선이나 빗물을 차단하기 위해 덮개돌을 설치하였다.

❹ 또한 얼음이 최대한 녹지 않을 수 있도록 얼음과 얼음 사이에 일종의 단열재 역할을 하는 짚을 채워 넣어 보관하였다. 접촉하고 있는 두 물질의 분자들 사이에서는 에너지 교환이 일어나는데, 「물질의 한쪽 끝에 에너지가 가해지면 해당 부분의 분자들이 에너 <u>「 」: 에너지 교환의 과정</u> 지를 얻어 진동하게 되고 그 진동은 옆 분자를 다시 진동시키며 순차적으로 에너지가 이동한다.」 이러한 에너지 전달의 정도는 물질마다 서로 다르다. 짚은 얼음에 비해 에너지가 잘 전달되지 않는데, 이 때문에 얼음끼리 쌓아 놓는 것보다 짚을 활용하여 쌓 <u>짚은 얼음에 비해 에너지가 잘 전달되지 않기 때문</u> 는 것이 얼음 보관에 훨씬 효율적인 방법이라고 할 수 있다. 또 짚은 스티로폼처럼 미세한 공기구멍을 많이 포함하고 있어 단열 <u>단열 효과를 높이는 짚의 특징</u> 효과를 높일 수 있었다.

❺ 이 밖에도 석빙고 외부에 흙을 덮어 내부로 유입되는 에너지 <u>석빙고 외부에 흙을 덮은 이유</u>

정답 및 해설 | 37

가 잘 차단되도록 하였고 <u>풀</u>을 심어 태양의 복사 에너지로 인해
　　　　　　　　　　　石빙고 외부에 풀을 심은 이유
내부의 온도가 상승하는 것을 최대한 막고자 하였다. 또한 얼음
을 저장하는 빙실은 온도 유지를 위해 주변 <u>지반</u>에 비해 낮게 만
　　　빙실을 주변 지반에 비해 낮게 만든 이유　　온도가 낮은 공기는 아래로 이동함
들었다.

❻ 석빙고는 「조상들의 지혜가 집약된 천연 냉장고로, 당시 다른
　　　　　　　「 」: 석빙고의 의미
나라의 장치에 비해서도 기술이 ⓐ <u>떨어지지</u> 않는 건축물이다.」

01

답 | ③

윗글의 내용과 일치하지 <u>않는</u> 것은?

정답 선지 분석

③ 석빙고의 아치형 천장은 외부 공기를 이용하여 내부의 차가움을 유지하게
한다.

3문단에 따르면, 석빙고 내부의 따뜻해진 공기는 밀도의 변화에 따른 이동을 통해 아치형 천
장의 상부 통풍구로 빠져나간다. 이러한 에너지의 이동이 내부를 차갑게 하는 것이지 외부
공기를 이용하는 것은 아니다.

오답 선지 분석

① 석빙고 외부의 풀은 내부의 온도 상승을 막는 데 도움을 준다.

5문단에 따르면, 석빙고 외부에 심은 풀이 태양의 복사 에너지로 인한 내부 온도 상승을 막
는 데 도움을 준다는 것을 알 수 있다.

② 석빙고에 얼음을 저장하기 전에 우선 내부를 차갑게 하는 과정이 필요하다.

1문단에 따르면, 석빙고는 내부를 냉각시킨 후 얼음을 저장한다는 것을 알 수 있다.

④ 빙실을 지반보다 낮게 만든 것은 석빙고 내부의 낮아진 온도를 지속하기 위
해서이다.

5문단에 따르면, 빙실은 온도 유지를 위해 주변 지반에 비해 낮게 만들었음을 알 수 있다.

⑤ 석빙고의 통풍구에 덮개돌이 없으면 햇빛이 석빙고 내부로 들어와 온도를
높일 수 있다.

3문단에 따르면, 통풍구의 덮개돌이 얼음에 영향을 줄 수 있는 직사광선이나 빗물을 차단하
는 역할을 함을 알 수 있다.

02

답 | ④

㉠의 이유로 가장 적절한 것은?

정답 선지 분석

④ 상태변화가 일어나 생긴 물이 얼음보다 더 큰 에너지를 가지고 있기 때문이다.

얼음은 물로 상태변화가 일어날 때 주변으로부터 에너지를 흡수하고 이에 따라 주변 공기가
차가워진다. 즉, 상태변화가 일어나 생긴 물은 같은 온도의 얼음에 비해 더 큰 에너지를 가지
고 있음을 알 수 있다. 그러므로 물의 에너지가 얼음으로 전달되어 얼음이 녹는 것을 막기 위
해 물을 빨리 제거하여야 함을 알 수 있다.

오답 선지 분석

① 물이 얼음으로부터 에너지를 전달받아 얼음을 녹이기 때문이다.

에너지는 높은 곳에서 낮은 곳으로 이동하므로 에너지가 상대적으로 낮은 얼음으로부터 물
이 에너지를 전달받을 수 없다.

② 에너지가 높은 쪽에서 낮은 쪽으로 이동하는 것을 물이 방해하기 때문이다.

얼음이 녹아 생긴 물은 에너지를 흡수하거나 방출하는 물질로 보아야 하며, 에너지의 이동을
방해하는 물질로 보는 것은 적절하지 않다.

03

답 | ①

윗글의 <u>숨은열</u>에 대해 <보기>와 같이 정리했다고 할 때, ㉮~㉰에 들어갈 말로 가
장 적절한 것은?

보기

　　물질의 상태변화가 일어날 때는 숨은열이 개입한다. 여름에 석빙고
안에서 물질이 (㉮)될 때 숨은열로 인해 에너지 교환이 일어난 주
변 물질은 에너지가 (㉯)한다. 상태가 바뀌는 동안 물질의 온도는
(㉰).

정답 선지 분석

	㉮	㉯	㉰
①	융해	감소	유지된다

2문단에 따르면, 여름철 석빙고 안에서는 물질의 융해가 일어난다. 이때 물질이 주변에서 융
해열을 흡수하여 주변 물질은 에너지가 감소한다. 이러한 상태변화가 일어나는 동안 물질의
온도는 유지된다.

오답 선지 분석

⑤	응고	증가	유지된다

물질이 응고될 경우 응고열을 방출하여 주변 물질의 에너지가 증가할 수 있으나, 이러한 상
태변화는 여름철 석빙고 내부에서 일어나지 않는다.

04

답 | ③

윗글의 '석빙고(A)'와 <보기>의 '이글루(B)'를 이해한 내용으로 적절하지 <u>않은</u> 것은?

보기

　　추운 지방에서 이누이트족이 전통적으로 거주했던 얼음집인 이글루는
우선 눈 벽돌을 쌓아 올린 후에, 이글루 안에서 불을 피워 내부 공기의 온
도를 높인다. 시간이 지나 공기가 순환하여 눈 벽돌이 녹으면서 물이 생
기면 출입구를 열어 물이 얼도록 한다. 이 과정에서 눈 사이에 들어 있던
공기는 빠져나가지 못하고 얼음 속에 갇히게 된다. 이렇게 만들어진 얼음
은 에너지의 전달을 방해한다. 또한 물이 눈 벽돌 사이를 메우면서 얼어
만들어진 얼음 벽은 내부의 에너지 유출을 막는다.

정답 선지 분석

③ A의 얼음 사이의 짚과 B의 눈 벽돌 사이를 메운 물은 모두 외부와의 공기
출입을 막는 역할을 하겠군.

B의 물이 눈 벽돌 사이를 메우면서 얼어 만들어진 얼음 벽은 외부와의 공기 출입을 막는 역할
을 하는 것은 적절하다. 그러나 4문단에 따르면, A의 얼음 사이의 짚은 접촉하고 있는 두 물질
사이에 에너지가 잘 전달되지 않도록 하는 것이므로 석빙고 외부와의 공기 출입과는 무관하다.

오답 선지 분석

① B의 얼음 벽은 A의 외부 흙과 달리 외부로의 에너지 유출을 막기 위한 것이 겠군.

B의 얼음 벽은 내부의 에너지 유출을 막는다는 것을 〈보기〉를 통해 알 수 있다. 이와 달리 5 문단에 따르면, A의 외부 흙은 내부로 유입되는 에너지 차단을 위한 것이지 외부로의 에너지 유출을 막기 위한 것이 아니다.

② A의 짚에 포함된 공기구멍과 B의 얼음 속 공기층은 모두 단열 효과를 높일 수 있겠군.

4문단에 따르면, A의 짚이 비어 있는 것은 단열 효과를 높일 수 있음을 알 수 있다. 〈보기〉에서 B의 눈 벽돌이 녹았다가 얼 때 공기가 얼음 속에 갇히며 공기층이 생길 것을 알 수 있는데, 이는 결국 스티로폼처럼 공기구멍을 많이 포함한 것으로 볼 수 있다. 이는 단열 효과를 높일 것이므로 해당 설명은 적절하다.

④ A와 B는 모두 공기의 밀도 변화에 따른 에너지의 이동이 나타나겠군.

3문단에 따르면, A는 공기의 온도가 상승하면 밀도가 낮아짐으로써 에너지를 동반하여 위로 이동하는 현상을 내부 온도 유지에 활용함을 알 수 있다. B는 눈 벽돌을 쌓아 올린 후 불을 피우게 되는데, 공기의 온도가 높아지면서 공기가 순환한다는 사실을 〈보기〉를 통해 확인할 수 있다. 따라서 둘 모두 공기의 밀도 변화에 따른 에너지의 이동이 나타난다는 설명은 적절하다.

⑤ A와 B는 모두 내부의 온도를 낮추기 위한 방법으로 출입구를 활용했겠군.

1문단에 따르면, A는 얼음을 저장하기 전 내부를 냉각시키기 위해 출입구를 개방한다. B는 내부의 온도 상승으로 눈 벽돌이 녹아 물이 생기면 이 물을 얼도록 하는데, 이때 출입구를 열어 온도를 낮추어야 함을 〈보기〉를 통해 알 수 있다. 따라서 A와 B 모두 내부 온도를 낮추기 위해 출입구를 활용한다는 설명은 적절하다.

05

답 | ①

문맥상 ⓐ의 의미와 가장 가까운 것은?

정답 선지 분석

① 그의 실력은 평균보다 떨어지는 편이다.

ⓐ는 '다른 나라의 장치에 비해서도 기술이 떨어지지 않는'의 맥락에서 사용되었으므로 '다른 것보다 수준이 처지거나 못하다'라는 의미로 쓰였다.

오답 선지 분석

② 곧 너에게 중요한 임무가 떨어질 것이다.

②에서 '떨어지다'는 '명령이나 허락 따위가 내려지다'라는 의미로 쓰였다.

③ 이미 그 일에 정이 떨어진 지 꽤 되었다.

③에서 '떨어지다'는 '정이 없어지거나 멀어지다'라는 의미로 쓰였다.

④ 아이는 잠시도 엄마에게서 떨어지지 않으려고 한다.

④에서 '떨어지다'는 '함께 하거나 따르지 않고 뒤에 처지다'라는 의미로 쓰였다.

⑤ 배가 고프다는 말이 떨어지기가 무섭게 밥상이 나왔다.

⑤에서 '떨어지다'는 '말이 입 밖으로 나오다'라는 의미로 쓰였다.

빠른 정답 체크

01 ①　　02 ③　　03 ④　　04 ②

가

지팡이 짚고 바람 쐬며 좌우를 돌아보니
　　자연을 즐기고 있는 화자의 모습
누대의 맑은 경치 아마도 깨끗하구나.
　　누대의 맑은 경치 예찬
㉠ 물도 하늘 같고 하늘도 물 같으니
　　대구법, 자연의 일체성
푸른 물과 긴 하늘이 한빛이 되었거든,
　　「」: 색채 이미지를 사용하여 자연의 모습을 묘사함
물가에 갈매기는 오는 듯 가는 듯 그칠 줄을 모르네.

㉡ 바위 위 산꽃은 수놓은 병풍 되었고
　　□: 일상적으로 볼 수 있는 소재
시냇가 버들은 초록 장막 되었는데,
　　색채 이미지를 사용하여 계절감을 드러냄(여름)
좋은 날 좋은 경치 나 혼자 거느리고

㉢ 꽃피는 시절 허송하지 말라라 하고
　　의지적 어조 - 자연의 경치를 마음껏 감상하겠다는 화자의 의지가 드러남
아이 불러 하는 말, 이 깊은 산속에서 해산물을 볼쏘냐.
　　　　　　　　　　화자가 있는 공간에서 볼 수 없는 것
㉣ 살진 고사리, 향기로운 당귀를 돼지고기, 사슴고기 섞어서
　　　　　　　　산속에서 얻을 수 있는 식재료
크나큰 바구니에 흡족히 담아두고

붕어회에다 눌어, 꿩 섞어 먹음직하게 구워지거든

술동이의 맑은 술을 술잔에 가득 부어,
　　　　　　　　　　　　　　「」: 상황에 대한 화자의 만족감을 강조
한잔, 또 한잔 취토록 먹은 후에,

㉤ 복숭아꽃 붉은 비 되어 취한 낮에 뿌리는데

낚시터 넓은 돌을 높이 베고 누우니

무회씨 때 사람인가, 갈천씨 때 백성*인가.
　　중국의 태평성대를 상징하는 인물들을 통해 화자의 만족감을 표현함
태평성대를 다시 보는가 생각노라.

이 힘이 누구 힘인가, 성은이 아니신가.
　　　　　　자문자답의 형식을 활용
강호에 물러난들 임금 걱정이야 어느 때에 잊을까.
　　　　　강호에 있음에도 임금에 대한 걱정을 잊지 못함(우국지정)
때때로 머리 들어 북극성 바라보고
　　　　　　　　　　　임금을 상징
남모르는 눈물을 하늘 끝에서 흘리도다.
　　　　　　　　　임금과 멀리 떨어진 현재의 위치
평생에 품은 뜻을 빕니다, 하느님이시여.
　　　　　　　　　　　　기원의 대상
마르고 닳도록 우리 임금 만세를 누리소서.
　　　　　　　　　　화자의 염원 ①
태평한 세상에 삼대일월* 비추소서.
　　　　　　화자의 염원 ②
영원무궁토록 전란을 없애소서.
　　　　　화자의 염원 ③
밭 갈고 샘 파서 격양가*를 부르게 하소서.
　　　　　　화자의 염원 ④
이 몸은 이 강산풍월에 늙을 줄을 모르도다.
　　자연과 하나되어 사는 삶에 대한 만족감(안분지족)
　　　　　　　　　　　　　　　　- 박인로, 〈노계가〉 -

---

* 무회씨 때 사람, 갈천씨 때 백성: 중국 상고시대 전설상의 제왕인 무회씨와 갈천씨 때의 태평성대의 사람.
* 삼대일월: 중국에서 왕도 정치가 행해졌던 하·은·주 시대.
* 격양가: 중국 요 임금 때 늙은 농부가 배를 두드리고 땅을 치면서 천하가 태평하다며 불렀다는 노래.

나

「자연은 왜 존재해 있나? 모른다. 그것은 영원한 신비다.
「」: 문답의 방식 활용   자연의 존재 이유를 모르는 사람들
  자연은 왜 아름다운가? 모른다. 그것도 영원한 불가사의다.
            자연이 아름다운 이유를 모르는 사람들
  자연은 왜 말이 없는가? 그것도 모른다. 그것도 영원한 그의 침
                                    자연의 의인화
묵, 그의 성격이다.」

  우리는 자연의 모든 것을 모른다. 우리는 영원히 그의 신원도,
이력도 캐어낼 수 없을 것이다. 오직 그의 신성한 존재 앞에 백지
와 같은 마음으로 경건한 직감이 있을 뿐이다. 직감 이상으로 자
       사람이 자연 앞에서 가지고 있는 것
연의 깅체를 볼 수 없고 들은 수 없을 것이다, 자연에 대한 우리
인류의 최고 능력은 직감일 것이다.
글쓴이가 생각하는 자연을 판단하고 파악하기 위한 인간의 능력
  한 사람이라도 좋다. 자연에 대한 솔직한 감각을 표현하라.「금강
                    명령형 어미를 활용하여 예술가의 태도 변화를 촉구
산에 어떠한 **문헌**이 있든지 말든지, 백두산에서 어떠한 인간의 때
묻은 내력이 있든지 없든지, 조금도 그따위에 관심할 것이 없어
산이면 산대로, 물이면 물대로 보고 느끼고 노래하는 시인은 없
는가?, 경승지에 가려면 문헌부터 뒤지는, 극히 독자(獨自)의 감각
「」: 글쓴이가 원하는 시인의 모습   글쓴이가 인정하지 않는 예술가
력엔 자신이 없는 사람은 예술가는 아니다. 조그만 학문과 고고의
사무가일 뿐, **빛나는 생명의 예술가**는 아니다.

  금강산은 금강산이라 이름 붙여지기 훨씬 전부터, 태고 때부터
       금강산에 대한 문헌이나 인간의 때 묻은 문헌이 없이도 보고, 느낄 수 있는 이유
엄연히 존재해 있은 것이다.「**옥녀봉**이니 **명경대**니 하는 이름과
전설은 가장 최근의 일이다. 본래의 금강산과는 아무런 관계도
「」: 금강산과 관련된 이름과 전설은 태고 때부터 존재한 것이 아님
없는 그야말로 무근지설이다.」 **소문거리의 '모델'**로서의 금강산,
일만 이천 봉이니 열두 폭이니 하고 **계산된 삽화**로서의 금강산을
보지 못해 애쓸 필요야 무엇인가. 금강산이나 백두산이나 무슨
                              자연은 태고 때부터 존재했음
산이나 간에 그들은 태고 때부터 항구히 살아가지고 있는 것이
다. 물은 지금도 흐르고 꽃과 단풍은 지금도 그들의 품에서 피고
지거늘 문헌과 전설이 무슨 상관인가. 고완품이나 고적이라면 모
르거니와 죽을 줄 모르는 생명의 덩어리인 자연에게 있어 문헌이
                                    자연
란 별무가치인 것이다.
글쓴이의 주장-자연은 문헌이나 인간의 때 묻은 내력과 상관없이 감상해야 함
  흔히 시인들은 자연을 대상으로 한 시편에서나 기행문에서는
너무들 문헌에 수족이 묶인다. 고완품을 보는 것 같고 자연을 보
는 것 같지 않은 것이 흔히 독자에게 주는 불유쾌다.

  문헌은 학자들에게 던져두라. 예술가에게는 언제, 어디든지가
신대륙, 신세계여야 할 것이다.

                                    - 이태준, 〈자연과 문헌〉 -

---

01   답 | ①

(가)와 (나)에 대한 설명으로 가장 적절한 것은?

[정답 선지 분석]

① (가)와 (나)는 모두 명령형 어미를 통해 주제 의식을 드러내고 있다.
  (가)는 '-소서'와 같은 명령형 어미를 통해 태평성대를 갈망하는 주제 의식을 드러내고 있으
  며, (나)는 '-라'와 같은 명령형 어미를 통해 예술가의 태도 변화를 촉구하는 주제 의식을 드
  러내고 있다.

[오답 선지 분석]

② (가)와 (나)는 모두 문답의 방식을 통해 현실에 대한 비판을 드러내고 있다.
  (가)와 (나)는 모두 문답의 방식을 활용하고 있으나, (가)에는 현실에 대한 비판이 드러나 있
  지 않다.

③ (가)와 (나)는 모두 대조의 방식을 활용하여 태도의 변화를 드러내고 있다.
  (가)에서는 대조의 방식을 활용하여 태도의 변화를 드러내는 부분을 찾아볼 수 없다. (나)는
  '조그만 학문과 고고의 사무가'와 '빛나는 생명의 예술가'의 대조, '본래의 금강산'과 '소문거
  리의 '모델'' 또는 '계산된 삽화'로서의 금강산의 대조 등 대조의 방식을 활용하고 있으나 이
  것을 활용하여 태도의 변화를 드러내고 있지 않다.

④ (가)와 달리 (나)는 시선의 이동을 통해 계절적 배경을 다채롭게 드러내고
  있다.
  (가)는 '푸른 물과 긴 하늘이 한빛이 되었거든 / 물가에 갈매기는 오는 듯 가는 듯 그칠 줄 모
  르네' 등 시선의 이동을 통해 '꽃피는 시절'이라는 계절적 배경을 다채롭게 드러내고 있으나,
  (나)에서는 시선의 이동을 통해 계절적 배경을 다채롭게 드러내고 있는 부분을 찾아볼 수 없다.

⑤ (나)와 달리 (가)는 초월적 공간을 설정하여 고조된 감정을 드러내고 있다.
  (가)와 (나) 모두 초월적 공간을 설정하는 부분을 지니고 있지 않다.

---

02   답 | ③

㉠~㉤에 대한 이해로 적절하지 않은 것은?

[정답 선지 분석]

③ ㉢: 의지적인 어조를 활용하여 학문 수양을 게을리하지 않으려는 자세를 드
  러내고 있다.
  '허송하지 말리라'와 같이 의지적 어조를 활용하여, 꽃피는 시절 아름다운 자연의 경치를 마
  음껏 감상하겠다는 화자의 적극적인 태도를 표현하고 있다. 따라서 학문 수양을 게을리하지
  않겠다는 진술은 적절하지 않다.

[오답 선지 분석]

① ㉠: 유사한 문장 구조를 반복하여 자연물 간의 경계가 사라진 풍광을 묘사
  하고 있다.
  '물도 하늘 같고', '하늘도 물 같으니'와 같이 유사한 문장 구조를 반복하여, 푸른 색채 이미지
  를 통해 '물'과 '하늘'이 '한빛'으로 통합된 자연의 모습을 묘사하고 있다.

② ㉡: 일상의 사물에 빗대어 화자를 둘러싼 자연의 모습을 표현하고 있다.
  '바위 위 산꽃'과 '시냇가 버들'을 각각 '수놓은 병풍'과 '초록 장막'에 빗대어 표현하면서, 병
  풍이나 장막 등 일상의 사물들이 갖는 쓰임에 주목하여, 자신을 둘러싼 자연의 모습을 묘사
  하고 있다.

④ ㉣: 자연에서 얻을 수 있는 재료를 나열하여 상황에 대한 만족감을 표현하
  고 있다.
  자연에서 얻을 수 있는 '살진 고사리', '향기로운 당귀', '돼지고기', '사슴고기' 등의 식재료를
  풍부하게 나열하여, 상황에 대한 화자의 만족감을 강조하고 있다.

⑤ ㉤: 자연물의 색채 이미지를 활용하여 화자의 취흥을 강조하고 있다.
  '복숭아꽃'을 '붉은 비'로 빗대어 화자에게 뿌린다는 표현을 통해, 자연물의 붉은 색채 이미
  지가 화자의 취한 얼굴로 이어지면서 자연과 연결되는 화자의 풍류를 강조하고 있다.

03

답 | ④

<보기>를 읽고 (가), (나)를 감상한 내용으로 적절하지 않은 것은?

보기

　(가)의 작가는 전란을 체험한 후 강호에 은거하며 태평성대를 추구하고, (나)의 작가는 자연의 본질에 대한 통찰을 촉구한다. 이들은 일관되고 영속적인 가치를 지향한다. 비록 작가의 지향을 방해하는 일시적인 요소가 있더라도, 이 지향은 과거에서 현재로, 다시 미래로 지속성을 갖고 이어진다.

정답 선지 분석

④ (나)에서 '옥녀봉', '명경대'와 같은 이름으로 자연을 규정하는 것은 자연의 일관성과 지속성에 대한 통찰의 결과라는 작가의 인식을 확인할 수 있군.

　(나)에서 '옥녀봉', '명경대'와 같은 이름은 최근에 와서야 인간들이 붙인 이름으로, 자연의 본질을 통찰할 수 있도록 돕는다기보다는, 과거의 기록에 의존하여 사람들의 인식을 좁게 만드는 요소가 된다. 따라서 '옥녀봉', '명경대'와 같은 이름은 자연의 일관성과 지속성을 통찰하기 어렵게 만드는 방해 요소가 된다.

오답 선지 분석

① (가)의 '물가에 갈매기'가 '오는 듯 가는 듯 그칠 줄을 모르네'라는 구절에서 어울림에 영속성을 부여하고 이를 지향하는 작가의 태도를 확인할 수 있군.

　(가)에서 '오는 듯 가는 듯 그칠 줄을 모르네'라는 구절에서 '물가'와 '갈매기'는 모두 강호를 이루는 자연물로 이 행에서는 강호를 이루는 자연물들이 서로 조화롭게 어울리는 평화로운 광경이 지속됨을 그려내고 있다.

② (가)에서 작가가 자신을 '무회씨 때 사람', '갈천씨 때 백성'과 동일시하여 과거와 현재를 잇는 것은 시간이 흘러도 영속되는 가치에 대한 작가의 인식을 드러낸 것으로 볼 수 있군.

　(가)에서 '무회씨 때 사람', '갈천씨 때 백성'은 모두 태평성대에 살았던 사람을 의미한다. 화자가 자기 자신을 태평성대의 인물과 동일시하는 것은 현재 자신의 삶이 그때만큼이나 태평성대에 가깝다는 뜻이며, 영속적인 가치인 평화로운 삶에 대한 작가의 지향을 드러낸 것이라 할 수 있다.

③ (가)의 '영원무궁토록 전란을 없애소서'라는 구절에서 전란이라는 일시적인 요소가 '태평한 세상'이라는 영속적인 가치를 방해하지 않기를 바라는 작가의 인식을 확인할 수 있군.

　(가)에서 전란을 체험한 작가는 화자의 목소리를 통해 하느님께 직접적으로 평화에 대한 염원을 빌고 있다. 전란이라는 일시적인 요소가 태평성대를 방해하지 않기를 바라는 작가의 인식이 여기에 드러난다고 볼 수 있다.

⑤ (나)에서 '문헌'은 '소문거리의 모델', '계산된 삽화'를 양산함으로써 자연의 영속적인 본질에 대한 접근을 방해하는 요소가 된다는 작가의 인식을 확인할 수 있군.

　(나)에서 '소문거리의 '모델''과 '계산된 삽화'를 양산하는 '문헌'은 자연의 본질과는 관계없는 인간의 기록을 뜻한다. 작가는 '문헌'에 '시인'들이 수족이 묶인다고 표현하며, 자연의 영속적 본질에 대한 접근에 '문헌'이 방해가 된다고 역설하고 있다.

04

답 | ②

(나)의 빛나는 생명의 예술가가 갖추어야 할 태도로 가장 적절한 것은?

정답 선지 분석

② 직관을 통해 자연에 대한 솔직한 감각을 드러낼 수 있어야 한다.

　(나)의 '자연에 대한 인류 최고의 능력은 직감이다.', '자연에 대한 솔직한 감각을 표현하라.'라는 진술을 통해, 빛나는 생명의 예술가가 갖추어야 할 태도는 직관을 통해 자연에 대한 솔직한 감각을 드러낼 수 있어야 한다는 것임을 알 수 있다.

오답 선지 분석

① 자연의 모든 것을 알아낼 수 있다는 확신으로 탐구에 임해야 한다.

　'우리는 자연의 모든 것을 모른다. 우리는 영원히 그의 신원도, 이력도 캐어낼 수 없을 것이다.'라는 진술에 부합하지 않는다.

③ 여러 기록을 참고하며 자연의 새로운 경지를 소개할 수 있어야 한다.

　'자연에게 있어 문헌이란 별무가치인 것'이라는 진술을 고려할 때, 여러 기록을 참고하는 것은 적절하지 않다.

④ 경승지를 보고 이를 대상으로 한 시편을 인용하여 작품을 창작할 수 있어야 한다.

　경승지를 대상으로 한 시편을 인용하는 것은 '자연에게 있어 문헌이란 별무가치인 것'이라는 진술에 부합하지 않는다.

⑤ 자연과 관련된 인간의 내력을 소재로 삼아 자신의 예술성을 표현할 수 있어야 한다.

　'백두산에서 어떠한 인간의 때 묻은 내력이 있든지 없든지, 조금도 그따위에 관심할 것이 없어'라는 진술을 고려할 때, 자연과 관련된 인간의 내력을 소재로 삼는 것은 적절하지 않다.

DAY 6　〈잘못은 신에게도 있다〉_조세희

빠른 정답 체크

01 ②　　**02** ④　　**03** ①　　**04** ③

　나는 아주 단순한 세상을 그렸다. 아버지가 꿈꾼 세상보다도 단
〔나가 꿈꾸는 세상〕
순했다. **달에 가서 천문대 일을 보겠다**는 것이 아버지의 꿈이었
〔아버지의 꿈〕
다. 그 꿈을 이루었다면 아버지는 오십 억 광년 저쪽에 있다는 머
리카락좌의 성운을 볼 수 있을 것이다. 그러나 불쌍한 아버지는
〔아버지는 평생을 노동만 하다 죽음을 맞이함〕
아무것도 이루지 못하고 돌아갔다. 몸은 화장터에서 반 줌의 재
로 분해되고, 영호와 나는 물가에 서서 어머니가 뿌려 넣는 재를
보며 울었다. 난장이 아버지가 무기물로 없어져 버리는 순간이었
다. ⓐ 아버지는 생명을 갖는 순간부터 고생을 했다. 아버지의 몸
〔「」: 아버지는 가난한 집안의 난장이로 태어남〕
이 작았다고 생명의 양까지 작았을 리는 없다.」 아버지는 몸보다
컸던 고통을 죽어서 벗었다.「아버지는 자식들을 잘 먹일 수 없었
　　　　　　　　　　　　　　「」: 아버지가 열심히 일했음에도 가족들은 어렵게 살았음
다. 학교에도 제대로 보낼 수 없었다. ⓑ 우리 집에 새것이라고는
아무것도 없었다. 충분한 영양을 섭취해 본 적도 없었다. 영양 부
족으로 일어나는 이상 증세를 우리는 경험했다.」 아버지는 열심히
일했다. 열심히 일하고도 인간다운 생활을 할 권리를 잃었다. 그
〔당시의 사회상이 드러남〕
래서 말년의 아버지는 자기 시대에 대해 양심을 품고 있었다. 아
〔아버지는 당시 사회에 대한 불만을 가지고 있었음〕
버지 시대의 여러 특성 중의 하나가 권리는 인정하지 않고 의무
〔아버지 시대의 특성-노동자의 권리를 인정하지 않음〕
만 강요하는 것이었다. 아버지는 경제·사회적 생존권을 찾아 상
처를 아물리지 못하고 벽돌 공장 굴뚝에서 떨어졌다.

　그러나, 아버지는 따뜻한 사람이었다. 아버지는 사랑에 기대를
걸었다. **아버지가 꿈꾼 세상**은「모두에게 할 일을 주고, 일한 대
　　　　　　　　　　　　　　「」: 아버지가 꿈꾼 세상 ①
가로 먹고 입고, 누구나 다 자식을 공부시키며 이웃을 사랑하는

세계였다. 그 세계의 지배 계층은 호화로운 생활을 하지 않을 것
<small>아버지가 꿈꾼 세상 ②</small>
이라고 아버지는 말했었다. 인간이 갖는 고통에 대해 그들도 알
<small>지배 계층이 호화로운 생활을 하지 않는 이유-피지배 계층의 고통에 공감하기 때문</small>
권리가 있기 때문이라는 것이었다. 그곳에서는 아무도 호화로운
생활을 하려고 하지 않을 것이다. 지나친 부의 축적을 사랑의 상
실로 공인하고, 사랑을 갖지 않은 사람네 집에 내리는 햇빛을 가
<small>지나친 부를 축적한 사람</small> <small>『 』: 지나친 부를 축적한 사람에게 내리는 벌</small>
려 버리고, 바람도 막아 버리고, 전깃줄도 잘라 버리고, 수도선도
끊어 버린다. ⓒ 그런 집 뜰에서는 꽃나무가 자라지 못한다. 날아
<small>지나친 부를 축적하여 벌을 받은 사람들의 집</small>
들어 갈 벌도 없다. 나비도 없다. 아버지가 꿈꾼 세상에서 강요되
는 것은 사랑이다. 사랑으로 일하고 사랑으로 자식을 키운다. 사
랑으로 비를 내리게 하고, 사랑으로 평형을 이루고, 사랑으로 바
람을 불러 작은 미나리아재비 꽃줄기에까지 머물게 한다. 그러
나 아버지가 그린 세상도 이상 사회는 아니었다. 사랑을 갖지 않
<small>아버지가 꿈꾼 세상에 대한 '나'의 생각</small>
은 사람을 벌하기 위해 법을 제정해야 한다는 것이 문제였다. 법
<small>아버지가 꿈꾼 세상의 문제</small>
을 가져야 한다면 이 세계와 다를 것이 없다. 내가 그린 세상에서
는 누구나 자유로운 이성에 의해 살아갈 수 있다. ㉠ 나는 아버지
가 꿈꾼 세상에서 법률 제정이라는 공식을 빼 버렸다. 교육의 수
단을 이용해 누구나 고귀한 사랑을 갖도록 한다는 것이 나의 생
<small>'나'는 법 대신 교육으로 사랑을 갖게 해야 한다고 생각함</small>
각이었다.

(중략)

근로자 1: "아녜요. 궁금해서 모여 서 있는 거예요. 설혹 무슨 일
<small>『 』: 서로 다른 공간에서 벌어지는 두 사건이 유사한 장면으로 연결됨</small>
　　　이 일어난다고 해도 저희들은 하나를 잘못하게 되는 겁니다.

　　　그러나 사용자는 달라요. ⓓ 저희가 어쩌다 하나인데 비해 사
<small>근로자보다 사용자의 잘못이 더 많음</small>
　　　용자는 날마다 열 조항의 법을 어기고 있습니다."

사용자 1: "문을 닫으세요."

사용자 2: "양쪽 문을 다 닫으십시오. 애들을 내보내면 안 돼요."

아버지: "영수를 당분간 내보내지 말아요."
<small>사용자의 '문을 닫'으라는 말과 대응</small>

어머니: "네."

영　희: "큰오빠가 뭘 잘못했어? 잘못한 건 그 집 아이야."

아버지: "그 아이가 뭘 잘못했니?"

영　희: "아버지를 난장이라고 놀려댔어."
<small>영희가 '그 집 아이'가 잘못했다고 생각하는 이유</small>

아버지: "그 아이는 돌멩이를 던져 우리 집 창문을 깨뜨리지 않

　　　았다. 그 아이에겐 잘못이 없어. 아버지는 난장이다."
<small>아버지가 스스로 난장이라고 말함</small>

　　그래서, 나는 사흘 동안이나 밖에 나가 놀 수 없었다. 나는 어머
<small>아버지를 난장이라고 놀린 아이와 관련된 일 때문</small>
니의 실패에서 바느질 바늘을 빼어 낚싯바늘을 만들었다. 불에
달구어 끝을 정확히 꼬부려 만들었다. 실을 두 겹으로 꼬아 초를
먹이고 그 끝에 바늘을 달았다. 어머니가 나가 놀아도 좋다고 한
날 나는 뒷산으로 달려 올라갔다. 긴 싸리나무를 꺾어다 낚싯대
를 만들었다. 그해에도 가뭄이 들었다. 아버지는 날마다 펌프일

을 나갔다. 방죽물도 바짝 줄었다. 나는 방죽 중간쯤에 들어가 낚
<small>『 』: 시간적으로 거리가 먼 사건들이 명확히 구분되지 않은 채 서술됨</small>
시질을 했다. 내가 낚아 올린 붕어는 벽돌 공장 굴뚝 그림자 속에
서 팔딱팔딱 뛰었다. 아버지가 당신의 입으로 난장이라고 한 말
<small>아버지가 자살한 곳</small>
을 나는 그래서 꼭 한 번 들었다. 어머니는 펌프가에 앉아 보리쌀
<small>위에서 "아버지는 난장이다."라고 말한 것을 가리킴</small>
을 씻다 말고 부엌으로 들어갔다. 나에게 무슨 일이 있었다면 어
머니까지 돌아갔을 것이다. 나는 그날 밤 늦게 집으로 돌아갔다.
ⓔ 은강 전체가 저기압권에 들어 숨을 쉬기가 아주 어려운 밤이
<small>무거운 분위기의 공간을 통해 인물이 느끼는 압박감을 나타냄</small>
었다. 어머니는 꼼짝도 않고 앉아 있었다. 먼저 영이에 대해 묻고
영희를 물었다. 어머니는 영희에게 했던 것처럼 영이에게 여자
가 가져야 할 가족과 가정에 대한 전통적 의무가 어떤 것인지 이
<small>어머니가 영희에게 이야기했고, 영이에게 이야기하고 싶어 하는 것</small>
야기하고 싶어 했다. 영이가 얼마 동안 고생을 하게 될지 나는 알
수 없었다. 영이의 흰 원피스는 그날로 더러워졌다. 영희는 하룻
밤 두 낮의 단식과 구호, 그리고 근로자의 노래만 부르면 되었다.
<small>근로자의 권리를 찾기 위한 투쟁이 있었음</small>
나는 혼자 돌아왔다. 나는 그날 밤 아버지가 그린 세상을 다시 생
각했다. 아버지가 그린 세상에서는 지나친 부의 축적을 사랑의
<small>『 』: 앞서 나온 내용이 반복됨</small>
상실로 공인하고, 사랑을 갖지 않은 사람 집에 내리는 햇빛을 가
려 버리고, 전깃줄도 잘라 버리고, 수도선도 끊어 버린다. 그 세
상 사람들은 사랑으로 일하고, 사랑으로 자식을 키운다. 비도 사
랑으로 내리게 하고, 사랑으로 평형을 이루고, 사랑으로 바람을
불러 작은 미나리아재비 꽃줄기에까지 머물게 한다. 아버지는 사
랑을 갖지 않은 사람을 벌하기 위해 법을 제정해야 한다고 믿었
다. 나는 그것이 못마땅했었다. 그러나 그날 밤 ㉡ 나는 나의 생
각을 수정하기로 했다. 아버지가 옳았다.
<small>사랑을 갖지 않은 사람을 벌하기 위한 법이 필요하다고 생각하게 됨</small>
　　모두 잘못을 저지르고 있었다. 예외란 있을 수 없었다. 은강에
<small>사람들에게 공평하지 않은 신도 잘못을 저지르고 있음</small>
서는 신도 예외가 아니었다.

- 조세희, 〈잘못은 신에게도 있다〉 -

01

답 | ②

윗글에 대한 이해로 적절하지 않은 것은?

정답 선지 분석

② 아버지는 자신이 난장이임을 나에게 자주 말하며 현실이 준 상처를 드러내
　곤 했다.
<small>'아버지가 당신의 입으로 난장이라고 한 말을 나는 그래서 꼭 한 번 들었다.'를 통해 아버지
가 자신의 입으로 스스로를 난장이라 칭한 적이 한 번밖에 없음을 알 수 있다.</small>

오답 선지 분석

① 아버지는 의무만을 강요하는 시대에 불만을 품은 채 말년을 보냈다.
<small>아버지는 말년에 권리를 인정하지 않고 의무만 강요하는 시대에 양심을 품고 있었다.</small>

③ 어머니는 영이에게 가족에 대한 전통적 의무에 대해 말하고 싶어 했다.
<small>어머니는 영희에게 했던 것처럼 영이에게도 전통적 의무가 어떤 것인지에 대해 이야기하고
싶어 했다.</small>

④ 나는 아버지를 놀린 아이와 관련된 일로 사흘 동안 밖에 나가 놀지 못했다.

'나'는 아버지를 난장이라고 놀린 아이와 관련된 일로 인해 아버지가 나를 밖에 나가지 못하도록 해 사흘 동안 밖에 나가 놀 수 없었다.

⑤ 영희는 나에게는 잘못이 없고 아버지를 놀린 아이에게 잘못이 있다고 생각했다.

영희는 '나'에게는 잘못이 없고 아버지를 난장이라고 놀린 아이에게 잘못이 있다고 말했다.

02
답 | ④

ⓐ~ⓔ에 대한 이해로 적절하지 않은 것은?

정답 선지 분석

④ ⓓ는 근로자와 사용자의 잘못을 비교하여 잘못의 원인이 근로자에게 있음을 드러내고 있다.

ⓓ는 근로자가 어쩌다 하나의 잘못을 하지만, 사용자는 매일 열 조항의 법을 어기고 있다는 것으로, 이는 법을 어긴 횟수를 비교하여 근로자가 아니라 사용자에게 더 큰 잘못이 있음을 드러내는 것이다.

오답 선지 분석

① ⓐ는 아버지가 난장이로 태어나 고통을 겪었음을 드러내고 있다.

ⓐ는 아버지가 태어날 때부터 난장이였고, 이로 인해 고통을 겪었음을 드러낸다.

② ⓑ는 아버지가 성실히 살았음에도 인간다운 생활을 할 수 없었던 난장이 가족의 삶을 보여 주고 있다.

ⓑ는 아버지가 열심히 일했음에도 가족은 인간다운 생활을 할 권리를 잃었음을 보여 준다.

③ ⓒ는 아버지가 꿈꾸는 세상에서 지나치게 부를 축적해 벌을 받게 될 사람들이 사는 집의 모습을 보여 주고 있다.

아버지가 꿈꾼 세상에서는 지나친 부를 축적한 사람들은 벌을 받게 되는데 ⓒ는 그러한 집들의 모습을 보여 준다.

⑤ ⓔ는 은강의 기상 상태를 통해 인물이 느끼는 심리적 압박감을 드러내고 있다.

ⓔ는 전체가 저기압권에 들어간 '은강'이라는 무거운 분위기의 공간을 통해 인물이 느끼고 있는 압박감을 드러낸다.

03
답 | ①

㉠과 ㉡에 대한 이해로 가장 적절한 것은?

정답 선지 분석

① ㉠과 ㉡은 모두 사랑을 기반으로 한 세상을 바라고 있다.

아버지는 사랑을 기반으로 한 세상을 꿈꾸며 법률을 제정해, 사랑을 상실한 사람에게 벌을 주어 사람들이 사랑을 지키며 살아가기를 바란다. 반면, '나'(㉡)는 아버지가 꿈꾸는 세상을 이루기 위해 법률을 제정하는 대신 교육을 통해 사람들이 자유로운 이성으로 사랑을 갖고 살아가기를 바란다. 그러나 이후 '나'(㉡)는 이전의 생각을 수정해 아버지의 생각을 따르기로 한다. 따라서, ㉠과 ㉡이 바라는 세상의 공통점은 사랑을 기반으로 한다는 점을 알 수 있다.

오답 선지 분석

② ㉠과 ㉡은 모두 교육을 통해 자신이 꿈꾼 세상을 이루려 한다.

교육을 통해 자신이 꿈꾼 세상을 이루려 하는 것은 ㉠이다.

③ ㉠과 ㉡은 모두 법률을 제정하여 사람들이 사랑을 지키도록 하려 한다.

법률을 제정하여 사람들이 사랑을 지키도록 하려 하는 것은 ㉡이다.

④ ㉠은 ㉡과 달리 자신의 생각을 바꾸고 아버지의 생각을 따르려 한다.

㉡은 ㉠과 달리 자신의 생각을 바꾸고 아버지의 생각을 따르려 한다.

⑤ ㉡은 ㉠과 달리 사람들의 자유로운 이성에 대한 믿음을 지니고 있다.

㉠은 ㉡과 달리 사람들의 자유로운 이성에 대한 믿음을 지니고 있다.

04
답 | ③

<보기>를 바탕으로 윗글을 감상한 내용으로 적절하지 않은 것은?

보기

이 작품에서는 시간적으로 거리가 먼 사건들이 하나의 단락 안에서 명확히 구분되지 않고 시제가 구별되지 않은 채 서술된다. 또한 서로 다른 공간에서 벌어지는 사건들이 유사한 장면으로 연결되기도 한다. 이러한 서술 방식들은 작품에 대한 독자의 이해를 지연시켜 독자로 하여금 사건의 이면에 숨겨진 의미를 파악하도록 노력하게 한다. 한편 이 작품은 주제 의식을 효과적으로 전달하기 위해 단어나 구절 등을 반복하거나 다른 갈래의 형식을 삽입하기도 하고, 비현실적 세계와 현실적 세계를 연결하기도 한다.

정답 선지 분석

③ '달에 가서 천문대 일을 보겠다'는 비현실적인 꿈을 '누구나 고귀한 사랑을 갖도록 한다'는 실현 가능한 꿈과 관련지은 것은, 현실에서 실현된 이상 세계를 보여 주어 주제 의식을 드러낸 것으로 볼 수 있겠군.

'달에 가서 천문대 일을 보겠다'는 꿈을 이루지 못하고 아버지는 돌아가셨고, 교육을 통해 '누구나 고귀한 사랑을 갖도록 한다'는 '나'의 꿈은 희망 사항에 불과하므로 이상 세계가 현실에서 실현된 것으로 볼 수 없다.

오답 선지 분석

① '아버지가 꿈꾼 세상'의 모습이 '아버지가 그린 세상'의 모습에서 반복되어 서술되는데, 이는 인물이 바라는 이상적인 사회의 모습을 강조하는 것으로 볼 수 있겠군.

'아버지가 꿈꾼 세상'의 모습과 '아버지가 그린 세상'의 모습에서는 '지나친 부의 축적을 사랑의 상실로 공인하고', '사랑으로 평형을 이루고, 사랑으로 바람을 불러 작은 미나리아재비 꽃줄기에까지 머물게 한다'의 표현이 반복되고 있는데 이는 인물이 꿈꾸는 이상적 사회의 모습을 강조하기 위한 것으로 볼 수 있다.

② 근로자와 사용자의 대화 장면과 우리 가족의 대화 장면은 극의 형식으로 서술되고 있는데, 이는 다른 갈래의 형식을 삽입하여 작품의 주제 의식을 전달하는 것으로 볼 수 있겠군.

소설의 형식으로 서술되고, 근로자와 사용자의 대화 장면과 우리 가족의 대화 장면이 극의 형식으로 서술되었다가, 다시 소설의 형식으로 서술되는 것은 다른 갈래의 형식을 삽입하여 작품의 주제 의식을 전달하는 것으로 볼 수 있다.

④ '얘들을 내보내면 안 돼요.'라는 사용자의 말과 '영수를 당분간 내보내지 말아요.'라는 아버지의 말을 연결한 것은, 서로 다른 공간에서 벌어지는 두 사건이 유사한 장면으로 연결되는 것으로 볼 수 있겠군.

사용자가 권리를 요구하는 노동자들을 가리켜 '얘들을 내보내면 안 돼요.'라고 말하는 것과 아버지가 아버지를 난장이라고 놀린 아이와 갈등을 빚은 영수를 가리켜 '영수를 당분간 내보내지 말아요.'라고 말하는 것을 연결한 것은, 서로 다른 공간에서 벌어지는 두 사건이 유사한 장면으로 연결되는 것으로 볼 수 있다.

⑤ 어머니가 '펌프가에 앉아 보리쌀을 씻다 말고 부엌으로 들어'가는 장면은 시간적으로 거리가 먼 두 사건 사이에 명확한 시간 구분 없이 삽입되어 해당 부분에 대한 독자의 이해를 지연시킬 수 있다고 볼 수 있겠군.

어머니가 보리쌀을 씻다 부엌으로 들어가는 장면은 '나'가 어릴 적 방죽에서 낚시질을 한 후 집에 돌아온 날의 사건과, '나'가 어른이 된 후 밤 늦게 집에 돌아온 날의 사건 사이에 명확한 시간 구분 없이 삽입되어 있다. 따라서 해당 장면은 독자들의 이해를 지연시킬 수 있다.

DAY 1 화법

빠른 정답 체크

01 ⑤   02 ④   03 ⑤

❶ 안녕하세요. 저는 식물학자 ○○○입니다. 오늘 우리 식
〔강연자 소개〕
물원을 방문해 주셔서 감사합니다. 화면을 먼저 보실까요?
〔시각 자료 활용〕
(*Hibiscus syriacus* L.[히비스커스 시리아커스 엘]'이라 적힌 자
〔라틴어 학명에 우리말 발음을 덧붙여 이해를 도움〕
료를 보여 주며) 이 식물은 무엇일까요? (청중의 반응을 확인한
〔질문을 통한 청중의 관심 유도 ①〕
후) 대답하기 쉽지 않죠? 정답은 여러분이 잘 알고 있는 무궁화
〔청중에게 친숙한 소재를 활용〕
입니다. 그런데 어떻게 무궁화가 이 이름으로 불리게 된 것일까
〔질문을 통한 청중의 관심 유도 ②〕
요? 오늘은 그 해답을 찾는 과정을 통해, 식물에 학명(學名)을 붙
이는 방법을 알아볼까 합니다.   〔강연의 주제〕

❷ 여러분, 만약 특정 식물을 지칭하는 표준 이름이 없다면 어떻
〔질문을 통한 청중의 관심 유도 ③〕
게 될까요? 학술적으로 식물 분류 체계가 엉망이 될 수밖에 없습
〔특정 식물을 지칭하는 표준 이름이 정해진 이유〕
니다. 그래서 국제식물학회에서는 식물명명규약을 만들어, 세계
적으로 공인된 단 하나의 이름인 학명을 쓰기로 약속했습니다.
여러분이 지금 보고 있는 '*Hibiscus syriacus* L.'은 바로 무궁화
의 학명인 것이죠.

❸ 학명은 흔히 '이명법(二名法)'으로 짓는데, 이는 두 이름을 나
〔이명법의 개념〕
열하는 방법입니다. 여기서 두 이름은 '속명'과 '종소명'인데,
'*Hibiscus*'는 속명에, '*syriacus*'는 종소명에 해당합니다. 속명과
종소명에는 특정 의미가 담겨 있는 경우가 많은데, 일반적으로
속명에는 식물의 생태적·형태적 특성 등이, 종소명에는 식물의
〔속명에 반영된 식물의 특징〕   〔종소명에 반영된 식물의 특징〕
자생지나 처음 발견된 곳 등이 반영되어 있습니다. 「'*Hibiscus*'는
「 」: 무궁화의 학명에 담긴 의미
'아욱과 식물'을 뜻하는데, '이집트의 여신 히비스를 닮은 꽃'이라
는 의미가 담겨 있습니다. 그리고 '*syriacus*'는 '시리아'라는 나라
이름을 뜻하죠. 그러니까 무궁화의 학명은, '이집트의 여신 히비
스를 닮은, 시리아에서 발견한 꽃' 정도로 풀이할 수 있습니다.」
〔무궁화 학명의 풀이〕

❹ 「한편 속명과 종소명은 라틴어로 기울여 쓰는 것이 원칙인데,
「 」: 학명의 작성 원칙
속명의 첫 글자는 대문자로, 종소명의 첫 글자는 소문자로 써야
합니다. 그리고 학명의 끝에 있는 'L.'은 명명자로, 해당 식물에
이름을 부여한 사람에게서 따옵니다. 예를 들어, 무궁화의 학명
에서 'L.'은 린네(Linné)라는 식물학자의 이름을 약자로 표기한
것이죠. 이때 명명자는 생략할 수도 있습니다. 다만 표기를 한다
면, 기울여 쓰지 않는 것이 원칙입니다.」

❺ 지금까지 무궁화를 예로 들어 식물에 학명을 붙이는 방법을
살펴보았는데요. 「오늘 이곳에서 학명이 궁금한 식물이 있다면,
「 」: 청중에게 바라는 바를 언급하며 강연을 마무리함
인터넷 검색으로 그 의미를 찾아보면서 관람하면 좋겠습니다.」 아

마 식물을 감상하는 재미가 더해질 겁니다. 이상 강연을 마치겠
습니다.

01
답 | ⑤

위 강연자의 말하기 방식으로 가장 적절한 것은?

〔정답 선지 분석〕

⑤ 청중에게 바라는 바를 언급하며 강연을 마무리하고 있다.
　'오늘 이곳에서~관람하면 좋겠습니다.'를 보면, 청중에게 바라는 바를 언급하며 강연을 마무
　리하고 있다.

〔오답 선지 분석〕

① 강연을 하게 된 소감을 밝히며 강연을 시작하고 있다.
　강연을 하게 된 소감을 밝히는 부분은 없다.

② 전문가의 견해를 인용하여 강연 내용을 설명하고 있다.
　'국제식물학회'라는 단체는 언급되어 있지만, 전문가의 견해를 인용하는 부분은 없다.

③ 청중의 요청에 따라 강연 내용의 수준을 조정하고 있다.
　강연에 대해 청중이 요청하는 바는 없다.

④ 청중의 질문에 답을 하며 청중의 궁금증을 해소하고 있다.
　강연자가 청중에게 질문은 하지만, 청중이 강연자에게 질문하지는 않는다.

02
답 | ④

다음은 강연을 준비하기 위한 청중 분석과 강연 계획이다. 강연 내용에 반영되지 않은 것은?

〔정답 선지 분석〕

	청중 분석		강연 계획
④	학명과 명명자 사이의 관계를 모를 것임.	➡	학명에 명명자 이름을 표기하는 기준을 언급해야지.

학명의 끝에는 명명자의 이름을 붙이는데, 이는 생략할 수도 있다. 하지만 학명에 명명자 이
름을 표기하는 기준은 언급되어 있지 않다.

〔오답 선지 분석〕

	청중 분석		강연 계획
①	식물에 관심이 적을 것임.	➡	청중에게 익숙한 소재를 예로 들어야지.

청중에게 익숙한 소재인 무궁화를 예로 제시하고 있다.

	청중 분석		강연 계획
②	강연의 목적을 궁금해 할 것임.	➡	식물에 학명을 붙이는 방법을 알려 주는 것이 강연의 목적임을 밝혀야지.

식물에 학명(學名)을 붙이는 방법을 알아본다며, 강연의 목적을 밝히고 있다.

	청중 분석		강연 계획
③	이명법에 대한 배경지식이 부족할 것임.	➡	이명법의 개념을 제시하고 그와 관련된 정보를 제공해야지.

이명법의 개념과 그와 관련된 정보(속명, 종소명 등)를 제공하고 있다.

	청중 분석		강연 계획
⑤	라틴어 발음에 익숙하지 않을 것임.	➡	라틴어로 표기된 학명에 우리말 발음을 덧붙여 시각 자료로 제시해야지.

무궁화 학명의 라틴어 발음을 우리말(히비스커스 시리아커스 엘)로 표기하여 시각 자료로 제
시하고 있다.

03

답 | ⑤

다음은 학생이 강연을 들으면서 작성한 메모이다. 이를 바탕으로 학생의 듣기 과정을 이해한 내용으로 적절하지 않은 것은?

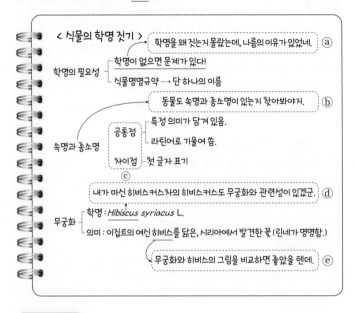

정답 선지 분석

⑤ ⓔ: 강연 자료의 준비 부족을 언급한 것으로 보아, 강연 내용의 신뢰성 여부를 따지며 들었겠군.

ⓔ에서 '무궁화와 히비스'의 그림을 제시하지 않은 아쉬움을 느끼고 있음을 알 수 있다. 따라서 강연 자료의 준비 부족을 언급하였다고 볼 수는 있다. 하지만 강연 내용의 신뢰성 여부를 따지는 것은 아니므로 적절하지 않다.

오답 선지 분석

① ⓐ: 학명의 필요성을 인지한 것으로 보아, 강연 내용을 바탕으로 새로운 지식을 수용하며 들었겠군.

학명을 짓는 이유를 모르고 있다가 알게 되었으므로, 새로운 지식을 수용하며 들었다고 볼 수 있다.

② ⓑ: 강연 이후 조사할 내용을 작성한 것으로 보아, 강연 내용과 관련하여 더 알고 싶은 점을 떠올리며 들었겠군.

동물의 속명과 종소명을 찾아본다고 하였으므로, 강연 내용과 관련하여 더 알고 싶은 점을 떠올리며 들었다고 볼 수 있다.

③ ⓒ: 강연 내용의 일부를 공통점과 차이점으로 나누어 정리한 것으로 보아, 세부 정보들의 관계를 확인하며 들었겠군.

속명과 종소명에 대한 설명을 공통점과 차이점으로 나누어 정리하였으므로, 세부 정보들의 관계를 확인하며 들었다고 볼 수 있다.

④ ⓓ: 히비스커스차와 무궁화의 연관성을 추측한 것으로 보아, 강연 내용을 자기 경험과 관련지으며 들었겠군.

자신이 마신 경험이 있는 차에서 히비스커스를 떠올려 무궁화와 관련성이 있을 것이라 여기므로, 강연 내용을 자기 경험과 관련지어 들었다고 볼 수 있다.

'ㅎ'을 포함하고 있는 음운 변동의 양상은 음운 환경에 따라 상이하다. 거센소리되기는 예사소리 'ㄱ, ㄷ, ㅂ, ㅈ'과 'ㅎ'이 만나서 각각 거센소리 'ㅋ, ㅌ, ㅍ, ㅊ'으로 바뀌는 현상으로, 음운 변동의 유형 중 두 개의 음운이 합쳐져 하나의 음운으로 바뀌는 축약에 해당한다. 거센소리되기는 'ㅎ'과 예사소리의 배열 순서에 따라 두 가지로 구분할 수 있다.

첫째, 'ㅎ'이 예사소리보다 앞에 놓인 거센소리되기이다. 표준발음법 제12항에서는 "'ㅎ(ㄶ, ㅀ)' 뒤에 'ㄱ, ㄷ, ㅈ'이 결합되는 경우에는, 'ㅎ'과 뒤 음절 첫소리가 합쳐져 'ㅋ, ㅌ, ㅊ'으로 발음한다고 규정하고 있다. 실제의 예를 보면 '놓고[노코]', '않던[안턴]', '닳지[달치]' 등과 같이 주로 용언 어간 뒤에 어미가 결합할 때 일어난다. 둘째, 'ㅎ'이 예사소리보다 뒤에 놓인 거센소리되기이다. 'ㅎ'이 예사소리보다 앞에 놓인 경우에는 항상 거센소리되기가 우선적으로 적용되는 것과 달리, 'ㅎ'이 예사소리보다 뒤에 놓일 때는 교체나 탈락과 같은 다른 음운 변동보다 거센소리되기가 먼저 적용되기도 하고 나중에 적용되기도 한다. '꽂히다[꼬치다]', '밟히다[발피다]'처럼 어근에 'ㅎ'으로 시작하는 접미사가 결합하는 경우에는 ㉠ 예사소리와 'ㅎ'이 곧바로 합쳐져 거센소리로 바뀐다. 이에 대하여 표준 발음법 제12항에서는 '받침 'ㄱ(ㄺ), ㄷ, ㅂ(ㄼ), ㅈ(ㄵ)'이 뒤 음절 첫소리 'ㅎ'과 결합되는 경우에는 두 음을 합쳐서 각각 'ㅋ, ㅌ, ㅍ, ㅊ'으로 발음한다고 규정하고 있다. 그러나 '빚하고[비타고]'처럼 체언에 조사가 결합하거나, '닭 한 마리[다칸마리]'처럼 둘 이상의 단어를 이어서 한 마디로 발음하는 경우에는 ㉡ 다른 음운 변동이 먼저 일어난 후에 거센소리되기가 적용된다. '빚하고[비타고]'는 받침 'ㅈ'이 'ㄷ'으로 교체되고 'ㄷ'과 'ㅎ'이 합쳐져 거센소리로 바뀐 것이고, '닭 한 마리[다칸마리]'는 겹받침 'ㄺ'에서 'ㄹ'이 탈락하고 'ㄱ'과 'ㅎ'이 합쳐져 거센소리로 바뀐 것이라고 할 수 있다.

'ㅎ'을 포함하고 있는 말이라도 모두 거센소리되기가 적용되는 것은 아니다. '낳은[나은]', '않아[아나]', '쌓이다[싸이다]' 등과 같이 용언 어간 말의 'ㅎ' 뒤에 모음으로 시작하는 어미나 접미사가 결합하는 경우에는 'ㅎ'이 탈락한다. 원래 이런 환경에서는 어간 말의 자음이 뒤 음절의 첫소리로 연음되어야 하지만 'ㅎ'은 연음되지 않고 탈락하는 것이다. 이러한 'ㅎ' 탈락은 예외 없이 일어난다.

01

답 | ①

윗글을 읽고 이해한 내용으로 적절하지 <u>않은</u> 것은?

정답 선지 분석

① '쌓던[싸턴]'은 교체가 축약보다 먼저 일어난 것이다.

'쌓던'은 거센소리되기가 우선적으로 적용되어 [싸턴]으로 발음되며, 거센소리되기는 음운 변동의 유형 중 축약에 해당한다.

오답 선지 분석

② '잃고[일코]'는 어간 말 'ㅎ'이 어미의 첫소리 'ㄱ'과 합쳐져 발음된 것이다.

'잃고'는 어간 말 'ㅎ'과 어미의 첫소리 'ㄱ'이 결합하여 'ㅋ'으로 바뀌는 거센소리되기가 일어나 [일코]로 발음된다.

③ '끓이다[끄리다]'는 'ㅎ'이 탈락하고 'ㄹ'이 뒤 음절 첫소리로 옮겨져 발음된 것이다.

'끓이다'는 어근 '끓-' 뒤에 접미사 '-이-'가 결합한 경우이므로, 'ㅎ'이 탈락하고 'ㄹ'이 뒤 음절의 첫소리로 연음되어 [끄리다]로 발음된다.

④ '칡하고[치카고]'와 '하찮은[하차는]'에서 공통적으로 일어난 음운 변동은 탈락이다.

'칡하고[치카고]'는 겹받침 'ㄹㄱ'에서 'ㄹ'이 탈락하고 'ㄱ'과 'ㅎ'이 만나 'ㅋ'으로 바뀌는 축약이 일어난다. '하찮은[하차는]'은 'ㅎ' 탈락이 일어난다. 따라서 공통적으로 일어난 음운 변동은 탈락이다.

⑤ '먹히다[머키다]'와 '끓고서[끈코서]'는 모두 음운 변동이 한 번씩만 일어난 것이다.

'먹히다[머키다]'는 'ㄱ'과 'ㅎ'이 만나 'ㅋ'으로 바뀌는 축약이 일어나고, '끓고서[끈코서]'는 'ㅎ'과 'ㄱ'이 만나 'ㅋ'으로 바뀌는 축약이 일어난다. 따라서 각각 음운 변동이 한 번씩만 일어난 것이다.

02

답 | ①

윗글의 ㉠, ㉡을 중심으로 <보기>의 ⓐ~ⓔ를 이해한 내용으로 적절하지 <u>않은</u> 것은?

보기

· ⓐ 낮 한때[나탄때] 내린 비로 이슬이 잔뜩 ⓑ 맺힌[매친] 풀밭을 가로질러 ⓒ 닭한테[다칸테] 모이를 주고 왔다.

· ⓓ 곶하고[고타고] 바다로 이어진 산책로를 ⓔ 넓히는[널피는] 작업이 진행 중이다.

정답 선지 분석

① ⓐ: '낮'과 '한때'를 이어서 한 마디로 발음한 경우이므로, ㉠에 해당하겠군.

ⓐ는 받침 'ㅈ'이 'ㄷ'으로 교체되고 'ㄷ'과 'ㅎ'이 만나 거센소리 'ㅌ'으로 바뀐 것이므로 ㉡에 따른 것이라고 할 수 있다.

오답 선지 분석

② ⓑ: 어근 '맺-' 뒤에 접미사 '-히-'가 결합한 경우이므로, ㉠에 해당하겠군.

ⓑ는 'ㅈ'과 'ㅎ'이 곧바로 합쳐져 'ㅊ'으로 바뀐 것이므로 ㉠에 따른 것이라고 할 수 있다.

③ ⓒ: 체언 '닭'에 조사 '한테'가 결합한 경우이므로, ㉡에 해당하겠군.

ⓒ는 겹받침 'ㄹㄱ'에서 'ㄹ'이 탈락하고 'ㄱ'과 'ㅎ'이 만나 거센소리 'ㅋ'으로 바뀐 것이므로 ㉡에 따른 것이라고 할 수 있다.

④ ⓓ: 체언 '곶'에 조사 '하고'가 결합한 경우이므로, ㉡에 해당하겠군.

ⓓ는 받침 'ㅈ'이 'ㄷ'으로 교체되고 'ㄷ'과 'ㅎ'이 만나 'ㅌ'으로 바뀐 것이므로 ㉡에 따른 것이라고 할 수 있다.

⑤ ⓔ: 어근 '넓-' 뒤에 접미사 '-히-'가 결합한 경우이므로, ㉠에 해당하겠군.

ⓔ는 겹받침 'ㄹㅂ'의 'ㅂ'이 접미사 '-히-'의 'ㅎ'과 곧바로 합쳐져 'ㅍ'으로 바뀐 것이므로 ㉠에 따른 것이라고 할 수 있다.

03

답 | ④

<보기>에서 ㄱ~ㄹ에 대한 설명으로 적절하지 <u>않은</u> 것은?

보기

안은문장은 한 절이 다른 절을 문장 성분의 일부로 안고 있는 문장으로, 이때 안겨 있는 절을 안긴문장이라고 한다. 안긴문장의 종류에는 명사절, 관형사절, 부사절, 서술절, 인용절이 있다. 안긴문장은 문장의 필수 성분을 일부 갖추지 않기도 하는데, 안긴문장이 만들어지는 과정에서 안긴문장과 안은문장에 공통되는 요소는 생략되기 때문이다.

ㄱ. 여행을 가기 전에 나는 짐을 챙겼다.
ㄴ. 우리는 그녀가 착함을 아주 살 안다.
ㄷ. 학생들은 수업이 끝나기를 기다렸다.
ㄹ. 조종사가 된 소년이 고향을 방문했다.

정답 선지 분석

④ ㄷ과 ㄹ의 안긴문장에는 필수 성분이 생략되어 있다.

ㄷ의 안긴문장인 '수업이 끝나기'에는 생략된 필수 성분이 없다. ㄹ의 안긴문장인 '조종사가 된'에는 안은문장과 공통되는 요소인 주어 '소년이'가 생략되어 있다고 볼 수 있다. '조종사가'는 보어이다.

오답 선지 분석

① ㄱ의 안긴문장에는 주어가 생략되어 있다.

ㄱ의 안긴문장인 '여행을 가기'에는 주어 '내가'가 생략되어 있다.

② ㄴ의 안긴문장의 주어는 안은문장의 주어와 다르다.

ㄴ의 안긴문장은 '그녀가 착함'이다. 안긴문장의 주어는 '그녀가', 안은문장의 주어는 '우리는'이다.

③ ㄴ과 ㄷ의 안긴문장은 조사와 결합하여 목적어로 쓰이고 있다.

ㄴ과 ㄷ의 안긴문장은 각각 목적격 조사 '을', '를'과 결합하여 안은문장의 목적어로 쓰인다.

⑤ ㄱ과 ㄹ의 안긴문장은 종류는 다르지만 안은문장에서의 문장 성분은 같다.

ㄱ의 안긴문장은 명사절, ㄹ의 안긴문장은 관형사절로 서로 종류가 다르지만, 안은문장에서 각각 체언을 수식하는 관형어로 쓰인다.

04

답 | ③

<보기>의 ㉠에 해당하는 예로 적절한 것은?

보기

셋 이상의 형태소로 이루어진 단어의 구조를 파악하기 위해서는 먼저 그 단어를 직접 이루고 있는 두 요소를 파악해야 한다. 예컨대 '볶음밥'은 의미상 '볶음'과 '밥'으로 먼저 나뉜다. '볶음'은 다시 '볶-'과 '-음'으로 나뉜다. 따라서 '볶음밥'은 ㉠'(어근+접미사)+어근'의 구조로 된 합성어이다.

정답 선지 분석

③ 놀이터

'놀이터'는 어근 '놀이'와 어근 '터'로 먼저 나뉘므로 합성어이다. '놀이'는 다시 어근 '놀-'과 접미사 '-이'로 나뉜다. 따라서 '놀이터'는 ㉠에 해당하는 예로 적절하다.

오답 선지 분석

① 집안일

'집안일'은 '집안'과 '일'로 나뉘며, '집안'이 다시 '집'과 '안'으로 나뉘므로 '(어근+어근)+어근'의 구조로 된 합성어이다.

② 내리막

'내리막'은 '내리-'와 '-막'으로 나뉘므로 '어근+접미사'의 구조로 된 파생어이다.

④ 코웃음

'코웃음'은 '코'와 '웃음'으로 나뉘며, '웃음'이 다시 '웃-'과 '-음'으로 나뉘므로 '어근+(어근+접미사)'의 구조로 된 합성어이다.

⑤ 울음보

'울음보'는 '울음'과 '-보'로 나뉘며, '울음'이 다시 '울-'과 '-음'으로 나뉘므로 '(어근+접미사)+접미사'의 구조로 된 파생어이다.

05
답 | ②

<보기 1>을 참고하여 <보기 2>의 ㉠~㉤을 이해한 내용으로 적절하지 <u>않은</u> 것은?

보기 1

높임 표현은 높임 대상에 따라 주어의 지시 대상을 높이는 주체 높임, 목적어나 부사어의 지시 대상을 높이는 객체 높임, 청자를 높이거나 낮추는 상대 높임으로 나뉜다. 높임 표현은 크게 문법적 수단과 어휘적 수단에 의해 실현된다. 문법적 수단은 조사나 어미를, 어휘적 수단은 특수 어휘를 사용하는 것이다.

보기 2

[대화 상황]

손님: ㉠ 어머니께 선물로 드릴 신발을 찾는데, ㉡ 편하게 신으실 수 있는 제품이 있을까요?

점원: ㉢ 부모님을 모시고 오시는 손님들께서 이 제품을 많이 사 가셔요. ㉣ 할인 중이라 가격도 저렴합니다.

손님: 좋네요. ㉤ 저도 어머니를 뵙고, 함께 와야겠어요.

정답 선지 분석

② ㉡: 선어말 어미 '-으시-'와 조사 '요'는 같은 대상을 높이기 위해 쓰이고 있다.

㉡에서 '-으시-'는 생략된 주어의 지시 대상인 '어머니'를, '요'는 상대인 '점원'을 높이기 위해 쓰였다.

오답 선지 분석

① ㉠: 문법적 수단과 어휘적 수단을 통해 부사어가 지시하는 대상을 높이고 있다.

㉠에서는 문법적 수단인 조사 '께'와 어휘적 수단인 동사 '드리다'를 통해 부사어의 지시 대상인 '어머니'를 높이고 있다.

③ ㉢: 동사 '모시다'와 조사 '께서'는 서로 다른 대상을 높이기 위해 쓰이고 있다.

㉢에서 '모시다'는 목적어의 지시 대상인 '부모님'을, '께서'는 주어의 지시 대상인 '손님들'을 높이기 위해 쓰였다.

④ ㉣: 문법적 수단을 통해 대화의 상대방을 높이고 있다.

㉣에서는 문법적 수단인 종결어미 '-ㅂ니다'를 통해 대화의 상대방인 '손님'을 높이고 있다.

⑤ ㉤: 어휘적 수단을 통해 목적어가 지시하는 대상을 높이고 있다.

㉤에서는 어휘적 수단인 '뵙다'를 통해 목적어의 지시 대상인 '어머니'를 높이고 있다.

DAY 3   청각의 원리

빠른 정답 체크

01 ①　　**02** ⑤　　**03** ④　　**04** ③　　**05** ③

❶ 전자 녹음 장치에 녹음된 자신의 목소리를 스피커를 통해 들
〔소리의 원리와 관련 있는 현상을 제시함〕
으면 어색하게 느껴진다. 그 이유를 이해하기 위해서는 소리가 무엇이며 어떤 과정을 통해 들리게 되는지 살펴볼 필요가 있다.

❷ 소리는 물체의 진동에 의해 발생하고 매질의 진동으로 전달되
〔소리의 개념〕
는 파동이다. 소리가 들린다는 것은 매질의 진동이 내이에 도달
〔「 」: 소리를 듣는 과정〕
하여 달팽이관 속 림프액을 진동시켜 섬모가 흔들리고, 이로 인해 발생한 전기 신호가 청각 신경을 따라 뇌에 전달됨을 의미한다. 이때 소리가 내이에 도달하는 방식으로는 외이와 중이를 거
〔소리가 내이에 도달하는 방식 ①〕
치는 공기 전도와 이를 거치지 않는 골전도가 있다.
〔소리가 내이에 도달하는 방식 ②〕

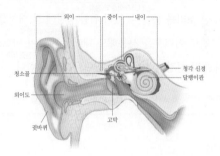

❸ 공기 전도는 공기를 매질로 소리가 내이에 전달되는 것을 의
〔공기 전도의 개념〕
미한다. 물체의 진동이 주변 공기를 진동시키면 귓바퀴가 이 진
〔「 」: 공기 전도의 과정〕
동을 모아 귓속으로 보내고, 그 결과 진동은 외이도를 지나게 된다. 귓바퀴와 외이도 등 진동이 지나가는 각 지점에서는 소리의 공명이 발생한다. 공명이란 공명 주파수*에서 진폭이 커지는
〔공명의 개념〕
현상을 말하는데 외이도의 경우 공명 주파수는 성인 기준으로
〔외이도에서의 공명 주파수〕
2,500~2,700Hz이다. 공명 주파수는 외이도의 길이에 반비례하
〔공명 주파수의 특징〕
기 때문에, 외이도의 길이가 성인보다 짧은 유아는 공명 주파수
〔공명 주파수는 외이도의 길이에 반비례함〕
가 더 높다. 이러한 공명에 의해 증폭된 진동은 고막을 진동시키고 고막의 진동은 청소골에서 더욱 증폭되어 내이에 전달된다.

❹ 이에 반해 골전도는 귀 주변 뼈를 매질로 소리가 내이에 바로
〔골전도의 개념〕
전달되는 것이다. 대화할 때 들리는 자신의 목소리에는 성대에서 발생한 진동이 공기 전도를 통해 전달된 소리와 골전도를 통해 전달된 소리가 함께 있다. 자신의 목소리 중에서 20~1,000Hz의
〔「 」: 공기 전도를 통해 전달된 소리와 골전도를 통해 전달된 소리의 차이가 있음〕
소리는 골전도로는 잘 전달이 되지만, 외이와 중이에서 공명이 잘 일어나지 않아 공기 전도로는 잘 전달되지 않는다. 녹음된 자
〔「 」: 녹음된 자신의 목소리가 어색하게 느껴지는 이유〕
신의 목소리를 스피커를 통해 들으면 골전도를 통해 듣던 소리는
〔20~1,000Hz의 소리〕
잘 들리지 않으므로 어색함을 느끼게 되는 것이다.

❺ 한편 외이와 중이에 이상이 있는 사람도 골전도를 통해서는
　　　　　공기 전도를 통해서는 소리를 듣기 어려운 사람　　골전도는 외이와 중이를 거치지 않음
소리를 들을 수 있는데, 이를 이용한 보청기도 사용되고 있다. 최
　　　　　　　　　　골전도를 이용한 기술 ①
근에는 이어폰에도 골전도의 원리가 이용되고 있다. 이어폰 내부
　　　　골전도를 이용한 기술 ②
에는 일반적으로 내부 자기장을 형성하는 자석과 보이스코일이
　　　　　　　　　　　　　　이어폰 내부의 구성
있다. 「보이스코일에 교류 전류를 가하면 내부 자기장에 의해 보
　　「」: 골전도 이어폰의 원리
이스코일에 인력과 척력이 교대로 작용하여 보이스코일에 진동
이 발생한다. 이때 전류의 방향이 바뀌는 주기를 짧게 할수록 주
　　　　　　전류의 방향이 바뀌는 주기를 통해 음의 높낮이를 조절함
파수가 높아져 높은 음의 소리가 난다. 또 전류를 세게 할수록 진
　　　　　　　　　　　　　　전류의 세기를 통해 음량을 조절함
폭이 커져 음량이 높아진다. ㉠ 일반적인 이어폰은 이러한 진동
을 공기를 통해 전달하는데, ㉡ 골전도 이어폰은 귀 주변 뼈에 진
　　　　　　　　　　　　　　　　　골전도 이어폰의 특징
동판을 밀착하여 진동을 내이로 직접 전달한다.」
❻ 골전도 이어폰은 일반적인 이어폰과 달리 귀를 막지 않고 사용
하기 때문에 다양한 장점이 있다. 우선 귀 내부가 습해지는 것을
　　　　　　　　　　　　　　　　골전도 이어폰의 장점 ①
방지할 수 있고 고막을 직접 자극하지 않는다. 또 야외 활동 시 착
　　　　　　　　　　골전도 이어폰의 장점 ②
용해도 주변 소리를 들을 수 있어 위험 상황에 잘 대처할 수 있다.
　　　　　　　　　　　　　　　골전도 이어폰의 장점 ③
그러나 골전도 이어폰을 사용해도 내이는 자극이 되므로 장시간
　　　　　　　　　　　　　　골전도 이어폰 사용 시 유의점
사용하면 청각 신경이 손상될 수 있어 주의해야 한다.

*공명 주파수: 공명 현상이 일어나거나 공명에 의해 강해지는 주파수.

01

답 | ①

윗글에 대한 설명으로 가장 적절한 것은?

정답 선지 분석

① 소리가 전달되는 두 가지 방식을 제시하고 이와 관련한 기술을 소개하고 있다.
　이 글은 소리가 전달되는 두 가지 방식인 공기 전도와 골전도를 설명하고, 이와 관련된 골전
　도 이어폰에 대해 소개하고 있다.

오답 선지 분석

② 이어폰 기술의 과학적 원리를 살펴보고 앞으로 전개될 발전 방향을 예측하
　고 있다.
　이어폰 기술의 발전 방향을 예측하고 있지는 않다.

③ 청각에 대한 두 가지 관점을 언급하고 이를 절충한 새로운 관점을 제시하고
　있다.
　청각에 대한 두 가지 관점도 없고, 이에 대한 절충도 없다.

④ 골전도 현상이 일어나는 과정을 제시하고 이에 대한 서로 다른 견해를 분석
　하고 있다.
　골전도 현상이 일어나는 과정에 대한 서로 다른 견해는 나타나지 않는다.

⑤ 청각에 이상이 생기는 사례를 소개하고 이를 예방하기 위한 구체적인 방안
　을 제시하고 있다.
　청각에 이상이 생기는 사례를 소개하지 않았으며, 예방을 위한 구체적인 방안도 제시하지 않
　았다.

02

답 | ⑤

윗글을 읽고 알 수 있는 내용으로 적절하지 않은 것은?

정답 선지 분석

⑤ 20~1,000Hz의 소리는 물체의 진동에 의해서는 발생할 수 없다.
　4문단에서 20~1,000Hz의 소리는 공기 전도로는 잘 전달되지 않는다고 하였다. 그렇지만
　이 소리가 물체의 진동에 의해 발생할 수 없는 것은 아니다.

오답 선지 분석

① 주파수가 낮아지면 낮은 음의 소리가 난다.
　5문단에서 주파수가 높아지면 높은 음의 소리가 난다고 하였으므로, 주파수가 낮아지면 낮
　은 음의 소리가 난다고 할 수 있다.

② 고막의 진동은 청소골을 통과할 때 증폭된다.
　3문단에서 고막의 진동이 청소골에서 증폭된다고 하였다.

③ 외이도의 길이가 짧을수록 공명 주파수는 높아진다.
　3문단에서 공명 주파수는 외이도의 길이에 반비례한다고 하였으므로 외이도의 길이가 짧을
　수록 공명 주파수는 높아진다고 할 수 있다.

④ 이어폰의 보이스코일에 흐르는 전류가 세지면 음량이 높아진다.
　5문단에서 전류를 세게 할수록 진폭이 커져 음량이 높아진다고 하였으므로, 보이스코일에
　흐르는 전류가 세지면 음량이 높아진다고 할 수 있다.

03

답 | ④

윗글의 내용을 고려할 때, 그 이유로 가장 적절한 것은?

정답 선지 분석

④ 녹음된 소리를 들을 때에는 골전도로 전달되는 주파수의 소리가 잘 들리지
　않으므로
　4문단에 따르면 대화할 때 듣는 자신의 목소리에는 공기 전도로 전달되는 소리와 골전도
　로 전달되는 소리가 함께 있다. 그렇지만 녹음된 소리를 들을 때에는 골전도로 전달되는
　20~1,000Hz의 소리는 잘 들리지 않기 때문에 어색하게 느끼는 것이다.

오답 선지 분석

① 평소에 골전도로 전달되는 소리를 들을 기회가 적었으므로
　평소에 말을 할 때 듣는 자신의 목소리에는 공기 전도로 전달된 소리와 골전도로 전달된 소
　리가 함께 있으므로 골전도로 전달되는 소리를 들을 기회가 적은 것은 아니다.

② 스피커에서 나온 녹음된 목소리는 내이를 거치지 않고 뇌에 전달되므로
　소리가 내이를 거치지 않고 뇌에 전달될 수 없으므로 '그 이유'로 적절하지 않다.

③ 전자 장치의 전기적 에너지로 인해 청각 신경이 받는 자극의 크기가 커졌으
　므로
　전자 장치의 전기적 에너지와 청각 신경이 받는 자극 크기는 '그 이유'와 상관이 없다.

⑤ 자신이 말할 때 듣는 목소리에는 녹음된 목소리와 달리 외이에서 공명이 일
　어나는 소리가 빠져 있으므로
　자신이 말할 때 듣는 목소리에는 공기 전도와 골전도로 전달되는 소리가 함께 있다. 그러므
　로 외이에서 공명이 일어나는 소리, 즉 공기 전도로 전달되는 소리가 빠져 있는 것은 아니다.

04

답 | ③

윗글을 바탕으로 <보기>에 대해 보인 반응으로 가장 적절한 것은?

> **보기**
>
> 난청이란 소리가 잘 들리지 않거나 전혀 들리지 않는 증상으로 외이도에서 뇌에 이르기까지 소리가 전달되는 과정 중 특정 부분에 문제가 생기면 발생한다. 그 중 전음성 난청은 외이와 중이에 문제가 있어 발생하는 증상으로, 이 경우 소리가 커지면 알아듣는 정도가 좋아질 수 있다.
> 이와 달리 감각 신경성 난청은 달팽이관까지 소리가 잘 전달되었음에도 소리가 잘 들리지 않는 것으로 달팽이관의 청각 세포나, 청각 자극을 뇌로 전달하는 청각 신경 또는 중추 신경계 이상 등으로 발생한다. 이 경우 소리가 커져도 그것을 알아듣는 정도가 좋아지지 않는다.

정답 선지 분석

③ 자신이 말하는 목소리가 전혀 들리지 않는 사람은 감각 신경성 난청 증상이 있다고 볼 수 있겠군.

자신의 목소리는 공기 전도와 골전도의 방식으로 내이에 도달하므로 외이와 중이에 이상이 있어도 청각 세포, 청각 신경, 중추 신경계 등에 이상이 없다면 골전도의 방식으로 전달된 소리는 들을 수 있다. 따라서 자신의 목소리가 전혀 들리지 않는다면 청각 세포, 청각 신경, 중추 신경계 등의 문제로 인한 감각 신경성 난청이 있음을 알 수 있다.

오답 선지 분석

① 골전도 이어폰은 장시간 사용해도 감각 신경성 난청을 유발하지는 않겠군.

6문단에서 골전도 이어폰을 사용해도 내이는 자극이 되기 때문에 장시간 사용하면 청각 신경이 손상될 수 있다고 하였다.

② 청각 신경의 이상으로 인한 난청이 있는 사람의 경우 이어폰의 음량을 높이면 잘 들을 수 있겠군.

<보기>에서 감각 신경성 난청은 소리가 커져도 알아듣는 정도가 좋아지지 않는다고 했으므로 이어폰의 음량을 높여도 알아들을 수 있는 정도가 좋아지는 것은 아니다.

④ 고막의 이상으로 난청이 있는 경우 골전도의 원리를 이용한 보청기는 사용해도 효과가 없겠군.

고막에 이상이 있어도 고막을 거치지 않는 골전도의 방식으로 소리가 전달될 수 있으므로 골전도의 원리를 이용한 보청기가 효과가 없다는 말은 적절하지 않다.

⑤ 전음성 난청이 있는 사람은 골전도 이어폰의 소리는 들을 수 없지만 일반적인 이어폰의 소리는 들을 수 있겠군.

전음성 난청은 외이, 중이에 문제가 있는 것이므로 공기 전도로 전달되는 소리는 듣기 어렵지만 골전도로 전달되는 소리는 들을 수 있다.

05

답 | ③

㉠, ㉡에 대한 설명으로 적절하지 않은 것은?

정답 선지 분석

③ ㉠은 ㉡과 달리 섬모의 흔들림을 유발하여 전기 신호를 발생시킨다.

2문단에서 공기 전도로 전달되는 소리와 골전도로 전달되는 소리 모두 섬모가 흔들려 발생한 전기 신호가 뇌에 전달된다고 하였다. 따라서 ㉠과 ㉡ 모두 섬모의 흔들림을 유발한다.

오답 선지 분석

① ㉠은 교류 전류를 진동으로 바꾸고 공기를 통해 그 진동을 내이에 전달한다.

5문단에서 이어폰의 보이스코일에 교류 전류를 가하면 진동이 발생하며, ㉠은 이 진동을 공기 전도의 방식으로 내이에 전달한다고 하였다.

② ㉡은 진동판을 통해 뼈에 진동을 발생시켜 소리를 내이로 전달한다.

5문단에서 ㉡은 귀 주변 뼈에 진동판을 밀착하여 진동을 내이로 전달한다고 하였다.

④ ㉡은 ㉠과 달리 야외 활동 시 사용해도 주변 소리를 들을 수 있어 위험 상황에 잘 대처할 수 있다.

6문단에서 ㉡은 귀를 막지 않고 사용하기 때문에 야외 활동 시 사용해도 주변 소리를 들을 수 있어 위험에 대처할 수 있다고 하였다.

⑤ ㉠과 ㉡은 모두 내부 자기장과 교류 전류로 인해 인력과 척력이 발생한다.

5문단에서 ㉠과 ㉡ 모두 내부 자기장과 교류 전류로 인해 인력과 척력이 작용한다고 하였다.

> **DAY 4** 독점기업의 이윤 추구 과정 / 공정거래법의 이해

> **빠른 정답 체크**
>
> 01 ④ 02 ⑤ 03 ② 04 ① 05 ④ 06 ①

가

❶ ㉠'완전경쟁시장'은 '많은 수의 수요자와 공급자 사이에 동질적인 상품이 거래되는 시장으로, 다른 기업의 시장 진입을 막는 진입장벽이 없어 누구나 들어와 경쟁할 수 있는 시장구조」를 말한다.「 」: 완전경쟁시장의 개념 이에 반해 ㉡'독점시장'은 '비슷한 대체재가 없는 재화를 한 기업이 독점적으로 공급하는 극단적인 시장으로, 자원의 희소성이나 기술적 우월성 등으로 인해 진입장벽이 존재하는 시장구조」를 말한다.「 」: 독점시장의 개념

❷ 완전경쟁시장에서는 경쟁자가 다수이기 때문에 개별 공급자와 수요자가 가격에 영향을 미치기 어렵다. 완전경쟁시장의 특징 이때 기업은 '가격수용자'로서 시장에서 결정된 가격을 그대로 받아들일 수밖에 없「 」: 완전경쟁시장에서의 기업 개별 공급자가 가격에 영향을 미칠 수 없음 고, 시장가격으로 원하는 물량을 얼마든지 판매할 수 있다.」 또한 제품을 한 단위 더 판매함으로써 추가로 얻게 되는 한계수입은 한계수입의 개념 일정하며, 가격과 거래량도 수요와 공급이 일치하는 지점에서 결정된다. 수요 공급의 법칙에 따라 시장에서 가격이 결정됨 반면에 독점시장에서 기업은 '가격결정자'로서 시장가격「 」: 독점시장에서의 기업 을 조정할 힘을 가지며, 이를 통해 이윤을 극대화할 수 있다.」 따라서 독점기업은 더 높은 가격을 받으면서 더 적은 제품을 생산 시장지배력의 개념 할 수 있는 시장지배력을 가진다. 그렇다면, 독점기업은 이윤 극대화를 위한 가격과 생산량을 어떻게 결정할까?

❸ 시장의 유일한 공급자인 독점기업이 생산량을 줄이면 시 가격이 시장이 아닌 기업에 의해 결정됨 장가격이 상승하고, 반대의 경우 시장가격이 하락한다. 가령 독점기업이 생산한 제품 한 단위를 100만 원에 판매할 경우, '생산량을 한 단위 더 늘려 두 단위를 판매한다면 가격을 이전「 」: 생산량을 늘리면 시장가격이 하락함 보다 낮춰야 다 팔 수 있다.」 이때의 가격을 90만 원이라 한다면 총수입은 180만 원이 되고, 제품을 한 단위 더 판매했을 180만 원(총수입)-100만 원(이전의 제품 가격) = 80만 원(한계수입) 때 추가로 얻는 한계수입은 80만 원이 된다. 즉, 독점기업이 생산량을 늘리면 종전 판매 가격도 함께 낮춰야 하기 때문에, 독점기업의 한계수입은 가격보다 항상 낮다. 이때 독점기업

정답 및 해설 | 49

[A] 은 이윤 극대화를 위해 한계수입과 더불어 한계비용을 고려한다. 한계비용은 제품을 한 단위 더 생산할 때 추가로 드는 비용을 말한다. _{한계비용의 개념} 만일 한계수입이 한계비용보다 높으면 생산량을 증가시키고, 반대의 경우 생산량을 감소시킴으로써 한계수입과 한계비용이 일치하는 지점에서 최적 생산량을 결정한다. _{독점기업의 최적 생산량} 이후 독점기업은 이윤 극대화를 위해 수요자들의 최대 지불 용의를 고려하여 최적 생산량을 판매할 수 있는 최고가격을 찾아낸다. 즉, 해당 생산량에서 수요자가 최대로 지불할 수 있는 금액이 최종 시장가격으로 결정되는 것이다. _{독점시장에서의 최종 시장가격} 이처럼 독점시장에서 기업은 시장가격의 상승을 유발하여 수요자에게 부정적 영향을 끼치고, 시장의 비효율성을 유발할 수 있다.

나

❶ 공정거래법이라고도 불리는 '독점규제 및 공정거래에 관한 법률'에서는 사업자의 독과점 자체를 금지하지는 않으나, 시장 지배적 지위 남용과 부당한 공동행위 등 경쟁 제한 행위로 인하여 일정한 폐해가 초래되는 경우에는 이를 규제하는 '폐해규제주의' _{공정거래법의 규제 배경} 를 ⓐ 취하고 있다.

❷ 시장 지배적 지위 남용은 거래 상대방으로부터 독점적 이익을 _{공정거래법의 규제 대상 ①} 과도하게 얻어내는 '착취 남용'과 _{시장 지배적 지위 남용의 유형 ① - 착취 남용} 현실적·잠재적 경쟁사업자의 사업 활동을 방해하거나 배제하는 '방해 남용'으로 _{시장 지배적 지위 남용의 유형 ② - 방해 남용} ⓑ 나눌 수 있다. 먼저, 착취 남용은 「정당한 이유 없이 상품 가격이나 용역 대가를 변경하거나, 출고량 조절로 시장가격의 상승이나 하락에 중대한 영향을 끼친 경우를」 _{착취 남용의 구체적인 내용} ⓒ 말한다. 다음으로 방해 남용은 「시장 지배적 사업자와 경쟁 관계에 있는 다른 사업자의 사업 활동을」 _{방해 남용의 구체적인 내용} 부당하게 방해하거나, 신규 경쟁사업자의 시장 진입을 배제하여 경쟁 제한의 폐해를 초래하는 것이다. 대표적으로는 '약탈적 가격 설정'과 '배타조건부 거래'가 있다. 약탈적 가격 설정은 「상품 또는 용역을 통상적인 가격에 비하여 부당하게 낮은 대가로 공급」 _{방해 남용의 유형 ① - 약탈적 가격 설정} 하거나 높은 대가로 구매하여 경쟁사업자를 배제하는 것이다. 그리고 배타조건부 거래는 다른 경쟁사업자와 거래하지 않는 조건으로 거래 상대방과 거래하는 행위를 말한다. _{방해 남용의 유형 ② - 배타조건부 거래} 이 경우 시장 지배적 사업자의 일방적, 강제적 요구뿐만 아니라 거래 상대방과 합의하여 결정한 경우도 모두 포함된다.

❸ 공정거래법에서는 사업자의 부당한 공동행위 또한 제한하고 있다. _{공정거래법의 규제 대상 ②} 흔히 '카르텔'이라고 ⓓ 불리는 부당한 공동행위는 「동일 업종의 복수 사업자가 경쟁의 제한을 목적으로 가격, 생산량, 거래 조건, 입찰 내용 등을 합의하여 형성하는 독과점 형태」를 _{부당한 공동행위의 개념} 말한다. 이때 합의는 명시적 합의뿐만 아니라 묵시적 합의 모두를 포함한

다. 이러한 담합*은 사업자 간에 은밀하게 ⓔ 이루어지는 경향이 많아 위법성을 입증하기가 어렵다. 따라서 입증 부담을 경감하고 규제의 실효성을 높이기 위해 둘 이상의 사업자 간에 경쟁 제한적인 합의만 있다면, 비록 그것이 실행되지 않았다 하더라도 부당한 공동행위가 성립한 것으로 본다. _{실행 여부와 상관없이 부당한 공동행위로 볼 수 있음}

❹ 공정거래법을 위반하면 공정거래위원회는 해당 사업자에게 시정 조치를 명하거나, 금전적 제재 수단으로 과징금을 부과할 _{공정거래위원회의 규제 수단} 수 있다. 이를 통해 과도한 경제력의 집중을 방지하고, 경제의 균형 있는 발전을 도모하고 있다. _{공정거래법의 목적}

* 담합: 서로 의논해서 합의함.

01

답 | ④

(가)와 (나)에 대한 설명으로 가장 적절한 것은?

[정답 선지 분석]

④ (가)는 독점기업의 이윤 추구 방법을 설명하고 있고, (나)는 공정한 거래를 저해하는 행위들을 유형별로 제시하고 있다.

(가)는 독점기업의 이윤 추구 방법과 관련된 독점기업의 가격과 생산량 결정 과정을 설명하고 있고, (나)는 공정거래법의 내용을 설명하면서 공정한 거래를 저해하는 행위를 유형별로 나누어 설명하고 있다.

[오답 선지 분석]

① (가)는 시장구조를 바라보는 다양한 관점을 제시하고 있고, (나)는 공정거래법에 대한 상반된 관점을 제시하고 있다.

(가)에서 시장구조를 바라보는 다양한 관점과 (나)에서 공정거래법에 대한 상반된 관점은 확인할 수 없다.

② (가)는 시장에서 독점이 필요한 이유를 밝히고 있고, (나)는 부당한 독점 행위를 해결하기 위한 사례를 서술하고 있다.

(가)에서 독점의 이익 추구 과정은 나타나 있으나, 독점이 필요한 이유는 드러나지 않는다. (나)에서 부당한 독점 행위를 해결하기 위한 사례도 확인할 수 없다.

③ (가)는 균등한 소득 분배를 위한 경제학적 대책을 제안하고 있고, (나)는 경쟁을 제한하기 위한 대책을 제시하고 있다.

(가)에서 균등한 소득 분배를 위한 경제학적 대책을 확인할 수 없다. (나)에서 제시된 공정거래법은 경쟁을 제한하는 행위를 규제하는 대책이다.

⑤ (가)는 독점이 시장에 끼치는 부정적 영향을 언급하고 있고, (나)는 독점 행위를 규제하는 제도의 문제점을 서술하고 있다.

(나)에서 독점 행위를 규제하는 제도의 문제점은 확인할 수 없다.

02

답 | ⑤

㉠, ㉡에 대한 이해로 적절하지 않은 것은?

[정답 선지 분석]

⑤ ㉠에는 많은 수의 공급자와 수요자가 존재하므로, ㉡보다 기업이 시장을 지배하는 힘이 크다.

㉠ 완전경쟁시장은 많은 수의 수요자와 공급자가 존재하므로 개별 공급자와 수요자가 가격에 영향을 미치기 어렵다. 반면에 ㉡ 독점시장은 한 기업이 독점적으로 재화를 공급하므로 시장지배력을 가진다(1, 2문단).

① ㉠에서 개별 기업은 가격수용자로서 시장에서 결정된 가격에 따라 제품을 판매한다.

완전경쟁시장에서 기업은 가격수용자로서 시장에서 결정된 가격을 그대로 받아들인다(2문단).

② ㉡에서 기업이 제품의 생산량을 늘려 나가는 과정에서 얻게 되는 한계수입은 가격보다 낮아진다.

㉡에서 독점기업이 생산량을 늘려가면 한계수입은 가격보다 낮아진다(3문단).

③ ㉡에서 독점기업은 시장의 유일한 공급자로서 독점기업이 판매량을 늘리려면 가격을 낮춰야 한다.

시장의 유일한 공급자인 독점기업이 생산량을 줄이면 시장가격이 상승하고, 반대의 경우 시장가격이 하락한다(3문단).

④ ㉠에는 진입장벽이 존재하지 않으므로, ㉡에 비해 개별 기업들의 시장 진입이 자유롭다.

㉠은 진입장벽이 존재하지 않아 누구나 들어와 경쟁할 수 있는 시장구조이다(1문단).

03

답 | ②

[A]를 바탕으로 <보기>를 이해한 내용으로 적절하지 <u>않은</u> 것은?

보기

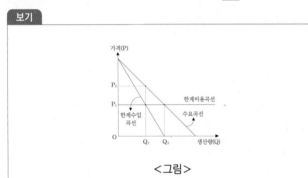

<그림>

<그림>은 가상의 독점기업 '갑'이 생산하는 제품의 가격과 생산량을 그래프로 나타낸 것이다. 한계수입곡선과 한계비용곡선은 수량 한 단위의 변화에 따른 총수입과 총비용의 변화를 보여 주고, 수요곡선은 제품에 대한 수요자의 최대 지불 용의를 나타낸다.

정답 선지 분석

② '갑'이 생산량을 Q_1에서 Q_2로 늘리면서 제품의 가격을 P_2에서 P_1으로 낮춰 공급하더라도, 독점으로 얻고 있던 이윤은 유지될 것이다.

독점기업 '갑'이 생산량을 Q_1에서 Q_2로 늘리면서 제품의 가격을 P_2에서 P_1으로 낮춰 공급하면, 해당 독점기업이 독점을 통해 얻고 있던 이윤은 사라진다.

오답 선지 분석

① '갑'은 이윤을 최대로 높이기 위한 최적 생산량 수준을, 한계수입곡선과 한계비용곡선이 교차하는 Q_1 지점으로 결정할 것이다.

독점기업 '갑'의 최적 생산량 수준은 한계수입곡선과 한계비용곡선이 교차하는 Q_1 지점이다.

③ '갑'의 생산량이 Q_1보다 적으면 한계수입이 한계비용보다 높으므로, 이윤을 높이려면 생산량을 Q_1 수준까지 증가시켜야 할 것이다.

독점기업 '갑'의 이윤 추구 과정에서 한계수입이 한계비용보다 높으면 생산량을 증가시켜야 한다.

④ '갑'의 생산량이 Q_1이고 공급할 제품의 가격이 P_2라면, 해당 기업이 제품을 판매할 때 얻게 되는 단위당 이윤은 P_2-P_1이 될 것이다.

독점기업 '갑'이 제품을 판매할 때 얻게 되는 단위당 이윤은 제품의 가격으로 설정한 P_2에서 한계비용인 P_1만큼을 뺀 값이 된다.

⑤ '갑'은 이윤 극대화를 위해 수요자의 최대 지불 용의 수준을 고려하여 공급할 제품의 최종 시장가격을 P_1이 아닌 P_2로 결정할 것이다.

P_1은 최적 생산량 Q_1에 대응하는 가격이지만, 이윤이 극대화되는 지점은 아니다. 독점기업은 최적 생산량을 Q_1으로 결정한 후, 가격결정자로서 수요자들의 최대 지불 용의 수준(수요곡선)을 고려하여 해당 제품의 가격을 P_2로 결정한다.

04

답 | ①

(가)와 (나)를 참고할 때, Ⓐ~Ⓒ에 들어갈 말을 바르게 짝지은 것은?

독점기업이 제품의 가격을 한계비용보다 (Ⓐ) 설정하면, 한계비용보다 지불 용의가 낮은 수요자들의 (Ⓑ)가 일어나 결과적으로 상호 이득이 될 수 있었던 거래의 기회가 줄어들게 된다. 이에 공정거래법에서는 시장 진입 제한을 막고, 기업 간 경쟁을 (Ⓒ)하여 독점으로 인한 경제적 손실을 해소하고자 한다.

정답 선지 분석

	Ⓐ	Ⓑ	Ⓒ
①	높게	소비 감소	촉진

독점기업은 이윤 극대화를 위해 제품의 시장가격을 한계비용보다 높게 설정하는데, 시장가격의 상승으로 한계비용보다 지불 용의가 낮은 수요자들은 소비를 포기하게 된다. 따라서 상호 이득이 될 수 있었던 거래의 기회는 줄게 되고, 시장의 비효율성을 유발할 수 있다. 따라서 공정거래법에서는 독점으로 인한 경제적 손실을 해소하기 위해 시장의 진입 제한을 막고, 기업 간 공정한 경쟁을 촉진한다.

05

답 | ④

(나)를 바탕으로 <보기>를 이해한 내용으로 적절하지 <u>않은</u> 것은?

보기

[사례 1] 반도체 판매 1위인 A사는 국내 PC 제조업체들에게 경쟁업체 B사의 반도체를 구매하지 않겠다는 약속의 대가로, 상호 합의를 거쳐 반도체 대금으로 받은 금액 일부를 되돌려주었다. 이에 대해 공정거래위원회는 A사에 과징금을 부과하였다.

[사례 2] 국내 건설업체 C사는 신축 공사 입찰에서 평소 친분이 있는 건설업체 D사가 낙찰받을 수 있도록 입찰 가격을 묵시적으로 합의하고, D사의 입찰 예정 금액보다 높은 금액을 입찰 가격으로 제시하였다. 그 결과 D사가 최종 사업체로 선정되었지만, 공정거래위원회는 시정 조치를 명하였다.

정답 선지 분석

④ [사례 2]에서 C사가 만약 D사와의 입찰 담합을 약속하고도 실제 입찰 과정에서 이를 실행하지 않았다면, 부당한 공동행위는 없었던 것이 되겠군.

공정거래법에서는 부당한 공동행위를 위한 사업자 간의 합의만 있으면, 비록 그것이 실행되지 않더라도 부당한 공동행위가 성립한 것으로 본다(3문단).

오답 선지 분석

① [사례 1]에서 공정거래위원회는 A사가 시장 지배적 지위 남용을 통해 경쟁 사업자인 B사의 사업 활동을 부당하게 배제하였다고 보았겠군.

A사는 자신의 시장 지배적 지위를 남용하여 경쟁사업자인 B사의 사업 활동을 부당하게 배제하고 있다.

② [사례 1]에서 공정거래위원회는 A사와 국내 PC 제조업체들의 상호 합의에 의해 방해 남용인 배타조건부 거래가 발생했다고 판단했겠군.

B사와 거래하지 않는 조건으로 A사가 국내 PC 제조업체들과 합의한 것은 배타조건부 거래에 해당한다.

③ [사례 2]에서 C사와 D사의 합의가 명시적인 형태가 아니라 묵시적인 형태로 이루어졌다고 할지라도, 경쟁 제한 행위의 위법성은 인정될 수 있겠군.

공정거래법에서는 명시적인 형태와 묵시적인 형태 모두 경쟁 제한 행위가 될 수 있다고 본다.

⑤ 사업자의 독과점 추구 자체는 금지되어 있지 않지만, [사례 1]과 [사례 2]에서 확인되는 A사와 C사의 행위는 경쟁 제한의 폐해를 초래했기 때문에 규제 대상이 되었겠군.

공정거래법에서는 독과점 자체를 금지하지는 않으나, 이로 인해 일정한 폐해가 초래되는 경우 이를 규제하는 폐해규제주의를 취하고 있다.

06
답 | ①

문맥상 ⓐ~ⓔ의 단어와 가장 가까운 의미로 쓰인 것은?

정답 선지 분석

① ⓐ: 그 문제에 대해 강경한 태도를 **취했다**.

지문 ⓐ와 선지 ①의 '취하다'는 모두 '어떤 일에 대한 방책으로 어떤 행동을 하거나 일정한 태도를 가지다.'라는 뜻으로 사용되었다.

오답 선지 분석

② ⓑ: 나는 그녀와 슬픔을 **나누는** 친근한 사이이다.

지문 ⓑ의 '나누다'는 '여러 가지가 섞인 것을 구분하여 분류하다.'의 의미로 사용되었으나, 선지의 '나누다'는 '즐거움이나 고통, 고생 따위를 함께하다.'라는 뜻으로 사용되었다.

③ ⓒ: 그를 나쁘게 **말하는** 사람은 별로 없다.

지문 ⓒ의 '말하다'는 '어떤 사정이나 사실, 현상 따위를 나타내 보이다.'의 의미로 사용되었으나, 선지의 '말하다'는 '평하거나 논하다.'라는 뜻으로 사용되었다.

④ ⓓ: 반 아이들의 이름이 하나하나 **불렸다**.

지문 ⓓ의 '불리다'는 '무엇이라고 가리켜 말해지거나 이름이 붙여지다.'의 의미로 사용되었으나, 선지의 '불리다'는 '이름이나 명단이 소리 내어 읽히며 대상이 확인되다.'라는 뜻으로 사용되었다.

⑤ ⓔ: 교향악단은 최정상급의 연주자들로 **이루어졌다**.

지문 ⓔ의 '이루어지다'는 '어떤 대상에 의하여 일정한 상태나 결과가 생기거나 만들어지다.'의 의미로 사용되었으나, 선지의 '이루어지다'는 '몇 가지 부분이나 요소가 모여 일정한 성질이나 모양을 가진 존재가 되다.'라는 뜻으로 사용되었다.

DAY 5 〈해바라기 씨〉_정지용 / 〈낙타〉_신경림

빠른 정답 체크

01 ③   **02** ③   **03** ①

가

해바라기 씨를 ㉠ 심자.
□: 동일한 행의 반복-운율 형성
담모퉁이 참새 눈 숨기고
해바라기 씨를 심자.

「누나가 손으로 ㉡ 다지고 나면
「」: 사람과 자연물이 화합하여 심는 해바라기 씨
바둑이가 앞발로 다지고
괭이가 꼬리로 다진다.」

우리가 눈 감고 한밤 자고 나면
이슬이 내려와 같이 자고 가고,
해바라기가 자라기 위해 필요한 자연물 ①

우리가 이웃에 간 동안에
햇빛이 입 맞추고 가고,
해바라기가 자라기 위해 필요한 자연물 ②

「해바라기는 첫 시악시인데
「」: 해바라기에 싹이 나기를 기다리는 상황을 비유적 표현을 활용하여 드러냄
㉢ 사흘이 지나도 부끄러워
고개를 아니 든다.」

가만히 엿보러 왔다가
해바라기의 싹이 났는지 확인하기 위해
소리를 깩! 지르고 간 놈이
청개구리 - 의인화
오오, 사철나무 잎에 숨은
청개구리 고놈이다.

- 정지용, 〈해바라기 씨〉 -

나

「」: 도치법 - 시구 의미 부각
「낙타를 타고 가리라, 저승길은,」
저승길의 길동무, 초월적 존재
㉣ 별과 달과 해와
사막에 존재하는 자연물
모래밭에 본 일이 없는 **낙타**를 타고.

「세상사 물으면 짐짓, 아무것도 못 본 체
「」: 낙타의 특징 ①-세상사를 초월함
손 저어 대답하면서,」

슬픔도 아픔도 까맣게 잊었다는 듯.
낙타의 특징 ②-슬픔과 아픔에 연연하지 않음
누군가 있어 **다시 세상에 나가란다면**
다시 태어나게 된다면
낙타가 되어 가겠다 대답하리라.
낙타처럼 세상사를 초월한 존재가 되고 싶은 소망
별과 달과 해와

모래만 보고 살다가,

돌아올 때는 세상에서 ⑩ 가장

어리석은 사람 하나 등에 업고 오겠노라고.
⑩: 화자가 함께 하고자 하는 사람-낙타처럼 살아온 사람
무슨 재미로 세상을 살았는지도 모르는

가장 가엾은 사람 하나 골라

길동무 되어서.

　　　　　　　　　　　- 신경림, 〈낙타〉 -

01
답 | ③

(가)와 (나)의 공통점으로 가장 적절한 것은?

정답 선지 분석

③ 자연물에 상징적 의미를 부여하여 주제 의식을 드러내고 있다.

(가)는 '생명'을 의미하는 자연물인 '해바라기'를 통해 '해바라기 씨'를 심고 '해바라기'가 피기를 바라는, (나)는 '세상사에 초연한 존재'를 의미하는 자연물인 '낙타'와 낙타의 초연한 삶을 의미하는 자연물인 '별', '달', '해', '모래'를 통해 '낙타'와 같은 삶을 긍정적으로 인식하는 주제 의식을 드러내고 있다.

오답 선지 분석

① 도치의 방식을 사용하여 시적 상황을 부각하고 있다.

(나)는 '낙타를 타고 가리라, 저승길은'에서 도치의 방식을 사용하여 시적 상황을 부각하고 있지만, (가)는 도치를 사용하지 않았다.

② 공감각적 심상을 활용하여 대상에 입체감을 부여하고 있다.

(가)와 (나)에는 공감각적 심상이 활용되지 않았다.

④ 영탄적 표현을 활용하여 시간의 급박한 흐름을 보여 주고 있다.

(가)는 '오오'라는 영탄적 표현을 사용하였으나 시간의 급박한 흐름을 드러내고 있지는 않다.

⑤ 대조적인 소재를 사용하여 화자의 달라진 처지를 강조하고 있다.

(나)는 '저승길'과 '세상'이라는 대조적인 소재를 사용하였으나 (가)는 사용하지 않았다.

02
답 | ③

㉠~⑩의 시적 기능에 대한 설명으로 적절하지 않은 것은?

정답 선지 분석

③ ㉢에서 시간의 경과를 제시하여 '해바라기'가 '고개를' 들기까지 기다리지 못해 단념하는 '우리'의 상황을 드러내고 있다.

㉢에는 '해바라기 씨'를 심은 지 '사흘이 지났'다는 시간의 경과가 드러나며, 사흘이나 지났는데도 꽃이 피지 않은 상황을 통해 '해바라기'가 '고개를' 들기까지 '우리'가 기다리는 마음을 표현하고 있다. 따라서 '해바라기'가 '고개를' 들기까지 기다리지 못해 단념하는 '우리'의 상황을 드러낸다는 설명은 적절하지 않다.

오답 선지 분석

① ㉠의 청유형을 반복하여 '해바라기 씨'를 심는 행위를 의미 있게 생각하는 인식을 드러내고 있다.

㉠의 청유형 '-자'를 1연 3행에서 반복하여 '해바라기 씨'를 심는 행위를 의미 있게 생각하는 인식을 드러내고 있다.

② ㉡의 행위를 반복하여 '해바라기' 꽃을 피우기 위해 여럿의 노력이 필요하다는 인식을 드러내고 있다.

㉡에 드러난 행위인 '다지다'를 2연에서 반복해 '누나', '바둑이', '괭이'가 땅을 다지는 모습을 제시하여, '해바라기' 꽃을 피우기 위해 여럿의 노력이 필요하다는 인식을 드러내고 있다.

④ ⓐ에서 유사한 속성의 시어를 나열하여 '저승길'을 '낙타'와 동행하고 싶은 이유를 부각하고 있다.

ⓐ에서 '낙타'의 초연한 삶을 상징하는 자연물인 '별', '달', '해', '모래'를 나열하여 '낙타'와 '저승길'을 동행하고 싶은 이유를 부각하고 있다.

⑤ ⑩을 수식어로 반복하여 '길동무'로 삼고 싶은 사람의 특징을 강조하려는 의도를 드러내고 있다.

⑩을 14행에서 반복하여 '길동무'로 삼고 싶은 사람이 '어리석'고 '가엾'다는 특징을 강조하려는 의도를 드러내고 있다.

03
답 | ①

<보기>를 바탕으로 (나)를 감상한 내용으로 적절하지 않은 것은?

보기

　〈낙타〉의 화자는 자연 현상인 죽음을 부정하지 않고 담담하게 받아들이면서, 죽음과 삶 사이의 경계를 초월하여 회귀의 구조로 삶과 죽음을 바라본다. 이 과정에서 화자는 이승에서의 자기 삶을 돌아보고, 자기 삶의 모습이 자신이 추구하는 모습과 다름을 인식한다. 또한 화자 자신이 닮고자 하는 대상처럼 살아온 사람에 대한 긍정적 인식을 바탕으로 그 사람과 함께하고 싶은 마음을 드러내기도 한다.

정답 선지 분석

① '손 저어 대답'하는 것에는 자연 현상인 죽음을 담담하게 수용하라는 '누군가'의 말을 외면하려는 마음이 담겨 있군.

〈보기〉에 따르면 (나)의 화자는 자연 현상인 죽음을 부정하지 않고 담담하게 받아들이고 있으며, '손 저어 대답'하는 것은 '세상사'를 '물으면' '아무것도 못 본 체'하겠다는 것이다.

오답 선지 분석

② '다시 세상에 나'간다는 것에는 죽음과 삶 사이의 경계를 초월하여 죽음과 삶을 보는 시각이 전제되어 있군.

'저승길'에 간 화자가 '다시 세상에 나'간다는 것은 죽음과 삶 사이의 경계를 초월하여 죽음과 삶을 바라보기 때문에 가능하다고 볼 수 있다.

③ '낙타가 되어 가겠'다는 것은 삶의 세계로의, '돌아'온다는 것은 죽음의 세계로의 회귀를 나타내는군.

'낙타가 되어 가겠'다는 것은 누군가 저승에 있는 화자에게 다시 세상으로 나가라고 할 때 하는 대답이므로 죽음의 세계에서 삶의 세계로의 회귀를 나타낸다. '돌아'온다는 것은 다시 세상에 나간 화자가 낙타로 살다가 저승으로 '돌아'오는 것이므로 삶의 세계에서 죽음의 세계로의 회귀를 나타낸다.

④ '별과 달과 해와 / 모래만 보고 살'겠다는 것에는 '슬픔도 아픔도' 있었던 이승에서의 삶과 다르게 살고 싶은 바람이 드러나 있군.

'낙타'로 다시 태어나 '별과 달과 해와 / 모래만 보고 살'겠다는 것은 세상사에 초연하게 살겠다는 것이며, 이러한 삶은 '슬픔도 아픔도' 있었던 이승에서 세상사에 초연하지 못하고 살았던 모습과 다르다고 할 수 있다.

⑤ '등에 업고 오겠'다는 것에는 '낙타'처럼 살아온 사람에 대한 긍정적 인식이 반영되어 있군.

'가장 어리석은 사람'과 '가장 가엾은 사람'은 화자가 함께하고 싶은 사람이며 '낙타'처럼 살아온 사람이다. 화자는 이 사람에 대한 긍정적 인식을 지니고 있으므로 '길동무'가 되어 '등에 업고 오겠'다고 하고 있다.

WEEK 4

빠른 정답 체크

01 ④ **02** ④ **03** ⑤ **04** ⑤

㉠ 황성에 병란(兵亂)이 일어났고, 살기(殺氣)가 등등하며, 천자
_{명나라가 위기에 빠짐}
는 피신한 모양이라. 국진은 재빨리 방으로 들어와 무장을 갖추
고, 머리에 황금 투구를 쓰고, 몸에 풍운갑을 입고, 좌수에 절륜
도와 우수에 청학선, 이런 식으로 무장을 갖추자 잠시도 지체없
이 말에 뛰어오르리라.

그리하여 국진은 필마단기(匹馬單騎)*로 나는 듯이 달렸고, 달
리면서도 자기의 중대한 임무를 잊지 않은 터라. 그의 빛나는 준
_{달마국의 침입을 막는 것}
마는 순식간에 그를 황성으로 옮겨 주니, 그의 마음과 몸과 말은
실로 혼연일체가 된 듯하더라.

아니나 다르랴, 그가 읽은 천기는 정확하였으니, 달마국의 수십
_{천기를 읽음으로써 나라의 위기를 알아챔}　　　　　　　　　　　_{명나라의 적}
만 대군은 명나라 군을 무찔러 없애고, 이 때 황성으로 쳐들어와
황성의 운명은 경각에 달하였으니, 국진은 즉시 궐내로 들어가
어전에 꿇어 엎드려 가로되,

[A]
"소신이 중임을 맡아 원방(遠方)에 갔사와 폐하께 근심을 끼
_{먼 지방}　　　　　　　　　　　_{원인을 자신의 탓으로 돌림}
쳤사오니 이것은 모두가 신의 죄인 줄로 아뢰오. 적병을 파
한 후에 죄를 당하여지이다."

하고 아뢰더라.

절망한 천자는 그것이 누군가 처음에는 잘 모르시는 듯하다가
장국진이라는 것을 아시자 놀라시며, 계하로 뛰어내려가 그의 손
을 잡고 반가워서 어쩔 줄을 몰라 하시며,

[B]
"경이 있었으면 무슨 근심을 하리오. 경은 힘을 다하여 사직
_{국진에 대한 천자의 믿음이 드러남}
(社稷)을 안보(安保)하고 짐의 근심을 덜라."

하고는 눈물을 뿌리며 애걸하듯이 하교하시더라.

적은 어느새 도성에 다다르고 도성의 백성들은 아우성치니, 이
는 지옥을 상상하게 하더라.「그것은 도무지 구할 도리가 없는 완
_{아비규환}　　　　　　　　　_{「」: 편집자적 논평}
전한 파멸을 보는 듯하더라. 이것을 어느 누구의 힘으로 구원하
여 밝은 빛을 뿌려 터인가.」

「국진은 다시 말에 오르자, **한 손에 절륜도, 또 한 손에 청학선을**
_{「」: 국진의 영웅적 태도가 드러남}
흔들며 성문을 빠져나가 물밀 듯 밀려드는 수십만 ㉡ 적군의 진
영으로 비호처럼 달리더라.」그의 절륜도가 닿는 곳마다 번갯불이
번쩍 일더니 적장과 적 군사는 **추풍낙엽같이 쓰러**지니, 적군에게
_{파죽지세}
는 전혀 예상하지 못한 일대 혼란이 일더라. 그들의 시체는 산을
이루고 피가 바다를 이루면서 물러가나라.

[중간 부분의 줄거리] 국진은 달마국을 정벌하기로 결심하고 이를 위해 전장

으로 떠난다. 달마국은 천원국과 합력하여 국진을 대적한다.

결국 국진이 병을 얻어 누운 것도 당연한 이치일 터라. 이것은
전투 중에 치명적인 일로, 국진은 군중에 엄명을 내려 진문을 굳
게 닫게 하고 이 어려운 지경을 어찌 구할 것인지 궁리에 궁리를
_{달마국이 자신의 병을 알지 못하게 하기 위함}
더하더라. 적은 몇 번이고 도전하니, 이쪽의 진 앞에서 호통을 지
르곤 하더라. 그러나 국진의 진에서 아무런 답이 없자 백운도사
와 오금도사는 장국진에게 중대한 곡절이 있음을 의심하기 시작
_{국진은 병을 얻어 적군과 싸우지 못함}
하더라.

며칠이 지나도 국진의 **신병은 조금도 차도가 없**으니, 이 위급함
_{국진이 위기에 빠짐}
을 무엇으로 해결하여야 한단 말인가.

이 때 어려서부터 닦아 온 천문지리가 누구보다 능통한 이 부인
_{이 부인의 능력 ①}
이 천기를 보고 있던 터라, 남편의 이런 사실을 깨닫고는 놀라움
_{천기를 읽음으로써 국진의 위기를 알아챔}
을 금치 못하더라. 더욱이 옆에 있던 유 부인 역시 남편의 위험에
애통해 하니, 장 승상이나 왕씨도 이 소식을 듣고 달려와 울 따름
_{국진의 부모}
이더라. 육도삼략과 손오병법에도 능통한 이 부인은 생각 끝에
_{이 부인의 능력 ②}
결연히 일어서더니,「㉢ 달마국 전장으로 달려가 병을 앓는 남편
_{「」: 이 부인의 능동적인 태도가 드러남}
을 구하고 이 싸움을 결단 지으리라 결심하더라.」

이 부인은 즉시 남장을 하고 머리에 용인 투구를 쓰고, 몸에 청
_{남장 모티프}
사 전포를 입고, 왼손에 비린도, 오른손에 홀기를 들고는, 시부모
와 유 부인과 주위 사람들에게 이별을 고하고 필마단기로 달마국
을 향하여 ㉣ 집을 떠나리라. 유 부인은 멀리 전송을 나와 이 부
인의 전도를 근심하며, 봉서 한 통과 바늘 한 쌍을 유 부인의 품
_{유 부인이 이 부인을 돕기 위해 주는 것}
속에서 내어 주더라.

그리고 이 부인에게 말하되,

"이것을 가지고 동정호 물 건널 제 물에 던지면 용왕 부인이 청
할 것이니, 들어가 보옵소서. 동정호 용왕은 첩의 전생 부모이
_{유 부인의 전기성}
니 부모가 보오면 반가워할 터요, 이제 **가장 좋은 선약(仙藥)을**
_{이 부인에게 필요한 것 ① - 국진을 구하기 위함}
얻어 가야 승상의 목숨을 구할 것이오. 다음은 **선녀 한 쌍을 얻**
_{이 부인에게 필요한 것 ② - 천원 왕과 달마 왕을 잡기 위함}
어 가야 천원 왕과 달마 왕을 잡으리다."

하니, 이 부인은 그것을 받아 가지고 질풍처럼 달리더라.

동정호에 왔을 때 이 부인은 유 부인이 시킨 대로 하여 ㉤ 용궁
에 인도되어 들어가자, 용왕 내외가 반가워하며 만년주(萬年酒)
_{유 부인의 예언대로 이루어짐}
를 권하더라. 그리고는 유 부인의 말대로 선약과 선녀 한 쌍을 이
부인에게 내리시며,

"천원 왕과 달마 왕은 욕이나 뵈옵되 죽이지는 마옵소서.「두 사
_{「」: 천원 왕과 달마 왕을 죽이지는 말라고 하는 이유}
람은 천상 선관으로 인간에 적거(謫居)*하였으니, 만일 죽이면
일후에 원(怨)이 되리라.」"

하고 교시하더라.

또한 용왕 부인은 선녀들에게 분부하여 **이 부인을 잘 모시고 가**
서 공을 이루라고 특별히 당부하더라.

이렇게 하여 이 부인은 용궁에서 나와 전장으로 질풍같이 달려
가니, 마음이 든든하기만 하더라.

이때 명나라 진영은 **적병들에 의해 완전히 포위**되고 있었으며,
진문은 열지 않고 굳게 닫혀 있었으니, 적병은 이것을 깨칠 속셈
으로 그 준비에 분주하더라. 명나라 군의 운명은 경각에 있음이
더라.

> 국진이 이끄는 명나라 군이 위기에 처해 있음

이를 본 이 부인은 잠시도 지체할 여유가 없으니, 투구를 고쳐
쓰고, 비린도를 높이 들어 만리청총의 고삐를 바싹 쥐어 잡고, 좌
우에 따라온 선녀들은 앞에 서서 길을 인도하라고 분부하고 즉시
급하게 채찍질을 하니, 만리 청총마는 화살처럼 적의 포위를 일
직선으로 밟아 넘어서며 명나라 진문으로 향하여 달리더라.

적병들은 이 돌발적인 사태를 만나 몹시 어리둥절할 뿐이더라.

「난데없이 천지에 소나기가 퍼붓고 **번갯불과 천둥이 무섭게 진동**

> 「」: 이 부인이 국진을 대신하여 적병을 물리침

하니 어느 누구든 **공포 속에서 정신을 잃는** 것은 당연한 일이라.
적병들이라고 해서 무섭지 않으랴. 그들은 이 사태를 운명에 맡
길 뿐이더라.」

           – 작자 미상, 〈장국진전(張國振傳)〉 –

* **필마단기**: 혼자 한 필의 말을 탐. 또는 그렇게 하는 사람.
* **적거**: 귀양살이를 하고 있음.

01

답 | ④

윗글의 서술상 특징으로 적절한 것은?

정답 선지 분석

④ 서술자의 개입을 통해 작중 상황에 대한 주관적 판단을 제시하고 있다.

'이는 지옥을 상상하게 하더라.', '이것을 어느 누구의 힘으로 구원하여 밝은 빛을 부려 터인
가.', '이 위급함을 무엇으로 해결하여야 한단 말인가.' 등에서 서술자의 개입이 나타나고, 이
를 통해 작중 상황에 대한 서술자의 주관적 판단이 나타나고 있다.

오답 선지 분석

① 연속되는 대화를 활용해 인물 간의 갈등을 고조시키고 있다.

연속되는 대화는 나타나지 않는다.

② 과거와 현재의 빈번한 교체로 인물의 내력을 소개하고 있다.

과거와 현재의 빈번한 교체가 나타나지 않는다.

③ 한 인물의 동일한 행위를 반복함으로써 사건의 전환을 예고하고 있다.

한 인물의 동일한 행위가 반복되지 않으며, 사건의 전환이 예고되어 있지도 않다.

⑤ 특정 인물의 외양이나 행동을 과장되게 표현하여 인물을 희화화하고 있다.

특정 인물의 외양이 과장되어 있지 않으며, 인물을 희화화하고 있지도 않다.

02

답 | ④

㉠~㉤을 중심으로 윗글을 이해한 내용으로 적절하지 않은 것은?

정답 선지 분석

④ ㉣에서 이 부인은 미래를 예측하여 위기에 대비할 수 있는 방법을 국진에게
알려 주고 있다.

㉣에서 이 부인이 위기 상황을 알고 직접 전장으로 향했기 때문에, 국진에게 위기 상황을 알
려 준다는 설명은 적절하지 않다.

오답 선지 분석

① ㉠에서의 병란은 국진이 자신의 중대한 임무를 수행하기 위해 이동하는 계
기가 된다.

국진은 황성에서의 병란을 알아차린 후 나라를 구하는 임무를 수행하기 위해 이동한다.

② ㉡에서 국진은 고통에 시달리는 도성의 백성들을 구원하기 위해 적병과 맞
서 싸운다.

국진은 도성 가까이에 온 적병 때문에 아우성치는 도성의 백성들을 구원하기 위해 적군의 진
영으로 나아간다.

③ ㉢에서 국진에게 일어나는 일은 이 부인이 남장을 결심하는 원인이 된다.

달마국 전장에서 국진이 신병을 얻어 어려운 지경이 된 것은 이 부인이 남장을 결심하는 원
인이 되고 있다.

⑤ ㉤에서 용왕 내외는 적장의 전생 신분을 밝힘으로써 앞날을 경계하고 있다.

용궁에서 용왕 내외는 천원 왕과 달마 왕이 천상 선관이었음을 밝히며, 그렇기 때문에 그들
을 죽이면 앞날의 원(怨)이 될 것이라 경계하고 있다.

03

답 | ⑤

[A], [B]에 대한 설명으로 가장 적절한 것은?

정답 선지 분석

⑤ [A]는 상대의 근심을 덜기 위해 그 원인을 자신의 탓으로 돌리고 있고, [B]
는 상대에 대한 믿음을 바탕으로 명령하고 있다.

[A]에서 국진은 천자의 근심의 원인이 자신에게 있다고 말하며 상대의 근심을 덜어내고 있
다. [B]에서 천자는 국진의 능력을 믿고 나라를 구하라고 명령하고 있다.

오답 선지 분석

① [A]는 자신의 실망감을 우회적으로 표현하고 있고, [B]는 상대에 대한 원망
을 직설적으로 표현하고 있다.

[A]에서 국진은 자신의 실망감을 표현하고 있지 않고, [B]에서 천자는 국진에 대한 원망이 아
닌 믿음을 표현하고 있다.

② [A]는 자신의 목적을 달성하기 위해 거짓으로 말하고 있고, [B]는 상대의 질
문에 답하기 위해 사건 내용을 밝히고 있다.

[A]에서 국진은 자신의 목적을 달성하기 위해 거짓으로 말하고 있지 않고, [B]에서 천자는 질
문에 답하고 있지 않다.

③ [A]는 자신의 손해를 줄이기 위해 상대의 요청을 거절하고 있고, [B]는 상대
의 손해를 줄이기 위해 상대를 설득하고 있다.

[A]에서 국진은 자신의 손해를 줄이기 위해 상대의 요청을 거절하고 있지 않고, [B]에서 천자
는 국진을 설득하고 있지 않다.

④ [A]는 상대에 대한 호감을 바탕으로 상대를 격려하고 있고, [B]는 사건 해결
을 위해 상대에게 용기를 북돋워 주고 있다.

[A]에서 국진은 천자의 근심을 덜어주려 할 뿐 격려하고 있지 않고, [B]에서 천자는 국진에
대한 믿음을 드러내며 나라를 구할 것을 명령하고 있으므로 사건 해결을 위해 상대방의 용기
를 북돋워 주고 있다고 볼 수 있으나, [A]에서 국진은 천자의 근심을 덜어주려 할 뿐 격려하
고 있지 않다.

04

답 | ⑤

<보기>를 바탕으로 윗글을 감상한 내용으로 적절하지 <u>않은</u> 것은?

보기

이 작품은 장국진이라는 영웅의 일생을 다룬 영웅소설이다. 주인공의 영웅적 활약과 더불어 여성 영웅의 활약도 중요하게 나타나고, 이들은 위기 상황에서 주변 인물이나 초월적 존재의 도움으로 위기를 극복해 간다. 이 과정에서 초월적 세계와 현실 세계의 상호 작용, 남성과 여성의 상호 작용을 통해 영웅성이 강화되고 있다.

정답 선지 분석

⑤ 이 부인이 국진을 구하기 위해 '번갯불과 천둥이 무섭게 진동'하여 '공포 속에서 정신을 잃는' 상황을 이겨 내는 데에서, 남성과 여성의 상호 작용을 확인할 수 있다.

'번갯불과 천둥이 무섭게 진동'하여 '공포 속에서 정신을 잃는' 사람들은 적병들이다. 이를 이겨 내는 사람이 이 부인이라고 볼 수 없다.

오답 선지 분석

① 국진이 말에 올라 '한 손에 절륜도, 또 한 손에 청학선을 흔들며' 수십만 적군을 '추풍낙엽같이 쓰러'뜨리는 데에서, 주인공의 영웅적 활약상을 확인할 수 있다.

전쟁 중에 국진이 무기를 들고 적군을 쓰러뜨리는 모습을 통해 영웅적 활약상을 확인할 수 있다.

② 전투 중 '신병은 조금도 차도가 없'는 국진이 '적병들에 의해 완전히 포위'된 장면에서, 영웅이 처한 위기 상황을 확인할 수 있다.

전투 중에 국진이 신병을 잃으며 적에게 포위당하여 명나라 군의 운명이 경각에 달렸다는 장면에서 영웅이 처한 위기 상황을 확인할 수 있다.

③ '가장 좋은 선약(仙藥)을 얻어' 국진의 병을 구하려는 데에서, 초월적 존재의 도움으로 위기를 극복해 나간다는 점을 확인할 수 있다.

이 부인이 용왕에게서 국진을 살릴 수 있는 '가장 좋은 선약(仙藥)'을 얻은 것은 초월적 존재의 도움을 받은 것에 해당한다.

④ 용왕 부인이 선녀들에게 '이 부인을 잘 모시고 가서 공을 이루라고 특별히 당부하'는 장면에서, 초월적 세계와 현실 세계의 상호 작용을 확인할 수 있다.

용왕 부인이 선녀에게 당부하는 장면을 통해 초월적 세계와 현실 세계의 상호 작용을 확인할 수 있다.

빠른 정답 체크

01 ③　　**02** ③　.　**03** ⑤　　**04** ③

가

학생 1: ㉠ 지난 수업 시간까지 〈영화도 2배속으로 보는 시대〉를
_{대화 참여자들이 공유하는 상황을 언급하며 화제 제시}
같이 읽었잖아. 오늘은 느낀 점을 먼저 이야기해 볼까?

학생 2: 배속 재생이나 건너뛰기 기능을 사용해서 영화를 보는
_{책의 내용 ①}
걸 새로운 현상으로 소개한 부분이 흥미로웠어.

학생 1: ㉡ 청소년들 모두가 이미 당연하게 사용하는 방법을 새
_{'학생 2'의 발화 내용을 보충하여 재진술함}
로운 현상이라고 한 것이 흥미로웠다는 말이구나.

학생 3: ⌜우리 또래가 모두 그런 방식으로 영화를 본다는 것은 지
_{배속 재생이나 건너뛰기 기능을 사용}
_{⌜ ː '학생 1'의 발언에 대한 비판적인 입장을 드러냄}
나친 일반화 아닐까?⌟

학생 1: ㉢ 그럴 수도 있겠다. 너희는 어때? 영화를 볼 때 배속 재
_{'학생 3'의 발언을 수용}
생이나 건너뛰기 기능을 사용하는 편이야?

학생 2: 응. ⌜저번 주말에도 그렇게 해서 두 시간 만에 영화 세
_{⌜ ː 배속 재생이나 건너뛰기 기능을 사용하는 이유}
편을 몰아 봤는걸. 그 덕에 어제 친구들과 이야기할 거리가
많았어.⌟ 이런 이유 때문에 요즘은 배속 재생이나 건너뛰기
기능을 계속 사용하게 돼.

학생 3: 나는 지금은 그렇게 안 봐. 배속 재생으로 봤던 영화　[A]
를 우연히 원래 속도로 보게 된 적이 있었는데 전혀 다른 영
화라는 느낌이 들었어. 그 뒤로는 배속 재생 기능을 사용하
지 않아. 많이 보는 것에만 집착하면 그만큼 놓치게 되는 것
_{배속 재생이나 건너뛰기 기능을 사용하지 않는 이유}
도 많더라고.

학생 2: 하지만 영상 구독 서비스가 도입되면서 영화를 볼 수 있
_{배속 재생이나 건너뛰기 기능을 사용하게 된 배경}
는 환경이 달라졌잖아. 너도 구독 서비스를 이용하고 있으니
무제한으로 영화를 볼 수 있을 텐데, 배속 재생과 건너뛰기 기
_{영화를 많이 보는 것이 중요하다고 생각하는 '학생 2'의 견해}
능으로 최대한 많은 영화를 보는 것이 낫지 않겠어?

학생 3: 그건 사람에 따라 다르지 않을까? 나는 한 편의 영화를
_{상대방의 의견에 동의하지 않음을 간접적으로 드러냄}
보더라도 깊이 있게 보는 것이 더 좋다고 생각해.
_{영화를 깊이 있게 보는 것이 중요하다고 생각하는 '학생 3'의 견해}

학생 1: ㉣ 너희 이야기를 들으니 배속 재생과 건너뛰기에 대한
_{책의 내용을 언급하며 화제를 전환함}
태도는 목적에 따라 달라진다고 했던 책의 내용이 떠오르네.
너희들은 영화를 보는 목적이 뭐야?

학생 2: 줄거리 파악이지. 줄거리만 알면 영화 이야기에 참
_{'학생 2'가 영화를 보는 목적}
여할 수 있으니까. 친구들과의 어제 대화를 생각하니 현대
사회에서 영화가 사회적 교류의 수단으로 기능한다고 했
_{책의 내용 ②}
던 책의 내용을 더 잘 이해할 수 있었어.

학생 3: 줄거리를 아는 것만으로는 부족해. 책에서도 배속　[B]

재생이나 건너뛰기로는 영화에 담긴 풍부한 의미를 온전
_{책의 내용 ③}
히 감상할 수 없다고 했어. 아까 배속 재생으로 봤던 영화
_{앞선 자신의 발언 내용을 환기함}
를 원래 속도로 다시 봤다는 얘기를 했잖아? 배속 재생으
로 볼 때는 놓쳤던 장면에서 느꼈던 감동이야말로 영화에
_{'학생 3'이 영화를 보는 목적}
담긴 풍부한 의미를 감상한 결과라고 생각해.

학생 2: 너의 말을 들어보니 내가 지금까지 본 영화에서 놓친 의
_{⌜ ː '학생 3'의 의견을 수용하며 자신의 관점을 확장함}
미가 많을 수 있겠다는 생각이 들어.⌟

학생 1: ㉤ 이렇게 이야기하다 보니 같은 책을 읽고도 생각이 다
르다는 것을 알 수 있구나. 다음에 읽을 책은 소설이지? 책을 다
_{대화를 통해 느낀 점을 밝히며 앞으로의 활동에 대한 기대감을 드러냄}
읽고 나서 오늘처럼 유익한 이야기를 나눌 수 있으면 좋겠어.

나 ⌜ ː 과거와 현대 사회의 상황을 대조하여 배속 재생과 건너뛰기
　　 기능을 활용한 영화 감상 문화가 등장하게 된 계기 제시

❶ ⌜영상의 수가 적어 한두 편만 시청하는 것만으로도 사람들과
시청 경험을 공유하며 교류할 수 있었던 과거와는 달리, 현대 사
회에서는 수십 개의 채널과 다양한 영상 구독 서비스를 통해 수
많은 영상을 시청할 수 있다. 이런 상황에서 화제가 되는 모든 영
상을 시청하는 것은 거의 불가능하다.⌟ 이를 배경으로 한 책 〈영
화도 2배속으로 보는 시대〉는 영화 한 편을 이삼십 분 만에 보는
사람들에 주목하여 '배속 재생'과 '건너뛰기' 기능을 활용한 영화
_{중심 화제}
감상 문화를 소개하고 있다.

❷ 배속 재생과 건너뛰기 기능을 활용하면 짧은 시간 동안 많은
_{배속 재생과 건너뛰기 기능의 긍정적인 측면 ①}
영화를 볼 수 있다. 책에 의하면 이런 기능은 젊은 세대가 특히
많이 활용하는데, 대화에 참여하고 인정받는 것을 중시하는 이들
세대는 많은 영화를 빨리 보고 그 내용을 사회적 교류의 수단으
_{영화를 보는 목적 – (가)의 '학생 2'의 네 번째 발화}
로 사용하고 싶어 한다는 것이다. 또한 원하는 부분만 선택하여
_{배속 재생과 건너뛰기 기능의 긍정적인 측면 ②}
볼 수 있으므로 소비자가 영화를 주도적으로 수용할 수 있게 된
다고도 언급한다.

❸ 하지만 책에서는 배속 재생과 건너뛰기 기능이 영화를 감
상하는 즐거움을 반감할 수 있다는 점도 지적하고 있다. ⌜영화
_{⌜ ː 배속 재생과 건너뛰기 기능의 부정적인 측면 – (가)의 '학생 3'의 네 번째 발화}
의 장면들은 상호작용하며 의미를 구성하기에, 원하는 부분
만 선택해서 보면 영화에 담긴 의미가 훼손될 수 있다는 것이
다.⌟ ⌜예를 들어 등장인물이 아무 말 없이 창밖을 바라보는 장
_{⌜ ː 구체적인 예시를 들어 문제점을 지적함}
면을 대사가 없다는 이유로 배속 재생으로 보거나 건너뛴다　[C]
면, 헤어진 연인과의 추억을 회상하는 다음 장면의 의미를 제
대로 파악할 수 없을 것이다.⌟ 책에서는 위의 사례를 통해 줄
거리 파악에 지장이 없다고 해서 전개가 느리거나 대사가 없
는 장면을 건너뛰고 본다면 창작자의 의도를 간과하게 된다는
것을 강조하였다.

❹ ⌜나는 평소 배속 재생과 건너뛰기를 많이 활용하는 편이고 주
_{⌜ ː 대화를 나누기 전 책의 내용에 대한 글쓴이의 생각}

말에 시간이 나면 드라마를 한꺼번에 몰아서 보는 일상에도 익숙
해진 지 오래다. 그래서 책에서 이런 감상 방식을 새로운 현상으
로 지칭하는 것이 흥미롭기도 했다. 하지만 책을 읽고 대화를 나
누면서 나오는 다른 감상 방식을 선호하는 친구의 말을 듣고, 그
_{영화 감상에 대한 글쓴이의 입장이 변하게 된 계기}
동안 내가 놓친 것이 있을 수 있음을 인정하게 되었다. 또한 영화
의 줄거리뿐 아니라 영화가 주는 풍부한 의미를 읽어내고 느끼게
_{(가)의 '학생 2'의 다섯 번째 발화}
되는 감동도 친구들과의 대화에서 좋은 화젯거리가 될 것이라는
생각도 들었다. 그리고 이제는 줄거리 파악 말고도 영화가 주는
_{대화를 통해 영화 감상에 대한 글쓴이의 입장이 변화했음이 드러남}
다양한 의미까지 읽어내기 위한 감상 방법도 활용해야겠다고 생
각했다.'

01
답 | ③

(가)의 ㉠~㉤에 대한 설명으로 적절하지 않은 것은?

정답 선지 분석

③ ㉢: 대화 참여자들의 입장을 재차 확인하고 이를 자신의 입장과 비교하고
있다.
㉢에서 대화 참여자들의 입장을 재차 확인하고 이를 자신의 입장과 비교하는 부분은 드러나
지 않는다.

오답 선지 분석

① ㉠: 공유된 상황을 환기하며 대화의 화제를 제시하고 있다.
㉠에서 '학생 1'은 대화 참여자들에게 지난 수업 시간까지 같은 책을 읽었다는 공유된 상황
을 환기하며, 대화의 화제를 제시하고 있다.

② ㉡: 직전 발화의 의미를 보충하며 일부를 재진술하고 있다.
㉡의 직전 발화에서 '학생 2'는 저자가 배속 재생이나 건너뛰기를 새로운 현상으로 소개한
부분이 흥미로웠다고 말한다. '학생 1'은 '학생 2'가 그렇게 여기는 이유를 추론해 '학생 2'의
발화를 보충하면서 직전 발화의 일부를 재진술하고 있다.

④ ㉣: 함께 읽은 책의 내용을 언급하며 화제를 전환하고 있다.
㉣에서 '학생 1'은 배속 재생과 건너뛰기에 대한 태도는 목적에 따라 달라진다는 책의 내용
을 언급하고, 대화 참여자들에게 영화를 보는 목적을 물으며 화제를 전환하고 있다.

⑤ ㉤: 대화에서 느낀 점을 밝히며 추후의 활동에 대한 기대를 드러내고 있다.
㉤에서 '학생 1'은 같은 책을 읽고도 생각이 다를 수 있다는 것을 깨달았다고 느낀 점을 밝히
며 소설을 읽고 대화를 나누는 추후의 활동에 대한 기대를 드러내고 있다.

02
답 | ③

[A]와 [B]를 이해한 내용으로 가장 적절한 것은?

정답 선지 분석

③ [A]에서 제시된 대화 참여자들의 개인적 경험은 [B]에서 책의 내용과 연결
되면서 독서 경험에 기여한 것으로 드러나고 있다.
[A]에서는 '학생 2'가 배속 재생으로 영화를 몰아 보고 친구들과 대화한 경험과, '학생 3'이
같은 영화를 다른 방식으로 감상했을 때 결과가 달라진 경험이 제시되고 있다. 이 경험은 [B]
에서 책의 내용과 연결되면서 독서 경험에 기여한 것으로 드러나고 있다.

오답 선지 분석

① [A]에서 대화 참여자들이 가지고 있던 통념은 [B]에서 일상의 경험을 상기
하는 과정에서 부정되고 있다.
[A]에서 대화 참여자들이 가지고 있던 통념은 드러나지 않는다.

② [A]에서 제시된 대화 참여자들의 입장은 [B]에서 상대방의 경험에 부여한
의미를 진술하는 과정에서 변하고 있다.
[A]에서 배속 재생과 건너뛰기에 대한 '학생 2'와 '학생 3'의 입장이 제시되나, [B]에서는 자
신의 경험에 의미를 부여할 뿐 상대방의 경험에 의미를 부여해 진술하는 과정은 드러나지 않
는다.

④ [A]에서 대화 참여자들이 공통으로 가졌던 의문은 [B]에서 책의 내용을 되
짚던 중 이를 해결할 단서를 찾음으로써 해소되고 있다.
[A]에서 대화 참여자들이 공통으로 가졌던 의문은 드러나지 않는다.

⑤ [A]에서 언급된 대화 참여자들의 견해는 [B]에서 책에 나타난 정보의 유용
성을 판단하는 기준이 되면서 책에 대한 평가로 이어지고 있다.
[A]에서 '학생 2'와 '학생 3'의 경험이 언급되고 있으나, [B]에서 책에 대한 평가로 이어지지
는 않는다.

03
답 | ⑤

(가)의 내용이 (나)에 반영된 양상으로 적절하지 않은 것은?

정답 선지 분석

⑤ (가)에서 '학생 3'이 감상 방법에 따라 같은 영화라도 감상 결과가 달라질 수
있다고 언급한 내용이 (나)의 2문단에 수용자가 영화를 주도적으로 감상할
때의 효과로 제시되었다.
(가)의 '학생 3'의 두 번째 발화에서 감상 방법에 따라 같은 영화라도 감상 결과가 달라질 수
있다고 언급한 내용이 드러나 있다. 하지만 이는 배속 재생과 건너뛰기 방식으로 영화를 보
는 것에 대한 부정적 태도를 드러낸 것이며, (나)의 2문단에는 그 방식에 대한 긍정적 효과가
나타나 있으므로 (가)의 내용이 (나)에 반영되었다고 볼 수 없다.

오답 선지 분석

① (가)에서 '학생 2'가 미디어 환경의 변화를 언급한 내용이 (나)의 1문단에 배
속 재생과 건너뛰기 문화의 발생 배경으로 제시되었다.
(가)의 '학생 2'의 세 번째 발화에서 미디어 환경의 변화를 설명한 내용이 드러나 있고, 이는
(나)의 1문단에서 배속 재생과 건너뛰기 문화의 발생 배경으로 소개되었다.

② (가)에서 '학생 3'이 영화에 담긴 풍부한 의미에 대해 언급한 내용이 (나)의
4문단에 친구들과의 대화에서 화젯거리가 다양해질 수 있겠다는 생각으로
제시되었다.
(가)의 '학생 3'의 마지막 발화에서 영화에 담긴 풍부한 의미에 대해 언급한 내용이 드러나 있
고, 이는 (나)의 4문단에서 친구들과의 대화에서 화젯거리가 다양해질 수 있겠다는 생각으로
제시되었다.

③ (가)에서 '학생 2'가 그동안 영화에서 놓친 의미가 많을 수 있겠다고 언급한
내용이 (나)의 4문단에 영화를 감상하는 다른 방법도 활용하겠다는 다짐으
로 제시되었다.
(가)의 '학생 2'의 마지막 발화에서 그동안 영화에서 놓친 의미가 많을 수 있겠다고 언급한 내
용이 드러나 있고, 이는 (나)의 4문단에서 영화를 감상하는 다른 방법도 수용하겠다는 다짐
으로 제시되었다.

④ (가)에서 '학생 2'가 영화가 사회적 교류 수단으로 기능한다고 언급한 내용
이 (나)의 2문단에 집단 내에서 인정받고자 하는 젊은 세대의 성향과 관련
지어 제시되었다.
(가)의 '학생 2'의 네 번째 발화에서 영화가 사회적 교류 수단으로 기능한다고 언급한 내용이
드러나 있고, 이는 (나)의 2문단에서 대화에 참여하고 인정받는 것을 중시하는 젊은 세대의
성향과 관련하여 제시되었다.

04

답 | ③

[C]가 <보기>를 고쳐 쓴 것이라고 할 때, 그 과정에서 반영된 친구의 조언으로 가장 적절한 것은?

보기

하지만 책에서는 배속 재생과 건너뛰기 기능이 영화를 감상하는 즐거움을 반감할 수 있다는 점도 지적하고 있다. 영화를 빠르게 보면 창작자의 의도를 간과하게 된다는 것이다.

정답 선지 분석

③ 영화를 원래 속도로 감상하지 않아 창작자의 의도를 놓치게 되는 사례를 책에서 찾아 제시하면 어떨까?

⟨보기⟩에는 영화를 빠르게 보면 창작자의 의도를 간과한다는 내용은 있으나, 구체적인 사례는 나타나지 않는다. [C]에는 대사가 없는 장면을 배속 재생이나 건너뛰기로 넘겼을 때 창작자의 의도가 간과되는 구체적인 사례를 책에서 찾아 제시하고 있다. 따라서 친구는 영화를 원래 속도로 감상하지 않아 창작자의 의도를 놓치게 되는 구체적인 사례를 책에서 찾아 제시하라고 조언했을 것이다.

오답 선지 분석

① 영화를 원래 속도로 보지 않아 줄거리를 제대로 파악하지 못한 경험을 들어주면 어떨까?

[C]에 배속 재생과 건너뛰기 기능을 사용해도 줄거리 파악에 지장이 없다는 전제가 드러나 있으므로 적절하지 않다.

② 영화 감상의 목적에 따라 감상 방법을 달리 선택해야 한다는 저자의 견해를 직접 인용하면 어떨까?

[C]에 영화 감상의 목적에 따라 감상 방법을 달리 선택해야 한다는 저자의 견해가 드러나지 않으므로 적절하지 않다.

④ 영화를 볼 때 줄거리 파악보다는 창작자의 의도를 파악하는 것이 더 중요하다는 책의 내용을 강조하면 어떨까?

[C]에 영화 감상에서 줄거리 파악과 창작자의 의도 중 어느 것이 더 중요하다는 내용이 드러나지 않으므로 적절하지 않다.

⑤ 영화를 배속 재생으로 볼 때와 건너뛰기로 볼 때 창작자의 의도가 간과되는 양상이 다르다는 책의 내용을 추가하면 어떨까?

[C]에서 영화를 배속 재생과 건너뛰기로 볼 때를 구분하여 의도가 간과되는 양상이 다르다는 내용이 드러나지 않으므로 적절하지 않다.

DAY 2 언어

빠른 정답 체크

01 ⑤   **02** ③   **03** ④   **04** ①   **05** ②

언어학자인 소쉬르는 '시간은 모든 것을 변화시킨다. 언어라고 해서 이 보편 법칙을 벗어날 리가 없다.'라고 했다. 이처럼 <u>시간의 흐름에 따라 언어가 변화하기도 하는데 이를 언어의 특성 중</u> _{언어의 역사성} 역사성이라고 한다. 이러한 언어의 역사성을 의미와 형태 측면에서 살펴보자.

단어의 의미 변화 양상에는 의미의 확대, 축소, 이동이 있다. 의미 확대는 단어 본래의 의미보다 그 뜻의 사용 범위가 넓어지는 _{의미의 변화 양상 ① - 의미의 확대}

것이고, 반대로 의미 축소는 본래의 의미보다 그 뜻의 사용 범위 _{의미의 변화 양상 ② - 의미의 축소} 가 좁아지는 것이다. 그리고 단어의 의미가 조금씩 달라져서 본 _{의미의 변화 양상 ③ - 의미의 이동} 래의 의미와 거리가 먼 다른 의미로 바뀌기도 하는데, 이를 ⊙ 의미 이동이라고 한다.

단어의 형태 변화는 ⓒ 음운의 변화로 인한 것과 유추로 인한 것 등이 있다. 「중세 국어의 음운 중 'ㆍ', 'ㅿ', 'ㅸ' 등이 시간이 지 └ ┌: 음운의 변화로 인한 단어의 형태 변화 나면서 다른 음운으로 바뀌거나 소실되었는데, 이에 따라 단어 의 형태도 바뀌게 되었다. 'ㆍ'는 첫째 음절에서는 'ㅏ'로, 둘째 음 절 이하에서는 'ㅡ'로 주로 바뀌었으며 'ㅿ'은 대부분 소실되었 고 'ㅸ'은 주로 반모음 'ㅗ/ㅜ'로 바뀌었다.」한편 유추란 어떤 단 어가 의미적 혹은 형태적으로 비슷한 다른 단어를 본떠 변화하는 _{유추의 개념} 것을 말한다. 「과거에 '오다'의 명령형은 '오다'에만 결합하는 명 └ ┌: 유추로 인한 단어의 형태 변화 령형 어미 '-너라'가 결합한 '오너라'였으나, 사람들이 일반적인 명령형 어미인 '-아라'가 쓰일 것이라고 유추하여 사용한 결과 현 재에는 '-아라'가 결합한 '와라'도 쓰인다.」

[A] ┌ 이와 같은 역사성뿐만 아니라 언어의 특성에는 언어의 내용 │ 인 '의미'와 그것을 나타내는 형식인 '말소리' 사이의 관계가 _{언어의 자의성} │ 필연적이지 않다는 자의성,「말소리와 의미는 사회의 인정을 _{└ : 언어의 사회성} │ 통해 관습적으로 결합되어 있어 그 결합은 개인이 함부로 바 │ 꿀 수 없는 약속」이라는 사회성, 언어를 통해 연속적인 대상이 _{언어의 분절성} └ 나 개념을 분절적으로 인식하게 된다는 분절성 등이 있다.

01

답 | ⑤

[A]를 바탕으로 추론한 내용으로 적절하지 않은 것은?

정답 선지 분석

⑤ '차다'라는 말소리가 '(발로) 차다', '(날씨가) 차다', '(명찰을) 차다' 등 다양한 의미에 대응하는 것은 연속적인 개념을 언어로 나누어 인식하고 있는 것이겠군.

'차다'라는 하나의 말소리가 '(발로) 차다', '(날씨가) 차다', '(명찰)을 차다' 등의 다양한 의미에 대응하는 것은 말소리와 의미의 관계가 필연적이지 않고 자의적임을 보여 주는 언어의 자의성에 해당하는 사례이다.

오답 선지 분석

① 경계가 뚜렷하지 않은 '무지개'의 색을 일곱 가지 색으로 구분하는 것은 언어를 통해 대상을 분절적으로 인식하는 것이겠군.

언어를 통해 연속적인 대상이나 개념을 분절적으로 인식하는 언어의 분절성에 대한 사례이므로 적절하다.

② 여러 사람들이 '소리 없이 빙긋이 웃는 웃음'을 '미소'라고 말하는 것은 의미와 말소리가 관습적으로 결합되어 있기 때문이겠군.

말소리와 의미가 관습적으로 결합되어 있어 그 결합은 개인이 함부로 바꿀 수 없는 약속임을 보여 주는 언어의 사회성에 대한 사례이므로 적절하다.

③ 동일한 의미의 대상을 한국어로는 '개', 영어로는 'dog'라고 말하는 것은 의미와 말소리의 관계가 필연적이지 않기 때문이겠군.

말소리와 의미의 관계가 필연적이지 않음을 보여 주는 언어의 자의성에 대한 사례이므로 적절하다.

④ '바다'의 의미를 '나무'라는 말소리로 표현하면 의사소통이 제대로 안 되는 것은 언어가 개인이 함부로 바꿀 수 없는 사회적 약속이기 때문이겠군.

말소리와 의미가 관습적으로 결합되어 있어 그 결합은 개인이 함부로 바꿀 수 없는 약속임을 보여 주는 언어의 사회성에 대한 사례이므로 적절하다.

02

답 | ③

<보기>는 언어의 역사성과 관련하여 학생이 수집한 자료이다. ⓐ~ⓔ 중 윗글의 ㉠과 ㉡에 모두 해당하는 것은?

보기

· '어리다'는 '나이가 적다'라는 의미인데 예전에는 '어리석다'라는 의미를 나타냈고, 예전에도 '어리다'의 형태로 쓰였다. .... ⓐ

· '서울'은 '나라의 수도'와 '한반도의 중심부에 있는 도시'를 의미하는데 과거에는 '나라의 수도'만을 의미했고, '셔블'의 형태로 쓰였다. ...... ⓑ

· '싸다'는 '비용이 보통보다 낮다'라는 뜻의 단어인데 예전에는 '그 정도의 값어치가 있다'라는 의미를 나타냈고, '쓰다'의 형태로 쓰였다. .... ⓒ

· '마음'은 '사람이 본래부터 지닌 성격이나 품성'을 뜻하는 단어인데 예전에는 이와 함께 '심장'을 의미하기도 했고, '무슴'의 형태로 쓰였다. .... ⓓ

· '서로'는 '짝을 이루는 상대'라는 뜻으로, 예전에 '서르'라고 썼는데 사람들이 일반적으로 부사가 '-로'로 끝나는 것에서 추측하여 사용한 결과 '서르'는 '서로'로 변했다. .... ⓔ

정답 선지 분석

③ ⓒ

'싸다'는 '그 정도의 값어치가 있다'에서 '비용이 보통보다 낮다'로 의미가 이동했으며, 첫째 음절에서 'ㆍ'가 'ㅏ'로 바뀌어 음운의 변화로 인한 형태 변화를 겪었으므로 ㉠과 ㉡에 모두 해당한다.

오답 선지 분석

① ⓐ

'어리다'는 의미 이동이 일어났으나 형태 변화는 일어나지 않은 단어이므로 적절하지 않다.

② ⓑ

'서울'은 음운의 변화로 인한 형태 변화가 일어났으나 의미가 확대된 단어이므로 적절하지 않다.

④ ⓓ

'마음'은 음운의 변화로 인한 형태 변화가 일어났으나 의미가 축소된 단어이므로 적절하지 않다.

⑤ ⓔ

'서로'는 유추에 의한 형태 변화가 일어난 단어이므로 적절하지 않다.

03

답 | ④

<학습 활동>을 수행한 결과로 적절하지 않은 것은?

학습 활동

음운 변동에는 교체, 첨가, 탈락, 축약이 있는데 음운 변동의 결과로 음운의 개수가 변화하기도 한다. 분절 음운인 자음과 모음은 모여서 음절을 이루는데, 음절은 발음할 수 있는 최소의 단위로 음절의 유형은 크게 '모음', '자음+모음', '모음+자음', '자음+모음+자음'으로 나눌 수 있다. [자료]의 밑줄 친 부분을 중심으로 음운의 개수 변화와 음절의 유형을 탐구해 보자.

[자료]

· 책상에 놓인 책을 한여름이 지나서야 읽기 시작했다.
· 독서를 즐기기 위해서는 자기에게 맞는 책을 골라야 한다.

정답 선지 분석

④ '독서[독써]'는 첨가의 결과로 음운의 개수가 늘었으며, [써]는 음절 유형이 '자음+모음'이다.

'독서[독써]'는 'ㅅ'이 'ㅆ'으로 교체된 결과로 음운 개수의 변동이 없고, '[써]'는 음절 유형이 '자음+모음'이다.

오답 선지 분석

① '놓인[노인]'은 탈락의 결과로 음운의 개수가 줄었으며, [노]는 음절 유형이 '자음+모음'이다.

'놓인[노인]'은 'ㅎ'이 탈락된 결과로 음운 개수가 하나 줄었으며, '[노]'는 음절 유형이 '자음+모음'이다.

② '한여름[한녀름]'은 첨가의 결과로 음운의 개수가 늘었으며, [녀]는 음절 유형이 '자음+모음'이다.

'한여름[한녀름]'은 'ㄴ'이 첨가된 결과로 음운 개수가 하나 늘었으며, '[녀]'는 음절 유형이 '자음+모음'이다.

③ '읽기[일끼]'는 탈락의 결과로 음운의 개수가 줄었으며, [일]은 음절 유형이 '모음+자음'이다.

'읽기[일끼]'는 겹받침 중 'ㄱ'이 탈락된 결과로 음운의 개수가 하나 줄었으며, '[일]'은 음절 유형이 '모음+자음'이다.

⑤ '맞는[만는]'은 교체의 결과로 음운의 개수는 변동이 없고, [만]은 음절 유형이 '자음+모음+자음'이다.

'맞는[만는]'은 'ㅈ'이 'ㄴ'으로 교체된 결과로 음운의 개수는 변동이 없고, '[만]'은 음절 유형이 '자음+모음+자음'이다.

04

답 | ①

<보기>의 ㉠~㉢에 들어갈 말로 적절한 것은?

보기

학생: 선생님, '-에요'와 '-예요'는 어떻게 구별하여 쓰면 되나요?

선생님: '-에요'는 설명·의문의 뜻을 나타내는 종결 어미로, '이다'나 '아니다'의 어간 뒤에 붙는 것입니다. '-예요'는 '-이에요'의 준말로, 받침이 없는 체언에 붙어요.

학생: 네. 그런데 '너는 어디에 있니?'에 대한 대답으로 '교실이에요.'처럼 쓰는 경우가 있는데 이건 맞춤법에 맞는 표현인가요?

선생님: 네, 그때의 '-에요'는 처소의 부사격 조사 '에'와 보조사 '요'가 결

합한 것이므로 맞춤법에 맞는 표현입니다. 그럼, 아래의 괄호 안에 들어갈 말은 무엇일까요?

> 1. A: 책을 어디에 두고 왔니?
>   B: 집(   ).
> 2. 여기는 제가 갔던 식당이 아니(   ).
> 3. 그때 그를 도와준 건 이 학생(   ).

학생: 1번은 (㉠), 2번은 (㉡), 3번은 (㉢)입니다.
선생님: 모두 잘 이해했네요.

정답 선지 분석

	㉠	㉡	㉢
①	에요	에요	이에요

㉠ 책을 두고 온 곳, 처소에 해당하는 '집' 뒤에 붙는 것이므로 처소의 부사격 조사 '에'와 보조사 '요'가 결합한 '에요'가 들어가야 한다.
㉡ '아니다'의 어간 뒤에 붙는 것이므로 '에요'가 들어가야 한다.
㉢ 받침이 있는 체언인 '학생' 뒤에 결합하는 것이므로 '이에요'가 들어가야 한다.

05

답 | ②

<보기>의 [자료]를 바탕으로 할 때, ㉠~㉻ 중 띄어쓰기가 바르게 된 것만을 [예문]에서 고른 것은?

보기

[자료]

보다¹ 「동사」
　「1」 눈으로 대상의 존재나 형태적 특징을 알다.
　「2」 눈으로 대상을 즐기거나 감상하다.
　「3」 책이나 신문 따위를 읽다.
보다² 「부사」 어떤 수준에 비하여 한층 더.
보다³ 「조사」 서로 차이가 있는 것을 비교하는 경우, 비교의 대상이 되는 말에 붙어 '~에 비해서'의 뜻을 나타내는 격 조사.

[예문]

┌ 그는 그 책을 처음 보다. ····················· ㉠
└ 그는 그 책을 처음보다. ····················· ㉡
┌ 그는 나 보다 두 살 위이다. ················· ㉢
└ 그는 나보다 두 살 위이다. ················· ㉣
┌ 그는 자기부터 보다 용감해져야 한다고 생각했다. ······· ㉤
└ 그는 자기부터보다 용감해져야 한다고 생각했다. ······· ㉻

정답 선지 분석

② ㉠, ㉣, ㉤

㉠, ㉡의 '보다'는 '책이나 신문 따위를 읽다'라는 의미로 쓰였으므로 동사이며, ㉠, ㉡ 중 띄어쓰기가 바르게 된 것은 ㉠이다. ㉢, ㉣의 '보다'는 '나'라는 체언에 결합하여 '~에 비해서'라는 뜻을 나타내며 조사이며 조사는 앞말에 붙여 쓰므로 ㉢, ㉣ 중 띄어쓰기가 바르게 된 것은 ㉣이다. ㉤, ㉻의 '보다'는 '어떤 수준에 비하여 한층 더'라는 의미로 쓰였으므로 부사이며, ㉤, ㉻ 중 띄어쓰기가 바르게 된 것은 ㉤이다.

DAY 3 냄새와 맛의 과학

빠른 정답 체크

01 ⑤　　02 ②　　03 ④　　04 ④　　05 ④

❶ 우리는 냄새를 어떻게 인식할까? 냄새의 원인이 되는 기체 상태의 분자가 코로 들어온 후 몇 가지 과정을 거쳐 뇌에서 냄새를
　　（사람이 냄새를 인식하는 방법）
인식하게 된다. 과학자들은 분자의 구조와 뇌가 인식하는 냄새 사이에 직접적인 관련이 있다고 추측하고 이를 밝히려고 했으나 한계에 부딪혔다. 단일 분자 물질이 농도에 따라 전혀 다른 냄새
　　（분자의 구조와 뇌가 인식하는 냄새 사이에 직접적인 관련이 있다는 것을 밝히지 못한 이유）
로 인식되는 경우를 설명할 수 없었기 때문이다. 이후 다른 감각들은 자극이 전기 신호로 바뀌어 인식된 것이라는 점에 착안하여
　　（후각 이외의 감각들은 자극이 전기 신호로 바뀌어 인식된 것이라는 접근이 이미 있었음）
후각을 이해하려는 접근이 도입되었다. 20세기 후반에 미국의 과학자인 액설과 벅은 냄새 분자를 전기 신호로 전환하는 매개체
　　（액설과 벅의 발견）
인 후각 수용체를 발견했다. 후각 수용체를 중심으로 후각 자극의 신호 전달 과정을 살펴보자.

❷ 코안의 가장 윗부분에 후각 수용체가 있는 엄지손톱 크기의
　　（후각 상피의 위치）
후각 상피가 있다. 냄새 분자는 우리가 호흡할 때 공기에 실려 후각 상피로 가는데, 방향에 따라 정방향 경로와 역방향 경로가
　　（□: 냄새 분자의 이동 경로）
있다. 전자는 숨을 들이쉴 때 신체 외부에 있던 냄새 분자가 콧속
　　（정방향 경로의 개념）
으로 유입되는 경로이고, 후자는 신체 내부에 있던 냄새 분자가
　　（역방향 경로의 개념）
목구멍을 통해 코 뒤로 올라가 숨을 내쉴 때 후각 상피에 도달하는 경로이다. 후자를 통해 이동한 냄새 분자는 미각으로 느낀 맛
　　（목구멍을 통하기 때문）
을 더욱 풍부하게 할 수 있다.

❸ 이러한 경로를 통해 냄새 분자가 도달한 ㉠ 후각 상피에는 냄새를 받아들이는 후각 신경 세포 수백만 개가 밀집해 있다.「세포의 말
　　　　　　　　　　　　　　　　　　　　　　「」: 후각 상피의 모습
단에는 가느다란 섬모들이 뻗어 나와 얇은 점액질층에 잠겨 있고, 섬모 표면에는 특정한 몇 종류의 분자와 선택적으로 결합하는 막단백질인 후각 수용체가 점점이 박혀 있는데 한 개의 후각 신경 세포에는 한 종류의 후각 수용체만 존재한다.」냄새 분자는
　　　　（후각 상피에는 수백만 개의 후각 수용체가 존재함）
점액질층을 통과하여 후각 수용체와 결합한다. 대부분의 냄새에는 수백 종류의 분자가 포함되는데, 이 냄새 분자와 특이적으로
　　　　　　　　　　　　　　　　（후각 상피에서의 냄새 분자 인식 과정）
결합하는 후각 수용체가 동시에 활성화된다. 인간은 약 400종류의 후각 수용체로 1만여 가지의 냄새를 맡을 수 있다.

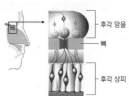
후각 망울
뼈
후각 상피

❹ 후각 수용체가 활성화되면 후각 신경 세포의 세포막 안팎에
　　　　　　　　　　　　　（후각 수용체 활성화로 인한 전기 신호 발생）
전압 차가 만들어지면서 후각 신경 세포에서 전기 신호가 발생한다. 이 신호는 후각 신경 세포에서 뻗어 나온 긴 돌기인 축삭을

타고 뼈의 구멍을 통해 뇌로 올라가 ⓒ 후각 망울에 있는 <u>토리</u>로 전달된다. 하나의 토리에는 동일한 종류의 후각 수용체가 활성화 되어 만들어진 모든 전기 신호가 모인다. _{토리의 특징} 이때 수천 개의 토리 중 신호를 전달받은 토리들이 패턴을 만드는데, 신호의 세기도 패턴 _{후각 망울에서 패턴이 만들어짐} 에 반영된다. 냄새마다 고유한 일종의 패턴 지도가 있어 다른 냄 _{두 물질의 냄새 분자가 다르면 토리에서 만들어진 패턴도 다름} 새와 구별할 수 있는 특징이 된다. 단일 분자로 이루어진 물질이 라도 농도에 따라 다른 패턴이 만들어진다면 우리는 이를 전혀 다른 냄새로 인식한다.

❹ 후각 망울의 토리에서 만들어진 패턴은 신경 세포인 <u>승모 세포</u> 를 통해 전기 신호가 강화되어 대뇌로 전달되고, 대뇌의 다양한 _{승모 세포의 기능} 정보들과 합쳐져 최종적으로 냄새를 인식하게 된다. 승모 세포가 연결된 <u>대뇌의 후각 겉질</u>에는 「과거에 맡았던 냄새 정보가 저장 _{「 」: 대뇌의 후각 겉질의 기능} 되어 있어 새로운 냄새의 정보를 기존의 것과 비교하고, 냄새 정 보를 편도체, 해마, 눈확이마 겉질 등 대뇌의 다른 영역으로 보낸 다.」이 냄새 정보는 정서 반응에 관여하는 편도체 및 기억을 담당 하는 해마로 즉시 전달된다. 이 때문에 어떤 냄새를 맡으면 무의 식중에 즐겁거나 불쾌한 감정을 느낄 수도 있고, 「순식간에 과거 _{냄새 정보가 편도체에 전달되었을 때의 결과} 의 기억이 ⓐ 떠오를 수도 있다.」그리고 눈확이마 겉질에서는 개 _{「 」: 냄새 정보가 해마에 전달되었을 때의 결과} 인의 경험, 기대, 상황 등의 정보를 종합하여 최종적으로 어떤 냄 _{냄새 정보가 눈확이마 겉질에 전달되었을 때의 결과} 새인지 판단하여 냄새를 인식하게 된다.

01

답 | ⑤

윗글을 통해 답을 찾을 수 있는 질문으로 적절한 것은?

정답 선지 분석

⑤ 냄새를 맡으면 순식간에 기억이 떠오르는 이유는 무엇인가?

5문단에 따르면, 후각 겉질의 냄새 정보는 기억을 담당하는 해마에 즉시 연결되기 때문에 어떤 냄새를 맡으면 순식간에 과거의 기억이 떠오른다는 것을 확인할 수 있다.

오답 선지 분석

① 후각 상피에 있는 점액질층의 성분은 무엇인가?

후각 상피에 있는 후각 신경 세포들의 말단에서 뻗어 나온 섬모들이 얇은 점액질층에 잠겨 있다고는 했지만, 점액질층의 성분은 알 수 없다.

② 후각 겉질과 눈확이마 겉질을 나누는 기준은 무엇인가?

후각 겉질과 눈확이마 겉질의 기능을 설명했지만, 이 둘을 나누는 기준은 알 수 없다.

③ 후각 수용체가 냄새 분자와 결합하는 원리는 무엇인가?

냄새 분자가 점액질층을 통과하여 후각 수용체와 결합한다고 했을 뿐, 그 원리는 설명하지 않았다.

④ 냄새 분자가 정방향 경로로 들어올 때의 장점은 무엇인가?

냄새 분자가 역방향 경로로 들어오면 미각으로 느낀 맛을 더욱 풍부하게 할 수 있다고 했을 뿐, 정방향 경로로 들어올 때의 장점은 설명하지 않았다.

02

답 | ②

윗글을 읽고 추론한 내용으로 적절하지 <u>않은</u> 것은?

정답 선지 분석

② 액설과 벅은 냄새 분자의 구조에 따라 냄새가 인식되는 방법을 발견했겠군.

1문단에 따르면, 20세기 후반 이전의 과학자들은 분자의 구조와 뇌가 인식하는 냄새 사이의 관계를 밝히려고 했으나 한계에 부딪혔다. 이후 다른 감각들은 자극이 전기 신호로 바뀌어 인식된 것이라는 점에 착안하여 후각을 이해하려는 접근이 도입되었고, 액설과 벅은 냄새 분자를 전기 신호로 전환하는 매개체인 후각 수용체를 발견했다. 따라서 액설과 벅이 냄새 분자의 구조에 따라 냄새가 인식되는 방법을 발견했다고 추론하는 것은 적절하지 않다.

오답 선지 분석

① 두 물질의 냄새 분자가 다르다면 토리에서 만들어진 패턴이 다르겠군.

3, 4문단에 따르면, 대부분의 냄새에는 수백 종류의 분자가 포함되는데 이 분자들은 특성한 몇 종류의 분자와 선택적으로 결합하는 후각 수용체와 결합하여 전기 신호를 만들고, 이 신호가 토리에 전달되어 해당하는 냄새의 패턴이 만들어진다. 따라서 두 물질의 냄새 분자가 다르다면, 토리에서 만들어진 패턴이 다르다.

③ 자극이 전기 신호로 바뀌어 인식될 것이라는 접근은 후각 이외의 감각에 먼 저 도입되었겠군.

1문단에 따르면, 후각 이외의 다른 감각들은 자극이 전기 신호로 바뀌어 인식된다는 점에 착 안하여 후각을 이해하려는 접근이 도입되었다. 이를 통해 자극이 전기 신호로 바뀌어 인식될 것이라는 접근은 후각 이외의 감각에 먼저 도입되었음을 알 수 있다.

④ 어떤 냄새를 귤 냄새로 판단했다면 과거의 냄새 정보와 새로운 정보를 비교 하는 과정이 있었겠군.

5문단에 따르면, 대뇌의 후각 겉질에는 과거에 맡았던 냄새 정보가 저장되어 있어 새로운 냄 새의 정보를 기존의 것과 비교하고 눈확이마 겉질에서 최종적으로 어떤 냄새인지 판단한다. 어떤 냄새를 새로 맡고 귤 냄새로 판단했다면, 과거의 냄새 정보와 새로 맡은 냄새의 정보를 비교하는 과정을 거친 것이다.

⑤ 코가 막혔을 때 미각으로 느낀 맛을 더욱 풍부하게 느끼지 못하는 것은 후 각 상피로 가는 역방향 경로가 막혔기 때문이겠군.

2문단에 따르면, 역방향 경로를 통해 이동한 냄새 분자는 미각으로 느낀 맛을 더욱 풍부하게 할 수 있다. 이를 통해 코가 막혔을 때 맛을 더욱 풍부하게 느끼지 못하는 것은 후각 상피로 가는 역방향 경로가 막혔기 때문임을 알 수 있다.

03

답 | ④

<u>후각 자극의 신호 전달 과정</u>을 중심으로 ㉠, ㉡을 이해한 내용으로 적절하지 <u>않은</u> 것은?

정답 선지 분석

④ ㉠에서 서로 다른 종류의 후각 수용체가 활성화되어 발생한 전기 신호는 한 개의 축삭에 모여 ㉡으로 전달된다.

3문단에 따르면, 한 개의 후각 신경 세포에는 한 종류의 후각 수용체만 존재하고, 4문단에 따 르면, 후각 신경 세포에서 만들어진 전기 신호는 후각 신경 세포에서 뻗어 나온 긴 돌기인 축 삭을 통해 후각 망울에 있는 토리로 전달된다. 따라서 서로 다른 종류의 후각 수용체가 활성화 되어 발생한 전기 신호가 한 개의 축삭에 모여 후각 망울로 전달된다는 것은 적절하지 않다.

오답 선지 분석

① ㉠에서 냄새 분자가 섬모에 닿으려면 먼저 점액질층을 통과해야 한다.

3문단에 따르면, 냄새 분자는 점액질층을 통과하여 섬모에 있는 후각 수용체와 결합하므로 냄새 분자가 섬모에 닿으려면 먼저 점액질층을 통과해야 한다.

② ㉠에서 냄새 분자와 후각 수용체가 결합하면 후각 신경 세포에서 전기 신호 가 발생한다.

4문단에 따르면, 냄새 분자와 후각 수용체가 결합하여 후각 수용체가 활성화되면 후각 신경 세포의 세포막 안팎에서 전압 차가 만들어지면서 후각 신경 세포에서 전기 신호가 발생한다.

③ ⓛ에서 만들어진 패턴은 승모 세포를 통해 전기 신호가 강해져 대뇌의 후각 겉질로 전달된다.

> 5문단에 따르면, 후각 망울의 토리에서 만들어진 패턴은 신경 세포인 승모 세포를 통해 전기 신호가 강화되어 대뇌의 후각 겉질로 전달된다.

⑤ ㉠으로부터 전달된 전기 신호와 세기를 반영하여 ⓛ에서는 패턴이 만들어진다.

> 4문단에 따르면, 후각 수용체가 활성화되면서 만들어진 전기 신호가 후각 신경 세포를 통해 토리로 전달되고, 후각 망울에 있는 수천 개의 토리 중 신호를 전달받은 토리들이 패턴을 만드는데 신호의 세기도 패턴에 반영된다.

04

답 | ④

윗글과 <보기>를 이해한 내용으로 적절하지 않은 것은?

보기

'전자 코'는 질병 조기 진단, 식품의 신선도 측정 등에 두루 쓰인다. 최근 사람의 후각과 원리가 비슷한 6가지 나노 금 입자로 구성된 전자 코가 개발돼 질병 진단을 위해 단백질을 분석할 때 쓰이고 있다. 6가지 나노 금 입자에 특정한 단백질과 결합하는 물질들이 코팅되어 있다. 나노 금 입자는 형광물질과 결합한 상태인데 단백질이 결합하면 형광물질이 분리되면서 빛을 낸다. 나노 금 입자와 단백질의 결합 여부 및 결합하는 정도에 따라 빛의 세기가 달라지고, 이러한 빛들이 만드는 빛의 분포는 단백질마다 다른 고유한 특징이다. 이러한 빛의 분포를 컴퓨터로 분석하고 기존의 데이터와 비교하여 단백질의 종류를 파악한다.

정답 선지 분석

④ '승모 세포'와 '나노 금 입자'는 대상과의 결합 여부와 정도를 알려 준다는 점에서 유사하다고 볼 수 있겠군.

> <보기>는 사람의 후각과 원리가 비슷한 전자 코에 대해 설명하고 있다. 나노 금 입자와 단백질이 결합할 때 결합 여부 및 정도에 따라 빛의 세기가 달라지므로 나노 금 입자는 단백질에 관한 정보를 보여 주는 기능을 한다고 볼 수 있다. 이 기능은 토리의 신호를 대뇌로 전달하는 승모 세포의 기능과는 다르다.

오답 선지 분석

① '토리에서 만들어진 패턴'과 '빛의 분포'는 대상마다 다르게 나타나는 고유한 특징이라는 점에서 유사하다고 볼 수 있겠군.

> 4문단에 따르면, 냄새마다 고유한 패턴 지도가 있어 토리에서 만들어진 패턴으로 서로 다른 냄새를 구별할 수 있다. 전자 코에서 고유한 빛의 분포로 단백질의 종류를 파악할 수 있으므로 토리에서 만들어진 패턴과 기능이 유사하다고 볼 수 있다.

② '후각 수용체'와 '단백질과 결합하는 물질들'은 대상과 선택적으로 결합한다는 점에서 유사하다고 볼 수 있겠군.

> 3문단에 따르면, 후각 수용체는 특정한 몇 종류의 분자와 선택적으로 결합한다. 전자 코에서 단백질과 결합하는 물질들은 단백질과 선택적으로 결합하므로 후각 수용체와 유사하다고 볼 수 있다.

③ '대뇌의 후각 겉질'과 '컴퓨터'는 새로운 정보를 기존의 정보와 비교한다는 점에서 유사하다고 볼 수 있겠군.

> 5문단에 따르면, 대뇌의 후각 겉질에는 과거에 맡았던 냄새 정보가 저장되어 있어 새로운 냄새의 정보를 기존의 것과 비교하므로, 전자 코의 컴퓨터가 빛의 분포를 기존의 데이터와 비교한다는 점에서 유사하다고 볼 수 있다.

⑤ '전기 신호'와 '빛'은 두 대상의 결합으로 인해 발생한다는 점에서 유사하다고 볼 수 있겠군.

> 4문단에 따르면, 냄새 분자가 후각 수용체와 결합하면 후각 수용체가 활성화되어 후각 신경 세포에서 전기 신호가 발생한다. 전자 코에서 나노 금 입자와 단백질이 결합하면 나오는 빛은 이 전기 신호와 유사하다고 볼 수 있다.

05

답 | ④

문맥상 ⓐ의 의미와 가장 가까운 것은?

정답 선지 분석

④ 그 사람의 이름이 이제야 떠올랐다.

> ⓐ는 '순식간에 과거의 기억이 떠오르기도'의 의미이므로 '기억이 되살아나거나 잘 구상되지 않던 생각이 나다'의 의미와 유사하다.

오답 선지 분석

① 바람에 날린 연이 높이 떠올랐다.

> '솟아서 위로 오르다'의 의미로 쓰였다.

② 붉은 태양이 바다 위로 떠올랐다.

> '솟아서 위로 오르다'의 의미로 쓰였다.

③ 어머니의 얼굴에 미소가 떠올랐다.

> '얼굴에 어떠한 표정이 나타나다'의 의미로 쓰였다.

⑤ 그녀는 배구계의 새 강자로 떠올랐다.

> '관심의 대상이 되어 나타나다'의 의미로 쓰였다.

DAY 4 　니체의 철학

빠른 정답 체크

01 ④　　**02** ③　　**03** ⑤　　**04** ④　　**05** ③

❶ 소크라테스 이후의 전통 형이상학에서는 「현실 세계를 불완전하고 거짓된 세계로 간주하고, 보편적 진리로 이루어진 현실 너머의 세계를 참된 세계라고 여겼다.」 『』: 전통 형이상학의 세계관 그들은 삶의 목적이 현실 너머에 있는 초월적 가치의 추구에 있다고 보았으며, 이성적 사유 전통 형이상학의 삶의 목적 를 통해 이를 발견하고자 하였다. 이것은 삶의 외부에 있는 절대적 가치를 토대로 삶의 의미를 찾고자 하는 사유 방식이었다. 바로 이 점에 반기를 든 철학자가 니체이다.

❷ 니체에 따르면, 삶은 삶을 둘러싼 가치들의 근원이며, 가치 평 니체 철학에서의 삶 가의 출발점이다. 그리고 가치는 삶에 유용한가, 즉 그것이 삶을 니체 철학에서의 가치의 평가 기준 더 강하게 만들어 주는가에 따라 평가된다. 그런데 전통 형이상학은 ㉠ '도덕적 선'이라는 절대적 가치를 삶의 궁극적인 목적으로 여기고, 이에 따라 개별적 삶을 재단하려 하였다. 이에 따르면 「삶의 본능적 욕망은 억압되어야 하는 것이며, 현실적인 삶은 개 『』: 전통 형이상학은 도덕적 선을 궁극적인 목적으로 여김 선되어야 하는 부정적인 것」이다. 따라서 「현실적인 삶을 긍정하고 『』: 현실적인 삶은 개선되어야 하는 것이기 때문 그 속에서 끊임없이 발전하고자 하는 태도는 '도덕적 선'에 부합하지 않는, 무가치한 현실적 욕구들을 충족하려는 태도에 지나지 않게 된다. 결국 현실적인 삶 자체도 무의미한 것이 되고 만다. 니체는 「그 자체로 목적이어야 할 삶을 초월적 가치 실현의 수단 『』: 니체의 관점에 따른 전통 형이상학의 사유 방식 으로 간주하는 전도된 사유 방식」에 전적으로 반대하였다.

❸ 니체는 전통 형이상학의 도덕 가치를 좇으며 '노예'로 살아가는 대신 각자가 '주인'으로서 스스로의 삶을 살아갈 것을 강조했다. 그러기 위해서는 끊임없이 무언가를 넘어서고 더 높은 것으로 나아가고자 하는 욕망, 즉 ⓐ '힘에의 의지'가 필요하다고 보았다. _{'힘에의 의지'의 개념 ①} 이것은 자신 내면의 힘과 능력을 더 높은 차원으로 발휘하고자 하는 의지이기도 하다. _{'힘에의 의지'의 개념 ②} 하나의 '힘에의 의지'가 다른 '힘에의 의지'를 이겨도 또 다른 '힘에의 의지'가 수시로 나타나므로, 이것은 창조와 생산이 무한히 이루어지게 하는 의지이다. 니체는 '힘에의 의지'를 _{'힘에의 의지'의 특징} 자연스러운 것으로 수용할 때 현재이 자신을 극복하고 새로운 가치를 창조할 수 있다고 보았다. _{니체 철학에서의 '힘에의 의지'}

❹ 니체에 따르면, 삶을 긍정하고 상승시키고자 하는 '강자'들은 삶에 유용한 가치들을 끊임없이 추구한다. 각각의 삶이 자신의 상승을 위해 '힘에의 의지'를 중심으로 경합하기도 하는데, 이때 필요한 것이 '아곤(Agon)', 즉 경쟁이다. 이것은 자신과 동등하거나 자신보다 뛰어난 사람을 넘어서려고 하는 것으로, _{아곤의 개념} 자신이 가진 힘의 크기를 확인하고 더 상승시키기 위해 필요한 과정이다. 그렇기에 아곤의 궁극적 목적은 경쟁자의 제압이 아니라 자신의 성장에 있다. _{아곤의 궁극적 목적} 자신이 뛰어넘고자 하는 강자는 자신을 자극하고 발전시키는 선의의 파트너가 된다. _{아곤의 특징 ①} 상대를 이기고자 하는 데서 오는 고통이 클수록 상대가 강하다는 뜻이며, 이때 고통은 오히려 성장의 원동력이 된다. _{아곤의 특징 ②} 물론 강자들 사이에서도 힘의 차이에 따르는 위계는 존재한다. 그러나 이때의 위계는 일방적 계급 질서가 아니다. 승패는 존재하지만, 비교를 통해서 자신의 힘을 평가하고 좀 더 성장하고자 노력하였음을 서로 인정하므로, 강자와 상대적 약자 간의 힘의 위계는 지배적 형태가 아니라 상호 존중의 형태로 드러난다. _{아곤의 특징 ③} 즉, 니체의 아곤은 자신의 삶을 긍정하고 자신의 성장을 위해 타자를 존중하는 태도라고 할 수 있다. _{니체 철학에서의 아곤}

❺ 니체는 삶을 긍정한다는 것은 삶이 마주하는 어려움을 잘 극복하고 성장하고자 하는 태도를 의미한다고 보았다. '강자를 넘어서려고 하는 의지'를 옹호한 니체의 철학은, 현실을 살아가는 우리 자신의 삶을 그 자체로 긍정할 수 있는 철학적 토대를 마련 _{니체 철학의 의의} 하였다는 점에서 의미가 있다.

01
답 | ④

다음은 윗글을 읽고 학생이 수행한 활동지의 일부이다. 학생의 응답으로 적절하지 않은 것은?

정답 선지 분석

질문	학생의 응답	
	예	아니오
④ 니체 철학의 핵심 개념을 사례를 들어 설명하였는가?	✔	

니체 철학의 핵심 개념인 '힘에의 의지'(3문단)와 '아곤'(4문단)을 설명하고 있으나, 사례를 들지는 않았으므로 적절하지 않다.

오답 선지 분석

질문	학생의 응답	
	예	아니오
① 니체 철학의 등장 배경을 전통 형이상학과 관련지어 제시하였는가?	✔	

니체는 전통 형이상학이 초월적 가치를 토대로 삶의 의미를 찾고자 한 것에 반기를 든 철학자이다(1문단).

질문	학생의 응답	
	예	아니오
② 니체 철학과 전통 형이상학의 공통점과 차이점을 밝혔는가?		✔

니체 철학과 전통 형이상학의 차이점은 밝혔으나(1, 2문단), 공통점은 밝히지 않았다.

질문	학생의 응답	
	예	아니오
③ 니체 철학의 변천 과정을 통시적인 관점에서 드러내었는가?		✔

니체 철학의 변천 과정은 글에 드러나지 않는다.

질문	학생의 응답	
	예	아니오
⑤ 니체 철학이 지닌 의의를 밝히며 마무리하였는가?	✔	

니체 철학은 현실적인 삶을 그 자체로 긍정할 수 있는 철학적 토대를 마련하였다는 의의를 가진다(5문단).

02
답 | ③

윗글의 내용과 일치하지 않는 것은?

정답 선지 분석

③ 니체는 무가치한 현실적 욕구를 충족하려는 태도도 삶을 개선하는 데 기여한다고 보았다.

현실적 욕구를 무가치한 것으로 보거나 삶을 개선의 대상으로 본 것은 모두 전통 형이상학의 입장이다(2문단).

오답 선지 분석

① 전통 형이상학에서는 현실 세계와 별개로 참된 세계가 존재한다고 생각하였다.

전통 형이상학에서는 현실 너머에 보편적 진리로 이루어진 참된 세계가 있다고 여겼다(1문단).

② 전통 형이상학에서는 절대적 가치를 발견하는 방법으로 이성적 사유를 제시하였다.

전통 형이상학에서는 이성적 사유를 통해 초월적 가치를 추구하고자 하였다(1문단).

④ 니체는 사람들이 자신보다 우월한 사람을 넘어서고자 하는 의지를 긍정적으로 평가하였다.

니체는 '강자를 넘어서려고 하는 의지'를 옹호하였다(5문단).

⑤ 니체는 삶에서 오는 어려움을 극복하고 성장하고자 하는 것이 삶을 긍정하는 태도라고 여겼다.

니체는 삶을 긍정한다는 것은 삶이 마주하는 어려움을 잘 극복하고 성장하고자 하는 태도를 의미한다고 보았다(5문단).

03

답 | ⑤

니체의 입장을 고려하여 ⊙의 의미를 파악한 내용으로 가장 적절한 것은?

⑤ 가치 평가의 기준이어야 할 삶을 삶 외부의 절대적 가치를 기준으로 평가하였다.

전통 형이상학에서는 절대적 가치를 삶의 궁극적인 목적으로 여기고, 개별적인 삶을 이 기준에 따라 재단하려고 하였다. 반면 니체는 현실적인 삶 그 자체가 목적이며, 가치 평가의 출발점이라고 보았다. 그의 시각에서 전통 형이상학은, 가치 평가의 기준이어야 할 삶을, 절대적 가치를 기준으로 한 평가 대상으로 만든 것으로 볼 수 있다.

① 개별적 삶을 바탕으로 절대적 가치가 지닌 유용성을 판단하였다.

⊙은 절대적 가치에 따라 개별적 삶을 재단하였다고 말하고 있다.

② 개별적 삶에 절대적 가치를 실현하여 삶이 무의미하다는 점을 밝혀내었다.

전통 형이상학에서 현실적 삶이 무의미하다고 주장한 것은 맞지만, 개별적 삶에 절대적 가치를 실현하여 밝혀낸 것은 아니다.

③ 절대적 가치에 부합하는 현실적 욕구들을 바탕으로 개별적 삶을 규정하였다.

전통 형이상학은 삶의 본능적 욕망을 억압되어야 하는 것으로 보았으며, 무가치한 현실적 욕구들을 충족하려는 태도를 비판하였다.

④ 절대적 가치를 추구하는 것만으로는 삶을 더욱 완전하게 만들 수 없다고 보았다.

전통 형이상학은 삶의 외부에 있는 절대적 가치를 토대로 삶의 의미를 찾고자 하였으며, 삶을 초월적 가치 실현의 수단으로 간주하였다. 그러나 니체는 이러한 사유 방식에 반대하며 삶은 삶을 둘러싼 가치들의 근원이자 가치 평가의 출발점이라고 하였다.

04

답 | ④

윗글의 ⒜와 <보기>의 ⒝를 비교한 내용으로 가장 적절한 것은?

쇼펜하우어는 살고자 하는 맹목적 욕망, 즉 ⒝ '삶에의 의지'가 인간의 행위와 인식을 지배한다고 보았다. 욕망이 충족되면 행복을 느끼지만, 이것은 금방 권태로 변하여 또 다른 욕망을 낳는다. 이 의지는 결핍과 권태 사이를 왔다 갔다 하면서 영원히 고통을 발생시키며, 이 의지가 격렬할수록 고통도 커지게 된다. 따라서 고통의 굴레에서 벗어나려면 예술과 명상, 금욕을 통해 이를 다스려야 하며, 참된 행복을 위해서는 이 의지를 완전히 버리는 것이 필요하다고 단언하였다.

④ 니체는 ⒜를 자연스럽게 받아들이는 것이, 쇼펜하우어는 ⒝를 포기하는 것이 더 나은 삶을 만들 수 있다고 보았다.

니체는 '힘에의 의지(⒜)'를 자연스러운 것으로 수용할 때 현재의 자신을 극복하고 새로운 가치를 창조할 수 있다고 보았다(3문단). 반면 쇼펜하우어는 '삶에의 의지(⒝)'를 다스려야 고통의 굴레에서 벗어날 수 있으며, 참된 행복을 위해서는 이 의지를 완전히 버리는 것이 필요하다고 보았다.

① 니체는 ⒜를 창조적인 삶을 이끄는 힘으로, 쇼펜하우어는 ⒝를 안정적인 삶을 유지하는 힘으로 보았다.

쇼펜하우어는 '삶에의 의지(⒝)'가 영원히 고통을 발생시킨다고 보았다. 안정적인 삶을 유지하는 힘으로 보았다는 것은 적절하지 않다.

② 니체는 ⒜를 더 강해지고자 하는 내적 동기로, 쇼펜하우어는 ⒝를 더 행복해지게 만드는 외적 동기로 보았다.

쇼펜하우어는 '삶에의 의지(⒝)'가 영원히 고통을 발생시킨다고 보았다. 더 행복하게 만드는 힘으로 보았다는 것은 적절하지 않다.

③ 니체는 ⒜를 타인의 존재와 무관한 욕망으로, 쇼펜하우어는 ⒝를 타인과의 비교를 전제로 한 욕망으로 보았다.

'삶에의 의지(⒝)'는 살고자 하는 맹목적인 욕망이다. 따라서 쇼펜하우어가 타인과의 비교를 전제로 한 욕망으로 보았다는 것은 적절하지 않다.

⑤ 니체는 ⒜를 최소한으로 가짐으로써, 쇼펜하우어는 ⒝를 최대한으로 추구함으로써 삶의 고통에서 벗어날 수 있다고 보았다.

니체는 '힘에의 의지(⒜)'를 내면의 힘과 능력을 더 높은 차원으로 발휘하고자 하는 의지라고 보았다(3문단). 따라서 니체가 '힘에의 의지'를 최소한 가짐으로써 고통에서 벗어날 수 있다고 보았다는 것은 적절하지 않다.

05

답 | ③

윗글을 읽은 학생이 <보기>에 대해 보인 반응으로 적절하지 않은 것은?

기록 경기인 △△ 종목에서 늘 1, 2위를 다투는 '갑'과 '을'의 라이벌전이 ○○ 올림픽에서 펼쳐졌다. 먼저 출전한 '을'이 신기록을 달성하자 관중들이 열광하였는데, 이때 '을'은 뒤이어 출전하는 '갑'을 위해 관중에게 자제를 요청하였다. 결국 경기는 '을' 1위, '갑' 2위로 종료되었다. 각자 은메달과 금메달을 목에 건 '갑'과 '을'은 서로에게 박수를 보냈으며, 어깨를 감싸 안은 채 경기장을 돌며 관중들에게 답례하였다.

③ '신기록'을 세운 뒤 '갑'의 경기를 배려하는 '을'의 모습은 동등한 조건에서 힘의 크기를 비교하여 상대의 능력을 확인하려는 것으로 볼 수 있군.

니체의 '아곤'은 서로 간의 비교를 통해서 자신의 힘을 평가하고 더 상승시키기 위해 필요한 것이다(4문단). 따라서 '을'이 '갑'을 배려한 것을 '갑'의 능력을 확인하려는 것으로 보는 것은 적절하지 않다.

① '늘 1, 2위를 다투는' '갑'과 '을'은 서로에게 끊임없이 자극을 제공하고 성장을 돕는, 선의의 파트너로 볼 수 있군.

자신이 뛰어넘고자 하는 '강자'는 자신을 자극하고 발전시키는 선의의 파트너가 된다(4문단). '늘 1, 2위를 다투는' '갑'과 '을'은 서로에게 뛰어넘고자 하는 존재이며, 그렇기에 이들은 서로에게 선의의 파트너가 된다고 볼 수 있다.

② '○○ 올림픽'은 각자의 삶을 상승시키고자 하는 '갑'과 '을'의 힘에의 의지가 맞서 겨루는 장이 된 것으로 볼 수 있군.

'강자'들 각각의 삶이 자신의 상승을 위해 '힘에의 의지'를 중심으로 경합하기도 한다(4문단). '갑'과 '을'의 라이벌전이 펼쳐지는 '○○ 올림픽'은, '갑'과 '을'의 힘에의 의지가 맞서 겨루는 장으로 볼 수 있다.

④ 경기 종료 후 '갑'에게 '은메달'이, '을'에게 '금메달'이 주어진 것은 힘의 차이에 따른 위계를 반영한 것으로 볼 수 있군.

강자들 사이에서도 힘의 차이에 따라 승패가 존재하며, 위계가 형성된다(4문단). 1위인 '을'에게 '금메달'이, 2위인 '갑'에게 '은메달'이 주어진 것은 이러한 힘의 차이에 따른 위계를 반영한 것으로 볼 수 있다.

⑤ '갑'과 '을'이 '서로에게 박수를 보'낸 모습은 강자와 상대적 약자 간에 상호 존중의 형태로 힘의 위계가 드러난 것으로 볼 수 있군.

강자들 사이에서도 위계가 존재하지만, 좀 더 나은 사람이 되고자 노력하였음을 서로 인정하므로, 강자와 상대적 약자 간의 힘의 위계는 상호 존중의 형태로 드러난다(4문단). '갑'과 '을'이 서로의 노력을 인정하고 '서로에게 박수를 보낸' 모습은 강자인 '을'과 상대적 약자인 '갑' 간에 상호 존중의 형태로 힘의 위계가 드러난 것으로 볼 수 있다.

DAY 5   〈설월죽〉_이황 / 〈매화〉_권섭 / 〈세한도〉_목성균

빠른 정답 체크

01 ③   **02** ③   **03** ④   **04** ②   **05** ⑤

가

촉각적 이미지
옥설이 차갑게 대나무를 누르고   玉屑寒堆壓
계절적 배경, 은유법   추운 계절을 이겨 내는 자연물
얼음같이 둥근 달 휘영청 밝도다   氷輪逈映徹
　　　　시각적 이미지
「여기서 알겠노라 **굳건한** 그 **절개**를   從知苦節堅
　　형탄법　　□ : 대나무의 속성, 회자의 지향점
더욱이 깨닫노라 **깨끗한** 그 **빈 마음**,   轉覺虛心潔
　　영탄법　　　　　「」: 도치법

- 이황, 〈설월죽(雪月竹)〉 -

나

　　시·공간적 배경　　　　　화자의 상황
㉠ **모첨(茅簷)***의 달이 진 제 첫 잠을 얼핏 깨여

반벽 잔등(半壁殘燈)을 의지 삼아 누웠으니
　　임을 떠올리게 하는 매개체
일야(一夜) 매화가 발하니 **님**이신가 하노라
매화를 감상하는 시간적 배경　　　　영탄법

〈제1수〉

아마도 이 벗님이 풍운(風韻)*이 그지없다

옥골 빙혼(玉骨氷魂)*이 냉담도 하는구나
　　매화
풍편(風便)*의 그윽한 향기는 세한 불개(歲寒不改)* 하구나
후각적 이미지, 매화의 지조와 절개　　계절적 배경 – 매화의 속성 강조

〈제2수〉

천기(天機)도 묘할시고 네 먼저 **춘휘(春暉)***로다
　　　　　　영탄법, 의인법
한 가지 꺾어 내어 이 소식 전(傳)차 하니
　　매화　　　소식을 임에게 전하고 싶은 화자의 소망
님께서 너를 보시고 반기실까 하노라

〈제3수〉

㉡ 님이 너를 보고 반기실까 아니실까
　　　　의인법
「**기년(幾年)*** 화류(花柳)의 ⓐ 취한 잠 못 깨었는가,
　　화자가 아닌 다른 여인　「」: 임을 생각하는 화자와 대비되는 임의 모습
두어라 다 각각 정이니 나와 늙자 하노라

〈제4수〉

- 권섭, 〈매화(梅花)〉 -

* 모첨: 초가지붕의 처마.
* 풍운: 풍류와 운치를 아울러 이르는 말.
* 옥골 빙혼: 매화의 별칭. '옥골'은 고결한 풍채를, '빙혼'은 얼음과 같이 맑고 깨끗한 넋을 의미함.
* 풍편: 바람결.
* 세한 불개: 매우 심한 한겨울의 추위에도 바뀌지 않음.
* 춘휘: 봄의 따뜻한 햇빛.
* 기년: 몇 해.

다

휴전이 되던 해 음력 정월 초순께, 해가 설핏한 강 나루터에 아
　시간적 배경　　　　　　　　공간적 배경
버지와 나는 서 있었다. 작은증조부께 세배를 드리러 가는 길이
었다. 강만 건너면 바로 작은댁인데, 배가 강 건너편에 있었다.
　　　　　　　　　　　　　'나'와 아버지가 처한 상황

아버지가 입에 두 손을 나팔처럼 모아 대고 강 건너에다 소리를 지르셨다.

"사공—, 강 건너 주시오."

건너편 강 언덕 위에 뱃사공의 오두막집이 납작하게 엎드려 있었다. 「**노랗게 식은 햇살**에 동그마니 드러난 외딴집, 지붕 위로 하
　　　　「」: 회화적 묘사 ①
얀 연기가 저녁 강바람에 산란하게 흩어지고 있었다. 그 오두막집 삽짝 앞에 능수버들나무가 맨 몸뚱이로 비스듬히 서 있었다. 둥치에 비해서 가지가 부실한 것으로 보아 고목인 듯싶었다. 나루터의 세월이 느껴졌다.」

강심만 남기고 강은 얼어붙어 있었고, 해가 넘어가는 쪽 컴컴한 산기슭에는 **적설**이 쌓여서 **하얗게 번쩍거**렸다. 나루터의 마른 갈
　　　　　　회화적 묘사 ②　　회화적 묘사 ③
대는 '서걱서걱' 아픈 소리를 내면서 언 몸을 회리바람에 부대끼고 있었다. 마침내 해는 서산으로 떨어지고 **갈대**는 더 **아픈 소리를 신음처럼** 질렀다.
　　　　　　스산한 분위기 묘사

나룻배는 건너오지 않았다. 나는 ㉢ 뱃사공이 나오나 하고 추워
　　　　　　　　　　　　아버지와 대비되는 '나'의 모습
서 발을 동동거리며 사공네 오두막집 삽짝을 바라보고 있었다. 아버지는 팔짱을 끼고 부동의 자세로 사공 집 삽짝 앞의 **버드나무 둥치처럼 꿈쩍도 않으**셨다. '사공—, 강 건너 주시오.' 나는 아
아버지의 선비같은 모습 ①
버지가 그 소리를 한 번 더 질러 주시기를 바랐다. 그러나 아버지는 **두 번 다시 그 소리를 지르지 않으**셨다. 그걸 아버지는 치사
　　　　　아버지의 선비같은 모습 ②
(恥事)*로 여기신 것일까. 사공은 분명히 ⓑ 따뜻한 방 안에서 방
　　　　　　　　　　　　　　　　'나'와 아버지와 달리 사공이 머무는 곳
문의 쪽유리를 통해서 건너편 나루터에 우리 부자가 하얗게 서 있는 것을 보았을 것이다. 그러나 도선의 효율성과 사공의 존재 가치를 높이기 위해서 나루터에 ㉣ **선객이 더 모일 때**를 기다렸
　　　　　　　　　　　　　　　사공의 의도를 추측하는 '나'
기 쉽다. 그게 사공의 도선 방침일지는 모르지만 엄동설한에 서 있는 사람에 대한 옳은 처사는 아니다. 이 점이 아버지는 못마땅 하셨으리라. 힘겨운 시대를 견뎌 내신 아버지의 완강함과 사공의
　　　　　　　　　'나'가 생각하는 아버지와 사공의 대치
존재가치 간의 이념적 대치였다.

아버지는 주루막을 지고 계셨다. 주루막 안에는 정성 들여 ㉤ 한
지에 싼 육적(肉炙)과 술 항아리에 용수를 질러서 뜬, 제주(祭酒)
　　　　　　　　　아버지의 정성이 들어간 제사에 쓸 음식들
로 쓸 술이 한 병 들어 있었다. 작은증조부께 올릴 세의(歲儀)다. **엄동설한 저문 강변**에 세의를 지고 **꿋꿋하게 서** 계시던 분의 모
　　　　　　　　　　　　　　세한도와 겹쳐 보이는 아버지의 모습
습이 보인다.

- 목성균, 〈세한도(歲寒圖)〉 -

* 치사: 행동이나 말 따위가 쩨쩨하고 남부끄러움.

01

답 | ③

(가)~(다)의 공통점으로 가장 적절한 것은?

<정답 선지 분석>

③ 구체적 사물이나 상황을 통해 내면적 가치를 발견하고 있다.

(가)는 대나무, (나)는 매화를 통해 추위 속에서의 절개 등 내면적 가치를 발견한다. (다)는 글쓴이가 어린 시절 경험했던 일을 통해 아버지의 꼿꼿한 삶의 태도라는 내면적 가치를 발견한다.

<오답 선지 분석>

① 설의적 표현으로 대상이 지닌 속성을 강조하고 있다.

(가), (다)에서는 설의법이 드러나지 않고 있다.

② 명암의 대비를 통해 작품의 주제를 형상화하고 있다.

(다)의 '컴컴한 산기슭'과 '하얀 적설'에서 명암대비가 드러난다고 할 수 있지만, 주제를 형상화한다고 보기는 어렵다.

④ 직유법을 활용하여 대상의 외양을 구체적으로 묘사하고 있다.

(가)의 '얼음같이', (다)의 '나팔처럼', '신음처럼', '버드나무 둥치처럼' 등에서 직유법이 드러나지만, (나)에는 드러나지 않는다.

⑤ 풍자적 기법으로 사회 현실에 대한 비판 의식을 보여 주고 있다.

(가), (나), (다) 모두 풍자적 기법으로 사회 현실에 대한 비판 의식을 보여 주는 것은 아니다.

02

답 | ③

<보기>를 참고하여 (가)와 (나)를 감상한 내용으로 적절하지 않은 것은?

<보기>

(가)와 (나)는 추운 계절을 이겨 내는 강인한 속성이 있어 예로부터 예찬의 대상이었던 대나무와 매화를 각각 시적 대상으로 삼고 있다. (가)의 화자는 사철 푸르고 속이 빈 대나무를 고매한 인품에 빗대고 있고, (나)의 화자는 이른 봄 피어난 매화를 통해 임을 떠올리고 매화에 대한 긍정적 인식과 임에 대한 정서를 함께 드러내고 있다.

<정답 선지 분석>

③ (나)의 화자는 '옥골 빙혼(玉骨氷魂)'의 자태를 가진 매화를 '님'으로 착각한 것을 깨닫고 서러워하고 있군.

<제1수>에서 화자가 매화를 임으로 착각했지만, <제2수>의 '옥골빙혼(매화)'을 임으로 착각하지는 않는다. 서러워하는 정서도 드러나지 않는다.

<오답 선지 분석>

① (가)의 화자는 '옥설'에 눌려도 푸름을 유지하는 대나무를 통해 '굳건한' 지조를 떠올리고 있군.

(가)의 화자는 눈 내린 밤 푸른 대나무의 모습을 통해 대나무가 굳은 지조와 절개를 지니고 있음을 깨닫고 있다.

② (가)의 화자는 대나무의 속이 빈 속성을 긍정적으로 인식하여 대나무를 내면이 '깨끗한' 인품에 비유하고 있군.

(가)의 화자는 4행에서 '더욱이 깨닫노라 깨끗한 그 빈 마음'이라 하며 대나무의 속이 비어 있는 속성에서 얻은 깨달음을 고매한 인품에 빗대고 있다.

④ (나)의 화자는 추운 계절에도 굴하지 않고 '그윽한 향기'를 풍기는 매화의 강인함을 예찬하고 있군.

(나)의 화자는 바람결에도 굴하지 않고 '그윽한 향기'를 풍기고 있는 매화를 통해 매화가 지닌 고결한 속성과 강인함을 예찬하고 있다.

⑤ (나)의 화자는 '춘휘(春暉)'를 먼저 느끼게 해 준 매화의 소식을 '님'에게 전달하고 싶은 소망을 드러내고 있군.

(나)의 화자는 <제3수>에서 '천기도 묘할시고 네 먼저 춘휘로다'라고 하며 매화의 소식을 '님'에게 선날하고 싶은 소망을 드러내며 매화를 대할 임의 반응을 궁금해하고 있다.

03

답 | ④

㉠~㉤에 대한 설명으로 적절하지 않은 것은?

<정답 선지 분석>

④ ㉣: 선객들의 모습을 비판적으로 바라보는 아버지의 생각이 드러나 있다.

㉣은 글쓴이가 사공의 의도를 추측한 내용이다. 아버지가 사공을 비판적으로 보고 있지만, 선객을 비판적으로 바라본다고 할 수 없다.

<오답 선지 분석>

① ㉠: 매화를 발견할 당시 화자의 상황과 시간적 배경이 드러나 있다.

'모첨의 달이 진 제'에서 '매화'를 발견한 시간이 드러나고, '첫 잠을 얼핏 깨여'에서 문득 잠에서 깨어난 화자의 상황이 드러난다.

② ㉡: 매화를 대할 임의 반응이 어떠할지를 궁금해하는 마음이 드러나 있다.

'너'는 매화를 지칭한 것으로, '너'를 임이 반길지 반기지 않을지 확신하지 못하고 있다.

③ ㉢: 아버지와 대비되는 글쓴이의 행동에서 추위에서 벗어나고 싶어 하는 마음이 드러나 있다.

아버지가 팔짱을 낀 채 부동의 자세를 유지하고 있는 모습은 추위에서 벗어나고 싶어 발을 동동거리는 글쓴이의 행동과 대비된다.

⑤ ㉤: 작은댁에 세배하러 가면서 준비한 음식으로 아버지의 정성이 드러나 있다.

'육적'과 '술'은 작은댁에 세배하러 가서 드릴 정성이 담긴 음식이다.

04

답 | ②

<보기>를 바탕으로 (다)를 감상한 내용으로 적절하지 않은 것은?

<보기>

(다)의 제목이기도 한 '세한도'는, 한겨울 풍경을 통해 선비의 지조를 드러낸 추사 김정희의 그림이다. (다)의 글쓴이는 혹독하게 추운 겨울에 뜻을 굽히지 않던 아버지의 모습에서 선비적 면모를 발견하고 이날의 경험을 회화적으로 형상화하고 있다. 글쓴이는 아버지가 사공의 처사를 부당하게 여겼고 이에 맞서는 의미로 추위를 견디며 꼿꼿이 서 있었다고 본 것이다.

<정답 선지 분석>

② '아픈 소리를 신음처럼' 지르는 '갈대'는 사공의 부당한 처사에 맞서려는 글쓴이의 내면을 표상하고 있군.

'갈대'는 겨울의 스산한 분위기를 더욱 부각하고 있는 자연물이라 할 수 있으며, 사공의 처사에 맞서려는 글쓴이의 내면을 표상한다고 볼 수는 없다.

<오답 선지 분석>

① '노랗게 식은 햇살'과 '하얗게 번쩍거'리는 '적설'을 통해 매섭게 추운 겨울 강가를 회화적으로 형상화하고 있군.

'노랗게', '하얗게' 등의 색채 이미지를 사용하여 겨울 강가의 풍경을 회화적으로 형상화하고 있다.

③ 글쓴이는 '버드나무 둥치처럼 꿈쩍도 않'는 아버지의 모습에서 지조를 지키려는 선비적 면모를 발견하고 있군.

아버지가 꿈쩍도 않고 서서 두 번 다시 사공을 부르지도 않았던 이유는 사공의 부당함에 맞서려는 뜻이 있었기 때문이라고 글쓴이는 추측하고 있다.

④ '두 번 다시 그 소리를 지르지 않'는 모습을 통해 자신의 뜻을 꺾지 않으려는 아버지의 태도를 드러내고 있군.

글쓴이는 아버지가 사공에게 '소리를 한 번 더 질러 주시기를 바랐'지만, '두 번 다시 그 소리를 지르지 않'았다고 하였으므로, 이는 자신의 뜻을 꺾지 않으려는 아버지의 태도를 드러낸다고 볼 수 있다.

⑤ '엄동설한 저문 강변'에서 '꿋꿋하게 서' 있던 아버지의 모습은 추사의 그림 '세한도'의 이미지와 연결되는군.

> 김정희의 '세한도'는 한겨울 풍경을 통해 선비의 지조를 드러낸 그림인데, 이는 (다)의 제목이기도 하다. 글쓴이는 '엄동설한'에도 '꿋꿋한' 태도를 유지한 아버지의 모습에서 그림 '세한도'에서 제시된 것과 유사한 의미를 발견하고 있다.

05

답 | ⑤

ⓐ와 ⓑ를 이해한 내용으로 가장 적절한 것은?

정답 선지 분석

⑤ ⓐ에는 화자의 처지와 대비되는 임의 모습이, ⓑ에는 글쓴이가 있는 ~~공간과~~ 대비되는 공간이 제시되어 있다.

> ⓐ는 자신을 잊고 다른 것에 빠져 있는 임의 모습, ⓑ는 글쓴이, 아버지와 달리 사공이 머무는 공간이다. ⓐ는 임을 생각하는 자신과 대비되고, ⓑ는 추위에 떨고 있는 나루터의 글쓴이와 대비된다.

오답 선지 분석

① ⓐ에는 임이 처한 상황에 대한 연민이, ⓑ에는 사공이 처한 상황에 대한 추측이 담겨 있다.

> ⓐ는 화자가 임에 대한 연민을 느끼는 상황이라고 할 수 없다.

② ⓐ에는 화자가 지향하는 행동이, ⓑ에는 글쓴이가 지향하는 공간의 속성이 구체화되고 있다.

> ⓐ를 화자가 지향하는 행동이라고 볼 수 없다.

③ ⓐ에는 돌아오지 않는 임에 대한 원망이, ⓑ에는 곧 돌아올 사공에 대한 기대감이 내포되어 있다.

> ⓑ에는 곧 돌아올 사공에 대한 기대감이 드러나지 않는다.

④ ⓐ에는 자신의 처지에 대해 자조하는 태도가, ⓑ에는 사공의 몰인정함에 대해 비판하는 태도가 드러나 있다.

> ⓐ는 임의 상황을 표현한 시어로, 화자가 스스로를 비웃는 자조적 태도라 볼 수 없다.

DAY 6 〈매일 죽는 사람〉_조해일

빠른 정답 체크

01 ④　　**02** ①　　**03** ⑤　　**04** ②

[앞부분의 줄거리] 단역 전문 배우인 '그'는 일요일에도 촬영장에 나가 주인
_{구체적인 이름이 아닌 인칭 대명사로 지칭됨}
공인 신장균에 맞서는 악역 고독성의 졸개 역할을 맡아 촬영의 마지막 장면을
_{'그'가 맡은 배역}
기다린다.

그리하여 마지막 대회전, 오늘의 주인공인 신장균과 고독성의
_{졸개 역할을 맡은 '그'와 대비됨}
최후의 결판을 위해 장소가 어느 이름을 알 수 없는 왕릉으로 옮
겨졌을 때 가을 햇빛은 이미 서서히 기울기 시작하고 있었다. 그
_{계절적, 시간적 배경이 드러남}
리고 그는 이미 기진맥진해 있었다. 어느 임금의 능인지는 알 수
없으되「그 거대한 규모의 무덤 앞에는 그 임금의 생전의 위용을
「: 능의 규모는 크지만 임금은 오래 전에 죽은 사람임
말해주는 번듯하고 널따란 잔디밭이 마련되어 있었고,」그 잔디밭

은 이제 한여름의 푸름을 잃고 시들어져 누른빛을 띠고 있었다.
_{생명력이 없는 잔디밭의 모습}
㉠ 가을 햇빛은 그리고 그 빛을 서서히 거둬들임으로써 잔디의
_{시간의 흐름을 색채 이미지를 통해 묘사함}
누른빛을 회갈색으로 바꿔 가고 있었다. 그는 수십 명의 다른 포
졸들과 함께 신장균을 세 겹으로 호위하고 있었다. 고독성은 뒷
_{'그'와 같이 주연이 아닌 포졸 역할을 맡은 사람들}
전에서 독전만 하고 있을 뿐, 아직 앞에 나서지는 않고 있었고,
포졸들은 신장균과 근접한 순서로 한꺼번에 서너 명씩 죽어 나가
_{포졸들은 주인공 신장균의 능력을 돋보이기 위해 사용됨}
기 시작했다.

언제 어디서 번쩍할지 알 수 없는 신장균의 검광은 제 주인의
신변을 부호하기 위해 화려하고도 날카로운 곡선을 그려, ㉡ 의
상 아닌 넝마를 걸친, 한 목숨당 3백 원짜리 포졸들을 풀 베듯 베
_{포졸들은 출연료로 3백 원을 받음}
어 나갔다. 「그는 맨 뒷열에서 싸움의 중심을 향해 다가들고 있었
으므로 아직 차례가 오지 않았으나, 거의 죽은 몸이나 다름없었
_{신장균에게 죽는 것은 이미 정해져 있는 사실임}
다. 배가 등과 달라붙어서 제 주인의 무능함을 수군거리고 있었
_{배고픔을 느낌}
고, 언제부터인지 옆구리가 뜨끔뜨끔 결리기 시작했다. ㉢ 늑막
_{몸 상태가 좋지 않음}
염이 재발하려나, 하고 그는 생각했다. 그때 차례가 왔다. 그는
칼을 높이 치켜들고, 온몸을 신장균의 칼에 내맡기기 위하여 드
러내 놓은 채 달려들었다. 신장균의 칼이 번쩍! 했다고 생각했다.

다음 순간, 그는 왼쪽 옆구리에 격렬한 동통을 느끼고 쓰러졌
다. 베는 시늉만 하도록 되어 있는 것인데 신장균이 실수했음에
_{신장균이 실수로 자신을 가격했다고 생각함}
틀림없었다. 진검이 아니라 나무를 깎아 만든 칼에다 은분을 바
른 것이었으므로 외상은 대수롭지 않을 것이었으나 옆구리로부
터 가슴께까지 저려드는 듯한 동통은 참을 수 없는 것이었다. 그
러나 그 한 사람으로 말미암아 촬영을 중단할 수는 없다. 그는 참
아야 했다. 먼저 쓰러진 포졸의 시체 위에 덧걸쳐 엎드려서 그는
_{'그'가 아픔을 참아야 했던 이유}
이를 악물었다. 그러자 동통은 더욱 무겁게 저려드는 듯했다.

촬영은 아무 일도 없다는 듯 계속되었다. 마침내 신장균과 고독
_{촬영에서 중요한 장면}
성의 최후의 결전이 벌어진 모양으로, ㉣ 이제 두 사람의 고함 소
리와 나무칼 부딪치는 소리만이 단조롭게 들려 오기 시작했다.
_{청각으로만 주변 상황을 인지함}
촬영기의 저 타르르 하는 가냘프고 둔탁한 음향과 함께…… 그
리고「그는 자기의 목구멍에서 차츰 죽은 사람의 냄새가 나기 시
「: 죽는 연기를 하다가 죽음에 가까워지는 경험을 함
작한다고 생각했다. 무언가 심하게 썩는 듯한 냄새와 썩고 있는
_{'그'가 자신에게서 느끼는 죽은 사람의 냄새}
물체가 발산하는 열기가 목구멍 안에 있다고 느꼈다.」

어디선가 3백 년 전의 포졸이 낯선 듯도 하고 낯익은 듯도 한
목소리로 속삭이고 있는 것 같았다. '그렇지, 자네도 별수 없이
_{'그'가 듣는 환청}
죽어 자빠졌군. 보게, 임금도 죽고 말았거든.' 하고. 그는 하마터
면 벌떡 일어날 뻔했으나 그러지 못했다. 우선 그의 의식 속에서
아내의 희뿌연 시선이, 그러지 말라고, 그래선 안 된다고 말하고
_{'그'가 죽는 연기를 하고 받는 돈으로 가족이 먹고 살 → 죽은 포졸 역할을 하면서 일어나면 안 됨}
있었을 뿐만 아니라 그는 이미 일어날 기운조차 없을 지경으로
_{신장균의 칼에 베이기 전부터 이미 기진맥진한 상태였음}
탈진해 있었기 때문이다.

최씨가 오늘의 첫 번째 **3백 원**을 쥐여 주면서 그의 창백한 얼굴
[밑줄: '그'가 신장균에게 죽는 졸개 역할을 하고 받은 돈]
을 한번 힐끔 쳐다보고는 야간 촬영이 있는데 나갈 수 있겠느냐
고 물었을 때, 그는 이미 손가락 하나 움직일 수 없을 지경이었으
[밑줄: 생계를 위해 아픈 몸을 이끌고 촬영을 나감]
나 따라나섰다. 라면 한 그릇 사 먹을 겨를도 없이…… 그리하여
최씨가 그의 손에 오늘의 두 번째 **3백 원**을 쥐여 준 것은 밤 11시
[밑줄: '그'가 야간 촬영을 하고 받은 돈] [밑줄: '그'가 두 번째 촬영을 끝낸 시간]
가 넘은 시간이었다. 주연 배우가 무슨 까닭에서인지 나오지 않
[밑줄: 연기를 이어가기 위해 아픔을 참아야 했던 '그'와 대비됨]
았으므로(빵꾸를 냈다고 일컫는다.) 보통이면 밤을 꼬박 새워야
할 일이 일찍 끝난 셈이다. 그러나 그는 그때, 바로 눈앞의 사물
을 판단할 수 없을 정도로 흐리멍덩한 의식 속에 있었다. 지금도
[밑줄: '그'의 지친 모습]
그것은 마찬가지다. ㉤ 단지 자기는 지금 집으로 향하는 버스에
타고 앉아 있다는 사실과 이 버스가 아마 막차라는 사실, 그리고
몇몇 승객의 피곤한 얼굴과 졸고 앉아 있는 차장의 가여운 모습
이 먼 풍경처럼 망막에 비쳐들고 있다는 흐릿한 의식뿐……

그리고 참, 자기의 주머니는 지금 차장에게 10원을 지불하고
남은 일금 5백 90원이 들어 있다는 사실, 이 사실은 하늘에서 별
을 따왔다는 사람이 있다면 그 사람과 한번 나란히 서보고 싶을
[밑줄: 수중에 만족할 만한 현금이 있다는 것은 굉장한 행운임]
정도의 굉장한 재수라기보다도 행운이라는 점…… 그는 단지 아
직 죽지 않은 근육과 뼈의 무게만으로 그렇게 달리는 버스에 앉
[밑줄: 의식은 이미 죽어 있다고 여김]
아 있었다. 「몇몇 승객이 자기를 바라보고 있는 것 같다고 느꼈으
나 그것도 분명치는 않았다.」의식이 가물가물 꺼져 가는 것 같은
[『 』: 의식이 거의 없는 '그'의 모습]
느낌도 들었으나 그것 역시 분명치가 않았다. 그러한 그의 의식
이 선명하게 되살아나기 시작한 것은 버스가 종점에 닿아 그가
[밑줄: 의식의 죽음에서 소생으로 전환이 일어남]
마악 오른발로 땅을 내려디디려는 순간이었다. 선뜻! 했다. 그의
[밑줄: 맨발인 오른발을 발견했을 때의 충격]
오른발은 맨발이었던 것이다. 발이 땅에 닿은 순간 냉습한 어떤
줄기 같은 것이 다리를 통해 전신으로 쭉 끼쳐 올라왔다. 그리고
[밑줄: 죽음의 기운]
그것은 머릿끝에서 차가운 분열을 일으켰다. 머릿속이 물벼락을
맞은 듯 선명해졌으나 구두가 어느 사이에 달아나 버렸는지 생
각해 낼 수가 없었다. 「다만 오른쪽 다리가 갑자기 뻣뻣해지는 것
을 느끼고, 지금 그 다리는 차고 습기 낀, 죽음의 외각을 딛고 있
[밑줄: 맨발인 오른쪽 다리는 죽음의 외각을 딛고 있음]
다는 생각만이 선명했다.」 그는 걷기 시작했다. 오른쪽 다리가 경
[『 』] [밑줄: 오른쪽 다리가 죽음과 관련되었기 때문]
직이라도 일으킨 듯 뻣뻣하고 불편했으나 그는 안간힘을 써서 걸
었다. 골목의 가게들은 아직도 불을 켜놓은 채 손님을 기다리고
있었다. 그러나 그에게는 그것이 마치 **죽은 사람을 전송하기 위**
[밑줄: 죽음을 인식하고 있음]
한 장의의 불빛처럼 보였다. 어느 나라에서는, 맨발은 바로 **입관**
직전의 사자(死者)를 뜻한다던가? 그는 생각했다. 하긴, 어디 나
만이 죽은 것이라. 세상의 모든 사람이 커다란 소멸의 흐름 속에
던져진 채 있다. 시간까지도…… **누구나 매일매일 조금씩 죽**
[밑줄: 세상의 모든 사람은 죽어 가면서 살고 있음]
어 가면서 살고 있다. 어린아이들조차 그러하다. 아내의 뱃속에
서 자라고 있을 **태아도** 이를테면 **죽음의 싹이다.** 아내는 죽음을
[밑줄: 태어나는 순간 죽어 가기 시작하기 때문]

배고, 그것을 키우고 있다. 언제부터인가 다시 옆구리가 뜨끔뜨
[밑줄: 의식이 살아나면서 고통이 다시 느껴짐]
끔 걸리기 시작했다. 늑막염이 재발하려나 하고 막연히 생각하며
그는 **구두가 신겨져 있지 않은 발과 신겨져 있는 발**을 부자연스
[밑줄: 오른쪽 발(죽음의 발)] [밑줄: 왼쪽 발(생명의 발)]
럽게 번갈아 움직여서 계속 걸었다. 마치 **죽음의 발과 생명의 발**
을 하나씩 가지고 있는, 어느 나라 전설 속에 있을 법한, 이상한
그림자처럼……. 그러다가 그는 자기의 왼쪽 발에는 아직 구두가
[밑줄: 자신이 생명을 지녔음을 깨닫게 됨]
신겨져 있다는 깨달음과 만났다. 그리고 그는 놀랐다.

나는 아직 한쪽은 신고 있구나—하는, 이 아무렇지도 않을 수
[밑줄: 스스로가 살아 있음을 느낌]
있는 깨달음은 그를 놀라게 했을 뿐만 아니라 그의 마음을 어떤
[밑줄: 살아 있는 사람은 모두 죽어 가는 것이라는 인식이 변화함]
신선한 감명으로 떨게까지 했다. 「아, 나의 또 하나의 발은 아직도
살아 있었구나! 이 발은 그리고 따뜻하고 편안하구나! 이것은 튼
튼하구나! 마치 반석과도 같군!」 아내의 둥근 배가 머리에 떠올랐
[『 』: 자신이 살아 있는 것에 대해 감탄함]
다. 그녀 뱃속에 태아가 하고 있을 몸짓이 상상돼 왔다. 그래, 그
건 죽음의 싹이 아니다. 그렇게 불러선 안돼. 그는 걸음을 빨리했
[밑줄: 태아에 대한 인식이 변화함]
다. 아내에게는 지금 단백질이 필요하리라고 생각했다. 주머니에
는 지금 일금 5백 90원이 들어 있다. 그래, 쇠고기를 한 근 사자.
[밑줄: 생명을 위해 쇠고기를 사고자 함]
식육점의 문이 닫히기 전에……. 저 앞에, 「펄펄한 소를 때려잡아
서 피가 뚝뚝 듣는 싱싱한 고기를 팔고 있을 듯한 **식육점의 불그**
[『 』: 소의 죽음으로 인간이 먹고 살아갈 수 있는 고기를 얻음]
레한 불빛이 보이기 시작했다.

- 조해일, 〈매일 죽는 사람〉 -

01

답 | ④

㉠~㉤에 대한 이해로 적절하지 **않은** 것은?

정답 선지 분석

④ ㉣: 상황을 제한적으로 인지하는 모습을 제시하여 인물이 느끼는 초조함을
드러내고 있다.
'그'가 청각으로만 주변 상황을 인지하는 모습이 나타난 것은 맞지만 인물이 초조함을 느끼
고 있는 것은 아니다.

오답 선지 분석

① ㉠: 시간의 변화를 드러내는 표현을 통해 주변 배경의 분위기를 드러내고
있다.
햇빛이 서서히 사라지면서 시간이 변화하는 것을 통해 촬영이 진행되는 배경의 분위기를 드
러내고 있다.

② ㉡: 인물들에 대한 처우를 나타내는 표현을 통해 이들이 맡은 배역이 보잘
것없는 것임을 보여 주고 있다.
3백 원짜리 포졸들이 의상이 아닌 넝마를 걸친 채 풀 베듯 베어 넘겨지는 모습을 묘사하여
이들이 맡은 배역이 보잘것없다는 점을 보여 주고 있다.

③ ㉢: 신체 상태를 고려하지 않고 배역을 수행하는 모습을 통해 인물의 절박
한 처지를 암시하고 있다.
통증을 느끼는 상황에서도 칼에 맞아 죽는 연기를 하기 위해 달려나가는 모습을 통해 '그'의
절박한 처지를 암시하고 있다.

⑤ ㉤: 의식한 내용을 나열하여 인물의 피로감을 부각하고 있다.
'그'가 주변을 단편적으로 인식하는 모습을 통해 흐리멍덩한 의식에 빠져 있음을 보여 주고
있다.

02

답 | ①

윗글에 대한 설명으로 가장 적절한 것은?

정답 선지 분석

① 내적 독백을 직접 제시하여 내면 의식의 변화를 보여 주고 있다.

이 작품은 인물의 내적 독백을 직접 제시하여 내면의식의 변화를 보여 주고 있다.

오답 선지 분석

② 시간의 순서를 뒤바꾸어 이야기의 인과 관계를 재구성하고 있다.

시간의 순서대로 사건을 서술하고 있다.

③ 여러 인물의 회상을 교차하여 서사 전개에 입체성을 부여하고 있다.

여러 인물의 회상을 교차하여 사건을 전개하고 있지 않다.

④ 전해 들은 이야기를 전달하는 방식으로 인물의 내력을 제시하고 있다.

전해 들은 이야기가 아닌 인물이 직접 경험한 사건을 전달하고 있다.

⑤ 액자식 구성을 통해 상이한 이야기가 갖는 유사한 의미를 강조하고 있다.

액자식 구성이 나타나고 있지 않다.

03

답 | ⑤

윗글의 내용에 대한 이해로 적절하지 않은 것은?

정답 선지 분석

⑤ 버스에 오른 '그'는 몇몇 승객의 시선을 의식하고 불편함을 느꼈다.

버스에 오른 '그'는 몇몇 승객이 자기를 바라보고 있는 것 같다고 느꼈으나 이는 분명치 않았으며 여기에 대해 불편함을 느끼지도 않았다.

오답 선지 분석

① 신장균 역을 맡은 배우는 베는 시늉만 하기로 되어 있었지만 '그'는 실제로 가격 당했다고 느꼈다.

신장균 역을 맡은 배우는 베는 시늉만 하도록 되어 있었지만 '그'는 신장균 역의 배우가 '그'를 실제로 가격했다고 느꼈다.

② '그'는 매우 지친 상태였음에도 불구하고 최씨의 야간 촬영 제안을 받아들였다.

'그'는 첫 번째 촬영을 마치고 손가락 하나 움직일 힘이 없을 정도로 지쳤음에도 최씨의 야간 촬영 제안을 받아들였다.

③ 두 번째 촬영에서 주연 배우가 나타나지 않아 '그'는 예상보다 일찍 귀가하게 되었다.

두 번째 촬영에서 주연 배우가 무슨 까닭에서인지 나오지 않아 보통이면 밤을 꼬박 새워야 할 일이 일찍 끝났기 때문에 예상보다 일찍 귀가하게 되었다.

④ 촬영을 마치고 집으로 돌아가는 '그'의 수중에는 만족할 만한 수준의 현금이 있었다.

촬영을 마치고 집으로 돌아가는 '그'의 수중에는 차비를 지불하고 남은 일금 5백 90원이 들어 있었고, '그'는 이것을 행운이라고 느꼈다.

04

답 | ②

<보기>를 바탕으로 윗글을 감상한 내용으로 적절하지 않은 것은?

보기

삶과 죽음은 명확한 경계로 구분되지 않으며 항상 우리 곁에 동시에 존재한다. 삶은 죽어가는 과정으로 볼 수 있으며 죽음 또한 삶의 과정이 있어야 존재할 수 있다. 그래서 죽음을 느낀다는 것은 역설적으로 살아 있다는 것이며 생(生)에 대한 감각과 의지는 죽음을 가까이할수록 강해진다. 〈매일 죽는 사람〉은 살기 위해 매일 죽음을 연기해야 하는 인물을 통해 삶과 죽음이 혼재하는 상황을 보여 주고 있다.

정답 선지 분석

② 죽은 척하고 쓰러진 '자기의 목구멍'에서 '죽은 사람의 냄새'를 느끼고 '3백 년 전의 포졸'의 속삭임을 듣는 '그'의 모습은 삶의 과정이 끝나야 죽음이 찾아온다는 것을 암시하는군.

죽는 척하고 쓰러진 '그'가 죽은 사람의 냄새를 맡고 3백 년 전의 포졸의 속삭임을 듣는 것은 죽음의 연기를 하다가 죽음에 가까워지는 경험을 한 것이지 삶의 과정이 끝나야 죽음이 찾아온다는 것을 암시하는 것은 아니다.

오답 선지 분석

① '3백 원'을 받으려 '쓰러진 포졸의 시체 위에 덧걸쳐 엎드려'야 하는 '그'의 모습은 단역 전문 배우로서 죽는 역할을 맡아야 삶을 유지할 수 있는 상황을 역설적으로 보여 주는군.

3백 원을 받아 생계를 꾸리기 위해 죽는 역할을 해야 하는 '그'의 모습은 죽는 역할을 맡아야 삶을 유지할 수 있는 인물의 상황을 역설적으로 보여 주는 것이다.

③ '입관 직전의 사자'를 떠올리며 '누구나 매일매일 조금씩은 죽어 가면서 살고 있'다는 인식에 이르는 것은 '그'가 삶을 죽어가는 과정으로 바라보게 되었음을 시사하는군.

버스에서 내려 입관 직전의 사자를 떠올리며 누구나 매일매일 조금씩 죽어 가면서 살고 있다는 인식을 하게 된 것은 '그'가 삶을 죽어가는 과정으로 바라보게 되었음을 보여 준다.

④ '구두가 신겨져 있지 않은 발'과 '신겨져 있는 발'로 걸으며 '죽음의 발과 생명의 발'을 모두 가지고 있다고 여기는 '그'의 모습은 삶과 죽음이 동시에 존재한다는 인식을 드러내는군.

구두가 신겨져 있지 않은 발을 죽음의 발로, 구두가 신겨져 있는 발을 생명의 발로 생각한 '그'의 모습은 삶과 죽음이 동시에 존재한다는 인식을 드러낸 것이다.

⑤ '장의의 불빛' 같던 불 중에서 '식육점의 불그레한 불빛'에 주목하게 된 것은, '태아'를 '죽음의 싹'으로 단정 짓는 인식에서 벗어나 생의 감각을 더 가까이 느끼게 된 것에 대응하는군.

장의의 불빛과 같던 골목 가게들의 불 중에서 식육점의 불그레한 불빛을 발견한 것은 '그'가 아내 뱃속의 태아를 죽음의 싹에서 규정하던 것을 벗어나 아내와 태아의 건강을 생각한다는 점에서 생에 대한 감각을 더 가까이 느끼게 된 것에 대응하는 것이다.

WEEK 6

본문 | 148

DAY 1 작문

빠른 정답 체크

01 ② 02 ④ 03 ④

❶ 우리가 사 먹는 과일과 채소는 품목별로 등급 규격의 항목 기준에 따라 특, 상, 보통으로 분류된다. 이러한 농산물 등급 규격은 농산물의 상품성 향상과 유통 효율을 위하여 도입되었다. 그런데 등급 규격의 항목이 주로 크기, 모양 등 농산물의 외관과 관련되어 있어, 맛이나 영양에는 별다른 문제가 없는 농산물이 등급 외로 분류되는 경우가 생겨난다. 이러한 '등급 외 농산물'은 우리에게 '못난이 농산물'이라는 이름으로 잘 알려져 있다.

(농산물 등급 규격 / 농산물 등급 규격의 도입 목적 / 농산물 등급 규격의 문제점 – 규격의 항목이 주로 농산물의 외관과 관련됨)

❷ 등급 외로 분류된 농산물은 일반적인 유통 과정에 따라 거래되지 못한다. 잼, 주스 등으로 가공이 가능한 품목의 경우에는 헐값에라도 거래되지만, 가공이 어려운 품목들은 끝내 거래되지 못하고 폐기되고 만다. 등급 외 농산물은 맛과 영양, 가격 면에서 볼 때 소비 시장에서 충분히 경쟁력이 있음에도 유통 과정에서 소외되어 버려지고 있는 것이다.

(가공 가능 여부에 따라 등급 외 농산물의 처리되는 방식이 달라짐)

❸ 등급 외 농산물이 판매되지 못할 경우 농산물 생산에 사용된 물, 비료, 노동력 등의 자원은 낭비가 되고, 폐기 과정에서도 비용이 들어 농가에 경제적 손해가 발생한다. 또한 등급 외 농산물은 환경 문제도 야기한다. 매립된 폐기 농산물은 썩는 과정에서 지구 온난화를 일으키는 메탄을 발생시키는데, 소비가 가능한 등급 외 농산물까지 불필요하게 폐기되어 이러한 환경 문제를 더욱 악화시키고 있다.

(등급 외 농산물이 판매되지 못할 경우 발생하는 문제 ① / 등급 외 농산물이 판매되지 못할 경우 발생하는 문제 ② / 등급 외 농산물이 판매되지 못할 경우 발생하는 문제 ③ / 등급 외 농산물이 야기하는 환경 문제 ① / 등급 외 농산물이 야기하는 환경 문제 ②)

❹ 등급 외 농산물로 인한 문제를 해결하기 위해서는 등급 외 농산물 구매 활성화 방안을 마련하여 적극적인 소비가 이루어질 수 있도록 해야 한다. 등급 외 농산물을 소비하는 것은 환경에도 긍정적 영향을 끼치고, 농가와 소비자 모두에게 도움을 줄 수 있다.

(등급 외 농산물로 인한 문제의 해결 방안 / 등급 외 농산물을 소비하는 것의 기대 효과)

[A]

01

답 | ②

다음은 초고를 작성하기 전에 학생이 떠올린 생각이다. ㉠~㉤ 중, 학생의 초고에 반영되지 않은 것은?

- 등급 외 농산물의 가공 가능 여부에 따른 처리 방식의 차이를 제시해야겠어. ……… ㉠
- 등급 외 농산물의 구매 활성화 방안을 실천하는 데 따르는 문제점을 제시해야겠어. ……… ㉡
- 농산물 등급 규격 항목과 관련지어 등급 외 농산물이 발생하는 이유를 제시해야겠어. ……… ㉢
- 등급 외 농산물 폐기로 인한 문제를 경제적 손해와 환경 문제의 측면에서 제시해야겠어. ……… ㉣
- 예상 독자의 이해를 도울 수 있도록 등급 외 농산물을 일컫는 다른 명칭을 제시해야겠어. ……… ㉤

정답 선지 분석

② ㉡
학생의 초고에는 등급 외 농산물 구매 활성화 방안을 실천하는 데 따르는 문제점을 제시하겠다는 생각이 반영되어 있지 않다.

오답 선지 분석

① ㉠
2문단에서 가공이 가능한 품목은 거래가 되지만 가공이 어려운 품목은 폐기된다고 나누어 설명하며 처리 방식의 차이를 제시하고 있다.

③ ㉢
1문단에서 '등급 규격의~관련되어 있어' 농산물이 등급 외로 분류되는 경우가 생긴다고 설명하고 있다.

④ ㉣
3문단에서 등급 외 농산물 폐기로 인한 문제를 농가의 경제적 손해와 지구 온난화를 일으키는 메탄의 발생으로 인한 환경 문제 측면으로 나누어 설명하고 있다.

⑤ ㉤
1문단에서 우리에게 잘 알려진 '못난이 농산물'이라는 명칭을 제시하고 있다.

02

답 | ④

다음은 초고를 읽은 교지 편집부 학생의 조언이다. 이를 반영하여 [A]를 작성한다고 할 때, 가장 적절한 것은?

"등급 외 농산물 소비가 농가와 소비자에게 도움이 되는 이유를 각각의 측면에서 밝히고, 등급 외 농산물 소비를 권유하는 내용으로 마무리하는 것이 좋겠어."

정답 선지 분석

④ 농가는 등급 외 농산물로 인한 경제적 손해를 줄일 수 있고 소비자는 농산물을 저렴하게 구입할 수 있기 때문이다. 이제 농가와 소비자 모두를 위해 등급 외 농산물 소비에 동참해 보자.
등급 외 농산물 소비가 도움이 되는 이유를 농가와 소비자 측면에서 경제적 손해 감소와 저렴한 농산물 구입이 가능하다는 내용으로 각각 밝혔고, 등급 외 농산물 소비에 동참을 권유하며 마무리하고 있다.

① 등급 외 농산물은 가격이 저렴하면서도 맛과 영양 면에서 인정받고 있기 때문이다. 이제 등급 외 농산물이 갖는 가치를 인정하고 소비하려는 태도를 갖자.

등급 외 농산물의 가치를 제시하고 있을 뿐, 등급 외 농산물 소비가 농가와 소비자에게 도움이 되는 이유를 제시하고 있지는 않다.

② 등급 외 농산물 폐기로 인해 발생하는 손해가 농민들에게 돌아가기 때문이다. 이제 농가 소득 증대에 기여할 수 있도록 등급 외 농산물의 가공 활용 방법에 대해 고민해야 할 때이다.

등급 외 농산물 폐기로 인한 농민들의 손해를 제시하고 있을 뿐, 등급 외 농산물 소비가 농가와 소비자에게 도움이 되는 이유를 제시하고 있지 않다. 또한 등급 외 농산물의 가공 활용 방법을 고민해야 한다는 내용은 등급 외 농산물의 소비를 권유하는 것으로 볼 수 없다.

③ 등급 외 농산물 소비를 통해 환경 문제를 해결하는 데 소비자가 기여할 수 있기 때문이다. 이제 등급 외 농산물 소비를 통해 환경 문제를 개선하는 데 동참하는 자세를 가져 보자.

등급 외 농산물 소비가 도움이 되는 이유를 환경 문제 개선 측면에서만 제시하고 있다.

⑤ 소비자는 맛과 영양을 갖춘 등급 외 농산물을 쉽게 구할 수 있고, 농가는 등급 외 농산물의 생산을 줄일 수 있기 때문이다. 이제 등급 외 농산물의 판매 경로를 다양화할 필요가 있다.

등급 외 농산물의 판매 경로를 다양화할 필요가 있다는 내용은 등급 외 농산물의 소비를 권유하는 것으로 볼 수 없다.

03

답 | ④

<보기>는 초고를 보완하기 위해 추가로 수집한 자료이다. 자료 활용 방안으로 적절하지 않은 것은?

보기

ㄱ. '등급 외 농산물' 구매 관련 소비자 설문 조사

ㄱ-1. 구매 의사

구매 경험이 있는 사람		구매 경험이 없는 사람	
재구매 의사 있음	95.5%	구매 의사 있음	65.3%
재구매 의사 없음	0.9%	구매 의사 없음	32.6%
기타	3.6%	기타	2.1%

ㄱ-2. 구매 활성화 방안

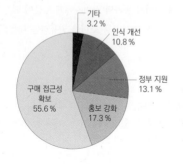

기타 3.2%
인식 개선 10.8%
정부 지원 13.1%
홍보 강화 17.3%
구매 접근성 확보 55.6%

ㄴ. 신문 기사

애호박이 등급 규격의 항목 기준에 따라 특 등급을 받으려면 처음과 끝의 굵기가 비슷하고 구부러진 것이 없어야 한다. 그래서 어린 애호박에

비닐을 씌워 상품성을 높인다. 맛과 무관하게 모양을 위해 매년 수억 개가 사용되는 이 비닐은 대부분 복합 플라스틱으로, 사실상 재활용이 불가능하여 환경 면에서 문제가 되고 있다.

ㄷ. 전문가 인터뷰

"한 해 동안 등급 외로 판정되어 버려지는 농산물의 생산액은 약 3조 2천억 원이나 되는데, 그 과정에서 발생하는 손해를 고스란히 농민들이 부담합니다. 소비자들이 등급 외 농산물을 주변에서 쉽게 구매할 수 있다면 아깝게 버려지는 농산물이 줄어들 것입니다."

④ ㄱ-1과 ㄴ을 활용하여, 등급 외 농산물로 인한 농가의 손해를 줄이기 위한 노력이 등급 외 농산물에 대한 소비자들의 구매 의사로 이어지고 있다는 내용을 4문단에 추가한다.

ㄱ-1은 구매 경험이 있는 소비자와 없는 소비자 모두의 등급 외 농산물에 대한 구매 의사 유무를 보여 주는 자료이며, ㄱ-2는 등급 외 농산물 구매를 활성화하기 위해 소비자들이 생각하는 방안을 보여 주는 자료이다. ㄴ은 등급 규격 항목 기준에 맞추기 위해 어린 애호박에 비닐을 씌우는 것을 예로 들어, 농산물을 생산하는 과정에서 농산물이 등급 외로 분류되지 않게 하기 위한 노력이 환경 문제를 발생시킬 수 있음을 보여 주는 자료이다. ㄷ은 한 해 동안 등급 외로 판정되어 버려지는 농산물로 인한 손해가 농민들에게 부담으로 돌아간다는 점과 등급 외 농산물 폐기를 줄이기 위해서는 소비자들이 등급 외 농산물을 보다 손쉽게 구매할 수 있는 판매 경로가 필요함을 설명하는 자료이다. ㄴ에 제시된 농산물을 등급 규격의 항목 기준에 맞춰 생산하기 위한 농가의 노력이 ㄱ-1에 제시된 등급 외 농산물 구매 의사를 높이는 데 어떤 영향을 미쳤는지 알 수 없기 때문에 이를 연결하는 것은 적절하지 않다.

① ㄱ-1을 활용하여, 등급 외 농산물 구매에 대해 소비자들이 긍정적으로 인식하고 있다는 내용을 등급 외 농산물이 경쟁력이 있다는 내용의 근거 자료로 2문단에 제시한다.

ㄱ-1은 등급 외 농산물 구매에 대한 긍정적 인식을 보여 주는 자료이므로 등급 외 농산물의 경쟁력을 다룬 2문단에 제시하기에 적절하다.

② ㄴ을 활용하여, 등급 외 농산물과 관련하여 발생하는 환경 문제가 폐기 과정뿐만 아니라 생산 과정에서도 일어날 수 있다는 내용을 3문단에 추가한다.

ㄴ은 애호박에 씌운 비닐로 인해 농산물 생산 과정에서도 환경 문제가 발생한다는 것을 설명하는 자료이므로 등급 외 농산물과 관련하여 환경 문제가 발생할 수 있다는 내용을 다룬 3문단에 추가하기에 적절하다.

③ ㄷ을 활용하여, 한 해 동안 버려지는 등급 외 농산물의 생산액을 등급 외 농산물로 인한 농가의 경제적 손해가 크다는 내용을 뒷받침하는 구체적인 수치 자료로 3문단에 제시한다.

ㄷ은 한 해 동안 등급 외로 판정되어 버려지는 농산물의 생산액을 구체적 수치로 언급하고 있는 자료이므로 등급 외 농산물로 인한 농가의 경제적 손해를 다룬 3문단에 제시하기에 적절하다.

⑤ ㄱ-2와 ㄷ을 활용하여, 등급 외 농산물 구매 접근성을 확보하는 것이 필요하다는 내용을 등급 외 농산물 구매 활성화 방안의 구체적 내용으로 4문단에 제시한다.

ㄱ-2와 ㄷ은 모두 등급 외 농산물의 구매 접근성 확보가 필요하다고 제시하는 자료이므로 등급 외 농산물 구매 활성화 방안의 구체적 내용으로 4문단에 제시하기에 적절하다.

빠른 정답 체크

01 ② **02** ④ **03** ⑤ **04** ① **05** ③

조사는 일반적으로 체언 뒤에 붙어서 문법적인 관계를 나타내
<u>거나 의미를 추가하는 의존 형태소로서, 기능과 의미에 따라 격</u>
조사, 접속 조사, 보조사로 나눌 수 있다.
_{기능과 의미에 따른 조사 분류}
　격 조사는 체언이 문장 안에서 일정한 자격을 가지게 해 주는
조사로서, 주격, 목적격, 관형격, 부사격, 서술격, 보격, 호격 조
사로 나눌 수 있다. 주격 조사는 '이/가, 에서' 등으로, 체언이 주
어의 자격을 가지게 하며, 목적격 조사는 '을/를'로, 체언이 목
적어의 자격을 가지게 한다. 관형격 조사는 '의'로, 체언이 관형
어의 자격을 가지게 하며, 부사격 조사는 '에, 에게, 에서, (으)로,
와/과' 등으로, 체언이 부사어의 자격을 가지게 한다. 보격 조사
는 '이/가'로, 서술어 '되다, 아니다' 앞에 오는 체언이 보어의 자
격을 가지게 한다. 서술격 조사는 '이다'로 체언이 서술어의 자격
을 가지게 하고, 호격 조사는 '아/야, (이)시여' 등으로 체언이 호
칭어가 되게 하는 조사이다.
　접속 조사는 두 단어를 같은 자격으로 이어 주는 조사로
'와/과'가 대표적이며 '하고, (이)며' 등이 여기에 속한다. 보조사
는 특별한 의미를 덧붙여 주는 조사로 '도, 만, 까지, 요' 등이 속
한다. 보조사는 체언 뒤는 물론이고, 여러 문장 성분 뒤에도 나타
날 수 있다.
　조사는 서로 겹쳐 쓰기도 하는데, 이를 조사의 중첩이라 한다.
그러나 겹쳐 쓸 때 순서가 있다. 주격 조사, 목적격 조사, 보격 조
사, 관형격 조사는 서로 겹쳐 쓸 수 없으나 보조사와는 겹쳐 쓸
수 있는데, 대체로 보조사의 뒤에 쓴다. 부사격 조사는 부사격 조
사끼리 겹쳐 쓸 수 있고 다른 격 조사나 보조사와도 겹쳐 쓸 수
있는데, 일반적으로 다른 격 조사나 보조사의 앞에 쓴다. 보조사
는 보조사끼리 겹쳐 쓸 수 있고 순서도 자유로운 편이지만, 의미
가 모순되는 보조사끼리는 겹쳐 쓰기 어렵다.

01

답 | ②

윗글을 바탕으로 밑줄 친 부분을 분석한 내용으로 적절하지 않은 것은?

정답 선지 분석

② '나는 아버지보다 어머니와 닮았다.'의 '와'는 '어머니'와 '닮았다'를 이어 주
는 접속 조사이다.
'나는 아버지보다 어머니와 닮았다.'에서의 '와'는 부사격 조사로 쓰였다.

오답 선지 분석

① '비가 오는데 바람까지 분다.'의 '까지'는 다시 그 위에 더한다는 의미를 가
진 보조사이다.
'비가 오는데 바람까지 분다.'에서의 '까지'는 이미 어떤 것이 포함되고 그 위에 더함의 뜻을
나타내는 보조사로 쓰였다.

③ '우리 동아리에서 학교 축제에 참가하였다.'의 '에서'는 단체 명사 뒤에 쓰
이는 주격 조사이다.
'우리 동아리에서 학교 축제에 참가하였다.'에서의 '에서'는 단체를 나타내는 명사인 '동아
리' 뒤에 사용되어 앞말이 주어임을 나타내는 주격 조사로 쓰였다.

④ '신이시여, 우리를 보살피소서.'의 '이시여'는 어떤 대상을 정중하게 부를
때 쓰는 호격 조사이다.
'신이시여, 우리를 보살피소서.'에서의 '이시여'는 어떤 대상을 정중하게 부르기 위해 어미 '-
시-' 뒤에 호격 조사 '여'가 결합하였다.

⑤ '철수는요 밥을요 먹어야 하거든요.'의 '요'는 다양한 문장 성분의 뒤에 쓰
여 청자에게 존대의 뜻을 나타내는 보조사이다.
'철수는요 밥을요 먹어야 하거든요.'에서의 '요'는 주격 조사와 어미 뒤에 결합하여 청자에게
존대의 뜻을 나타내는 보조사로 쓰였다.

02

답 | ④

㉠~㉤을 통해 조사의 중첩을 이해한 내용으로 적절하지 않은 것은?

㉠ 길을 걷다가 철수가를* 만났다.
㉡ 그 말을 한 것이 당신만이 (당신이만*) 아니다.
㉢ 그녀는 전원에서의 (전원의에서*) 여유로운 삶을 꿈꾼다.
㉣ 모든 관심이 나에게로 (나로에게*) 쏟아졌다.
㉤ 빵만도* 먹었다.

* 는 비문 표시임.

정답 선지 분석

④ ㉣에서는 부사격 조사와 보조사가 결합할 때 부사격 조사가 보조사 앞에 쓰
였군.
㉣에 쓰인 조사 '에게'와 '로'는 모두 부사격 조사이다.

오답 선지 분석

① ㉠에서는 주격 조사와 목적격 조사는 겹쳐 쓸 수 없음을 확인할 수 있군.
'길을 걷다가 철수가를* 만났다.'에서 주격 조사 '가'와 목적격 조사 '를'은 서로 겹쳐 쓸 수
없다.

② ㉡에서는 보조사와 보격 조사가 결합할 때 보격 조사가 뒤에 쓰였군.
'그 말을 한 것이 당신만이(당신이만*) 아니다.'에서 보조사 '만'과 보격 조사 '이'가 함께 쓰
일 때는 보격 조사가 보조사의 뒤에 쓰인다.

③ ㉢에서는 부사격 조사와 관형격 조사가 결합할 때 관형격 조사가 뒤에 쓰였군.
'그녀는 전원에서의(전원의에서*) 여유로운 삶을 꿈꾼다.'에서 부사격 조사는 다른 격 조사와
겹쳐 쓸 때 다른 격 조사의 앞에 쓰이므로, 부사격 조사 '에서'와 관형격 조사 '의'가 결합할
때 관형격 조사는 부사격 조사의 뒤에 쓰인다.

⑤ ㉤에서는 유일함을 뜻하는 '만'과 더함을 뜻하는 '도'의 의미가 모순되어 겹
쳐 쓰기 어렵군.
'빵만도* 먹었다.'에서 의미가 모순되는 보조사는 겹쳐 쓰기 어려우므로 '만'과 '도'는 겹쳐
쓰지 못한다.

WEEK 6

03

답 | ⑤

<보기>는 표준 발음법 중 '받침 'ㅎ'의 발음'의 일부이다. 이를 바탕으로 표준 발음을 이해한 내용으로 적절하지 않은 것은?

보기

⊙ 'ㅎ(ㄶ, ㅀ)' 뒤에 'ㄱ, ㄷ, ㅈ'이 결합되는 경우에는, 뒤 음절 첫소리와 합쳐서 [ㅋ, ㅌ, ㅊ]으로 발음한다.

ⓒ 'ㅎ' 뒤에 'ㄴ'이 결합되는 경우에는, [ㄴ]으로 발음한다.

ⓒ 'ㅎ(ㄶ, ㅀ)' 뒤에 모음으로 시작된 어미나 접미사가 결합되는 경우에는, 'ㅎ'을 발음하지 않는다.

정답 선지 분석

⑤ '이유를 묻지 않다.'의 '않다'는 ⓒ에 따라 [안타]로 발음한다.

'않다[안타]'는 'ㅎ(ㄶ)' 뒤에 'ㄷ'이 결합되어 [ㅌ]으로 발음되는 경우로, 이는 ⓒ이 아니라 ⊙에 따른 것이다.

오답 선지 분석

① '물이 끓고 있다.'의 '끓고'는 ⊙에 따라 [끌코]로 발음한다.

'끓고[끌코]'는 'ㅎ(ㅀ)' 뒤에 'ㄱ'이 결합되어 [ㅋ]으로 발음되는 경우로, 이는 ⊙에 해당한다.

② '벽돌을 쌓지 마라.'의 '쌓지'는 ⊙에 따라 [싸치]로 발음한다.

'쌓지[싸치]'는 'ㅎ' 뒤에 'ㅈ'이 결합되어 [ㅊ]으로 발음되는 경우로, 이는 ⊙에 해당한다.

③ '배가 항구에 닿네.'의 '닿네'는 ⓒ에 따라 [단네]로 발음한다.

'닿네[단네]'는 'ㅎ' 뒤에 'ㄴ'이 결합되어 'ㅎ'이 [ㄴ]으로 발음되는 경우로, 이는 ⓒ에 해당한다.

④ '마음이 놓여.'의 '놓여'는 ⓒ에 따라 [노여]로 발음한다.

'놓여[노여]'는 'ㅎ' 뒤에 모음으로 시작된 어미가 결합되어 'ㅎ'을 발음하지 않는 경우로, 이는 ⓒ에 해당한다.

04

답 | ①

<보기>의 ⓒ, ⓒ이 모두 ⊙을 실현하고 있는 문장으로 적절한 것은?

보기

선생님: 국어의 시제는 화자가 말하는 시점인 발화시와 동작이나 상태가 나타나는 시점인 사건시를 기준으로, ⊙ 발화시보다 사건시가 앞서는 경우, 발화시와 사건시가 일치하는 경우, 발화시보다 사건시가 나중인 경우로 나뉩니다. 이때 시제는 ⓒ 선어말 어미, ⓒ 관형사형 어미, 시간 부사어 등을 통해 실현됩니다.

정답 선지 분석

① 지난번에 먹은 귤이 맛있었다.

'먹은'의 관형사형 어미 '-은', '맛있었다'의 선어말 어미 '-었-'이 쓰여 발화시보다 사건시가 앞선 과거 시제가 실현되었다.

오답 선지 분석

② 이것은 내일 내가 읽을 책이다.

시간 부사어 '내일'과 '읽을'의 관형사형 어미 '-을'이 쓰여 발화시보다 사건시가 나중인 미래 시제가 실현되었다.

③ 이미 한 시간 전에 집에 도착했다.

시간 부사어 '이미'와 '도착했다'의 선어말 어미 '-았-'이 쓰여 발화시보다 사건시가 앞선 과거 시제가 실현되었다.

④ 작년에는 겨울에 함박눈이 왔었다.

시간 부사어 '작년'과 '왔었다'의 선어말 어미 '-았었-'이 쓰여 발화시보다 사건시가 앞선 과거 시제가 실현되었다.

⑤ 친구는 지금 독서실에서 공부를 한다.

시간 부사어 '지금'과 '한다'의 선어말 어미 '-ㄴ-'이 쓰여 발화시와 사건시가 일치하는 현재 시제가 실현되었다.

05

답 | ③

<보기>의 ⊙~ⓤ에 나타나는 중세 국어의 특징을 탐구한 내용으로 적절하지 않은 것은?

보기

[중세 국어] 녯 마리 ⊙ 닐오디 어딘 일 ⓒ 조초미 노폰 디 올옴 곧고
[현대 국어] 옛말에 이르되 어진 일 좇음이 높은 데 오름 같고

[중세 국어] 善쎤慧똉 ⓒ 對됭答답ᄒᆞ샤디 부텻긔 받ᄌᆞ보리라
[현대 국어] 선혜가 대답하시되 "부처께 바치리라."

[중세 국어] 烽火ㅣ ② 석ᄃᆞ롤 ⓤ 니ᅀᅦ시니
[현대 국어] 봉화가 석 달을 이어지니

정답 선지 분석

③ ⓒ에서 객체를 높이는 선어말 어미가 사용되었음을 알 수 있군.

ⓒ에서는 '선혜'를 높이는 주체 높임 선어말 어미인 '-샤-'가 사용되었음을 확인할 수 있다.

오답 선지 분석

① ⊙에서 두음 법칙이 적용되지 않았음을 알 수 있군.

⊙은 현대 국어에서 '이르되'로 쓰는 것으로 보아, 중세 국어에는 두음 법칙이 적용되지 않았음을 확인할 수 있다.

② ⓒ에서 이어 적기가 사용되었음을 알 수 있군.

ⓒ은 현대 국어에서 '좇음이'로 쓰는 것으로 보아, 중세 국어에는 이어 적기가 사용되었음을 확인할 수 있다.

④ ②에서 체언에 조사가 결합할 때 모음 조화가 지켜지고 있음을 알 수 있군.

②은 현대 국어에서 '석 달을'로 쓰는 것으로 보아, 중세 국어에는 체언에 조사가 결합할 때 모음조화를 지켰음을 확인할 수 있다.

⑤ ⓤ에서 현대 국어에서 쓰이지 않는 자음이 사용되었음을 알 수 있군.

ⓤ에서 'ㅿ'은 현대 국어에서 쓰이지 않는 자음임을 확인할 수 있다.

가

❶ '예술은 재현의 기술이기 때문에 무가치한 것이다.' 이는 플라톤의 예술관이 드러난 말로, 세계를 가지적 세계와 가시적 세계로 구분하는 그의 세계관과 밀접한 연관이 있다. 플라톤에게 가지적 세계는 우리의 지성으로만 알 수 있는 세계이며, 결코 변하지 않는 본질, 즉 실재인 '에이도스'가 있는 세계이다. 반면 가시적 세계는 우리 눈으로 지각이 가능한 현실 세계로, 이 세계는 가지적 세계를 모방하여 재현한 환영이자 이미지에 불과하다.

❷ 플라톤은 가시적 세계의 사물들을 '에이돌론'이라 부르며, 에이돌론을 에이도스의 성질을 얼마나 반영했는지에 따라 '에이콘'과 '판타스마'로 구분한다. 에이콘은 사물을 만드는 주체가 건축가나 장인처럼 에이도스에 대한 지식을 가지고 에이도스의 성질을 가능한 정확하게 재현한 좋은 이미지이다. 반면 판타스마는 에이도스에 대한 지식은 없이 눈에 보이는 현상만을 모방하여 재현한 나쁜 이미지이다. 즉 모방한 것을 다시 모방한, 사본의 사본에 불과하다. 플라톤은 판타스마를 에이도스의 성질이 없는 가짜, 사이비라는 의미로 '시뮬라크르'라고 부르며 예술이 시뮬라크르에 해당한다고 말한다. 플라톤은 특히 회화는 화가가 실재에 대해 아무것도 모른 채 사람들이 실재라고 믿도록 기만하는 사이비 기술이며, 이러한 기술로 그려진 작품은 본질에서 멀어진 무가치한 것이라고 주장한다.

❸ 하지만 반플라톤주의 철학자 들뢰즈는 플라톤이 원본의 성질을 재현한 정도에 따라 원본과 사본, 시뮬라크르로 위계적인 질서를 부여한다고 지적하며, 이러한 플라톤식 사유에는 주체가 이성을 통해 대상의 가치를 판단하고 재단하는 폭력성이 내재해 있다고 비판한다. 다시 말해 플라톤은 원본과의 유사성을 근거로 들어 진짜 유사와 가짜 유사를 구분 짓고 시뮬라크르만을 무가치한 것으로 폐기했다는 것이다.

❹ 시뮬라크르가 모방을 거듭하면서 본질에서 멀어진 가짜라고 주장하는 플라톤과 달리 들뢰즈는 사물 그 자체라고 주장한다. 들뢰즈에 의하면 시뮬라크르는 주체의 판단과 상관없이 독립된 존재로서, 원본과 사본의 시뮬라크르에 대한 우위를 부정하는 역동적인 힘이 있다. 그 힘은 반복을 통해 실현되는데, 시뮬라크르를 반복해서 생성할 때 드러나는 모든 차이가 바로 시뮬라크르가 실재로서 지닌 의미 그 자체이다. 이렇듯 시뮬라크르를 긍정하는

들뢰즈에 의하면 예술의 목표는 예술가가 플라톤식 사유에서 벗어나 가장 일상적인 반복에서도 서로 다른 의미를 지닌 예술 작품을 생성해 내는 것이다. 왜냐하면 그것이 예술이 주체의 판단에 의해 가치 없는 것으로 폐기되지 않고 존재 가치를 보존하는 길이기 때문이다. 그래서 들뢰즈는 ㉠ "예술은 모방이 아니라 반복할 뿐이다."라고 선언한다.

나

❶ 철학자 장 보드리야르는 현대 사회는 미디어와 광고가 생산하는 복제 이미지들로 만들어진 세계라고 @ 말한다. 보드리야르에 의하면 플라톤 이래 원본과 이미지의 경계가 분명했던 서구 근대 사회에서는 복제 이미지가 단순한 복사물에 불과했지만, 현대 사회에서는 실재보다 더 실재적이고 우월한 것이 된다. 그런 의미에서 그는 현대 사회의 이미지를 '초과실재'라 부른다. 이 초과실재가 바로 보드리야르가 말하는 시뮬라크르이다. 오늘날 우리가 역사적 사실보다 현실처럼 믿는 영화 속 이미지나, 실재한다고 믿는 상품 광고 속 캐릭터 등을 그 예로 들 수 있다.

❷ 보드리야르는 시뮬라크르가 산출되는 과정을 '시뮬라시옹 현상'이라 부르며, 시뮬라시옹 현상으로 모든 실재가 사라진다고 말한다. 그에 의하면 시뮬라시옹 현상이 끊임없이 일어나는 현대 사회에서 시뮬라크르는 그 자체로서 실재를 대신한다. 우리가 실재보다 시뮬라크르를 더 실재라고 믿고, 그것이 사물의 본질이라고 믿기 때문에 현대 사회의 모든 영역은 '내파'하여 사라진다. 이때 내파란 무한히 증식하여 재생산된 시뮬라크르들이 원래 실재를 지시하던 기능과 가치를 잃어버려 실재와 시뮬라크르 사이의 경계가 붕괴되는 것을 의미한다. 보드리야르는 시뮬라시옹 현상의 예로 쥐를 모델로 하여 만들어진 만화 주인공 미키마우스를 든다. 미키마우스는 다양한 미디어에서 반복되면서 쥐를 지시하던 기능과 가치가 사라졌고 사실상 쥐와 별개의 존재가 되었다. 다시 말해 실제 쥐와 미키마우스 사이의 경계는 붕괴되었고, 미키마우스는 모델이었던 실제 쥐보다 오히려 더 실재적이고 우월한 초과실재가 되었다.

❸ 이러한 시뮬라시옹 현상은 오늘날 우리 문화 현상이 되었고 예술의 영역까지 확장된다. 보드리야르는 오늘날 예술 작품이 시뮬라시옹 현상에 의해 도처에서 증식하면서 예술이 가지고 있던 미적 가치가 사라지고 있다고 비판한다. 예술이 일상적 사물에 가까워지고, 일상적 사물은 예술에 가까워지면서 미적인 것은 비미적인 것과의 변별성을 잃고 내파되어 사라지고 있기 때문이다. 보드리야르에 의하면 예술가가 전시장에 깃발, 청소기, 식탁 등

WEEK 6

과 같은 일상적 사물을 두고 예술을 논하는 등 모든 것이 미학적인 것이 될 때, 그 어떤 것도 더 이상 아름답거나 추하지 않게 되며, <u>미적인 것과 비미적인 것의 변별성이 없어짐</u> 동시에 예술은 자신의 한계를 넘어서 그 자체를 부정하고 청산한다. 즉, <u>비미적인 일상적 사물과 구별되는 미적인 예술이 존재하지 않게 됨</u> 예술 그 자체가 내파되어 사라진 상태가 된다. 보드리야르는 이러한 현상을 '초미학'이라 부르며, <u>초미학의 개념</u> ⓐ "예술은 너무 많기 때문에 극도로 보잘것없는 것이다."라고 역설했다. <u>일상적 사물이 예술이 될 수 있기 때문</u>

01

답 | ③

(가), (나)에 대한 설명으로 가장 적절한 것은?

정답 선지 분석

③ (가)와 (나)는 모두 특정 철학자의 세계관을 바탕으로 해당 철학자의 시뮬라크르에 대한 관점을 소개하고 있다.

(가)는 플라톤의 철학적 세계관에 따른 시뮬라크르에 대한 관점을 제시하고 이에 대한 반플라톤주의 철학자 들뢰즈의 비판과 그의 시뮬라크르에 대한 관점을 소개하고 있다. (나)는 철학자 보드리야르의 세계관을 바탕으로 한 현대 시뮬라크르에 대한 관점을 시뮬라크르가 산출되는 과정과 초미학을 중심으로 소개하고 있으므로 적절하다.

오답 선지 분석

① (가)와 달리 (나)는 시뮬라크르가 지닌 오류를 증명하는 과정을 사고 실험을 통해 설명하고 있다.

(나)는 시뮬라크르가 지닌 오류를 증명하는 과정을 사고 실험을 통해 설명하고 있지 않다.

② (나)와 달리 (가)는 특정한 철학적 관점에서 파생된 예술관을 바탕으로 시뮬라크르가 사라지는 현상의 이유를 밝히고 있다.

(가)가 아닌 (나)가 시뮬라크르가 사라지는 현상의 이유를 밝히고 있다.

④ (가)와 (나)는 모두 특정한 철학적 관점을 바탕으로 현대의 시뮬라크르가 지닌 문제점에 대한 극복 방법을 제시하고 있다.

(가)는 플라톤과 들뢰즈, (나)는 보드리야르의 관점을 바탕으로 하고 있으나 현대의 시뮬라크르가 지닌 문제점에 대한 극복 방법을 제시하고 있지는 않다.

⑤ (가)와 (나)는 모두 시뮬라크르에 대한 다양한 예술관이 지닌 문제점을 지적하고 이에 맞서는 새로운 예술관을 모색하고 있다.

(가)와 (나)는 모두 시뮬라크르에 대한 다양한 예술관을 소개하고 있을 뿐, 문제점을 지적하고 이에 맞서는 새로운 예술관을 모색하고 있지 않다.

02

답 | ⑤

(가)의 가지적 세계와 가시적 세계에 대한 이해로 적절하지 않은 것은?

정답 선지 분석

⑤ 가지적 세계에 있는 본질은 에이도스와 에이돌론으로 구분된다.

(가)의 1문단을 통해 플라톤은 가지적 세계와 가시적 세계를 구분하고, 가지적 세계에는 결코 변하지 않는 본질, 즉 실재인 에이도스가 있음을 알 수 있다. 또한 (가)의 2문단을 통해 에이돌론은 가시적 세계의 사물임을 알 수 있으므로 가지적 세계에 있는 본질은 에이도스와 에이돌론으로 구분된다는 진술은 적절하지 않다.

오답 선지 분석

① 가지적 세계는 지성으로만 알 수 있는 세계이다.

(가)의 1문단에서 가지적 세계는 우리의 지성으로만 알 수 있는 세계라고 하였다.

② 가시적 세계는 눈으로 지각 가능한 현실 세계이다.

(가)의 1문단에서 가시적 세계는 우리 눈으로 지각이 가능한 현실 세계라고 하였다.

③ 가시적 세계의 사물들은 에이콘과 판타스마로 구분된다.

(가)의 2문단에서 가시적 세계의 사물들을 '에이돌론'이라 부르며, 에이돌론을 에이도스의 성질을 얼마나 반영했는지에 따라 '에이콘'과 '판타스마'로 구분한다고 하였다.

④ 가시적 세계는 가지적 세계를 모방한 환영에 불과한 세계이다.

(가)의 1문단에서 가시적 세계는 가지적 세계를 모방하여 재현한 환영이자 이미지에 불과하다고 하였다.

※ 윗글과 <보기>를 바탕으로 3번과 4번의 물음에 답하시오.

보기

[자료 1]

음료 회사로부터 캐릭터 제작을 의뢰받은 A는 실제 상품을 베낀 초안을 그린 후 이를 변형한 첫 캐릭터를 그렸지만, 음료 회사는 첫 캐릭터에서 상품의 특징이 드러나지 않는다고 혹평했다. A는 첫 캐릭터를 의인화한 최종 캐릭터를 다시 그렸고, 음료 회사는 최종 캐릭터를 담은 광고를 반복하여 방영했다. 이후 최종 캐릭터는 설문 조사에서, 가장 영향력 있는 인물로 선정되는 등 실제 상품보다 사랑받는 인기 캐릭터가 되었다.

[자료 2]

가구 장인 B가 자신이 만든 의자를 본떠 직접 그린 '의자 1'은 예술성을 인정받아 미술관에 전시됐다. 화가 C는 '의자 1'을 보고 자신만의 방식으로 '의자 2'를 그린 후, 다시 이를 변형한 '의자 3'을 그려 전시했다. 그러자 B는 '의자 1'의 모델인 실제 의자를 '의자 0'으로 전시했고, 평론가들은 이것이야말로 진정한 원본이라고 극찬했다. 이후 예술가들이 깃발, 책상 등을 그대로 전시하고 예술을 논하는 현상이 각국 미술관에서 일어났다.

03

답 | ④

다음은 윗글을 읽은 학생이 <보기>를 이해한 내용을 정리한 것이다. 적절하지 않은 것은?

[자료 1]	들뢰즈와 달리 플라톤은 A가 그린 '첫 캐릭터'를, 모방을 거듭한 가짜로 여길 것이다. ········· ㉠
	플라톤과 달리 들뢰즈는 '초안', '첫 캐릭터', '최종 캐릭터' 사이에 드러나는 차이를 실재로서 지닌 의미로 여길 것이다. ······ ㉡
	들뢰즈와 달리 보드리야르는 가장 영향력 있는 인물로 선정된 '최종 캐릭터'가 실재를 대신한다고 여길 것이다. ········· ㉢
[자료 2]	보드리야르와 달리 플라톤은 '의자 0'이 실재보다 우월해졌다고 여길 것이다. ·········· ㉣
	플라톤과 달리 들뢰즈는 '의자 3'이 '의자 1'의 우위를 부정하는 힘이 있다고 여길 것이다. ··········· ㉤

정답 선지 분석

④ ㉣

<보기>의 [자료 2]에서 '의자 0'은 가구 장인 B가 만든 의자를 본떠 직접 그린 '의자 1'의 모델로, 결국 가구 장인 B가 만든 현실 세계의 의자이다. 그런데 (가)의 1문단과 2문단에서 플라톤은 장인처럼 에이도스에 대한 지식을 가지고 만든 가시적 세계의 사물은 실재하는 본질인 에이도스가 있는 가지적 세계를 모방하여 재현한 이미지에 불과하다고 했으므로 적절하지 않다.

① ㉠

(가)의 1문단과 2문단, 4문단을 통해 볼 때, 플라톤의 입장에서 〈보기〉의 [자료 1]에서 실제 상품을 베낀 초안을 그린 후 이를 변형한 '첫 캐릭터'는 시뮬라크르로 모방을 거듭하면서 본질에서 멀어진 가짜이다. 하지만 들뢰즈는 시뮬라크르를 사물 그 자체로 보고 있으므로 적절하다.

② ㉡

(가)의 2문단과 4문단을 통해 볼 때, 플라톤의 입장에서 〈보기〉의 [자료 1]에서 A가 실제 상품을 베낀 '초안'과 이를 변형한 '첫 캐릭터', 그리고 다시 이를 의인화한 '최종 캐릭터'는 모방한 것을 다시 모방한 것이자, 실재하는 본질에서 멀어진 이미지에 불과한 것이지만, 들뢰즈의 입장에서는 '초안', '첫 캐릭터', '최종 캐릭터'는 반복을 통해 생성된 실재로서 지닌 의미 그 자체이므로 적절하다.

③ ㉢

〈보기〉의 [자료 1]에서 '최종 캐릭터'는 광고로 반복하여 방영된 후 가장 영향력 있는 인물로 선정되며 실제 상품보다 사랑받는 인기 캐릭터가 되었는데, (나)의 1문단에서 보드리야르는 광고가 생산한 복제 이미지가 실재보다 더 실재적이고 우월한 것이 된 것을 시뮬라크르라고 말하였고, 2문단에서는 현대 사회에서 시뮬라크르는 그 자체로서 실재를 대신한다고 하였으므로 적절하다.

⑤ ㉤

〈보기〉의 [자료 2]에서 '의자 3'은 화가 C가 '의자 1'을 보고 자신만의 방식으로 그린 '의자 2'를 다시 변형하여 그린 것인데, (가)의 4문단에서 플라톤이 시뮬라크르가 모방을 거듭하면서 본질에서 멀어진 가짜라고 주장하는 것과 달리 들뢰즈는 원본과 사본의 우위를 부정하는 역동적인 힘이 있는 사물 그 자체라고 주장한다고 하였으므로 적절하다.

04

답 | ④

윗글을 바탕으로 〈보기〉에 대해 보인 반응으로 적절하지 않은 것은?

④ 보드리야르는 [자료 1]의 인기 캐릭터가 된 최종 캐릭터는 초과실재가, [자료 2]의 '의자 1'은 예술성을 인정받은 순간에 초미학적 상태가 되었다고 보겠군.

(나)의 1문단에서 보드리야르는 현대 사회에서는 복제 이미지가 실재보다 더 실재적이고 우월한 것이 된다고 하였고, 이러한 현대 사회의 이미지를 '초과실재'라고 부른다고 하였다. 그러므로 보드리야르 입장에서 〈보기〉의 [자료 1]에서 실제 상품보다 사랑받는 인기 캐릭터가 된 '최종 캐릭터'는 현대 사회의 복제 이미지가 실재보다 더 실재적이고 우월한 것이 된 초과실재이므로 적절하다. 반면 (나)의 3문단에서 보드리야르가 예술이 가지고 있던 미적 가치가 사라지고 그 어떤 것도 더 이상 아름답거나 추하지 않게 된 상태를, 예술 그 자체가 내파되어 사라진 초미학이라고 부른다고 한 것으로 볼 때, 보드리야르 입장에서 〈보기〉의 [자료 2]에서 B가 자신이 만든 의자를 본떠 직접 그린 '의자 1'이 예술성을 인정받은 순간은 예술 그 자체가 내파되어 사라진 상태가 아니므로 적절하지 않다.

① 플라톤은 [자료 2]의 B가 만든 의자와 달리 [자료 1]의 초안은 눈에 보이는 현상만을 모방한 나쁜 이미지라고 보겠군.

(가)의 1문단과 2문단을 통해 볼 때, 〈보기〉의 [자료 2]에서 B가 만든 의자는 플라톤의 입장에서 에이도스에 대한 지식을 가진 장인이 만든 좋은 이미지인 것과 달리, 〈보기〉의 [자료 1]의 실제 상품을 베껴 그린 초안은 에이도스에 대한 지식은 없이 눈에 보이는 현상만을 모방하여 재현한 나쁜 이미지이므로 적절하다.

② 플라톤은 [자료 1]의 A가 그린 캐릭터들과 [자료 2]의 C가 그린 그림들은 모두 사이비 기술로 그려진 것들이라고 보겠군.

(가)의 2문단을 통해 볼 때, 플라톤의 입장에서 〈보기〉의 [자료 1]의 A가 그린 캐릭터들과 [자료 2]의 C가 그린 그림들은 모두 사이비 기술로 모방한 것을 모방한 가짜에 불과하므로 적절하다.

---

③ 들뢰즈는 [자료 1]에서 첫 캐릭터에 대해 음료 회사가 한 혹평과 [자료 2]에서 '의자 0'에 대해 평론가들이 한 극찬에는 모두 대상의 가치를 재단하는 폭력성이 내재해 있다고 보겠군.

(가)의 3문단을 통해 볼 때, 들뢰즈의 입장에서 〈보기〉의 [자료 1]에서 음료 회사가 첫 캐릭터에 대해 한 혹평과 [자료 2]에서 평론가들이 '의자 0'에 대해 한 극찬은, 각각 첫 캐릭터는 상품의 특징을 드러낸 것에 따라, '의자 0'은 원본에 가까운 정도에 따라 위계적인 질서를 부여하고 있으므로 적절하다.

⑤ 보드리야르는 [자료 1]의 설문 조사 결과를 보고 실제 상품과 광고 속 캐릭터 간의 경계가, [자료 2]의 각국 미술관에서는 일상 사물과 예술 작품 간의 경계가 내파된 현상이 일어났다고 보겠군.

(나)의 2문단과 3문단을 통해 볼 때, 보드리야르 입장에서 〈보기〉의 [자료 1]의 설문 조사 결과에서 '최종 캐릭터'가 가장 영향력 있는 인물로 선정되는 등 실제 상품보다 사랑받는 인기 캐릭터가 된 것은 실제 상품을 모델로 수정되며 그려진 최종 캐릭터가 광고에서 반복되면서 실제 상품보다 더 실재적이고 우월한 초과실재가 된 것이고, [자료 2]의 각국 미술관에서 예술가들이 깃발, 책상 등을 그대로 전시하고 예술을 논하는 현상은 일상적인 사물이 예술에 가까워지면서 모든 것이 미학적인 것이 되어 일상 사물과 예술 작품 간의 경계가 붕괴된 상태이므로 적절하다.

05

답 | ⑤

㉮와 ㉯에 담긴 의미를 추론한 내용으로 가장 적절한 것은?

⑤ ㉮에는 반복을 통해 위계적 질서에서 벗어난 예술에 대한 긍정적 태도가, ㉯에는 증식을 통해 그 어떤 것도 아름답거나 추하지 않게 된 예술에 대한 부정적 태도가 담겨 있다.

(가)의 마지막 문단에서 들뢰즈는 플라톤과 달리 예술은 모방이 아닌 반복을 통해 주체의 판단과 상관없는 독립된 존재로서 존재 가치를 보존한다고 언급했고, (나)의 마지막 문단에서 보드리야르는 시뮬라시옹 현상에 의해 도처에서 예술 작품이 증식하면서 예술이 가지고 있던 미적 가치가 사라져 모든 것이 미학적인 것이 되는 것을 보잘것없는 것이라고 언급했으므로 적절하다.

① ㉮에는 예술 작품이 사물 그 자체로서 존재 가치를 보존하는 방법이, ㉯에는 예술 작품이 예술로서 미적 가치를 선택하는 방법이 담겨 있다.

㉮에는 예술 작품이 사물 그 자체로서 존재 가치를 보존하는 방법이 담겨 있지만, ㉯에는 예술 작품이 예술로서 미적 가치를 선택하는 방법이 담겨 있지 않다.

② ㉮에는 예술 작품을 사본의 사본으로 평가하는 입장에 대한 수용이, ㉯에는 모든 것이 미학적인 것이 되는 현상에 대한 비판이 담겨 있다.

㉯에는 모든 것이 미학적인 것이 되는 현상에 대한 비판이 담겨 있지만, ㉮는 예술 작품을 사본의 사본으로 평가하는 플라톤의 입장과 반대되는 것이다.

③ ㉮에는 반복이 실현된 예술 작품은 본질에서 멀어진다는 의미가, ㉯에는 미적인 것과 비미적인 것의 변별성이 사라졌다는 의미가 담겨 있다.

㉯에는 미적인 것과 비미적인 것의 변별성이 사라졌다는 의미가 담겨 있지만, ㉮는 모방을 거듭하며 실현된 예술 작품은 본질에서 멀어진다는 플라톤의 입장을 지적하며, 반복을 통해 예술 작품이 생성된다는 의미가 담겨 있다.

④ ㉮에는 예술 작품을 주체의 판단에서 독립된 존재로 만들지 못하는 예술가의 한계가, ㉯에는 예술 자체를 부정하지 못하는 예술가의 한계가 담겨 있다.

㉮에는 예술 작품을 주체의 판단에서 독립된 존재로 만들지 못하는 예술가의 한계가 담겨 있지 않고, ㉯에도 예술 자체를 부정하지 못하는 예술가의 한계가 담겨 있지 않다.

06

답 | ①

문맥상 ⓐ의 의미와 가장 가까운 것은?

정답 선지 분석

① 사람들은 흔히 내 글을 관념적이라고 <u>말한다</u>.

ⓐ는 '평하거나 논하다.'라는 의미로 사용되었고, '사람들은 흔히 내 글을 관념적이라고 말한다.'에서도 '평하거나 논하다.'라는 의미로 사용되었으므로 적절하다.

오답 선지 분석

② 청중들에게 자신의 감정을 <u>말하는</u> 일은 매우 어렵다.

'생각이나 느낌 따위를 말로 나타내다'라는 의미로 사용되었으므로 적절하지 않다.

③ 힘센 걸로 <u>말하면</u> 우리 아버지를 따라갈 사람이 없다.

'확인·강조'의 뜻을 나타내는 의미로 사용되었으므로 적절하지 않다.

④ 경비 아저씨에게 아이가 오면 문을 열어 달라고 <u>말해</u> 두었다.

'무엇을 부탁하다'라는 의미로 사용되었으므로 적절하지 않다.

⑤ 동생에게 끼니를 거르지 말라고 아무리 <u>말해도</u> 듣지를 않는다.

'말리는 뜻으로 타이르거나 꾸짖다'라는 의미로 사용되었으므로 적절하지 않다.

DAY 4 **가설 검정과 오류**

빠른 정답 체크

01 ①   **02** ⑤   **03** ④   **04** ③   **05** ④

---

❶ 어떤 제약 회사에서 특정한 병에 효과가 있는 새로운 약을 만들고 있다고 가정해 보자. _{예시를 들어 설명함} 신약 개발은 엄청난 자본이 들어가는 일이기 때문에 경영자는 신중하게 판단을 해야 한다. 경영자는 신약이 효과가 있다는 것을 확인하기 위해 가설 검정의 방법을 사용할 수 있다. 가설 검정은 「ⓐ <u>모순된</u> 관계에 있는 두 개의 가설을 세우고 실험을 통해 얻은 통계 자료로 가설의 참 또는 거짓을 판단하는 것이다.」 _{「」: 가설 검정의 개념} 가설 검정을 위해 경영자는 '신약이 효과가 있다.'와 '신약이 효과가 없다.'라는 가설을 설정한다. _{대립가설} 전자는 판단하는 이가 주장하려는 가설로 '대립(對立)가설'이라 하고 후자 _{귀무가설} _{대립가설의 개념} 는 주장하고 싶은 내용과는 반대되는 가설인 '귀무(歸無)가설'이 _{귀무가설의 개념} 라 한다.

❷ '신약이 효과가 있다.'라는 대립가설을 입증하기 위해서는 특정 질병을 겪고 있는 모든 환자에게 신약을 투약해 보면 된다. _{대립가설을 입증하기 위한 방법} 하지만 전체를 대상으로 실험하는 것은 현실적으로 불가능하기 때 _{대립가설을 기준으로 가설 검정을 하지 않는 이유} 문에 대립가설을 기준으로 가설 검정을 하지는 않는다. 대신 가설 검정에서는 「귀무가설이 참이라고 가정한 상태에서, 일부 환자에게 투약해서 얻은 자료를 바탕으로 확률에 근거하여 귀무가 _{「」: 가설 검정의 방법} 설의 기각 여부를 결정한다. '신약이 효과가 없다.'라는 귀무가설 아래에서 투약하였는데 관찰한 결과 ⓑ <u>병이 호전된</u> 경우가 많았

다고 하자. 이는 '신약이 효과가 없다.'가 타당하지 않은 것이므로, 경영자는 ⓒ <u>귀무가설을 버리고</u> 대립가설을 채택하면 된다. _{귀무가설을 기각함} 한편 '신약이 효과가 없다.'라는 귀무가설 아래에서 투약하였고, 관찰 결과 병이 낫지 않은 경우가 더 많았다고 하자. 이때는 귀무가설을 버릴 수 없다. 이처럼 가설 검정은 '귀무가설을 기각한 _{귀무가설을 기각하지 못함} _{대립가설의 채택 여부를 결정하는 것} 다.' 또는 '귀무가설을 기각하지 못한다.'라는 의사 결정을 중심으로 대립가설의 채택 여부가 결정된다.

❸ 경영자가 의사 결정을 하는 과정에서는 두 가지 오류가 발생할 수 있다. 귀무가설이 참인데도 불구하고 귀무가설을 기각하는 결정을 내린 것을 '1종 오류'라고 한다. _{1종 오류의 개념} 앞선 예에서 실제로는 약효가 없는데도 약효가 있다고 판단하는 것이다. _{1종 오류의 예시 ①} 그리고 귀무가설이 참이 아닌데 귀무가설을 기각하지 못한 결정을 내린 것을 '2종 오류'라고 한다. _{2종 오류의 개념} 실제로는 약효가 있지만 약효가 없다고 판단하는 것이다. _{2종 오류의 예시 ①} 이러한 오류는 판결에서도 나타날 수 있다. 증거에 의해 '피고인은 유죄이다.'라는 대립가설이 채택되 _{대립가설} 기 전까지는 '피고인은 무죄이다.'라고 가정한다. 판사는 확보된 증거를 바탕으로 ⓓ <u>귀무가설의 기각 여부</u>를 판단해야 한다. _{귀무가설} 이때 판사가 무죄인 사람에게 유죄를 선고하는 것은 1종 오류, _{1종 오류의 예시 ②} 유죄인 사람에게 무죄를 선고하는 것은 2종 오류에 해당한다. _{2종 오류의 예시 ②}

❹ 오류들 중 상대적으로 더 심각한 문제를 초래하는 것은 1종 오류이다. _{1종 오류의 특징} 효과가 있는 약을 출시하지 못해서 기업이 수익을 창출할 기회를 잃어버리는 상황에 비해, _{2종 오류가 발생했을 때의 결과} 시장에 출시했는데 약의 효능이 없어서 회사가 신뢰를 잃는 위험이 더 크다. _{1종 오류가 발생했을 때의 결과 ①} 또한 죄가 있는데 무죄 판결을 내리는 것보다 _{2종 오류가 발생했을 때의 결과 ②} 결백한 사람에게 유죄 판결을 내리는 것이 더 심각한 문제이다. _{1종 오류가 발생했을 때의 결과 ②} 그런데 ⓔ <u>두 가지 오류를 동시에 줄일 수는 없다.</u> 한쪽 오류를 줄이면 그만큼 반대쪽 오류는 늘어나기 때문이다. _{1종 오류와 2종 오류를 동시에 줄일 수 없는 이유} 만약 경영자가 약의 효능과는 무관하게 일단은 약을 출시하기로 결정했다면 _{1종 오류 증가+2종 오류 배제} 2종 오류는 배제할 수 있지만 그만큼 1종 오류는 늘어나게 된다.

❺ 따라서 가설 검정 과정에서는 1종 오류가 발생할 확률의 최대 허용 범위인 ㉠ <u>유의 수준</u>을 가급적 낮게 정한다. _{유의 수준의 개념} 예를 들어 유의 수준이 5%라면 백 번의 시행 중 다섯 번 이내로 1종 오류가 발생하더라도 우연히 일어난 일로 보고 대립가설을 채택하지 _{5%의 유의 수준을 넘지 않음} 만, 이 값을 넘어서면 귀무가설을 기각하지 못한다는 것이다. 「또한 유의 수준은 실험을 하기 전에 미리 정하며, 사람의 생명이나 인권과 결부된 것이라면 유의 수준은 더 낮게 잡아야 한다.」 _{「」: 유의 수준의 특징}

01

답 | ①

가설 검정에 대하여 윗글을 통해 답을 찾을 수 없는 질문은?

정답 선지 분석

① 귀무가설을 기각할 때 새롭게 설정하는 가설은 무엇인가?

1문단에 따르면, 가설 검정을 위해 귀무가설과 대립가설을 설정한다고 하였다. 귀무가설을 기각하면 대립가설을 채택하게 될 뿐이므로, 귀무가설을 기각할 때 새롭게 가설을 설정하는 것은 아니다.

오답 선지 분석

② 대립가설을 기준으로 가설을 검정하지 않는 이유는 무엇인가?

2문단에 따르면, 대립가설을 기준으로 가설 검정을 하는 것은 현실적으로 어려우므로 귀무가설을 기준으로 검정한다.

③ 대립가설의 채택 여부를 판단하기 위해 사용하는 가설은 무엇인가?

2문단에 따르면, 대립가설의 채택 여부는 귀무가설을 중심으로 이루어진다.

④ 1종 오류와 2종 오류를 함께 줄일 수 없는 이유는 무엇인가?

4문단에 따르면, 1종 오류와 2종 오류는 동시에 줄일 수 없다. 그 이유는 한쪽 오류를 줄이면 그만큼 반대쪽 오류는 늘어나기 때문이다.

⑤ 1종 오류와 2종 오류 중 더 심각한 문제를 초래하는 오류는 무엇인가?

4문단에 따르면, 오류 중 상대적으로 더 심각한 결과를 초래하는 것은 1종 오류이다.

02

답 | ⑤

윗글의 내용과 일치하는 것은?

정답 선지 분석

⑤ 신약 개발을 하는 경영자가 채택하고 싶은 것은 대립가설이다.

1문단에 따르면, 판단하는 이가 옳다고 주장하고 싶은 가설은 대립가설이다.

오답 선지 분석

① 귀무가설이 기각되면 대립가설은 채택될 수 없다.

2문단에 따르면 귀무가설이 기각되면 대립가설은 채택된다.

② 판결에서 대립가설의 기각 여부는 피고인이 판단한다.

3문단에 따르면 판결에서 가설의 기각 여부는 판사가 결정한다.

③ 귀무가설은 대립가설이 채택될 때 받아들여지는 가설이다.

2문단에 따르면 귀무가설이 기각되면 대립가설은 채택된다.

④ 귀무가설은 참과 거짓을 알기 전까지는 거짓으로 간주한다.

2문단에 따르면 귀무가설은 참과 거짓을 알기 전까지는 참으로 간주한다.

03

답 | ④

윗글을 바탕으로 <보기>를 이해할 때, A~D에 대한 설명으로 적절하지 않은 것은?

보기

구분		실제 상황	
		귀무가설 참	귀무가설 거짓
의사 결정	귀무가설 기각 못함	A	B
	귀무가설 기각함	C	D

정답 선지 분석

④ 법원이 B를 줄이면, 실제로 죄를 저지른 피고인을 무죄로 판결해서 사회로 돌려보내는 수가 늘어난다.

2문단과 3문단에 따라 <보기>의 표를 정리하면, A와 D는 실제 상황에 맞는 판단을 한 것이다. 이에 비해 B는 귀무가설이 거짓임에도 기각하지 못한 것이므로 2종 오류를, C는 귀무가설이 참임에도 기각한 것이므로 1종 오류를 범한 것이다. 판결에서 2종 오류를 줄이면 1종 오류가 늘어난다. 3문단에 따르면 판결에서 1종 오류란 '무죄인 사람에게 유죄를 선고하는 것'이므로, 1종 오류가 는다는 것은 무죄인 사람에게 유죄 판결을 내리는 경우가 는다는 것을 의미한다.

오답 선지 분석

① 실제로 피고인이 죄를 저지르지 않은 것은 A와 C의 경우에 해당한다.

A와 C는 모두 귀무가설이 참인 상황에 해당한다. 판결에서 귀무가설은 '피고인이 무죄이다.' 이므로 피고인이 죄를 저지르지 않은 것에 해당한다.

② 경영자가 신약의 효능이 없다고 판단하는 것은 A와 B의 경우에 해당한다.

A와 B는 모두 귀무가설을 기각하지 못한 판단에 해당한다. 약효 실험에서 귀무가설은 '신약이 효과가 없다.'이다.

③ A와 D는 피고인에 대해 판사가 내린 판결에 오류가 발생하지 않은 경우에 해당한다.

A와 D는 실제 상황에 맞는 판단이므로 오류가 발생하지 않은 것에 해당한다.

⑤ 제약 회사가 C를 줄이려는 이유는 약의 효능이 없어 시장에서 신뢰를 잃는 상황을 심각하게 생각하기 때문이다.

C는 1종 오류에 해당한다. 4문단에 따르면, 제약회사의 1종 오류란 신약의 효능이 없어 회사가 신뢰를 잃는 것이다.

04

답 | ③

㉠에 대한 설명으로 적절한 것은?

정답 선지 분석

③ 값을 낮게 정할수록 대립가설을 채택할 확률이 낮아진다.

유의 수준은 1종 오류가 발생할 확률의 최대 허용 범위이다. 이 범위 내에서는 1종 오류가 발생하더라도 대립가설을 채택한다. 따라서 유의 수준을 낮게 정할수록 대립가설을 채택할 확률은 낮아진다.

오답 선지 분석

① 인권과 관련된 판단일수록 값을 크게 설정한다.

인권과 관련된 판단일수록 값을 작게 설정해야 한다.

② 귀무가설이 참일 확률과 거짓일 확률의 차이를 의미한다.

유의 수준은 참일 확률과 거짓일 확률의 차이를 의미하는 것은 아니다.

④ 실험이 이루어진 후에 자료를 분석할 때 결정하는 값이다.

유의 수준은 실험 전에 미리 정하는 것이다.

⑤ 가설을 판단할 때 사용할 자료 개수의 최대 허용 범위이다.

유의 수준은 1종 오류가 발생할 확률의 최대 허용 범위이다. 가설을 판단할 때 사용할 자료 개수의 최대 허용 범위와는 관련이 없다.

05

답 | ④

문맥상 ⓐ~ⓔ와 바꿔 쓰기에 적절하지 않은 것은?

정답 선지 분석

④ ⓓ: '피고인은 유죄이다.'라는 가설

3문단에 따르면, '피고인은 유죄이다.'가 대립가설이라고 하였으므로 귀무가설은 '피고인은 무죄이다.'가 된다.

① ⓐ: 동시에 참이 되거나 동시에 거짓이 될 수 없는

두 가설이 모순이라는 것은 한 가설이 참이면 다른 가설은 거짓이 된다는 것이므로 동시에 참이 되거나 동시에 거짓이 될 수 없다.

② ⓑ: 귀무가설과 어긋난

병이 호전된다는 것은 신약이 효과가 있다는 것이므로 '신약이 효과가 없다.'라는 귀무가설과 어긋난다.

③ ⓒ: '신약이 효과가 없다.'라는 가설을 기각하고

귀무가설을 버린다는 것은 '신약이 효과가 없다'라는 가설을 기각하는 것이다.

⑤ ⓔ: 1종 오류와 2종 오류

판단에서 발생하는 두 가지 오류인 1종 오류와 2종 오류를 의미한다.

DAY 5   〈부재〉_김춘수 / 〈삶을 살아낸다는 건〉_황동규

빠른 정답 체크

01 ④   **02** ④   **03** ⑤

가

㉠ 어쩌다 **바람**이라도 와 흔들면

「**울타리**는
『」: 바람에 대한 화자의 정서적 반응
슬픈 소리로 울었다.」

— 자연 현상 ①
－울타리에 부는 바람

맨드라미, 나팔꽃, 봉숭아 같은 것
자연물
『**철마다 피곤**
『」: 삶과 죽음의 순환
소리없이 **져 버렸다.**」

— 자연 현상 ②
－꽃의 개화와 소멸

『차운 한겨울에도
『」: 감각적 이미지를 통한 계절적 분위기 환기
㉡ **외롭게 햇살**은

청석(靑石) 섬돌 위에서

낮잠을 졸다 갔다.」

— 자연 현상 ③
－내리쬐는 햇살

할일없이 세월은 흘러만 가고

『**꿈결같이 사람들**은
『」: 존재의 유한성을 지닌 사람-부재의 모습
살다 죽었다.」

- 김춘수, 〈부재〉 -

나

다 왔다.

하늘이 자잔히 잿빛으로 바뀌기 시작한
시각적 이미지
아파트 동과 동 사이로

마지막 잎들이 지고 있다, 허투루루.
계절적 배경(늦가을), 하강적 이미지   '허투루'를 음성 상징어처럼 표현
바람이 지나가다 말고 투덜거린다.

『엘리베이터 같이 쓰는 이웃이
『」: 이웃과 교류하는 일상적 경험
걸음 멈추고 ㉢ 같이 투덜대다 말고

인사를 한다.

조그만 인사, 서로가 살갑다.」

얇은 서리 가운 입던 꽃들 사라지고
서리가 내린 꽃의 모습(의인법)
땅에 꽂아논 철사 같은 장미 줄기들 사이로
직유법
낙엽은 ㉣ 이리저리 놀아다니고

밟히면 먼저 떨어진 것일수록 소리가 엷어진다.
먼저 떨어진 것일수록 사람들에게 많이 밟혀 눅눅해짐
㉤ 아직 햇빛이 닿아 있는 **피라칸사 열매**는 더 붉어지고

하나하나 눈인사하듯 똑똑해졌다.
피라칸사 열매가 익는 모습(의인법)
더 똑똑해지면 사라지리라

사라지리라, 사라지리라 이 가을의 모든 것이,
반복법
『시각을 떠나
『」: 낙엽과 열매의 모습, 낙엽이 밟히는 소리가 없어지는 것
청각에서 걸러지며.」

두터운 잎을 두르고 있던 **나무** 몇이
여름의 나무
가랑가랑 **마른기침 소리**로 나타나

속에 감추었던 **가지와 둥치**들을 내놓는다.
잎이 떨어져 가지와 둥치가 드러난 나무의 모습
근육을 저리 **바싹 말려버린 괜찮은 삶**도 있었다니!
이파리가 떨어진 나무를 긍정적으로 바라봄(영탄법)
무엇에 맞았는지 깊이 파인 가슴도 하나 있다.
고난, 힘겨웠던 삶
다 나았소이다, 그가 속삭인다.
나무
이런! 삶을, 삶을 살아낸다는 건……

나도 모르게 가슴에 손이 간다.
삶을 살아내는 나무에 대한 감동

- 황동규, 〈삶을 살아낸다는 건〉 -

01

답 | ④

(가), (나)에 대한 설명으로 가장 적절한 것은?

④ (가)와 (나)는 모두 자연물에 인격을 부여하여 시적 의미를 나타내고 있다.

(가)에서는 '외롭게 햇살'이 '낮잠을 졸다 갔다'라고 자연물에 인격을 부여하여 시적 의미를 부여하고 있고, (나)에서는 '나무'가 '기침' 소리를 내며 감추었던 것들을 내놓는 모습에서 자연물에 인격을 부여하여 시적 의미를 나타내고 있으므로 적절하다.

① (가)는 과거와 현재를 대비하며 시상을 전개하고 있다.

(가)는 과거와 현재를 대비하며 시상을 전개하고 있지 않으므로 적절하지 않다.

② (나)는 상승과 하강의 이미지를 반복하여 주제를 강조하고 있다.

(나)는 '마지막 잎들이' 지고 있는 모습에서 하강의 이미지가 나타나 있지만 상승과 하강의 이미지를 반복하고 있지 않으므로 적절하지 않다.

③ (가)와 (나)는 모두 말줄임표로 끝내는 시행을 사용하여 여운을 주고 있다.
(가)에서는 말줄임표로 끝내는 시행이 없고, (나)에서는 '이런! 삶을, 삶을 살아낸다는 건……'에서 시행을 말줄임표로 끝내며 여운을 주고 있으므로 적절하지 않다.

⑤ (가)는 명령적 어조를 활용하여, (나)는 영탄적 어조를 활용하여 화자의 정서를 전달하고 있다.
(가)에서는 명령적 어조가 드러나 있지 않고, (나)에서는 '괜찮은 삶도 있었다니!'에서 영탄적 어조를 활용하여 화자의 정서를 전달하고 있으므로 적절하지 않다.

02 답 | ④

⑤~⑩에 대한 이해로 적절하지 않은 것은?

정답 선지 분석

④ ⑩은 대상이 규칙적으로 떨어지고 있는 모습을 시각적으로 형상화한다.
⑩은 '낙엽'이 이쪽, 저쪽으로 아무렇게나 돌아다니고 있는 모습을 형상화한 것이므로 적절하지 않다.

오답 선지 분석

① ⑤은 규칙적이지 않고 우연한 어떤 시간에 현상이 나타났음을 드러낸다.
⑤은 규칙적이지 않고 우연한 어떤 시간에 '바람'이 나타났음을 드러내고 있으므로 적절하다.

② ⑥은 대상이 주어진 환경 속에서 홀로인 상태임을 표현한다.
⑥은 '햇살'이 한겨울에 쓸쓸하게 홀로인 상태임을 표현하고 있으므로 적절하다.

③ ⑦은 대상의 행위가 혼자만의 행동이 아님을 나타낸다.
⑦은 '투덜대다'라는 행위가 혼자가 아닌 여럿이 하는 행동임을 나타내고 있으므로 적절하다.

⑤ ⑩은 대상의 변화를 이끌어 내는 과정이 끝나지 않고 지속되고 있음을 드러낸다.
⑩은 햇빛이 닿아서 '피라칸사 열매'의 변화를 이끌어 내는 과정이 끝나지 않고 지속되고 있음을 드러내고 있으므로 적절하다.

03 답 | ⑤

<보기>를 참고하여 (가)와 (나)를 감상한 내용으로 적절하지 않은 것은?

보기

시인은 관념적 주제를 자연 현상의 속성을 활용하여 형상화한다. (가)에서는 유한한 존재가 지닌 부재의 의미를, 삶과 죽음의 순환적 공존이 일어나는 자연 현상에 대한 정서적 반응을 통해 감각적으로 드러낸다. (나)에서는 삶의 의미를, 소멸하는 자연물이 지닌 생의 감각과 자연과 교감하며 깨달은 일상적인 경험을 세세하게 표현함으로써 드러낸다.

정답 선지 분석

⑤ (가)에서 '맨드라미' 같은 꽃들이 '철마다 피'고는 '져 버'리는 모습에서 삶과 죽음의 순환적 공존을, (나)에서 '마른기침 소리'를 내던 나무가 새롭게 '가지와 둥치'를 내놓는 모습에서 생의 감각이 소멸한다는 것을 알 수 있겠군.
(가)에서 '맨드라미', 나팔꽃, 봉숭아 같은 꽃들이 '철마다 피'고는 '져 버'리는 모습에서 삶과 죽음의 순환적 공존을 알 수 있고, (나)에서 '마른기침 소리'를 내던 나무가 새롭게 '가지와 둥치'를 내놓는 모습에서 소멸하는 자연물이 지닌 생의 감각을 알 수 있지만, 생의 감각이 소멸한다는 것은 알 수 없으므로 적절하지 않다.

오답 선지 분석

① (가)에서 '사람들'이 '꿈결같이' '살다 죽'는 모습에서 존재의 유한함을 형상화하고 있음을 알 수 있겠군.
(가)에서 '할일없이 세월은 흘러만 가고~살다 죽었다.'를 통해 유한한 존재인 사람의 삶과 죽음을 형상화하고 있다.

② (가)에서 '바람'이 '흔들'면 '울타리'가 '슬픈 소리'로 우는 모습에서 자연 현상에 대한 정서적 반응을 알 수 있겠군.
(가)에서 '울타리'가 '슬픈 소리'로 울었다는 것은 자연 현상에 대한 화자의 감정이 이입된 것으로, 정서적 반응에 해당한다.

③ (나)에서 '눈인사하듯 똑똑해'진 '피라칸사 열매'가 '더 똑똑해지면 사라'질 것이라고 하는 모습에서 자연과 교감하며 얻은 깨달음이 드러나 있음을 알 수 있겠군.
(나)에서 '피라칸사 열매'가 '똑똑해'진다는 것은 시간이 지나며 열매가 익는 모습을 의미하는 것으로, '더 똑똑해지면 사라'질 것이라는 것은 열매는 익은 뒤 소멸한다는 깨달음을 드러낸 것이다.

④ (가)에서 '햇살'이 '낮잠을 졸다' 사라지는 모습과, (나)에서 '바싹 말'라버린 '나무'의 상태를 '괜찮은 삶'이라고 하는 모습에서 자연 현상의 속성을 활용하여 관념적 주제를 형상화하고 있음을 알 수 있겠군.
(가)에서 '햇살'이 '낮잠을 졸다' 사라지는 모습은 자연의 소멸과 부재를, (나)에서 '바싹 말'라버린 '나무'의 상태를 '괜찮은 삶'이라고 하는 것은 자연의 소멸에 대한 긍정적 인식을 드러내고 있다.

DAY 6 〈소학사전〉_작자 미상

빠른 정답 체크

01 ② 02 ① 03 ③ 04 ①

[앞부분의 줄거리] 중국 명나라 소 승상의 아들 소 학사는 황주 자사로 부임하던 중 해적인 서준의 공격을 받아, 임신한 아내 이씨와 헤어진다. 가까스로 살아남은 이씨가 낳은 아들은 길에 버려진 후 서준의 부하에게 구조되어 서준의 아들 '계도'로 양육된다. 장성한 계도는 과거를 보러 가던 중, 소 학사의 어머니가 사는 집에 우연히 들른다.

「부인이 아들 형제를 생각하고 슬픈 마음을 진정하지 못하여 잠
「」: 꿈을 통해 부인이 손자를 보게 될 것임을 암시
자리에 누웠다가 비몽사몽간에 승상이 들어와 부인을 대하여 말하기를,

"오늘 부인의 손자가 올 것이니 보소서."

라고 하므로 놀라 깨어 보니 한바탕 꿈이었다.」 부인이 더욱 마음이 편안하던 차에 비자*가 하는 말을 들으니 어린 듯 취한 듯 반가우면서도 괴이하여 곧 외당에 나가 문틈으로 공자의 상을 보았
계도
는데 영락없는 학사였다. 부인이 생각하기를,
자신의 손자임을 눈치챔
'꿈에 승상이 하시던 말이 맞도다.'
공자를 보고 꿈속 승상의 말이 실현되었음을 알게 됨
라고 하면서 공자의 얼굴을 보고 더욱 학사 생각이 나서 안으로 들어가 노비에게 명령하여 외당에 온 공자에게 말로 전갈하라고

정답 및 해설 | 81

하였다.

㉠ "남녀가 다르나 내 나이가 칠십이고 공자를 대하여 물을 말

<u>공자가 자신의 손자인지 확인하기 위해 윤리 규범을 무릅쓰고 자신에게 오게 함</u>

이 있으므로 염치없기를 무릅쓰고 청하노니, 늙은이의 말을 허

물치 말고 중당으로 행보하소서.'라고 하라."

시비가 외당에 나가 부인의 말씀을 공자에게 전하니 계도가 부

인의 전할 말씀을 듣고 노비를 따라 중당에 이르러 부인에게 절

하고 물었다.

"무슨 말씀을 묻고자 하시나이까?"

부인이 공지에게 말하였다.

"누구 집 공자며, 어디를 가느뇨?"

계도가 대답하였다.

[A] "소자는 황천탑에 사는 서준의 아들 계도인데, 황성으로 과

거를 보러 가는 길이옵던 차 마침 부인 댁 문전을 지나가다

<u>고전소설의 우연성</u>

가 잠깐 쉬어가고자 하였습니다. 부인께옵서 청하옵시기로

내당에 들어왔사오니 미안하고 황송하여이다."

부인이 공자의 말을 듣고 대답하기를,

"나는 소 승상의 부인일러니, 승상은 돌아가시고 「아들 형제를

<u>소 학사의 아버지이자 계도의 할아버지</u>   「」: 가족들이 뿔뿔이 흩어진 상황

두었는데 **큰아들** 학사 운이 황주 자사로 내려간 지 **여러 해 동**

안 소식이 영 끊겼다네. 둘째 아들 위가 제 형을 찾아 나간 지

또한 여러 해에 역시 소식이 없으므로,」슬픔을 견디지 못하여

나날이 서산에 지는 해와 동쪽 바다에 돋는 달을 대하여 아들

형제를 생각하고 집에 돌아오기를 고대하고 있었다네. ㉡ 이러

던 차에 오늘 공자를 보매 나의 아들 학사의 외모와 같기로 청

하였으니 노인의 망령됨을 허물치 말라."

라고 하고는 슬프게 통곡하였다. 계도가 부인의 말씀을 듣고 또

한 눈물을 흘리니 부인이 계도의 손을 잡고 말하기를,

"네 얼굴을 보니 아들 학사의 모양이구나."

라고 하면서 **슬픔을 그치지 않**으므로 계도가 미안하게 여겨 부인

에게 아뢰었다.

"세상에 혹 **같은 사람도 있**사온즉 너무 슬퍼 마옵소서."

하고 **위로하니**, 부인이 말하기를,

"내 집 뒤뜰에 천도화 나무가 하나 있으되, 본래 나의 시아버지

께서 도학이 비범하시어 신선과 매일 즐기시다가 신선에게 얻

기를 청하여 심은 나무라네. 증험하는* 일이 많아 집에 경사스

러운 일이 일어나려 하면 엄동설한이라도 꽃과 잎이 피었다가

사흘 후에 꽃이 지고, 집에 경사스러운 일이 없으면 봄이 되어

화창한 시절이라도 꽃과 잎이 피지 않는데, 오늘은 천도화가 피

<u>계도가 부인의 손자임을 암시</u>

었으니 이상하도다. 만약 삼 일 후 꽃이 지면 이는 필시 공자를

위함이로다."

라고 하면서 눈물을 흘리니 계도가 듣고 부인에 아뢰었다.

"그러하오면 한번 구경하사이다."

부인이 계도를 데리고 후원에 올라가 **천도화**를 보이니 과연 꽃

이 피었으므로, 계도가 보고 신기하게 여겨 말하였다.

㉢ "내 이곳에서 머물러 증험을 보리라."

<u>사흘 후 천도화의 상태를 확인하고자 함</u>

라고 하고는 외당에 머물렀다가 **삼 일 후에** 다시 후원에 올라가

<u>경사스러운 일이 일어나려 함을 의미</u>

보니 낙화가 지는 것이었다. 계도가 보고 의심하였다.

'월봉산에서 노인의 말씀이, 정성이 지극하면 잃어버린 부모를

찾으리라고 하시고, 또 이곳에 오면 반가운 일을 보리라고 하시

더니 과연 이상하고 수상하도다. 내가 **서준에게 길러**짐을 생각

하면 정녕 서준이가 나의 부친인데, 월봉산 노인의 말씀과 이곳

부인의 말씀이며 천도화를 보니 이상하도다.'

슬픈 마음이 저절로 일어나서 행장을 열어 거문고를 내어 줄을

골라 한 곡조를 탔다. 맑고 맑은 소리가 공중에 솟으니, 이때 부

인이 슬픔에 싸여 있던 차에 거문고 소리가 남을 듣고 괴이하여

자세히 들은즉 예전에 학사가 가지고 놀던 거문고 소리였다. 이

<u>계도가 소 학사의 아들임을 상징하는 복선</u>

에 부인이 급히 외당에 나아가 보니, 공자가 거문고를 타고 있었

다. 자세히 보니 과연 학사의 거문고이므로 부인이 달려들어 거

문고를 붙들고 대성통곡하면서 말하기를,

"이 거문고는 어디에서 났느뇨? 이 거문고는 나의 승상이 손수

만들어 사랑하시다가 돌아가신 후 아들 학사가 황주로 내려갈

때 가지고 간 기물인데, ㉣ 학사는 오지 않고 거문고는 집을 찾

<u>계도의 거문고가 소 학사의 것임을 알고 소 학사를 그리워 함</u>

아왔으니 너의 임자는 어디 가고 너만 홀로 왔느냐."

라고 하며 계속 통곡하였다. 계도가 기가 막혀 생각하기를,

'부인이 나를 보고 학사 같다고 하며 의심하는 차에 공교롭게

거문고를 보고 또 붙들고 슬퍼하시니 이런 어이없는 일이 어디

에 있으리오!'

라고 하고는 부인에게 여쭈었다.

"이 거문고는 소생의 집에 대대로 전해 오는 기물이로소이다.

<u>거문고가 자기 가문의 기물일 것이라는 부인의 오해를 풀고자 함</u>

부인은 정신을 진정하시고 자세히 보옵소서."

부인이 눈물을 거두고 대답하였다.

[B] "내 집의 기물을 어찌 모르리오. 「이 거문고는 승상이 살아

「」: 사물의 내력을 들어 계도의 말을 반박함

계실 적에 서촉 지방의 사신에게 부탁하여 동정호 절벽 강

산에서 수천 년 묵은 벽오동을 구하여 만들었으매, 소리가

기이하여 슬픈 사람이 타면 소리가 슬프게 나고 아무라도

심정이 편안한 사람이 타면 소리가 웅장하고 씩씩하게 나

네. 이러하므로 신기한 거문고라 일컬었음이니,」 내 어찌 모

르리오."

계도가 부인에게 아뢰었다.

ⓜ "이 거문고는 진실로 소생의 집안에서 대대로 전해 오는 기물이오니 조금도 염려 마옵소서."

라고 하니 부인이 말하기를,

『"그러하면 승상이 만드실 때 거문고 복판에 '청성고'라고 써서 새겼으니 공자가 자세히 보라."』

『』: 복판에 새겨진 글씨를 통해 계도가 부인의 손자임을 드러냄

라고 하시므로 계도가 보니 복판에 '청성고'라고 새겨 있었다.』

- 작자 미상, 〈소학사전〉 -

* 비자: 여자 종.
* 증험하다: 증거로 삼을 만한 경험을 하다.

01

답 | ②

윗글에 대한 이해로 적절하지 않은 것은?

정답 선지 분석

② 계도는 부인에게 거문고에 새겨진 글자를 확인하자고 제안하였다.

거문고에 새겨진 글자를 확인하자고 제안한 사람은 계도가 아니라 부인이다.

오답 선지 분석

① 소 승상의 아버지는 신선에게 얻은 나무를 뒤뜰에 심었다.

부인의 시아버지, 즉 소 승상의 아버지가 신선에게서 천도화 나무를 얻어 뒤뜰에 심었다.

③ 부인은 비자의 말을 들은 후에 몰래 계도의 생김새를 살펴보았다.

부인은 비자의 말을 들은 후에 외당에 나가 문틈으로 공자(계도)의 상을 살펴보았다.

④ 소 학사의 동생이 형을 찾기 위해 집을 떠난 후 여러 해가 지났다.

부인은 둘째 아들이 큰아들을 찾아 나간 지 여러 해가 지났지만, 역시 소식이 끊어져 두 아들이 돌아오기를 기다렸다.

⑤ 계도는 반가운 일을 볼 것이라고 한 월봉산 노인의 말을 부인 집 후원에서 떠올렸다.

계도는 부인 집 후원에 피었던 천도화가 사흘 후에 지는 것을 직접 보고 월봉산 노인의 말을 떠올렸다.

02

답 | ①

㉠~㉤에 대해 이해한 내용으로 가장 적절한 것은?

정답 선지 분석

① ㉠: 남녀 간의 윤리 규범을 인정하면서도 계도를 만나 보고 싶어하는 부인의 마음이 드러난다.

㉠에서 부인은 남녀가 유별하다는 유교 규범에도 불구하고 계도를 만나보고자 한다.

오답 선지 분석

② ㉡: 자신의 기대를 저버린 계도에 대한 부인의 서운함이 드러난다.

㉡에서 부인은 계도가 아들과 닮았기에 만나기를 청했다는 자신의 입장을 설명하고 있다.

③ ㉢: 부인이 예고한 일이 실제로 일어나지 않을 것이라는 계도의 생각이 드러난다.

㉢에서 계도는 천도화가 핀 것을 신기해 하며 그것이 사흘 후에 질 것인지 확인하고자 한다.

④ ㉣: 학사의 물건을 가지고 있는 계도에 대한 부인의 반감이 드러난다.

㉣에서 부인은 계도가 가진 거문고가 아들의 것임을 알아보고 아들을 그리워하며 한탄하고 있다.

⑤ ㉤: 자기 가문의 기물을 아들의 것이라 주장하는 부인에 대한 계도의 분노가 드러난다.

㉤에서 계도는 거문고가 자기 가문의 기물임을 한 번 더 말함으로써 부인의 오해를 풀고자 한다.

03

답 | ③

[A]와 [B]에 대한 설명으로 가장 적절한 것은?

정답 선지 분석

③ [B]는 [A]와 달리 사물의 내력을 근거로 들어 상대의 말을 반박하고 있다.

[B]에서는 거문고의 내력을 밝혀 말함으로써 그것이 자기 가문의 기물이라는 계도의 주장을 반박하고 있지만, [A]에서는 사물의 내력을 제시하고 있지 않다.

오답 선지 분석

① [A]는 [B]와 달리 심정을 직접 드러내어 상대의 행동을 유도하고 있다.

[A]와 [B]에서는 모두 인물의 심정을 직접 드러내지만 상대의 행동을 유도하고 있지는 않다.

② [A]는 [B]와 달리 과거에 있었던 일을 제시하여 상대에게 자신의 입장을 설명하고 있다.

[A]와 [B]에서는 모두 과거에 있었던 일을 제시하여 상대에게 자신의 입장을 설명하고 있다.

④ [B]는 [A]와 달리 자신에 대한 정보를 제공하며 상대의 협조를 요청하고 있다.

[A]에서는 자신에 대한 정보를 제공하지만 상대의 협조를 요청하고 있지는 않으며, [B]에서는 자신에 대한 정보를 제공하고 있지 않다.

⑤ [A]와 [B]는 모두 상대의 특정한 행동을 언급하며 상대의 입장을 이해하고 있다.

[A]에서는 상대의 특정한 행동을 언급하지만 상대의 입장을 이해하고 있지는 않으며, [B]에서는 상대의 행동을 언급하고 있지 않다.

04

답 | ①

<보기>를 참고하여 윗글을 감상한 내용으로 적절하지 않은 것은?

보기

이 소설은 가족이 외부의 시련으로 헤어졌다가 다시 만나는 과정을 담고 있다. 주인공의 아들이 적대자에게 양육된다거나 상대가 혈육임을 인물이 쉽게 알아차리지 못한다는 설정은 서사적 긴장감을 유발한다. 또한 등장인물이 앞일을 예언하거나 신이한 자연물을 통해 인물 간의 관계를 암시하는 장면은 독자들의 흥미를 극대화한다.

정답 선지 분석

① 부인의 꿈에서 승상이 '손자가 올 것'이라고 말하는 것은 부인과 아들이 손자를 통해 만나게 됨을 예언한 것이겠군.

승상이 부인의 꿈에 나타나 손자가 올 것이라 말하는 것은 부인이 손자인 계도를 만나게 됨을 예언한 것이라고 볼 수 있다.

오답 선지 분석

② 부인의 '큰아들'이 '여러 해 동안 소식이 영 끊어'진 것에서 가족이 헤어진 상황을 확인할 수 있겠군.

부인이 아들의 소식을 여러 해 동안 알지 못한 것은 가족이 헤어진 상황으로 볼 수 있다.

③ '슬픔을 그치지 않'는 부인에게 '같은 사람도 있'다고 '위로하'는 것에서 계도는 부인이 혈육임을 알아차리지 못했다고 볼 수 있겠군.

계도가 부인에게 자신의 외모가 소 학사와 닮은 것이 우연이라고 말한 것은 부인이 자신의 할머니임을 몰랐기 때문으로 볼 수 있다.

④ 계도가 부인 집에 들른 날에 '천도화'가 피었다가 '삼 일 후에' 진 것은 그와
부인의 관계에 대한 신이한 자연물의 암시로 볼 수 있겠군.
천도화가 피었다가 사흘 후에 지는 것은 집에 경사스러운 일이 생길 것임을 예고하는 것으로
계도가 부인 집에 들른 날에 핀 천도화가 사흘 후에 진 것은 계도가 소 학사의 아들, 즉 부인
의 손자임을 암시한 것으로 볼 수 있다.

⑤ 계도가 친아버지의 적대자인 '서준에게 길러'졌다는 데서 서사적 긴장감이
유발된다고 볼 수 있겠군.
서준은 소 학사를 공격하고 그의 가족이 헤어지게 만든 적대자이므로, 소 학사의 아들인 계
도가 서준에게 양육된 것은 서사적 긴장감을 유발한다고 볼 수 있다.

DAY 1 화법

빠른 정답 체크

01 ⑤   02 ①   03 ①

❶ 안녕하세요? 발표를 맡은 ○○○입니다. 지난 수업 시간에 우
_{자신을 소개하며 발표를 시작함}
리는 조선 시대의 전통 복식에 대해 배웠는데요, 저는 전통 모자
_{청중과 공유하고 있는 내용을 언급하여 주의를 환기}
에 대한 내용이 무척 흥미로웠어요. 그래서 조선 시대 양반들이
_{발표 주제 선정 배경}
쓰던 대표적인 모자인 흑립에 대해 발표하고자 합니다.
_{발표 주제}

❷ 흑립은 우리가 흔히 '갓'이라고 부르는 검은색 전통 모자의 다
_{청중에게 친숙한 명칭을 언급하여 이해를 도움}
른 명칭입니다. 흑립은 말의 꼬리털인 말총이나 가늘게 쪼갠 대
_{흑립에 대한 소개}
나무를 엮어 얇은 비단으로 싼 후 검은 칠을 한 모자로, 조선 시
대 양반들이 일상복을 입을 때 착용하였습니다. (㉠ 자료 제시)
_{흑립을 구성하는 각 요소를 보여 주는 자료}
그림 속 양반이 쓰고 있는 모자가 바로 흑립입니다. 흑립은 머리
_{시각 자료를 통해 청중의 이해를 도움}
를 덮는 원통형 부분인 대우, 햇빛을 가리는 부분인 양태, 흑립을
_{흑립의 구성}
머리에 고정하기 위한 끈인 입영으로 이루어져 있습니다. 흑립의
모양은 시기에 따라 달라졌는데, 특히 입영은 길이가 길어지고
재료가 다양해지면서 흑립의 장식적 요소로 활용되었습니다.

❸ 양반들은 자신의 개성이나 지위를 드러내기 위해 다양한 문양
_{양반들이 흑립을 장식한 이유}
으로 흑립을 장식하거나 회자를 달아 흑립을 꾸미기도 했습니다.
(㉡ 자료 제시) 이 흑립의 양태는 박쥐 문양으로 장식되어 있습니
_{양태가 박쥐 문양으로 장식되어 있고, 대우의 윗부분에 회자가 달린 흑립을 보여 주는 자료}
다. 당시에 박쥐 문양은 행복을 상징하였으며, 수명이 길고 번식
_{박쥐 문양의 의미 ①}
력이 좋은 박쥐처럼 오래도록 다복한 가정을 이루고자 하는 소망
_{박쥐 문양의 의미 ②}
을 담고 있습니다. 대우의 윗부분을 보시면 회자가 달려 있는데,
양반의 품계에 따라 회자의 재료에 차이를 두었습니다.

❹ 흑립은 양반의 신분을 상징하는 것이었으므로 양반들은 흑립
_{흑립의 상징적 의미}
을 소중히 여기고 관리했는데요, 흑립이 비나 눈에 젖거나 상하지
_{갈모 사용 목적}
않도록 갈모를 사용했다고 합니다. 갈모는 기름을 먹인 한지를 접
어서 만들었는데, (㉢ 자료 제시) 「평소에는 이렇게 갈모를 접어서
_{갈모를 접고 펴서 사용할 수 있음을 보여 주는 자료}
허리춤에 차거나 도포의 소매 안에 항상 넣고 다니다가 비나 눈이
오면 갈모를 펼쳐서 흑립 위에 씌워 흑립을 보호했습니다.」
_{「 」: 갈모 사용 방법}

❺ 지금까지 조선 시대의 흑립에 대해 말씀드렸습니다. 흑립은
조선 시대에 양반들이 즐겨 쓰던 모자로 우리나라를 대표하는 전
통 모자라는 점에서 의미가 크다고 할 수 있습니다. 제가 준비한
_{흑립의 가치}
내용은 여기까지입니다. 발표 내용과 관련하여 궁금한 점이 있으
면 질문해 주세요.
_{청중의 질문에 답변함으로써 청중과 상호 작용하고자 함}

01

답 | ⑤

위 발표자의 말하기 방식으로 가장 적절한 것은?

정답 선지 분석

⑤ 청중과 공유하고 있는 경험을 환기하며 화제를 선정한 이유를 밝히고 있다.

　발표자는 1문단에서 청중과 공유하고 있는 경험인 수업을 환기하며 전통 모자에 대한 내용
　에 흥미를 느껴 흑립을 화제로 선정했음을 밝히고 있다.

오답 선지 분석

① 화제와 관련한 질문을 던지며 청중과 상호 작용하고 있다.

　발표자는 화제와 관련한 질문을 던지며 청중과 상호 작용하고 있지 않다.

② 화제에 대한 청중의 관심을 요청하며 발표를 마무리하고 있다.

　발표자는 발표 내용과 관련하여 궁금한 점이 있으면 질문할 것을 요청하며 발표를 마무리하
　고 있다.

③ 화제를 친숙한 소재에 빗대어 표현하여 청중의 이해를 돕고 있다.

　청중에게 친숙한 명칭인 '갓'을 언급하여 청중의 이해를 돕고 있지만, 흑립을 친숙한 소재에
　빗대어 표현한 내용은 발표에 나타나지 않는다.

④ 발표 순서를 안내하여 청중이 발표 내용을 예측하며 듣도록 하고 있다.

　발표자는 발표 순서를 안내하고 있지 않다.

02

답 | ①

다음은 발표자가 제시한 자료이다. 발표자의 자료 활용에 대한 설명으로 적절하지
않은 것은?

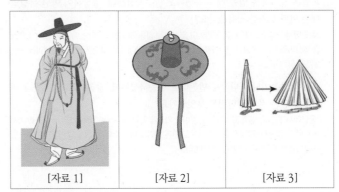

[자료 1]　　　　[자료 2]　　　　[자료 3]

정답 선지 분석

① 입영에 사용되는 다양한 재료를 설명하기 위해 ㉠에 [자료 1]을 활용하였다.

　발표자는 입영에 사용되는 다양한 재료를 설명하고 있지 않다.

오답 선지 분석

② 흑립을 구성하는 각 요소의 명칭과 기능을 설명하기 위해 ㉠에 [자료 1]을
　활용하였다.

　[자료 1]은 흑립을 구성하는 대우, 양태, 입영을 보여 주는 자료이므로 ㉠에 활용할 수 있다.

③ 회자의 위치를 보여 주기 위해 ㉡에 [자료 2]를 활용하였다.

　[자료 2]는 대우의 윗부분에 회자가 달려 있음을 보여 주는 자료이므로 ㉡에 활용할 수 있다.

④ 양태를 장식한 문양을 보여 주기 위해 ㉡에 [자료 2]를 활용하였다.

　[자료 2]는 양태를 장식한 박쥐 문양을 보여 주는 자료이므로 ㉡에 활용할 수 있다.

⑤ 갈모를 사용하는 방법을 설명하기 위해 ㉢에 [자료 3]을 활용하였다.

　[자료 3]은 갈모를 접고 펴서 사용할 수 있음을 보여 주는 자료이므로 ㉢에 활용할 수 있다.

03

답 | ①

<보기>는 청자와 발표자가 나눈 질의응답의 일부이다. [A]에 들어갈 청자의 질문으로 적절하지 않은 것은?

보기

> 청자: 발표 잘 들었습니다. 그런데 듣고 나서 궁금한 점이 생겨서 질문드립니다. 　[A]　
>
> 발표자: 그 내용은 발표에 없었네요. 추가로 말씀드리겠습니다.

정답 선지 분석

① 양반들이 갈모를 항상 가지고 다녔다고 말씀하셨는데, 그 이유가 무엇인가요?

4문단에 비나 눈이 오면 흑립을 보호하기 위해 항상 갈모를 가지고 다녔다는 내용이 드러나 있으므로, 양반들이 갈모를 항상 가지고 다닌 이유를 묻는 질문은 적절하지 않다.

오답 선지 분석

② 품계에 따라 회자의 재료가 달랐다고 말씀하셨는데, 품계별로 어떤 재료를 사용했나요?

3문단에서 양반의 품계에 따라 회자의 재료에 차이를 두었다는 내용이 드러나 있으나 품계별로 어떤 재료를 사용했는지에 대해서는 발표에서 언급하고 있지 않으므로, 이를 묻는 질문은 적절하다.

③ 박쥐 문양으로 흑립을 장식한다고 말씀하셨는데, 또 다른 문양에는 어떤 것이 있나요?

3문단에서 박쥐 문양을 예시로 들어 양반들이 개성이나 지위를 드러내기 위해 다양한 문양으로 흑립을 장식했음을 설명하고 있으나 다른 문양에 대해서는 언급하고 있지 않으므로, 이를 묻는 질문은 적절하다.

④ 흑립은 일상복을 입을 때 착용했다고 말씀하셨는데, 일상복이 아닌 복장일 때는 어떤 모자를 착용했나요?

2문단에서 흑립은 조선 시대 양반들이 일상복을 입을 때 착용하였다는 내용이 드러나 있으나 일상복이 아닌 복장일 때 착용하는 모자에 대해서는 언급하고 있지 않으므로, 이를 묻는 질문은 적절하다.

⑤ 흑립은 말총이나 대나무로 만든다고 말씀하셨는데, 말총으로 만든 것과 대나무로 만든 것의 장단점은 무엇인가요?

2문단에서 흑립은 말의 꼬리털인 말총이나 가늘게 쪼갠 대나무를 엮어 얇은 비단으로 싸서 만든다는 내용이 드러나 있으나 말총으로 만든 것과 대나무로 만든 것의 장단점이 드러나 있지 않으므로, 이를 묻는 질문은 적절하다.

DAY 2 　문법

빠른 정답 체크

01 ⑤　　**02** ⑤　　**03** ①　　**04** ②　　**05** ②

높임 표현은 높임의 대상에 따라 주체 높임, 객체 높임, 상대 높임으로 나뉜다. 주체 높임은 서술의 주체, 곧 문장의 주어가 지시하는 대상을 높이는 것이다. 현대 국어의 주체 높임은 선어말 어미 '-(으)시-'나 주격 조사 '께서', 특수 어휘 '잡수다', '계시다' 등을 통해 실현된다. 중세 국어의 주체 높임도 선어말 어미 '-(♀/으)시-'로 실현되었으며, 이는 '-(♀/으)샤-'로도 나타났다. 또한 '좌시다', '겨시다' 등의 높임을 나타내는 특수 어휘도
높임 표현의 종류 / 주체 높임의 개념 / 현대 국어의 주체 높임 실현 방법 / 중세 국어의 주체 높임 실현 방법 ① / 중세 국어의 주체 높임 실현 방법 ②

존재하였다.

[A] ─ 주체 높임은 일반적으로 주체의 나이가 화자보다 많거나 사회적 지위 등이 화자보다 높을 때 실현된다. *주체 높임이 일반적으로 실현되는 조건* 하지만 주체와 청자의 관계, 담화 상황 등을 고려하여 주체가 높임의 대상이라도 높이지 않거나, 주체가 높임의 대상이 아니라도 높이기도 한다. 가령 방송과 같은 공적 담화에서는 객관성을 고려하여 주체를 높이지 않는 경우가 있다. *주체 높임을 사용하지 않는 경우* 또한 주체의 신체 일부, 소유물 등 주체와 밀접한 관련이 있는 대상을 높임으로써 주체를 간접적으로 높일 수도 있는데, 이를 간접 높임이라고 한다. *「」: 간접 높임의 개념*

객체 높임은 서술의 객체인, 문장의 목적어나 부사어가 지시하는 대상을 높이는 것이다. *객체 높임의 개념* 현대 국어의 객체 높임은 부사격 조사 '께'나 '모시다', '여쭙다' 등의 특수 어휘를 통해서만 실현된다. *현대 국어의 객체 높임 실현 방법* 중세 국어의 객체 높임은 부사격 조사 '씌'나 '뫼시다(모시다)', '엳줍다' 등의 특수 어휘뿐만 아니라, *중세 국어의 객체 높임 실현 방법 ①* 객체 높임의 선어말 어미 '-습-, -숩-, -줍-' 등으로도 실현되었다. *중세 국어의 객체 높임 실현 방법 ②*

상대 높임은 화자가 대화의 상대인 청자를 높이거나 낮추는 것 *상대 높임의 개념* 으로 현대 국어의 상대 높임은 주로 '-습니다', '-아라/-어라' 등의 종결 어미로 실현된다. *현대 국어의 상대 높임 실현 방법* 중세 국어의 상대 높임 또한 현대 국어와 마찬가지로 주로 종결 어미로 실현되었지만, 현대 국어와 달 *중세 국어의 상대 높임 실현 방법 ①* 리 상대 높임의 선어말 어미 '-이-', '-잇-'이 존재했다. 선어말 *중세 국어의 상대 높임 실현 방법 ②* 어미 '-이-'는 평서형에서, '-잇-'은 의문형에서 각각 나타나며 *평서형에서 상대를 아주 높일 때 사용 / 의문형에서 상대를 아주 높일 때 사용* 상대를 아주 높일 때 사용되었다. *「」: 문장 종결의 유형에 따라 다른 형태로 실현되는 중세 국어의 상대 높임 선어말 어미*

01

답 | ⑤

[A]를 바탕으로, <보기>를 이해한 내용으로 적절하지 않은 것은?

보기

> ㄱ. (아버지께) 선생님께서는 책이 많으십니다.
> ㄴ. (방송에서) 세종대왕이 한글을 창제했습니다.
> ㄷ. (수업에서 선생님이) 발표할 어린이는 손 드시면 됩니다.
> ㄹ. (어린 손자에게) 너희 엄마는 언제 출근하셨니?
> ㅁ. (할아버지께) 아버지는 아직 병원에 가지 않았습니다.

정답 선지 분석

⑤ ㅁ에서는 주체인 '아버지'와 화자의 관계를 고려해 '아버지'를 높이고 있다.

ㅁ의 주체인 '아버지'는 화자에게 높임의 대상이지만, 청자인 '할아버지'에게는 높임의 대상이 아니다. 따라서 화자는 주체인 '아버지'와 청자인 '할아버지'의 관계를 고려하여 '아버지' 앞에서 '아버지'를 높이지 않고 있다. 한편 청자인 '할아버지'는 화자에게 높임의 대상이다. 따라서 화자는 '-습니다'를 사용하여 상대 높임을 실현하고 있다.

오답 선지 분석

① ㄱ에서는 '선생님'의 소유물인 '책'을 높임으로써 '선생님'을 간접적으로 높이고 있다.

ㄱ의 화자는 선생님의 소유물인 '책'에 대한 높임을 '-시-'로 실현함으로써 '선생님'을 간접적으로 높이고 있다.

② ㄴ에서는 담화의 객관성을 고려해 '세종대왕'을 높이지 않고 있다.

ㄴ은 방송이라는 공적 담화의 객관성을 고려해 '세종대왕'을 높이지 않고 있다.

③ ㄷ에서는 수업이라는 담화 상황을 고려해 '어린이'를 높이고 있다.

ㄷ의 주체인 '어린이'는 화자에게 높임의 대상이 아니지만, 화자는 수업이라는 공적인 담화 상황을 고려하여 '어린이'에 대한 높임을 '-시-'로 실현하고 있다.

④ ㄹ에서는 주체인 '엄마'와 청자인 '손자'의 관계를 고려해 '엄마'를 높이고 있다.

ㄹ의 주체인 '엄마'는 화자에게 높임의 대상이 아니지만, 청자인 '손자'에게는 높임의 대상이다. 따라서 화자는 주체인 '엄마'와 청자인 '손자'의 관계를 고려하여 '손자' 앞에서 '엄마'에 대한 높임을 '-시-'로 실현하고 있다.

02

답 | ⑤

윗글을 바탕으로, <보기>의 a~c를 탐구한 내용으로 적절하지 않은 것은?

> **보기**
>
> a. [중세 국어] 大師(대사) ㅎ샨 일 아니면 뉘 혼 거시잇고
>   [현대 국어] 대사가 하신 일이 아니면 누가 한 것입니까?
>
> b. [중세 국어] 이 도놀 가져가 어마니믈 供養(공양)ㅎ숩고
>   [현대 국어] 이 돈을 가져가 어머님을 공양하고
>
> c. [중세 국어] 太子(태자)룰 쯰려 안ᅀᄫᅡ 부인씌 뫼셔 오니
>   [현대 국어] 태자를 싸 안아 부인께 모셔 오니

정답 선지 분석

⑤ c: 중세 국어에서는 '뫼셔'를, 현대 국어에서는 '모셔'를 사용하여 주체인 '태자'를 높이고 있다.

c의 중세 국어 '뫼셔'와 현대 국어 '모셔'에서 '뫼시다'와 '모시다'는 객체 높임에 사용되는 특수한 어휘로, 객체인 '태자'를 높이기 위해 중세 국어와 현대 국어에서 각각 사용되었다.

오답 선지 분석

① a: 중세 국어에서는 '-샤-'를, 현대 국어에서는 '-시-'를 사용하여 주체인 '대사'를 높이고 있다.

a의 중세 국어 'ㅎ샨'과 현대 국어 '하신'에서, '-샤-'와 '-시-'를 각각 사용하여 주체인 '대사'를 높이고 있음을 알 수 있다.

② a: 중세 국어에서는 현대 국어에 없는 '-잇-'을 사용하여 대화의 상대인 청자를 높이고 있다.

a의 중세 국어 '거시잇고'와 현대 국어 '것입니까'를 통해, 중세 국어에서는 현대 국어에 없는 상대 높임의 선어말 어미 '-잇-'을 사용하여 대화의 상대인 청자를 높이고 있음을 알 수 있다.

③ b: 중세 국어에서는 현대 국어에 없는 '-숩-'을 사용하여 객체인 '어마님'을 높이고 있다.

b의 중세 국어 '供養(공양)ㅎ숩고'와 현대 국어 '공양하고'를 통해, 중세 국어에서는 현대 국어에 없는 객체 높임의 선어말 어미 '-숩-'을 사용하여 객체인 '어마님'을 높이고 있음을 알 수 있다.

④ c: 중세 국어에서는 '씌'를, 현대 국어에서는 '께'를 사용하여 객체인 '부인'을 높이고 있다.

c의 중세 국어 '부인씌'와 현대 국어 '부인께'에서, 부사격 조사 '씌'와 '께'를 각각 사용하여 객체인 '부인'을 높이고 있음을 알 수 있다.

03

답 | ①

<보기>의 ㉮, ㉯에 들어갈 예로 적절한 것은?

> **보기**
>
> 'ㅎ'은 다양한 음운 변동이 일어나기 때문에 표준 발음법에 별도의 규정을 두고 있다. 'ㅎ'의 음운 변동에는 'ㅎ'이 다른 음운으로 바뀌는 교체, 'ㅎ'이 다른 음운과 합쳐져 새로운 음운이 되는 축약, 'ㅎ'이 없어져 발음되지 않는 탈락이 있다. 가령 '놓친[녿친]'은 'ㅎ'이 'ㄷ'으로 바뀌어 발음되므로 교체의 예에 해당한다.
>
> | 유형 | 'ㅎ'의 음운 변동 | | |
> |---|---|---|---|
> | | 교체 | 축약 | 탈락 |
> | 예 | 놓친[녿친] | ㉮ | ㉯ |

정답 선지 분석

	㉮	㉯
①	좋고[조ː코]	닿아[다아]

'좋고[조ː코]'는 'ㅎ'이 인접한 'ㄱ'과 합쳐져 'ㅋ'으로 축약되므로 ㉮의 예로 적절하며, '닿아[다아]'는 음절 끝소리의 'ㅎ'이 모음으로 시작하는 형식형태소 '-아' 앞에서 탈락하므로 ㉯의 예로 적절하다.

오답 선지 분석

②	좋고[조ː코]	쌓네[싼네]

'쌓네[싼네]'는 음절 끝소리의 'ㅎ'이 'ㄷ'으로 교체되고, 인접한 비음의 영향으로 'ㄷ'이 'ㄴ'으로 교체되므로 ㉯의 예로 적절하지 않다.

③	넣는[넌ː는]	닿아[다아]

'넣는[넌ː는]'은 음절 끝소리의 'ㅎ'이 'ㄷ'으로 교체되고 인접한 비음의 영향으로 'ㄷ'이 'ㄴ'으로 교체되므로 ㉮의 예로 적절하지 않다.

④	넣는[넌ː는]	쌓네[싼네]

'넣는[넌ː는]'은 음절 끝소리의 'ㅎ'이 'ㄷ'으로 교체되고 인접한 비음의 영향으로 'ㄷ'이 'ㄴ'으로 교체되므로 ㉮의 예로 적절하지 않고, '쌓네[싼네]' 역시 음절 끝소리의 'ㅎ'이 'ㄷ'으로 교체되고, 인접한 비음의 영향으로 'ㄷ'이 'ㄴ'으로 교체되므로 ㉯의 예로 적절하지 않다.

⑤	좁힌[조핀]	닳지[달치]

'좁힌[조핀]'은 'ㅎ'이 인접한 'ㅂ'과 합쳐져 'ㅍ'으로 축약되므로 ㉮의 예로 적절하지만, '닳지[달치]'는 'ㅎ'이 인접한 'ㅈ'과 합쳐져 'ㅊ'으로 축약되므로 ㉯의 예로 적절하지 않다.

04

답 | ②

<보기>의 ㉠에 해당하는 예로 가장 적절한 것은?

> **보기**
>
> 부정 표현 '-지 않다'는 줄여서 '-잖다'로 적을 수 있다. '시답다'에 '-지 않다'가 결합하여 '시답잖다'로 줄어든 것이 그 예이다. 그런데 '-잖다'는 특정한 상황에서 부정을 표현하는 것이 아닌, ㉠ 사실을 확인하는 의미로 사용되기도 한다.

정답 선지 분석

② 그때 거기 소나무 한 그루가 있었잖아.

'그때 거기 소나무 한 그루가 있었잖아.'는 그때 거기에 소나무 한 그루가 있었다는 사실을 '-잖다'를 사용하여 확인하고 있는 문장으로, '-잖다'가 부정을 표현하는 것이 아닌, 사실을 확인하는 의미로 사용되었다.

① 사촌 동생의 지나친 장난은 <u>달갑잖아</u>.
　'달갑잖아'는 '흡족하지 않다.'라는 뜻으로, '달갑다'를 부정하고 있다.

③ 당신을 믿기에 이번 도전도 <u>두렵잖아요</u>.
　'두렵잖아요'는 '마음에 염려스럽지 않다.'라는 뜻으로, '두렵다'를 부정하고 있다.

④ 작지만 소소한 행복이 있다면 <u>남부럽잖아</u>.
　'남부럽잖아'는 '형편이 좋아서 남이 부럽지 않을 만하다.'라는 뜻으로, '남부럽다'를 부정하고 있다.

⑤ 힘들었지만 배운 게 많아 성과가 <u>적잖아요</u>.
　'적잖아요'는 '수나 양이 일정한 기준을 넘는다.'라는 뜻으로, '적다'를 부정하고 있다.

05
답 | ②

<보기>에서 선생님이 제시한 과제를 수행한 결과로 적절하지 <u>않은</u> 것은?

보기

선생님: 아래의 예문을 봅시다.

> (ㄱ) 외국에 있는 친구가 어제 전화로 나에게 "**네**가 **오늘** 말한 책이 **여기** 있**어**."라고 말했다.
>
> ↓
>
> (ㄴ) 외국에 있는 친구가 어제 전화로 나에게 **내**가 **어제** 말한 책이 **거기** 있**다고** 말했다.

　(ㄱ)은 친구의 말을 그대로 전한 직접 인용이고, (ㄴ)은 친구의 말을 인용하는 화자의 관점으로 바꾸어 표현한 간접 인용입니다. (ㄱ)이 (ㄴ)으로 바뀌면서 인칭 대명사, 시간 표현, 지시 표현이 '나', '어제', '거기'로 바뀌었습니다. 또한 종결 어미 '-어'가 '-다'로, 직접 인용의 조사 '라고'가 간접 인용의 조사 '고'로 바뀌었습니다. 이를 바탕으로 [자료]의 직접 인용을 간접 인용으로 바르게 바꿨는지 분석해 볼까요?

[자료]

직접 인용	외국에 있는 형이 어제 전화로 "**나**는 **내일 이곳**에서 볼 시험 때문에 걱정이 많**아**."라고 말했다.
간접 인용	외국에 있는 형이 어제 전화로 **자기**는 **오늘 그곳**에서 볼 시험 때문에 걱정이 많**다라고** 말했다.

② '내일'은 인용을 하는 화자가 말한 시점을 기준으로 할 때, '오늘'이 아닌 '어제'로 바꿔야겠군.
　'어제' 형이 '내일' 시험을 본다고 말한 것은 인용을 하는 화자가 말한 시점을 기준으로 할 때, 형이 '오늘' 시험을 본다는 것을 의미한다. 따라서 [자료]의 간접 인용에서의 시간 표현은 '오늘'이 적절하므로, 시간 표현 '오늘'을 '어제'로 바꿔야 한다는 설명은 적절하지 않다.

① '나'는 앞서 언급한 형을 다시 가리키므로 인칭 대명사 '자기'로 바르게 바꿨군.
　'자기'는 앞서 언급한 '형'을 다시 가리키는 3인칭 재귀 대명사로, '나'를 '자기'로 바르게 바꿨다는 설명은 적절하다.

③ '이곳'은 인용을 하는 화자의 관점에서 형이 있는 곳을 가리키므로 '그곳'으로 바르게 바꿨군.
　'이곳'은 인용을 하는 화자의 관점에서 먼 거리에 있는 '형'이 위치한 곳을 가리키므로, '이곳'을 '그곳'으로 바르게 바꿨다는 설명은 적절하다.

④ 직접 인용에 쓰인 종결 어미 '-아'를 간접 인용에서 종결 어미 '-다'로 바르게 바꿨군.
　평서문은 간접 인용에서 종결 어미가 '-다'로 바뀌므로, '-아'를 '-다'로 바르게 바꿨다는 설명은 적절하다.

⑤ '라고'는 직접 인용에 쓰이는 조사이므로 간접 인용에 쓰이는 조사 '고'로 바꿔야겠군.
　간접 인용에서는 조사 '고'가 쓰이므로, 직접 인용에 쓰이는 조사 '라고'를 '고'로 바꿔야 한다는 설명은 적절하다.

DAY 3　미시경제학

빠른 정답 체크

01 ②　　**02** ①　　**03** ②　　**04** ⑤

❶ 양면시장은「플랫폼 사업자가 서로 구분되는 두 개의 이용자 집단에 플랫폼을 제공하고 이용자들은 플랫폼을 통해 상대 집단과 거래하면서 경제적 가치나 편익을 창출하는 시장」을 의미한다. 이때 플랫폼이란 양쪽 이용자 집단의 연결 고리 역할을 하는 물리적, 가상적, 제도적 환경을 일컫는다. 이용자 집단은 플랫폼을 통해 거래가 이루어지기까지의 시간이나 노력 등과 같은 거래비용을 절감하여 상대 집단과 거래하게 된다. 대표적인 플랫폼으로 신용 카드 회사가 제공하는 카드 결제 시스템을 들 수 있다. 플랫폼의 한쪽에는 카드로 결제하는 회원들이 있고, 플랫폼의 반대쪽에는 그것을 지불 수단으로 받는 가맹점들이 있다. 플랫폼 사업자인 신용 카드 회사 입장에서는 양쪽 이용자 집단인 카드 회원들과 가맹점들 모두가 고객이 된다.

❷ 플랫폼을 통해 연결되는 양쪽 이용자 집단의 관계는 '네트워크 외부성'을 통해 설명할 수 있다. 네트워크 외부성은「어떤 제품이나 서비스를 사용하는 이용자의 규모가 이용자의 효용에 영향을 미치는 것으로 직접 네트워크 외부성과 간접 네트워크 외부성으로 구분된다. 직접 네트워크 외부성이란 동일 집단 내에서 발생하는 것으로,「동일 집단에 속한 이용자의 규모가 커지면 집단 내 개별 이용자의 효용이 증가하는 특성이다. 이와 달리 간접 네트워크 외부성이란 서로 다른 집단 간에 발생하는 것으로,「한쪽 이

용자 집단의 규모가 커지면 반대쪽 이용자 집단의 효용이 증가하고, 한쪽 이용자 집단의 규모가 작아지면 반대쪽 이용자 집단의 효용이 감소하게 된다. 양면시장에서는 간접 네트워크 외부성이
┌: 간접 네트워크 외부성의 개념
필수적으로 작용하므로 양쪽 이용자 집단이 서로 긴밀하게 영향
양쪽 이용자 집단의 규모와 효용이 영향을 주고받음
을 주고받는다.

❸ 이를 바탕으로 플랫폼 사업자는 플랫폼 이용료를 통해 수익을 창출하기 때문에 양쪽 이용자 집단 모두를 플랫폼에 참여하도록 유도할 수 있는 가격구조를 결정하게 된다. 이때 가격구조란 플랫폼 이용료를 각각의 이용자 집단에 어떻게 부과하느냐를 의미
가격구조의 개념
한다. 플랫폼 사업자는 수익을 극대화할 수 있는 전략으로 양쪽 이용자 집단에 차별적인 가격을 부과하는 것이 일반적인데, 한쪽 이용자 집단의 플랫폼 이용료를 아주 낮게 책정하거나 한쪽 이용
차별적인 가격 부과의 예시 ①   차별적인 가격 부과의 예시 ②
자 집단에 보조금을 지급하는 경우도 있다.

❹ 위에서 언급된 카드 결제 시스템을 바탕으로 간접 네트워크 외부성이 가격구조에 미치는 영향을 살펴보면 다음과 같다. 카드 회원들이 가맹점에 미치는 간접 네트워크 외부성이 클수록, 카드 회사는 카드 회원 수를 늘리기 위해 낮은 연회비를 부과할 수 있
한쪽 이용자 집단의 플랫폼 이용료를 낮게 책정하는 경우
다. 이에 따라 카드 회원 수가 늘어나면 가맹점들의 효용이 증가하기 때문에 가맹점은 높은 결제 건당 수수료를 지불하더라도 카드 결제 시스템을 이용하게 된다. 이는 가맹점이 카드 회원들에
낮은 수수료 → 가맹점 수 증가 → 카드 회원들의 효용 증가
게 미치는 간접 네트워크 외부성이 큰 경우에도 마찬가지로 적용된다.

❺ 한편 가격구조는 수요의 가격탄력성에도 영향을 받는다. 수요의 가격탄력성이란 가격이 오르거나 내릴 때 수요량이 얼마나 변동하느냐를 의미하는 것으로, 양면시장에서 양쪽 이용자 집단 각
수요의 가격탄력성의 개념
각은 플랫폼 이용료의 변동에 따라 이용자 수나 서비스 이용량과 같은 수요량에 영향을 받게 된다. 카드 회원의 수요의 가격탄력
이용료가 오르면 이용자 집단의 수가 크게 감소함
성이 높은 경우에는 연회비가 오를 때 카드 회원 수가 크게 감소하고, 수요의 가격탄력성이 낮은 경우에는 변동이 크지 않다. 따라서 플랫폼 사업자는 자신의 수익을 극대화하기 위해 양쪽 이용자 집단의 특성을 파악하여 각 집단에 최적의 이용료를 부과하게 된다. 일반적으로 플랫폼 사업자는「수요의 가격탄력성이 높은 집단에 낮은 이용료를 부과하여 해당 집단의 이용자 수를 늘리려고
┌: 이용자 수가 감소하면 플랫폼 사업자의 수익이 줄어듦
한다.」

❻ 플랫폼 사업자가 수익을 창출하기 위해 사용하는 대표적인 전략으로 공짜 미끼와 프리미엄(free-mium) 등이 있다. 공짜 미끼 전략은「무료 서비스를 통해 한쪽 집단의 이용자 수를 늘리면
┌: 공짜 미끼 전략의 개념
서 반대쪽 집단 이용자의 플랫폼 참여를 유인하는 것이다. 프리미엄 전략은 기본적 기능은 무료로 제공하지만 추가적인 기능은
프리미엄 전략의 개념

유료로 제공하는 것으로, 무료에서 유료로 전환한 이용자의 긍정
유료로 전환한 이용자들이 무료 이용자의 유료화에 영향을 미침
적 경험이 무료 이용자에게 전파되어 그 중 일부가 유료 이용자로 전환되도록 하는 것이다.

01
답 | ②

윗글을 이해한 내용으로 적절하지 않은 것은?

[정답 선지 분석]

② 양면시장에서는 신용 카드 회사와 카드 회원 모두가 가맹점의 고객이 된다.
1문단에서 '플랫폼 사업자인 신용 카드 회사 입장에서는~가맹점들 모두가 고객이 된다.'라고 하였으므로 적절하지 않다.

[오답 선지 분석]

① 카드 결제 시스템은 카드 회원들과 카드 가맹점을 연결하는 플랫폼이다.
1문단에서 '대표적인 플랫폼으로 신용 카드 회사가~카드 결제 시스템을 들 수 있다.'라고 하였으므로 적절하다.

③ 플랫폼 사업자는 이용자 집단이 플랫폼에 참여하도록 보조금을 지급할 수 있다.
3문단에서 가격구조는 '양쪽 이용자 집단 모두를 플랫폼에 참여하도록 유도'하는 것이라고 하였고 '한쪽 이용자 집단에 보조금을 지급하는 경우도 있다'고 하였으므로 적절하다.

④ 플랫폼 사업자는 플랫폼 이용자들에게 경제적 가치를 창출하는 환경을 제공한다.
1문단에서 '플랫폼이란 양쪽 이용자 집단~제도적 환경을 일컫는다'고 하였고, 플랫폼 이용자들은 '플랫폼을 통해 상대 집단과~편익을 창출한다'고 하였으므로 적절하다.

⑤ 프리미엄 전략은 유료로 전환한 이용자들이 무료 이용자들의 유료화에 영향을 미치는 것이다.
6문단에서 프리미엄 전략은 '무료에서 유료로 전환한 이용자의~유료 이용자로 전환되도록 하는 것'이라고 하였으므로 적절하다.

02
답 | ①

가격구조에 대한 설명으로 가장 적절한 것은?

[정답 선지 분석]

① 플랫폼 사업자가 수익을 극대화하기 위해 고려하는 것이다.
3문단에서 가격구조는 '플랫폼 이용료를 각각의~어떻게 부과하느냐를 의미한다'고 하였고 '플랫폼 사업자는 플랫폼 이용료를 통해~참여하도록 유도'하는 것이라고 하였으므로 적절하다.

[오답 선지 분석]

② 양쪽 이용자 집단의 이용료 지불 수단을 결정하는 방법이다.
3문단에서 가격구조는 '플랫폼 이용료를 각각의~어떻게 부과하느냐를 의미한다'고 하였다.

③ 양쪽 이용자 집단에 동일한 이용료를 부과하기 위한 원칙이다.
3문단에서 '플랫폼 사업자는 수익을 극대화할 수 있는 전략으로 양쪽 이용자 집단에 차별적인 가격을 부과하는 것이 일반적'이라고 하였다.

④ 양쪽 이용자 집단의 규모가 항상 고정되어 있음을 전제로 하는 것이다.
2문단에서 '간접 네트워크 외부성이란~한쪽 이용자 집단의 규모가 작아지면 반대쪽 이용자 집단의 효용이 감소'하는 것이며, 3문단에서 '이를 바탕으로 플랫폼 사업자는~가격구조를 결정하게 된다'고 하였으므로 양쪽 이용자 집단의 규모가 항상 고정되어 있음을 전제로 하지는 않는다.

⑤ 플랫폼 사업자가 규모가 큰 이용자 집단에는 이용료를 부과하지 못한다.
3문단에서 '플랫폼 사업자는 수익을 극대화할 수 있는 전략으로 양쪽 이용자 집단에 차별적인 가격을 부과하는 것이 일반적'이라고 하였을 뿐, 플랫폼 사업자가 규모가 큰 이용자 집단에는 이용료를 부과하지 못한다고 하지는 않았다.

WEEK 7

※ 윗글과 <보기>를 바탕으로 3번과 4번 두 물음에 답하시오.

보기

P사가 개발한 메신저 프로그램은 이용자끼리 무료로 메시지를 주고받을 수 있어서 ㉠ 메신저 이용자들이 빠르게 증가했고, 메신저 이용자들끼리 서로 편하게 연락을 주고받을 수 있게 되었다. 그러자 광고 효과를 기대하고 P사와 계약한 ㉡ 광고주들이 크게 늘어났고, P사는 모든 광고주들에게 원래보다 높은 광고 비용을 부과했다. 이후 P사는 더 많은 메신저 이용자들을 확보하기 위해 메신저에서 사용할 수 있는 무료 이모티콘을 배포하였고, 이를 통해 ㉢ 이모티콘 사용에 익숙해진 이용자를 많이 확보할 수 있었다. 이모티콘을 사용하는 이용자들이 점점 많아지자 P사는 메신저를 통해 ㉣ 이모티콘 공급 업체들이 유료 이모티콘을 판매할 수 있도록 하였다. P사가 높은 판매 수수료를 부과했음에도 불구하고 이용자들에게 이모티콘을 판매하고자 하는 업체들이 모여들게 되었다.

03

답 | ②

윗글을 바탕으로 <보기>를 이해한 내용으로 적절하지 않은 것은?

정답 선지 분석

② P사가 이모티콘 사용에 익숙해진 메신저 이용자들을 확보한 것은 메신저를 통해 적은 거래비용으로 이용자에게 이모티콘을 직접 판매하고자 하는 목적이겠군.
　<보기>에서 P사는 '이모티콘 사용에 익숙해진 이용자들을 많이 확보'했다고 하였고, 1문단에서 '이용자 집단은 플랫폼을 통해~상대 집단과 거래하게 된다.'라고 하였으므로 적절하지 않다.

오답 선지 분석

① P사가 메신저 이용자들에게 무료 이모티콘을 배포한 것은 무료 서비스를 통해 더 많은 메신저 이용자들을 플랫폼으로 유도하기 위한 공짜 미끼 전략이겠군.
　<보기>에서 P사는 '더 많은 메신저 이용자들을 확보하기 위해~무료 이모티콘을 배포'했다고 하였고, 6문단에서 '공짜 미끼 전략은~플랫폼 참여를 유인하는 것'이라고 하였으므로 적절하다.

③ P사가 광고주들에게 부과한 광고 비용과 이모티콘 공급 업체에게 부과한 판매 수수료는 P사의 수익 창출을 위한 플랫폼 이용료에 해당하겠군.
　<보기>에서 P사는 광고주들에게 '광고 비용'을, 이모티콘 공급 업체에게 '판매 수수료'를 부과했다고 하였고, 3문단에서 '플랫폼 사업자는 플랫폼 이용자를 통해 수익을 창출'한다고 하였으므로 적절하다.

④ P사가 모든 광고주들에게 원래보다 높은 광고 비용을 부과한 것은 메신저 이용자들의 수가 늘어남에 따라 광고주들이 얻는 편익이 증가했다고 판단했기 때문이겠군.
　<보기>에서 P사는 '모든 광고주들에게 원래보다 높은 광고 비용을 부과'했다고 하였고, 4문단에서 '카드 회원 수가 늘어나면~카드 결제 시스템을 이용하게 된다'고 하였으므로 적절하다.

⑤ P사가 개발한 메신저의 이용자 수가 많아져 이용자들끼리 더 편하게 연락을 주고받을 수 있게 된 것은 메신저 이용자들 사이에 직접 네트워크 외부성이 존재하는 것이겠군.
　<보기>에서 P사의 메신저 프로그램은 '메신저 이용자들끼리 서로 편하게 연락을 주고받을 수 있'다고 하였고, 2문단에서 '직접 네트워크 외부성이란~개별 이용자의 효용이 증가하는 특성이다.'라고 하였으므로 적절하다.

04

답 | ⑤

다음은 윗글과 <보기>를 읽은 학생이 보인 반응이다. A~C에 들어갈 내용으로 적절한 것은?

㉠의 수요의 가격탄력성이 높고, ㉠이 ㉡에 미치는 간접 네트워크 외부성이 클 때, P사가 무료이던 메신저 이용료를 유료로 전환한다고 가정하면, ㉠의 수는 (A)하고 ㉡의 효용은 크게 (B)할 것이다. 한편 ㉣이 ㉢에 미치는 간접 네트워크 외부성이 크다고 가정하면, P사가 ㉣에 부과하는 판매 수수료는 (C)할 것이다.

정답 선지 분석

	A	B	C
⑤	감소	감소	하락

5문단에서 '카드 회원의 수요의 가격탄력성이 높은 경우에는~카드 회원 수가 크게 감소'한다고 하였고, 2문단에서 '한쪽 이용자 집단의 규모가 작아지면~효용이 감소하게 된다'고 하였다. 또한 4문단에서 '카드 회원들이 가맹점에 미치는~낮은 연회비를 부과할 수 있다.'고 하였다는 것을 보면, ㉠의 수는 감소하고, ㉡의 효용은 크게 감소할 것이며, P사가 ㉣에 부과하는 판매 수수료는 하락할 것이므로 적절하다.

DAY 4 　발터 벤야민과 도시산책자의 사유

빠른 정답 체크

01 ⑤　　02 ①　　03 ④　　04 ⑤　　05 ④

❶ 출퇴근에 대한 관념은 근대 이후에 형성되었다. 집과 일터의
　　　　　　　　　　　출퇴근에 대한 관념이 형성되지 않음
경계가 뚜렷하지 않았던 전근대 사회와 달리 19세기 이후의 도시적 삶에서는 주거를 위한 사적 공간과 노동을 위한 공적 공간
　　　　　　　　　　　　집과 일터의 경계가 뚜렷해짐
이 분리되었다. 여가를 즐길 수 있는 곳은 사적 공간으로, 경제적
　　　　　　　　　　　사적 공간의 의미　　　　　　　　　공적 공간의 의미
활동을 하는 곳은 공적 공간으로 인식되었으며 이 둘의 관계는 내부와 외부, 실내와 거리의 관계에 대응된다.

❷ 게오르크 짐멜은 대표적인 사적 공간인 실내의 공간적 의미를 도시의 삶과 관련지어 분석하였다. 짐멜은 도시에서 살아가는 개인이 외적 자극의 과잉으로 인해 신경과민에 ⓐ 빠지게 되는데, 이에 대응하는 전형적인 방식이 내면으로의 침잠이라고 설명
　　　　　　　　　　　　　　　　　개인이 신경과민에 대응하는 방식
하였다. 외부와 차단된 실내는 내면을 지키기에 가장 유리한 공
　　　　　　　　　　내면으로의 침잠이 일어나는 이유
간이라는 것이다. 또한 짐멜은 개인이 개성을 실현할 수 있는 공
　　　　　　　　　　　　　　　짐멜이 실내에 부여한 의미
간이라는 의미를 실내에 부여하였다. 19세기에는 실내를 가구와 공예품으로 빈틈없이 장식하는 것이 유행했는데, 그는「다양한 양
　　　　　　　　　　　　　　　　　　　　　「」: 실내를 장식하는 행위를 긍정적으로 바라봄
식을 지닌 사물을 취향에 따라 조합함으로써 일상에서 개성을 드러낼 수 있다는 점에서 이를 긍정적으로 평가하였다.」또 양식이라는 보편적인 표현 형태를 매개로 하는 공예품은 평온함과 안정
감을 줄 수 있다고 덧붙였다. ㉠ 실내에 대한 짐멜의 설명은 도시
　　　　　　　　　　공예품을 긍정적으로 바라봄

적 삶이 가져오는 불안과 몰개성을 사적 공간에서 해소하려는 개인의 욕망에 부응한다. 실내가 개인의 은신처이자 일상의 심미화를 추구할 수 있는 공간으로 자리매김함에 따라, 거주자를 외부로부터 보호하고 자유로운 개성표현을 보장하는 실내의 설계가 당시 건축의 주요한 구성 원리로 등장하였다.
(실내에 대한 짐멜의 견해)

❸ 발터 베냐민은 실내 장식에 집착한 19세기의 주거 문화를 '주거 중독증'으로 표현하면서 이는 도시의 공적 공간에서 개인적 흔적을 남길 수 없는 데 대한 보상 심리에서 기인한 것이라고 설명하였다. 베냐민은 실내가 사회적 세계와의 연관성을 잃어가면서 점점 더 인위적인 공간이 되었으며 그곳에서의 은둔은 공적 공간으로부터의 도피를 의미한다고 보았다. 그는 신화나 자연에서 모티프를 딴 가구와 공예품들의 조합을 통해 몽환적 분위기를 조성했던 19세기의 실내 풍경을 예로 들면서, 이러한 실내는 거주자를 환상에 빠지게 함으로써 도피에 대한 욕망을 충족시킬 뿐이라고 주장하였다.
(19세기의 주거 문화에 대한 베냐민의 견해 / 실내에 대한 베냐민의 견해 ① / 베냐민의 관점에서의 내면으로의 침잠 / 실내에 대한 베냐민의 견해 ②)

❹ 실내에 대한 베냐민의 비판적 고찰은 사적 공간과 공적 공간의 괴리를 문제 삼는 데로 이어지는데, 이때 베냐민이 주목한 것은 파리의 '파사주'이다. 파사주는 몇 채의 건물을 잇는 통로 형태의 상가로, 베냐민에 따르면 유행의 리듬이 지배하는 최초의 자본주의적 소비 공간이다. 유행은 새로운 것을 부단히 연출함으로써 상품을 향한 욕망을 재생산한다. 서로 마주 보는 상점들이 늘어선 구조는 오가는 이들의 시선을 붙잡아 소비를 부추겼다. 또한 파사주는 건축학적으로 거리와 실내 사이에 위치하는 '사이공간'이다. 베냐민은 그렇기 때문에 파사주에서는 외부와 내부가 혼동되는 경험이 가능하다고 보았다. 전적으로 공적이지도 않고 사적이지도 않은 중간 영역의 존재는 경계 해체의 단초를 제공한다.
(19세기 이후 사적 공간과 공적 공간이 분리됨 / 파사주 개념 / 베냐민이 생각하는 파사주 특징 / 유행의 기능 / 파사주 구조 ① / 파사주가 유행의 리듬이 지배하는 공간인 이유 / 파사주의 구조 ② / 파사주는 거리(외부)와 실내(내부) 사이에 위치하기 때문 / '사이공간')

❺ 사적 공간과 공적 공간의 분리를 신봉하는 낡은 개념을 대신할 새로운 주거 개념을 탐색하면서, 베냐민은 신건축과의 관계에서 파사주의 의미를 다시 조명하였다. 1920년대에 등장한 신건축은 산업 기술의 발전에도 불구하고 건축의 미학화 경향이 지속되는 상황에 대한 반론의 성격을 띤다. 베냐민은 공간의 이분법을 극복하려는 사유의 연장선상에서 신건축의 구성 원리를 탐구하였다. 신건축에서는 철골을 재료로 사용하면서 벽을 제거하는 설계가 가능해져 내부와 외부의 경계를 완화할 수 있게 되었다. 또 빛이 투과하는 유리 사용의 확대는 내부와 외부의 통합을 공간적으로 구현할 수 있게 했다. 이에 비해 파사주는 새로운 재료를 사용하면서도 과거의 건축 양식들이 절충적으로 혼합되어 지어졌다는 점에서 기술의 발전에 부합하는 건축 양식으로 이어지지 못했다는 것이 베냐민의 설명이다. 이처럼 베냐민은 파사주의
(신건축은 건축의 미학화 경향을 부정적으로 바라볼 / 사적 공간과 공적 공간의 분리 / 신건축의 특징 ① / 베냐민이 신건축을 긍정적으로 평가함 / 신건축의 특징 ② / 베냐민이 신건축을 긍정적으로 평가한 이유 ② / 베냐민이 파사주를 부정적으로 평가한 이유)

한계를 지적하면서도, 「외부로부터 차단된 '그릇 속에서의 삶'이 지배했던 19세기에서 '관계와 투과'의 원리가 지배하는 20세기로 넘어가는 문지방의 의미를 파사주에서 발견하였다.
(「 」: 베냐민이 파사주에서 발견한 의미)

01
답 | ⑤

윗글에 대한 설명으로 가장 적절한 것은?

정답 선지 분석

⑤ 실내에 대한 학자들의 견해를 제시하면서 그러한 견해의 형성 배경 및 견해 간의 차이를 드러내고 있다.

이 글은 실내에 대한 짐멜과 베냐민의 견해를 제시한 글로, 그들 견해의 형성 배경 및 견해 간의 차이를 설명하고 있다. 2문단은 도시에서의 불안과 몰개성에 대응하기 위한 개인의 욕구는 내면으로의 침잠으로 나타나며, 실내는 거주자를 외부로부터 보호하는 공간이자 개성 표현의 공간이라고 본 짐멜의 견해를 제시한다. 반면 3문단을 보면 베냐민은 실내 장식에 집착하는 주거 문화는 도시에서의 비인격화에 대한 보상 심리에서 기인한 것이라고 지적하면서, 실내를 현실 도피의 공간이자 거주자가 환상에 빠지게 하는 공간으로 파악하고 있어 짐멜과 상이한 견해를 보여 주고 있다.

오답 선지 분석

① 건축 재료의 발달 과정을 중심으로 건축사를 단계별로 설명하고 있다.

1문단에서 19세기 이후의 도시적 삶에서는 주거를 위한 사적 공간과 노동을 위한 공적 공간이 분리되었다고 했을 뿐, 건축 재료의 발달 과정을 중심으로 건축사를 단계별로 설명하고 있는 것은 아니다.

② 주거 문화에 대한 관점이 기술의 발전에 미친 영향을 인과적으로 밝히고 있다.

5문단에서 새로운 기술과 소재를 바탕으로 건축의 구성 원리를 도출한 신건축에 대해 제시하고 있으나, 주거 문화에 대한 관점이 기술의 발전에 미친 영향을 인과적으로 밝힌 것은 아니다.

③ 특정 도시의 다양한 사회상을 제시하고 이를 시대적 기준에 따라 분류하고 있다.

4문단에서 베냐민의 견해를 설명하며 파리의 '파사주'를 언급했을 뿐, 특정 도시의 다양한 사회상을 제시하고 이를 시대적 기준에 따라 분류하고 있는 것은 아니다.

④ 사적 공간과 공적 공간을 대비하고 이들 공간의 긍정적 측면과 부정적 측면을 각각 분석하고 있다.

1문단에서 사적 공간과 공적 공간을 대비하고 있으며 사적 공간은 글에서 긍정적 측면과 부정적 측면이 제시되었다고 볼 수 있으나, 공적 공간의 긍정적 측면과 부정적 측면을 각각 분석하고 있는 것은 아니다.

02
답 | ①

㉠을 이해한 내용으로 적절하지 않은 것은?

정답 선지 분석

① 주거와 여가를 구분하면 일상의 심미화가 가능하다고 보았다.

1문단을 통해 주거와 여가가 모두 사적 공간에 해당하는 성격이라고 파악할 수 있으며, 2문단을 보면 짐멜은 다양한 양식의 사물을 거주자의 취향에 따라 조합하여 개성을 드러냄으로써 일상의 심미화를 추구할 수 있다고 보았음을 알 수 있으므로, 주거와 여가를 구분하면 일상의 심미화가 가능하다는 서술은 실내에 대한 짐멜의 설명을 이해한 내용으로 적절하지 않다.

오답 선지 분석

② 신경과민 상태의 개인이 내면을 보호하려는 자구책이라고 보았다.

짐멜은 개인이 외부와 차단된 곳인 실내에서 스스로의 내면을 지키고자 한다고 보았다.

③ 양식화된 공예품의 조합에 따라 개인의 개성이 표현된다고 보았다.

2문단에 따르면, 짐멜은 다양한 양식을 지닌 사물을 취향에 따라 조합함으로써 실내에서 개성을 드러낼 수 있다고 보았다.

④ 양식의 보편성을 매개로 평온함과 안정감을 얻을 수 있다고 보았다.

짐멜은 실내를 장식할 때 사용하는 공예품에 대해서, 양식이라는 보편적인 표현 형태를 매개로 하는 공예품을 통해 평온함과 안정감을 얻을 수 있다고 보았다.

⑤ 도시적 삶에서 오는 자극에 대응하기 위하여 내면으로의 침잠이 나타나게 된다고 보았다.

짐멜은 도시에서의 삶을 영위하는 개인은 자극의 과잉으로 인해 신경과민에 빠지게 되며 이에 대응하는 전형적인 방식이 내면으로의 침잠이라고 보았다. 이것은 개인의 은신처로서의 실내 개념으로 이어진다.

03

답 | ④

윗글의 베냐민의 관점에서 본 '파사주'에 대한 이해로 적절하지 않은 것은?

정답 선지 분석

④ 최신 기술과 소재에 부합하는 새로운 건축 양식을 사용하여 지어진 공간이다.

5문단을 보면, 파사주는 새로운 재료를 사용하면서도 과거의 건축 양식들이 절충적으로 혼합되어 지어졌다는 점에서, 기술의 발전에 부합하는 건축 양식으로 이어지지 못했다는 베냐민의 설명을 확인할 수 있다. 그러므로 파사주가 최신 기술과 소재에 부합하는 새로운 건축 양식을 사용하여 지어진 공간이라는 서술은 베냐민의 관점에서 본 파사주에 대한 이해로 적절하지 않다.

오답 선지 분석

① 유행의 교체를 통해 욕망을 끊임없이 자아내는 공간이다.

파사주는 상품을 향한 욕망을 끊임없이 생산하는 유행이 지배하는 공간이다.

② 소비 심리를 자극하는 방식으로 상점들이 배치된 공간이다.

파사주는 구조적으로 행인들의 시선을 사로잡아 소비 심리를 충동하게끔 지어진 공간이다.

③ 거리와 실내의 경계가 모호해지는 경험을 가능하게 하는 공간이다.

파사주에서는 거리와 실내가 혼동되는 경험이 가능하며 이는 두 공간의 경계를 모호하게 한다.

⑤ 사적 공간에서 침거하는 시대에서 사적 공간과 공적 공간의 통합을 지향하는 시대로 이행 중임을 보여 주는 공간이다.

파사주는 실내 칩거의 시대인 19세기에서 공간 간의 통합을 지향하는 시대인 20세기로 이행하고 있음을 보여 주는 공간이다.

04

답 | ⑤

윗글을 바탕으로 <보기>를 이해한 내용으로 적절하지 않은 것은?

보기

㉮는 오스트리아의 건축가 로스가 지은 '차라 하우스'이다. 거주자의 취향에 따라 가구, 공예품 등을 배치하기 좋도록 건물의 내벽이나 천장, 바닥 등은 장식 없이 간결하게 마감되어 있다. 건물의 한쪽 면에만 배치된 창을 통해 외부를 차단하고, 채광을 조절하여 은신처의 아늑한 느낌을 유지한다. ㉯는 프랑스의 건축가 르 코르뷔지에가 지은 '빌라 사보아'로, 신건축을 대표하는 주택이다. 철골 기둥만으로 건물 본체를 지탱하는 구조로 설계되어 건물이 공중에 떠 있는 듯한 느낌을 준다. 수평으로 넓게 퍼진 창은 내부를 넘어 외부 풍경으로 열려 있는 공간을 구현하였다.

정답 선지 분석

⑤ 기둥만으로 건물을 떠받치는 구조를 통해 공중에 떠 있는 느낌이 들도록 설계된 ㉯에 대해, 짐멜은 도시적 삶을 추구하는 개인의 욕망에 부응하는 공간이라고 생각하겠군.

2문단을 보면, 짐멜은 도시에서의 삶을 영위하는 개인의 욕망을 도시적 삶이 가져오는 불안과 몰개성을 사적 공간에서 해소하고자 하는 것으로 진단한다. 따라서 벽 없이 기둥만으로 건물을 떠받치는 구조로 설계된 신건축의 건축물인 ㉯를 짐멜이 도시적 삶을 추구하는 개인의 욕망에 부응하는 공간으로 생각할 것이라는 서술은 적절하지 않다.

오답 선지 분석

① 채광을 조절하여 아늑한 느낌이 유지되도록 설계된 ㉮에 대해, 베냐민은 외부로부터 도피하기 위한 공간이라고 생각하겠군.

3문단을 보면, 베냐민은 실내에서의 은둔은 공적 공간으로부터의 도피를 의미한다고 보았음을 알 수 있다.

② 건물의 한쪽 면에만 창을 배치하여 외부와 차단되도록 실내된 ㉮에 대해, 짐멜은 거주자가 내면을 지키기에 적합한 공간이라고 생각하겠군.

2문단을 보면, 짐멜은 외부와 차단된 실내를 내면을 지키기에 가장 유리한 공간으로 보았음을 알 수 있다.

③ 장식 없이 간결하게 마감되어 거주자가 취향에 따라 꾸밀 수 있도록 설계된 ㉮에 대해, 짐멜은 개성을 표현할 수 있는 공간이라고 생각하겠군.

2문단을 보면, 짐멜은 다양한 양식을 지닌 사물을 취향에 따라 조합함으로써 개성을 드러낼 수 있다고 보았음을 알 수 있다.

④ 수평으로 넓게 퍼진 창을 통해 외부를 향해 개방되도록 설계된 ㉯에 대해, 베냐민은 내부와 외부의 통합을 추구하는 공간이라고 생각하겠군.

5문단을 보면, 베냐민은 공간의 이분법을 극복하려는 사유를 전개하는 과정에서 신건축의 구성 원리를 탐구하였으며 신건축에서는 빛이 투과하는 유리 사용의 확대로 내부와 외부의 통합을 공간적으로 구현하고자 했다는 점을 알 수 있다. 따라서 베냐민의 관점에서 보면, 수평으로 넓게 퍼진 창을 설계하여 외부를 향해 개방되도록 지어진 신건축의 건축물인 ㉯를 내부와 외부의 통합을 추구하는 공간이라고 생각했을 것이다.

05

답 | ④

ⓐ와 문맥상 의미가 가장 가까운 것은?

정답 선지 분석

④ 그동안 잘 진행되던 협상이 교착 상태에 빠졌다.

밑줄 친 ⓐ에서 '빠지다'는 '곤란한 처지에 놓이다.'라는 의미로 사용되었다. 선택지에서 밑줄 친 부분이 이와 같은 의미로 사용된 문장은 ④이다.

오답 선지 분석

① 나는 물에 빠진 생쥐 꼴이 되고 말았다.

'물이나 구덩이 따위 속으로 떨어져 잠기거나 잠겨 들어가다.'라는 의미로 사용되었다.

② 어디서 묻었는지 얼룩이 잘 빠지지 않았다.

'때, 빛깔 따위가 씻기거나 없어지다.'라는 의미로 사용되었다.

③ 중요한 회의니까 오늘은 절대 빠지면 안 된다.

'어떤 일이나 모임에 참여하지 아니하다.'라는 의미로 사용되었다.

⑤ 아무리 찾아보아도 그의 지원 서류가 빠지고 없었다.

'원래 있어야 할 것에서 모자라다.'라는 의미로 사용되었다.

빠른 정답 체크

01 ③　　**02** ⑤　　**03** ②　　**04** ②

가

苦忘亂抽書	잊기를 자주 하여 어지러이 뽑아 놓은 책들

　　　　　　　　화자가 회한에 잠기는 이유와 관련

散漫還復整	흩어진 걸 다시 또 정리하자니
曤靈忽西頹	해는 문득 서쪽으로 기울고

　　　　　　　시간적 배경(저녁) – 성찰의 시간

江光搖林影	강 위에 숲 그림자 흔들린다.

　　　　　　　　저녁의 풍경

扶筇下中庭	막대 짚고 마당 가운데 내려서서

　　　　　　　연로한 화자의 모습

矯首望雲嶺	고개 들어 구름 낀 고개 바라보니
漠漠炊烟生	아득히 밥 짓는 연기가 피어나고

　　　　　　　저녁 식사를 준비하는 모습

蕭蕭原野冷	쓸쓸히 들판은 서늘하구나.
田家近秋穫	농삿집 가을걷이 가까워지니

　　　　　　　계절적 배경(가을) – 풍요, 수확의 계절

喜色動臼井	절구질 우물가에 기쁜 빛 돌아

　　　　　　　수확을 앞둔 농촌의 활기찬 모습　　　[A]

鴉還天機熟	갈까마귀 돌아오니 절기가 무르익고
鷺立風標逈	해오라기 서 있는 모습 우뚝하고 훤하다.
我生獨何爲	내 인생은 홀로 무얼 하는 것인지

　　　　　　　자신의 처지에 대한 자책감

宿願久相梗	**숙원이 오래도록 풀리질 않**네.

　　　　　　　학문적 경지에 도달하지 못함

無人語此懷	이 **회포** 털어놓을 사람 아무도 없어

　　　　　　　성취를 이루지 못한 데서 오는 답답함

搖琴彈夜靜	**거문고만 둥둥** 탄다, **고요한 밤**에.

　　　　　　　시름을 해소하기 위한 수단

　　　　　　　　　　　　　　　　　　– 이황, 〈만보(晚步)〉 –

나

밤이다.
시간적 배경

　㉠ 하늘은 푸르다 못해 농회색으로 캄캄하나 별들만은 또렷또렷 빛난다. 침침한 어둠뿐만 아니라 오삭오삭 춥다. ㉡「이 육중한 기류 가운데 자조하는 한 젊은이가 있다. 그를 나라고 불러두자.」
「」: 자신을 객관화하여 스스로를 자조하고 있음

　나는 이 어둠에서 배태*되고 이 어둠에서 생장하여서 아직도 이
비극적이고 암울한 시대
어둠 속에 그대로 생존하나 보다. 이제 내가 갈 곳이 어딘지 몰라
삶의 방향성을 상실한 '나'의 모습
허우적거리는 것이다. 하기는 나는 세기의 초점인 듯 초췌하다. 얼핏 생각하기에는 내 바닥을 반듯이 받들어 주는 것도 없고 그렇다고 내 머리를 갑박이 내려 누르는 아무것도 없는 듯하다마는 내막은 그렇지도 않다. 나는 도무지 자유스럽지 못하다. ㉢ 다만 나는 없는 듯 있는 하루살이처럼 허공에 부유하는 한 점에 지나
자신의 처지를 하루살이에 비유함
지 않는다. 이것이 하루살이처럼 경쾌하다면 마침 다행할 것인데
하루살이와 자신을 대조하여 암울한 상황을 부각함
그렇지를 못하구나!

　이 점의 대칭 위치에 또 하나 다른 **밝음의 초점**이 도사리고 있
　　　　　　　　　　　　　　　　　　　'나'가 움켜잡고 싶어 하는 것

는 듯 생각된다. 덥석 움키었으면 잡힐 듯도 하다.

　마는 그것을 **휘잡기**에는 나 자신이 둔질*이라는 것보다 오히려
　　　　　　'나'는 밝음의 초점을 잡기 위한 마음의 준비를 하지 못한 상태임
내 마음에 **아무런 준비도 배포*치 못**한 것이 아니냐. ㉣ 그리고
보니 행복이란 별스러운 손님을 불러들이기에도 또 다른 한 가
행복을 손님에 비유하여 원하는 바를 이루기 위해서는 스스로의 노력이 필요함을 표현함
닥 구실을 치르지 않으면 안 될까 보다.

　이 밤이 나에게 있어 어릴 적처럼 한낱 공포의 장막인 것은 벌써 흘러간 전설이요, 따라서 이 밤이 향락의 도가니라는 이야기도 나의 염두에선 아직 소화시키지 못할 돌덩이다. 오로지 밤은
　　　　　　　　　　　　　　　　　　　　　　밤은 '나'에게 있어 성찰과 반성의 시간임
나의 도전의 호적(好敵)*이면 그만이다.

　이것이 생생한 관념 세계에만 머무른다면 애석한 일이다. 어둠 속에 깜박깜박 졸며 다닥다닥 나란히 한 초가들이 아름다운 시의
　　　　　　　　　　　　　　　　　　　　　밤에 대한 과거의 인식
화사가 될 수 있다는 것은 벌써 지나간 제너레이션의 이야기요, 오늘에 있어서는 다만 말 못 하는 비극의 배경이다.
　　　　　　　　　　'나'가 인식한 밤 – 암울한 비극의 시대

　㉤ 이제 닭이 홰를 치면서 맵짠 울음을 뽑아 밤을 쫓고 어둠을 짓
내몰아 동 켠으로 훤ㅡ히 새벽이란 새로운 손님을 불러온다 하자.
　　　　　　　　　시간의 경과 – 암울한 시대의 소멸
하나 경망스럽게 그리 반가워할 것은 없다. 보아라,「가령 새벽이
　　　　　　　　　　　　　　다가오는 새벽에 대한 '나'의 태도
왔다 하더라도 이 마을은 그대로 암담하고 나도 그대로 암담하고
하여서 너나 나나 이 가랑지길*에서 주저주저 아니치 못할 존재
들이 아니냐.」
「」: 새벽이 오더라도 여전히 부정적 상황에 처해 있는 '나'

　나무가 있다.

　그는 나의 오랜 이웃이요, 벗이다. 그렇다고 그와 내가 성격이나 환경이나 생활이 공통한 데 있어서가 아니다. 말하자면 극단과 극
단 사이에도 애정이 관통할 수 있다는 기적적인 교분의 한 표본에
　　　　　　　　　　　　우뚝 서 있는 나무와 방향성을 상실한 자신의 모습을 대조함
지나지 못할 것이다.

　┌ 나는 처음 그를 퍽 불행한 존재로 가소롭게 여겼다. 그의 앞
　│　　　　　　　　　　과거 나무에 대한 '나'의 인식
　│ 에 설 때 슬퍼지고 측은한 마음이 앞을 가리곤 하였다. 마는
　│ 오늘 돌이켜 생각건대 나무처럼 행복한 생물은 다시없을 듯
　│　　　　　　　　　　　나무에 대한 '나'의 인식의 변화
　│ 하다. 굳음에는 이루 비길 데 없는 바위에도 그리 탐탁지는
　│ 못할망정 자양분이 있다 하거늘 어디로 간들 생의 뿌리를 박
　│ 지 못하며 어디로 간들 생활의 불평이 있을쏘냐.「칙칙하면 솔
[B]│　　　　　　　　　　　　　　　　　　　　「」: '나'가 나무를 행복한 생물이라 인식하는 이유
　│ 솔 솔바람이 불어오고, 심심하면 새가 와서 노래를 부르다 가
　│ 고, 출출하면 한줄기 비가 오고, 밤이면 수많은 별들과 오손
　│ 도손 이야기할 수 있고ㅡ보다 나무는 행동의 방향이란 거추
　│ 장스러운 과제에 봉착하지 않고 인위적으로든 우연으로써든
　│ 탄생시켜 준 자리를 지켜 무진무궁한 영양소를 흡취하고 영
　│ 롱한 햇빛을 받아들여 손쉽게 생활을 영위하고 오로지 하늘
　└ 만 바라고 뻗칠 수 있는 것이 무엇보다 행복스럽지 않으냐.」

　이 밤도 **과제를 풀지 못하여 안타까**운 나의 마음에 나무의 마음
　　　　　　　　　　　　　　　　'나'의 현재 심리
이 점점 옮아오는 듯하고, 행동할 수 있는 자랑을 자랑치 못함에

뼈저리는 듯하나 나의 젊은 선배의 웅변이 왈 선배도 믿지 못할 것이라니 그러면 영리한 나무에게 나의 방향을 물어야 할 것인가.

방향성을 상실한 '나'는 행복한 생물인 나무에게 올바른 방향을 묻고자 함

어디로 가야 하느냐 동이 어디냐 서가 어디냐 남이 어디냐 북이 어디냐. 아라! 저 별이 번쩍 흐른다. 별똥 떨어진 데가 내가 갈 곳인가 보다. 하면 **별똥아! 꼭 떨어져야 할 곳에 떨어져야 한다.**

자신의 삶이 올바른 방향으로 나아가길 바라는 간절한 심정

- 윤동주, 〈별똥 떨어진 데〉 -

* 배태: 아이나 새끼를 뱀.
* 둔질: 둔한 성질이나 기질.
* 배포: 머리를 써서 일을 조리 있게 계획함.
* 호적: 실력이 비슷하여 상대가 될 만한 좋은 적.
* 가랑지길: 갈림길.

01

답 | ③

(가)와 (나)의 공통점으로 가장 적절한 것은?

정답 선지 분석

③ 시간적 배경의 의미를 활용하여 내적 갈등을 드러내고 있다.

(가)의 화자는 하루가 저무는 시간이자 인생의 황혼을 의미하는 저녁 무렵에 학문적 숙원을 이루지 못한 자신의 삶을 돌아보며 생각에 잠기고 있다. (나)의 글쓴이는 어둠이라는 부정적 상황을 의미하는 '밤'에 '갈 곳이 어딘지 몰라 허우적거리'며 고뇌하고 있다. 이를 통해 시간적 배경의 의미를 활용하여 내적 갈등을 드러내고 있음을 알 수 있다.

오답 선지 분석

① 공간의 대비를 통해 일상의 공간에 의미를 부여하고 있다.
(가)와 (나) 모두 공간의 대비를 통해 일상의 공간에 의미를 부여하고 있지 않다.

② 대상과의 문답을 통해 삶에 대한 깨달음을 드러내고 있다.
(가)와 (나)에는 모두 대상과의 문답이 나타나지 않는다.

④ 반어적 표현을 활용하여 현실에 대한 비관적 태도를 드러내고 있다.
(가)와 (나)에는 모두 반어적 표현이 나타나지 않는다.

⑤ 설의적 표현을 통해 추구하고자 하는 삶의 자세를 제시하고 있다.
(나)는 '주저주저 아니치 못할 존재들이 아니냐'와 '행복스럽지 않으냐' 등에서 설의적 표현이 나타나지만, (가)에는 설의적 표현이 나타나지 않는다.

02

답 | ⑤

㉠~㉤에 대한 이해로 적절하지 않은 것은?

정답 선지 분석

⑤ ㉤: 가정적 진술을 활용하여 긍정적인 미래에 대한 확신을 드러내고 있다.
'새로운 손님을 불러온다 하자'에 가정적 진술이 드러나지만 '새벽이 왔다 하더라도' '암담하'다고 말하고 있으므로 긍정적인 미래에 대한 확신을 드러내고 있지는 않다.

오답 선지 분석

① ㉠: 음성 상징어를 통해 희망이 사라지지 않은 상황을 암시하고 있다.
'별'의 모습을 '또렷또렷'이라는 음성 상징어를 통해 드러냄으로써 희망이 사라지지 않은 상황을 암시하고 있다.

② ㉡: 자신을 객관화하여 지칭하며 암담한 상황에서 자신을 비웃는 모습을 보여 주고 있다.
글쓴이가 자신을 '젊은이'라고 객관화하여 지칭하며 자조하고 있다.

③ ㉢: 자신과 유사한 처지의 대상을 통해 방황하는 모습을 드러내고 있다.
'하루살이'가 '허공에 부유'하는 모습을 통해 방황하는 글쓴이의 모습을 드러내고 있다.

④ ㉣: 대상을 의인화하여 자신이 원하는 바를 얻기 위해 노력이 필요함을 드러내고 있다.
'행복'을 '별스러운 손님'에 빗대어 의인화하며 원하는 바를 이루기 위해 '한 가닥 구실'을 치러야 함을 드러내고 있다.

03

답 | ②

[A]와 [B]에 대한 설명으로 가장 적절한 것은?

정답 선지 분석

② [B]는 [A]와 달리 자연물에 대한 변화된 인식을 제시하고 있다.
[A]에는 자연물인 '갈까마귀'와 '해오라기'에 대한 변화된 인식이 드러나 있지 않다. [B]는 자연물인 '나무'를 처음에는 '불행인 존재로 기소롭게' 여겼으나 '요는 돌이켜 생각건대' '행복한' 존재로 여기게 되는 부분에서 자연물에 대한 변화된 인식이 드러난다.

오답 선지 분석

① [A]는 [B]와 달리 자연물에 감정을 이입하여 심리적 변화를 우회적으로 드러내고 있다.
[A]와 [B]는 모두 자연물에 대한 감정 이입이 드러나지 않는다.

③ [A]와 [B]는 모두 계절감을 드러내는 자연물을 통해 결실에 대한 기쁨을 나타내고 있다.
[A]에는 계절감을 드러내는 자연물인 '갈까마귀'가 제시되어 있으나, [B]에는 제시되어 있지 않다.

④ [A]의 자연물에는 과거에 대한 상실감이, [B]의 자연물에는 미래에 대한 기대감이 반영되어 있다.
[A]와 [B]의 자연물에는 과거에 대한 상실감과 미래에 대한 기대감이 반영되어 있지 않다.

⑤ [A]에서는 시선의 이동에 따라, [B]에서는 공간의 이동에 따라 변화하는 자연물의 모습을 보여 주고 있다.
[A]에는 '절구질 우물가'에서 '해오라기'로 시선의 이동을 보여 주고 있으나 이를 통해 변화하는 자연물의 모습을 보여 주고 있지 않으며, [B]에는 공간의 이동이 나타나지 않는다.

04

답 | ②

<보기>를 바탕으로 (가), (나)를 감상한 내용으로 적절하지 않은 것은?

보기

어떤 상황에 문제가 있을 때, 그 이유를 자기에게서 돌이켜 찾는 것이 반구저기(反求諸己)의 태도이다. 이 과정에서 느끼는 감정은 자신이 그 상황에 책임이 있다는 주체적 각성으로, 수동적이고 비관적인 감정이 아니라 문제를 해결하기 위해 성찰하는 능동적이고 긍정적인 감정이다. (가)의 화자는 학자로서 목표한 학문적 경지에 도달하지 못했다고 여기는 개인적 상황에서 생각에 잠기고, (나)의 글쓴이는 식민지 현실이라는 공동체의 상황에서 자신이 추구하는 삶에 대한 방향을 찾지 못하는 데에서 부끄러움을 느끼고 있다.

정답 선지 분석

② (가)의 '고요한 밤'에 '거문고만 둥둥' 타는 것은 화자가 주체적으로 각성하게 되는 원인이겠군.
(가)의 화자가 '거문고만 둥둥' 타는 것은 학자로서 목표한 학문적 경지에 도달하지 못했다고 여기는 상황에서 느끼는 심정을 거문고 연주로 달래고자 하는 모습을 보여 주는 것이다.

① (가)의 '숙원이 오래도록 풀리질 않'은 '회포'는 화자가 학문적 경지에 도달하지 못했다고 여기는 것에서 느끼는 심정이겠군.

(가)의 화자에게 '숙원'이란 학문적 경지에 도달하는 것으로, '숙원이 오래도록 풀리질 않'았다는 것은 화자가 학문적 경지에 도달하지 못했음을 드러내는 것이다.

③ (나)의 '아무런 준비도 배포치 못'해 '밝음의 초점'을 '휘잡'지 못한다는 것에서 글쓴이의 반구저기의 태도가 드러나는군.

(나)에서 글쓴이는 자신이 '마음에 아무런 준비도 배포치 못'하여 '밝음의 초점'을 '휘잡'지 못하고 있다고 여기고 있으므로 반구저기의 태도가 나타난다.

④ (나)의 '과제를 풀지 못하여 안타까'워하는 것은 식민지 현실이라는 공동체의 상황에서 글쓴이가 느끼는 부끄러움이겠군.

(나)의 글쓴이가 '과제를 풀지 못하여 안타'깝다고 느끼는 것은 자신의 삶의 방향을 찾지 못한 것에서 느끼는 부끄러움이며, 〈보기〉에 따르면 글쓴이는 식민지 현실이라는 공동체의 상황에 속해 있으므로 적절하다.

⑤ (나)의 '별똥'이 '꼭 떨어져야 할 곳에 떨어져야 한다'는 것에서 자신이 추구하는 삶에 대한 방향을 찾고 싶은 글쓴이의 소망이 드러나는군.

(나)의 글쓴이는 자신이 추구하는 삶의 방향을 찾고자 하고, '별똥'에게 '꼭 떨어져야 할 곳에 떨어'지기를 바람으로써 삶의 방향성을 찾고자 하는 간절한 소망을 드러낸다.

DAY 6   〈투명 인간〉_성석제

빠른 정답 체크

01 ⑤   02 ②   03 ⑤   04 ②

[A]
만수 씨는 명절 앞두고 업자들한테서 들어오는 구두표 같은
상품권은 사양하다 못해 받아서는「자신은 가지지 않고 구두 많이 닳은 사람부터 순서대로 나눠 줬다. 그것도 평소에 사람 하나하나를 잘 지켜보지 않으면 힘든 일」이었다. 그렇게 시간이 흘렀다.

ⓐ 구내식당 아줌마들이나 여직원들 사이에서 만수 씨는 노총각에 사람 좋고 하니 인기가 하늘을 찌를 듯했다. 공장 전체 인원 육백 명 중 여자는 서른 명도 안 되는데 그중 삼 분의 일이 구내식당에 있었다.

그런데 어느 때부터인가 여자들 사이에 이상한 소문이 났다.「만수 씨와 내가 전부터 사귀던 사이이고 둘 사이에 아기가 있는데 그 아이를 만수 씨가 키우고 있다는 식이었다. 내가 딴 남자하고 바람이 나서 아기를 버리고 떠나갔다가 그 남자한테 싫증이 나자 다시 만수 씨에게 빌붙어 피를 빨아먹고 있다는 것이었다.」소문이라는 게 원래 어처구니없는 것이지만 해도 너무한다 싶었다.

㉠ 건드리면 더 커질 것 같아서 아예 아무 말을 하지 않았다. 하지만 몇 달이 지나기도 전에 소문은 온 공장 안에서 기정사실이 되었다. 여자들 모두가 나를 질투하고 미워하게 되었다. 지옥이 따로 없었다.「내 칫솔에 새똥이 묻어 있기도 하고 면도날이 내가

조리를 담당한 냄비 속에 들어 있기도 했다.」㉡ 도저히 견딜 수가 없어 만수 씨를 찾아갔다.

—미안합니다. 저 때문에 오해를 받아서 많이 괴로우신 걸 잘 압니다. 제가 아무리 아니라고 해도 사람들이 의심을 더 하니까 어쩔 수가 없네요.「좀 잠잠해질 때까지 다른 데 가 계시면 어떨까요. 제 여동생이 결혼하고 나서 저 사는 동네 중학교 앞에서 ⓑ 분식집을 합니다. 거기를 좀 도와주세요. 월급은 지금보다 많이 드리라 할게요. 부탁합니다.」

만수 씨는 그렇게 말했다. ㉢ 오래도록 생각했지만 다른 도리가 없었다. 사실 나는 만수 씨를 좋아했다. 만수 씨를 처음 봤을 때부터 좋아하고 있었다.

오빠가 그 여자를 데리고 와서 주방을 맡기라고 했을 때는 억장이 무너지는 것 같았다.「튀김, 어묵, 떡볶이 같은 아이들 주전부리 음식 파는 가게 크기라는 게 어른 세 사람만 서 있어도 꽉 차는데 어떻게 사람을 더 들이라는 것인가. 칼과 도마, 싱크대는 여자들한테는 양보할 수 없는 고유 영역 같은 것인데 하루아침에 물러나라니 말도 안 되는 소리였다. 떡볶이나 어묵에 무슨 솜씨를 부릴 일이 있는가.「어린 학생들 코 묻은 돈 받아서 월급을 주고 월세 내고 나면 남는 게 뭐가 있을 것인가.」내가 거기까지 얘기했을 때 오빠가 점퍼 안주머니에서 **적금 통장**을 꺼내 놓았다. 그동안 나온 월급을 모은 것이라며 건물 주인한테 이야기해서 가게를 키워 가지고 제대로 된 식당을 해 보자고 했다. 이제까지 무슨 생각으로 아무 말도 하지 않았는지 원망스러웠고 그다지 고맙지도 않았다.

[중간 부분의 줄거리] 구내식당에서 일하던 여자의 음식 솜씨 덕분에 새로 차린 기사 식당은 자리를 잡는다. 하지만 IMF 이후 공장을 되살리려는 투쟁에 여자가 참여하면서 식당 운영에 차질이 생긴다. 이에 여동생의 남편이 만수에게 불만을 토로한다.

—아니, 형님 다니던 회사가 형님이 게으르고 일 안 해서 망한 겁니까. 망해도 그렇지, 자본가라는 놈들이 어떤 놈들인데 그놈들이 형님네처럼 아무것도 없이 나갔겠냐고요.「지금도 홍콩이나 하와이 해변 같은 데 가서 빼돌린 돈 가지고 펑펑거리면서 잘살고 있어요.」

—처남이 착하다는 건 인정한다. 성실하기도 했다. 그런데 방향이 틀렸다. 같이 해야 할 일은 같이 열심히 하겠지만 싸울 일은 싸워서 해결해야 하지 않는가. 또 싸울 때도 상대를 제대로 골라서 싸워야지 제 편, 제 식구에게 피해를 입혀 가며

제 살 깎아 먹기 식으로 하는 건 나부터 용납할 수 없었다. 그
<u>이 장면의 서술자인 만수 여동생의 남편</u>
냥 놔두니까 처남은 계속 주절주절 말을 이어가고 있었다.

─우리 어릴 때 굶기를 밥 먹듯 하던 때를 생각해 봐. 나는 원망
하는 사람이 없어. 내 팔자가 그런 걸 뭐. 또 원망해서 뭐해? 그
<u>운명론적 태도</u>
사람들이 잘못을 뉘우치고 제자리로 돌려놓을 것도 아니고 그럴
능력도 없고. 그 사람들이 그러고 싶어서 그러겠냐고. 부도내고
싶어 부도내는 회사가 어디 있겠어? 「나는 이렇게 가난하지만 소
박하게, 보통 사람 나름의 행복을 누리면서 살아가면 된다고 생
각하네.」
「」: 만수의 소박한 삶의 태도

㉣ 그런 건 내 알 바가 아니었다. 나부터 살길을 찾아야 했다.
<u>자신의 살길을 찾고자 하는 '나'의 현실적인 태도</u>
─지금 저 주방에 있는 아줌마하고는 무슨 사이인 겁니까?

─진주 씨? 우리는 같이 싸우고 있어. 투쟁.

─뭐 때문에 투쟁하는데요? 누구를 상대로요?

─우리가 공장을 지키기 위해서 싸우다 보면 사장님이 투자자
를 데리고 돌아오실 거야. 그럼 회사 주식을 담보로 가지고 있는
채권단한테 빚도 갚고 공장이 다시 돌아가는 거지. 우리는 희망
<u>공장이 다시 돌아갈 것이라고 긍정적으로 생각함</u>
이 있어. 희망 때문에 싸우는 거야.

─그런데 수민이 엄마가 저 아줌마하고 앞으로 어쩔 거냐고 자
<u>만수의 여동생. '나'의 아내</u>
꾸 그러는데요. 계속 이렇게 살 수는 없다고.

─「지금처럼 일이 있으면 투쟁 현장에 가서 밥도 해 주고 옛날
「」: 만수는 진주를 옹호함 → '나'와의 갈등이 생김
회사 사람들하고 일주일에 한 번 만나는 데 같이 가고 끝나면 여
기 와서 바쁠 때 음식 제대로 하는지 감독하고 하면 되지.」

─우리 식당 하루 스물네 시간 돌아가는 뎁니다. 「누구는 자기
「」: 불공평한 수익 배분을 문제 삼음
하고 싶은 대로 멋대로 일했다 말았다 하고 월급은 사장보다 더
챙겨 가고 누구는 하루 스물네 시간 꼬박 일하고 있는데…….」수
민이 엄마가 무슨 죄를 졌습니까. 그런다고 형님이 돈이나 많이
주는 것도 아니고. 집도 그렇지요. 지금 애들 자꾸 크니까 교육
문제도 그렇고 집을 옮겨야 되고 하는데 돈 생기는 데는 ⓒ 기사
<u>'나'의 가족은 돈이 필요한 상황임</u>
식당밖에 없잖습니까. 그런데 그 돈을 형님이 다 통장에 집어넣
고 꼭 움켜쥐고 있다고…….

─아니, 그건 아닌데. 여기 재료비하고 인건비, 월세 제하고
<u>'나'가 잘못 알고 있는 사실을 지적함</u>
나서 또 「우리 공장에서 같이 투쟁하는 식구들 먹고 자고, 각
「」: 함께 투쟁한 동료들과 공장을 위해 돈을 다 써 버림
[D] 자 가족이 있으니까 최소한 앞가림은 해야 하고 그러느라고
다 썼지. 우리 공장 때문에 소송도 걸려 있고 거기도 돈이 엄
청나게 들어가서, 말이지. 내가 뭘 쥐고 있겠어. 내가 장부에
다 기록해 놨어.

㉤ 어처구니가 없었다. 「아이들이 좁아터진 집 안에서 열대야가
<u>'나'의 심리가 직접 제시됨</u> 「」: 정작 만수의 가족들은 경제적 어려움 때문에 고생하고 있음
기상 관측 이래 신기록을 내고 있는 한여름에 온몸에 땀띠가 나
서 잠을 못 자고 울고 아내는 손이 불어 터지도록 설거지하고 일

해서 번 돈을 엉뚱한 데 처넣어 왔다는 말이었다.
<u>공장</u>

─ 성석제, 〈투명 인간〉 ─

01

답 | ⑤

윗글의 내용에 대한 이해로 적절하지 <u>않은</u> 것은?

정답 선지 분석

⑤ 만수의 여동생은 불성실함 때문에 진주에 대한 생각이 부정적으로 바뀌게
되었다.

만수의 여동생은 만수가 진주를 데리고 와서 '어지들한테는 양보할 수 없는 고유 영역 같은'
주방을 맡기라고 했던 첫 만남에서부터 '말도 안 되는 소리'라며 반감을 느낀다. 이런 부정적
인 감정은 이후 분식집 대신 새로 차린 기사 식당에서도 그대로 이어진다. 따라서 진주에 대
한 만수 여동생의 생각은 처음부터 일관된 것이며, 바뀐 것이 아니다.

오답 선지 분석

① 진주가 느끼는 만수에 대한 호감은 첫 만남에서부터 시작되었다.

'만수 씨를 처음 봤을 때부터 좋아하고 있었다.'라는 진주의 서술을 통해 확인할 수 있다.

② 만수의 노력에도 진주에 대한 공장 사람들의 오해는 풀리지 않았다.

'제가 아무리 아니라고 해도 사람들이 의심을 더 하니까'라는 만수의 말을 통해 확인할 수 있다.

③ 만수는 공장이 다시 돌아갈 것이라는 기대를 품고 투쟁을 계속하였다.

'우리가 공장을 지키기 위해서 싸우다 보면~희망 때문에 싸우는 거야.'라는 만수의 말을 통
해 확인할 수 있다.

④ 만수 여동생의 남편은 식당 운영에 따른 수익금 배분의 불공평함을 문제 삼
았다.

'누구는 자기 하고 싶은 대로 멋대로 일했다 말았다 하고 월급은 사장보다 더 챙겨 가고 누구
는 하루 스물네 시간 꼬박 일하고 있는데'와 '돈 생기는 데는 기사 식당밖에 없잖습니까. 그
런데 그 돈을 형님이 다 통장에 집어넣고 꼭 움켜쥐고'라는 만수 여동생 남편의 말을 통해 확
인할 수 있다.

02

답 | ②

㉠~㉤에 대한 설명으로 가장 적절한 것은?

정답 선지 분석

② ㉡: 질투와 괴롭힘으로 인한 '나'의 고통이 한계점에 이르렀음을 보여 준다.

'여자들 모두가 나를 질투하고 미워하게 되었다.', '내 칫솔에 새똥이 묻어 있기도 하고 면도
날이 내가 조리를 담당한 냄비 속에 들어 있기도 했다.'라는 진주의 서술을 통해 구내식당 여
직원들의 질투와 괴롭힘을 확인할 수 있다. 또한 이런 상황을 '지옥이 따로 없'다고 느낀 진
주가 만수를 찾아간 것은 진주의 고통이 한계점에 이르렀음을 보여 주는 것이다.

오답 선지 분석

① ㉠: 주변 상황에 신경 쓰지 않는 '나'의 무던함을 보여 준다.

진주가 '이상한 소문'에 '너무한다 싶'어 하면서도 '아예 아무 말도 하지 않'은 것은 상황을 더 악
화시킬 것을 우려하여 신중하게 행동한 것이지 주변 상황을 신경 쓰지 않기 때문이 아니다.

③ ㉢: 상대가 제시한 대안이 '나'가 내심 바라고 있던 내용임을 드러낸다.

'이상한 소문'이 '좀 잠잠해질 때까지' 구내식당 대신 분식집에서 일할 것을 만수가 대안으로
제시하는데, 이 대안의 내용은 진주가 바라고 있었던 것이 아니다.

④ ㉣: 이상적인 삶의 방식만을 고집하는 상대에 대해 빈정거리는 '나'의 태도
를 드러낸다.

'가난하지만 소박하게, 보통 사람 나름의 행복을 누리면서' 살고 싶다는 삶의 방식을 가진 만
수에 대해 빈정거리는 것이 아니라, 기사 식당 운영을 둘러싼 갈등을 우선 해결하여 자신의
'살길'을 찾고자 하는 현실적인 태도를 보여 준다.

⑤ ⓔ: 공장에서 투쟁하는 사람들에 대한 '나'의 안타까운 심정을 드러낸다.
'어처구니없다'는 '일이 너무 뜻밖이어서 기가 막히다'라는 의미이다. 만수 여동생의 남편은 경제적인 어려움 때문에 가족들이 고생하는데도 만수가 기사 식당에서 번 돈을 가족이 아닌 '공장에서 같이 투쟁'하는 사람들을 위해 '엉뚱한 데' 사용했다는 것을 기가 막혀 하는 것이지, 공장에서 투쟁하는 사람들에 대해 안타까움을 느끼고 있는 것은 아니다.

03
답 | ⑤

ⓐ~ⓒ를 이해한 내용으로 가장 적절한 것은?

⑤ ⓑ, ⓒ와 관련된 갈등은 특정 인물이 타인을 대하는 태도가 원인으로 작용한다.
ⓑ에서는 진주에게 주방을 맡기라고 말하며 진주에게 선의를 베풀고자 하는 만수의 태도로 인해 만수와 만수 여동생이 갈등하게 된다. ⓒ에서는 진주와 어떤 관계인지, 진주와 앞으로 어쩔 것인지 묻는 질문에 진주를 옹호하는 만수의 태도로 인해 만수와 만수 여동생의 남편이 갈등하게 된다.

① ⓐ에서 조성된 인물 간의 긴장감은 ⓑ에서 심화된다.
ⓐ에서는 진주와 다른 공장 여자들 간의 긴장감이 조성되지만, ⓑ에서는 진주와 만수 여동생의 긴장감이 조성되고 있다.

② ⓐ로 인한 인물 간 유대감은 ⓒ에서 반감된다.
ⓐ로 인한 만수와 진주의 유대감이 ⓒ에서 반감되지는 않는다.

③ ⓑ에서의 인물과 사회와의 갈등이 ⓒ에서 인물 간의 갈등으로 전환된다.
ⓑ에서는 인물과 사회와의 갈등이 나타나지 않는다.

④ ⓐ, ⓒ에서는 특정 인물이 갈등 해결의 실마리를 제공한다.
ⓐ에서는 만수가 갈등 해결의 실마리를 제공하지만, ⓒ에서는 갈등 해결의 실마리가 제공되지 않는다.

04
답 | ②

<보기>를 참고하여 윗글을 감상한 내용으로 적절하지 않은 것은?

〈투명 인간〉은 선량한 주인공이 근현대사를 관통하면서 물질 만능의 한국 사회로부터 어떻게 소외되어 가는지를 그린 장편 소설이다. 특히 주인공은 가족과 동료를 위해 자신의 것을 나누며 희생하다 결국 '투명 인간'이 된다. '투명 인간'이 된 주인공 대신 주변인들이 서술자로 등장하면서 주인공에 관한 이야기를 풀어낸다. 이런 서술 방식은 주인공에 관한 다양한 정보를 제공하고 이 정보들을 통해 주인공의 삶을 다각도에서 조명한다. 이를 통해 주인공을 입체적으로 드러낸다.

② [B]의 '적금 통장'을 통해 물질 만능의 한국 사회로부터 주인공이 소외당하고 있는 현실을 확인할 수 있겠군.
[B]의 '적금 통장'에는 만수가 그동안 자신의 월급을 모은 돈이 담겨 있는데, 만수는 진주와 만수 여동생의 문제를 해결하기 위해 '제대로 된 식당'을 차리라고 적금 통장을 내놓는다. 이는 주인공 만수가 가족과 동료를 위해 자신이 가진 것을 나누며 희생하는 인물임을 보여 주는 것이므로 물질 만능의 한국 사회로부터 주인공이 소외당하고 있는 현실을 보여 주는 것은 아니다.

① [A]의 '상품권'을 동료들에게 나눠 주는 모습을 통해 주인공의 선량한 성품을 확인할 수 있겠군.
[A]에서 만수가 명절을 앞두고 업자들에게서 들어오는 상품권을 자신은 가지지 않고, 구두 많이 닳은 사람부터 순서대로 나눠 줬다는 것을 통해 만수의 선량한 성품을 확인할 수 있다.

③ [D]의 '돈'의 사용처를 통해 주변인들을 위해 자신의 것을 나누며 희생하는 주인공의 면모를 확인할 수 있겠군.
[D]에서 만수가 공장에서 같이 투쟁하는 식구들의 생활비와 공장 때문에 걸린 소송을 해결하는 데 돈을 썼다고 말하는 것을 통해 자신의 것을 나누며 희생하는 면모를 확인할 수 있다.

④ [A], [B]에서 주인공을 지칭하는 표현을 통해 주변인들이 서술자로 등장하고 있음을 확인할 수 있겠군.
[A]에서는 만수가 '만수 씨'라고 지칭되고, [B]에서는 '오빠'라고 지칭되는 것을 통해 주변인들이 서술자로 등장하고 있음을 알 수 있다.

⑤ [B], [C]에서 주변인들이 제공한 정보를 통해 주인공의 삶을 다각도에서 조명하고 있음을 확인할 수 있겠군.
[B]에서는 만수 여동생이 제공한 정보를 통해, [C]에서는 만수 여동생의 남편이 제공한 정보를 통해 만수의 삶을 다각도에서 조명하고 있음을 확인할 수 있다.

WEEK 7

빠른 정답 체크

01 ①   02 ③   03 ④   04 ②

가

학생 1: 우리가 요약 콘텐츠에 대한 비평문을 어떻게 쓸지 논의
하기 위해 모였잖아. _{대화 목적} 먼저 조사한 내용부터 얘기해 보자.

학생 2: 요약 콘텐츠는 도서, 영화, 드라마와 같은 작품을 요약하
거나 재가공해서 만든 영상물을 의미해. _{학생 2가 조사한 내용 – 요약 콘텐츠의 개념} 최근 동영상 플랫폼에
서 엄청난 인기를 끌고 있어.

학생 3: 맞아. 주변 친구들이 '○○시리즈 영화 5분 요약!' 같 ⎤
은 영상을 많이 시청하더라고. _{주변 사례를 근거로 들어 학생 2의 의견에 동의함} 나도 유명한 책을 요약한 │
영상을 시청해 보았는데, 원작을 요약하고 의미를 해석해 │
주는 콘텐츠였어. _{요약 콘텐츠를 시청했던 자신의 경험을 언급} │

학생 2: 단순히 요약만 하는 게 아니라 요약 콘텐츠 제작자 │ [A]
의 해석을 덧붙이는 요약 콘텐츠가 있어? _{학생 3의 발화에 대한 의문점을 질문함} │

학생 3: 응, 그런 것도 있어. 그 책은 500쪽이 넘는 분량인데 │
영상은 10분밖에 안 되더라고. 댓글을 보니 영상만 보고도 │
어려운 원작을 빠르고 쉽게 이해할 수 있어서 좋다는 반응 │
이 많았어. ⎦

학생 1: 아, 어려운 원작을 빠르고 쉽게 이해할 수 있으니까 요약
콘텐츠를 시청하는 것이겠구나. 그렇지? _{학생 3의 발화를 요약하고, 물음을 통해 자신이 적절하게 이해했는지 확인함}

학생 2: 맞아. 「내가 본 기사에서도 요약 콘텐츠를 시청하는 가장
큰 이유가 효율성이라고 했어. _{「」: 요약 콘텐츠와 관련된 기사 내용을 언급} 또 요약 콘텐츠의 인기 배경이
대중문화 콘텐츠 시장의 성장이라고 하더라.」

학생 1: 대중문화 콘텐츠 시장의 성장이 요약 콘텐츠의 인기 현
상과 어떤 연관이 있는 건지 잘 이해되지 않는데, 좀 더 구체
적으로 설명해 줄래? _{학생 2에게 추가적인 정보를 요청함}

학생 2: 「최근 대중문화 콘텐츠 시장이 성장하면서 엄청난 양의
작품이 쏟아지고 있어. _{「」: 자신의 의견에 대한 구체적인 설명을 제시하여 학생 1의 이해를 도움} 이런 상황에서 요약 콘텐츠를 시청하
면 많은 작품을 빠르게 접할 수 있으니까 인기가 있다는 거야.」

학생 1: 그렇구나. 지금까지 요약 콘텐츠 시청을 긍정적으로 바
라보는 관점을 이야기했는데, 요약 콘텐츠를 시청하는 것의
문제는 없을까? _{요약 콘텐츠 시청을 부정적으로 바라보는 관점에 대한 의견을 요청함}

학생 2: 나는 내가 좋아하는 영화를 요약한 콘텐츠를 시청해 보
았는데, 인물의 대사도 생략되고 배경 음악도 들을 수 없어서 _{자신의 경험을 근거로 요약 콘텐츠의 문제점을 제시 ①}
아쉬웠어. 그 영화의 대사랑 배경 음악이 아름다워서 감동을
느꼈었거든.

학생 3: 내가 시청한 요약 콘텐츠는 원작을 요약하고 해석하 ⎤
는 과정에서 원작 내용을 과장하고 비약하는 것이 문제였어. _{자신의 경험을 근거로 요약 콘텐츠의 문제점을 제시 ②}

학생 2: 그건 요약 콘텐츠 제작자의 해석의 자유라고 봐야
하지 않을까? _{학생 3의 의견에 대한 학생 2의 견해}

학생 3: 요약 콘텐츠 제작자에게 해석의 자유가 있다는 건 [B]
맞아. _{학생 2의 의견에 일부분 동의하면서 추가로 생각해 볼 만한 점을 제시} 하지만 그 해석의 자유 때문에 원작의 메시지가 왜
곡된다는 게 문제야. 또 이렇게 원작의 메시지가 왜곡된
요약 콘텐츠를 시청하고 그 해석을 원작에 대한 유일한 해
석이라고 생각하는 것이 정말 문제라고 생각해. ⎦

학생 2: 아, 그런 부분은 생각하지 못했어. 우리 학교 학생들도
요약 콘텐츠를 많이 시청하니까, 이런 문제점에 대해 생각해
보아야 하지 않을까?

학생 1: 네 말이 맞아. 그럼 요약 콘텐츠만 시청하는 것에 대해
부정적 관점으로 비평문을 써 보는 거 어때? _{대화의 내용을 종합하여 비평문 작성을 건의}

학생 2, 3: 좋은 생각이야.

학생 1: 그래, 그럼 내가 초고를 작성해 볼게. 모두 고마워.

나

❶ 최근 동영상 플랫폼에서 800만 회가 넘는 조회 수를 달성한 _{요약 콘텐츠의 인기를 입증하는 구체적인 조회 수를 제시하여 독자의 관심 유도}
'○○ 시리즈 영화 5분 요약!'과 같은 콘텐츠를 시청한 적이 있는
가? 이렇게 도서, 영화, 드라마와 같은 작품을 요약하거나 재가공
해서 영상물로 만든 '요약 콘텐츠'가 최근 엄청난 인기를 끌고 있 _{요약 콘텐츠의 개념}
다.

❷ 요약 콘텐츠의 댓글에 따르면, 요약 콘텐츠 시청을 긍정적으 _{(가)에서 언급한 요약 콘텐츠의 댓글 내용을 인용}
로 생각하는 사람들은 요약 콘텐츠 시청이 효율적인 작품 감상
방법이라고 말한다. 즉 시간과 노력을 적게 들여 원작을 이해할 _{요약 콘텐츠 시청에 대한 긍정적인 관점 ①}
수 있다는 것이다. 또한 대중문화 콘텐츠 시장의 성장으로 드라마
나 영화가 많이 제작되고 있는데, 요약 콘텐츠 시청을 통해 많은 _{요약 콘텐츠 시청에 대한 긍정적인 관점 ②}
작품을 빠르게 접할 수 있다는 것이 장점으로 꼽히고 있다.

❸ 하지만 요약 콘텐츠만 시청하는 것은 바람직한 작품 감상 방
법이 아니다. 먼저 원작이 전하는 감동을 온전히 느낄 수 없다. _{요약 콘텐츠만 시청하는 것이 바람직한 작품 감상 방법이 아닌 이유 ①}
원작의 감동은 줄거리뿐만 아니라 다양한 구성 요소를 통해 전해 _{요약 콘텐츠만 시청하는 것이 바람직한 작품 감상 방법이 아닌 이유 ①의 근거}
지는데, 요약 콘텐츠를 통해서는 이러한 구성 요소를 확인할 수
없기 때문이다. 또 원작의 메시지가 왜곡될 수 있다. 원작을 요약 _{요약 콘텐츠만 시청하는 것이 바람직한 작품 감상 방법이 아닌 이유 ②}
하고 해석하는 과정에서 원작 내용을 과장하거나 비약하는 일이 _{요약 콘텐츠만 시청하는 것이 바람직한 작품 감상 방법이 아닌 이유 ②의 근거}
많기 때문이다. 원작을 감상하지 않는다면 요약 콘텐츠의 해석이
원작에 대한 유일한 해석이라고 생각할 수 있다는 것이 심각한
문제이다.

❹ 「물론 당장은 요약 콘텐츠 시청을 통해 얻을 수 있는 효율이 크 _{요약 콘텐츠 시청을 긍정적으로 바라보는 관점의 주장}

다고 생각할 수 있다. 하지만 우리는 많은 작품을 빠르게 접하기 위해서 작품을 감상하는 것이 아니다. 작품을 감상하는 본질적인 이유는 <u>작품 감상 과정에서 다른 사람의 삶을 간접 경험하거나</u> <u>장면 및 구절의 의미, 창작자의 의도를 고민하고 자신만의 해석을 내리기 위해서이다.</u> 요약 콘텐츠만 시청하는 것은 이러한 본질을 놓치는 행위이다. <u>「대중문화 평론가 안△△는 원작을 감상하는 과정에서 주체적</u>

「」: 요약 콘텐츠 시청을 긍정적으로 바라보는 관점에 대한 반박

❺ 「대중문화 평론가 안△△는 원작을 감상하는 과정에서 주체적

「」: 전문가의 견해를 인용하여 요약 콘텐츠 시청에 부정적인 관점의 주장 강조

으로 사고하는 힘이 길러지는데, 요약 콘텐츠만 계속 시청하면 비판적인 사고 능력이 저하될 수 있다고 지적한다.」 이처럼 요약 콘텐츠만 시청하는 것은 작은 것을 탐하다 큰 것을 놓치는 격이다. 작품을 감상하는 본질적인 이유를 생각해 보고, <u>원작을 감상</u>

작품을 감상하는 올바른 방법 제시

<u>하려는 노력</u>이 필요하다.

01

답 | ①

(가)의 '학생 1'에 대한 설명으로 적절하지 <u>않은</u> 것은?

정답 선지 분석

① 대화 참여자의 의견에 동의하고 그 이유를 설명하고 있다.
  '학생 1'은 다섯 번째 발화에서 '학생 2'의 의견에 동의하고 있지만 그 이유를 설명하고 있지는 않다.

오답 선지 분석

② 대화 목적을 제시하고 대화 참여자의 발언을 유도하고 있다.
  '학생 1'은 첫 번째 발화에서 대화 목적을 제시하고 대화 참여자의 발언을 유도하고 있다.

③ 대화 중간에 대화 내용을 정리하고 대화의 흐름을 전환하고 있다.
  '학생 1'은 네 번째 발화에서 대화 중간에 대화 내용을 정리하고 대화의 흐름을 전환하고 있다.

④ 대화 참여자의 발언을 일부 재진술하고 자신의 이해 여부를 점검하고 있다.
  '학생 1'은 두 번째 발화에서 '어려운 원작을 빠르고 쉽게 이해할 수 있다'며 '학생 3'의 발언을 일부 재진술하고 질문을 통해 자신의 이해 여부를 점검하고 있다.

⑤ 대화 참여자의 발언 중 이해되지 않는 부분을 언급하고 추가 설명을 요청하고 있다.
  '학생 1'은 세 번째 발화에서 '학생 2'의 발언 중 이해되지 않는 부분인 '대중문화 콘텐츠 시장의 성장'과 '요약 콘텐츠의 인기 현상'의 연관성에 대한 추가 설명을 요청하고 있다.

02

답 | ③

[A], [B]에 대한 설명으로 가장 적절한 것은?

정답 선지 분석

③ [B]에서 '학생 3'은 '학생 2'의 발화 내용에 동의한 후 추가로 생각해 볼 만한 점을 제시하고 있다.
  [B]의 '학생 3'은 두 번째 발화에서 요약 콘텐츠 제작자에게 해석의 자유가 있다는 '학생 2'의 발화 내용에 동의한 후 원작의 메시지가 왜곡된 요약 콘텐츠를 시청하고 그 해석이 원작에 대한 유일한 해석이라고 생각하는 것이 문제라는 추가로 생각해 볼 만한 점을 제시하고 있다.

오답 선지 분석

① [A]에서 '학생 2'는 '학생 3'의 발화 내용을 요약한 후 생소한 용어에 대한 설명을 요청하고 있다.
  [A]의 '학생 2'는 '학생 3'의 발화 내용을 요약하고 있지 않으며, 생소한 용어에 대한 설명을 요청하고 있지 않다.

② [A]에서 '학생 3'은 '학생 2'의 의문을 해결하며 자신의 의견에 대한 '학생 2'의 의견을 확인하고 있다.
  [A]에서 '학생 3'은 두 번째 발화에서 '학생 2'의 의문을 해결하고 있지만 자신의 의견에 대한 '학생 2'의 의견을 확인하고 있지는 않다.

④ [B]에서 '학생 2'는 '학생 3'의 발화 내용을 비판하고 '학생 3'이 제시한 의견의 한계를 지적하고 있다.
  [B]에서 '학생 2'는 '학생 3'의 의견의 한계를 지적하고 있지 않다.

⑤ [A]와 [B] 모두에서 '학생 2'는 '학생 3'의 발화 내용에 이의를 제기하고 잘못된 점을 바로잡고 있다.
  [A]에서 '학생 2'는 '학생 3'에게 질문하고 있지만 이의를 제기하며 잘못된 점을 바로 잡고 있지는 않다.

03

답 | ④

'학생 1'이 (가)를 바탕으로 <보기>의 내용 전개에 따라 (나)를 작성했다고 할 때, 적절하지 <u>않은</u> 것은?

보기

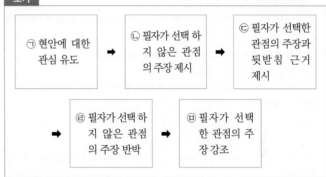

정답 선지 분석

④ ㉣: (가)에서 언급되지 않은 사례를 추가하여 요약 콘텐츠 시청을 긍정적으로 바라보는 관점의 주장을 반박하고 있다.
  (나)에서 비평문의 현안은 요약 콘텐츠 시청이며, 필자는 현안을 부정적으로 바라보는 관점에서 비평문을 작성하고 있다. (나)의 4문단에서 요약 콘텐츠 시청을 긍정적으로 바라보는 관점의 주장을 반박하고 있다는 것은 적절하지만, (가)에서 언급되지 않은 사례를 추가하고 있지는 않다.

오답 선지 분석

① ㉠: (가)에서 언급된 요약 콘텐츠의 인기에 대해 구체적인 수치를 제시하여 요약 콘텐츠와 관련된 현안에 대한 관심을 유도하고 있다.
  (나)의 1문단에서 (가)에서 언급된 요약 콘텐츠의 인기를 입증할 수 있는 요약 콘텐츠의 조회 수를 제시하여 '요약 콘텐츠 시청'이라는 현안에 대한 관심을 유도하고 있다.

② ㉡: (가)에서 언급된 요약 콘텐츠의 댓글 내용을 바탕으로 요약 콘텐츠 시청을 긍정적으로 바라보는 관점의 주장을 제시하고 있다.
  (나)의 2문단에서 (가)에서 언급된 요약 콘텐츠의 댓글 내용을 바탕으로 필자가 선택하지 않은 관점의 주장을 제시하고 있다.

③ ㉢: (가)에서 언급된 요약 콘텐츠 시청의 문제점을 반영하여 요약 콘텐츠 시청이 바람직한 작품 감상 방법이 아니라는 주장을 뒷받침하고 있다.
  (나)의 3문단에서 (가)에서 언급된 요약 콘텐츠 시청의 문제점을 반영하여 필자가 선택한 관점의 주장을 뒷받침하고 있다.

WEEK 8

⑤ ㉤: (가)에서 언급되지 않은 전문가의 견해를 인용하여 지속적으로 요약 콘텐츠만 시청하는 것은 문제가 된다는 주장을 강조하고 있다.

(나)의 5문단에서 (가)에서 언급되지 않은 전문가인 대중문화 평론가의 견해를 인용하여 요약 콘텐츠 시청을 부정적으로 바라보는 관점의 주장을 강조하고 있다.

04

답 | ②

<조건>을 반영하여 (나)의 제목을 작성한 것으로 가장 적절한 것은?

조건

- (나)의 마지막 문단과 관련한 글쓴이의 문제의식을 드러낼 것.
- 부제에서 대구와 비유적 표현을 모두 활용할 것.

정답 선지 분석

② 쉽게 얻으려다 본질을 놓치는 요약 콘텐츠 시청
- 오늘은 시간 아끼려는 지름길, 내일은 사고력 잃는 고생길

(나)의 마지막 문단에 드러난 글쓴이의 문제의식은 지속적으로 요약 콘텐츠를 시청하는 것은 비판적 사고 능력의 저하로 이어지며, 작은 것을 탐하다 큰 것을 놓치는 격이라는 것이다. '쉽게 얻으려다 본질을 놓치는 요약 콘텐츠 시청'은 이러한 문제의식을 보여 준다. 부제에는 '지름길', '고생길'이라는 비유적 표현과 유사한 문장 구조를 활용한 대구가 드러난다.

오답 선지 분석

① 요약 콘텐츠, 5분 요약의 허점
- 겉으로는 번지르르, 알고 보면 속 빈 강정

글쓴이의 문제의식이 드러나 있고, 부제에서 비유적 표현을 확인할 수 있으나 대구는 확인할 수 없다.

③ 요약 콘텐츠, 제작자의 시선으로 원작을 재해석하다
- 해석의 자유인가 원작의 왜곡인가

글쓴이의 문제의식이 드러나 있지 않으며, 부제에서 대구는 확인할 수 있지만 비유적 표현은 확인할 수 없다.

④ 요약 콘텐츠 시청, 떠먹여 주기식 작품 감상의 한계
- 쉽고 빠르게 먹으려다 체할 수도 있다면

글쓴이의 문제의식이 드러나 있고, 부제에서 비유적 표현을 확인할 수 있으나 대구는 확인할 수 없다.

⑤ 대중문화 콘텐츠 시장에 불어온 새바람, 요약 콘텐츠
- 요약 콘텐츠의 인기 요인을 분석하다

글쓴이의 문제의식이 드러나 있지 않으며 부제에서 대구와 비유적 표현을 모두 확인할 수 없다.

DAY 2 언어

빠른 정답 체크

01 ① 02 ⑤ 03 ⑤ 04 ④ 05 ③

우리말에는 다양한 유형의 된소리되기가 존재하는데, 우선 특정 음운 환경에서 예외 없이 일어나는 경우가 있다. 받침 'ㄱ, ㄷ, ㅂ' 뒤에 'ㄱ, ㄷ, ㅂ, ㅅ, ㅈ'이 올 때에는 예외 없이 된소리되기가 일어난다. '국밥'이 [국빱]으로, '(길을) 걷다'가 [걷따]로 발음되는 것이 그 예이다.

(된소리되기가 일어나는 경우 ① - 조건: 받침 'ㄱ, ㄷ, ㅂ' 뒤)

음운 환경이 같더라도 된소리되기가 일정하지 않은 경우가 있는데, 이때에는 다른 조건이 충족될 때 된소리되기가 일어난다. 첫째, 용언의 어간 받침 'ㄴ(ㄵ), ㅁ(ㄻ)' 뒤에 'ㄱ, ㄷ, ㅅ, ㅈ'으로 시작하는 어미가 올 때 된소리되기가 일어나는데, '나는 신발을 신고 갔다.'에서 '신고'가 [신꼬]로 발음되는 것이 그 예이다. '습득물 신고'의 '신고'는 음운 환경이 같음에도 불구하고 용언이 아니기 때문에 된소리되기가 일어나지 않는다. 둘째, 한자어에서 'ㄹ' 받침 뒤에 'ㄷ, ㅅ, ㅈ'이 연결될 때 된소리되기가 일어나는데, '물질(物質)'이 [물찔]로 발음되는 것이 그 예이다. '물잠자리'는 음운 환경이 같음에도 불구하고 고유어이기 때문에 된소리되기가 일어나지 않는다. 셋째, 관형사형 어미 '-(으)ㄹ' 뒤에 'ㄱ, ㄷ, ㅂ, ㅅ, ㅈ'으로 시작하는 체언이 올 때 된소리되기가 일어나는데, '살 것'이 [살 껃]으로 발음되는 것이 그 예이다. 이러한 유형의 된소리되기는 음운 환경 외에도 '용언의 어간', '한자어', '관형사형 어미'라는 조건이 충족되어야 음운 변동이 일어난다는 특징이 있다.

(된소리되기가 일어나는 경우 ② - 조건: 용언의 어간 받침 'ㄴ(ㄵ), ㅁ(ㄻ)' 뒤)
(용언의 어간 받침 'ㄴ'이 아니므로 된소리되기가 발생하지 않음)
(된소리되기가 일어나는 경우 ③ - 조건: 한자어 'ㄹ' 받침 뒤)
(한자어 'ㄹ' 받침 뒤가 아니므로 된소리되기가 발생하지 않음)
(된소리되기가 일어나는 경우 ④ - 조건: 관형사형 어미 '-(으)ㄹ' 뒤)

[A] 한편, 명사와 명사가 결합하여 합성 명사가 될 때 된소리되기가 일어나는 경우도 있다. 예를 들어 '코+등'은 [코뜽/콛뜽]으로, '손+바닥'은 [손빠닥]으로 발음된다. 이때 '코+등'처럼 앞의 말이 모음으로 끝나고, 한자어끼리의 결합이 아닐 때에는 '콧등'과 같이 사이시옷을 표기한다. 이러한 된소리되기는 「두 단어가 대등한 관계일 때는 잘 일어나지 않지만, 앞말이 뒷말의 '시간, 장소, 용도' 등을 나타낼 때는 잘 일어난다.」 그 이유는 중세 국어의 관형격 조사 'ㅅ'과 관련이 있다. '손바닥'은 중세 국어에서 '손ㅅ바닥'으로 표기가 되는데, 이는 '손+ㅅ+바닥' 즉, '손의 바닥'으로 분석된다. 이 'ㅅ'의 흔적이 '손빠닥'을 거쳐 [손빠닥]이라는 발음으로 남게 된 것이다. 음운 환경이 같은 '손발'에서는 이러한 현상이 일어나지 않는데, 그 이유는 '손'과 '발'은 관형격 조사로 연결되는 관계가 아니기 때문이다.

(된소리되기가 일어나는 경우 ⑤ - 합성 명사)
(합성 명사에서 사이시옷을 표기하는 경우)
(「」: 합성 명사에서 된소리되기가 발생하기 위한 요건)
(합성 명사에서 앞말이 뒷말의 '시간, 장소, 용도' 등을 나타낼 때 된소리되기가 일어나는 이유)
(두 단어가 대등한 관계)

01

답 | ①

윗글을 바탕으로 '된소리되기'를 이해한 내용으로 적절하지 않은 것은?

① '(밥을) 먹다'와 '(눈을) 감다'에서 일어난 된소리되기는 용언에서만 일어나는 유형이다.

'(밥을) 먹다'에서 일어나는 된소리되기는 받침 'ㄱ, ㄷ, ㅂ' 뒤에 'ㄱ, ㄷ, ㅂ, ㅅ, ㅈ'이 올 때 일어나는 된소리되기로 용언에서만 일어나는 유형은 아니다.

② '말다툼'과 달리 '밀도(密度)'에서 된소리되기가 일어나는 이유는 한자어이기 때문이다.

'밀도(密度)'에서 일어나는 된소리되기는 한자어에서 'ㄹ' 받침 뒤에 'ㄷ, ㅅ, ㅈ'이 연결될 때 일어나는 된소리되기이다.

③ '납득'과 같이 'ㅂ' 받침 뒤에 'ㄷ'이 오는 음운 환경에서는 예외 없이 된소리되기가 일어난다.

'납득'에서 일어나는 된소리되기는 받침 'ㄱ, ㄷ, ㅂ' 뒤에 'ㄱ, ㄷ, ㅂ, ㅅ, ㅈ'이 올 때 일어나는 된소리되기로 예외 없이 일어나는 현상이다.

④ '솔개'와 달리 '줄 것'에서 된소리되기가 일어나는 이유는 '관형사형 어미'라는 조건 때문이다.

'솔개'에서는 'ㄹ' 뒤에 된소리되기가 일어나지 않지만 '줄 것'에서 된소리되기가 일어나는 이유는 '줄'의 '-ㄹ'이 관형사형 어미이기 때문이다.

⑤ '삶과 죽음'의 '삶과'와 달리 '(고기를) 삶고'에서 된소리되기가 일어나는 이유는 '삶고'가 용언이기 때문이다.

'(고기를) 삶고'에서 일어나는 된소리되기는 용언의 어간 받침 'ㄴ(ㄵ), ㅁ(ㄻ)' 뒤에 'ㄱ, ㄷ, ㅅ, ㅈ'으로 시작하는 어미가 올 때 일어나는 현상이다.

02

답 | ⑤

[A]를 바탕으로 <보기>의 단어를 분석한 내용으로 적절하지 않은 것은?

- 공부방(工夫房) [공부빵]
- 아랫집 [아래찝 / 아랟찝]
- 콩밥 [콩밥], 아침밥 [아침빱]
- 논밭 [논받], 논바닥 [논빠닥]
- 불고기 [불고기], 물고기 [물꼬기]

⑤ '불고기'에서 '물고기'와 달리 된소리되기가 일어나지 않는 이유는 중세 국어에서 '불+ㅅ+고기'로 분석되기 때문이겠군.

'불고기'에서는 '물고기'와 달리 된소리되기가 일어나지 않으므로 '불고기'는 중세 국어의 관형격 조사 'ㅅ'과 관련이 없다고 볼 수 있다. 따라서 '불고기'는 중세 국어에서 '불+ㅅ+고기'로 분석될 수 없다.

① '공부방'에서 된소리되기가 일어나는 이유는 '공부'가 뒷말의 용도를 나타내기 때문이겠군.

'공부방'은 '공부를 하는 방'으로, 앞말 '공부'가 뒷말 '방'의 용도를 나타내기 때문에 된소리되기가 적용된다.

② '아랫집'에 'ㅅ'을 받침으로 표기한 것은 '콧등'에서 사이시옷을 표기한 것과 같은 이유 때문이겠군.

'콧등'은 '코'와 '등'이 결합할 때 앞말이 모음으로 끝나고, 한자어끼리의 결합이 아니기 때문에 사이시옷을 표기한다. 이와 마찬가지로 '아랫집'은 '아래'와 '집'이 결합할 때 앞말이 모음으로 끝나고, 한자어끼리의 결합이 아니기 때문에 사이시옷을 표기한다.

③ '콩밥'과 달리 '아침밥'에서 된소리되기가 일어나는 이유는 '아침'이 뒷말의 시간을 나타내기 때문이겠군.

'아침밥'은 '아침에 먹는 밥'으로, 앞말 '아침'이 뒷말 '밥'의 시간을 나타내기 때문에 된소리되기가 적용된다. 그러나 '콩밥'은 앞말 '콩'이 뒷말 '밥'의 재료에 해당하므로 된소리되기가 일어나지 않는다.

④ '논바닥'과 달리 '논밭'에서 된소리되기가 일어나지 않는 이유는 결합하는 두 단어가 대등한 관계를 가지기 때문이겠군.

'논바닥'은 앞말 '논'이 뒷말 '바닥'의 장소를 나타내기 때문에 된소리되기가 적용된다. 하지만 '논밭'은 '논'과 '밭'이 대등한 관계에 있으므로 된소리되기가 일어나지 않는다.

03

답 | ⑤

<보기>의 설명을 참고할 때, ㉠을 분석한 내용으로 적절하지 않은 것은?

형태소란 뜻을 가진 가장 작은 말의 단위이다. 가장 작은 말의 단위라는 것은 더 이상 나눌 수 없으며, 더 나눌 경우 원래의 뜻이 사라지는 것을 말한다.

㉠ 우리 아기만 맨발로 잔디밭에서 놀았다.

⑤ '놀았다'는 '놀았-'과 '-다'로 나눌 수 있으므로 두 개의 형태소이다.

'놀았-'도 '놀-'과 '-았-'으로 나눌 수 있으므로, '놀았다'는 세 개의 형태소로 이루어진 말이다.

① '우리'는 '우'와 '리'로 나누면 뜻이 사라지므로 하나의 형태소이다.

형태소는 더 나누게 되면 원래의 뜻이 사라지게 된다. '우리'를 '우'와 '리'로 나눌 경우 '우리'가 가진 뜻이 사라지므로 '우리'는 하나의 형태소로 보아야 한다.

② '아기만'은 '아기'와 '만'으로 나눌 수 있으므로 두 개의 형태소이다.

'아기만'에서 '만'은 다른 것으로부터 제한하여 어느 것을 한정함을 나타내는 보조사이다. 따라서 '아기'와 '만' 모두 의미를 가지고 있으므로, 각각 형태소로 보아야 한다.

③ '맨발'은 '맨-'과 '발'로 나눌 수 있으므로 두 개의 형태소이다.

'맨발'에서 '맨-'은 '다른 것이 없는'을 뜻하는 접사이기 때문에 하나의 형태소로 보아야 하므로, '맨-'과 '발'은 각각의 형태소로 보아야 한다.

④ '잔디밭'은 '잔디'와 '밭'으로 나눌 수 있으므로 두 개의 형태소이다.

'잔디밭'은 각각 의미를 가진 형태소 '잔디'와 '밭'으로 나눌 수 있으므로 두 개의 형태소이다.

04

답 | ④

<보기>의 설명을 참고하여 ⓐ~ⓒ의 밑줄 친 안긴문장에 대해 이해한 것으로 적절한 것은?

보기

　다른 문장 속에 들어가 하나의 문장 성분처럼 쓰이는 문장을 안긴문장이라고 하며, 이 안긴문장을 포함하는 문장을 안은문장이라고 한다.

ⓐ 그가 소리도 없이 밖으로 나갔다.
ⓑ 나는 그가 이 사건의 범인임을 깨달았다.
ⓒ 어머니께서 시장에서 산 수박은 매우 달았다.

정답 선지 분석

④ ⓐ의 안긴문장은 용언을 수식하고, ⓒ의 안긴문장은 체언을 수식한다.
　ⓐ의 안긴문장 '소리도 없이'는 용언 '나갔다'를 수식하는 부사절이고, ⓒ의 안긴문장 '어머니께서 시장에서 산'은 체언 '수박'을 수식하는 관형절이다.

오답 선지 분석

① ⓐ의 안긴문장에는 주어가 생략되어 있다.
　ⓐ에서는 '소리도'가 주어이다.

② ⓑ의 안긴문장은 조사와 결합하여 부사어의 기능을 한다.
　ⓑ는 목적격 조사 '을'과 결합하여 해당 문장의 목적어 기능을 수행한다.

③ ⓒ의 안긴문장에는 체언을 수식하는 관형어가 있다.
　ⓒ의 안긴문장 속에는 '사다'라는 용언을 수식하는 부사어 '시장에서'가 있지만, 체언을 수식하는 관형어는 존재하지 않는다.

⑤ ⓑ의 안긴문장에는 목적어가 있고, ⓒ의 안긴문장에는 목적어가 생략되어 있다.
　ⓑ의 안긴문장에는 목적어가 없다. 반면 ⓒ는 목적어인 '수박'이 생략되어 있다.

05

답 | ③

<보기>'사전 활용하기' 학습 활동을 위한 자료이다. 이에 대해 탐구한 내용으로 적절하지 않은 것은?

보기

묻다² 동 [묻고, 묻어, 묻으니]
① 【…에 …을】 물건을 흙이나 다른 물건 속에 넣어 보이지 않게 쌓아 덮다.
　¶ 화단에 거름을 묻어 주다.
② 【…에 …을】/【…을 …으로】일을 드러내지 아니하고 속 깊이 숨기어 감추다.
　¶ 그는 자신이 한 일을 과거의 일로 묻어 두고 싶어 했다.
③ 【…에 …을】/【…을 …으로】얼굴을 수그려 손으로 감싸거나 다른 물체에 가리듯 기대다.
　¶ 나는 베개에 얼굴을 묻었다.

묻다³ 동 [묻고, 물어, 물으니]
【…에/에게 …을】무엇을 밝히거나 알아내기 위하여 상대편의 대답이나 설명을 요구하는 내용으로 말하다.
　¶ 모르는 문제를 친구에게 물었다.

정답 선지 분석

③ '묻다²-①'의 용례로 '아우는 형의 말을 비밀로 묻어 두었다.'를 추가할 수 있겠군.
　'아우는 형의 말을 비밀로 묻어 두었다.'의 '묻다'는 '일을 드러내지 아니하고 속 깊이 숨기어 감추다.'의 의미이므로, '묻다²-②'의 용례이다.

오답 선지 분석

① '묻다²'는 목적어와 부사어를 필수적으로 요구하는 동사로군.
　사전의 정보 '【…에 …을】', '【…에 …을】/【…을 …으로】'를 통해 주어 외에도 목적어와 부사어를 필수적으로 요구하는 서술어임을 알 수 있다.

② '묻다²'와 '묻다³'은 별개의 표제어로 기술된 것을 보니 동음이의어이겠군.
　'묻다²'와 '묻다³'은 다른 표제어로 기술되어 있으므로 동음이의어이다.

④ '묻다²'와 '묻다³'은 모음으로 시작하는 어미가 결합할 때 활용 형태가 서로 다르게 나타나는군.
　'묻다³'은 '묻다²'와 달리 모음으로 시작하는 어미가 결합할 때, [물어, 물으니]와 같이 불규칙 활용이 일어난다.

⑤ '묻다³'의 용례에서 '물었다'는 '질문했다'로 바꾸어 쓸 수 있겠군.
　'질문하다'는 '알고자 하는 바를 얻기 위해 묻다.'라는 의미이므로 '묻다³'의 '물었다'와 바꾸어 쓸 수 있다.

DAY 3　신 민법강의

빠른 정답 체크

01 ②　　**02** ③　　**03** ③　　**04** ⑤　　**05** ④

❶ 주택 임대차는 「임차인이 주택의 소유자인 임대인에게 보증금
　　　　　　　　「」: 주택 임대차의 개념
을 지급하고 합의한 기간 동안 목적물인 주택을 사용한 후, 기간
이 만료되면 보증금을 반환받는 계약」이다. 임대차를 체결하여 임
　　　　　　　　　　　　　　　　　임차권의 개념
차인에게 발생하는 권리인 ㉠ 임차권은 채권에 해당한다. 채권을
　　　　　　채권의 예시
가진 사람은 「원칙적으로 특정한 채무자에 대해서만 일정한 행위
　　　　　　　　　「」: 채권의 개념
를 요구할 수 있고, 제삼자에게는 권리를 주장할 수 없다.」 반면에
소유권이나 저당권, 전세권 등 물건에 대한 지배권이라 할 수 있
　　　　　　　　　　　　물권의 예시
는 물권은 누구에게나 주장할 수 있는 권리이다. 따라서 물권은
　　　　　　　물권의 개념
일반적으로 채권에 우선하는 효력이 인정되며, 같은 물권들 사이
　　　물권의 특징①　　　　　　　　　　물권의 특징②
에서는 선순위 물권이 후순위보다 우선한다. 그래서 임차인은 계
약을 맺은 임대인에 대해서만 임차권을 주장할 수 있고, 매매 등
으로 주택의 소유권이 변경되면 새로운 소유자에게는 임차권을
　　　　　　　　　　　　　　　새로운 소유자는 제삼자에 해당하기 때문
주장하지 못할 수 있다.

❷ 이 문제를 해결하기 위한 방법으로 민법에는 ㉡ 전세권이 있
다. 이는 「보증금을 지급하고 부동산을 약정 기간 동안 이용한 후
　　　　「」: 전세권의 개념
부동산을 반환하고 보증금을 돌려받는 권리」로, 임차권과 내용이
같지만 물권이라는 점에서 차이가 있다. 임차한 주택에 전세권을
　　　　　　　　　　임차권과 전세권의 차이점
설정하면 임대차 내용이 등기부에 기재된다. 등기는 「부동산에 관
한 물권의 권리관계를 등기부에 기재하여 공시함으로써 제삼자
　　「」: 등기의 개념

가 해당 내용을 알 수 있도록 하는 제도이다. 전세권을 설정하기 위해서는 임대인의 동의가 필요한데 대체로 임차인의 지위가 낮은 현실에서 임대인의 동의를 얻기는 쉽지 않다. 이러한 임차인의 지위를 보호하여 국민 주거 생활을 안정시키기 위해 제정된 특별법이 <u>주택임대차보호법</u>이다. 이 법률은 「임차인이 일정한 요건을 갖추었을 경우 임차권에 물권적 효력을 부여하여 임차인의 지위를 강화한다. 그 요건은 임차인이 주택을 인도받는 것과 전입 신고를 마치는 것이다. 요건을 충족한 다음 날부터 임차권은 제삼자에게도 대항력을 갖는다. 요건만 갖추면 효력이 발생하고 임대인의 동의도 필요하지 않기 때문에 임차인을 효과적으로 보호하는 것이 가능하다.

❸ 대항력을 갖는다는 것은 제삼자에게도 임차권을 주장할 수 있게 되었다는 의미이다. 예컨대 임차한 주택이 경매되면 일반적으로 임차권은 소멸하지만 주택임대차보호법에 따른 대항력을 갖춘 경우에는 그렇지 않다. 임차인은 이에 덧붙여 주민센터 등의 공공 기관에서 주택 임대차 계약서에 확정일자를 받을 수 있다. 우선변제권을 확보하기 위해서이다. 「임차한 주택이 경매되었을 때 임차인은 자신의 우선변제권 성립보다 뒤에 설정된 물권에 우선하여 보증금을 변제받을 수 있다. 우선변제권의 효력은 대항력과 확정일자가 모두 갖추어진 날부터 발생한다. 또한 주택임대차보호법에서는 사회적 약자를 보호하는 취지에서, 대항력을 갖춘 소액임차인에게는 정해진 금액까지의 보증금을 선순위 물권자보다 우선하여 변제받을 수 있는 최우선변제권까지 부여한다. 소액임차인으로 인정될 수 있는 보증금의 기준과 최우선변제권으로 변제받을 수 있는 금액은 대통령령으로 정해지며 지역에 따라 다르다.

❹ 주택 임대차가 만료되었는데 임차인이 임대인으로부터 보증금을 반환받지 못하는 일이 생기기도 한다. 이 경우 임차인은 이사를 가면 자신의 권리 순위가 상실될 수 있다는 우려를 하게 된다. 이런 문제 때문에 주택임대차보호법에는 임차권등기명령 제도가 포함되어 있다. 이는 종료된 임차권을 법원의 명령으로 등기부에 공시할 수 있도록 하는 것이다. 임대차가 종료된 후 보증금이 반환되지 않은 경우 임차인은 관할 법원에 임차권등기명령을 신청할 수 있고, 법원이 이를 심리하여 결정한다. 이때 임대인의 동의는 필요하지 않고, 전입 신고를 하지 않았거나 확정일자를 받지 않았던 임차인도 임차권등기를 하게 되면 대항력과 우선변제권을 취득하게 된다. 한편 ⓒ 임차권이 등기된 뒤에 해당 주택에 새로 임대차를 체결한 다른 소액임차인은 보증금의 최우선변제를 받을 수 없도록 하였다. 임차권등기를 한 임차인이 예상하지 못한 손해를 입을 수 있기 때문이다.

01

답 | ②

윗글의 내용과 일치하지 <u>않는</u> 것은?

정답 선지 분석

② 주택 임대차가 체결되면 관할 법원은 임대차 내용을 등기부에 기재해야 한다.

2문단과 4문단에 따르면 임차권이 등기부에 기재되기 위해서는 전세권을 설정하거나 임대차등기명령을 신청해야 한다. 임대차가 체결되었을 때 관할 법원이 등기부에 기재해야 하는 것은 아니다.

오답 선지 분석

① 주택임대차보호법은 일정한 요건을 갖춘 임차인의 지위를 강화한다.

2문단에 따르면 주택임대차보호법은 임차인이 일정한 요건을 갖추었을 경우 임차권에 물권적 효력을 부여하여 임차인의 지위를 강화하는 제도이다.

③ 주택 임대차가 만료되면 임차인은 임대인에게 임대차의 목적물을 반환해야 한다.

1문단에 따르면 주택 임대차는 합의한 기간 동안 목적물인 주택을 사용하는 계약이다.

④ 최우선변제권이 있는 소액임차인이더라도 보증금의 전부를 반환받지 못할 수 있다.

3문단에 따르면 최우선변제권은 정해진 금액까지의 보증금을 우선하여 변제받는 권리이다.

⑤ 어떤 물건에 대한 지배권을 모든 사람에게 주장하려면 해당 물건에 대한 물권이 필요하다.

1문단에 따르면 물권은 누구에게나 권리를 주장할 수 있는 권리이다.

02

답 | ③

<u>주택임대차보호법</u>을 이해한 내용으로 적절하지 <u>않은</u> 것은?

정답 선지 분석

③ 대항력을 갖춘 임차인이 주택 임대차 계약서에 확정일자를 받으면 다음 날부터 우선변제권의 효력이 발생한다.

3문단에 따르면 우선변제권의 효력은 임차인이 대항력과 확정일자를 모두 갖춘 날을 기준으로 발생한다. 따라서 대항력을 이미 갖춘 임차인이 확정일자를 받으면 그날부터 우선변제권의 효력이 발생한다.

오답 선지 분석

① 임차인이 대항력을 갖추면 임차한 주택이 경매되더라도 임차권이 유지될 수 있도록 한다.

3문단에 따르면 임차인이 대항력을 갖춘 경우에는 임차한 주택이 경매되더라도 임차권이 소멸하지 않는다.

② 임차인이 전입 신고를 하지 않으면 확정일자를 받더라도 계약 기간 동안 우선변제권이 생기지 않는다.

3문단에 따르면 임차인이 우선변제권을 얻기 위해서는 대항력과 확정일자를 모두 갖추어야 한다. 임차인이 전입 신고를 하지 않으면 대항력이 갖춰지지 않으므로 확정일자를 받더라도 우선변제권이 생기지 않는다.

④ 소액임차인이 다른 지역에서 새로운 임대차를 체결하면 그 지역에서는 최우선변제권을 부여받지 못할 수도 있다.

3문단에 따르면 최우선변제권을 부여받는 보증금의 기준과 변제받을 수 있는 금액은 지역에 따라 다르기 때문에 소액임차인이 다른 지역에서 새로운 임대차를 체결하면 최우선변제권을 부여받지 못할 수도 있다.

⑤ 임차한 주택을 인도받고 전입 신고를 한 날에 주택에 다른 물권이 성립되면 임차권은 새로운 물권보다 후순위가 된다.

2문단에 따르면 임차인이 대항력을 갖게 되면 임차권에 물권적 효력이 발생한다. 하지만 대항력은 요건을 갖춘 다음날부터 발생하기 때문에 대항력이 발생하기 전 새로운 물권이 생긴다면 임차권은 해당 물권보다 후순위가 될 수 있다.

정답 및 해설 | 103

03

답 | ③

㉠, ㉡을 이해한 내용으로 적절하지 <u>않은</u> 것은?

정답 선지 분석

③ ㉡을 가진 임차인은 임대차 기간 동안 목적물이 되는 주택의 소유권을 가지게 된다.

2문단에 따르면 전세권은 임차권을 제삼자에게 주장할 수 있는 권리이지 주택의 소유권을 가지는 권리는 아니다. 소유권은 물권의 다른 종류 중 하나이다.

오답 선지 분석

① ㉠을 가진 사람은 원칙적으로는 임대인에게만 계약 내용에 따른 행위를 요구할 수 있다.

1문단에 따르면 임차권은 채권에 해당한다. 채권을 가진 사람은 원칙적으로 특정한 채무자에 대해서만 일정한 행위를 요구할 수 있다.

② ㉡을 설정하기 위해서는 임대인의 동의가 필요하다.

2문단에 따르면 전세권을 설정하기 위해서는 임대인의 동의가 필요하다.

④ ㉠이나 ㉡을 가진 사람은 계약상의 주택에 대한 자신의 권리를 주장할 수 있다.

1문단과 2문단에 따르면 임차권이나 전세권을 가진 사람은 임대차에 내용에 따라 주택에 대한 자신의 권리를 주장하는 것이 가능하다.

⑤ 일반적으로 ㉡은 ㉠에 우선하는 효력이 인정된다.

임차권은 채권에 해당하고 전세권은 물권에 해당한다. 1문단에 따르면 물권은 일반적으로 채권에 우선하는 효력이 인정된다.

04

답 | ⑤

윗글을 바탕으로 <보기>를 이해한 내용으로 적절한 것은?

보기

을이 갑에게 2억 원의 보증금을 지급하고 갑 소유의 A 주택을 2021년 2월 5일부터 2년간 임대하기로 하는 임대차가 갑과 을 사이에 체결되었다. 을은 2021년 2월 5일에 A 주택으로 이사하고 전입 신고를 하였지만 계약 기간 내내 확정일자는 받지 않았다. A 주택에 거주해 오던 을은 임대차 만료를 앞두고 이사 갈 집을 구하여 새로운 임대차를 체결하였고, 2022년 12월 4일에 갑에게 기존의 임대차를 연장하지 않겠다는 의사를 밝혔다. 갑은 사정이 생겨 보증금을 제때 돌려주지 못한다고 통보하였다. 갑은 임대차가 만료된 현재까지 보증금을 돌려주지 않고 있다.

정답 선지 분석

⑤ 을의 신청으로 임차권등기명령이 내려지면 을이 이사를 가더라도 을이 가지고 있던 임차권은 등기부에 기재된다.

4문단에 따르면 임대차등기명령이 내려지면 종료된 임차권은 등기부에 기재되어 물권적 효력이 유지된다. 따라서 을이 임대차등기명령을 신청하고 법원이 승인하면 을이 이사를 가더라도 을이 가지고 있던 임차권은 등기부에 기재되고 물권적 효력이 유지된다.

오답 선지 분석

① 을은 2022년 12월 4일부터 임차권등기명령을 신청할 수 있다.

4문단에 따르면 임차권등기명령은 임대차가 종료된 후에 신청하는 것이다. <보기>에서 임대차는 2023년 2월 4일에 종료되므로 임차권등기명령은 2023년 2월 5일부터 신청할 수 있다.

② 을은 임차권등기명령을 신청하는 즉시 갑에게 보증금을 돌려받을 수 있다.

4문단에 따르면 임차권등기명령이 내려지기 위해서는 임차인의 신청 후 법원의 승인이 필요하다. 또한 임차권등기명령이 내려지더라도 갑에게 즉시 보증금을 돌려받는 것은 아니다.

③ 을은 기존의 우선변제권이 유지되도록 임차권등기명령 제도를 이용할 수 있다.

을은 계약 기간 내내 확정일자를 받지 않았기 때문에 우선변제권을 부여받지 못한 상태이다. 임대차등기명령이 내려지면 우선변제권을 새롭게 부여받는 것이지 기존의 우선변제권을 유지하는 것은 아니다.

④ 을의 신청으로 임차권등기명령이 내려지면 갑은 A 주택을 다른 사람에게 매도할 수 없다.

1문단에 따르면 임차권이 존재한 상태에서도 주택의 소유권은 변동이 가능하므로 임대차등기명령이 내려지더라도 갑은 A 주택을 다른 사람에게 매도할 수 있다.

05

답 | ④

©의 이유를 추론한 것으로 가장 적절한 것은?

정답 선지 분석

④ 소액임차인의 최우선변제권이 인정되면 등기부상의 선순위물권보다도 우선 변제되기 때문에

4문단에 따르면 최우선변제권은 선순위 물권자에게도 우선하여 정해진 금액까지의 보증금을 변제받을 수 있는 권리이다. 따라서 임차권등기가 된 이후에 들어온 소액임차인이 최우선변제를 받으면 우선변제권을 가지고 있는 원래의 임차인이 보증금을 변제받지 못할 수도 있다. 임차권등기명령은 임차인을 보호하기 위한 제도이므로 최우선변제권은 임차권등기로 발생하는 물권적 효력에는 앞설 수 없도록 하는 것이다.

오답 선지 분석

① 최우선변제권은 사회적 약자를 보호하는 취지에서 인정되는 것이기 때문에

최우선변제권이 사회적 약자를 보호하는 취지에서 인정되는 것은 맞지만 임차권등기명령 또한 사회적 약자인 임차인을 보호하기 위한 제도이다.

② 소액임차인이 임대차를 체결할 때 등기부에 기재된 임차권을 알 수 없기 때문에

등기부에 임차권을 기재하는 것은 해당 내용을 제삼자가 인식할 수 있도록 하는 것이다. 따라서 소액임차인은 등기부를 확인하면 원래의 임차권을 파악하는 것이 가능하다.

③ 최우선변제권이 생기면 원래의 임차인이 가지고 있던 우선변제권이 사라지기 때문에

최우선변제권이 생기더라도 권리 간의 순위를 따지는 것일 뿐 우선변제권이 사라지는 것은 아니다.

⑤ 원래의 임차인과 달리 새로 입주한 소액임차인은 주택의 인도라는 요건이 필요하지 않기 때문에

새로 입주한 소액임차인도 최우선변제권을 부여받기 위해서는 대항력을 갖추어야 하기 때문에 주택의 인도라는 요건이 필요하다.

DAY 4 　STR 분석법

빠른 정답 체크

01 ⑤　　**02** ①　　**03** ⑤　　**04** ①

❶ 과학수사에서 'DNA 분석'은「범인을 ⓐ <u>추정</u>하거나 피해자의 신분 등을 확인할 때 중요한 수단으로 사용된다.」「DNA 분석이란 _{: DNA 분석의 목적} 「혈흔이나 모발 같은 샘플로부터 DNA를 ⓑ <u>채취</u>하여 동일인 여」_{: DNA 분석의 개념} 부를 확인하는 방법으로, 현재 'STR 분석법'이 가장 많이 사용되고 있다. 'STR(Short tandem repeat)'은 '<u>짧은 연쇄 반복</u>'이라 _{STR의 뜻} 는 뜻으로, 'STR 분석법'은「DNA의 특정 구간에서 짧은 염기 서」「열이 연쇄적으로 반복하여 나타나는 부분을 분석하는 방법이다.」_{: STR 분석법의 개념}

❷ STR 분석법의 원리를 알기 위해서는 상동 염색체, DNA, 염기 서열에 대한 이해가 필요하다.「체세포의 핵에는 모양과 크기가」「동일한 염색체가 2개씩 쌍으로 존재하는데, 이들 염색체를 '상동」_{: 상동 염색체의 개념} 염색체'라 한다. 상동 염색체는 부계(父系)와 모계(母系)에서 각각 하나씩 물려받는다. 이 <u>상동 염색체를 구성하는 가장 중요한 물</u> 질이 유전자를 포함하고 있는 DNA이다.」DNA는「아데닌(A), 구」_{DNA의 개념} 「아닌(G), 사이토신(C), 타이민(T)이라는 네 종류의 염기 약 30억」 개로 구성되는데, 이 <u>염기들이 'AGGCTA…'와 같은 형태로 이어</u> _{DNA의 염기 서열의 개념} 져 있다.」이것을 DNA의 염기 서열이라고 한다.

❸ 상동 염색체 내 특정 위치의 DNA 염기 서열을 분석해 보면 <u>짧은 염기 서열이 연속적으로 반복해서 나타나는 특정 구간이</u> _{STR 분석법은 이 구간을 분석함} <u>있다. 그리고 사람마다 반복되는 횟수가 다르다는 특징이 있다.</u> _{범인을 추정하거나 피해자의 신분을 확인할 수 있는 이유} STR 분석법은 바로 이 점에 ⓒ <u>착안</u>하여 샘플 간 비교를 통해 동일인 여부를 확인한다.

❹ STR 분석을 하기 위해서는 먼저, 분석하려는 염색체 내의 위 치가 ⓓ <u>특정</u>되어야 하는데, 이때 그 위치를 '좌위'라고 한다. _{좌위의 개념}

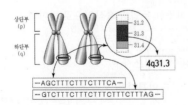

'갑'이라는 사람의 어떤 좌위가 <그림>과 같이 '4q31.3'일 때, 이「좌위의 '4'는 염색체 번호를, 'q'는 염색체 하단부를, '31.3'은 _{: 좌위 '4q31.3'의 정보} 염색대* 번호를 가리킨다.」이 좌위에는「염기 서열 'CTTT'가 반」「복되고 있는데, 왼쪽 염색체에서는 세 번, 오른쪽 염색체에서는」_{: '3-5' 형태로 나타낼 수 있음} 다섯 번 반복되고 있다. 이 경우 분석된 결과를 왼쪽부터 표시하 여 '3-5' 형태로 나타낼 수 있다.」즉, '갑'은 <u>4번 염색체 하단부(q)</u> _{'갑'의 STR 분석 결과} <u>의 31.3번 염색대 위치에 'CTTT'가 '3-5'인 유전형을 가지고 있</u>

는 것이다. 이렇게「상동 염색체의 특정 위치에 나타나는 STR을」「분석하여 '3-5'와 같은 결괏값으로 표기하는 것을 'DNA 프로」_{: DNA 프로필의 개념} 필'이라고 한다.」

❺ 현재 우리나라를 비롯한 여러 나라에서는 <u>20개의 좌위를 표</u> <u>준으로 하여 과학수사에 동일하게 활용</u>하고 있다. 비교 샘플의 _{과학 수사에 좌위를 활용함} DNA 프로필이 20개 좌위에서 모두 동일하다면, 비교 샘플이 동 일인의 것일 확률이 100%에 가깝다. 이런 이유로 STR 분석법은 과학수사에서 큰 성과를 거두고 있으며,「관련 기술이 발전할수록」_{: STR 분석법의 전망} 좌위의 개수도 늘어나 더 ⓔ <u>정밀</u>한 분석이 가능할 것이다.」

* 염색대: 염색체를 염색할 때 발생하는 띠 모양.

01　　　　　　　　　　　　　　　　답 | ⑤

윗글에 대한 이해로 가장 적절한 것은?

정답 선지 분석

⑤ STR 분석법은 DNA에 있는 30억 개 염기 중 일부를 대상으로 한다.

　STR 분석법은 30억 개의 염기 중 짧은 염기 서열이 연쇄적으로 반복해서 나타나는 특정 구 간을 대상으로 한다.

오답 선지 분석

① 사람마다 DNA를 구성하는 염기 종류가 다르다.

　DNA는 아데닌, 구아닌, 사이토신, 타이민 네 종류의 염기로만 구성되기 때문에, 사람의 DNA를 구성하는 염기 종류는 동일하다(2문단).

② 상동 염색체는 서로 다른 모양을 가진 한 쌍으로 존재한다.

　상동 염색체는 모양과 크기가 동일한 염색체가 2개씩 쌍으로 존재한다(2문단).

③ STR 분석을 위해서는 먼저 염색체의 개수를 파악해야 한다.

　STR 분석을 위해 먼저 해야 할 것은 분석하려는 염색체 내의 위치를 특정하는 것이다(4문단).

④ 20개의 표준 좌위에서는 염기 서열의 STR이 나타나지 않는다.

　좌위는 모두 염기 서열의 STR이 나타나는 구간으로 지정되어 있다(4문단).

02　　　　　　　　　　　　　　　　답 | ①

윗글을 읽고 추론한 내용으로 가장 적절한 것은?

정답 선지 분석

① DNA에는 염기 서열이 연쇄적으로 반복하지 않아 STR 분석법에서 사용하 기 힘든 구간도 존재하겠군.

　짧은 염기 서열이 연쇄적으로 반복해서 나타나는 특징은 DNA의 특정 구간에서만 나타난다 (3문단). 따라서 이러한 특징이 나타나지 않는 구간에는 STR 분석법을 사용할 수 없다.

오답 선지 분석

② 상동 염색체의 동일한 위치에서는 부계와 모계에서 받은 염색체의 염색대 번호가 서로 다르겠군.

　부계와 모계에서 물려받은 상동 염색체 한 쌍은 모양과 크기가 동일하다(2문단). 따라서 상 동 염색체의 동일한 위치에서는 부계와 모계에서 받은 염색체의 염색대 번호가 동일하다.

③ 동일인에서 채취한 서로 다른 샘플에서는 같은 좌위라도 염기 서열의 반복 횟수가 다르겠군.

　동일인에서 채취한 경우, 혈흔이나 모발 등 샘플이 다르다 하더라도 DNA는 동일하다. 따라 서 동일인에서 채취한 서로 다른 샘플에서는 좌위가 같으면 염기 서열의 반복 횟수도 동일하 게 나타난다.

④ STR 분석법은 네 종류의 염기가 모두 반복되는 특정 구간을 분석 대상으로 하겠군.

'4q31.3'인 좌위에서는 짧은 염기 서열 'CTTT'가 반복되고 있다(4문단). 따라서 STR 분석법의 대상이 되는 특정 구간에 네 종류의 염기가 모두 반복되는 것은 아니다.

⑤ 국가 간에 공통적으로 사용하는 좌위가 없어 분석 결과를 공유하기 힘들겠군.

우리나라를 비롯한 여러 나라에서 20개의 좌위를 표준으로 하여 과학수사에 동일하게 활용하고 있다(5문단). 따라서 20개의 좌위를 사용하는 국가 간에는 분석 결과를 공유할 수 있다.

03
답 | ⑤

윗글을 바탕으로 <보기>를 이해한 내용으로 적절하지 않은 것은?

보기

보석 가게에 도난 사건이 발생하였다. 출동한 경찰은 범죄 현장에서 범인의 손톱을 발견하고 DNA를 분석하였다. 다음날 목격자의 제보에 따라 '을'을 용의자로 지목한 후, '을'의 모발로 DNA 분석을 의뢰하였다.

DNA 프로필		좌위 정보	
좌위	결괏값	위치	반복되는 염기 서열
①	5-3	5q33.1	AGAT
②	6-6	13q31.1	TATC
③	2-7	5q23.2	AGAT
⋮	⋮	⋮	⋮
⑳	8-4	7q21.11	GATA

(단, 좌위는 임의로 4개의 정보만 제시함.)

정답 선지 분석

⑤ '을'의 분석 결과가 ②에서 '4-8', ⑳에서 '8-4'로 나온다면 ⑳의 결괏값만으로도 '을'을 범인으로 확정할 수 있겠군.

20개의 좌위에 대한 두 샘플의 결과가 동일하게 나올 때, 두 샘플이 동일인의 것일 확률이 100%에 가깝다(5문단). <보기>와 ⑤번 선지를 비교해 보면 좌위 ⑳의 결괏값은 일치하지만, 좌위 ②의 결괏값은 서로 다르다. 따라서 모든 좌위의 결괏값이 일치하는 것은 아니므로, '을'을 범인으로 확정할 수는 없다.

오답 선지 분석

① 범인은 7번 염색체의 하단부 특정 염색대에 'GATA' 배열이 네 번 반복되는 DNA를 가지고 있군.

범인은 좌위 ⑳에서, 즉 7번 염색체 하단부 21.11번 염색대에서 염기 서열 'GATA'가 각각 여덟 번과 네 번 반복되는 상동 염색체를 가지고 있다.

② 범인은 부계와 모계에서 받은 염색체의 STR 반복 횟수가 동일하게 나오는 좌위를 하나 이상 가지고 있군.

상동 염색체는 부계와 모계에서 각각 하나씩 물려받는다(2문단). 좌위 ②에서 부계와 모계에서 물려받은 두 염색체의 STR 반복 횟수가 '6'으로 동일하다.

③ '을'의 'DNA 프로필'을 만들기 위해서는 '을'의 5번 염색체가 두 번 이상 분석에 활용되겠군.

'을'의 'DNA 프로필'을 만들 때 <보기>와 같이 20개의 좌위가 활용된다. <보기>에서 좌위 ①과 좌위 ③은 5번 염색체에서 분석이 이루어지므로, '을'의 DNA 프로필을 만들기 위해서는 5번 염색체가 최소 두 번은 활용된다.

④ '을'이 범인이라면 ①과 ③에서 모계에서 받은 염색체의 'AGAT' 반복 횟수의 합이 12보다 클 수 없겠군.

상동 염색체 한 쌍은 부계와 모계에서 각각 하나씩 물려받지만, 그 위치는 왼쪽이나 오른쪽으로 특정할 수 없다. 좌위 ①에서 'AGAT' 반복 횟수는 3과 5이고, 좌위 ③에서 'AGAT' 반복 횟수는 2와 7이므로, 모계에서 받은 염색체의 'AGAT' 반복 횟수의 합은 가장 큰 값인 5와 7의 합을 넘어설 수 없다.

04
답 | ①

ⓐ~ⓔ의 사전적 의미로 적절하지 않은 것은?

정답 선지 분석

① ⓐ: 어떤 일에 대한 의견이나 느낌.

'어떤 일에 대한 의견이나 느낌'은 '생각'에 대한 사전적 의미이다. '추정'의 사전적 의미는 '추측하여 판정함.'이다.

오답 선지 분석

② ⓑ: 연구나 조사에 필요한 것을 찾거나 받아서 얻음.

'채취'의 사전적 의미는 '연구나 조사에 필요한 것을 찾거나 받아서 얻음.'이다.

③ ⓒ: 어떤 문제를 해결하기 위한 실마리를 잡음.

'착안'의 사전적 의미는 '어떤 문제를 해결하기 위한 실마리를 잡음.'이다.

④ ⓓ: 특별히 지정함.

'특정'의 사전적 의미는 '특별히 지정함.'이다.

⑤ ⓔ: 아주 정교하고 치밀하여 빈틈이 없고 자세함.

'정밀'의 사전적 의미는 '아주 정교하고 치밀하여 빈틈이 없고 자세함.'이다.

DAY 5 〈현 위의 인생〉_정끝별 / 〈뿌리로부터〉_나희덕

빠른 정답 체크

01 ②   **02** ③   **03** ⑤

가

세 끼 밥벌이 고단할 때면 이봐
　　　　　　삶이 고단할 때면 　 청자에게 말을 건네는 방식으로 시상 전개
수시로 늘어나는 **현 조율**이나 하자구
　　　　　　　　삶의 고단함을 달래기 위한 행위
우린 서로 다른 □소리□를 내지만
화자와 청자 　　　 □: 시어의 반복을 통해 주제 의식 강조
어차피 **한 악기**에 정박한 두 현
　　　　　화자와 청자의 동반자적 관계
내가 저 위태로운 낙엽들의 잎맥 □소리□를 내면 ┐ 서로를
　　　　　　　　　　　　　　　　　　　　│ 보완하는
어이, 가장 낮은 흙의 □소리□를 내줘 ┘ 소리
돈호법
내가 팽팽히 조여진 **비명을 노래**할 테니
　　　　　　　고단한 삶의 아픔
어이, 가장 따뜻한 두엄의 **속삭임**으로 받아줘
　　　　　　　유사한 통사 구조의 반복을 통해 운율 형성
세상과 화음 할 수 없을 때 우리
　　　　　삶이 고단할 때
마주 앉아 **내공에 힘쓰자구**
　　　　고단한 삶 속 마음을 다스리는 행위
내공이 깊을수록 **아름다운** □소리□를 낸다지
　　　　　　　　　～ : 어미 'ㄴ다지'의 반복을 통해 운율 형성
모든 현들은

어미집 같은 한없는 **구멍** 속에서

제 □소리□를 일군다지

그 구멍 속에서 **마음 놓고** 운다지

- 정끝별, 〈현 위의 인생〉 -

나

한때 나는 **뿌리**의 신도였지만
☐: 시어의 반복을 통한 주제 의식 강조
이제는 **뿌리**보다 줄기를 믿는 편이다

「줄기보다는 가지를,
「」: 연쇄법(줄기-가지-잎-꽃잎)
가지보다는 가지에 매달린 잎을,

잎보다는 하염없이 지는 **꽃잎을」 믿는** 편이다

「희박해진다는 것
「」: 유사한 통사 구조의 반복을 통한 운율 형성, 의미 강조
언제라도 **흩날릴 준비가 되어 있다는 것」**

「**뿌리로부터 멀어질수록**
「」: 역설적 인식 - 뿌리로부터 멀어질수록 오히려 길이 보임
가지 끝의 이파리가 위태롭게 파닥이고

당신에게로 가는 **길이 조금씩 보**이기 시작한다」

당신은 **뿌리**로부터 달아나는 데 얼마나 걸렸는지?
화자가 '당신'에게 말을 건넴

뿌리로부터 달아나려는 정신의 행방을

정확히 알 수는 없지만

허공의 손을 잡고 **어딘가를 향해** 가고 있다
불안정을 감수하더라도 스스로 존재하려 함

뿌리 대신 뿔이라는 말은 어떤가
스스로 존재하는 미래로 나아가려는 의지

가늘고 뾰족해지는 감각의 촉수를 밀어 올리면

「감히 바람을 찢을 수 있을 것 같은데
「」: 유사한 통사 구조의 반복을 통한 운율 형성, 의미 강조
무소의 뿔처럼 가벼워질 수 있을 것 같은데」

우리는 **뿌리로부터 온** 존재들,

그러나 **뿌리**로부터 부단히 도망치는 발걸음들
뿌리로부터 멀어지면서 성장하는 모습
「오늘의 일용할 잎과 꽃이
「」: 스스로 성장하며 성숙해지는 시간
천천히 시들고 마침내 입을 다무는 시간」

한때 나는 **뿌리**의 신도였지만

이미 허공에서 길을 잃어버린 지 오래된 사람
스스로 존재하는 미래를 향해 길을 찾는 사람

- 나희덕, 〈뿌리로부터〉 -

01

답 | ②

(가)와 (나)의 공통점으로 가장 적절한 것은?

정답 선지 분석

② 동일한 시어를 반복하여 주제 의식을 강조하고 있다.
(가)에는 '소리', (나)에는 '뿌리'라는 시어를 반복하여 각 시의 주제를 강조하고 있다.

오답 선지 분석

① 공간의 이동에 따른 정서의 변화를 나타내고 있다.
(가), (나) 모두 공간의 이동은 나타나지 않는다.

③ 명사로 시를 마무리하여 시적 상황을 부각하고 있다.
(나)는 명사로 시를 마무리하고 있지만, (가)는 동사로 시를 마무리하고 있다.

④ 청유형 종결 어미를 활용하여 화자의 태도를 나타내고 있다.
(가)는 청유형 종결 어미를 활용하고 있지만, (나)는 활용하고 있지 않다.

⑤ 색채어를 통해 대상이 지닌 속성을 감각적으로 드러내고 있다.
(가), (나) 모두 색채어가 사용되지 않았다.

02

답 | ③

(가)를 감상한 내용으로 적절하지 않은 것은?

정답 선지 분석

③ 화자는 청자의 '속삭임'을 통해 '비명을 노래'하는 자신의 삶을 반성하겠군.
화자는 자신이 '비명을 노래'하면 청자에게 '속삭임'으로 받아 달라고 말할 뿐, 자신을 반성하는 부분은 확인할 수 없다.

오답 선지 분석

① 화자는 '현'을 '조율'하면서 고단함을 달래려 하겠군.
화자는 청자에게, '세 끼 밥벌이 고단할 때면' '현'을 '조율'하자고 하였으므로 적절하다.

② 화자는 청자를 '한 악기'에서 함께 소리를 내는 동반자로 인식하겠군.
화자는 자신과 청자가 '서로 다른 소리를 내지만' '한 악기에 정박'하였다고 하였으므로 함께 소리를 내는 동반자로 인식하고 있다.

④ 화자가 '내공에 힘쓰'려고 하는 이유는 '아름다운 소리'를 내기 위해서겠군.
화자는 '내공이 깊을수록 아름다운 소리를 낸'다면서, 청자에게 함께 '마주 앉아 내공에 힘쓰자'고 하였으므로 적절하다.

⑤ 화자는 '구멍 속'이 '마음 놓고' 소리를 낼 수 있는 공간이라고 생각하겠군.
화자는 모든 현들이 '어미집 같은 한없는 구멍 속에서' '마음 놓고 운다'고 하였으므로 적절하다.

03

답 | ⑤

<보기>를 참고하여 (나)를 감상한 내용으로 적절하지 <u>않은</u> 것은?

보기

(나)의 화자는 뿌리에 의지하는 삶을 살다가 심경에 변화가 생겨 뿌리로부터 벗어나기를 원한다. 불안정하고 예측 불가능하지만 새로운 길을 찾아 나선 것이다. 이는 화자가 한 단계 성장하기 위한 과정으로, 존재의 근원인 뿌리로부터 벗어날수록 스스로 존재할 수 있다는 역설적 인식이 바탕에 깔려 있다.

정답 선지 분석

⑤ '뿌리로부터 온 존재'라고 인정하는 것에서 화자가 새로운 길을 찾는 과정을 통해 한 단계 성장하였음을 확인할 수 있군.

화자는 뿌리로부터 멀어지면서 한 단계 성장하는 것이지, 자신이 '뿌리로부터 온 존재'임을 인정하면서 한 단계 성장하는 것은 아니다.

오답 선지 분석

① '뿌리의 신도'였다가 '꽃잎을 믿는' 것에서 화자의 심경에 변화가 생겼음을 확인할 수 있군.

화자는 한때 '뿌리의 신도였지만', 이제는 '하염없이 지는 꽃잎을 믿는'다는 것은 화자의 심경에 변화가 생겨 뿌리로부터 벗어나기를 원한다고 볼 수 있다.

② '흩날릴 준비가 되어 있다는 것'에서 예측 불가능한 상황으로 나아가려는 마음을 확인할 수 있군.

'언제라도 흩날릴 준비가 되어 있다는 것'은 불안정하고 예측 불가능하지만 새로운 길을 찾아 나서려는 것으로 볼 수 있다.

③ '뿌리로부터 멀어질수록' 오히려 '길이 조금씩 보'인다는 것에서 역설적 인식을 확인할 수 있군.

존재의 근원인 '뿌리로부터 멀어질수록' '길이 조금씩 보이'는 것은 뿌리로부터 벗어날수록 스스로 존재할 수 있다는 역설적 인식이 바탕에 깔려 있다고 볼 수 있다.

④ '어딘가를 향해' 간다는 것에서 화자는 불안정함을 감수하면서도 스스로 존재하려 함을 확인할 수 있군.

'어딘가를 향해' 가는 것은 새로운 길을 찾아 나서는 것으로, 불안정하고 예측 불가능함을 감수하고 스스로 존재하기 위한 방법이라고 볼 수 있다.

DAY 6 〈유충렬전〉_작자 미상

빠른 정답 체크

01 ③　　**02** ②　　**03** ⑤　　**04** ②

동방이 차차 밝아 오매 마침 영릉골 관비 한 사람이 외촌에 가다가 돌아오는 길에 청수 가에 다다르니 어떤 여자가 물가에서 _{강 낭자} 통곡하며 물에 빠져 죽고자 하거늘 급히 쫓아와 강 낭자를 붙들어 물가에 앉히고 이유를 물으니라. 그 후에 제집으로 가자 하나 낭자 한사코 죽으려 하거늘 관비 여러 가지로 타일러 데리고 와서 수양딸로 정한 후에 자색과 태도를 살펴보니 천상 선녀 같은지라. 이 고을 동리마다 수청을 드리면 천금의 재산이 부럽지 않 편집자적 논평

으며, 만 량 가진 태수를 원하겠냐. 만 가지로 달래어 다른 데 관비는 강 낭자를 회유하여 이곳에 머무르도록 함 로 못 가게 하더라.

각설. 이때에 유충렬이 강 승상의 집을 떠나서 서쪽 하늘을 바 내용의 전환 ○: 유충렬의 조력자 라보고 정처 없이 가며 신세를 생각하니, 속절없고 하릴없다. 이 조력자인 강 승상의 귀양으로 절망에 빠진 유충렬의 심정 제는 아무것도 할 수 없구나. 산중에 들어가 삭발하고 중이 되어 훗날의 도를 닦으리라 하고 청산을 바라보고 종일토록 가더니 한 곳에 다다르더라. 「앞에 ⊙ 큰 산이 있으되 천 개의 봉우리와 만 「」: 신령스러운 공간임을 짐작할 수 있음 개의 골짜기가 하늘 높이 솟았고, 오색구름이 구리봉에 떠 있고 갖가지 화초가 만발한지라.」, 장차 신령한 산이라 하고 찾아 들어 가니 「경치가 뛰어나고 풍경이 산뜻하다. 산행 육칠 리에 들리는 「」: 신령한 산의 정경 묘사 물소리 잔잔하고 보이는 청산은 울창한데 푸른 숲이 더위잡는다. 석양에 올라가니 수양버들의 천만 가지들은 봄바람을 못 이기어 동네 어귀에 흐늘거려 늘어지며, 푸른 대나무와 소나무는 우거진 가지에 백조 봄의 정을 다투었다. 층층이 이루어진 꽃핀 골짜기 위에는 앵무새와 공작새가 넘나들며 노는데, 푸른 하늘에 걸린 폭포가 층암절벽 치는 소리, 한산사 쇠 북소리, 객선에 이르는 듯, 하늘에 솟은 암석과 푸른 소나무 속에 있는 거동이 산수 그림 팔 간 병풍 두른 듯하니 산중에 있는 경치 어찌 다 기록하리.」 편집자적 논평

봄바람이 언 듯하며 경쇠 소리 들리거늘 차츰차츰 들어가니 오색구름 속에 단청하고 휘황한 높고 거대한 누각이 즐비하여 일주문을 바라보니 황금 글자로 '서해 광덕산 백룡사'라 뚜렷이 붙어 있더라. 문으로 들어가니 <u>큰스님</u>이 한 사람 나오거늘 그 중의 거동을 보니 <u>소소한 두 눈썹은 두 눈을 덮어 있고, 백변같이 뚜렷한</u> 외양 묘사를 통해 인물의 비범함을 드러냄 <u>귀는 두 어깨에 늘어졌으니</u> 맑고 빼어난 골격과 은은한 정신은 평범한 중이 아닐러라.

백팔염주 육환장을 짚고 흑포장삼의 떨어진 송낙 쓰고 나오며, 유생을 보고 말하길,

"소승이 나이가 많기로 유 상공 오시는 행차에 동구 밖에 나가 큰스님은 만난 적 없는 유충렬에 대해 이미 알고 있었음 맞지 못하니 소승의 무례함을 용서하옵소서."

유생이 크게 놀라 하는 말이

"천한 인생에 팔자 기박하여 일찍 부모를 여의고 정처 없이 다니다가 우연히 이곳에 와 대사를 만나오니, 그토록 관대하시며, 자신을 알고 있는 큰스님에게 놀라움을 느낌 <u>소생의 성을 어찌 아나이까?</u>"

[중략 부분의 줄거리] 충렬은 백룡사의 큰스님에게 도술을 배우고, 무기를 얻는다. 이후 정한담은 외적과 결탁하여 반란을 일으킨다. △: 반동 인물

정한담이 크게 기뻐하여 옥관 도사의 말대로 약속을 정하고 며칠을 지낸 후에, 갑주를 갖추고 진영 문에 나서며 원수를 불러, 유충렬

"네 한갓 혈기만 믿고 우리를 대적하니 자식들이 가엾도다. 빨리 나와 자웅을 결단하라."
<u>유충렬을 자극하여 대결하고자 함</u>

이때에 원수 의기양양하여 진전에 횡행타가 부르는 소리를 듣고 응성출마하고 한 번 겨루지도 않고 거의 잡게 되었더니, 적진이 또한 쟁을 쳐 거두거늘 이긴 김에 계속 쫓아가 바로 적진 선봉을 헤쳐 달려들 때, 「장대에서 북소리 나며 난데없는 안개가 사면에 가득하고 적장이 간 데 없고 음산한 바람이 소소하며 차가운 눈이 흩날리니 지척을 모를러라.」 가련하다, 유충렬이 적장 꾀에
『 』: 유충렬이 적진과의 대결 도중 함정에 빠짐
빠져 함정에 들었으니 목숨이 경각이라. <u>원수가 크게 놀라 신화경을 펴 놓고 둔갑술로 몸을 감추고 안순법을 베풀어 진영 안을</u>
<u>유충렬의 비범한 능력 ①</u>
살펴보니, ㉡ <u>토굴을 깊이 파고 그 가운데 장창 검극은 삼대같이</u>
<u>유충렬을 유인하기 위한 함정</u>
벌였으며, 사해의 신장이 나열하여 독한 안개, 모진 모래를 사면으로 뿌리면서 함성 소리 크게 질러 항복하라는 소리 천지에 진동하는지라. 원수 그제야 간계에 빠진 줄 알고 「신화경을 다시 펼쳐 육정육갑을 베풀어 신장을 호령하고, 풍백을 바삐 불러 구름
『 』: 유충렬의 비범한 능력 ②
과 안개를 쓸어버리니, 명랑한 푸른 하늘과 밝은 해가 일광주를
<u>유충렬의 신령스러운 물건 ①</u>
희롱하고 장성검은 번개 되어 적진이 요란하다. 적진을 살펴보니
<u>유충렬의 신령스러운 물건 ②</u>
무수한 군졸이며 진영에 모든 복병이 둘러싸서 백만 겹을 에웠는데, 장대에서 북을 치며 군사를 재촉하거늘, 원수가 분노하여 일광주를 다시 만져 용린갑을 다스리고 천사마를 채찍질하여 좌우
<u>전기적 요소</u>
의 진영 안에서 호통하며 좌충우돌 횡행할 때, 호통 소리 지나는 곳에 번갯불이 일어나며 번갯불이 일어나는 곳에 뇌성벽력이 진동하니 군사와 장수 넋을 잃고 모든 장수 귀가 먹고 눈이 어두워 제 군사를 제가 모른다. 서로 밝혀 분주할 때, <u>장성검은 동쪽</u>
<u>하늘에 번듯하며 오랑캐 적이 쓰러지고 서쪽 하늘에 번듯하여 전</u>
<u>후 군사 다 죽으니</u> 추풍낙엽 볼 만하며, 무릉도원에 붉은 물이 흐
<u>비범한 능력으로 적진을 해치움</u>
르나니 핏물이라.

선봉 중군 다 헤치고 적진 장대 달려드니 정한담이 칼을 들고 대상에 섰거늘, 호통 소리 크게 하고 장성검을 높이 들어 큰 칼에 베어 들고 후군에 달려드니, 이때 <u>황후와 태후가 적진에 잡혀가</u>
<u>서 토굴 속에서 소리하여 하는 말이,</u>
<u>정한담에 의해 잡혀오게 됨</u>

"저기 가는 저 장수는 행여 명나라 장수거든 우리 고부 살려 주소."
<u>유충렬</u>
원수가 분한 기분이 등등하여 적진에 횡행타가 슬픈 소리나매,
<u>황후와 태후의 말소리</u>
천사마를 그곳으로 행하거늘 급히 가 말에서 내려 말하길,

[A]
┌ "소장은 동성문 안에 거하던 유 주부 아들 충렬이온데, 아비
│ 『 』: 자신의 상황을 요약적으로 제시함
│ 원수 갚으려고 먼 길을 마다하지 않고 달려와서 <u>정문절을</u>
│ 한칼에 베고, 그 후에 <u>최일귀</u>와 <u>마룡</u>을 잡고 한담의 목을 베
└ 려 이곳에 왔사오니,「소장과 함께 본진으로 가나이다."

황후와 태후가 이 말을 듣고 토굴 밖에 나와 원수의 손을 잡고

치사하여 하는 말이,

┌ "그대는 분명 유 주부의 아들인가? 어디 가 장성하여 이런
│ 명장 되었는가? 그대 부친은 어디 있느뇨? 장군의 힘을 입
│ 어 우리 고부 살려 내어 백발이 성성한 이내 몸이 황제 아들
│ 다시 보고, 곱고 고운 젊은 얼굴 내 며느리 황제 낭군 다시
[B]│ 보게 하니, 그 공로 그 은혜는 「태산이 무너져서 평지가 되어
│   『 』: 불가능한 상황을 가정하여 유충렬의 공로를 치하함
│ 도 잊을 수 없고, 천지가 변하여 푸른 바다가 될지라도 잊을
│ 가망 전혀 없네. 머리를 베어 신을 삼고 혀를 빼어 창을 받
│ 아 백 년 삼만 육천일에 날마다 이고서도 그 공로를 다 갚을
└ 까.」본진에 돌아가서 <u>내 아들</u> 어서 보세."
                              <u>황제</u>
원수 절하고 황후와 태후를 바삐 모셔 본진에 돌아와 정한담의 목을 내어 황제 전에 바치려고 칼끝에 빼어 보니 <u>진짜는 간데없</u>
<u>고 허수아비의 목을 베어 왔는지라.</u> 원수가 분노하여 다시 싸움
<u>정한담이 아직 죽지 않았음</u>
을 돋우더라.

― 작자 미상, 〈유충렬전〉 ―

01

답 | ③

㉠, ㉡에 대한 이해로 가장 적절한 것은?

정답 선지 분석

③ ㉠은 ㉡과 달리 인물이 긍정적으로 생각하는 공간이다.

유충렬은 '큰 산'(㉠)을 '장차 신령한 산'이라 생각하고 찾아 들어가고 있으므로 '큰 산'(㉠)은 인물이 긍정적으로 생각하는 공간으로 볼 수 있다. 반면, '토굴'(㉡)은 적장이 함정으로 파 놓은 공간으로 긍정적으로 생각하는 공간으로 볼 수 없다.

오답 선지 분석

① ㉠은 인물이 권위를 내세우는 공간이다.

'소승의 무례함을 용서'하라고 말하는 큰스님의 말, '천한 인생에 팔자 기박하'다고 말하는 '유생'의 말을 볼 때 ㉠은 인물이 권위를 내세우는 공간이라고 볼 수 없다.

② ㉡은 인물 간의 갈등이 해소되는 공간이다.

㉡은 적장이 유충렬을 유인하기 위해 파 놓은 공간으로, 인물 간의 갈등이 해소되는 공간이라 볼 수 없다.

④ ㉡은 ㉠과 달리 인물 간의 유대감이 형성되는 공간이다.

㉠에서는 큰스님이 유충렬을 알아보고 있으며, 유충렬은 큰스님에게 '관대하'다고 말하는 모습을 볼 때 ㉠은 인물 간의 유대감이 형성되는 공간으로 볼 수 있다.

⑤ ㉠과 ㉡은 모두 인물이 고난을 겪는 공간이다.

㉠은 유충렬이 '신령한 산'이라고 생각하는 공간이며, 인물이 고난을 겪고 있지 않다.

02

답 | ②

윗글의 인물에 대한 이해로 적절하지 않은 것은?

정답 선지 분석

② '유충렬'은 정한담의 목을 베어 황제 전에 바쳤다.

'정한담의 목을 내어 황제 전에 바치려고 칼끝에 빼어 보니 진짜는 간데없고 허수아비의 목을 베어 왔는지라'를 통해 유충렬이 정한담의 목을 황제에게 바치지 못했음을 알 수 있다.

① '황후'는 유충렬의 도움으로 본진에 돌아왔다.

'원수 절하고 황후와 태후를 바삐 모셔 본진에 돌아와'를 통해 유충렬의 도움으로 황후가 본진에 돌아왔다는 것을 알 수 있다.

③ '정한담'은 유충렬을 자극하여 싸움을 시작하고 있다.

'네 한갓~결단하라'를 통해 정한담이 유충렬을 자극하여 싸움을 시작하고 있다는 것을 알 수 있다.

④ '큰스님'은 백룡사에 찾아온 사람이 유충렬이라는 사실을 알고 있었다.

'유 상공 오시는 행차에'라고 말하는 부분에서 큰스님이 백룡사에 찾아온 사람이 유충렬이라는 사실을 알고 있었음을 확인할 수 있다.

⑤ '영릉골 관비'는 강 낭자의 자색과 태도를 알아보고 떠나지 않도록 회유하고 있다.

'자색과~같은지라'를 통해 영릉골 관비가 강 낭자의 자색과 태도를 알아보는 것을, '만 가지로~하더라'를 통해 떠나지 않도록 회유하고 있음을 확인할 수 있다.

03

답 | ⑤

[A]와 [B]에 대한 설명으로 가장 적절한 것은?

정답 선지 분석

⑤ [A]는 이전 사건에 대한 정보를 전달하고, [B]는 변화된 현재 상황에 대한 심리를 드러내고 있다.

[A]는 아버지의 원수를 갚기 위해 이곳에 왔다는 과거의 사건을 요약적으로 제시하여 정보를 전달하고, [B]는 유충렬이 자신을 구해 준 것에 대한 감사함을 표현하고 있다.

오답 선지 분석

① [A]는 [B]와 달리 과거 사건을 근거로 들며 문제 해결을 유보하고 있다.

[A]에서 '아비 원수 갚으려고~이곳에 왔사오니'를 통해 과거 사건을 제시하고 있으나 이를 통해 문제 해결을 유보하고 있지는 않다.

② [B]는 [A]와 달리 불가능한 상황을 설정하여 상대를 설득하고 있다.

[B]는 '태산이 무너져서 평지가 되어도', '천지가 변하여 푸른 바다가 될지라도'와 같이 불가능한 상황을 설정하고 있으나, 상대를 설득하고 있지는 않다.

③ [A]와 [B]는 모두 대상에 대한 평가를 제시하며 상대의 행동 변화를 요구하고 있다.

[A]에서는 '소장과 함께 본진으로 가나이다'를 통해 상대의 행동 변화를 요구할 뿐 대상에 대한 평가를 제시하고 있지 않으며, [B]에서 황후와 태후는 '그 공로 그 은혜는~그 공로를 다 갚을까'라며 유충렬에 대한 긍정적 평가를 제시할 뿐 상대의 행동 변화를 요구하고 있지 않다.

④ [A]와 [B]는 모두 자신의 신분을 언급함으로써 자신의 발화에 대한 상대의 의구심을 해소하고 있다.

[A]는 '소장은~충렬이온데'에서 자신의 신분을 언급하고 있으나, 자신의 발화에 대한 상대의 의구심이 나타나 있지 않았으므로 이를 해소하고 있지 않다.

04

답 | ②

<보기>를 바탕으로 윗글을 감상한 내용으로 적절하지 않은 것은?

보기

　〈유충렬전〉은 독자의 흥미를 유발하기 위해 다양한 문학적 장치를 활용하여 대중 소설로서 큰 인기를 끌었다. 그 예로는 영웅의 잠재 능력을 표출시키는 초월적 조력자, 주인공의 영웅성을 더욱 부각하는 신물(神物), 영웅과의 치열한 군담을 만드는 적대자, 위기에 처한 인물의 이야기를 중단하여 독자의 궁금증을 고조시킨 후 다른 인물의 이야기로 넘어가는 단절기법 등이 있다. 또한 일반 백성이 전란으로 겪는 수난을 소설 속 왕가(王家)를 통해 그대로 재현함으로써 독자들이 공감할 수 있게 하였다.

정답 선지 분석

② 유충렬이 백룡사의 '큰스님'을 만나는 부분에서 초월적 조력자가 영웅의 잠재 능력을 표출시키는 모습을 확인할 수 있겠군.

유충렬이 서해 광덕산 백룡사의 큰스님을 만나는 부분에서 그가 평범한 중이 아닌 초월적 조력자가 될 것임을 짐작할 수 있으나, 영웅의 잠재 능력을 표출시키는 모습을 확인할 수 없다.

오답 선지 분석

① 강 낭자를 중심으로 하는 서사가 '각설'을 통해 유충렬의 서사로 넘어가는 부분에서 단절기법을 확인할 수 있겠군.

위기에 처한 강 낭자의 이야기가 중단되며 독자의 궁금증을 고조시킨 후 '각설'을 통해 유충렬의 이야기로 넘어가는 부분에서 단절기법을 확인할 수 있다.

③ '정한담'이 유충렬을 함정에 들게 한 부분에서 영웅과의 치열한 군담을 만드는 적대자를 확인할 수 있겠군.

'가련하다~목숨이 경각이라'에서 유충렬이 적장의 꾀로 함정에 빠지는 부분을 통해 유충렬과 비등한 능력을 지닌 적대자인 정한담이 영웅과의 치열한 군담을 만들고 있음을 알 수 있다.

④ 유충렬이 '일광주'와 '장성검'을 사용하는 부분에서 주인공의 영웅성을 부각하는 신물을 확인할 수 있겠군.

'원수가 분노하여 일광주를~제가 모른다'와 '장성검은 동쪽 하늘에~핏물이라'를 통해 유충렬의 영웅성이 '일광주'와 '장성검'이라는 신물을 통해 부각되고 있음을 알 수 있다.

⑤ '황후'와 '태후'가 토굴에서 살려 달라고 소리치는 부분에서 일반 백성이 전란으로 겪은 수난을 재현한 것을 확인할 수 있겠군.

'저기 가는 저 장수는~우리 고부 살려 주소'라고 황후와 태후가 말하는 부분에서 일반 백성이 전란에서 겪는 수난을 왕가를 통해 재현하고 있음을 확인할 수 있다.

MEMO